はじめての応用行動分析

日本語版 第2版

P.A.アルバート／A.C.トルートマン 著

佐久間 徹／谷 晋二／大野裕史 訳

Applied Behavior Analysis for Teachers

二瓶社

Applied Behavior Analysis for Teachers : Fifth Edition
by Paul A. Alberto
   Anne C. Troutman
Copyright © 1999 Prentice-Hall, Inc.
Japanese translation rights arranged with Prentice-Hall, Inc.
through Japan UNI Agency. Inc. Tokyo

目　次

はじめに　vi

第1章　応用行動分析の基本的な考え方　1
説明の有用性とは？　2
生理学的説明　2
発達的説明　6
認知的説明　11
行動的説明　15
行動主義の歴史　20
要　約　26
討議のテーマ　26

第2章　応用行動分析を適応するに当たっての責務　27
応用行動分析に対する高い関心　27
応用行動分析の適用倫理　31
説明責任　38
理論と実践　43
要　約　43
議論のテーマ　43

第3章　行動目標の作成　45
行動目標の定義と目的　46
教育目標　48
行動目標の書式　55
行動目標の範囲　59
行動目標と個別教育プログラム（IEP）　64
要　約　66
議論のテーマ　67

第4章　データの収集とグラフ化　69
データ収集法の論理　69
方法の選択　71
逸話的レポート　74
行動的産物記録法　78
観察記録法　80
持続時間記録法および潜時記録法　99
信頼性　102
議論のテーマ　105

　　　　　要　約　105
第5章　データのグラフ化　107
　　　　　単純な折れ線グラフ　107
　　　　　要　約　120
　　　　　討論のテーマ　121

第6章　一事例の実験デザイン　127
　　　　　変数と関数関係　127
　　　　　実験デザインの基本カテゴリー　128
　　　　　ABデザイン　133
　　　　　反転デザイン　136
　　　　　基準変更デザイン　141
　　　　　マルチ・ベースライン・デザイン　146
　　　　　操作交代デザイン　155
　　　　　チェインジング・コンディション・デザイン　162
　　　　　一事例の実験デザインの評価　167
　　　　　要　約　171
　　　　　討論のテーマ　171

第7章　行動の生起頻度を増大させる随伴操作　175
　　　　　正の強化　177
　　　　　効果的な強化子の選択　177
　　　　　負の強化　208
　　　　　自然な強化　212
　　　　　要　約　213
　　　　　討論のテーマ　213

第8章　不適切な行動を減少させる結果操作　215
　　　　　問題行動を減少させる方法　216
　　　　　レベルⅠ：分化強化の応用　217
　　　　　レベルⅡ：消去　224
　　　　　罰　229
　　　　　レベルⅢ：好ましい刺激の除去　230
　　　　　レベルⅣ：嫌悪刺激の呈示　237
　　　　　要　約　247
　　　　　議論のテーマ　247

第9章　分化強化：刺激制御とシェイピング　249
　　　　　刺激制御を形成するための分化強化　250
　　　　　複雑な行動を教える　265
　　　　　シェイピングのための分化強化　271
　　　　　要　約　275
　　　　　議論のテーマ　275

第10章　機能査定と機能分析　277
　　　他の方略の必要性　277
　　　第1段階：機能査定　283
　　　第2ステージ：機能分析手続き　292
　　　要　　約　300
　　　議論のテーマ　300

第11章　行動変容を般化させるために　301
　　　般　　化　302
　　　要　　約　323
　　　議論のポイント　323

第12章　行動自己管理の指導　325
　　　当たり前の経験　326
　　　行動管理の指導準備　327
　　　重度の障害のある人の自己管理　338
　　　中度の障害のある人の自己管理　339
　　　要　　約　339
　　　論議のポイント　339

第13章　教室での実践　341
　　　刺激制御　341
　　　教室での実践　346
　　　要　　約　360
　　　論議ポイント　360

付　録：専門的諸団体による嫌悪的な行動介入を避けるための決議　361
　　　アメリカ精神遅滞市民の会による行動支援に関する意見声明（1995年10月）　361
　　　例外児のための評議会による身体的介入に関する方針（1993年4月）　362
　　　アメリカ精神遅滞学会による嫌悪手続きに関する方針（1990年1月20日）　363
　　　重度障害を持つ人々の連盟による不要な介入の中止についての決議（1986年11月5日）　364
　　　全米学校心理士連盟による体罰についての決議（1986年4月19日）　364

参考文献　366
索　　引　394
用語解説　397
訳者あとがき　406
日本語第2版訳者あとがき　408
訳者紹介　409

装幀・森本良成

はじめに

　応用行動分析を学生に教えるために、専門的で、系統的な、読みやすいテキストブックが必要だったというのがApplied Behavior Analysis for Teachersの第1版を書こうと考えた動機でした。学生たちに応用行動分析の概念を理解してもらうだけでなく、教室や他の場面でその概念を応用する方法を知ってもらいたいと思っています。応用行動分析は成果を上げることができます。学業的なスキルや適応的なスキル、適切な社会的行動を教えるためにこの原理を使うことができます。応用行動分析は生徒を先生の統制下におくための計略の寄せ集めではなく、ひとつの統合的なマネジメントシステムです。

　この本は教育者が出合ういろいろな問題の解決策を単にひとつずつ提供しているハウツーものの本ではありません。すべての出来事にハウツーを示すことは不可能です。子どもや大人の人と一緒に勉強したり働いたりすることを大変楽しいものにしていくことは、すべての人が一人ひとり違っていて、ひとつの手続きですべての人に効果的のある方法はないという認識から始まります。問題をうまく解決するために、自分自身のオリジナルなレシピを応用行動分析の原理を使って作れるようになって欲しいと思っています。応用行動分析の原理をうまく使いこなすためには、頭のやわらかい人の熱心で積極的な参加が必要です。現在のところ、応用行動分析はもっとも強力な指導システムですから、適切で倫理的な使い方を学んで欲しいと望んでいます。

　応用行動分析を教える人は、テキストが専門的に正確に書かれているかに関心があります。この本はその期待に沿えると思います。同時に、学生が読んで楽しめるような例もたくさん盛り込んで活気のある本にしようと試みました。この本の中で紹介している具体例は、いろいろなレベルの子どもや大人の問題を扱っています。上手な先生とそうでない先生についても触れています。この本の中の例の多くは、私たちがそうであって欲しいと期待している教師や、将来学生たちにそうなって欲しいと望んでいる教師の例、つまり過ちから学ぶ良き教師の例です。

　第5版を書くにあたって、同僚やこの本を読んだ学生の手紙から多くの示唆を得ました。しかし、私たちは憤った動物愛護活動家から手紙をもらうことになっても、第11章で紹介したネズミ捕りの例を十分に忘れないでおくべきものと考えています。データを集め、それをグラフ化することについての長く、専門的な章は2つ以上の章に分け、機能的分析の章を加え、応用行動分析の手続きを他者に教えることに関する章を割愛しました。

　最後に、この本では指導者が彼らの学生に講義や他の本を読ませながら、行動変容の実習を割り当てられるようにしてあります。このテキストでは標的行動を明確にすることから始まって、実験デザインを選択し、結果操作、先行刺激の操作、行動変化の般化を計画するまで順々に進めています。学生に引き続く勉強でしっかりとした基礎となると思われる教授方法の基礎知識を紹介しようと試みたつもりです。

　この本に関して、読者の皆様からの意見を心待ちにしています。この本を書くにあたって私たちはとても楽しく仕事をしました。読者の皆様にも同じくらい楽しみながら読み進んでいただけることを期待します。

謝辞

　Applied Behavior Analysis for Teachersの第5版を出版するに当たり、一緒に仕事をしてくれた出版社プレンティスホールのすべての専門家はもちろんのこと、手助けをしてくれたすべての人に感謝します。とりわけ私たちの担当編集者であり、これまで出会った中で最も喜んで忍耐強くコーチしてくれたギアナ・マーセラに感謝します。また、テキストを読み直し、いろいろな示唆をくださった人たち、カーセージ大学（WI）のロジャー・バス、モアヘッド州立大学のポール・ビアー、ハウストン大学のゲイ・グッドマン、ペンシルバニア州立大学のカシー・ラールにも感謝します。前回同様、タイプをし、索引や引用文献の編集や校正をしてくれたナンシー・ワイルダーにお礼を申し上げます。

第1章　応用行動分析の基本的な考え方

ご存知でしたか？
・「あなたは本当にお父さんそっくりなんだから」という母親の言葉には妥当性があります。
・脳の化学物質はあなたの行動に何らかの影響を与えています。
・サルは洞察力を持っています。
・M＆Mのチョコレートよりもビスケットの方が昔からのご褒美でした。
・ベンジャミン・フランクリンは応用行動分析を使っていました。

なぜ人々はそのように行動するのでしょうか？　なぜある人々は社会的に望ましい行動をして、ある人々は社会から非難されたり軽蔑されたりするような行動をするのでしょうか？　人々がどのように行動するかを予測するのは可能でしょうか？　社会秩序を破壊したり、個人に迷惑をかけるような行動をさせないようにするにはどうしたらよいでしょうか？

このような疑問に答えるために人類は、悪魔にとりつかれたという説明から脳内の化学物質に異常の原因を求めるものまで、いろいろな説明を考えてきました。長い間、多くの討論がなされ、書物が出版され、批判されたり支持されたりしてきました。人間の行動を研究することは大切なことです。ある行動の発達についていろいろな知識を持っていると、子どもを育てたり、教育したりするのに、最も良い方法がわかるかもしれません。条件の違いによって人々の行動がどう変化するかを知っていれば、不適切な行動を生み出す条件を避けて、適切な行動を生み出す条件を作り出すことができるでしょう。教師は、子どもの行動に変化を引き起こすことに関心を持ちます。行動を変えること、すなわち、子どものできないことをできるようにしたり、してはいけないことをしないようにすることが仕事なのです。

人間の行動を理解して、その行動を予測したり変化させたりするには、まず最初に行動がどんなふうに機能しているかを明らかにしなければなりません。つまり冒頭の「なぜ」という問題にできるだけ完璧に答えなければなりません。アレキサンダー・ポップの名言に、「人間の正しい研究題目は人間である」（上田　勤訳　岩波文庫）というのがあります。多分、「人類を研究するための王道は動物としての人間について研究することである」という意味でしょうが、これは、今でも十分通用することです。この名言は18世紀のものですが21世紀の今でも十分当てはまります。

この章では、人間の行動についての説明が説明として意味があり、役に立つものとなるために必要な条件について論じて行きます。まず、教師を含む多くの実践家によく知られているいろいろな説明を紹介していきましょう。そして、人間の行動を理解する方法がどのように発展してきたかを考え、応用行動分析と呼ばれる、人間の行動を予測する方法についてまとめてみます。

説明の有用性とは？

　実践者にとって役に立つ説明であるためには、4つの条件が必要です。第1に**包括的**であることです。行動の大部分を説明できなければなりません。人間の行動の一部分しか説明できず、それ故行動を予測したり行動に系統的な変化をもたらすことができない説明は役に立ちません。第2に、説明は**検証可能**でなければなりません。つまり、本当に行動が説明できていることを何らかの方法で検証できなければなりません。第3に**予見的有用性**を持っているべきです。ある環境下で人々がどんな行動をするか、について信頼できる答えを提供することが必要です。それができてこそ、実践に際してその説明に基づいて環境条件を変え、行動に変化をもたらすことができるのです。4つ目は、**節約性**です。節約性の高い説明とは観察された現象を最も単純に説明できるということです。節約性は正しさを保証するものではありませんし[45]、最も単純な説明が必ずしも正しいとは限りませんが、観察されたデータからかけはなれた空想的な説明をしてしまうことは避けられます。午前3時にトイレの電気が突然消えたとしたら、電力会社に停電だと電話する前に電球を調べてみるでしょう。ひょっとすると停電かもしれませんが、節約的な説明に基づけば、球切れを調べます。

　以下で、人間の行動を説明するために発展してきたいろいろな理論を検討し、おのおのの説明の包括性、検証可能性、予見的有用性、節約性を評価していくことにします。

生理学的説明

　古代ギリシャの医学者たちは最初に、人間の行動は4つの体液または"気質"（血液、粘液、胆汁液〔かんしゃく〕、黒胆汁液〔憂鬱〕）と関連させて説明したので、後の理論家たちは行動の説明を身体の物理的構造に求めようとしました。その種の理論は特に生化学的影響を重視し、遺伝的、先天的要因に原因を仮定し、行動の異常は脳の何らかの損傷のためだと考えました。次の逸話で示されている説明は、行動への遺伝的影響についての信念です。

グランディ教授、原因をつきとめる

　あるとき、学生の行動を観察していて、グランディ教授は、一人の学生がいつも遅刻し、予習もしてこず、まじめに授業を聞いていないということに気がつきました。グランディ教授は、迫力があって有意義な自分の授業はこの学生の行動に無関係であると確信していたので、そのふまじめな行動の原因をつきとめることにしました。彼は学生が在籍していた高校へ出かけていって、高校3年生のときの国語の先生に会いました。国語の教師のマーナー先生によると、「はい、デワインは高校でも、同じような状態でした。中学でちゃんとした教育を受けてこなかったのでしょう」ということでした。

　グランディ教授は、今度は、中学校へ出かけて行きました。中学校の生徒指導の先生は「大抵の生徒は似たようなものです。小学校のときにちゃんとしつけられていないせいです」と言います。今度は小学校の校長先生に会いました。「デワインは最初からそうでした。彼の家庭は理想とはほど遠いものでした。もし、家庭の協力が十分に得られていたら、彼はもっと

よくなっていたでしょう」。グランディ教授は、デワインの母親と話をして、ついに答えを見つけたと思いました。

「言っちゃ何ですが、彼は父親の血を引いているのですよ、父方の家系はみんなそうなんですよ」

遺伝的・先天的影響

デワインの母親は、彼の不適切な行動を先天的な影響のためだと説明しました。彼女の説明は正しいといえるでしょうか？ 遺伝が人間の行動におよぼす影響に関しては、正常な行動、異常な行動どちらについても、これまで広く研究されてきています。精神発達遅滞、つまり、いろいろな行動に重大な障害を示している状態は、劣性遺伝子による先天異常や染色体異常と関連していることについては、ほとんど疑問はありません[49]。また、その他の行動特性にも同様の先天的な基盤がある証拠が示されています。ある種の精神発達遅滞は、遺伝的影響がほとんどはっきりしていないのですが、別の研究からは遺伝的影響についていろいろと学ぶことができます。

行動の先天的要因を扱った研究の多くは、一卵性双生児と二卵性双生児を比較するという方法を用いています。一卵性双生児はまったく同じ遺伝子を持っていますが、二卵性双生児は遺伝的には普通の兄弟とまったく同じと見なしてよい双生児です。そこで、もし、二卵性双生児よりも一卵性双生児の方が同じような行動特徴を持っているとすれば、何らかの先天的要因からその行動特性が生じているのであろうと仮定できます。重度の行動障害、例えば**統合失調症**と呼ばれている病気は二卵性双生児よりも一卵性双生児に多く共通して見られます[52]。その他、さほど深刻でない行動特性、例えば、うつ[41]、**読字障害**[48]、**攻撃性**[68]、と呼ばれるものは幾らかの遺伝的要因を持っています。

加えて、**異常**とか**非定型**と呼ぶほどではない行動特性にも先天的な要因が関係しているようです。トーマスとチェス[67]は136人の子どもの発達を生まれて間もない頃から数年間にわたって詳細に追跡しています。どの子も生後間もなくから観察が始められ、児童期には頻繁に観察されました。両親と教師へのインタビューから、著者らは「**気質**」と呼ぶ9つのカテゴリーを抽出しました。おのおのの特徴は明確に観察でき、児童期を通して一貫したものでした。気質のカテゴリーには、活動性、律動性（規則性）、接近と引きこもり、順応性、反応強度、反応閾値（刺激への感受性）、気分の質（素質）、被転導性、注意集中時間や持久性が含まれます。

数組の双生児が研究対象に含まれていたので、先に紹介した双生児法により、上の特徴の最初の7つは二卵性双生児に比べ一卵性において類似していると見なしうるようです。残り2つの特徴については、データが少ないため同様の結論は導き出せませんでした。ただ活動レベルや接近－引きこもりは、生後1年の二卵性双生児よりも一卵性双生児の方に高い類似が見られました[55]。上記の特徴のすべてが、時間が経過してもあまり変わらない傾向を示したので、遺伝そのものではないにしても何らかの身体的な基盤を持つものであろうと指摘されました。気質特徴のクラスターの幾つかは、子どもを「気むずかしく」するという証拠があります[69]。しかし育児のような環境要因も、発達に対して気質と同じか、それ以上の影響があります。

デワインの母親はグランディ教授に息子の行動を小さい頃の様子から説明して、デワインが父親の血を引いているからだという説明をしましたが、これはある程度当たっているかもしれません。ある遺伝的特徴はある行動特徴を生み出す可能性を増大させるかもしれないからです。

生化学的説明

ある行動は、身体のいろいろな物質が過剰になったり不足したりすることから生じると考える研究者もいます。そのような化学物質は古代

ギリシャの医学者たちが名付けた物質（血液、粘液、胆汁液、黒胆汁液）とはかなり違った名前が付けられていますが、行動障害に対して同じような責任を負わされています。

生化学的異常は**自閉症**あるいは**小児精神病**[11]と呼ばれる重度の行動障害を持つ子どもに見られます。しかし、その種の研究によって生化学的異常が存在することは定説になっていますが、その異常が行動障害の原因かどうかまでは明らかにされていません。

多動、学習障害、精神発達遅滞などの障害には、低血糖症[82]、栄養不良[15]やアレルギー反応[25]などの身体生理学的な要因が関連していると言われています。ファインゴールドの理論はこういった説明の中でも、特によく知られています。彼の理論によると、天然のサルチル酸、人工甘味料、人工着色料、ある種の酸化防止剤、防腐剤などを含んだ食べ物が、子どもの多動に関与しているということです。ファインゴールド[22]は多動児の食べ物から上記のような添加物を取り除いて劇的な効果を上げたと言っていますが、最近の研究レビューでは[47, 53]多動におよぼす食事療法の効果については、はっきりした証拠に欠けることが報告されています。生化学的または生理学的要因は、他の要因と相まって脳や中枢神経系に障害を引き起こすと示唆されています。

グランディ教授、循環論について考える

グランディ教授は、学生指導の一つとして、教育実習に出かけている学生のもとを訪れました。最初に、小学校の特別指導教室で実習をしているハーパーという学生の所へ行ってみました。そこで、教室をうろうろ立ち歩いているラルフという生徒が目にとまりました。他の生徒は座っているのに、うろうろと立ち歩く行動を奇妙に思って、グランディ教授は「どうしてラルフはうろうろと立ち歩いているのかね？　なぜ彼は他の子どもたちのように座っていないのかね？」と尋ねました。ハーパーという女子学生は、教授の無知にちょっとびっくりした様子で答えました。

「グランディ教授、なぜって、ラルフは多動症だからですよ。それで彼は座っていられないのです」

「ああなるほど、それはとても興味深いね？　ところでどうして多動症とわかるんだね？」

軽蔑の眼差しを辛うじて隠して、ハーパーは小さな声で、

「教授、椅子に座ろうとしないから多動なんです」

もうしばらくの間、そのクラスを見学していると、ハーパーと彼女を指導している教師が教授の方をチラチラと見て何かささやいています。グランディ教授はハーパーにもう一度ていねいな口調で尋ねてみました。

「ラルフ君の多動は何が原因なのかね？」

今度は軽蔑をあらわにして、

「教授、脳障害があるから多動なんです」ハーパーはそれに答えました。

「なるほど、それで、どうして脳障害があるとわかるのかね」

「もちろん彼には脳障害があります。彼が多動なのを見ればわかります！」

脳障害説

ハーパーとのやりとりの中で展開されたこの種の循環論は、残念なことに珍しいものではありません。たくさんの専門家がこのような形で子どもの不適切な行動を説明しています。ある種の行動が脳障害に由来するという考えはゴールドスタイン[28]の研究に端を発しています。彼

は第1次世界大戦で頭部に傷を受けて帰国した兵士たちの研究を行ない、彼らに被転導性、知覚の混乱、多動性などの行動特徴がみられることを発見しました。精神発達遅滞児の中にも同じような特徴が観察される者がいるので、ある専門家たちはその子どもたちも脳障害を持っているに違いないと考え[67,78]、脳障害はそれらの行動の原因であると結論づけました。このことが多動性症候群[66]というものになり、多動性症候群は脳障害のために生じると仮定されています。多動性症候群には、多動性、被転導性、衝動性、注意集中の短さ、情緒不安定（気分の変わりやすさ）、知覚の問題、動作の不器用さなどの特徴がみられます。はっきりとした脳障害を持っているとわかっている脳性小児マヒなどの子どもたちを研究して、クリュクシャンク、バイス、ワーレン[17]は知的に正常な脳性マヒの子どもたちにも同様の行動特徴がみられることがあると報告しています。その後、**微細脳障害**（MBD; Minimal Brain Dysfunction）という言葉が、脳に損傷を受けたという証拠がなくても、多動性や被転導性などの行動を示す子どもたちに脳障害があるものと仮定して用いられました。しかし、そのような行動特性を示すすべての子どもたちの問題行動を脳障害で説明してしまうには、ほとんど経験的な証拠がありません。たとえ、脳障害の存在がはっきりと示されたとしても、それが特定の行動の原因になっているという確証や、多動が特定個人の障害の結果であるという確証はありません[79]。

現在多くの子どもたちが、出生前の問題（母体の栄養不良や薬物乱用）や環境的要因の両方の影響のため学業の発達や社会的問題の面で"リスクがある"とされています[18]。近年では、胎児性アルコール症候群[81]、妊婦の喫煙[33]や禁止薬物の使用[57]、小児エイズ[20]の結果として子どもの学習・行動上の問題が増加しています。それらの要因は、生化学的な面や中枢神経系や他の生理学的な部分に異常をもたらすことが知られていますが、どんな要因がどんな特定の行動障害に結び付くのかはわかっていません[26]。

生理学的説明の効用

生理学的な要因によって、人間の行動を説明しようとする試みには、様々な問題が含まれています。生理学的な研究によって、幾つかの深刻な問題を予防したり、軽減したりする技術が考え出されています。そういった技術のうち、最もよく知られているのは多分、すべての乳児に実施されるようになったフェニールケトン尿症（PKU）の検査でしょう。PKUは代謝機能の先天的障害で、そのままにしていると精神発達遅滞になってしまいますが、乳児のときから特殊な食事を取らせることで予防することができます[6]。将来もっと研究が進んで、もっと多くの人間の行動を生物学的にあるいは、先天的な基盤から説明できるようになるかもしれません。しかし、現在の時点では、多くの人間の行動のうちのほんのひとにぎりの部分しか、この方法では説明できていませんので、生理学的な説明は包括的だとは言えません。

生理学的説明には検証可能なものもあり、われわれの第2の基準である有用性の基準にも合致します。例えば、専門家は染色体を観察することで、ダウン症かどうかを明らかにすることができます。科学的に検証可能な代謝障害や生化学的な異常は他にもあります。しかし行動の原因として「微細脳障害」を仮定するのは、検証不可能な仮説なので信頼できるものではありません[79]。

ある生理学的障害が検証されたとしても、その障害の結果として特定の行動が自動的に生じてくるというものではありません。教師にとっては、推定に基づいた生理学的障害で行動を説明することには、ほとんど予見的有用性がありません。例えば、レイチェルが歩いたり、話したり、自分で食事をしたりできないのを、染色体の障害のために生じた精神発達の遅れのためであると説明しても、レイチェルがそれらの行動ができるようになる条件について何も語ってくれません。ラルフが座っていられないことを脳障害による多動性のためであるとハーパーが説明したとしても、ラルフに椅子に座っていることを教えるにはどうしたらよいかという肝心

生理学的理論の有用性

	優	良	可
包括性			○
妥当性		○	
予測性			○
節約性			○

な情報は何も得られません。例えば、ハロルドが文字を読めないことを、彼がハイリスク児だからと考えることは、彼の学習機会を奪うという非常に危険な状態に彼を追い込むこともあります。なぜなら、周りの人が彼に期待しないことになるからです。先天的気質に異常があるとしていたのでは、気質における体質的差異が明確な場合でも、環境の影響を受けやすいので[68]、生理学的説明からは、子どもがどんなときにどんな行動をするかについて限定された情報しか得られません。

生徒の行動を生理学的な原因で説明すると、最後の基準である節約性の基準をどうしても無視することになります。そういう原因の求め方をしていると、教室内の行動を制御しているもっと直接的でもっと単純な原因を突きとめるのを邪魔することになってしまいます。最も危険なのは、自分たちが子どもをちゃんと教えられない言い訳として生理学的な説明を用いてしまうことでしょう。例えば、「レイチェルが自分で食事ができないのは知恵遅れのためであって、自分たちが教えていないからではない」「ラルフが座っていられないのは脳障害のためで、自分たちの学級経営が悪いためではない」「アービンが読めないのは、失読症のためであって、私がうまい指導法を見つけられないためではない」というようにです。生理学的な説明はまた、教師に希望を失わせ、子どもたちがなかなか学習できないと、教師はそれ以上教えようとしなくなるかもしれません。上の表は生理学的な説明の有用性についてまとめたものです。

発達的説明

人間をよく観察してみると、多くの予見可能な発達パターンがあることがわかります。身体的成長はかなり一貫した順序で進行していきます。また歩行、会話、そしてほほ笑みなどの社会的行動もかなり一貫した順序で発達し、生活年齢が予測する時期にほぼ出現します[27]。人間の行動のいろいろな側面——認知や社会性、情緒、道徳性など——を予め組み込まれている生得的な発達順序に基づいて説明していこうとする理論家たちがいます。彼らの提唱する説明では、正常な行動も逸脱した（つまり発達の変異の許容範囲外の、あるいは一般には余り見られない）行動も同じように説明しようとしています。次のセクションでは、多くの発達理論の中から3つの理論を取り上げて、その有用性を包括性、検証可能性、予見的有用性、節約性の点から検討してみます。

クズカゴの横のフロイト派
　教育実習生の様子を見て回ってから大学に戻ったグランディ教授は、既に予定より7カ月も遅れている教科書の原稿の作成に入ろうと思いました。彼は覚え書きや下書き、修正原稿

ねえ、グランディ教授。
なくし物かい？
それとも投げ捨てちまった
物を「探索」してるのかい？

を注意深く床に並べていたのですが、恐ろしいことに、それらが研究室の床に見当たらないのです。もっと悪いことに、壁・ドア・窓・コンピューターに慎重に張り付けていた付箋紙もすべて剥ぎ取られていました。グランディ教授はあわてて階段を駆け降り、彼の留守中に掃除機をかけ埃を払うために床の「ごみ」を全部捨ててしまった庶務係を叱りつけました。

グランディ教授が外にあるごみ箱をゴソゴソと捜し回っていると、彼の同僚が同情したように、

「肛門－排泄段階に固着した性格が肛門－保留段階の性格と葛藤を起こしているときみたいだ」と言いました。この観測に対しグランディ教授は無念さをあらわにし、しかも猥褻なことを言う奴だという様子を示すと、さらに同僚はこう言うのです。「口唇－攻撃段階へ退行しているサインが見えてますよ、グランディ教授」

精神分析理論

人間の行動について、精神分析の立場からも多くの説明がなされていますが、そのルーツはすべてジグムント・フロイトの理論にあります[24]。彼は、人間の行動を本質的には発達的な形で記述しています[40]。正常な行動であれ異常な行動であれ、人間の行動を理解し説明するには、ある決定的な段階を経て行動が進捗するという考えが基礎になるだろうとフロイトは主張しました[29]。彼の理論の中でもこの考えは最も一般的に受け入れられ、また最も知れ渡っています。

フロイトは、生物学的な根拠を持つ衝動、特に性衝動と攻撃衝動の存在を仮定しました。それらの衝動は、フロイトがイドと呼ぶエネルギー源から生じています。イドは人間のパーソナリティの一部で、何ら外的なコントロールを受けずに欲望の充足を求めていきます。パーソナリティの第2の部分は**自我**と呼ばれるもので、乳児が外界とのかかわり方を学習しながら発達させてきます。自我には、運動性や記憶、判断、推論、言語、思考などの過程が含まれています[40]。パーソナリティの第3の部分は**超自我**で、親からのしつけによって発達してきます。超自我には良心、道徳性、倫理、理想などが含まれます。イドの衝動が超自我の規範とぶつかり合うと、そこに大きな不安が引き起こされ、葛藤が生じます。そして、その葛藤は自我によって調停されるとフロイトは考えました。

フロイトは、イドにはエネルギーが蓄積されると想定し、発達の各段階でそのエネルギーが身体の様々な部分に集中すると考えました。フロイトの発達段階理論は、後にアブラハムによって洗練され、それがフロイト理論に取り入れられたものです[29]。その発達段階とは次のようなものです。

1. **口唇期** この段階は、生まれてからほぼ2歳までの段階で、欲求の充足が口に集中します。この段階はさらに歯のはえる頃を境に、口唇－依存段階と口唇－攻撃段階に分けられます。
2. **肛門期** この段階は、2歳から4歳頃までで、欲求充足は排泄に集中し、肛門－排泄段階と肛門－保留段階に分けられます。肛門－保留段階では、排泄をうまくコントロールしたり我慢して排泄物を貯めておくことで欲求を充足させ、排泄習慣の確立が親のおもな関心事となっている年代と対応しています。
3. **男根期** この段階の欲求の充足は性器に集中しています。この段階は4歳から6歳頃までで、いわゆるエディプスコンプレックス（父親を殺して母親と結婚したというギリシャ神話のエディプス王にちなんでつけられた名前）が生じます。エディプス期の間に、子どもは異性の親と非常に仲良くなり、同性の親に対して敵意を持ち始めます。
4. **潜伏期** 最初の3つの騒々しい段階の後、いったん休息を取っているように思える段階がこの段階です。もし子どもが潜伏期以前のコンプレックスをうまく解決していれば、子どもは同性の親と自分を同一視するでしょう。この段階は6歳から思春期頃までで、男の子は男の子の友達と男らしい、女の子は女の子の友達と女らしい遊びをします。
5. **性器期** 思春期に達し、子どもは異性へ関心を示し始めます。

この理論によれば、これらの段階をうまく乗り越えていった人たちは大体が普通の大人になっていきます。フロイトの見解では、問題が生じるのは、自分が葛藤を解決できずにある特定の段階に固着してしまったり、不安によって以前の段階に退行してしまうときです。口唇－依存段階に固着したり退行している人は、ひどく依存的であったり、口唇を用いた方法、例えばたくさん食べたりタバコを吸ったり、アルコール・薬物の乱用などで問題の解決を求めようとします。口唇－攻撃段階に固着している人は皮肉屋で毒舌家かもしれません。肛門－排泄段階での固着は相反するものが統合されずに存在し、肛門－保留段階では、非常にきちょうめんな性格がみられます。フロイトはエディプスコンプレックスをうまく解消できないと性の同一性の確立が難しくなると示唆しています。

認知発達の段階理論

ジャン・ピアジェは発達段階の理論を提唱しました。彼は生物学者でもあり心理学者でもありました。子どもの道徳性や認知能力の発達に関するピアジェの説明は、教育者に強烈な衝撃を与えました。フロイトと同じようにピアジェも、生物学的に決定された何らかの力が発達に関与しているという理論を打ち立てました[51]。ピアジェの考えた力とは、生活体がその環境に適応していくのを可能にするようなものです。特に**同化**と呼ばれる、個人の機能を高めるために環境を取り入れていこうとする傾向と、**調節**と呼ばれて、環境に適応するように行動を変容させていく傾向とがあります。この2つの力のバランスを維持していこうとする過程は**平衡**と呼ばれています。そして、平衡が成長を促進させますが、成熟や経験、社会的な相互交渉などの要因も成長を促進させます。

ピアジェが考えた認知発達の段階は、次のとおりです。

1. **感覚運動的知能**（誕生から1歳半まで）
この段階では、乳児は自分自身を自分以外の外界と区別することや、物の表象を確立するのに懸命になります。子どもは対象物にどうやって働きかけるか、物がどのように自分に働きかけるかを学習します。そして、対象の永続性（たとえ物が目に見えていなくても存

在すること）を学習します。
2. **前操作的思考、表象的思考**（1歳半から4、5歳まで）　この段階では、言語の発達があります。しかし、自分だけのシンボルや表象が、言語の発達に先立つとピアジェは仮定しています。そこには幾つかの限界がまだあって、この段階の子どもは、まだ第三者の視点に立つことができません。「むこうに立ったらこの部屋はどんなふうに見えるか？」というとても具体的なことであっても、難しいようです。この段階の子どもの思考はよく知られた保存の実験によって典型的に示されます。つまり、まったく等しい量の液体が入っている2つのコップを子どもに見せて、等しいことを確認させてから、子どもの見ている前で一方のコップの液体を幅の広い（または狭い）コップに移しかえます。すると子どもは2つのコップの量を異なっていると言い張るでしょう。
3. **前操作的思考、直感的思考**（5歳から7歳まで）　この段階では、子どもは量や数、重さなどの保存を理解し始めます。子どもは複数の側面に同時に注目して考えられるようになり、目の前の知覚に左右されなくなります。幾つかの操作で可逆性を理解し始めますが、自分の出した結論を説明したり正しいことを証明したりすることが常にできるわけではありません。直感的に正しい答えを出すかもしれませんが、子どもはそれを系統だてる能力はまだありません。
4. **具体的操作**（7歳から11歳まで）　この段階では、子どもは自分の知覚と象徴を統合できるようになります。子どもは幾つかの刺激次元を同時に分類し、範疇化することができるようになります。自分がなにをしているのか、についても言葉で説明できますが、純粋に抽象的な形で提示された問題は解くことができません。
5. **形式的操作**（12歳から成人まで）　いったんこの段階に到達した子どもは、問題を解くのに具体的な例を参照する必要はなくなります。形式的操作の段階にある子どもは抽象的にものごとを処理したり、仮説的な状況を処理でき、論理的に考えることができます[19]。

段階理論と知能

人間の発達を段階理論として唱えるピアジェやその他の研究者たちにとっては、人間の普通の行動を記述したり説明したりすることが第一の関心事でした。結果的に、先の2つの理論の中で紹介した発達段階の年齢範囲は、正常な人々がいつ頃その特徴を発揮させ始めるかのおよその指標となっています。しかし、たびたび仮定されることですが、認知発達の段階は生活年齢よりも精神年齢と密接に関係しています。従って、精神発達遅滞児は正常な知能を持つ児童に比べ、各段階にゆっくりと到達すると見なされています。

発達理論の有用性

われわれが紹介してきた理論は2つとも、一応、包括的だと言えます。いずれの理論も明らかに認知、情緒、正常な行動も異常な行動も含めて、人間の多くの行動を説明しています。しかしながら、検証可能性という点で疑問が残ります。ピアジェ学派の理論家は学業や前学習的な行動と年齢との関係を明らかにする証拠を繰り返し報告しています[51]。しかし精神分析的な説明を検証しようとする試みはほとんどうまくいっていません[1]。確かに、人間の行動を精神分析で説明しようとするアプローチを受け入れている人たちの間では、精神分析の理論を検証することにはかなりの抵抗があります[56]。ある年齢では、多くの人が同じようなやり方で行動することは検証できます。しかしこのことは、それらの行動の基礎的な原因は根底にある発達段階であり、不適切な行動や異常な行動が出現するのはその段階をうまく通過できなかったり、その段階に到達していないからだということを証明してはいません。発達段階の順序が不変であるとか、より高度なレベルの段階の機能に到達するには直前の段階を通過到達していなければならないというようなことについては、それを裏付けるわずかな証拠しかありません[50]。次

の表は発達理論の有用性についてまとめたものです。

発達理論の有用性

	優	良	可
包括性	○		
検証可能性			○
予測的有用性		○	
節約性			○

　発達理論の中には、すべての人間ではないにしろ、多くの人がある年齢になると何をするかについて、十分な予見的有用性を持つものがあります。本来、発達理論は平均的な人についての一般的な情報を提供するものです。しかし、スキナーが言うように「平均的な個人が何をするかについて予測したとしても、特定の個人を扱おうとするときには何の意味も[59 (p.19)]」持ちません。マークスとヒリックス[46]は精神分析を批判して次のように述べています。「不幸なことに、精神分析の説明はあまりに概説的であり、行動という行動はすべて説明できる。真に科学的な説明とはそんなものではない。科学的説明は、多くの諸々の行動の中から特定の１つの行動を予見しなければならないはずである(p.231)」。発達理論は、ある特定の状況における個人の行動を予測するような情報は提供してくれません。従って、状況を変えることで行動を変化させたいと思っている臨床家が発達理論に期待できるものは、わずかしかないでしょう。

　行動の発達的説明は、節約性の基準に照しても不適切です。子どもがかんしゃくを起こしている場合、自我が弱いとか、口唇期の発達段階に固着しているとかの説明は、役に立つ最も単純な説明であることはまずないでしょう。節約性が欠けているので、生理学的な説明と同じように、非生産的な言い訳を教師に許してしまうだけです。学習課題に対して発達の準備が整うまで待っていたのでは、大半のケースで永遠に待つことになってしまいます。生徒を現在のレベルから次のレベルへと向上させる手段を示唆してくれるような説明の方が、少なくとも実用的な観点からは、発達的な説明よりも有用なはずです。例えば、グランディ教授の同僚で発達論を専門にしている人は、おそらくグランディ教授の出合った多動性という概念を、仮説構成体である形式的操作の段階に達していないためであると説明するでしょう。こんなフィクションにも似た難解な説明でなく、もっと節約的な有用性の高い説明がないものでしょうか？　次のエピソードでグランディ教授は行動の理論を探し続けています。

グランディ教授、洞察を得る

　教育実習生とのやりとりで、すっかりやりこめられてしまったグランディ教授は、その日の午後も授業を見に行きました。教授はこれ以上恥をさらすのはなんとしても避けたいと心に決めていました。ラルフの多動性についてはいっさい口に出さないで、ハーパーの授業を観察することに集中しました。彼女の授業予定では算数を教えることになっていました。しかし子どもたちがグループになっていろいろな大きさの木製ブロックで遊んでいるだけなのを見て、グランディ教授はすっかり混乱してしまいました。ハーパーはグループの子どもたちとテーブルに座っているだけで、子どもたちとはかかわろうとしません。

　その授業の終わりに、グランディ教授はハーパーに近寄り、どうして予定どおりに足し算と引き算の基本を教えないのかと尋ねました。

　「教授、私はちゃんと予定どおりに授業をしました。子どもたちはブロックを使って数の関

係を洞察したのです。先生は構成主義的アプローチをご存じでないようですけれども、大抵の人は学習には真の洞察こそが不可欠であり、真の洞察は子どもに教えることができず、子どもが自分の心の中で知識を構成していくのを単に促進できるだけだということを知っていますよ」

　グランディ教授は、少しはわかったように思えましたが、それ以上どうすることもできなくてもう一度尋ねました。

「子どもたちは、２＋２が４だということを、もう構成化したのかね？」

「教授、そんなことは重要なことではないのです。暗記学習は無意味なんです。子どもたちが２＋２が４だというのを知ったかどうか、そんなことには関心がありません。私は、子どもたちに数システムの意味についての認知地図を構成させ、それを真の問題へ応用してほしいのです」

認知的説明

　先の例で学生のハーパーが主張した教育理論（本当はある程度誇張して紹介しましたが）は、人間の行動と学習についての一つの説明に基づいています。それは発達理論、特にピアジェ一派の要素と、今世紀の初頭、ドイツで最初に紹介された理論とを一緒にしたものです。この説明を最初に提案したのは、知覚の実験で有名なマックス・ウエルトハイマー[34]という人です。

　ウエルトハイマーは、ものそれ自体よりも、重要なのは知覚されたものとものとの関係であると考えました。彼が言うには、人々はものをある体制化された型として知覚する傾向があり、そのために、見たり聞いたりされる事物は、それを構成している個々の部分の寄せ集めとは異なって知覚されます。彼はその体制化された知覚をドイツ語で**ゲシュタルト**と名付けました。ゲシュタルトという用語に正確に相当する単語が英語にはないので、「形（form）」「パターン（pattern）」「形態（configuration）」などと英語では訳されています。ゲシュタルトという言葉は、この考え方を支持する英語圏の人々の間では広く用いられているので、われわれもこの心理学を**ゲシュタルト心理学**といいましょう。

　コフカ[42]はウエルトハイマーの理論を知覚だけではなく、学習にもあてはめました。彼は知覚した情報に構造を与える過程が、人間における学習であると結論しました。

　ゲシュタルト心理学が知覚や学習に適用した基本原理は**体制化の原理**と呼ばれています[55]。それらの原理は次のとおりです。

1. **近接性**　時間的、空間的に近接している部分は１つのまとまりになる傾向を示します。例えば、図１-１(a)の×は３つのまとまりに見えます。同じように、モールス信号を聞いて受信者がドットとダッシュを文字のように知覚することができるのは、それらが時間的に接近しているからです。
2. **類似性**　類似した部分もひとまとまりとしてとらえられる傾向を示します。例えば、図１-１(b)の×は縦横等間隔なのに縦並びではなく横並びに見えます。
3. **閉塞性**　不完全な図形を完全な図形に見てしまう傾向を示します。図１-１(c)は不完全な○なのに、ほとんどの人はこれを見て、マルだと言うでしょう。
4. **簡潔性**　図を正しいものとして、あるいは単純化して見てしまいます。例えば、多くの人が校正読みが下手なのは、間違ったスペルでも正しく書かれていると見てしまうからです。

(a)	(b)	(c)
近接性	類似性	閉塞性

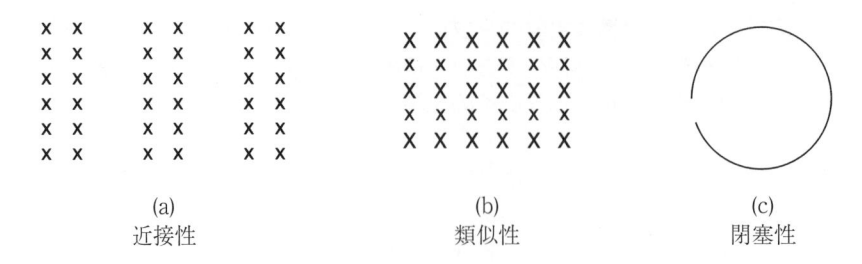

図1-1　知覚の体制化

　ゲシュタルト心理学が強調しているのは、人間は彼らを取り巻く環境を体制化する傾向があり、個々の事物をバラバラにではなく、それらの関連性をとらえようとする傾向があるという点です。この傾向は、洞察という言葉でケーラー[43]によってさらに研究されました。ケーラーは第1次世界大戦の最中にカナリア諸島で研究をしていて、そのまま7年間もそこから出ることができませんでした。彼はその年月を島の類人猿の研究に費やし、行動についての理論を作りました。彼の最もよく知られた実験には、サルタンと名付けられたチンパンジーの実験があります。

　サルタンは、何本かの短い棒といろいろなおもちゃの入った大きな檻の中に入れられていました。サルタンは退屈したときに、棒切れを使って自分の方へ物を引き寄せることができることを発見していました。ある日、ケーラーはバナナと長い棒を檻の外に置いてみました。両方ともサルタンの手の届かないところに置かれていましたが、棒の方がバナナよりも近くに置かれていました。最初、サルタンは檻の中の短い棒を拾い上げて、バナナを引き寄せようとしましたが、棒が短過ぎてバナナを引き寄せることはできませんでした。サルタンは棒を投げすてて、腹を立て足を踏みならしながら檻の反対側へ行きました。サルタンはじっと考え込むように座り込んでいましたが、突然に、短い棒と長い棒、そしてバナナに目をやり、一つの考えに達しました。サルタンは飛び跳ねて小さな棒切れのところへ行き、それで長い棒を引き寄せ、次にその長い棒で意気揚々とバナナを引き寄せました。ケーラーはこうして学習経験がサルタンの思考パターンの再構成に関与していることを示しました。チンパンジーには以前に物を引き寄せる経験がありましたが、一つの棒を使って別の棒を引き寄せ、次にバナナを引き寄せるという考えは、彼の先行経験を新しく適応させたものでした。[7] (p.238)

　ケーラーによると、サルタンは状況の「ゲシュタルト」を頭の中で再構成し、洞察を得ることでバナナを手に入れるという問題を解決したのでした。

　ウエルトハイマー[80]は、ゲシュタルト理論を人間の問題解決にも拡張しています。彼は子どもや大人が幾何の問題を解くときに示す洞察について研究し、効果的な解決は洞察によって生まれ、暗記学習はたとえ正しい答えが導き出されたとしても他の場面では役に立たないと結論づけました。

　ゲシュタルト心理学は教育にも大きな影響をおよぼしました。人間の行動を理解する手だてとして、この理論を採用している最もよく知られた教育者は、ジェローム・ブルーナー[13]です。**認知的教育理論**と呼ばれるようになった理論で彼は、新しい教科や社会的行動の学習の基礎となるのは、思考パターンの再構成や洞察を得ることだと強調しました。その教育的実践は**発見学習**と呼ばれています。学習は洞察、パターンの再構成、直感的ひらめきから生み出されるので、教師は知識を子どもに提供する必要はなく、

ただ単にうまく発見できるように環境を整えるだけでよいというのです。動機づけは、内的要求の結果として生じ、環境内のものごとが体制化されるときに満たされると仮定されました。そのために、動機づけは内的なものであって、教師があえて作り出す必要はないものだと考えられました。最近では、教育に応用される認知理論は**構成主義**と呼ばれています。このアプローチでは、教師が知識を生徒に提供することはできず、生徒は自身の心の中で自身の知識を構成すべきである、と考えられています[12]。

ゲシュタルト心理学から導き出される原理は、有名なレヴィン[44]の研究にみられるように、社会的行動にも応用されています。彼の方法は、**場理論**、あるいは**認知的場理論**と呼ばれています。レヴィンは、人間の社会的行動をその人の「生活空間」にあるいろいろな要因に基づいて説明しています。「生活空間」というのは、人が知覚し、またその人の行動に何らかの影響を与える環境です。人はそれぞれに環境の事物を知覚し、その意味づけも個々に異なっている、そして、それらの事物にその人を近づけさせたり遠のかせたりする力が、その人の内部にあるとレヴィンは主張しています。人間の生活空間を図示したり、地図として表現する複雑な手続きによって、ある人の事物の価値づけや、それに接近させたり遠のかせる力の強さから、その人がどのような行動をとるかを予測できるとレヴィンは述べています。従って、生活空間の知覚や、そこでの事物に含まれている関係性を変えることで行動は変化します。

認知理論の有用性

認知理論は非常に多くの人間行動を説明しています。知的な分野の行動も社会的な行動も、認知理論で説明することができます。まだ構造化されていない環境事象を構造化したり、その相対的重要性を知覚した結果として、ほとんどすべての行動は説明できます。それ故、認知理論は包括性の基準に合致します。

しかし、検証可能性という面から考えれば、問題もあります。認知理論では、すべてのプロセスが内的に生じているので、そのプロセスの存在を確かめる方法がありません。例えば、ケーラーはサルタンのバナナとり行動を、パターンの再構成と洞察で説明し、サルタンが足を踏みならしたのを「腹を立てている」と考えましたが、どのプロセスも検証できません。バナナを取ることができたという結果は検証できますが、そのプロセスは仮定されたものに過ぎないのです。

認知理論の予見的有用性も限定されているといえます。教科領域では、発見学習や構成主義的アプローチを取り入れている教師は、子どもがどんなことを発見・構成するか制御できません。なるほど、この認知理論を支持する人たちは学習の結果を予測したいとは思っていないでしょう。不幸にも、そのように教授－学習課程の所産を制御しようとしないことが、この教授法の成果をやや貧弱なものにしています。一般に認知理論に基づいた教育実践は、直接に知識を教える方法ほどうまくいっていません[21]。

認知的場理論の予見的有用性は、認知理論よりは大きいでしょう。ある個人の「生活空間」に含まれる事物、それらの価値、その事物へ接近したり回避したりする動機づけを十分に知ることができれば、その人の行動を予測できるかもしれません。もちろん、これらの情報すべてを得ることができれば、場理論を用いなくても、

認知理論の有用性

	優	良	可
包括性	○		
検証可能性			○
予測的有用性			○
節約性			○

かなりしっかりと行動を予見することができるでしょう。

われわれの最後の基準については、認知理論は節約的ではないと結論すべきでしょう。知的領域、社会的領域のどちらにおいても、認知的説明は行動の理解と予測に不可欠ではありません。

これまでに紹介してきた理論は、人間の行動についていろいろな情報を提供してくれているのですが、われわれの4つの基準にすべて当てはまる理論はありませんでした。これらの理論はとてもよく知られている理論であり、われわれの基準に合わないからといって価値がないというわけではありません。ただ、学校の教師が実践していく上で、十分な手引きになるとは言えないと思います。次のコラムの後で、われわれの4つの基準──包括性、検証可能性、予見的有用性、節約性──に最もよく適合すると思われる、行動的観点からの説明を紹介していきます。

グランディ教授、行動に移る

グランディ教授は不愉快な日々を送っていました。午前8時の授業はたくさんの学生が、もちろんデワインもですが、遅刻してやってきては授業の邪魔をします。教授は相変わらず教育実習生に馬鹿にされ続けています。教授の貴重な原稿はしわくちゃになり、悪臭を放った状態でごみ箱から戻ってきました。教授の同僚は相変わらず「肛門−排泄」と「肛門−攻撃」傾向がどうのこうのと一日中グランディ教授の反論にもかかわらずまくしたてています。

家に帰って、気分を落ちつかせようと一杯飲んだ後で、グランディ教授はあることをやってみようと決心しました。教授は具体的に幾つかのプランを立ててから眠りにつきました。きっとうまくいくはずだと確信しながら……。次の朝、少し頭痛を感じながらも意気揚々と起き上がって前の晩のプランを実行に移しました。

まず、教授は午前8時のクラスに5分前に行くようにしました。これまで教授はベルがなってから7、8分してから教室に着いていたので、これはちょっと珍しいことでした。そしてその5分間を学生と愛想よく雑談し、前の講義のわからないところを尋ねられればもう一度説明しました。ベルが鳴ったとき、早く来ていた学生の5人に特権として、次の試験で2点の得点がもらえる「無遅刻証明カード」を手渡しました。

朝の講義を終えてグランディ教授は研究室へ戻って「本日は清掃しないでください」と大きく書いた張り紙をドアに張り付けました。そして、生物学部が捨てるごみでひどい臭いがするのではないかと思いながらも窓を開け、1時間の間ノートの整理をしました。

次にグランディ教授はハーパーのところを再び訪れました。今度は彼女にラルフの行動をうまくコントロールする方法と、基本的な数の計算を教える方法をちゃんと学んでこなければ、単位を与えないと言うつもりでした。彼女の教授に対する軽蔑した眼差しがあっけにとられた表情に変わっていくのはちょっとした見ものでした。

グランディ教授が見たのは、ラルフがあまりに「多動なために」じっと座っていられず、他の子どもたちが勉強しているときに教室のおもちゃ置き場でいろいろなおもちゃをいじりながら時間をつぶしている姿でした。彼はハーパーに、一定の時間ラルフが着席した後にだけおもちゃで遊ばせるように提案しました。もちろん最初はほんの少しの時間で、その後だんだんと長い時間座るようにしながら……。

グランディ教授は次に、ハーパーに、足し算と引算の問題を書いたカードを作って何問かできた後にだけカラーブロックで子どもたちを遊ばせるように言いました。

うきうきした気持ちで研究室へ戻ったとき、教授は精神分析が専門の同僚に出会いました。彼はいつものように茶めっけたっぷりに教授の性格を分析してみせましたが、そのコメント

図書館から返却期限切れの48冊のうちの1冊を取ってくるようにといわれたんですが……
あ、あの、もし、お済みなら……

を無視して教授は自分の秘書と活気のある会話を始め、秘書のタイピングが早くなったことを褒めました。彼女は教授の原稿を真っ先にタイプしますと約束しました。彼女は、一刻も早く臭気の立ちのぼる原稿用紙を捨ててしまいたかったからですが。

短期間で、グランディ教授はうまく事が運びだしたと感じるようになりました。午前8時のクラスにはほとんどの学生が毎朝遅れずに出席するようになりました。しかも教授が「無遅刻証明カード」を2、3回に一度しか渡さなくてもちゃんと出席しています。ハーパーは教授を馬鹿にすることをやめ、子どもたちをちゃんと教え始めました。ラルフのうろうろする行動はみる間に少なくなり、算数のグループは足し算や引算を習得しました。グランディ教授は同僚がごたごた言うのを無視し続け、何も反応がないとなると、彼は次第にからかうのをやめてしまいました。教授のメモや下書きは、迅速にワープロ原稿に姿を変えていきました。唯一の問題は、教授の研究室の状態は火災の危険があるのですぐにきれいにするように、大学の保安室から厳しい通達を受けたことでした。

行動的説明

先の話で、グランディ教授は行動主義の心理学者だということが明らかになってきました。問題を解決するために、教授は本書ではまだ触れていない説明から導き出されたテクニックを使っています。それは行動論的な説明です。行動論では、人の行動は、それが適応的なものであっても不適応なものであっても、学習された結果であるとしています。そして、行動の結果として生じる事柄の帰結として学習が行なわれると考えます。非常に簡単に言ってしまうと、快な結果が行動に引き続いて生じるとその行動は反復されやすくなり、学習されます。不快な結果を伴なう行動は繰り返されず、学習されません。こう考えると、デワインを含めて学生たちが授業に遅れてきたり、用務員さんが研究室を掃除し、教育実習生が馬鹿にし、ラルフがうろうろし、精神分析の同僚がごたごたからかうのは、すべてそうするように学習した結果なのです。ですから、彼らに別の行動をするように学習してもらうこともできるわけです。そのために教授は人間の行動を行動主義者の立場からとらえて、そこから導き出された幾つかの学習

原理を用いました。次にそれらの原理を紹介しますが、もう少し後の章で一つひとつ詳しく紹介します。

正の強化

正の強化*とは、2つの環境事象、つまり行動（観察可能な行為）と結果（その行為の帰結）との機能的な関係を表わす言葉です。すなわち、ある行動に、その行動の出現を増加させるような結果が後続すれば正の強化といいます（強化については第6章で詳しく論じます）。

多くの人間の行動は正の強化によって学習されます。お母さんが子どもがおもちゃを片づけたら褒めるのは、子どもに整理整頓を教えようとしているのでしょう。逆に、デパートで泣いている子どもを泣きやませようとしてお菓子を与えている親は、泣けばお菓子がもらえるということを子どもに教えていることになります。グランデイ教授の管理人さんが掃除をするのも、教授の同僚の冷やかしも疑いもなく学習され、正の強化で維持されている行動です。グランデイ教授は正の強化を用いて（「無遅刻証明カード」や会話、おもちゃと遊ぶ時間）、学生に遅刻せずに出席する率を増加させ、ラルフが椅子に座っている時間を長くさせました。

負の強化

負の強化は事象間の関係を表わす言葉で、ある環境条件（通常、嫌悪的で不快な）が取り除かれたり、その強度が弱くなったりしたときに行動の出現率が増大することです。ある行動の結果として不快な出来事が解消することによって、人間は多くの行動を学習しています、例えば、グランデイ教授は、窓を開けると閉め切った部屋の不快な臭いが減少するのを学習しました。同じように、彼の秘書がタイプを早く打つのは、早く片づけてしまえば、臭気の立ちのぼる原稿用紙を捨ててしまえるからでした。

---

* アンダーラインの引かれた語は巻末の用語解説を参照

罰

罰も事象の関係を表わしています。行動に、その行動の将来の出現率を減少させる結果が後続することです。ある出来事が行動の結果として伴われ、その行動の出現率が減少する場合に限り、その出来事は罰刺激と呼ばれます。行動理論の専門家は罰という言葉を特定の関係を示す用語として用います。日常的に使われる罰という語の意味と、専門家が使う罰の意味とが違うことで混乱が起きます。罰という言葉は、日常的には、行動を変容させるために行なわれる不快なことを指していますが、行動理論の専門家は、先行する行動が減少したときに**のみ**罰であるとします。専門的な意味では、行動の結果事象が不快なものと感じられる必要はありません。行動理論の専門家であれば、親や教師が言うような「罰を与えたのに、彼の行動はいっこうに改まらなかった」という言い方は決してしません。それは罰ではなかったからです。

後続する刺激と、それに先行する行動との関数関係が認められたときにのみ罰といえます。例えば、グランデイ教授がハーパーに落第の脅威を与えた言動は明かに罰です。なぜなら、教授を馬鹿にしたような彼女の言動が止まったからです。もちろん、われわれとしては、教授にもっとましな（正の強化を用いた）方法を選択してもらいたかったと思います。

消　去

以前に強化されていた行動がもはや強化されなくなると、その行動の出現率は減少します。この関係を消去といいます。前のお話で、グランデイ教授が同僚のからかいになんの反応もしなくなったら、同僚の行動は止まりました。行動主義者にとって、すべての学習原理は実際に生じることに基づいているのであって、何を考えているか、ではありません。グランデイ教授は、怒鳴ったり不快な表情をすることで、同僚を罰したつもりだったのかもしれません。しかし実際には、同僚のからかいはますます増大するばかりでした。つまり教授の対応と同僚の行

動とは、正の強化の関係にあったのです。そのため、正の強化子が取り除かれると、行動は止んでしまったのです。

刺激制御

環境条件や出来事すなわち刺激は、時間の経過とともに特定の行動と結合するようになります。どんな行動も、過去に強化を受けた際にそこに存在していたのと同じ刺激が呈示されると、その行動は生じやすくなります。これは刺激制御の原理です。行動とその結果というよりは、行動と先行刺激（行動が遂行される前に生じる出来事や条件）の関係を表わします。当然、この関係が成立するには強化が不可欠です。強化の際に先行した条件や出来事が、今度はその行動が生じるための信号あるいは手がかりになります。お話の中で、事務員さんが注意書きを遵守するのは、明らかに過去に強化を受けたからで、この場合、強化子や罰刺激がなくてもグランディ教授の注意書きは効果がありました。

その他の学習原理

これまでに紹介した学習原理に加えて、グランディ教授は行動論に基づく幾つかのテクニックを例示しています。その中にはモデリングやシェイピングが含まれています。モデリングというのは行動のお手本を示すことです。グランディ教授は、授業に遅れてくるという不適切な行動のお手本を示していたのです。それで学生たちはその行動を模倣していたのです。適切な行動でも不適切な行動でも、多くの行動はお手本を模倣することで学習されます。幼児は両親の行動を模倣しながら話すことを学びますし、大人はデモンストレーションを見て複雑な機械の操作を覚えていきます。

シェイピングは望ましい行動を少しずつ系統的に強化していく方法で、新しい行動を教えるときに用います。グランディ教授はラルフに着席を教えるために、ハーパーにシェイピングを使うよう提案しました。彼女は、最初はほんの短時間でも着席行動が生じたなら強化し、そしてラルフが強化を手に入れるために必要な着席時間を次第に延ばしていきました。多くの行動はシェイピングによって教えられます。子どもが初めて１人で服を着るときには、ブラウスが裏表でもパンツが前後逆でも、両親はあふれんばかりに褒めるでしょう。やがて彼女が褒められるのは、着衣がきっちりと整っているときにだけになるでしょう。

行動理論家の課題

行動理論家は、ちょうどここで述べた幾つかの原理に基づいて人の定型的あるいは非定型的な行動の発達を説明します。この立場で重要なのは行動を強調しているという点です。行動としてみるためには、**観察可能**で測定可能でなければなりません[4]。行動は、われわれが見る（時には、聞く、感じる、嗅ぐ）ことができなければなりません。そのように直接に観察されたものを意味あるものにするためには、行動を定量的な言葉（どのくらいの量？、長さ？、頻度？）で測定する方法を確立しなければなりません。学習の原理に基づいた関係が述べられていても、これらの基準を満たしていない報告を、行動主義者は信頼できません。

スキナー[59]は、行動主義の研究者は行動を記述することに関心を持ち、説明することには熱心ではないと言っています。彼が言うには、特定の行動の出現率を増加・減少・維持する環境要因を重視すべきだとのことです。遠い過去のどんな環境変化（行動の結果）がある行動の発達に結びつくかを推定するのは確かに興味深いことかもしれませんが、重要なのは問題となっている具体的な行動と現在の環境要因との機能的関係を実証的に決定することです。過去にその行動を形成したり、あるいは抑制したりした強化子や罰刺激は、今現在、観察できるものでないし、また、現在それを維持しているわけでもないでしょう。キャンディがもらえるのでスーパーマーケットで泣き叫ぶことを覚えた子どもは、学校で算数の問題を出されたときに、よく泣くようになるかもしれません。その教室にはキャンディはありませんが、状況をよく観

察すると、教師はこの行動を強化する環境を見つけだすでしょう。過去に戻ることはできませんし、過去にさかのぼってキャンディやその他の強化子を取り除くことはできません。われわれは過去よりも現在の事柄に関心を向けていかなければならないのです。

　注意しておきたいのですが、行動主義の研究者は、行動的問題に影響を与える生理学的な要因が存在することを否定するものではありません。まして、遺伝[45]や発達段階[23]を否定するものではありません。行動主義が強調するのは、行動を維持している現在の環境条件であり、環境の条件と行動との機能的関係の確立とその証明です。

行動論的説明の有用性

行動論的な考え方に対する最も一般的な批判の一つは、行動理論は人間の行動の多くの部分を説明できないということです。行動理論が観察可能な行動に対象を限定しているので、多くの人たちは単純な運動反応以外は何も説明できないと考えているようです。しかし、スキナー[59,60,64]は、言語行動や社会的・経済的・政治的な行動、宗教的信仰など、広い範囲の複雑な人間の行動を学習原理で説明しています。

　人間行動のすべての側面を行動原理によって説明できていないからといって、行動理論が人間の行動をまったく説明できないと短絡的に考えるべきではありません。スキナー[62]は行動理論に限界があるとする意見に対して興味深い反論をしています。

　　探求されていない分野があっても我慢することは、特に行動の科学においては重要です。われわれは、まだ明らかになっていない事実の多さに圧倒されてしまうかもしれません。不思議な錯視や記憶間違い、問題解決のときのひらめき、それらは魅力的な現象です。しかし神経学的プロセスや単に言葉上の説明ではなく、行動科学の立場からそれをきっちりと説明することは、現在の時点ではわれわれの手の届かないところにあるといえます。行動科学の現在の知識範囲でそれらの現象を十分に説明せよというのは、1600年代に生きたギルバートに電磁波増幅器を説明せよと言ったり、1840年頃に活躍したファラディに超伝導を説明せよと言うようなものです。初期の物理学者は研究対象である自然の単純さに恵まれていました。複雑な現象は科学技術が進歩してきて初めて、その存在が明らかになってきました。行動科学者の研究対象は、物理学と異なり、だんだんと複雑性を現わしてくるものではありません。行動はあらゆる側面が目に見えるので、現象のすべてに直面しなければなりません。それゆえなおのこと、できることから明らかにしていき、行動科学者の分析力が進歩してから難しい行動の分析へと進んでいかなければならないのです。[62(p.218)]

　スキナーの1966年の主張以来、多くの進歩が見られていますが、まだまだ多くの現象が説明されないままになっています。行動主義の研究者は、観察できないことを理論化することを拒み、説明は必ず検証がなければならないと考えています。この点で現在のところ行動主義者は検証可能性のために包括性をある程度犠牲にしています。

　検証可能性は行動論的説明のエッセンスです。他の理論家は、まず理論を立て、それから実験的な検討によりそれを検証しようとします。一方、行動主義者はまず調べ、そして定式化します。それは理論というよりは、一般化できるように整えられた記述です。大人が子どもに向ける注目は、多くの子どもにとって正の強化子として機能する[3,30]という記述は、このような一般性のある事実の一例です。この陳述は、子どもの行動と大人の注目との機能的関係を何回も反復して実験で確認して初めて一般性のある事実として認められるに至ったものです。次ページの表は行動論的説明の有用性をまとめたものです。

　行動論的アプローチがもっぱら焦点を当てるのは、行動の変容です。予見的有用性はいかなる行動論的説明にとっても本質的な部分です。不適応・不適切な行動の修正や、適応行動の増

行動理論の有用性

	優	良	可
包括性		○	
検証可能性	○		
予測的有用性	○		
節約性	○		

大を容易にするために、機能的な関係を確立し、般化が図られます。行動主義者は、行動についての議論ではなく、行動を変容させることによって強化を受けます。ある環境下で人がどのように行動するかを、もし定式を一般化することから予測できないのなら、行動主義者の言っていることはピントがズレているのでしょう。膨大な文献が、人間に学習原理を適用した証拠を示しています。1968年から今日に至るまでの「応用行動分析誌」(Journal of Applied Behavior Analysis) の各巻に膨大な量の証拠が挙げられています。これらのデータにより、いろいろな条件下での行動が予測できるようになっています。

有用性の第4の基準、節約性についても、行動論的説明は十分資格があるといえます。行動を観察可能性・検証可能性そして関数関係に基づいてのみ記述するなら、いわゆる「説明のためのフィクション」の使用を避けることができます。フィクションでうまく説明できたとしても、先に論じたような循環論に陥ることになります。その一例として、ラルフの離席行動を「多動性」——説明のためのフィクションの一つです——のためと考えるより、グランディ教授は、行動論的アプローチによってラルフが席を立つ前後に何が起きているかを突きとめようとしました。行動論は、観察された行動と環境との関係から一歩も離れることを許しません。多動性のためであるとか、肛門−排泄段階への退行や固着したためであると説明することは、決して受け入れないのです。どちらの説明も問題についての有益な情報を何も提供してくれないからです。

節約性に基づかない説明の一例として、ホートンとエイロン[31]が行ない、専門家を翻弄した例を紹介しましょう。彼らは、精神病院に入院している、座ることとタバコを吸うことしかしない精神病患者を診ていました。タバコをしばらくの間禁止した後で、立ち上がってほうきを持ったならばタバコを与えるようにしました。すると患者はほとんどの時間、ほうきを抱きかかえているようになりました。その患者の行動を観察させて、2人の精神科医に評価を依頼してみました。最初の精神科医のレポートには、

> ほうきは、彼女の意識の中の何か本質的な知覚要素を象徴している。どうしてそうなったのかわからないが、フロイド学派の立場からは象徴的な意味を持っていると解釈できるし、行動的には、心の平静さを維持する重要な習慣となっていると考えられる。場合によるかもしれないが、むしろ退行した統合失調症患者に共通してみられるステレオタイプな行動様式であり、小さな子どもが大切にしているおもちゃや布のきれをどうしても離そうとしないのによく似ている。[31] (p.97)

2番目の精神科医は次のように説明しています。

> 彼女が一貫して示す、そして強迫的な、ほうきを抱えて歩く行動は、儀式的で呪術的行為のように見える。退行が連合過程を圧倒してしまうと、原始的で古代的な思考形態が行動をコントロールするようになる。象徴化が深層の満たされない願望や本能衝動に顕著な形で現われたものであろう。彼女は魔法によって他者をコントロールし、宇宙の力が彼女を支配し、生命のない物質に生命が与えられると信じているのであろう。

そこで、彼女のほうきは次のように考えら

れる。

1．彼女を愛し彼女が愛している子ども
2．男根象徴
3．全能の王女の王位

リズミックであらかじめ決められたような彼女の歩調は、非合理的で原始的思考によってコントロールされているので、神経症患者の強迫性とは似て非なるものである。これは、患者が自分の希望を実現させる呪術的行為であり、われわれの常識を越えたものであり、合理的慣習的なわれわれの行為や思考とはかけ離れた方法で表現されているものである。
31 (pp.97-98)

病院のスタッフが、ほうきを持っている間はタバコを与えないようにすると、彼女はほうきを持つのをやめてしまいました。先に節約的な説明は必ずしも正しいとは限らないと言いましたが、このケースの場合は節約的な説明が正しいといえるでしょう。異常と思える行動がどのようにして形成されたのかその経過を追及するのは、このケースに限らず、簡単にはいきませんが、そのような行動が現在の環境条件によって維持されており、環境を変えることで行動が変わるかもしれないと考えることは、単に節約的であるだけでなく、かなり見通しを明るくさせます。生徒たちの不適応・不適切な行動を維持している環境条件を探し当てて、それを改善しようとする教師ならば、子どもたちが精神遅滞であろうと、脳障害、情緒障害、多動、ハイリスク、学習レディネスの未熟だからといって子どもたちのことをあきらめてしまったりはせずに、教育をするでしょう。ゲルファントとハートマン[25]やハーセンとベラック[32]が指摘しているように、生徒たちの行動を「説明のための空想話」で説明してしまうより、子どもたちの状態をそのまま、行動の過剰（よく動き回る）、または欠如（ほとんど読めない）というように記載すれば、行動の過剰を抑えて欠如を補いながら、教師は教育という仕事に取りかかることができます。

行動主義の歴史

科学としての行動主義は、数世紀前に始まった哲学や心理学の伝統にそのルーツを持ちます。この章の最初で述べた学習の法則性は、正式に定義される前から言われていました。人間の行動は、文明が始まって以来ずっと環境の影響を受けています。次のセクションでは、行動とその結果との関係を人々がどのように利用してきたかを示し、幾つかの歴史的記述を検討します。その後で、人間の行動を説明し、予測し、変容させる定式化された手段としての行動主義の発展経過を追っていきましょう。

歴史的先駆者たち

行動コントロールのために環境を整えることは、決して最近になって発明されたものではありません。古代のローマ人は飲み過ぎを防ぐ目的で、ワイングラスの底にミミズを入れたということです。必ずしもすべての例がこのように否定的な（なにかをやめさせる）目的で用いられていたのではありません。バーンバウム[8]はもっと肯定的な例を紹介しています。

　何世紀にも渡って、伝えられている寓話は、神の目の一瞬のひらめきのように、真実を伝えているものです。教師が幼い子どもに旧約聖書を教えようとしても、子どもには難し過ぎてどういうことかわかりません。そんなとき教師は子どもにこんなふうに言ったりするものです。「ちゃんと読みなさい、そうすればお菓子をあげますよ」。そうすると、子どもは一生懸命努力します。読むことの楽しさ

のためではなく、お菓子がもらえる嬉しさのために……。子どもがもう少し成長すると、お菓子の魅力はもはや失われてしまいます。次に教師はこういうでしょう。「読みなさい。そうすればすてきな靴や服をあげましょう」。再び少年は読みます。すばらしい文章を楽しむためではなく、すてきな服をもらうために……。少年が青年になると、新しい服は彼にとってさほど意味がなくなります。教師は「この書物を学びなさい。そうすれば1ディナールか2ディナールのお金をあげましょう」と言います。青年はお金のために学びます。もう少し後になって、彼の勉強が大人になるまで続いていたとすると、わずかばかりのお金はもうどうでもよくなるでしょう。そのときには教師はこう言います。「勉強しなさい。そうすればあなたは長老や判事になれます。そして、人々はあなたを尊敬するようになり、先方から頭を下げるようになるでしょう」。人生のここに至ってすら、神を褒めたたえるためではなく、彼自身が他人に褒めたたえられるために勉強しています (p.32)。

クロスマン[16]は、正の強化を用いた別の例も紹介しています。

プリッツにまつわる面白い話があります。紀元610年頃、時々面白い思いつきをするアルプスの僧侶が、パンを作って余った粉を使って、お祈りをしているときの子どもの腕を模したパンを作りました。そして子どもたちがお祈りの言葉を覚えたときにそれを与えるようにしました。それで、この甘いお菓子はラテン語で「ちょっとしたご褒美」という意味の「プレテリア」と呼ばれるようになりました。（ソルトレイクシティーのプリッツの箱の底に記載されています）(p.348)。

何人かの革新的な教育者は、報酬や罰を使って生徒の行動をコントロールするすぐれたプログラムを開発しています。19世紀の初期にランカスター[38]は、英国に一つのシステムを設置しました。そのシステムは、後になって、アメリカでも用いられるようになりました。生徒たちは景品やお金と交換できるチケットをもらいました。そして、もし、生徒が間違った行動をするとチケットは没収されました。

ベンジャミン・フランクリンは、これまでのお話と少し違った正の強化を用いて、大人の行動も変えられることを示す話を紹介しています。

私の知り合いに、熱心な長老教会派の牧師でビーティーさんという人がいて、いつもお祈りや説教の出席者が少ない、と愚痴をこぼしていました。そこで、礼拝に出席し、献金と献納がすんだら、日に1ギル（188cc）のラム酒――朝に半ギル、夕方に半ギル――を配ると信者たちに約束し几帳面に提供したと言うのです。私の見たところでも、信者さんたちはラム酒をもらいに熱心に出席していました。それで、ビーティーさんに「ラム酒のサービスなんて牧師の威厳を損なうんじゃないですか、お祈りの後で酒が出てきたら人は集まるでしょうがね」と言いました。彼はこの仕事を好きでやっています。何人かの人に手伝ってもらい、酒をきっちり計り、大いに満足してこれをやっています。しかし、お祈りは余り人気がなく、誰も熱心には聞いていないようでした。だが考えてみると、退屈な礼拝に出席しないからといって軍隊式の懲罰を科するよりは、このやり方の方がよっぽどましです。（Skinnerからの孫引き）[63] (p.247)

子どもを教えるときには、教師や親は同じように学習原理を応用しています。「全部食べたらデザートにしようね」と言うのは正の強化を意図しているのです。「幾何の問題ができたらゲームをしてもよいですよ」と教師は約束します。また、両親や教師は学習原理を用いていると気づいていてもいなくても、罰を用いています。道路に飛び出したりする子どもはピシャリと叩かれますし、割り当てられた仕事をきちんと早く仕上げた生徒には、もっとたくさんの仕事が与えられ、仕事を早く仕上げてしまうのを抑制してしまうことさえあります。「放っておけばやむよ。彼は、ただ関心を引こうとしてい

るだけなんだから」と言うのをよく耳にします。もし放っておいて実際にやんだとしたら、これは消去の例となります。

もちろん、多くの親や教師たちは、子どもがうまくやっているのにまったく注目をせず、せっかくの適切な行為を消去してしまっていることもあります。負の強化もたくさんの家庭で日常的に行なわれています。「お部屋をきれいにするまで外で遊んではいけません」。また、教師も負の強化を使っています。昼休みや休憩の前に一定の課題を課すのは、負の強化の例でしょう。幼稚園の先生が園児たちに「自分で考えてごらん」と言うのは、ある種の刺激制御の確立を意図していることになります。教師が生徒たちにどんなふうにすれば良いかお手本を見せるのは、モデリングになります。

これらの例について、教師はいちいち行動と環境との関係を示す専門用語（例えば、正の強化）を正確に理解している必要はありません。行動論における学習原理の多くは一般常識のように思えます。もし、それ程単純なものなら、どうして学生たちは行動分析のコースを選択し、本を読まねばならないのでしょうか？　そして、なぜこれほど多くの論文が書かれ、多くの研究が行なわれているのでしょうか？

機能的関係が確立されるように環境が調整されていなかったり、あるいは、その関係が偶然にできているだけだったり、また、ただ単に、常識に基づいて機能的関係が確立されているだけでは不十分なのです。偶然や常識だけで機能的関係ができていたのでは、学業成績が非常に悪かったり、不適応行動が教室で頻繁に現われたりすることがあります。このような本を時間をかけて書くのは、応用行動分析が現場の教師たちの手助けになると考えるからです。応用行動分析という用語の由来や定義について、最後に少しお話しておきましょう。

哲学的、心理学的先駆者たち

行動論的な考え方のルーツは19世紀に始まった哲学的運動である実証主義にまで逆のぼります。実証主義は、17世紀のフランシス・ベーコンの著作から徐々に発展したものです[65]。その初期の先達であるアウグスト・コント[67]は、唯一妥当な知識とは客観的に観察可能なものであると強調していました。コントは多くの知識を系統的に調査して、その結果として、この基準に到達したようです。膨大な知識の中から研究対象を限定するために、彼は直接観察から導き出された知識だけを認めようと決心しました。

２番目に重要な貢献をしたのは、ダーウィンの研究に影響を受けた**動物心理学**です[10]。動物心理学は、動物と人間の行動に連続性があることに注目し、さらにヒトのある面は、より低次の動物を注意深く観察することから解明できると考えました。また身体の物理的構造が環境に適応していくことに注目しました。そして、精神過程も同じような立場からとらえられるとする方向へと進み、**機能主義**として知られる心理学の一派ができ上がりました。

この機能主義が、人間の行動を説明するための行動論的方法の発展に重要な影響をおよぼした３つ目です。ウイリアム・ジェームスは行動主義の先達としてよく知られている人物ですが[10]、彼は人間が考えたり行動したりするのは、何らかの目的、すなわち、意味があってそうするのだと強調しました。ジョン・デューイおよびジェームス・エンジェルも内省的で理論モデルを熱心に構築しようとしていたアメリカ心理学を、具体的で観察可能な方法を重視する方向へ転換させるのに大きな影響を与えました。

レスポンデント条件づけ

犬の消化腺の働きの研究でノーベル賞を授賞した著名な生理学者は実験室の中で面白いことに気がつきました。彼が犬の胃の働きを研究しているときに、いつも犬に餌を与える助手が実験室の中に入ってくると、まるで食べ物を与えたときのように犬は唾液を分泌させはじめました。その生理学者はこの現象を**精神分泌**と呼び、この現象が全体的な消化システムに影響をおよぼし、胃酸の分泌と同時に、口の中では唾液が流れ始めることに気づきました。

彼の友人や同僚はそんな不可解なものを研究

```
ステージ1  音 -------→ 食物（UCS）
                        ↓
                      唾液分泌
ステージ2  音 ─────────→ 唾液分泌
```

するのはやめた方がいいと忠告しましたが、彼は、この現象を「精神分泌」などという非科学的で、実体不明な、非生理学的な概念で説明したのでは何も得るものはなく、逆にこれまでの科学的研究の立場を失墜させるものだと考えました。機械論的な生理学の立場からは、分泌が生じているのは明らかなのに、その原因を漠然としておくわけにはいきませんでした。当時既に、「心」や「生命力」「創発的精神」などの神秘的力の存在は生理学の中から排除されていました。彼の友人たちは、精神分泌が観察されたのは多分何らかの誤差だろうと考えることにしました。そしてたとえそのような分泌が実際にあったとしても、神経システムが完全に解明されればすべてが明らかになるだろうと考えました。

非常に思い悩んだ末にその生理学者は、自分の名声のもとになったそれまでの研究をやめ、精神分泌の正体をつきとめるという困難な決心をしたのです。その後30年間をその研究に費やし、その当時まだ公式化されていなかった学習の理論を支持する実験結果を提出しました。このようにして、イワン・パヴロフは、条件反射の古典的研究に打ち込んでいったのです[19 (p.3)]。

パヴロフの研究は今日の心理学や教育の発展に多大な影響を与えています。彼の正確な観察や測定は今日でも実験研究のモデルと考えられています。パヴロフは、犬の唾液分泌の観察から導き出された行動のモデルや、先に紹介した偶然の観察からひらめいた研究でよく知られています。最終的にパヴロフは彼の観察した現象を「精神分泌」よりも観察された行動に基づいて論じるようになりました。彼の古典的な実験では、普通ならば犬の唾液分泌に何の効果もない音と、食物片（唾液分泌を誘発する——機械的反射）とを対呈示します。食物片よりもほんの少し音を先行させて呈示し、それを何度も反復すると、音が単独で呈示されただけで唾液分泌が生じるようになります。食物片は**無条件刺激**（UCS）と名付けられました。音は、**条件刺激**（CS）と名付けられました。唾液分泌は食物片に対する無条件反応で、音に対する分泌は条件反応です。その関係は二段階に分けた図によって示されます（上図参照）。

条件づけ（conditioning）という言葉は、あらゆるタイプの学習を指して用いられるので、パヴロフの示したこの条件づけの過程は、翻訳上、**レスポンデント**、あるいは**古典的**の語を冠して、レスポンデント条件づけ、古典的条件づけと呼ばれるようになりました。パヴロフは最初「条件的なconditional」「無条件的なunconditional」という言葉を用いていましたが、ロシア語から英語に翻訳されるときに「条件付きのconditioned」「無条件のunconditioned」となりました。それで、条件づけ（conditioning）という言葉が、この学習過程をさすものとして適用され、最終的にはその他の学習過程も含めるようになりました[35]。

無条件刺激で反応を誘発させて刺激を対呈示するこのプロセスは、普通、**パヴロフ型**あるいは**古典的条件づけあるいはレスポンデント条件づけ**と呼ばれています。条件づけは行動を効率良く変化させる手段の基礎になっており、**行動療法**として知られています。行動療法家は、不適切な条件反射を壊し、より適応的な反応を作り上げることに全力を注いでいます。彼らは不合理な不安や恐怖などの問題を持つ人たちを対象にすることがたびたびあります。また、喫煙や、過食、過度の飲酒などの習慣を変えたいと思っている人たちの援助もします。行動療法の詳細についてはこのテキストの範囲を越えてしまいますので省略します。

連合主義

パヴロフの研究と同時代に行なわれた研究で、今日の心理学に大きな影響を与えた実験者に、エドワード・ソーンダイクがいます。ソーンダイクは犬ではなく猫で研究をしていたのですが、彼の関心は状況と反応との結びつき（連合）を発見することにありました[71]。彼はその後の行動科学の発展に非常に影響を与えた2つの法則を打ち立てました。その一つは効果の法則[70]です。すなわち、「ある状況下で満足を得た行為はいかなるものも、その状況と連合するようになり、その状況が再び現われると、以前よりもその行為ははるかに生じやすくなる」(p.203)というものです。2つ目の法則は、練習の法則で、「特定の状況下で反応がなされると、その反応はその状況と連合するようになる」ことです。正の強化の原理と、効果の法則が関係しているのは明らかです。同様に、練習の法則は刺激制御の原理と関連しています。

行動主義

行動主義という言葉を最初に用いたのはジョン・ワトソン[74, 75, 76]です。ワトソンは直接に観察されないデータは心理学から完全に排除すべきであると主張しました。彼は、心や本能、思考、感情などの概念は有用でないばかりか余計なものであると考えました。彼はまた、人間の本能の存在を否定し、思考を心の中の言葉、感情を身体反応の一つとして考えました。私の知人で、ワトソン派の行動主義者の彼は、あるとき、ちょっとした質問に対して「気持ちが変わった」と答えました。彼が正真正銘のワトソン派なら、この言い方に少なくとも弁解を言い添えるべきでしょう。本当のワトソン派なら「気持ち」などというものの存在は認めないはずですから。

ワトソンとレイナー[77]は、アルバートという乳児に白いネズミ（CS）と大きな音（UCS）を対呈示して、驚愕反応を条件づけました。そして、ワトソンらは恐れなどの「情緒」反応はすべて同じようにして条件づけられると主張しました。この手続きと類似の方法で、ジョーンズ[37]は白いウサギや白い毛皮のような物に対して恐怖反応を示す3歳の子どもに対し、白ウサギに子どもの好きな食べ物を対呈示することでこの恐怖反応を取り除いています。残念ながらこの手続きはアルバートには実施されませんでした。条件づけられた彼の恐怖を取り除く前に、アルバートが引っ越してしまったからです。アルバートはいまだに白いネズミを恐がっているかもしれませんし、他に幾つかの深刻な問題を持ったままになっているかもしれません。行動主義の心理学者になっていることは、まずないでしょう。

オペラント条件づけ

このセクションの冒頭で紹介した学習の原理は、人間の行動を変化させたり、予測したり説明したりするオペラント条件づけモデルによってよく示唆されるものです。オペラント条件づけで最もよく知られている人物は、B・F・スキナー（1904-1988）です。彼はレスポンデント条件づけとオペラント条件づけを初めて区別した人物です。

覚えておいででしょうが、レスポンデント条件づけは先行する刺激によって誘発される行動に関係していました。そのような行動の大部分は反射的であり、随意的にコントロールされるものではありません。一方、**オペラント条件づけ**（時には**道具的条件づけ**とも呼ばれますが）は、反射的というよりは、随意的にコントロールできる行動に関係すると考えられます。オペラント条件づけを行なう実験者は、行動とその結果の間に機能的な関係を確立することに、おもな関心を持っています。本章の前半で紹介した行動論的アプローチは主としてオペラント条件づけの研究から生み出されたものです。以下の各章では、オペラント条件づけが中心になって論が進められます。

スキナーの初期の研究は、動物、特にシロネズミを対象にして進められました。この点でも、彼は初期の行動主義者の伝統を受け継いでいるといえます。このシロネズミという動物はある

研究者[72]にとっては欠かすことのできないもので、自分の著書の献辞に、「シロネズミに捧げる」と書いた人がいます。哲学者のバートランド・ラッセルは冗談半分に、ヨーロッパの心理学（ゲシュタルト的、内省的、理論化が中心）とアメリカの心理学（行動的、活動的、観察的）との違いを生み出したのは、実験で用いられているネズミの種類の違いからだと言いました。ヨーロッパのネズミは洞察を得るまで静かに座っているが、アメリカのネズミは活動的な敏腕家で、ケージの中をうろうろと歩き回り、心理学者の観察に都合がいいようにたくさん動き回ってくれるのでしょう。

スキナーは実験にハトも使っていました。第2次大戦中彼が軍隊にいるとき、ビルの窓のひさしにハトが常に集まるようにしていたということです[61]。軍隊ではすることがほとんどなかったので、彼や彼の同僚はハトにいろいろな行動をするように訓練し始めました。その後、これを多少洗練し、ミサイルを敵艦まで誘導するようハトに訓練するプロジェクトを開発しました。結局は実用前に中止になり、「ピジョンプロジェクト」は、スキナーにとって個人的にも専門的にもフラストレーションのもとになりましたが、彼の関心を実験室から応用場面に最終的に強く動かすことに貢献しました。[14]

オペラント条件づけの技術を人間に適用した初期の研究は、動物の行動を支配している原理が人間の行動にも当てはまるかどうかを確かめるものでした。人間の行動を変化させるためにそれらの原理を用いることは通常、**行動変容法**と呼ばれていますが、実際に実験室以外でこれらの原理が用いられるようになったのは1960年代になってからのことです。この本の著者の一人は1961年に実験心理学の課程で、オペラント条件づけは単純な人間行動にしか適用できないと教えられたことを記憶しています。ある先生が一つの例として笑いながら話してくれたのは、教授が教室の一方の側で話をしているときにだけ興味深そうに教授の方を見ると、その教授は教室の一方の側だけで話をするようになるということでした。でも、自分はそのテクニックをよく知っているので自分には無駄であると言っていました。ところが、彼は間違っていました。次の授業の終わりまでに、彼は室内のある角だけを背にして、授業をする羽目になっていました。

しかしながら、その当時、スキナー[59]のオペラント条件づけを複雑な人間行動に適用しようとする理論的研究やエイロンとマイケル[2]やバーンブローアー、ビジュー、ウォルフ、キダー[9]らの先駆的な研究にもかかわらず、オペラント原理の適用が心理学や教育学だけにとどまらず経済学[39]までも含むいろいろな学問に、これほどまでに多くの影響を与えると考える者はほとんどいませんでした。現実の生活場面に行動変容法を適用することが普及したので、1968年に「応用行動分析誌」（*The Journal of Applied Behavior Analysis*）という新しい雑誌が研究成果の発表のために発刊されました。その雑誌の創刊号でベアー、ウォルフ、リズリー[4]は応用行動分析を「時に、仮説的な行動の原理を特定の行動の改善のために適用し、同時にそこで生じた変化が確かにその原理を適用したためのものかを確かめる過程である」(p.91)と定義しました。

ベアーら[4]は、応用行動分析の研究では、社会的重要性のある行動を変化させなければならないと、示唆しました。研究対象の行動は、変える必要性があって選ばれるのであって、研究者にとって都合がよいからではありません。もちろん、観察可能で測定可能な行動、すなわち、客観的に定義でき、あるいは実例によって定義できる行動を対象としなければなりません。また、変化した行動と実験者の治療的な働きかけとの間には、はっきりとした関数的関係がなければなりません。1968年以来の応用行動分析の発展を振り返って、同じ著者たちは[5]、多くの反対や現実場面での手続き的な失敗はあったが応用行動分析は健闘していると指摘し、「現在の理論は、技術的にもっと節約的にする余地があるように思えるが、今のところうまく機能しているので放棄する必要はない(p.325)」と主張しています。言い換えれば、われわれは有効なはずだと考える変数をうまく操作することが常にできているわけではありませんが、それは学

問領域としての応用行動分析の不適切のためではなくて、実践していく上での問題だと言えます。このような点で、応用行動分析とは行動変容よりもっと厳格に定義されたものといえます。先のコラムの中で、グランディ教授は行動変容に成功しましたが、応用行動分析の基準を満たすのには失敗しました。なぜなら、教授は、行動に変化を生み出したのが、確かに彼の用いた方法なのか、行動は単なる偶然の変動以上のレベルに変化したのかを確かめるすべを持っていないからです。この本は、教師が応用行動分析家になるため、すなわち行動を効果的に変容させることができ、しかも生徒たちの様々な行動に関与している学習の原理を十分に分析できるようになることを援助するために書かれています。

要　　約

　この章では、人の行動を説明する幾つかのアプローチを紹介し、包括性、検証可能性、予見的有用性、節約性の4つの点からそれらの評価を試みました。そして、われわれに最も役に立つと思われる説明、つまり行動論的説明を紹介しました。

　人の行動についての行動論的アプローチを歴史的に振り返り、科学としての応用行動分析の発展に注目しました。慎重な観察と、関数関係の追及、そして社会で実際に役に立つ研究の必要性を論じました。次の章では、**社会で役に立つ**ことを定義する上での難しさ、および、応用行動分析の倫理や専門性の問題を取り上げます。また技法の適用にまつわる責任の問題なども論じることになるでしょう。

討議のテーマ

1. 応用行動分析が、生物学的説明や発達的説明、認知的説明を行動論的説明よりも有用でないと考えている理由は何でしょう。
2. 教師は、生物学的、発達的、認知的な説明から、自分の生徒たちについてどんな有用な情報が得られると思っているのでしょうか。
3. 行動を変化させるのにご褒美（結果事象）を用いることは過去多くの例があります。それと応用行動分析とはどうちがうのでしょう。
4. オペラント条件づけとレスポンデント条件づけの違いは何でしょう。教師のためのこのテキストで、オペラント条件づけが強調されるのはどうしてでしょう。

第2章　応用行動分析を適応するに当たっての責務

次のようなことをご存知ですか？
・行動変容とロボトミー手術は、結局のところ、同じことだと思っている人がいます。
・ヒューマニストでかつ行動分析家たることは可能です。
・規則に従うことが、常に倫理的であるとは限りません。
・指導法の有効性はある種の人々に脅威を与えています。
・応用行動分析家は学生の創造性を育てます。

　応用行動分析の実践は、どんなにひいき目に見ても適切さに欠けており、最悪の場合、道徳的に非難されるべきであると信じている人々がいます。本章では、それらの人々や、逆に応用行動分析を実施している人々によって提起されている多くの問題について考えてみましょう。まず、行動分析に対する意見や、その意見の根拠について考えてみます。そして、それらを検討し、行動分析的手続き、とりわけ教育現場で用いられている種々の方法に対する幾つかの批判について回答を試みます。本章の最後のところでは、応用行動分析の技法を適用する際の倫理的なガイドラインを提案します。またグランディ教授が行動分析を知らない人たちからいろいろな質問を受け、それに答えていく一部始終もご覧いただき、手続きや原理を十分に理解する理由について述べます。

応用行動分析に対する高い関心

　行動の変容手段としてオペラント技法を適用しようとすると、様々な抵抗に出合います。それは次のような原因があるためです。**行動変容**（behavior modification）という言葉は、オペラント技法について述べるときによく用いられている用語ですが、この用語がある種の混乱を引き起こしているようです。**変容**（modification）という言葉は変化（change）という言葉と同じ意味なので、行動に変化をもたらすあらゆる手段を意味していると誤解されています。本書をあえて**応用行動分析**（applied behavior analysis）という題名にしたのは、このような誤解を避けるためでした。

　オペラント手続きに対するもう一つの批判は、行動に変化をもたらそうとするのは一方的な強制で、非人間的だという主張です。批判する人たちは自分たちのことを「ヒューマニスト」と呼んでいます。彼らの批判は、決定論的視点の拒否と、人間の自由意志と個人の自由の擁護を根拠にしています。ヒューマニスティックな価

値を単に直感的にアピールして、行動変容の諸手続きに手に負えないほどの抵抗を引き起こしています。われわれが見るところでは、それらの批判は論理的根拠にしばしば欠け、感情的に拒否しているだけです。

　応用行動分析は目覚ましい効果を上げうるからこそ高い関心を呼んでいますが、皮肉なことに、多くの専門家は、ほとんど効果のない方法や少なくともその効果を確かめえないような方法に凝り固まって自己満足しています。応用行動分析にたよるならば、行動の変化を予測でき、一貫した結果が得られるはずなのに、応用行動分析やその他の方法をかたくなに拒否しているのです。

　80年代には、応用行動分析は、特殊教育領域以外の研究者と教師にほとんど無視されていました[1]。最近また一部の教育者の攻撃の的になっています[18, 24, 37]。

行動分析以外の手続きとの混同

　行動変容法（behavior modification）と呼んで世間がいろいろ批判している手続きの多くは、ほとんどが応用行動分析とは直接に関連していません。著名なジャーナリスト[19, 29, 56]や行動変容法の専門家[30]でさえ、行動変容法と称しておよそ無関係な治療法をその中に含めてしまっています。そのために、人への利用が発展段階にあった時期の応用行動分析は計り知れない被害を受けたと言えるでしょう。催眠や精神外科手術（脳手術）、脳下垂体移植手術、薬物療法や電気ショック療法などが行動変容法という名のもとに十把一からげにされる場合もありました。確かにこれらの手続きは行動を変容させますが、行動原理を適用して系統的に行動の変化を引き出すこととはまったく無関係です。もしこれらの方法が行動に何らかの変化をもたらすという理由で行動変容法と呼んでよいのなら、「精神分析、ゲシュタルト療法、原初（の叫び）療法、講義、書物、労働や信仰」[17 (p.26)]なども、同じ論理と誤解で行動変容法という名で呼んでもいいことになるでしょう。昔は応用行動分析の利用が批判されていましたが、最近では、たくさんの子どもたちを対象とする公教育の失敗からアメリカの労働倫理の崩壊まで、何でも行動的技法のせいにされています[18, 24]。

　電気ショック療法や脳外科手術などはもちろん応用行動分析ではありません。薬物の使用も応用行動分析には含まれません。応用行動分析を適切に効果的に使うならば、多くの場合、脳の機能に直接介入するような大胆な手段を使わずに済むものです。**多動症**と呼ばれている子どもたち[2]や、注意欠陥障害を持つ子どもたち[39]に薬物療法に代わって正の強化を用いるならば、うまく改善に導くことができることをある研究が示しています。正しい意味での行動変容法によって、脳手術や薬物療法、その他の「行動変容法」と称される手段を利用することは、大幅に少なくなります。用語を適切に使わなかったばかりに、もともと、極めてソフトで穏当な技法に社会的嫌悪が向けられるのは大変残念なことです。

　行動変容という用語は、人の行動に関する実験的分析から導き出された手続きに正確に限定されるべきです。残念ながら人々の心の中にはこの用語があまりに無関係なものと深く結びついてしまっているので、差し当たりこの用語を避ける方が賢明かもしれません。教師が親に、行動変容法を使って子どもを指導したいと話すときには、拒否的な答えが返ってくることを覚悟しなければなりません。これは決して行動変容の技法を使うなと勧めているのではありません。誤解と中傷に取り囲まれているこの用語をむやみに使わない方がいいと、教師の皆さんに勧めているのです。多くの場合、教育委員会の人たちや親たちのみならず、教頭や校長などの管理スタッフや同僚の教師たち専門家をも無用な混乱に巻き込んでしまうかもしれません。教員研修などでよく使われる本や教材にもこの種の混乱が見られます。行動分析についてよく知らない同僚たちに対しては、子どもたちに教えるのと同じように、今後しばらくは気長に教育していかなければならないでしょう。行動的オリエンテーションを持つ実践家が使用する専門用語によっても、問題が生じることは確実です。行動主義者がどんなことをするかよりも、それ

をどう説明するかという問題なのかもしれませんが、たとえそのプログラム自身が適切であったとしても、そのプログラムの記述の仕方のために多くの問題が生じているのかもしれません。

リズリー[40]は、大抵の場合、タイムアウト手続きは許可されないだろうと言っています。というのは、スタッフはこの手続きを、短時間の孤立を目的とする構造物、つまり「ボックス」を設置し、「その中に入居者を閉じ込める」と理解するからです。たとえその「ボックス」が十分な大きさで、照明つきのものであっても同じです。説明の仕方ひとつで、プログラムは認めてもらえないことになります。気楽に専門用語を使ってしまいがちなわれわれは、誤解しそうな人と話をするときには、特に慎重に賢明に自分の口をつつしまなければなりません。

論議の的となっている手続きについて

誤解や反対意見のすべてが他領域の専門家たちから出ているわけではありません。実験的行動分析に基づく手続きは、一般の人々からだけではなく、専門家の間でもたびたび拒否されています。拒否された手続きに含まれるのは、例えば、強度不適応行動の抑制を目的として利用された電気ショックや、他の苦痛・不快刺激、排除タイムアウトなどです。これらの手続きは応用行動分析家の用いる方法のほんの一部に過ぎないのですが、マスコミや世論、裁判などでは、応用行動分析は専らこれらの手続きを用いているかのように扱われています[49]。確かに、このような嫌悪的・排除的手続きは次のような2つの問題点を含んでいます。

1. これらの手続きは誤って用いられることが多く、利用者たちは自身の手続きを行動変容法と呼んでいる。
2. 適切に適用された場合でも、これらの手続きは他の手続きよりも大きな懸念を引き起こす性格を持っている。

不幸なことに、誤用と呼べるような例がたくさんあります。リズリー[40]は、奇怪な罰を用いているフロリダの施設の「行動変容」プログラムを紹介しています。ごく軽い罰として、施設の入居者たちが無駄なおしゃべりをする（施設のスタッフの考えではおしゃべりは不適切な行動だというのです）と、洗剤で口を洗うというものでした。著者の一人が、最近、「行動変容ユニット」という私立の施設に入所している一人の子どもの指導を依頼されました。なんとその子どもは「タイムアウト」と称し数週間も孤立させられていました。適切に実施されるタイムアウト手続きは、せいぜい数分間のものです。数日あるいは数週間にもわたる隔離は、まさに**独房監禁**というべきであって、もちろん応用行動分析の手続きではありません。誰にとっても、とりわけ障害を持っているような場合には、痛みや不快感を与える手続きの適用は批判されて当然です。しかしすべてではないにしろ多くの専門家は、批判の的となるような手続きも容認されると、そして同様に多くの親は子どもを叩くのも時には適切だと信じているようです。嫌悪手続きに対する論議は第8章で検討します。

強制的な指導だという批判に答えて

応用行動分析をヒューマニズムに反すると考える背後には、すべての人間は自分の行動を自由に選択できるべきであるという仮定があります。行動的手法をこのように批判してしまうと、人の行動に変化をもたらそうとするあらゆる試みはすべて強制的で、人間的ではないことになってしまいます。

行動変容法に対するこの種の批判は、自由意志という哲学概念から来ています。自由意志を支持する人々が仮定する傾向があるのは、行動は個人の内面から湧き起こってくる力の表現であり、予測されたり統制されたりすべきものではないという考えです。言い換えれば、人間がそうしているのは、そうしようと決めたからだというのです。一方、決定論的立場では、行動は**法則的**であり（予測の対象である）、その原因を環境の出来事の中に求めることができると

考えます。決定論者は、行動と環境の出来事との系統的関係を認識し[26]、行動を環境と人間の間に介在する一つのシステムとして考えます。自由意志を前提にする考えと対照的なのは、行動には法則性があり予測が可能だと考える点です。人間が何かを行ない、また何かをしようと決めるのは、すべて過去の出来事と現在の環境との関係によって決定されるというのです。しかし、間違わずに区別して欲しいのは、**法則的**（lawful）という語の意味です。これには事象間の整然とした「法則性」という意味と、独裁的支配の意味とがあります。応用行動分析に対する多くの批判は、この単純な意味を誤解しているといえます[14, 34]。ここでいうところの**法則的**という用語は、自然に生じる出来事の関係性を単に意味するだけで、人の行動を法規で支配しようというものではありません。

定義からすれば、応用行動分析は決定論ということになります。応用行動分析の立場は確かな証拠に基づいており、「人間の行動を扱おうとする限り、決定論の前提は正当であり、本質である」[12 (p.172)] と考えます。この考えは膨大な量の心理学的研究で確認されており、決してそのすべてが応用行動分析家によって行なわれたわけではありません。環境の出来事と行動との間に法則性を仮定しても、決して人間の自由意志を否定することにはなりません。応用行動分析家にとって、「自由とは、実際に選ぶことができる選択肢の数と、それを実行する権利の有無によって定義でき」[9 (p.865)] ます。残念なことに「スキナーの考え方を誤解した人が、どういうわけか、行動分析学には、他の反応を選択する個人の能力を奪う力があると信じてい[33 (p.277)]」ます。行動分析家の目標は、そのような選択肢や他の反応を減らすことではなく増大させることであり、個人の自由を増大させることなのです。何度も何度も英語の試験に落第する高校生にとって、大学進学は自分の選択肢から外さざるをえないでしょうし、他の子どもと遊ぶのを恐がっている子どもはどうしても友だちを作れないでしょう。重度の行動障害を持つ人々はほとんど選択肢の余地がないかもしれません。自由に動き回ることもできず、基本的な欲求さえ誰かに世話をしてもらわなければならず、環境を何らかの方法でコントロールすることもできそうにありません。

決定論的な立場を理解していただくために、最後に極めて重要な例を挙げます。行動と環境との関係は相互的なものだということです[8, 12]。環境事象は行動を制御し、同様に行動も環境を不可避的に変化させます。例えば、このような相互的な関係は対人関係の中にも見られます。行動変容を受けて行動は変わりますが、行動変容を実施する人の行動も相手の行動によって変化を受けます。つまり、あらゆる人間は他者の行動をコントロールするとともに、他者の行動から影響を受けるものです。このコントロールを否定しようとしても否定できるものではありません[9, 41]。例えば、ほとんど笑わない子どもが自分の側にいても楽しくないので、教師や他の子どもたちはその子を敬遠してしまうかもしれません。もし教師が子どもの幸せそうな表情を系統的に強化したら、その子どもはもっと笑うようになるでしょう。よく笑う子どもは側にいると楽しいので、周囲の人も彼と関わろうとするでしょう。それで彼自身、周囲の人や教師をもっと強化することになります。教師ももっと彼のほほ笑みを強化する機会が増えるのです。

こういった意味で、行動的技術は決してヒューマニズムに反するものでもなければ、非人間的でもありません。人間味豊かなことが目標ならば、われわれ行動分析家は最も有効な手段を提供しなければなりません。応用行動分析の手続きの有効性は多くのケースで証明されているので、人々に最も人間的な選択を可能にさせます。

次の話はヒューマニストと行動療法家とが衝突したときの様子です。この例を見て、おのおのの側に立って実際上の価値を考えてみることをお勧めします。

　大学は別ですが同業の仲間の一人が、いろいろ考えさせられるフィルムを見せてくれました。ヒロインは施設で生活している小学生の女の子でした。その子は頭を打ちつける癖があり、そのためにパッドを入れたフット

ボールのヘルメットを頭にかぶせられていました。しかし、すぐにヘルメットを脱いでしまうので手をベットの両端に縛られていました。また、ちょっとしたすきに、彼女は首を上下させ頭を打ちつけ、髪の毛をむしり取ろうとしました。その結果、顔は年中傷だらけで、髪の毛は抜け落ち、首は馬の首ぐらいに膨れ上がっていました。言葉を持たない重症児でした。

同僚とそのスタッフたちは、あらゆる種類の強化子を検討して綿密なプログラムを計画しました。そのプログラムを実行に移したのですが、悲惨な癖は依然として続きました。あれこれの熟慮の末、最後の手段が試みられました。すなわち、女の子が頭を上下させて打ちつけると、友人は「ダメ」と叫び、同時に彼女の頬をぴしゃりと平手で打ちすえたのです。すると、しばらくの間は治まりました。再び頭を打ちつけると、また同じように罰を繰り返しました。十数回、これを続けていると、同じ室内の少し離れた所から「ダメ」と言葉をかけるだけで、彼女は頭打ちをやめるようになりました。まもなく、頬の平手打ちは1週間に1回程度となり、それも数週間ほどで中止されました。その後間もなく、その女の子はヘルメットが完全に無用になり、食事もテーブルに座ってできるようになりました。普通のベッドで眠り、髪の毛も伸びて、スリムで首筋のきれいなブロンドのかわいい女の子に変身してしまいました。1年もしないうちに、年長の女の子たちのグループに自分から加わっていくようになり、彼女らの行動の模倣が期待されるまでになりました。そして、とてもよく笑うようになりました。

最初にいた施設の人たちと保護者が、平手打ちをされていたことを知り、すぐさま友人の施設から彼女を引き取ってしまいました。フィルムの最後の部分では、以前の施設へ戻ったその後の様子が記録されていました。身体はベッドに皮ひもで縛られ、両手は身体にくくりつけられていました。ヘルメットをかぶせられ、髪の毛は抜け、顔は傷だらけで、首は馬の首のように太くなっていました[17] (pp.62-63)。

応用行動分析の適用倫理

応用行動分析家であろうとなかろうと、教師は誰でも倫理の問題に無関心ではいられません。教師が倫理的に行動することを可能にする方法について述べるまえに、倫理それ自身の概念について論議しましょう。決定や行為は、もしそれが正しければ倫理的です。もちろん、これは一見やさしそうにみえる言い方ではあります。何が正しいのか、誰にとって正しいのか、それが正しいとどのようにして決めるのかは、アリストテレスの時代から哲学者の仕事でした。非常に単純に言うと、正しいことをする教師は倫理的に行動しているといえます。しかし、正しいことをするということは、非難を避けたり、ある種の倫理的ガイドラインに従う以上のことを意味します。われわれは、「教師が倫理的に在ることよりも、規則に従うことに対してのより多くの関心[53] (p.14)」は持っていません。単に認められているからということだけで、その行ないが正しいとは限りません[23]。何世紀もの間、ルールに従う人が間違ったことをしてきたこともありましたし、偶然に起きるだろうすべての事柄に対処できるルールを予め設けることはできません。教師はガイドラインのないところで、時にはガイドラインや指示と対立するような場面でも倫理的に行動することを期待されています。

倫理的に振る舞うことを教職希望学生に教える方法については、教員教育の中でもとりわけ関心が高くなってきています。*Journal of Teacher Education*（1986）のある一巻のほぼすべてがこの問題を論議しています。倫理的な推論は、倫理的なジレンマについて他の学生た

ちや実践家と議論することで最も開発されるというのが共通認識のようです。倫理はたった1つの教育課程だけではなく、すべての課程に広げて扱われるべきものです。もし、クラスの中で倫理についての意見が出なかったり、議論されなかったら、話題にすることを勧めます。

　人が倫理的に振る舞うのは、基本的には、自分が正しいと信じることと自分の行動とを一貫させるためですが、別の理由もあります。教師が正しく振る舞っているかどうかに周囲は関心を持っていることを教師自身、常に自覚していなければなりません。前のセクションで、行動的なテクニックが使われるときには一般に倫理について憂慮されがちである点にふれました。倫理的に振る舞い一般の人を安心させるような細かい配慮を教師がしなければ、学校外の人は、教室内でしてもよいこといけないことに対して、一層干渉をするようになるでしょう。

　これからしようとする指導が倫理にかなうものかどうか、多くの要因を考えなければなりません。その要因には、クライエントの考え方や感情はもちろん、その地域社会の規範や法律、その時代の考え方、個人の自由、さらには、インフォームドコンセントによるクライエントの責任などを幅広く考慮しなければなりません[51]。学童や施設入居者の場合、生徒の親や後見人に対して、彼らの子どもに現在使用されている手続きや使用が提案されている手続きについての意見を尋ねることが重要です。行動主義者が態度や考え方などという主観的な問題を扱うのは奇妙に感じられるかもしれませんが、ウォルフ[58]は、それらの要因をしっかりと考えなければならない場合について論じています。プログラムの参加者がそのプログラムに納得できなかった場合、「彼らは、プログラムを避け、逃げ出し、大声で不満を言う(p.206)」でしょう。彼は、プログラムの目標、手続き、結果について社会的妥当性を確立すべきだと示唆しています。社会的妥当性や顧客満足[20]は、プログラムや手続きの利用者にとっての単なる容認度です。社会的妥当性を評価する際に、応用行動分析家は、伝統的にその領域では使われてこなかった、質問紙やインタビュー・調査のデータに頼ることになります。質問紙などによるデータは社会的妥当性についての多くの結論を曖昧にしてしまう可能性があります。しかし、「たとえ社会的妥当性に対して曖昧な質問であっても、まったく質問がないよりはましです。他の人がまったく気づいていないような不平や不満を表現する機会をプログラムの利用者に与えると、少なくとも幾つかのプログラムを決定的な反発から救うことになるでしょう。あるいは、他の点では不適切な（不具合のある）社会的妥当性の質問用紙でも、感情を害している利用者が、その余白や「その他の御意見」欄に不満を書き込むことによって、少なくとも機嫌を直すかもしれません。[6] (p.323)」。

　スタインベック[47]は、もっと質的な側面の研究方法に研究者が注意を向ければ「社会的、教育的な分野の研究の適切性がより注目されるようなる(p.406)」と示唆しています。また、シンプソンとイーブス[45]は、主観的なものの測定を定量化する試みを薦めています。教師が応用行動分析を用いる場合には、自分のクラス内の諸要因だけではなく、他にも考慮すべき要因があります。目標やそれを実現するための手続き、そしてその結果は、教育の消費者、すなわち、生徒、保護者、地域社会に受け入れられるものでなければなりません。

　行動分析に対する誤解と、誤用に対する懸念から、行動分析技法の使用に関する法的ガイドライン設定への圧力が大きくなってきています。そのようなガイドラインや使用制限が次第に一般化しつつあり、特に施設では厳しくなっています[28]。嫌悪手続きや、撤去手続き、正の強化子の種類は特に制限を受けています。例えば、人間として当り前に保証されている、食べ物やプライバシー、基本的な行為などを入居者に正の強化子として使うことは一般に許されていません[60]。

　われわれは倫理的に行動することに皆さんがもっと自覚的になることを望みます。ガイドラインが不十分であるのは避けがたいことはわかっていますが、何もしないことの方が非倫理的であるとわれわれは信じています。生徒の権利を守ることを重視しないような倫理的立場は

想像しにくいでしょう。応用行動分析の専門委員会で承認された最近の声明には、種々の事柄について教師が倫理的決定をするための基本となる個人的権利のリストが含まれています。われわれはその声明の個々の部分にさらに検討を加えて、個々の権利が守られるような具体的な例を作ってみました。

この声明は次の言葉で始まります。「われわれは、行動変容を意図した治療を受ける人、あるいはその可能性のある人が、その人の行動を変化させる目的で用いられる技法を受ける場合には次のような権利があると提案します。（1）治療的環境（2）個人的な福利につながるようなサービス（3）有能な行動分析家による治療（4）機能的スキルを教えるプログラム（5）行動的アセスメントと継続した評価（6）可能な限りの最も効果的な治療手続き」[52] (p.111)。

治療的環境

治療的環境とは「安全で、人間的で、個々のニーズにあわせた[52] (p.111)」環境で楽しいものでもあります。障害を持つ生徒たちの環境は個々の子どもに対して、最も制限の少ない環境であるべきです。最小制約環境とは、すべての生徒が、通常学級・通常学校に入ることを必然的に意味するものではありません。最小制約環境とは、「個人の安全と発達を保障する上で、必要な制限が最も少ない環境です。処遇のタイプや場所ではなく、個人の移動の自由や、好きな活動ができる自由によって、最小制約環境は定義づけられます(p.112)」。

重篤な障害を持つ子どもを含め、すべての子どもにとって適切な環境とは、唯一、同年齢の仲間のいる通常学級である、と最近、ある教育者たちから主張されています。フル・インクルージョン（full inclusion）[47]として知られているこの論議は、安全で、かつ障害を持つすべての子どものニーズに敏感に応答する人間的な環境を通常学級において提供することができるかどうか、という論点を当然含んでいるべきです。障害を持つ生徒のフル・インクルージョンを擁護する人々は次の主張をしています。効果については、それがポジティブであろうとネガティブであろうと、一般的生徒への効果であろうと障害を持つ生徒へのであろうと問題ではない。インクルージョンは国民の権利であり、どんな生徒であっても通常学級から排除するのは**非倫理的である**[25]、というものです。

安全な環境ということについては改めて述べる必要もないでしょう。そのためには、生徒が使えないように危険なものを取り去ったり、しまっておくことが必要ですが、この単純で明らかなことがあまりにもおろそかにされています。教師用の先の尖ったハサミである生徒が他の生徒を傷つけたら、私たちが最初に考えるのは、何人かの子どもは教室で暴れることもあるのに、どうしてハサミが鍵のかかる場所にきちんと保管されていなかったのかということです。

教室外で生徒の安全を確保することも保障されなければなりません。障害を持つ子どもたちは特に攻撃されやすく、例えば他の子どもたちから言語的・身体的・性的な虐待も受けやすいのです。生徒の安全はホールやトイレ、喫茶室、運動場、バスなどでも監視されなければなりません。生徒を虐待したり無視したりするのは子どもたちだけではなく、虐待・無視が生じるのも通常学校・学級だけではありません。最近では、筆者の一人が住む地域で、入居治療施設の生徒がスクールバスの中に一晩置き去りにされたことがありました。彼の保護者は彼が施設にいると考え、施設のスタッフは保護者が彼を家に連れて帰ったと思ったのでした。誰かがチェックするべきだったのです。

人間味のある環境を整えるということには、生徒を放置したり虐待から守る以上のことを意味します。すべての人間は尊厳をもって処遇される権利があります。「衛生、清潔、快適、敬意を持ったコミュニケーション、承諾が最低限の尊厳ある処遇として必要です[44] (p.105)」。この処遇とは例えば、生徒が幼なかったり、言葉を理解できないほど低機能であっても、生徒の問題を本人の前で話したりしないことを意味します。また、たとえ子どもの得意なことであっても訪問者に見せるためにそれをさせたりしないことや、年長の障害を持つ生徒を例えば他人の

前で着替えさせたりするような赤ちゃん扱いをしないことを意味します。最近、筆者の一人に20歳の男性が紹介されてきました。彼は排泄のときに、教室の他の部分からは見えないようにカーテンで囲われたポータブル・トイレを使うよういわれていました。これは、尊厳の侵害であり、人間的でも倫理的でもありません。

個人的なニーズに敏感な環境は、一人ひとりに快適な場所や座るところ、見て面白いもの、やって面白いことなどが置かれていて誰でもがそれを使うことができるようになっています。生徒が何を、いつ、どんなふうにしたいかが選べます。もちろん、したくなかったらしなくても良いのです。これらの課題は正の強化や達成感というものにつながっていくでしょう。結局、大人たちはやりたくないことをたびたびしますが、やり終えてしまえば満足します。例えば、われわれは、ドロシー・パーカーと同じく、書くのは嫌でたまらないのですが、書き終えてしまうことは大好きなのです。

最優先の目標が
個人の福利にあるサービス

当たり前のことですが、標的行動の変容は、その生徒の利益にならなければなりません。ところが、他の入居者・生徒に有害ではないにしろ、施設や学校のスムーズな運営に支障をきたすという理由で行動変容プログラムを実施し、告訴されている学校[60]や施設[57]があります。ウィネットとウィンクラー[57]は1968年から1970年にかけての「応用行動分析誌」（*Journal of Applied Behavior Analysis*）に掲載されている行動変容プログラムを調べ、論文の多くが、おしゃべり、うろつき、口笛や大笑い、鼻歌などの逸脱行動の抑制を取り上げていると指摘しています。そしてウィネットらは、応用行動分析の技法はまず第一に生徒自身に利するものでなければならないはずなのに、単に「法と秩序」(p.499)のためだけに使われていると結論づけています。そして、入居施設でも同じような目標が設定されていると述べました。

オリアリー[35]は、変容の目標を慎重に検討することの重要性についてはウィネットらに同意しながら、結論については別の考えを示しています。彼は、研究者の関心が、勉学行動の生起確率、対話行動、向社会的行動、発話と読字スキルに向けられている多くの研究例を引用しています。そして、「それらの行動や、子どもの発達に望む価値について、地域社会とのもっと広範な意見交換」(p.511)の要求に関してはウィネットらの見解に賛成しています。

応用行動分析の手続きを利用すると、いかなる行動も強めたり弱めたりできます。場合によっては、創造性（もちろん、観察可能な行動として定義されていることが必要ですが）のような行動も強めることができます[27]。生徒自身の都合を抜きにしては、行動の維持に寄与する手続きの正当性は主張できません。標的行動が的確に選択されなければ、「じっとしていなさい、静かにしていなさい、言うことをききなさい」というような施設側の都合を基準にした行動ばかりが、標的となりがちです[57] (p.499)。

選択された行動が最も生徒の利益になるためには、子どもやその保護者が自発的にその目標に同意しなければなりません。連邦法では、障害を持つ子どものために作成されたプログラムには保護者の同意が要件になっています。保護者の参加が難しいときには、提案されたプログラムが子どもに最も利益があるかを決定する代理人を指名しなければなりません。こういった要件はプログラムへの参加が自発的なものであることを確認することを意図しています。指導プログラムのすべてについて保護者の同意を求めることは必要ではありません。マーチン[28]は全体のクラス管理や生徒の動機づけに広く受け入れられている方法ならば、教師が手続きの変更を決めても同意は必要ないと示唆しています。まだ余り受けいれられていない方法であったり、ある特定の生徒にだけ適用されるような方法の場合には同意が必要です。

行動変容プログラムへの自発的参加を裏付けるための同意は、十分に情報が提供され、自発的に行なわれなければなりません[42]。インフォームドコンセントは、立案されたプログラムや、そのリスクについて完全に理解された上

でなされます。もしプログラムのすべての側面について保護者や代弁者が完全に理解したと表明していなければ、インフォームドコンセントは、ありえません。もし必要なら、情報は関係者の母国語で提供されるべきです。

自発的同意は脅迫や報酬などが用いられないで得られるものです[28]。例えば親に、「もしこのプログラムを使わなければ、あなたの子どもは施設に入らなければならなくなるでしょう」などと言うのは認められません。また逆に「このプログラムを使えば特殊学級に措置されることは、もうないでしょう」などと保証するのも倫理的ではありません。

シュルザー＝アザロフとメイヤー[50]は行動変容プログラムへの生徒の自発的参加も考慮されるべきだと示唆しています。自発的参加は、強い脅迫や誘いを避け、そのプログラムのできる限り多くの側面を自分で選択できるようにすることで促進されます。そうすることで、多くの生徒にとって究極の目標である自己管理へと自然につながっていきます。

資格を有する行動分析家による治療

行動分析の手続きは極めて素朴なものなので、きちんと理解していないと、誤って実施される場合が少なくありません。よく見られる例として、応用行動分析の短期のワークショップを受けた教師が大きなキャンディの袋を買ってきて、強化と称して子どもたちに手当たり次第に分け与えたりすることがあります。そして、行動変容はうまくいかないと決めつけてしまうのです。それだけならいいのですが、このような対応を受けた子どもたちは前にもましてひどい状態になるという副作用が生じるかもしれません。なぜなら、子どもたちからすれば、キャンディがもらえる条件も、もらえない条件も、まったくわからないからです。さらに、親たちは、子どもが虫歯になった、食事を食べなくなったと大騒ぎになるでしょう。親からのひっきりなしの苦情の電話に校長先生は悩まされ、他のクラスの教師たちはクラスの子どもが同じようにキャンディをほしがるようになったと怒り出すでしょう。そして応用行動分析は今まで以上の汚名をきせられることになります。

応用行動分析を倫理的にも有効性の点でも上手に使いこなすには2、3日の学習ではとても不可能です[16]。本書の著者の一人が数年前にあるセミナーに加わり、施設の職員が2、3時間で読める程度で、行動管理の諸技法を理解できて実行できるようなテキストを作るようにとの依頼を受けました。彼女は、動物実験の基礎を修めて、応用行動分析のコースを8つも履修し、17年間も臨床経験を積んでいましたが、まだ勉強の途中ですと断ろうとすると、相手は不思議そうに「けど、行動変容って簡単なことでしょう！」というのです。

なるほど応用行動分析の原理はたやすく理解できます。しかし実績を上げるにはそれほど単純ではありません。原理を十分理解して、経験豊富で資格を持つ指導者を得て、スーパーバイズを受けながら実践を積んでいくことが望ましいのです。シェイピングのような難しい手続きや、誤用しがちな罰や強化撤去技法を学ぶには特にこのことが大切になります。

きちんとした訓練を主張する専門家の中には、ライセンス制の導入を提唱している人がいます。しかし多くの応用行動分析家はライセンスの案に反対しています。というのは、他の治療技法と同じ基準を課すことができずに、応用行動分析のみに資格を設定すると、他の治療法に比べ責任がとれなくなるからです[21]。応用行動分析について、教師たちは、自分自身の能力の向上に加えて、原理や技法に対する、生徒と深い関係を持つ周囲の人たちの理解を広げていかなければなりません。

最初の訓練は常に、適切なスーパービジョンに従ってなされるべきです。マーチン[28]は、スーパービジョンは、公式・非公式な実地訓練と定期的な評価を受けるべきであるとしています。継続的なスーパービジョンは、経験のあるスタッフの実力を引き続き向上させるでしょう。同時に、日の浅いスタッフが、生徒たちに有害な手続きを実施したり、生徒にとって最善の介入に失敗することを避ける意味でも重要です。

機能的なスキルを教える
プログラム

　生徒たちは、うまく環境に適応することを可能にするようなスキルを学習する必要があります。それらのスキルを教えることは、生徒の毎日の教育プログラムで最も基本的なものとなるべきです。どんなスキルが機能的かは個々の生徒によって異なるでしょう。代数を学ぶことで幾何学や三角法を学習することができるようになるならば、代数の学習は機能的です。家事や家で過ごすスキルを学習することが家族にとって有用であり、そのために施設入居の可能性が低くなるならば家事技能は機能的です。どのケースでもスキルの選択は「反対する証拠が明確でなければ、すべての人はコミュニティの生活に完全に参加することができ、そうする権利を有している[52 (p.113)]」という仮定に基づくべきです。

　この仮定は教育者の礎石となります。われわれの考えでは、たとえ貧しくても、リスク児でも、障害を持っていても、どんな子どもであれ、教科技能や前教科技能を学習することができないと信じるのは非倫理的であることを、この仮定は意味します。ある障害児学級の教師は「私は6歳の生徒たちすべてがハーバードに入れるのではないかと思いながら教えています」と言いましたが、同時にわれわれは、それらを修得できないとするはっきりした証拠がある生徒に、それらを教えて時間を費やすのは倫理的でないとも確信しています。自分のニーズの管理・家事・簡単な買物・レクレーション・公共の場所にふさわしい行動・可能ならば有給雇用につながる日常業務の遂行などは、障害を持つ人にとっての機能的なスキルです。これらのスキルがその子どもの教育の中心となるべきです。機能的なスキルを決定する際には、個人の住む特定の環境を考慮することが重要です[44]。ある特定のコミュニティーの習慣や価値観も、機能的スキルを考えるときに重要なものです。

　時には生徒の行動をなくしたり減少させたりすることが必要になるでしょう。自分自身をかんでしまう子どもでは、そうすることをやめさせるべきです。他人を傷つける子どもの場合、それを続けるのを許すことはできません。あまりに騒がしかったり、教室でじっとしていられない子どもは、走りまわったり声を上げたり物を壊したりするのをやめることを学ばねばなりません。しかし、建設的な行動を発達させないまま、単にそういった行動を取り除こうとする計画は、批判される余地があります。何もせずにただじっと座っている生徒は、指導前よりもよくなったとはいえません。教師は学習の改善や社会的関わりの改善につながるような行動を発達させるように注意を払わねばならないのです。

　幾つかのケースでは、問題行動を直接減少させる試みよりも、適切な行動を強化することによって不適切な行動が減少することがあります。例えば、問題行動を減少させることは教科技能の改善に自動的にはつながりません[15]が、教科技能の改善は不適切な行動を減少させることがあります[3, 22]。一般的に、何らかの適切な行動を持つ子どもにとっては、教師はその行動を強化し、この手続きが不適切な行動にどんな影響をおよぼすのか注目していくべきです。適切な行動のレパートリーが非常に限られていて、不適切な行動があまりにも連続している生徒では、正の強化をする機会はほとんどないでしょう。そのような場合、教師は不適切な行動の減少を最初に考えなければならなくなります。しかしこの場合でも、それは最初のステップであるべきです。できるだけ早急に、機能的なスキルの獲得につながるような建設的な行動に置き換えることを教えなければなりません。

行動的アセスメントと
リアルタイムな評価

　倫理的な教師ならば、生徒がどんなことをしてどんなことをしないように教えるかを勝手に決めたりできません。個々の生徒の教育目標や目的はいろいろな条件で生徒が何をするかを注意深く観察して決められるべきです。目標が選択されプログラムが施行されたら、倫理的な教師はそのプログラムがうまくいっているかをき

ちんと追跡していくでしょう。「ベンに算数を教える助けになるようにカウンターを使いはじめましたが、彼はうまくやっているように思えました」という言い方は間違っています。私たちは次のように言うことができるようになってほしいのです。「4日間観察したところ、ベンは1桁の加算の問題を10題中2、3題しか正しくできませんでした。そこで、20個の牛乳キャップを彼に渡して、それをカウンターとして使うやり方をやってみせました。その日のうちに彼は10題中6題までできるようになり、昨日は10題中7題、今日は9題正答するようになりました。彼が3日間連続して10題すべてに正しく解答することができたならば、引き算に入ろうと思います」。「行動的な言葉」での言い方については第4章でお教えしますが、そこでは査定と介入結果の評価のためのデータ収集法について説明しています。

利用可能な最も効果的な治療手続き

生徒の行動を変化させようとするプログラムを立案する際に専門家や保護者がまず考えるべきことは、使用を予定されている技法が同じような生徒の同じような行動を変化させるのに有効であったと証明されていることです。一般に、行動を変化させるときに使われる最も倫理的で責任ある手続きは、最も効果的であることが認められているものです。このテキストを通して、私たちは特定の行動を変化させることについての文献をレビューし、効果的な手続きについて示唆すべきでしょう。教師が行動的なプログラムを計画するときには、新しい技法の発展に遅れないように最新の専門的な雑誌を常に読んでおくべきです。「応用行動分析誌」(*Journal of Applied Behavior Analysis*)は教師にとっても、他の分野の専門家にとっても、この分野の情報を得るにはすばらしい雑誌です。その他多くの雑誌が、特殊な能力障害を持つ生徒や、普通学級で何らかの行動的な問題を示す生徒に使える行動変容手続きについて多くの情報を提供しています。

あるケースでは有効性が証明されているような手続きでも、他のケースには適用困難であったり、倫理的な理由で使用できないこともあります。例えば嫌悪手続きの使用、とりわけ電気ショックの使用は、自傷行動のような非常に不適切な行動を減少させるのに効果的であると証明されていますが、この手続きの使用は制限されています[60]。現在このような手続きが使用できるのは、本人（あるいは保護者や代弁者）からの同意が得られ、かつ不適切な行動を消失させたり十分に減少させるには他の手続きがないことを監督機関が認めた場合だけです[28]。正の強化からのタイムアウトの使用にも制限が設けられています。タイムアウト手続きは隔離（孤立した部屋に生徒を入れる）や排除（強化を受ける可能性のある状況から移動させる）などを含む技法です。隔離タイムアウトはとりわけ規制の対象になります[31]。適用のためのルールがかなり変わるかもしれないので、どんな嫌悪的、隔離的手続きでもそれを使う前に、教師はそのような手続きに関連する学校のガイドラインや規則を検討しておくべきです。ほんのちょっとの隔離であったり、ソフトでかつ効果的であっても、無許可で使用すると誤解や批判を引き起こすことになるでしょう。

嫌悪刺激や隔離による指導は、どんな行動に対してであれ、正の強化による方法を使ってもうまくいかなかった重度の不適切行動への対処のために取っておくべきです。減少させることが目的となる多くの不適切行動は対立行動の強化や他行動分化強化（DRO）、消去などを使えば減少するかもしれません。不適切な行動を減少させる手続きの正しい使い方については、多くの情報が第8章にあります。

表2-1 応用行動分析の適用倫理の提案

スタッフ全員の能力をよく確かめておくこと
適切な目標を選ぶこと
プログラムへの自発的参加を確保しておくこと
説明を持つこと

説明責任

　説明責任accountabilityとは、誰もが評価できるように、目標、手続き、結果を公開することです。応用行動分析はもともとそのようにできています。目標は具体的な行動で、手続きは明確に記述されており、結果は環境と行動の間の関数関係で直接的に定義されます。ベアー、ウオルフ、リズリー[5]が書いているように、説明責任のない応用行動分析はありえないのです。応用行動分析のすべてのプロセスは、具体的で理解しやすく、評価のために公開されています。以上の説明責任の結果として、そのやり方がうまくいったのか、プログラムの変更が必要かどうかを、保護者や教師、監督機関や社会の人たちが独自に判断できます。

　教師は説明責任を、脅しであると消極的に考えてはいけません。自分たちの教育方法の効果を確認できることは教師にとって有利なことです。教師は自分の能力を確かめられるし、他人にも見てもらえるのです。年に1回のスーパーバイザーとの会合に、とっても楽しい1年でしたなどという曖昧な感想を持って参上するよりも、読書能力の向上や問題行動の減少を示すグラフや図表を武器にして出席する方がずっと気分がいいでしょう。

　教師は誰に対して説明責任を持てばよいのでしょうか？　倫理的にいえば、その答えはすべての人に対してです。教師は同僚や地域社会、校長や教頭や教育委員会などの監督者、生徒の保護者、生徒、そして自分自身に対して責任があります。

　本章で示唆しているいろいろな提案を実行するならば、教室内での応用行動分析の実践に伴う多くのトラブルを回避できるはずです。表2-1は、本章での提案を要約したものです。しかし、この提案にきっちりと従ったからといってすべての批判に対処できるわけではありませんし、ミスのすべてを防げるわけでもありません。応用行動分析の実践における倫理基準に十分注意を払うことで批判は最小限にでき、たとえ失敗したとしても、それに落胆する以上に失敗から多くのことを学べるようになるでしょう。

　この章の最後の部分で、グランディ教授の講演を一緒に聞いてみましょう。そこでは、あなたが関心を持っている話題が論議されていることでしょう。ここで教授が答えている質問はすべて応用行動分析を実施していると一度ならず体験する質問です。

グランディ教授、ワークショップを受け持つ
　グランディ教授は、大学近くの大都市の教育長から、小中学校の教師向けに行動変容についてのワークショップをやってもらえないかとの依頼を受けました。たった1日という短い時間のワークショップには限度があること[19]はよく知っていたのですが、学習理論の基本について触れるだけであればさほどマイナスにはならないだろうと思って、引き受けることにしました。しかし、当日になって、皮の肘パッチのついたお気に入りのツイードのコートを着て、

700人もの教師の前に立ったとたん、こんな仕事は引き受けるのではなかったと後悔しました。

　教授はボチボチと話を進め、何人かの教師は居眠りをはじめ、多数の教師が堂々とテストの採点を始めだした頃になって、やっと調子が出てきました。簡潔で活気があってユーモアたっぷりの逸話を随所におりまぜながら、教師の皆さんにはまったく馴染みのない名前なのですが、応用行動分析の大家をファーストネームで呼びながら話を続けました。話も終わりに近づいて、悦に入っていたら、恐ろしいことに終わりの時間にまだ45分も早いことに気づきました。拍手を浴びながら（おそらく中にはこれで早く帰れると思った教師もいたのでしょう）、小さな声で質問はありませんかと尋ねました。ガタガタと席を立つ音が鳴り響いたところで、教育委員会の偉いさんが壇に上がってきて聴衆をぐっとにらみつけると、ぱらぱらと質問の手が挙がり始めました。その質問はグランディ教授にもう二度とこんな短期のワークショップは引き受けまいと決心させるものばかりでしたが、教授は質問に一つひとつ最善を尽くして答えました。

質問：先生のおっしゃていることは賄賂を使えということなのですか？

答え：ご質問をありがとうございます。『ウェブスター事典第3版』[54]によりますと、賄賂というのは判断を曲げさせたり、不正なことをさせるために提供するものをさしています。この意味では私が今日ご紹介した原理を用いることは賄賂ではありません。なぜなら、われわれは学習の原理を子どもたちが、自分自身のためになること、例えば、国語や算数や社会的スキルなどを行なうよう動機づけるために用いているのです。

　ウェブスターの2番目の定義によりますと、賄賂というのは、その人の意志に反したことをさせるために何かを約束したり、与えるものです。私がお話したことはまさにそのとおりではないかという人があるかもしれません。行動理論家にとっては、願望という言葉はちょっと難しい言葉なのです。なぜなら、私たちは願望を目で見ることはできません。見えているのは行為だけなのです。私には、生徒は選択の自由を持っていて、強化を受けることを知っている行動をするかどうかは、彼ら自身が決めているように思えます。私は思うのですが、例えば、ジェイニーがある行動を選択したとしたら、それはジェイニーにそのような「願望」があったということを示しているのでしょう。

　また、賄賂という言葉には、袖の下を渡すというように、隠れてこそこそするというニュアンスがあります。応用行動分析は極めてオープンなやり方でやりますし、生徒の行動をよりよい方向へ変容させようとする誠実この上ない試みです。他にご質問は？　なければ……。

質問：でも子どもたちは、内発的に動機づけられるべきではないでしょうか？　ご褒美につられて勉強するのはどうかと思います。子どもたちは純粋に勉強しようとするべきです。

答え：あなたはどうして今日ここへこられたのですか？　この研修会に参加することの他に、もし海岸で一日をのんびりと過ごすことが選択肢としてあったならば、研修会参加への動機づけは、少しふらついたのではないでしょうか。ここに集まっている私ども全員は、ここへの出席に対し給料が支払われています。大抵の大人は、たとえ自分の仕事がとても気に入っていても、正の強化の法則が具体物に適用されないならば、仕事は続けられないでしょう。われわれ大人にとっても難しいことを、どうして生徒に期待できるでしょうか。

質問：生徒たちは、やることなすことに報酬を期待するようになりませんか？

答え：なるほど。なぜそうならないのでしょう。それは、子どもたちはだんだんうまくやれるようになるにつれ、自分の環境の中に含まれている自然な強化子に対して行動するようになるからです。いろいろやれるようになった生徒が身につけた適応行動は、常に環境内

に含まれている強化によって維持されているのです。優秀な生徒も強化子なしには勉強しません。勉強という行動は、通信簿の評価、保護者の褒め言葉、そして、そう、勉強する楽しみによって強化を受けているのです。一貫して強化された行動は、二次性、つまり条件性の強化子となり、その行動をすること自体が楽しみとなります。しかしながら、勉強でほとんどうまくやれたことのない生徒が、一夜にしてこのようになることは期待できません。これでご質問の答えになっているでしょうか？　どうも、ありがとう……。

質問：先ほど質問なさった方が、報酬を使うと内発的動機づけが減少するとおっしゃっていましたが。

答え：それは、今日、まあ広く知られている考えです[24]。しかし、その根拠として引用されている研究の妥当性や解釈には多くの疑問があって、すべての人が同意しているわけではありません[11, 46]。一方、行動的手法については多くの証拠があり、私の考えでは、それらの手法を実施しないのは倫理的ではありません。

質問：おっしゃっているような行動管理手続きは、根本的な問題を明らかにしないで、深刻な情緒障害の症状を表面的に押え込んでいるだけではないのかしら？

答え：えーと、それはとても複雑な問題です。行動主義では、根本的な原因が背後にあって、それによって情緒の問題が引き起こされているというふうには考えません。われわれは、経験から、問題行動に対処するだけで問題が完全に解消することを十分承知しています。人間は雑草じゃないんですから、土の下に根っこをはりめぐらしていて、雨が降り出したら芽を出そうと待ち構えているわけではないのです。

質問：でも、表面的な症状を押さえることができても、その代わりに別のもっとひどい症状が出てくるというのはよく聞く話です。それが、根本的な原因があることの証拠になるのではないのでしょうか？

答え：いいえ、それは違います。人間は雑草でもなくピストンエンジンでもありません。一つの症状が消えたら、別の症状が必ず出てくるというものではありません。私の友人の研究者たち[4, 8, 38, 61]は、症状と呼ばれるものの除去が別の新しい症状を作り出すことは、実際にはほとんどないということを実に多くの例で示しています。現実にはむしろ、子どもの不適切な行動が消失すると、特に指導をしなくても新しい適切な行動を習得します[10, 32, 36]。たとえ新しい異常行動が出現したとしても、……そのようなこともときどきあります[7, 43]……

教授、いくら自動車の「行動」だからと言ったって、原因をちゃんと理解しなきゃ。
いいですか、この前にオイルを交換したのが1953年の……

背後に横たわる異常の代理症状として現われたという証拠にはなりません。そのような異常行動は応用行動分析の手法を使えば簡単に除去できるでしょう。そろそろ時間もなくなり……。

質問：先生がお話になったことは、ネズミやサルなどの動物の行動に基づいてはいませんか？ それは犬を調教するやり方ですよね。芸がうまくできたら餌をやって、悪いことをしたら丸めた新聞紙で叩くというような。冗談じゃない、子どもたちを動物のように扱うのは倫理に反するのではないでしょうか？

答え：初期には、行動の法則を研究するために、確かに動物を対象にしていました。しかし、それは人間を白ネズミやハトと同じようにコントロールすることを意味していません。動物を使うのは、アナログ・リサーチと呼ばれますが[13]、いわゆるモデルとしてなのであって、人間の行動を研究するための基礎原理を明らかにするためです。応用行動分析で用いられる手続きは、実験室ではなく、実際の場面で人間を対象としてその有効性が検討されてきたものです。応用行動分析の手続きは人間行動の複雑性と、自分の行為を選択する人間の否定できない自由を考慮しています。倫理的でないというならば、われわれが知り得、活用できるはずの知識を、知らずにいて、応用しないことの方が、非倫理的なのではないでしょうか。知識の情報源は、何でも構いません。

質問：先生がお話されているのは特殊学級の子どもたちではないのでしょうか？ 私の受け持っている子どもたちは、もっと抜け目のないずる賢い子どもたちなんですが、うまくいきますでしょうか？

答え：もちろんうまくいきますとも。行動の法則はわれわれ全員に当てはまります。重度の障害を持つ子どもたちの行動さえも変容できるものですが、その場合はいささか複雑な手順を踏まなければなりません。あなたの子どもさんたちになら、簡単な手続きで、ごく短期間で結果が得られるでしょう。例えば、子どもたちにどんな随伴性があるかを説明するだけでいいでしょう。あなたは子どもたちがいちいち具体的経験から学ぶのを待つ必要はないのです。応用行動分析の手続きは万人に等しく作用します。もちろん私のような大学教授にさえもです。例えば、罰ですけれども、この上さらに別のワークショップを引き受けたりすると、ひどい目に合う……。失礼、他にご質問は？

質問：でも行動変容法は、私の生徒たちにはどんなふうに作用するのでしょうか？ 字を読めない子どもたちに教師がどんなにたくさんキャンディをあげていても、かまわないのですか。

答え：多分、あなたは居眠りをしてらっしゃったので、私の話を聞き逃したのでしょうね。応用行動分析というのは生徒に単にキャンディをあげることではないのです。もしあなたの生徒さんが字を読もうとしないのであれば、まず字を読むという反応を刺激で制御するようにしなければなりません。それが行動分析というものです。子どもたちが音声言語を持っていないのであれば、まずそれを形成することです。それが応用行動分析です。子どもたちがただじっと座っているだけで何もしないのなら、彼らの関心を引くことから始めます。それが、すなわち応用行動分析というものなんです。他にご質問は？

質問：すべてのことがとても厄介なことのように思われます。かなり忍耐が必要で時間のかかることのように思えます。本当にこんな厄介なことをするだけの値打ちがあるのでしょうか？

答え：もし、……価値がなくって、厄介だけなら、……そんなことはやる値打がないでしょう。重篤な問題であれば、その行動の修正には、より複雑な手続きと多くの時間が必要となるでしょう。単純な問題を扱うのに複雑な手続きを使う必要はありません。今までどお

りのやり方でいて、今あなたが直面している問題に、どれだけの時間がとられているのか時間を計ってごらんなさい。次に、随伴操作を系統的に実行して記録をとってごらんなさい。そして、どれだけの時間が費やされたかを比べたら、きっとびっくりするでしょう！ では、時間になり……。

質問：私は深刻な問題を持つ１人の生徒を担当しています。その子だけに系統的な指導を行なったら、他の子どもたちは不平を言わないでしょうか？ 子どもたちに何と言ったらいいのでしょう？

答え：その問題はあなたが考えているほど頻繁に起こるものではありません。大抵の生徒は、その子どもが特別な援助なしではうまくやれないことをよく知っていますし、その子どもが援助してもらったからといってとりわけ驚いたり、動揺したりすることはないでしょう。中には、その子だけがなぜ特別に扱われるのかと尋ねる生徒もいるかもしれません。もし尋ねられたら、私なら「このクラスでは、誰にだって必要なことをしてあげます。ハロルドは自分の席に座っているということに少し余分の手助けが必要なんだよ」とでも言うでしょう。もしあなたがクラスの全員に対して適切な行動を一貫して強化していれば、特別な問題を持っている一人の生徒により系統的な指導をしたからといって、誰も不満には思ったりしないでしょう。ご質問がないようなら……。

質問：私が受け持っている問題を持つ生徒たちは、大抵勉強をしません。それは家庭環境が悪いからです。そのような場合には、行動変容法だって何もできゃしないんじゃないですか？

答え：ハトは自分の置かれている環境を弁別し、どうすれば強化が受けられるかを学習します。あなたの生徒さんは鳥よりも劣っているというのですか。そんな考えこそが人間性に反します。生徒たちの学業不振や不適応行動を社会や他人のせいにするのは、責任転嫁の言い訳です。確かに、教室外の子どもたちの環境に教師はほとんど関与できないかもしれません。しかし、教室内の環境では、あなたができることは十分あるはずです。勉強面でも社会的な面でも、子どもたちができるだけたくさん学習できるように教室の環境を整えていくことがあなたの仕事のはずです。教えるということをあなたはどう考えているのでしょうか？「教える」という言葉は他動詞です。誰かに何かを教えない限り、教えているということにはならないのです。

質問：あなたは学校で教えたことがありますか？

　この時点で、グランディ教授は支離滅裂になって、教育委員会のお偉方に壇上から助けだしてもらわねばなりませんでした。車を運転して帰宅の道すがら、彼は多くのミスを犯したことに気がつきました。一番のミスはワークショップを引き受けたことでした。教授は、先生方はクラス運営に問題を抱えて、具体的な対応策を求めているはずだから、多分、学習の原理に関する理論的な話に興味を示すだろうと思っていたのです。学習の原理と子どもたちの行動との関係をすぐに理解するだろうと思ったのです。しかし、そんな期待は現実離れしていたようです。彼は、応用行動分析の自分の授業にもっと実践的な話題を取り入れる必要があると反省しました。疲れ果てて車から降りた彼は、犬について聴衆が言ったことを思い返していました。もし……。いや、いや、そんなことはない。犬は扱いづらいし、出しゃばりだし、部屋を汚す。犬はいらない、と。

理論と実践

　グランディ教授は、応用行動分析を適用して効果を上げるには、学習原理についての基本的な知識が不可欠だという彼の従来からの信念を修正したのは確かです。現場の教師たちは、理論をしばしば拒否し、現実問題に対して即効的で具体的な解決を求めます。しかし、お料理の本のようにハウ・ツーだけの習得では限界があります。ハウ・ツーを学ぶだけでも即効的に技量は上がりますが、基本的な原理をじっくりと勉強する方が、長期に見た場合に、はるかに優れた高い能力が身につきます[55]。

　応用行動分析について、定義や歴史的背景、基本的原理、倫理の問題についてかなり多くの紙面をさいて論議してきたのは、まさにこのことのためなのです。そして、いよいよ教師に「優秀なスタッフ」と呼ばれるには何をしなければならないかを考えていくことになります。次の章では学校場面で子どもの行動を変容させていく具体的な手続きを述べるとともに、基本的な学習の原理についてもっと徹底的な討論をします。バランスをとりながらですが、教室でのいろいろな問題に対する立証済みの解決法を紹介するだけでなく、教師たち自身が自力で問題解決の手段を見つけだせるようになるための知識も提供したいと思っていまいす。

要　　約

　この章では応用行動分析の技法を使うことに対する、幾つかの異議について述べました。これらの技法は個人の自由を妨げ非人間的であるということで批判されてきました。それらの異議について、われわれが同意できない理由を述べました。応用行動分析の手続きを正しく使えば、選択肢を増やすことで個人の自由を拡大します。また適切なスキルを教えたり選択肢を増やす効果的な道具となるので、人間的なものとなります。

　応用行動分析のプログラムが次の条件を満たせば、手続きは倫理的に用いられます。それらは、治療的環境を整えること、最優先の目標が個人の福利にあるようなサービスを提供すること、有能な行動分析家によって治療が行なわれること、プログラムでは機能的なスキルを教えること、プログラムが行動的なアセスメントとリアルタイムな評価に基づくこと、最も効果的な治療手続きが利用可能なことです。これらの要因を検討して応用行動分析の手続きを選択する教師は、これらの要因が生徒の利益に最もかなっていることを知っています。

議論のテーマ

1. もし、教師として生徒に応用行動分析の手続きを使おうと決めたとしたら、保護者や学校関係者、生徒にどんなふうにそれが正しいと説明しますか？
2. 用語を変えること——例えば、罰という言葉を避けるというように——で、応用行動分析は専門家や一般の人に受け入れられやすくなりますか？　あなたならば、どんな用語を考えますか？
3. 嫌悪的手続きを使うことは倫理的と言えま

すか？ もし、そうならどんな環境下ではそれが正当化されますか？（この問題を検討して自分自身で解答を書いてから第8章を読んで勉強してください）。

4．どの時点で、障害を持つ子どもに算数や国語などのお勉強を教える試みをやめますか？ その試みはどんな子どもになされるべきですか？

第3章　行動目標の作成

次のようなことをご存知ですか？
・行き先がわからなければ、目的地へ着けません。
・行動目標を文書にするのには、法律上・行政上の他にも、理由があります。
・攻撃性は、観察者の眼の中にあります。
・教授でさえ行動目標を文書化します。
・90パーセントできていても、合格にならない場合があります。
・IEPは「ばかげた教育構想（Idiotic Educational Plot）」の略ではありません。

　本章では、行動変容プログラムの第1ステップ、すなわち、変容の対象とする標的行動（target behavior）の定義について述べます。第1章で説明したように、行動過少（算数の技能が少な過ぎるなど）や行動過剰（おしゃべりが多過ぎるなど）の場合に、その行動が標的行動として選ばれます。変容すべき行動が決まったならば、教師は標的行動が変化したらどのようになるかを記述する<u>行動目標</u>（behavioral objectives）を文書にしなければなりません。
　計算のスキルに問題がある生徒の行動目標では、その生徒が到達すべき計算のレベルを記述します。おしゃべりが多過ぎる生徒の行動目標ならば、どこまで頻度が減少すればいいのかを具体的に明示します。行動目標の記述を読めば、その生徒が何をどの程度達成すればいいのかが誰もがはっきりとわからなければなりません。行動目標は生徒の行動変容を計画する際の不可欠な要素なので、障害を持つ生徒に対するIEP（Individual Education Program：個別教育プログラム）の一部として要求されます。行動目標とIEPの関係については本章の後半で述べます。
　本章では、行動論的アプローチを教育にどう取り込むかについて学んでいる教師を紹介します。彼らを通して、皆さんは行動プログラムを有効に適用する際のいろいろな難しい問題に出会います。次のコラムは養護担当のサミュエル先生の話です。一緒に考えてみましょう。

私たち、同じことを話しているのかしら？
　3年生担当のウィルバーホース先生はカリカリしながら、同僚のホールデン先生に、「あの養護担当ったらまったく役立たずだわ。2カ月前にマーチンの奇声をなんとかしてほしいと頼んだのよ。あの子は未だにあいさつもできないのよ」とブツブツ言いました。
　ホールデン先生はあいづちをうちながら言いました。「まったくそのとおりよ、私も去年の9月にメリッサ・スーの態度がひど過ぎるので頼んだのよ。長い間メリッサは養護学級に行ってたけど、かえって悪くなったわ。私が注意したら、ヘラヘラ笑っているのよ。養護担当な

んかいない方がいいわ」

同じ頃、養護担当のサミュエル先生は校長に涙ながらに訴えていました。「普通学級担当の先生方は、私が何をしてもまったく認めようとはしないんです。マーチンの指導だって、頼まれたとおりに、彼はちゃんときれいな発音になって、いい声で歌だって歌えるようになっています。むっつりしていたメリッサだって、いつも笑顔をたやさず、よく笑うようになりました。私は先生方の要請に忠実に答えてきました。なぜそれを認めてくれないんでしょう？」

行動目標の定義と目的

このお話は、行動目標を文書化しなければならない理由の1つを明らかにしています。行動目標をきちんと文書にすることで、行動変容プログラムの目的を明確にし、関係者間での正確なコミュニケーションを可能にします。取り上げる行動を文書にしておくと、学校が責任を持つ指導の目標が教科に関してなのか、社会性の問題に関してなのかについて、教員・親・生徒間の思い違いを防ぎます。

行動目標を文書化する2つ目の理由は、指導目標をはっきり文章に表わすと、教師や介助員が効果的な指導計画を立案しやすくなるからです。また、適切な教材選択や指導方針の決定についての具体的根拠を示してくれます。メイジャー[21]は、「修理工は解決策がわかるまで道具箱を開かず、作曲家は曲の目的が曖昧なままで楽譜を書いたりはせず、建築会社は青写真がないのに、資材を選定したり建築予定を立てたりはしない」(p.3)と述べています。明確に書かれた行動目標は、手近にあるという理由で不適切な教材を持ち込んだり、慣れているからという理由で特定の指導法にこだわったりするのを防いでくれます。目標が明確になってはじめて、教材選択や実施手続きの適切さが保たれます。

行動目標の文書化にはもう1つ重要な理由があります。次にそれを説明しましょう。

考えの行き違い

ヘンダーソン先生は、養護学級の担任で、数人の発達遅滞児を受け持っています。ある日、大あわてで校長室へ駆け込んできました。受け持ちのアービンという生徒の両親が子どもを登校させないと言って彼女を困らせるのです。先生がアービンをちっとも指導してくれないと言っています。しかし、ヘンダーソン先生は、アービンには排泄の指導をするということに8月のミーティングで同意していて、その結果アービンは大いに進歩したと思っていたのでした。そうしたら両親は、アービンは1週間の内に数回も失敗をするので、先生はぜんぜん指導をしてくれていないと言うのです。

一方、先生にしてみれば、「アービンの排泄のしつけはちゃんとやりました。2、3回の失敗くらい、いいじゃないですか？」というわけです。

ヘンダーソン先生の問題は、8月の面談のときに指導目標をきちんと文書にしていれば防止できたはずです。学年のはじめにトイレットトレーニングをするということが、具体的にどんなふうに行動が変化することかを明確に定義していれば、その目標がちゃんと達成できたかど

うかで問題が生じることもなかったでしょう。指導内容の正確な評価に行動目標は不可欠です。生徒の行動レパートリーの過剰な部分と過少な部分とを明確にしておけば、教師は生徒の現実の能力とこれから達成させようと期待している能力との差をはっきりとさせることができます。パフォーマンスの基準（あるいは最終目標）を明確にし、目標への過程を逐次記録しておくと、指導手続きにおけるその時々の形成的評価や最終段階での総括的評価が、プログラムの変更や、次のプログラムを作成する場合に役に立ちます。継続的に評価や測定をしておけば、教師や生徒あるいは第三者機関が生徒の進歩を常時連続的にモニターでき、目標がいつ頃達成できたかがはっきりわかります。連続的にモニターしていれば、指導手続きや生徒のパフォーマンスを評価するとき、個人的な解釈や誤解を最小限にすることができます。

標的行動の照準化

　行動目標を書いたり、行動変容のプログラムを開始する前に、標的行動をきちんと記述しておく必要があります。紹介情報はしばしば曖昧で不正確かもしれません。有効な行動目標を書くために、応用行動分析家は、広く一般化された言葉で記述された事柄を、具体的で観察可能な、そして測定可能な行動に精錬していきます。このような手順は、標的行動の<u>照準化</u>（pin-pointing）としばしば呼ばれています。

　標的行動の照準化は、通常、「彼がどうするようになればいいのですか、おしゃってください」とか「彼に何をしてほしいか、具体的に言ってください」などの一連の質問によって決めていきます。例えば、クラス担任が、「多動」ということで生徒を行動分析家の所へ紹介してきたとします。そのクラス担任と行動分析家は、実際にどんなことが起こっているのかを正確に記述して、この多動な行動というのを定義しなければなりません。その生徒は、ハーパーのクラスのラルフのように教室内を立ち歩きますか、のべつ机を鉛筆でとんとん叩きますか、椅子を前後にゆすって落ち着かないのですか？

　一口に「多動」として紹介される場合でも、具体的にはいろいろな行動を含みます。だから行動の特定化が必要なのです。次に例を挙げてみました。幾つかの質問は、行動の定義を洗練するのに役立つでしょう。

- セバスチャンは算数ができない：彼は、算数の基礎的な計算ができないのですか、それとも時間内に問題をやり終えることができない、または解こうとしないのですか？
- ステラはちっとも課題をしない：彼女は、窓の外ばかりを眺めているのですか、隣の子と話しばかりしているのですか、黒板を見ずに教科書に落書きばかりをしているのですか？
- チャンスはいつも人のじゃまばかりしている：彼女は、人から物を取るのですか、授業中に人に話しかけるのですか、隣の席の子を叩くのですか、隣の子の本を机から落とすのですか、誰かの髪を引っぱるのですか？
- マギーの理科の授業は混乱の一言だ：彼女は、実験マニュアルを読めないのですか、それとも彼女の書く字がきたないのですか、あるいは実験手順にのっとらずに勝手に作業をしてしまうのですか、実験はできるけれども筋道立てて結果を書けないのですか？
- ローラはかんしゃくを起こす：彼女は、泣き叫ぶのですか、床にひっくり返るのですか、部屋中に物を投げとばすのですか？

　わかりにくい抽象的ないい方で表現されたときには、常にこのような質問でいかなる行動が問題なのか具体的に記述しておくべきです。もし先生からの依頼が、「キャロルは批判的に考えることができていない」というようなことを言ってきたならば、応用行動分析家は次のようなことを確かめなければなりません。

1. 事実と意見の違いがわかるか
2. 事実と推測の違いがわかるか
3. 原因と結果の関係が把握できるか
4. 推理の誤りをきちんと指摘できるか
5. 関係のある話と関係のない話が区別できるか

6. 正しい理屈と間違った理屈が区別できるか
7. 文章から適切な結論を導きだせるか
8. 正しい結論に導く前提条件を指摘できるか
14 (p.14)

　もう少し補足しておきましょう。例えば、生徒がしばしば席を離れるようであれば、教師の関心は、離席の回数や、席を離れている時間になるでしょう。毎日、早朝に目を覚ましずっと起きている生徒の行動は、座ったり立ったりを繰り返す生徒とはまったく違っています。生徒それぞれに対して、別の介入方針、別の記録法が必要です。「かんしゃく」のような複雑な行動では、多種類の行動が同時に生じるので、行動のリストをつくり、どこから手をつけるか優先順位を決めておく必要があります。例えば、子ども本人あるいは周囲の人々にとって最も支障の大きいものから、さほどでもないものまでの順位をつけたりします。紹介された様々な情報をよく整理して、はじめて標的行動が明確になり、教育目標や行動目標を書くことができます。

教育目標

　行動目標は、学年ごとの大きな<u>教育目標（educational goals）</u>の中から導き出すべきです。行動目標は評価の積み重ねからおのずと生れてくるものであって、カリキュラムの立案とも関連しているべきです。教育目標は、その学年の間に達成しようと決めた学業面や社会面の発達を明確にしたもので、学校がその責任を負います。目標の設定に際し、教育者は1年の指導によって生徒の可能性をどこまで伸ばせるかを推定します。そして、教育目標（長期目標）ではプログラムの意図を述べ、行動目標（短期目標、指導目標）では、中度の障害児の場合には1学年毎、もっと障害の重い子どもの場合には通常1学期ごとに、教室における実際の指導内容について述べます。

目標の設定

　各種領域の専門家と、生徒の保護者や後見人、また多くの場合、本人自身を含めた協力チームが、特別なサービスを必要としている生徒の指導目標を決定する責任を持ちます。生徒の教育プログラムの基礎になるデータが集まると、チームは様々な側面からの評価結果を検討します。これらの評価には、生徒の現在の機能レベルを明らかにするために教育や関連サービスの専門家が集めた情報が含まれます。データには次の領域からのものがあるでしょう。

1. 学校心理学：例えば、ウェクスラー児童知能検査（WISC）[27]、ベイリー乳児発達尺度[2]、小児自閉症評定尺度（CARS）[24]の得点
2. 教育：広範囲学力検査改訂版[16]、キー数学・算数診断テスト改訂版[9]、ウッドコック読書習熟度検査改訂版[28]、ブリガンス基礎スキル調査表[7]の得点
3. 適応行動：AAMD（全米精神遅滞協会）適応行動スケール学校版[18]、ヴァインランド適応行動尺度[26]
4. 治療サービス：理学療法、作業療法、言語病理の評価結果
5. 身体健康：神経学的検査、小児科学的検査、視覚・聴覚検査

　これらの公式なテストからの情報に加えて、目標設定のミーティングでは親の希望や関心をも考慮すべきです。以前の担任教師からの意見も同様に考慮されます。現在のクラス、家庭からの環境的要請、将来の教育措置や作業現場も検討されます。こういった情報の積み重ねに基づいて、審問会はその生徒の教育目標を提案します。長期の教育目標にはその生徒の達成見込みが含まれていて、それらがすべてそろって個別教育プログラム（IEP）となります。

特別なニーズがあると認められない生徒の場合には、教育目標を定めるのにこれほどの大掛かりな情報収集をしません。せいぜい教師の手作りによるクラス全員の達成度テストの結果で十分でしょう。目標も指定されたカリキュラムの範囲で設定します。例えば通常、同じ学区の4年生すべてのクラスは同じ内容を学ぶことが期待されています。標準的なカリキュラムでは、ある学年のすべての生徒に、例えば、ペルーの天然資源、ミミズの排泄系、分数の掛け算、読書理解などを教えることになっています。ですから教師がすることは、それらの目標を自分のクラスのどの子にも合うように翻案することになります。カリキュラムで教える内容を既に知っている生徒がいるでしょうし、それらを学ぶ基礎技能に欠けている生徒もいるでしょう。教師は、生徒全体の一般的な特徴を考慮しながら、全体としてのクラスに合致するよう教育目標を立てるでしょう。さらに、もし教師が問題を持つ特定の生徒を援助しなければならないのならば、あるいは、読書困難児のクラスを担当しなければならないのならば、学習を促進するための特別指導を明示する行動目標を付け加える必要が生じてきます。

生徒を個別に扱う場合には、それぞれに対する教育目標を各人の評価データに基づいて作り上げなければなりません。その他に次のような要因も考慮しなければなりません。

1. 生徒の将来に向けての長期計画と比較した場合、過去における発達や、予測される発達はどの程度か。
2. 現在の、生徒の身体的能力やコミュニケーション能力はどうか。
3. 学習の妨げになり特別指導が必要な不適応行動がないか。
4. 家庭、教室、学校環境に適応する上で必要なスキルが欠落していないか。
5. 学校の授業で、あるいは学校生活で、どれほどの時間をその生徒の指導に費やすことができるか。
6. スキルの獲得に必要な基礎条件はととのっているか。
7. スキルを十分有効に使っているか（他に追加するスキルがあるか）。
8. 特別な教材や教具、専門の指導者（言語治療士、作業療法士など）が得られるかどうか。

教育目標は長期的展望に基づいて計画されるので、広い意味を持つ言葉で表現されます。しかし実践に際しては、観察可能で測定可能な用語で示さなければなりません。第1章で見てきたように、応用行動分析家は観察可能な行動のみを扱います。

障害がない生徒や軽度の障害の生徒に対しては、各カリキュラムごとの教育目標で十分です。重度の障害を持つ生徒や年少の生徒を対象にする場合には、教育目標を以下の学習の領域ごとに表記すべきです。

1. 認知
2. コミュニケーション
3. 運動
4. 社会性
5. 身辺自立
6. 職業技能
7. 不適応行動

例として、算数の学習に問題を持つジェイソン、および、重度の障害を持つタニカについての長期目標を次に紹介します。

ジェイソン
算数 1年生レベルの基礎的計算を習得する。
社会 合衆国政府の三権分立について理解していることを表現する。
国語 自分が読んだお話しの主要部分を識別する。
理科 太陽系の構造に関する知識を表現する。
言語技術 言葉での創造的表現をする能力を向上する。
体育 団体競技のスキルを向上する。

ジェイソンが在籍する普通学級の教師は算数を除いて、他のすべての目標達成に責任を持つことになり、算数については特別指導教室での

時間抽出授業で指導を受けることになりました。これに対して、タニカの場合は、

タニカ
認知　機能に従ってものを分類する。
コミュニケーション　身近なものの名前を理解する。
運動　上肢の粗大運動を向上する。
社会　グループ活動に適切に参加する。
職業技能　1時間以内で組み立ての仕事を完成する。
不適応行動　離席行動を減少する。
身辺自立　独力で衣服を着る。

　教師は、これらの大まかな目標を具体的な指導内容（行動目標）にします。行動目標は教育目標の単なる言い直しではなりません。教育目標を個々の指導可能な項目に分割します。複雑な教育目標からは、多くの行動目標が生み出されることでしょう。例えば、他の生徒と協力して遊べるようになるというような教育目標は、ものを共有することや、順番にすること、ゲームのルールに従うことなどの個別の目標が獲得されて初めて達成されます。

行動目標の構成要素

　指導の意図を確実に伝え、評価の基準にするためには、行動目標を次のように完全なものにしておかなければなりません。

1．対象の生徒を明らかにする。
2．標的行動を明らかにする。
3．その行動が実行されるときの状況を明らかにする。
4．達成基準を明らかにする。

対象者の特定化
　行動目標を決めるという考え方は、もともと指導の個別化を進めていくために考えられてきたものです[13]。個別化を実施するために、教師は、その目標が設定された生徒を明確にしなければなりません。目標の文章化は、対象となる生徒を教師が確認するのに役立ち、また介入プログラムに携わることになる人々に教師の意図を伝える点でも役立ちます。そこで、行動目標は対象者を明示して、次のような言い方で示す方がいいでしょう。

・ジョンは、……するでしょう。
・4年生全員は、……するでしょう。
・この訓練プログラムへの参加者は、……するでしょう。
・ラパーズ組のメンバーは、……するでしょう。

標的行動の特定化
　目標設定のチームが過剰あるいは過少な標的行動を選択し定義したならば、教師は次に、望ましい変化が達成されたならば、生徒が何をするようになるのかを厳密に同定しなければなりません。行動目標の典型的な様子を正確に記述しておきます。

　行動目標の記載の中にこの要素を含めることには、次の3つの目的があります。

1．行動を正確に記述することで、教師は同じ行動を一貫して観察できるようになる。まったく同一の行動が生起しているのか生起していないかを正確に観察し、記録することで、集められたデータがその行動を正確に、一貫して反映するようになる。
2．標的行動がきちんと照準化されて記載されていれば、教師が観察した行動の変化が第三者でも事実であったと承認できる。
3．標的行動が正確に定義されていれば、別の教師が中途から加わっても、指導が継続できる。

　この3つの目的を達成するために、標的行動が生じたならば、すぐそれとわかるように定義されていなければなりません。正確に定義しておくと、同じ行動に別の解釈をしたりする間違いを最小限にとどめることができます。行動そのもの、あるいは、行動の産出物を見るか聞くかしたら、生徒の行動がすぐにそれとわかるよ

うになっていなければなりません。目標を客観的で正確で明瞭なものにするために、行動を記述する動詞は、**観察可能**で、**測定可能**で、**再現可能**でなければなりません。

英才児学級の教師は生徒の潜在能力を「発見」したがり、また図工の教師は生徒のよさを「理解」したがるかもしれませんが、目標をそのように記述したのでは勝手な解釈を許してしまいます。例えば、生徒が次のような行動をするのかしないのか第三者には判断つかないことになります。

- 大小を**認識**する。
- お金の価値を**理解**する。
- チョーサーの詩についての**理解が深める**。
- そのグループの中で**課題をこなす**。
- **攻撃を我慢**する。

以上のような曖昧な用語で書かれた場合、その目標が達成されたと誰かが言ったとしても、実はその人は単にそう思っているだけです。**操作的定義**を用いると、このような当て推量を教育から取り除くことができます。操作的定義は、生徒が**認識**し、**理解**し、**理解を深め**、**課題をこなし**、**攻撃を我慢**しているときに観察されるであろう行動の幾つかの例を提供します。実例ですから、操作的定義は、生徒が、また環境が異なれば違ってきます。課題従事と攻撃は多くの行動変容研究で対象となってきましたので、幾つかの方法で操作的に定義されています。例えば、ブライアントとバッド[8]は「運動課題に関連したことをしている、教師の説明中教師や教材を見ている」ことを「課題に従事している」として記録しています。他の研究者は、課題従事行動を「連続7秒間決められた課題をしているとき」「与えられた作業を見ていて、鉛筆を書くとき、または消すときの位置に保持している」[20]と定義しています。ボイルとヒューズ[6]は、「課題に対する手の、または意味のある関わりで、課題ステップ間での遅れは3秒以内」と記しています。

攻撃は、他の行動と同じように、機能——つまり、行動の結果や結末の観点——から、または反応型——行動を構成している動作の観点——から定義されるでしょう[1]。筆者らは攻撃を機能的観点から、「他の個体を損傷させることを目標反応とする行為」と定義しました。反応型からは、教師を叩く・蹴るまたはかみつく[19]、髪を引っ張る（髪の毛を指でつかむ、引っ張る）、他者を力一杯叩く・蹴る・つねる[22]、他者を力強く叩く・他者に向かって物を投げる[17]、と定義されてきました。標的行動の具体的な例が増えれば、定義の明瞭さも増します。

目標を記述する際に、客観的で正確な動詞を使えば、操作的定義の必要性は減少します。記述が正確であれば記録されたデータの正確さも増します。「まるを書く」「言葉で言う」「指で差し示す」などのように具体的な行動で記述すると、観察者間で異なった解釈をされる可能性が少なくなり、口頭または文書で繰り返し説明する必要が減ります。次に正確な行動記述の例を示します。

- 幾つかの物の中から、最も大きい物を指でさす。
- 同じ値段の品物を声に出して数えられる。
- カンタベリー物語のあらすじを作文に書くことができる。
- まっすぐに本を見たり、話し手の方に顔を向ける。

デノとジェンキンス[10]は行動目標を書くときに使う適切な動詞のリストを作っています。彼らの動詞は別々の教師間での出現率の一致に基づいて分類されています。その分類は、**直接観察できる行為動詞、曖昧な行為動詞、直接観察できないような行為動詞**の3つです（表3-1）。

モリス[23]は、標的行動の記述が適切かどうかをチェックするIBSOテスト（Is the Behavior Specific and Objective：記述された行動は、特定的かつ客観的ですか）を作っています。次のようなチェックをします。

1. その行動の生起回数を数えることができますか？　例えば、15分中に、1時間の間に、1日で何回であったか。あるいは、その行動

表3－1　観察可能性からの動詞の分類

直接観察できる行為動詞		
カードで隠す	描く	正しい位置に置く
印をつける	レバーを押す	線で消す
下線を引く	指でさす	丸をつける
口頭で繰り返す	歩く	言う
書く	口頭で数える	音読する
見えなくする	置く	命名する（物の名前を言う）
空欄に書き込む	番号をつける	明言する（はっきり言う）
取り去る	名づける	どのような物か語る
曖昧な行為動詞		
書いて確認する	チェックする（調べる）	構成する
照合する	片づける	作る
配置する	仕上げる	読む
遊ぶ	位置を決める	関連させる
与える	拒否する	選択する
選ぶ	引き算をする	変える
使用する	割り算をする	遂行する
総計する	足し算をする	命令する
測定する	再編成する	供給する
立証する	分類する	掛け算をする
四捨五入する	平均する	完全にする
尋ねる（調査する）	利用する	要約する
認める	探す	借りる
見る	変形させる	同定する
直接観察できない行為動詞		
区別する	興味を持つ	解決する
結論する	適用する	演繹する
発達させる	感じる	試す
集中する	決定する	知覚する
生成する	考える	創造する
批判的に考える	弁別する	学習する
認知する	評価する／理解する	発見する
意識する	能力がつく	知る
推測する	不思議に思う	好む
完全に理解する	分析する	理解する

の持続時間をはかることができますか？　すなわち、その行動が1日に何回あるいは何分だったと誰かに報告することができますか？（答えはいずれもイエスでなければならない）
2．行動変容の予定になっている標的行動を新任教師に説明したときに、新任教師は見なければならない行動を正確に見極めることができますか？　すなわち、標的行動があったときに、子どもがその行動をしていると正確に見分けることができますか？（答えはイエスでなければならない）
3．標的行動をより細かい要素に分解できます

か？　そして、それぞれの要素は元の記述よりも、より明確で観察可能ですか？（この答えはノーでなければならない）(p.19)

介入（指導）状況の確認

行動目標の記載についての第3の項目は状況についてです。標的行動をしてほしいと期待している事態における先行（行動に先立つ）刺激を明確にすることです。目的記述のこの部分は、一貫した学習環境が整えられることを主張しています。

教師は何種類かの先行刺激を用いて適切な反応ができるようにその場面を設定すべきです。

1．言葉による要求あるいは指示
　　サム、小さい自動車を指でさして。
　　デビー、この数をたして。
　　ジョディ、自分の席にもどりなさい。
2．文字などによる指示
　　文章を図示する。
　　積を求める。
　　単語とその意味をそれぞれ線で結ぶ。
3．お手本を示す
　　これがリトマス紙の使い方です。
　　こういうふうにやります。
4．使用される教材
　　1桁の加算が20個書かれたプリント
　　プレーボタンが緑色に、ストップボタンが赤色に塗られたテープレコーダー
5．環境セッティングやタイミング
　　職業訓練ワークショップで
　　喫茶室で
　　運動場で
　　個別指導の時間で
　　教室の移動中に
6．援助の仕方
　　ひとりで
　　数直線を使って
　　部分的に教師からの身体的援助をうけて
　　言語プロンプトだけで

教師は、計画されている言語的・視覚的手がかりが、生徒が望ましい行動をする機会を実際に与えているか、確かめなければなりません。すなわち、生徒に対してわかりやすい要求と指示を心がけなければなりません。例えば、「get」と書いたカードを手に持って、「getという言葉を使って文章を作ってみなさいgive me a sentence for get」と質問したら、「宿題を忘れたforget」とか「給食代を忘れたforget」という返事だったということがあります。

目標の中に書かれている教材は、生徒にとって矛盾のない刺激を使い、不注意で間違いをするようなことを少なくすべきです。例えば、赤い自動車、青いくつした、緑のコップを示して、「赤いものを指でさしなさい」と言うよりは、赤と青と緑のブロックを示して同じ質問をする方がずっと単純です。答えが紛れ込んでいる単語リストから答えを選び出すよりも、文章の空欄をうめる課題の方が複雑ではありません。見せられた絵について文章を書く場合と、何もなしで文章を書くのとでは、課題の性格がまったく違います。

以下は課題を与える状況を記述する様式の例です。

・教材をきちんと並べて示す。
・除数が1桁の割り算が1ページに25問ずつある問題集を与える。
・トイレに行くことを示すマニュアル・サインを呈示する。
・辞書と、文章化された指示を用いる。
・セーターに赤い目印をつけ、言葉でも指示する。
・「答えを見つけなさい」と書かれていて、分母が異なった間違った分数を含む20問からなる問題用紙を渡す。
・まったくなんのヒントもなしで……

どうすればいいのか、その条件がちゃんと明示されていないと、サミュエル先生が遭遇したような次の問題が生じます。

サミュエル先生、大きい桁の割り算を教える

サミュエル先生は、また普通学級の先生との間でごたごたを引き起こしました。6年生の算数を受け持つワトソン先生との話し合いで、サミュエル先生は、ハーベイという生徒に大きい桁の割り算を教えることになりました。特別指導教室にハーベイを抽出し、彼女は、ワトソン先生がやっているのと同じやり方になるように注意してハーベイに割り算を教えてみることにしました。彼女は大量の問題用紙を作り、ハーベイは居眠りしながらでも大きい桁の割り算がちゃんとできるまでになりました。

ところがワトソン先生に、「一体いつになったらハーベイに割り算を教えるつもりですか？」と尋ねられたときには、当然のことながら、びっくり仰天しました。調べてみると、普通学級では教科書から問題をノートに書き写させていて、ハーベイは書き写しに間違いが多いためにほとんどの答えが違っていたのです。こんなことになってしまったのは、課題の与え方が大きく違っていたからです。

学習に障害がある生徒の指導計画では、問題のヒントになるようなものが必要かもしれません。大きい桁の割り算のやり方を書いたモデルを机の上に置いておくなどのことです。行動目標には、誤解を避けるために、このようなヒントをどうするかはっきり書いておくことが大切です。ヒントがいらなくなったら、もちろん、目標を書き換えます。

達成基準の確認

行動目標を書くときには、行動目標の達成基準も書き入れねばなりません。この基準は、指導の結果として生徒が達成するであろう遂行レベルを示します。どんな行動かは既に定義されていますから、今度は評価の基準を設定します。行動目標を達成する上で、今の指導が効果的かどうかを判定するときに、この基準が指導の過程を通して用いられます。

達成基準の記載には、反応の**正確**さ、あるいは反応の**出現頻度**が書かれます。また、反応の生起回数、試行ごとの反応の正確さ、正反応の生起率、行動の許容誤差などが文書に書き込まれていなければなりません。以下は達成基準の例です。

…20回中17回の正反応
…10の対象すべてを正しく命名する
…0パーセントの正確さで
…20問すべてを正しく答えなければならない（100％の正答）
…5試行中4試行の正反応
…5試行連続正反応
…トイレット訓練の各ステップすべてを完全にマスターする
…250語以内で4人の登場人物全員について述べる
…書き取りテストで間違いが5つ以下になる
…どの場合でも

行動の時間次元を問題にするときには、2種類の測度が使われます。一つは生徒が行なう行動の長さ、すなわち、**持続時間**です。もう一つは、行動を開始するまでの時間、すなわち、**潜時**です。

・持続時間については次のような書き方をします。

…1時間以内に完成させる
…少なくとも、20分間にわたり
…30分以内に
…10分以内に戻ってくる
…2週間かかって

・潜時については次のような書き方をします。

…絵カードを呈示して10秒以内に
…言葉で指示してから1分以内に

　課題内容によって基準の程度を配慮すべきです。次の段階のスキル習得の土台になるような基本的スキルの場合には、90パーセントという達成基準では不十分です。例えば、「掛け算をほぼ覚えました」という程度では、8×7が幾つだったか、一生涯曖昧なままになってしまうことがあります。100％の正確さが要求されるスキルは他にもあります。道を横切るときの左右確認が90％の正確さだったりしたら、人生の終わりになり、以後の学習の機会は永遠になくなります。

　身体面にハンディキャップがある生徒に対しては、反応の強度や方向あるいは持続時間について特別な配慮が必要になるでしょう。例えば、ハンマーで木に釘を打てないかもしれませんし、関節に不自由があれば手が届かないかもしれません。筋の緊張低下があれば長時間の散歩や着席は困難でしょうし、痙直性の麻痺があれば筆記具による書字は無理かもしれません。

　達成基準を決めるときに、教師は野心的で、かつまた合理的な目標を設定するよう注意しなければなりません。達成基準を選ぶ際には、課題の内容、生徒の能力、提供される学習機会をよく考慮すべきです。基準は機能的なスキルの発達につながるようなものであるべきです。毎回負けてしまうようなゲームを教えるとか、通常学級では不可しかもらえないのに算数を教えることはまったく意味がありません。十分達成できる見込みのある高い目標を設定すると、もっと学習をしようという行動につながりますが[12]、教師は生徒にフラストレーションをもたらすような達成困難な目標を設定するべきではありません。

　正答率や、反応の正確さなどについて考慮するとともに、行動目標の記述の際には、その行動に十分習熟したことを示す基準も決めておくべきです。例えば、10試行中の8試行で適切に行動できることが何回示されれば、その行動がマスターされたと教師が納得し、次の課題に進んだり、次の行動目標に移ったりできるでしょうか。

　期限を決めないでいると、85％の正答率に一度達しただけでスキルを習得したと判断してしまったり、一端基準に達した後も学年末まで何度も何度も85％の正答率を確認するためにテストを繰り返してしまうことがあるかもしれません。どちらの場合も正しくはありません。そこで、以下のどれかのような書き方で、終結や最終確認の時点を行動目標に記載しておきます。

…4連続セッションで85パーセントの正確さ
…4日のうちの3日で85パーセントの正確さ
…3回の授業で連続して10問中の8問で正解
…トイレに出かけ戻ってくるまでの時間が3回連続して10分以内になるまで

行動目標の書式

　標準書式を利用すると、行動目標の記述がずっと楽になります。必要な情報がすべてそこに含まれているので便利です。一方の書式が他方に勝っているというわけではありません。教師は、自身の書き方に合わせて選ぶべきでしょう。ここではふたつのモデルを示しましょう。

書式1
　条件：簡単な単語が書かれているカード20枚を順に呈示して「読んでごらん」と言う。
　生徒：サム
　行動：声を出して単語を読む。
　基準：どのカードも2秒以内に90パーセントの正確さで、3試行連続して読める。

書式2
　生徒：マービン
　行動：4年生の書き取りを20個、筆記体で書ける。

条件：特別指導教室の教師が口述する。
基準：3週間にわたり間違いが2つ以下になる。

先に設定したジェイソンとタニカの教育目標から次のような行動目標を作ることができるかもしれません。

算数
教育目標：ジェイソンは、1年生レベルの計算をマスターする。
行動目標：6＋2などの1桁の足し算20問が与えられ、「計算して答えを書きなさい」の指示で全問を連続3セッションにわたり90パーセントの正確さで答えられる。

社会
教育目標：ジェイソンは、合衆国政府の三権分立の役割についての知識をはっきり言える。
行動目標：ジェイソンは「アメリカの伝統」という教科書の23〜26ページを読んだ後に、法案が法律になるまでの10の段階を順に言う。1つも順番を間違わずに、1つも抜かさずに行なう。そして、これをクラスの授業でもまた定期試験でも基準どおりにできる。

国語
教育目標：ジェイソンは読んだ物語の関連する部分を示すことができる。
行動目標：ジェイソンは「ネックネイル」の物語を読み、200語以内で（1）すべての登場人物を書き出し、（2）2つ以上の間違いをせずにおもなストーリーを順番に書き出すことができる。

科学
教育目標：ジェイソンは太陽系の惑星についての知識を表現する。
行動目標：太陽系の地図を見て、2セッション連続100％の正確さで、おのおのの惑星の名前と位置をいう。

言語
教育目標：ジェイソンは、言葉で自分の考えを表現する能力を向上させる。
行動目標：人物や事物、場所などの一連の写真を示せば、5日間のうち3日間、最低限7項目を使って5分間のお話を話すことができる。

体育
教育目標：ジェイソンは、団体競技のスキルを向上させる。
行動目標：バスケットボールで、ボールを10フィート離れたリングの中に、連続4回の体育の授業で10回中8回投げ入れることができる。

ジェイソンは軽度の発達障害児でしたが、タニカはもっと重度のハンディキャップを持っていました。今度はタニカの教育的ゴールと行動目標を見てみましょう。

認知
教育目標：タニカは、機能別に物を分類する。
行動目標：12枚のピーボディカード（食べ物、衣類、洗面用具が各4枚）を使い、分類の指示カードと言葉の指示「これはどの種類ですか」に従い、20試行中の17試行で100パーセント正確に、適切なカードに積み重ねる。

コミュニケーション
教育目標：タニカは、機能的な言葉の理解を高める。
行動目標：タニカの身近な品物を3種類（コップ、スプーン、お皿）並べて、「〜取って」と言う言語手がかりで、連続4回のセッションで10回のうち9回の正確さで、言われた品物を先生に渡す。

運動
教育目標：タニカは上肢の粗大運動の能力向上をはかる。
行動目標：天井からやわらかいゴムボールをぶらさげ、「ボールを打って」と言葉で指示し、タニカは動いているボールを連続5セッションにわたり、10回中の10回打てるようになる。

社会性

教育目標：タニカはグループ活動にうまく参加することを学習する。

行動目標：お話の時間の間、教師と他の2人の生徒と一緒に着席し、10分間で最低3回の教師の質問に連続5日間、動作や言葉で正しく応答できるようになる。

身辺自立

教育目標：タニカは自力で衣服を着る。

行動目標：うしろエリに赤い印がついたセーターを使い、言語手がかりとして「セーターを着なさい」と言われ、連続して4日間、3回中の2回は手を添えてもらわなくともタニカは完璧にセーターを着る。

職業技能

教育目標：タニカは少なくとも1時間の間、組み立て課題をする。

行動目標：U字配管の4つの部品を順番に与えられ、4週間のうち3回の職業技能訓練期間で間違いなく、3分間に1個の割り合いで組み立てることができる。

不適応行動

教育目標：タニカは、離席行動を減少させる。

行動目標：9:00から9:20（授業時間）まで、5日間にわたり、教師の許しがない場合には、タニカはちゃんと椅子に座っている。

グランディ教授、学生たちの行動目標を書く

今学期、グランディ教授の8時からの授業では、行動目標について講義をしていました。準備のゆきとどいた講義（内容は本章の前半部分とほぼ同一）を慎重に進め、学生に何か質問はと尋ねました。長い爪にヤスリをかける手を休めてダウン・トンプキンスが「え〜と、先生、ようするに行動目標って何ですか？」と溜息をつきながら質問しました。

「たった今、その説明が終わったところなんですがね、お嬢さん」と教授は答え、「どの部分が分かりにくかったのかね」とつけ加えました。

学生たちはブーブーガーガー言うばかりで、教授が聞き取れた質問は、「教科書にのっていますか？」「試験に出ますか？」の2つだけでした。

もう一度、行動目標の意味をごく手短に説明した後、グランディ教授は、学生たちに理科の授業についての行動目標を書き、それを提出してから教室を出なさいと告げました。ブーブー声が一層高まり、あらゆる種類の紙が舞い、彼らは次々に手を挙げました。

学生1「指導項目のリストですか？」
教授「ちがう、目標を書くのだ」
学生2「行動目標の定義を書くのですか？」
教授「ちがう、目標を書くのだ」
学生3「けど、書き方については、何も言っていなかったです」
教授「何も言わなかったって？　君は、講義の目的を何だと思っているんだ」

筆記用具さえ持っていない学生には紙と鉛筆を渡してやると、教室はやっと少し静かになり、まず、デワインが最初に誇らしげに紙を持ってきました。

消化器系の大切さを理解する

と書いてありました。

「う〜ん、デワイン君、これは確かに行動目標を書く出発点ではあるが、行動目標というのは行動について記述しなければならないということを忘れたのかね？ 諸君らに モリス[23]の IBSOを渡さなかったかね……」デワインは空を見つめたままなので、教授は書類ケースをごそごそやって、1枚のコピー（IBSOの質問リスト、表3−1参照）を取り出しました。「これを見て、直接観察が可能な記述かどうか考えるんだ」と言いました。しばらくして、デワインは書き直して再度提出に来ました。

消化器系の各部の名前を正確に言う

「OK、OK、デワイン君、これは確かに行動だ」と教授は胸を撫でおろしました。しかし「よろしい、ところで、行動目標の項目を覚えているかね？」と尋ねられると、デワインは再度、空を見つめたままになってしまいました。教授はそこらにあったガソリンの領収書（領収書は支出超過を示していましたが、教授にとって驚くことではありませんでした）の余白に次のようにていねいに書いてやりました。

条件、生徒、行動、達成基準

デワインは自分の机にもどって行きました。1時間半が経ち、教授が課題を出したことを後悔しているところへ、デワインはもう一度やってきて、

部位の名称が空白になっている消化器系の図を示し、4年生の生徒は主要な消化器官（口、食道、胃、小腸、大腸など）の各名称を1つの間違いもなく言う

ねえ、この授業で彼が
何を目的にしているか
あなたにわかる？

と書いたものを提出しました。

　教授はデワインの目標をまじまじと見つめました。というのは、彼自身の消化器官が彼の関心の的になり始めていたからです。「これでいい、デワイン君。時間がかかったのでランチタイムは終わってしまったようだ。最初からなぜこう書けなかったのかね？」と教授は独り言のようにつぶやきました。

　「え～と、先生、何をやればよいのかまったくわからなかったのです。今でも、もう一つ作れといわれるとうまくできるかどうか……」と学生は答えました。

　自動販売機でクラッカーを買い込んで、グランディ教授は押し黙ったまま自分の部屋に戻り、クラッカーをぽりぽりやりながら教授は紙を取り出して何か書き始めました。

　適切な動詞と行動目標の各項目のリストが書かれているワークシートを配付し、受講学生は5つの項目を含む行動目標を文章にする

　しばらく考えて、教授は

30分以内に

とつけくわえました。

　「多分」とグランディ教授は呟きました。「学生に何を求めているかを私自身がはっきり理解し、最初にそれを学生に言っておけば、学生が答えを出すのに、こんなに困らなくなるだろう」

行動目標の範囲

　目標に記述されている行動を生徒が獲得したなら、教師は単に目標が習得されたことを書き留め、次の目標に移ることでしょう。しかし、最初に習得された環境とは異なる環境においても、生徒が行動を遂行することができないうちに次の目標に移ってしまうのは、適切ではありません。生徒に機能的な行動を教えるために、また異なった状況・基準の下でも遂行できるために、強化が随伴しない状況でも行動が生じるように、獲得した行動を生徒が使うよう生徒の能力を補強する準備が必要です。使用を拡大する2つの方向は次のとおりです。

1．反応遂行能力のヒエラルキーに従って指導する。

2．学習レベルのヒエラルキーに従って指導する。

反応遂行能力のヒエラルキー

　反応の正確さの測定（例えば、10回中の8回が正反応）は行動評価の1つの次元にすぎず、反応遂行能力の獲得レベルを表わしています。このレベルでは単に、以前にはできなかった行動がある程度の正確さでできるようになったことを確かめているだけです。反応の正確さの段階、つまり獲得レベルからさらに、別の反応遂行能力を測定する場合には、基準や条件について今までとは違った記述が必要になります。この種の変更は反応遂行能力の階層を表わしてい

ます。ある行動を子どもができるようになると、行動の流暢性（滑らかさ）だとか出現率、指導された場面以外でもその行動ができることなどが関心のまとになります。

行動のヒエラルキーは最低限、次のレベルを含むべきです。

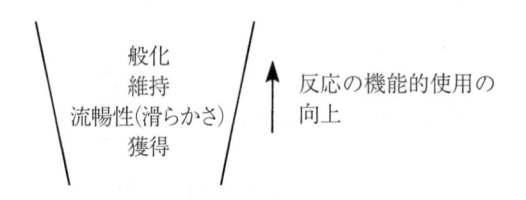

```
        般化
        維持              反応の機能的使用の
      流暢性(滑らかさ)  ↑  向上
        獲得
```

このようなヒエラルキーにもとづいて、ジョンに対する次のような獲得レベルの行動目標を考えてみましょう。

　　25セント硬貨を2つ、10セント硬貨を2つ、5セント硬貨を2つ、1セント硬貨を1つ持たせ、言葉で「バス代をください」というと、ジョンは、連続する3回のセッションで10回中の8回以上正確に75セントがわたせるようになる。

ローレンには次のような獲得レベルの行動目標でした。

　　2けたの数を1けたの数で割る問題が20問並んだワークシートを与え、ローレンは4日連続して90パーセント以上の正確さで答えを適切なところへ書けるようになる。

ジョンとローレンがそれぞれ基準に達したならば、どれだけ流暢に（スムーズに滑らかに）、そして、その行動が十分な早さでできるかどうかが指導上のポイントになります。流暢性（スムーズに滑らかに）というのは、新たに獲得した行動を正確に素早くやれることです。ジョンの例でいえば、75セントになるように適切に硬貨を取り出すことができても、実際にバスに乗るときに5分もかかってしまうようであれば、現実には意味をなしません。バスの運転手はそんなに待っているわけにはいきません。ローレンの例においても、確実に割り算ができても、あまり時間がかかるようであれば、次の国語の時間に遅刻してしまうか、間に合うように割り算を中断しなければならないことになります。

いずれの例においても、生徒は行動の正確さは十分でしたが、時間がかかりすぎていました。教師は、行動の流暢性（滑らかさ）の大切さを十分考慮し、行動目標を文書にするときには、少なくともどの程度の流暢性（滑らかさ）が必要かを明らかにする必要があります。これは行動目標の基準に制限時間を加えることでなされます。次に示す行動目標は、文書の中に制限時間を明記しています。

　　25セント硬貨を1つ、10セント硬貨を2つ、5セント硬貨を2つ、1セント硬貨を1つ持たせ、言葉で「バス代をください」というと、ジョンは、連続する3回のセッションで10回中の8回以上で正確に（30秒以内で）75セントがわたせるようになる。

　　2けたの数を1けたの数で割る問題が20問並んだワークシートを与え、ローレンは4日連続して90パーセント以上の正確さで（20分以内で）答えを適切なところへ書けるようになる。

典型的な、あるいは障害が軽度の生徒ならば、行動の獲得と伴に、流暢性（滑らかさ）を最初から目標に含めておいてもいいでしょう。

維持に関しては、最初から行動目標に取り入れる必要はないようです。行動の維持というのは、時間が経っても再指導なしに行動を遂行させする能力のことです。維持能力のレベルは事後調査やプローブによって確かめます。調査やプローブでは、教師は、獲得されたスキルを生徒がまだ使うことができるかを再検査します。行動の維持は、過剰学習と分散練習によって促進されるでしょう[3,15]。**過剰学習**というのは、目標が最初に達成されても、さらにその行動を反復練習することです。過剰学習の最適反復回数は行動獲得に要した回数のおよそ50パーセントほどだとされています。例えば、もしジョンがクツのひもを結べるようになるのに10回の指

導が必要だったとすると、さらに加えて5回の指導を重ねるのが最も適当な過剰学習ということになります。**分散練習**というのは、練習を小分けにすることです（この反対が**集中練習**で、ある時間にまとめて練習することです）。集中練習のごくわかりやすい例は、学生たちの試験前の一夜漬けです。試験の前日、午後10時から翌日の6時までかかって詰め込んでも、そのほとんどはすぐに忘れてしまいます。行動が維持されるためには、分散練習を用いて試験の前の数週間、毎晩短い時間、勉強することです。行動を維持する他の方法は強化スケジュール[25]を変えることで、これについては第7章で説明されます。

反応遂行レベルの次のヒエラルキーは**般化**で、行動の機能性を保証する点で重要な意味を持っています。般化とは、生徒がその行動を獲得したのとは異なる条件の下でも行動できることです。獲得した行動は、少なくとも次の4つの次元にわたって般化することが期待されます。すなわち、いろいろな教示に対して、いろいろな教材に対して、いろいろな人に対して、いろいろな環境設定に対してです。般化が目標となる場合は、これらの条件が記載されるでしょう。次の例はこの点を示しています。

いろいろな教示

コインをならべて次のような言語教示をする。「バスの料金をください」「75セントはどれ」「バスに乗るときにいるのをください」

30問の引き算の問題が並んだプリントを渡して次のように口頭（あるいは文字）で教示する。「差を見つけなさい」（「この問題を解きなさい」「この問題の答えを書きなさい」）

いろいろな教材

少なくとも3種類の履歴書の正しい場所に名前、住所、電話番号、生年月日を書く。

計算タイル（数直線や、紙と鉛筆）を使って掛け算をする

いろいろな人

教師（保護者）にトイレのサインを出して、トイレに行きたいことを伝える。

算数（英語、社会、理科）の教師（母親、父親、コーチ、ピアノの先生）の指示に従う。

いろいろな設定

特別指導教室のトイレ（図工の時間に参加している普通学級の近くにあるトイレ）でパンツを上げて出てくる。

算数の（国語、生活、科学）授業で座って課題を仕上げてくる。

学習レベルのヒエラルキー

行動目標を書くことで、教師が極めて具体的で単純な学習に注目することになってしまうと考えられるかもしれません。たしかにこの点は、行動論的なアプローチが最も頻繁に批判を受けてきたところです。しかしながら、行動目標をごく低いレベルの学習に限定してしまう必要はないのです。ブルーム[5]は、認知、感情、精神運動などの面における学習のヒエラルキーを提案しています。その階層では、可能な学習結果を抽象性の増大という点から分類しており、行動的観点から目標を記述する際に役立ちます。なぜなら、階層は観察可能で測定可能な行動を示唆し、それらの行動は単純な、または複雑な学習の結果として生じるからです。例として、認知ヒエラルキーとして6つの学習レベルを提唱しているので次に紹介します[5]。

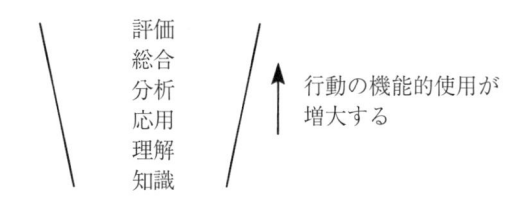

```
評価
総合
分析          ↑ 行動の機能的使用が
応用            増大する
理解
知識
```

多くの行動目標は、このヒエラルキーの知識レベルとして書かれています。つまり生徒が教えたことを理解していたり、記憶していることを単に望んでいるに過ぎません。しかし、ひとたび、認知ヒエラルキーの一番下のレベルがマスターできたなら、教師は、より次元の高い学習レベルを目指し、標的行動を変えたり、達成

表3-2　認知主要領域のための一般指導目標と行動的用語

一般指導目標の実例	特定の学習結果を表わす行動的用語
一般的用語を知っている。 具体的な事実を知っている。 方法や手続きを知っている。 基本概念を知っている。 原理を知っている。	定義する、記述する、同定する、名付ける、列挙する、照合する、概略を言う、再現できる、選び出す、叙述するなど。
事実と原理を理解する。 教科書を解釈する。 表やグラフを解釈する。 文章題を式になおす。 データから予測する。 方法や手続きを正しくなおす。	変換する、弁護をする、区別をする、評価をする、説明する、発展させる、一般化する、例を挙げる、推論する、言い換える、予測する、書き換える、要約するなど。
概念や原理を新しい状況に当てはめる。 法則や理論を実際の状況に当てはめる。 算数の問題を解く。 表やグラフを作る。 方法や手続きを正しく使う。	変える、計算する、示範する、発見する、操作する、改善する、操縦する、予測する、準備する、創り出す、関係づける、見せる、解決する、使用するなど。
直接述べられていない前提を認識する。 推理の論理的な誤りを認識する。 事実と推論を識別する。 データの妥当性を評価する。 芸術作品（美術、音楽、文学）の全体構造を分析する。	細分化する、図示する、識別する、弁別する、区別する、同定する、例示する、推論する、概略をいう、要点を指摘する、関連づける、選び出す、分離する、下位分類をするなど。
巧みに構成された文章にする。 巧みに構成された話をする。 独創的な短い物語（詩、音楽）を創る。 実験計画を提案する。 いろいろな分野の学習結果にもとづいて問題解決のプランを創る。 物（出来事、考え）を分類整理するための新しいスキームを考案する。	範疇分けをする、組合わせる、編集する、作曲する、創造する、考案する、デザインする、説明する、生み出す、改善する、組織化する、計画を立てる、再編する、再構成する、関係づける、再組織化する、改定する、書き換える、要約する、語る、書く。
文章の論理的一貫性を判断する。 データの裏付けがある結論かどうかを判断する。 内的な基準に従って芸術作品（美術、音楽、文学）の価値を判断する。 優れている物についての外的な基準に従って芸術作品（美術、音楽、文学）の価値を判断する。	鑑定する、比較する、結論を出す、対比させる、批評する、記述する、弁別する、説明する、正当化する、解釈する、関係づける、要約する、支持するなど。

出典：*How to write and Instructional Objectives*, 4/e by Gronlund, Norman, ©1991. Reprinted by permission of Pearson Education, Inc., Upper Saddle River, NJ. 許可を得て掲載

基準を変更して指導を始めます。このときに、それぞれの学習レベルで標的行動を記述する際の適切な行動的用語を示しているグロンランド[14]の表（表3-2参照）がよい参考になります。

知　識

ブルーム[5]は、個々の事実であれ一つの理論であれ、一定の情報の再生あるいは再認を「知識のレベルでの学習」としています。認知に関するこの基本的なレベルは、もっぱら記憶という機能に依存します。次の目標はこのレベルの

例です。

　生物学の教科書の第2章を読んで、その設問に答える。バージニアは、2回の授業と単元末の試験で、100パーセント確実にリンネの分類区分を列挙し、進化の系統順を答える。

　足し算、引き算、掛け算、割り算の記号が与えられ、ダニーは、多肢選択式のテストで記号とその機能について90パーセントの正確さで答える。

　シェークスピア戯曲のリストが与えられ、デボラは、1つ以内の間違いで、悲劇に下線を引く。

理　解

知識レベルの学習が達成できたなら、教師は、**理解**のレベル、すなわち意味の理解へと進みます。生徒が、問題を言い換えたり例を示したりできれば、理解が得られていることが明らかになるでしょう。

このレベルの目標を次に示します。

　リンネの分類系を見て、バージニアは、各分類に所属する1種の生物の特徴を書く。その記述には区分のカギになる重要な要素を1つは含んでいること。

　ダニーは、足し算、引き算、掛け算、割り算の例題を計40問、90パーセントの正確さで解く。

　「ああ、このけがらわしい身体、どろどろに溶けて露になってしまえばよいのに」というハムレットの隠喩的文章から、デボラは、その一節の文学的な意図についてのエッセイを書く。エッセイは少なくとも300語以上。

応　用

ブルームが提唱する**応用**レベルのプログラムでは、方法、概念、理論などを様々な具体的状況で使用できることを目指します。次のような目標が考えられます。

　5種類の生物とリンネの系統発生の分類表が与えられ、バージニアは、各生物を適切な範疇ごとに分類し、その根拠を文章で書く。根拠としては少なくとも2つ以上の確かな理由が述べられていなければならない。

　10問の文章題が与えられ、ダニーは、100パーセントの正確さですべてに答える。

　ハムレットを読んで、デボラは、ハムレットの倫理的ジレンマと挫折の問題を平行させて説明し、身の回りの類似した例を見つけることができる。

分　析

分析というのは、わかりやすくなるように対象を各構成部分に分解することです。それにより構成部分を確認し、各部の相互関係を論じ、全体の構成を理解できます。このレベルの目標は次のようなものです。

　5種類の生物について、バージニアは、図書館で参考書を調べ、それらの生物の食物連鎖における役割か、生息地における生態学的な安定性における役割について教室で発表する。

　ダニーは、結合法則に関する記述を与えられると、基本的な加法および乗法と結合法則との関係を、黒板に書いた例を使いながら、クラスメートに正しく説明できる。

　ハムレットかマクベスを読んで、デボラは、劇の展開についてクラスの討論をリードする。彼女は、各場面の概要を文章でまとめ、討論はそれをもとに行なわれる。

総　合

総合のレベルは、各部分をまとめて、独創的で、創造的で、新たな全体を作り出す能力です。

　たくさんの参考書をもとに、バージニアは、ダーウィンの進化論による生物の分類について1000語ほどのレポートを書く。レポートは、内容の正確さ、完成度、構成、わかりやすさについて評価を受ける。

　ダニーは、10進法、2進法の数体系について、それぞれでの足し算、引き算、掛け算、割り算の計算法をきちんと話す。

　シェクスピアの悲劇、マクベスの研究書を

読んで、デボラは、王の殺害が失敗に終わることを示す劇の結末を詩のかたちで表現する。

評価

このヒエラルキーが示す学習の最も高いレベルは**評価**です。価値判断が問題になります。

　　除去法の原理に基づいて、バージニアは、移動手段の違いに基づく分類法を考案し、その範疇と構成要素の正当性をきちんと示す。
　　ある未知数と関数式があると、ダニーは、正しいであろう異なる解が存在する確率を説明する。
　　シェクスピアとベーコンの劇を読み、デボラは、どちらが好みかを明確に述べ、自分の好みの正当性を説明する500語のエッセイをある様式にのっとって書く。

発達障害児の学習レベルのヒエラルキー

指導の意図をさらに発展させて考えていくと、学習に顕著な障害がある生徒や、典型的な、または平均以上の能力を示す生徒の能力のヒエラルキーが気になってきます。このように、生徒の機能レベルによって2分するのは必ずしも根拠があるわけではありませんが、発達障害児の行動目標を学習レベルのヒエラルキーと関連させながらどのように書くかを次の例で考えてみましょう。

　知識：硬貨を示して、「これは何と呼びますか？」と言葉で尋ねると、ジョージは、5セッション連続して20試行中18試行で正しく名前が言える。
　理解：硬貨を示して、「これはいくら？」と尋ねると、ジョージは、その硬貨をペニー（1セント銅貨）に換算して「ダイム（10セント白銅貨）はペニー10枚」と説明できる。それぞれの硬貨について、10試行中8試行で正解でなければならない。
　応用：10種類の食べ物の絵カードがあり、それぞれに値段が書かれている。数種類を取り出し、「全部でいくらになりますか？」ときかれて、ジョージは、正確に硬貨を数えて出すことができる。20試行中18試行で正解でなければならない。
　分析：値札のついた品物の絵カードがあり、ジョージは1ドルもっていて、「君は新聞と鉛筆を1本買えますか？」と尋ねられ、正しく答える。20試行中18試行で正解でなければならない。
　統合：ジョージは1ドル持っていて、いろいろな値段の品物を買うように言われる。お金と品物とのやりとりをし、お釣りが間違いないかどうかを判断する。10試行間違いなしで行なう。
　評価：1ドルもらい、ジョージは、その1ドルでキャンディを買ってしまわずにバス代に使い、自宅から5マイル離れた作業所からバスに乗って帰ってくる。

行動目標と個別教育プログラム（IEP）

特殊教育サービスが必要な生徒たちに対して、教育的目標、行動目標を立てるのは、1975年の法律、全障害児教育法（公法94-142）と、その後の1990年の個別障害教育法19（公法101-476、IDEA）の定めによるものです。この法的処置によって、ゴールや目標の文書化と、教育計画への親の積極的な参加が正式なものになりました。教育計画の立案過程は、結果として個別教育プログラム（IEP）を生み出しました。

公法では、個別教育プログラムを進めるには、5つの項目を明確にしなければならないことになっています。

1．開始時における子どもの教育的パフォーマンスの水準を明記する。

2. 当該年度における達成目標、および、短期の指導目標を明記する。
3. 子どもが受ける特殊教育サービスと、関連するサービスを明記し、普通教育プログラムへの参加の程度を明記する。
4. サービスの開始日と予想される期間。
5. 短期指導目標が達成できているかどうかを少なくとも年1回評価するための、適切な客観的基準と評価手続き、実施予定を決定する。

この抜粋から、行動目標の展開と法的に決められたIEPの内容とが手続き形式において一致していることがわかります。いずれも、データを収集して、現在における生徒の機能レベルを明らかにし、適切な目的を設定し、長期達成目標を目指して短期の行動目標を積み重ね、目的の達成を評価することが含まれています。

例で示したように（図3-1）、**短期指導目標**という欄には標的行動とその際の条件を書き入れます。達成基準の欄には達成したと見なしうる基準を書き入れます。IEPは生徒ごとに作成されるので、目標ごとにその都度、生徒の名前を書く必要はありません。

次の行動目標をこの様式に合わせて書き換えたものが、図3-1です。

6+2のような形式で書かれた1桁の足し算が20問ある問題用紙を与え、「合わせていくらになりますか？」と書かれた指示で、ジェイソンは連続3セッション90％の正確さで答える。

IEPを実施し、その目標達成を見ていくには、次の諸点をよく観察しなければなりません。

1. 短期目標は達成目標（長期目標）にきっちりつながるものでなければならない。
2. 軽度障害を持つ生徒の場合には、特殊教育サービスの要請理由に直接に基づいて、短期目標を立てなければならない。
3. 中度、重度障害を持つ生徒に対するIEPの場合には、学習領域ごとに2ないし3つの短期目標を立てなければならない。
4. 現在の目標がきちんと維持され、般化の指導が始まるまでは、新しい短期目標を加えてはならない。予定どおりの般化が達成できたなら、その目標はIEPからはずれる。
5. IEPの実施は継続して行なう。教師および学校管理者は規定を軽視してはならない。評価は「当該年度に1度だけ」ではなく、「少なくとも1度」行なわれる。そして、年度末の評価は委員会全員で行なわなければならない。
    a. 軽度障害を持つ生徒に対しては、一定の達成が得られたならば、特殊教育サービスの必要性がなお存在しているかどうかを速やかに検討しなければならない。
    b. 中度、重度障害を持つ生徒に対しては、目標達成を評価する期日を適切に設定しなければならない。目標が達成できたなら、

生徒名：＿＿＿＿＿＿＿＿＿＿＿＿＿＿＿　　指導者名：＿＿＿＿＿＿＿＿＿＿＿＿＿＿＿

短期指導目標	責任者	達成基準	評価の日	達成YES/NO
1. 6+2のような形式で出された1桁の足し算の問題を、「合わせていくらですか」と書かれた指示で答を求める。		90％の正確さで3連続セッション		

図3-1　IEPの例

教師は新しい短期目標を設定し、年度末評価で作成したすべてのデータを添えて委員長と両親に文書で報告する。こうするのは、全体委員会の開催まで指導が停滞するのを防ぐためである。
6．評価期日を設定し、学習の向上を常に心がけ、スキルの十全な機能的利用を目指さなければならない。
7．特殊教育の教師以外の人（理学療法士、言語療法士、普通学級の担任など）が特定の目標の指導に加わっている場合には、IEPの用紙に教師の署名と一緒に署名しておくこと。

　障害者教育法によれば、16歳以上のすべての生徒と、年少生徒の一部について、個別移行プラン（ITP; Individual Transition Plan）としてより長期の計画書を作成しなければなりません。ITPはIEPの一部であったり別の文書であったりしますが、その目的は、生徒・家族・教師・成人向けサービス提供者が、当該生徒の中等学校卒業後の将来を見通すのを助けることです。生徒の生活条件・地域との関わり・雇用・中等学校後の教育についての、仮の決定がなされます。これらの決定を修正する必要があるかどうか、生徒の技能の習熟度や嗜好の変化と照らし合わせて年1回検討されます。移行計画が決まったら、その準備に向けて、IEPのより具体的な目標が毎年作成されます。
　ITPの移行勧告（transition outcome recommendation）とIEPの目的・目標との関係を次に例示します。

ITP勧告：食品サービス産業に援護就労を得る。
IEP年間目的：ラナは1998年～1999年度の間、地域職業指導施設3カ所に参加する。
IEP目標：
1) ラナは、3つの職場の6回の機会において、モデルに従って、グラス・コップ・銀器を、90％以上の精度で分類する。
2) ラナは皿洗いの課題分析を行なう3カ所の食品サービスの職場で、週6～8時間、計215時間以内で、間接的監督の下でひとりで、課題ステップを100％達成する。

移行勧告：桃の木寄宿支援株式会社の管理の下で、ルームメートとアパートで半自立生活をする。
IEP年間目的：サリーは、いろいろな条件で、簡単な食事を作ることを学ぶ。
IEP目標：
1) サリーは、週2日、12週の間、家・学校・職業訓練所で、電子レンジを使って冷凍食品の食事をひとりで作る。
2) 9月・11月・1月の間週1回、サリーは、与えられた朝食の5品目のリスト（写真か、文字）の内、少なくとも4品目を近所の食料品店で、探して買ってくる。

移行勧告：キャロル郡工科大学に入学し、育児コースと造園管理コースを受講する。
IEP年間目的：ヤコブは地球科学コースに入学する。
IEP目標：岩石層の道具が与えられ、ヤコブは「学習方略」アプローチを用い、特別指導教室の教師の援助を得て、学年末までに14の岩石層の内、12以上を識別する。

要　約

　本章では、行動目標を文章化する過程と、それらの目標と障害を持つ生徒のために求められるIEPの関係について述べました。文章化の過程は、どのような行動変容プログラムにおいても不可欠の要素です。プログラムの目標が、教科についてであれ、社会性であってもです。行動変容のプログラムは、何がその好成績を生み出したのかを明白にしない限り、成功したとはいえないのです。行動目標の文章化は相互のコミュニケーションを円滑にし、関係者全員が指

導の目標を熟知することができます。目標が達成できたかどうか、誰の目にも明らかになり、評価がしやすくなります。

議論のテーマ

1. 多くの教師は指導プランやIEPの一部として目標を書かねばなりませんが、不必要な事務仕事だと考えている人もあります。目標を書くことに費やされる時間が指導を改善するのでしょうか、あるいは不必要だと考えている教師は正しいのでしょうか？
2. 達成基準を明確にすることの重要性はどこにありますか？ 目標がどのような種類の場合に、基準を明確化することが重要になりますか？
3. 障害を持つ生徒の教師はIEPと同様に毎日の目標を書かねばなりませんか？ どうして書かなければならないのでしょうか、あるいはどうして書かなくてもいいのでしょうか。

第4章　データの収集とグラフ化

教室でデータを収集しなさいという忠告に、教師たちは強固に反対します。
- 「生徒たちの行動のすべてを書いている時間なんてない」
- 「記録シート、手動ストップウォッチ、リスト・カウンターをすべて巧みに操作しながら、適切な指示を与えることができるなんて思えない。一体いつ、教えることに集中できるのだろうか？」
- 「データの収集に際しては、データをまとめたり、グラフにするのに、1日に1時間が余計に必要となる。一体どこにそんな時間があるのだろう？」
- 「休みをくれー」

　ほとんどの教師は、統計に対するのと同様の目で、本章で述べるデータ収集手続きを見ています。彼らの意見が極めて正当な場合もあります。本章で論じる方法の幾つかは、日常、教室で使用する場合には実用的とは言えません。それ以上に複雑な方法となると教室では決して使われないでしょう。しかしながら、これらの方法を理解することにより、公表されている研究論文を理解することが可能となります。研究論文を読み、それを教室で適用しようとする教師がいることを、われわれは願ってやみません。そのため本章では、最も一般的な方法について述べ、教室での適用が可能な手法をできるだけ多く示すことにします。

データ収集法の論理

　多くの教師は、教室でデータを収集できることに納得したあとでも、そこにはほとんど価値はないと考えています。これまで大抵の教師は、テストの成績をつける以外には、生徒の学業行動や社会的行動を記録するという作業をほとんど実施してきませんでした。にもかかわらず、教室でデータを収集することは生徒の学習に責任を持つ教師にとって明らかに意義があります。第1に、観察と測定は、特定の指導方略や介入の効果の正確な確定を可能にします。行動を正確に観察・測定することで、教師は指導方略が成功か失敗かを決定することができます。第2に、指導や介入の要約評価はもちろん、進行中の評価が、本章で論じているタイプのデータ収集手続きによって可能となります。つまり、指導・介入が成功かどうかを、最後まで待って——ことによると数週間から数カ月——初めてわかるのではなく、プログラムの途中でプログラムを継続するか変更するかの決定ができます。最後に、介入効果についてのデータを集め報告

することは、責任義務のための重要な道具になります。

行動目標を書くことによって、教師はある行動を変容させようとする意図を明らかにすることになります。また、その手続きがうまくいったかどうかを判断するための基準についても言明することになります。多くの教室場面では、生徒のもともとの遂行レベルに対して、ある指導方法がどれだけの効果をおさめたかは、プリ・テストとポスト・テストを実施することによって評価されるのが一般的です。しかしながら、行動論的アプローチによる指導やプログラムにおいてはより正確な評価が求められ、プリ・テストとポスト・テスト以外にさらにデータが必要になります。

行動を評価する際には次の2点が要求されます。第1に、生徒の現在の状態／機能を詳細に観察することが必要です。この観察では、目標の中で言及された行動を記述し、かつその行動が生じた状況／条件を示さなければなりません。例えば、25個の割り算の問題を30分で解かなければならないという行動目標を設定するなら、生徒が現在、30分で割り算の問題をどのくらいの数、解くことができるかを、教師は明らかにしなければなりません。第2に、指導プログラムを評価することによって、最終的評価のための方法が提供されると同時に、指導・学習プロセスの継続的な監視が促進されなければなりません。そのため、指導の進行に応じてプログラムを調節できるように、継続的に評価する必要があります。例えば、割り算を指導することになった場合、教師は30分間で生徒が問題を幾つ解くかを毎日、記録するでしょう。つまり、継続的に評価します。この監視プロセスによって、その指導方法を継続するのか変更するのかについてのガイドラインが提供されることになり、結果として、生徒の学習の進行に関する誤った仮定を避ける手助けとなります。不幸なことですが、そのような誤った仮定というものは、次のコラムに示されるようによくあることなのです。

ウォーラー、コンピューターに歯ぎしりする

ウォーラーは有頂天だった。自分が受け持つ最も重篤な読字障害グループに対する指導用教材がないことに何カ月間も不満を言ったあとに、ようやくコンピューターと幾つかの読書指導プログラムを手に入れたからである。セールスマンは誇らしげにその装置を動かしてみせ、それが数百ドルの投資に値するだけの特徴を持っていることを指摘した。

「生徒さんたちに、このヘッドフォンをつけさせて、CD-ROMを入れ、こいつをオンにするだけでいいんですよ。他に気をつけることと言えば……　まあ、何もしないことですね」と、彼は彼女に断言した。

ウォーラーは勇んで、教材に含まれているプリ・テストを行なった。そして、どの生徒も1日に15分間、コンピューターを使用するというスケジュールを立て、これで心配はなくなったと決め込んだ。

学期末にウォーラーはポスト・テストを実施した。グループの何人かは大きな進歩を示したものの、まったく変わらなかった生徒が何人かいた。そのときの彼女の落胆ぶりは、想像に余りあるものだった。

「わからないわ」と、彼女は嘆き悲しんだ。「このコンピューターですべてうまくいくはずだと思っていたのに。うまく働かないないなんて、思ってもみなかったわ」

彼女の校長は、彼女の仕事の成功を望みつつも、百科辞典の販売員のように優しく諭した。「多分、君はもっと早くチェックすべきだったんだよ」

方法の選択

　行動を継続的に測定し評価する第1ステップは、どのようなデータ収集方法を選択するかです。選択した方法が持っている種々の特徴は、観察対象となる行動と期待される行動変化の種類に対して、適切なものでなければなりません。
　以下のような多くの次元において、行動は測定され変容されます[87]。

1. **頻度**　行動の頻度は、単純に、生徒がその行動に従事した回数です。
   　ブレットは30分中5回、自分の席から離れました。
   　ヤオは、10題の算数の問題のうち6問をやりました。
   　マービンは水曜日に8回のかんしゃくを起こしました。
   　ルイスは、読み聞かせの時間中4回手を口に持っていきました。

　行動が生起した頻度を測定するには、観察期間中（例えば、10秒間、20分間、30分の昼食時間、40分の理科の時間）に行動が生じた回数を数えます。観察期間間（例えば、ある日の昼食中と、他の日の昼食中と）で行動の頻度を比べる場合には、観察期間は同じ長さでなければなりません。
　もし行動が生じる回数が限られている場合には、その情報が頻度のデータに付け加えられなければなりません。例えば、ヤオが算数を6問正しく解いたことがわかっても、問題が全部で10問だったことが同時にわかっていなければ意味がありません。というのは、ある行動には、それが生起する最大値や<u>上限</u>値がないからです。例えば、授業中の大声や離席には最大値がなく、何回でも生じる可能性があります。

2. **比率**　行動の比率とは、頻度を時間に対する比率として表わしたものです。
   　ブレットは1分間に0.16回の割で席から離れました。
   　ヤオは、1分間に2問の割で算数の問題をやりました。
   　マービンは6時間半の在校時間中8回の割でかんしゃくを起こしました。
   　ルイスは、30分中4回手を口に持っていきました。

　もしすべての観察期間が同じ長さであるならば、単に、行動が生起した回数と観察期間を報告すればよいでしょう。比率が最も用いられるのは、異なった観察期間の間で行動の生起を比較しようとするときです。頻度のデータを比率に変換すると、観察期間や反応機会を同じにできない場合でも、データが比較できるようになります。つまり、観察期間が中断していても、ワークシートの問題数が違っていても、データ間の比較ができます。比率は、行動が生じた回数を観察期間の長さで除すことによって求められます。例えば、月曜朝の30分の算数の時間にブレットが6回離席をしたならば、その比率は毎分0.2回（6回を30分で割る）になります。もし彼が、4年生の40分間の社会科の時間に席を8回離れたならば、その比率はやはり0.2回（8÷40）です。この例では、観察期間が変わっても状況が変わっても、比率は同じです。

3. **持続時間**　行動の持続時間とは、生徒がその行動に従事していた時間の長さです。
   　ブレットは総計で14分間席を離れていました。
   　ブレットの離席は、1回当たり平均3分でした。
   　ヤオは、算数の問題を20分間やっていました。
   　マービンのかんしゃくは65分間続きました。
   　ルイスは6分間手を口に持っていっていました。

関心が行動の生起する回数ではなく、その長さである場合に持続時間は重要です。例えば、ブレットの離席回数ではなく、1回の離席がどのくらいの長さなのか、観察期間のうち全部で何分くらい立ち歩いているのか、に関心がある場合です。彼は40分の授業中2回しか離席しないかもしれません。しかし1回離席すると数分は歩き回っているとすれば、ちょっと立ってはすぐ座るのとは問題が違ってきます。ブレットの離席行動を持続時間で記録すると、彼は30分の授業中合計8分間席から離れていた、というような記述が可能になります。また、おのおのの離席時間や、1回の離席の平均時間を算出して報告することができます。

4. **潜時** 行動の潜時とは、その行動をするようにとの指示から行動が生じるまでの時間の長さです。

 ブレットに着席するように言ってから50秒後に、彼は座りました。

 先生が「開始」と言ってから5分間、ヤオは余白に星印を書き、それから算数の問題に取りかかりました。

 タイムアウト・ルームに入って20分たって、マービンは静かになりました

 手を口から離すようルイスに注意して2分後に、ルイスはそうしました。

関心が、生徒が従事している行動の長さではなく、行動し始めるまでにかかる時間の長さである場合、潜時は適切です。例えば次の場合です。ヤオはいったん始めてしまえば、一定時間内に算数の問題の60%を正しく解くかもしれないが、開始の合図から実際に始めるまでに7分かかる。

5. **反応型** 行動の反応型とは、その行動の形、つまり見た目のことです。

 答案用紙にヤオが書いた「4」の字は、すべて逆さまです。

 マービンはかんしゃくの間、叫び声を上げ、地団駄を踏み、自分の髪の毛を引っ張ります。

 ルイスの指しゃぶりは、指を付け根まで口に入れます。

反応型では、その行動の構成要素や複雑さを記述します。例えばかんしゃくは、同時に生起する多くの行動から構成されているかもしれません。ある行動には、別個の行動が同時に生じ、一続きの連鎖になる場合があります。

6. **強度** 行動の強度とは、その強さのことです。

 ヤオは、紙に穴が空くほどの筆圧で書きます。

 マービンは非常に大きな声で泣き叫ぶので、その声は3部屋離れた教師の耳にまで届きます。

 ルイスは、親指の皮膚が傷つくほど強く指しゃぶりをします。

行動の強さや強度の記述は、多くの場合、質的な評価となり、標準化は困難です。叫び声がどのくらい大きいのか(通常、オージオメーターを使ったりはしません)、どのくらい激しく机を叩いているのか、どのくらい強く自分や他児を叩くのか、についてわれわれは伝えようとします。

7. **場所(位置)** 行動の場所とは、どこでそれが生じたかの記述です。例えば、どんな環境なのか、または自分や他児の身体のどこを叩いたのか、です。

 ブレットは**窓**に歩いて行き、外を見回しました。

 ヤオは算数の問題の答えを**間違った場所**に書きました。

 かんしゃくを起こしているときにマービンは自分の**耳**を叩いていました。

 ルイスは**自分の左手の指**をしゃぶります。

場所は、行動の対象や、行動が生じる場所を記述します。

教授、犬を救出する

　グランディ教授が駐車場に向かっていると、学生たち——その中にはデワインもいました——が何かを取り囲んでいました。教授の好奇心が頭をもたげ、彼はその輪に近づいていきました。「あれっ！」。教授は一人の学生が叫ぶのを耳にしました。「これは馬か、そうでなければ、僕がこれまで見たうちで一番大きい犬だ」。教授はもっと近づき、学生たちの興味の対象となっているものを観察しました。確かにそれは、とても大きな白い犬でした。その動物は息を切らし、頭を垂らし、弱っているように見えました。毛はもつれて汚れており、首にきつく絞められている金属の首輪からは、3フィートの鎖が引きずられていました。

　デワインが言いました。「見てよ先生。これは白いセントバーナードだと思うんだけど。かみつくかしら？」

　「見せてごらん」と、教授は落ち着き払って言いました。「変な犬に近づいては危ないよ。誰か、市の動物管理局に電話するよう警備員に連絡してくれないか」。その犬も、そこでは教授が最も権威のある人であるとわかったのか、彼の方によろよろ歩いていき、教授の足の上にその頭を休め、大きな茶色い目で感情を込めて彼を見つめました。

　教授は鎖の端をつかみ静かに引っ張りながら、「さて、私も電話をかけようか」と言いました。

教授は彼の学科に犬と伴に戻りました。学科秘書の前を彼が通ると、彼女は驚きで息をのみ、言いました。「先生、いけません……」

グランディ教授はポケットからストップウォッチを取り出し、ボタンを押して彼女に手渡しました。「5分とはかからないから。時間をしっかり測定しておいてよ」と、彼は言いました。教授は獣医学校に勤めている同僚に電話をしました。犬とその状況に関するグランディさんの記述を聞いて同僚は「それはグレイト・ピレネーズだね。彼は何をしている？ よく聞こえないんだけど」と言いました。

グランディさんは答えて「彼は引っかいているよ。行動型としては、左後ろ足を用いて左耳の後ろをかいている。私の時計の秒針によると、彼の足は1分間に75回動いている。その力は毛やその他のゴミを半径3フィート以上にまき散らすのに十分な強さだ。そして3、4回かくのに1回の割で足で床を叩いている。その強さはロビーでも聞こえるほどだ。もう3分間もかき続けている。それが始まったのは、彼が私のオフィスに入ってから15秒もたたないうちだ」と言いました。

獣医は感情を込めずに言いました。「おい、ノミだ」（教授は、秘書に聞こえていないことを望みながら、そっと玄関を見下ろしました）「どうして彼を診療所に連れてこないんだ。診てやるのに。彼はしばらく路上で生活していたようだね。もし彼の健康に問題がなければ、救助協会と連絡を取るよ。とは言え、協会も、そんな大きいやつの措置は大変だろうけど」

グランディさんがロビーを通って戻ってきて、秘書からストップウォッチを受け取り、所要時間が4分34秒であることを確認したときに、秘書が言いました。「本当に可愛いウサギちゃんですね」。犬は、その長くふさふさしたしっぽを力なく振りました。「見て先生。ボクちゃん、私を気に入ってるみたいですよ」

教授ははっきりと言いました。「彼の名はバラスです」

あるデータ収集法を使用するかどうかは、その使いやすさだけでなく、行動がどのような次元の行動であるかにも基づいて決定します。データ収集方法は一般に、3つのカテゴリーに分類できます。第1は観察期間中に自発された行動を完全に記録した記述的レポートの記録と分析です。第2はある行動の結果として生じた具体的な産物の観察です。第3は行動すべてではなく、そのサンプルの記録です。これらの方法は、次の表のようにカテゴリー化されます。

記述的レポートを分析する	逸話的レポート
具体的な産物を観察する	行動的産物記録法
行動のサンプルを観察する	事象記録法
	インターバル記録法
	時間サンプリング法
	持続時間記録法
	潜時記録法

逸話的レポート

<u>逸話的レポート</u>では、ある特定のセッティング、あるいはある指導期間内の生徒の行動をできるだけ完全に記述します。標的行動を前もって定義したり、操作的に定義したりはしません。むしろこのアプローチは、逸話的データを記述・分析することによって、最終目標として、その生徒が持つ障害の源あるいは学習欠如の原因となっている特定の行動を同定、つまり変容が必要な行動を同定することを意図しています。つまり、逸話的レポートは評価ではなく、おもに

分析手段として有益なのです。

逸話的なデータ収集法は、生じている障害一般、あるいは未知の理由による学業面の遅れを記述するために、教師・両親・セラピストによって頻繁に利用されています。例えば、「シェイラは絶えず授業を妨害し、自分の課題をやり遂げない」「スピーチ治療中、私はシェイラを自分のコントロール下に置くことができない」あるいは「シェイラはディナーテーブルから立ち上がり、食べ物を投げている」といったように報告されます。

これらは日常的なレポートであるため、応用行動分析家は、第3章の47～48ページで示されているような一連の質問を行なわなければなりません。これらの質問をしても特定の行動を明確にできない場合には、その行動が生じる自然なセッティング、例えばディナーテーブル、休憩時間の校庭、読書時間中の教室などの中で、訴えのもとと思われる標的行動をさらに分離し、明確にしなければならず、そのためにはそこで生じているすべてを記述しなければなりません。

逸話的レポートの結果として、特定の時間あるいはセッティングにおいて生じたほとんどすべての出来事を記述した記録ができ上がります。そのため、この手続きは、ある行動が生じたかどうかをデータシート上に（＋や－のような）分離された印でつけるのではなく、むしろ個々の人間やその相互作用を日常言語で記述したレポートや叙述になります。ライト[90]は、逸話的レポートを書くための幾つかのガイドラインを示しました。

1. 逸話的データの記録を開始する前に、最初に見たセッティング、セッティングの中の人々とその関係、およびこれから記録しようとするときに行なわれていた活動（例えば、昼食、自由遊び）を書く。
2. 標的となる生徒が言ったこと、行なったこと、誰に対してか、何に対してかをすべて記述する。
3. 標的となる生徒に対して誰が何を言ったか、誰が何を行なったかをすべて記述する。
4. 書くときには、自分が生徒の反応やその原因に対して持っている印象・解釈と、事実（実際に生じていること）とをはっきりと分ける。
5. 特定の反応、あるいは相互作用が生じている時間を判断できるように、何らかの時間的指標を設ける。

逸話的レポートの構成

観察したあとは、行動変容プログラムの対象となるべき行動を決定するために、逸話的レポートを分析しなければなりません。逸話的な形式で実施した観察を、個々の行動や行動間の関係へと分離するのは困難です。そのため、逸話的データを再検討するためには、より図式的な方法で呈示した方が有益です。ビジュー、ピーターソン、オールトら[9]は系列分析法を採用し、逸話的レポートを環境との相互作用をとらえる行動論的視点へと移し替えました。この方法によればレポートの内容は、先行刺激、特定の反応、後続刺激を示すために区別されたコラムへと配列されます。このような表を用いた方法は、個々の行動、行動を喚起する先行事象、行動を維持させる後続事象の間の時間的な関係を明瞭に示します。

図4-1の逸話的レポートは、小学校で作成されたものです。ブライアンという名前の生徒と、彼の教師や本読みグループの他の子どもたちとの相互関係が記録されています。

ビジューら[9]が提唱したアプローチを使うことによって、このレポートの冒頭部分は、図4-2のコラムに移し替えることができます。時間順序を示すために、先行事象、行動、結果事象に数字を振ります。このように、逸話的レポートを移し替えることにより、ある反応の結果事象が、それに引き続く反応の先行事象になることが明らかになる場合があります。

逸話的レポートの内容を、行動的事象（出来事）間の系列と関係を明示する形に変換するならば、問題行動の原因が決定されるかもしれません。レポートを分析する場合には次のような質問が有益です：

1. **不適切**であると記述される行動は何なの

午前9：40分：ブライアンは出窓の鉢植えを触ったりしながら部屋をうろうろしている。教師は「本読みの時間だよ、みんなは本を持ってテーブルについてるよ。ブライアン、あなたも早く」と言っている。教師はテーブルに行くが、ブライアンはまだうろうろしている。教師は大きな声で、「みんな、待ってるのよ」と言う。彼女はブライアンに近づき彼の肩に手を置く。ブライアンは肩を引っ込めて先生の手から逃れる。教師は手を取り彼を他の4人の生徒のグループへと連れていく。ブライアンは座る。教師は「本を開けて。ブライアンあなたの本は？」と言うが、ブライアンは「うしろ、あっち」「あっちのどこ、ブライアン？」「机の中」「取っておいで」「彼女の本を読むの」「だめ、ブライアン、自分の本を取っておいで」（約15秒経過）「さあブライアン、みんなあなたを待っているのよ」。ブライアンは「待ってて、まだいっぱい時間がある」。教師は立ち上がる。ブライアンは立ち上がって自分の机のところに行く。最初の生徒、ラリーは読み終わる。教師は言う。「ブライアンここに戻っておいで。すぐあなたの番よ」。ブライアンはテーブルに戻ってくる。カールが読んでいる。ブライアンは鼻を鳴らしている。カレンは彼の左側に座っていてくすくす笑いながら「オエッ」と言う。教師はカレンに話をやめるように言う。ブライアンはまた鼻を鳴らし、カレンは「オエッ、オエッ」と言う。教師は「ブライアン、わかったからやめなさい。みんなあなたを見てるのよ。勉強しているときにそんなことはやめなさい」と言う。ブライアンは教科書を落としそれを拾おうとかがむが、椅子を倒してしまう。教師は彼に「私の横に座りなさい」と言う。ブライアンは椅子を動かし小さな声でハミングしはじめる。教師は立ち上がり、テーブルから3フィート離れて、ブライアンに椅子を持ってくるように言い、「グループから離れてこっちに来なさい」と言う。テーブルに戻って教師は「みんなブライアンを見てたでしょ。みんなの勉強を邪魔したらどうなると思う」と言う。ラリーが手を挙げる。「はい、ラリー」。ラリーは「みんな本が読めない」と言う。教師は「はい、そのとおりラリー。さあもう一度読みましょう。今度はあなたの番よ、マリー」。マリーは読みはじめる。ブライアンは椅子を揺らしはじめ、カレンはそれを見て笑っている。ブライアンは椅子を揺らしつづけ、椅子が後ろに倒れる。教師は彼を叱り、教室の一番前に連れて行き黒板に向かって椅子に座らせる。ブライアンは歌いはじめる。ラリーは「歌うのやめなさい。私の邪魔をしてるのよ」と怒鳴る。ブライアンは静かになり黒板に落書きを始める（教師は彼に背を向けて座っている）。ブライアンは聞こえるくらいの声で断続的に歌を歌っている。教師は2度、「しずかにしなさい、ブライアン」と言う。本読みの時間は終わる（17分後）。生徒たちはドアのところに1列に並ぶように言われる。教師が出ていくときブライアンにグループから離れている間彼がどうだったかを言い、「でも明日はあなたが最初に本読みをしなければいけないわよ」と言う。午前10：35分。ブライアンはクラスメートと体育に行く。

図4－1　逸話的レポートからの抜粋

か？　行動分析家は、セッティングと、そこでの行動を記述することによってはじめて、不適切であると名づけられる行動を同定すべきである。
2．その行動は頻繁に生じるのか、あるいは生じたのが確かめられたのは1回だけなのか？
3．その行動に対する強化あるいは罰を同定することができるか？　教師、親、他の子ども、あるいは自然に生じる何らかの環境上の結果事象によって、行動が強化されているかもしれない。
4．その結果事象にパターンはあるか？
5．その行動の先行事象を同定することができるか？
6．その行動に必ず先行する事象あるいは刺激に、明確にできるようなパターンは存在する

時刻	先行条件	行動	結果
午前9時40分		1. ブライアンが室内を歩き回っている。	
	2. 教師「グループ学習の時間だよ……ブライアン、君もだよ」教師は机に行く。		
		3. ブライアンは、まだ歩いている。	
			4. 教師「待ってるんだけど」
	5. 教師はブライアンの肩に手をおく。		
		6. ブライアンは肩を引っ込める。	
			7. 教師はブライアンの手を取り、机に連れていく。
	9. 教師「君の本はどこ、ブライアン？」	8. ブライアン座る	
		10. ブライアン「後ろ」	11. 教師「後ろ、どこ？」
		12. ブライアン「ボクの机の中」	13. 教師「取ってきなさい」
		14. ブライアン「○○ちゃんの本を見る」	

図4-2 逸話レポートの構造

か？
7．先行事象、行動、後続事象のつながりは繰り返されているのか？
8．生徒の不適切な行動と、その先行事象・後続事象のパターンが明らかになった場合、変容させる必要がある行動は何であり、その行動に従事する人は誰であるか（例えば、生徒自身・教師・親）？

　逸話的記録は普通学級の教師にとって、常に実用的というわけではありません。しかしながら、補助でやってくる特殊教育教師やコンサルタントの教師に、行動や学業面での困難を持つ生徒や、特殊教育サービスに照会中の生徒たちを観察してもらうことは可能かもしれません。そのような観察に際しては、逸話的データを記録し分析するスキルは非常に重要です。逸話的記録により、教室において適切・不適切な行動が生じるきっかけを与えている要因、あるいはそれらの行動を維持させている要因を、教師は正確に決定することができるからです。この情報は、学級内において、また行動管理方略において何を変えることができるかを決定する根拠として役立ちます。逸話的観察は、持続的で非常に破壊的な行動や深刻な有害行動に対する長期的な対応の最初のステップとしても役立ちます。このプロセスは機能的アセスメント（第10章参照）として知られています。機能的アセスメントを行ない行動の発生要因・維持要因を知るためには、詳細な観察と分析、そしての生徒を取り巻く環境内の事物を実際に操作することが必要です。

行動的産物記録法

<u>行動的産物記録法</u>（permanent product recording）は、学校教育が始まって以来ずっと、教師によって使用され続けてきました。教師はつづりテストの成績をつけたり、算数の問題をチェックしたり、乳濁液ができたことを確かめたり、容器の中に生徒が置いた釘の数を数えたりするたびに行動的産物記録法を使用しています。**行動的産物**とは、ある行動の結果として生じる具体的な物や、環境に与える効果のことをいいます。つまり、行動的産物は行動の結果です。そのため、この方法は**結果記録法**と呼ばれることもあります。この記録法は、行動が生じたあとに実施するという意味で**事後的な方法**といえます。

行動的産物のデータを収集するために教師は、行動目標の中に書かれた行動の記述を吟味し直し、その行動の結果として何が適切かを決定します。例えば、もし目標がブロックのタワーを建てることならば、あるブロックを別のブロックの上に置くことをその生徒に要求するのか、あるいはブロックがある色の系列で配列されるべきなのかどうか、といったことが目標の中に記載されているでしょう。もし、その行動が学業的な行動なら、それに応じて条件が特定されるでしょう。例えば段落内で許容されるつづり間違いの数や、学期末レポートでの参考文献数が目標の中で特定されるでしょう。目標が職業スキルの場合には、組み立てられる製品の数だけでなくその質についても明確化されるでしょう。どちらの場合も、教師はその行動の操作的定義を吟味します。行動の産物を評価した後に教師が行なうのは、その産物がどのくらいの数作られたのか、そして、定義に従えばどれくらいの数が基準を満たしたかを、単に記録することだけです。

行動の具体的結果そのものが評価・記録されるので、教師はその行動に従事する生徒を直接、観察する必要はありません。また生徒がつづりのテストを受けたり、作文を書いたり、テープレコーダーに語学のサンプルを読み入れたりする間に、教師は座ってそれを見ている必要もありません。教室において行動的産物記録法が頻繁に使用される理由は、その便利さにあります。それは教室内の定められたスケジュールを最小限にしか妨害しません。

行動的産物記録法は幅広く適用できるため、様々な指導手続きや指導場面において役立ちます。あまりうまくない適用例もありますが、家庭においては、遺尿症[1]や遺糞症[59]、部屋の掃除のデータ[89]を記録するために使用されてきました。職業訓練場面では、生産量[55,84]の記録に使用されてきました。教育場面では、コップ積み[91]のような基礎的なものから、つづりの正確さ[29,54]、算数問題の完全さ・正確さ[12,37,77]、理科や外国語のテスト結果[13,51]などの様々な教科にも用いられています。また文章の複雑性[35]や、筆記体を書くときの微細運動のコントロール[80]を記録するためにも使用されてきました。マクドネルとファーガソン[57]は銀行業務スキルの学習の進歩をモニターするのに用いていますし、ウイリアムスとクーボ[88]は家電用品の維持費の記録に使っています。また宿題の実施度合い・正確さをモニターする方法[61]としても使われています。

行動的産物記録法のおもな長所は、得られた行動のサンプルに耐久性があるという点です。行動的産物は、記録される前に消えてしまうようなことは滅多にありません。そのため教師は、ある標的行動が生み出した実際の産物の正確なファイル（例えば、テスト用紙のような）や、後で吟味したり確認したりするための産物のレポートを保存することになるでしょう。

視聴覚装置の可用性が増加したため、行動的産物記録法には、オーディオテープやビデオテープシステムが使用されるようになりました。テープでの記録は、行動を長期間残しておくのに適しています。教師はこれらの装置を用いて、通常は行動的産物が残らない瞬時に変化する行

動のサンプルを取ることができるようになりました。保育所のような非常に忙しい場面での行動サンプルはいったんテープに記録しておき、暇なときに分析できます。生徒の家庭のような、学校ではない場面での行動サンプルも、親がレコーディングし、それを分析のために専門家の所に持っていくことができます。例えば、個人のそしてグループの表出言語はテープに録音されたり[56, 62]、VTRに録画されたりしています[85]。テープにとることによって、ちょうど放課後に生徒のテストや作文を採点するように、行動が生じた後にデータの収集ができます。

行動のおのおのの次元については、データ収集方法の選択のセクションで論じましたが、各次元についてどのような行動的産物、あるいは結果が観察されるのでしょうか？

率：単位時間当たりの、学業的行動の筆記された産物の数。

持続時間あるいは潜時：これらの行動的次元は、記録装置が利用できないならば、残念ながら行動的産物記録法を使用することはできません。

反応型：書かれた文字あるいは数字の正しい形。ペグボードのデザイン、ブロック積み、組み立てられた部品などのパターン。

強さ：字を書くとき、あるいはタイピングのときの、軽過ぎたり、重過ぎたり、あるいは不規則であったりする指の力。かんしゃくを起こした生徒が、教室で壁を蹴ってつくった穴。

これらの例のリストは、決してすべてを網羅しているわけではありません。行動的産物記録法は比較的単純で便利なため、教師たちはその結果どういう産物が生じるかという観点から、行動を定義することに想像を働かすことができます。教師による操作的定義とは、例えば次のようなものです。

- テスト用紙上の消しゴムで消したあとの数によって、**テスト不安**を定義する。
- 生徒の机の2フィート以内の床の上に落ちた紙くずの数で、だらしなさを定義する。
- 生徒の机に置かれた筆箱の中でバランスを保っているピンポン玉の数で、**多動性**を定義する（その教室は騒音軽減用のカーペットが敷かれてある）。

次のコラムは行動的産物記録法の使用例です。

マーティン氏は部屋が掃除されているかどうかを観察する

特殊教育を専門としているマーティン氏は、重度情緒・行動障害を持つ生徒の居住施設で夜勤の仕事をしていました。彼の仕事の一つは、各寝室（2人同室）が就寝時間前に掃除されているかどうかを点検することでした。彼は、部屋を掃除する行動を強化する方法を確立することに決めましたが、何を測定するかについては自信がありませんでした。彼は、生徒が部屋の掃除に従事する時間を測定・強化しようとしましたが、生徒たちはちょこちょこと走り回ってばかりで、部屋は依然として非常に汚いままでした。床、ベッド、その他の家具の上にばらまかれた服、おもちゃ、がらくたがおもな問題であるように思われたので、彼はこれらの物の数を測度とすることに決めました。毎晩消灯の前に彼は、各部屋の2人の生徒の名前が書かれ、曜日のところに欄がある紙シートがはさんであるクリップボードを持って、寝室のドアのところに立ちました。彼は、不適切な場所に散らかしてある一個一個の物の数を素早く計測し、データシートの欄にその合計を記入していきました。

```
    先行刺激              反 応           結果刺激
                                        （強化あるいは罰）
      S  ──────      R  ──────      S
       \         /    \           /
        \       /      \         /
         潜時記録法      持続時間記録法
              \         /
               \       /
                事象記録法
               インターバル記録法
                時間サンプリング法
```

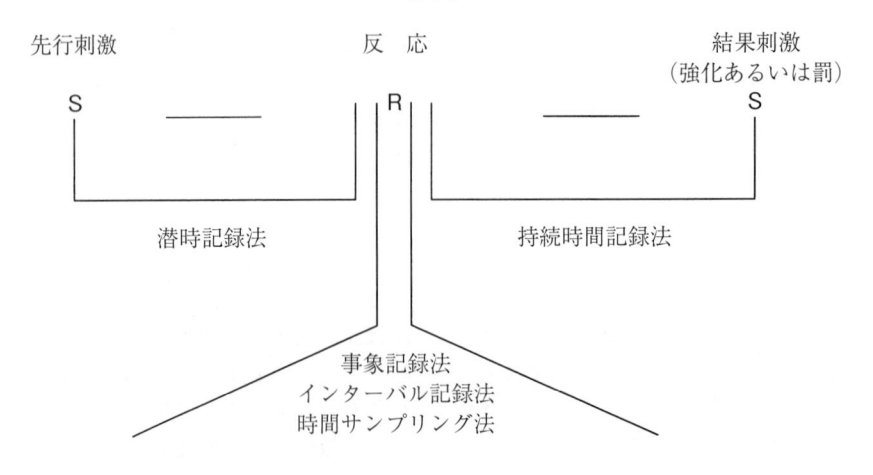

図4－3　基本的な行動的パラダイムと観察データ収集手続きとの関係

観察記録法

　行動的産物によるデータ収集法はある行動の結果を記録しますが、他方、観察記録法は、現実に生じている行動のサンプルを記録するのに使用されます。データ収集者は、幾つかの基本的な観察記録法から適当な方法を選択します。ある行動が生じた回数に関心があるなら事象記録法を選択できます。ある一定時間内に、行動がどれくらいの割合で生じたかを知りたいのなら、インターバル記録法あるいは時間サンプリング法を選択します。持続時間記録法では、生徒がある行動をしている時間の長さを記録します。潜時記録法では、生徒がある事柄をやり始めるまでに要した時間の長さを測定します。観察記録手続きと、刺激－反応の系列を行動論的な成分に分けて示したのが図4－3です。

事象記録法

　事象記録法は行動が生じた回数を最も直接的そして正確に反映するので、頻繁に使用される観察記録法です。事象記録法では、生徒が標的行動に従事するたびごとに印をつけて記録します。その印を数えれば、標的行動が何回生じたから正確にわかります。例えば午前10時から10時30分までの読書時間、あるいはカフェテリアでの昼食時間中というようなある特定の観察期間内での標的行動の回数を数えます。当該時間内に生じた行動の回数を記録することは、すなわち、その行動の頻度を示します。もしも観察期間の長さが読書の時間のように一定であれば、観察者は行動が生じた回数を生起頻度や、生起率——分または時間毎の生起回数——として、単純に報告できます。もしも観察期間の長さに違いがある場合——昼食に要する時間はその日によって違いがあるでしょう——には、率が報告されます。つまり生起回数を観察時間で割ります。他のやり方としては、観察時間を任意に標準化します。例えば、昼食時間の初めの20分だけを毎日観察します。

　生徒がある行動に従事する回数を増加あるいは減少させることが目的である場合には、通常、事象記録法を選択します。事象記録法は、適切な社会的行動（例えば、おもちゃを級友と一緒に使うこと）の増加、学業行動（科学の用語を定義すること）の増加、あるいは不適切な行動（体育の時間に悪態をつくこと）の減少を記録

するのに使用されます。

事象記録法は、行動が生じた回数を正確に記録することが目的であるため、独立した行動に対して使用しなければなりません。独立した行動（discrete behaviors）とは、明らかな始まりと終わりが存在する行動のことです。そのような行動であれば、ある行動がいつ終わって次の行動がいつ始まるかを教師は明瞭に判断することができ、従って頻度を正確に数えることができます。事象記録法は、種々の学業行動を計測し記録するために利用されてきました。例えば、絵の命名[60]、文字の認知や音読[46]、語のつづり[28]、正しいつづりのマウス・クリックによる選択[10]、語の認知と音読[17, 76]、音読の誤り[74]、コインの選択と計算[11, 81]、読字と科学用語[40, 70]などです。またコミュニケーション行動の査定にも利用され、例えば、小グループ内での会話[27]、「はい」「いいえ」での応答[58]、エコラリア反応[69]、マニュアルサイン[22]、自己教示の使用[79]があります。自立技能の記録にも用いられ、食事の量[45]、コップから飲む[30]などです。不適切行動では、自分をかむこと[52]、指しゃぶり[49]、顔叩きや頭打ち[73]、スプーン打ち[36]、煙草の吸いさしを食べること[63]などに使われています。

事象記録法は、課題分析によって抽出される行動系列や行動連鎖のデータを測定するときにも利用されます。課題分析でのステップは分離した行動の系列です。よって、生徒が示すおのおののステップの遂行を、個人の分離された行動として記録します。課題分析のための事象記録の例としては、質問を発する、テープレコーダーを聞く、鉛筆を削る、計算機を使う、食べ物を用意するなどがあります[24, 75, 86]。課題分析についての詳細な論議は、第9章でなされます。

しかしながら、事象記録法では十分に測定できない行動があります。事象記録法は、以下の場合には適切ではありません。

1. **正確な回数を記録しきれないほどに高頻度で生じる行動** 走っているときの歩数、常同行動（重度の障害児が示す、手をひらひらさせる行動、あるいは体を揺らす行動）、瞬きなどはあまりに高頻度で生じるため、（特に、データ収集者が瞬きをしている間は）正確に数えるのが不可能である。

2. **放っておくと、長時間続く可能性のある行動あるいは反応の場合** 例としては、指しゃぶりや課題への注意がある。例えば、離席行動の場合、事象記録法で午前中に1度だけ生じたと記録されたとする。しかし、もしその1回の離席行動が朝の出欠調べのときから昼食時まで続いていたとしたなら、回数による記録は、生徒が実際に行なっていたことの正確な指標とはならない。

事象記録法の長所は、正確さの他には、データ収集それ自体が比較的簡単である、という点が挙げられます。データを取ることが授業のさしさわりにはなりません。単に、クリップボード上のインデックスカードや紙に印をつけるとか、手首に巻いたテープにスラッシュのマークをつけるとか（取れないようにしておく必要はありますが）、あるいは紙でできたクリップを一方のポケットから他方のポケットへ移すだけでいいからです。そして、授業が終わるとこれらを一つずつ数え、図4-4のようなデータシートへと移します。

事象記録法はまた、多くの学業行動を対象とした場合にも使用しやすい記録法です。図4-5は、口頭による読みの練習の間に冒したエラーを記録するためのデータシートです。ある特定のエラーが起こったら、適切な列を単にマークするだけです。列の上のところには、曜日、読みを行なっている子どもの名前、日付、エラーが生じた読本の頁数などを記録します。

図4-6のデータシートでは、生徒が左の単語を正しく音読したかどうかを教師は、教えている間、あるいは教えたあとに記録することができます。誤りを記録する単純な方法としては、使っている学習用のカードの裏に直接マークする方法があります。あとでこのマークを数え、データシートにまとめ直せばいいわけです。

より機械的なものがお好みならば、計測装置が商品として販売されています。これらを使えば、データ収集はより簡単かつ正確になりますが、幾分の出費が必要となりますし、壊れる可

能性もあります。商品計測用として雑貨店で売られている低価なカウンターは役立ちますが、音がうるさく気が散ります。毛糸編み用の針の端に付けられるようにデザインした歩行距離計測用カウンターは、ちょうどペンにも付けられるぐらいの大きさでできています。ダラッシュ、レイとチュダー[20]は事象データを記録するために単純・安価なポケット計算器を使う4つのステップを紹介しています。

1. '1'のキーを押す。
2. '+'のキーを押す。
3. '='のキーを押す。
4. その後は、記録する事象が生じるたびに'='キーを押す。

これらのステップで、'='キーを押すたびに、行動の生起回数が累積して計算機に記録されます。観察の終わりには、総数から1を減らすと(というのは、計算機を準備した最初の段階で1が記録されているからです)、観察期間に生じた行動の正確な値が計算機に表示されます。実施に当たっては、'='キーに補助として小さなテープを貼っておけば、計算機をポケットにしまっていても測定できます。

コントロールド呈示法によって記録する

事象記録法を変形させたものとして、コントロールド呈示法があります(アイロンとミラン[5])。この方法では、教師は、生徒がある行動を行なう機会を作ったり、コントロールしたりします。ほとんどの場合、セッションに先立って機会数あるいは試行数を決めておきます。1つの試行には明らかな開始と終了があるので、おのおのの試行は独立した出来事と見なされます。1試行は先行刺激、反応、後続刺激という3つの行動的要素(S-R-S)によって定義されます。先行刺激(通常は、言語的な手がかり)の呈示によって試行が始まり、結果刺激(強化あるいは罰)の呈示によって試行が終了します。例えば、あるセッションで教師は、要求された物を生徒が指さす反応の機会・試行を10回と設定しておくかもしれません。そして、各試行において正反応であったか誤反応であったか、を記録します。このように、コントロールド呈示法の場合は、正答数によって生徒が進歩したか

事象記録用データシート

生　徒：パトリッシア
観察者：コーヘン

行　動：かってなおしゃべり(手もあげない)

	開始時刻 終了時刻	行動生起の記入	全生起数
5/1/95	10:00　10:20	卌 卌 //	12
5/2/95	10:00　10:20	卌 ////	9

図4-4　基本的な行動的パラダイムと観察データ収集手続きとの関係

事象記録用データシート

生　徒：　ジェレミー
観察者：　ガーウッド

行　動：　音読の誤り

	キャロル	5/1/95	練習2	リーダー1ページ
取り違え				
発音間違い				
よけいな読み入れ				
重複				

図4-5　事象記録法用に作ったデータ収集シート

事象記録用データシート

生　徒：　ゲイル
観察者：　エリオット

行　動：　単語の音読

	1	2	3	5/1	5/2	キャロル	ロバート
外							
内							
女							
男							
出口							

図4-6　事象記録法用に作ったデータ収集シート

図 4-7 コントロール呈示法に使用するデータ収集シート

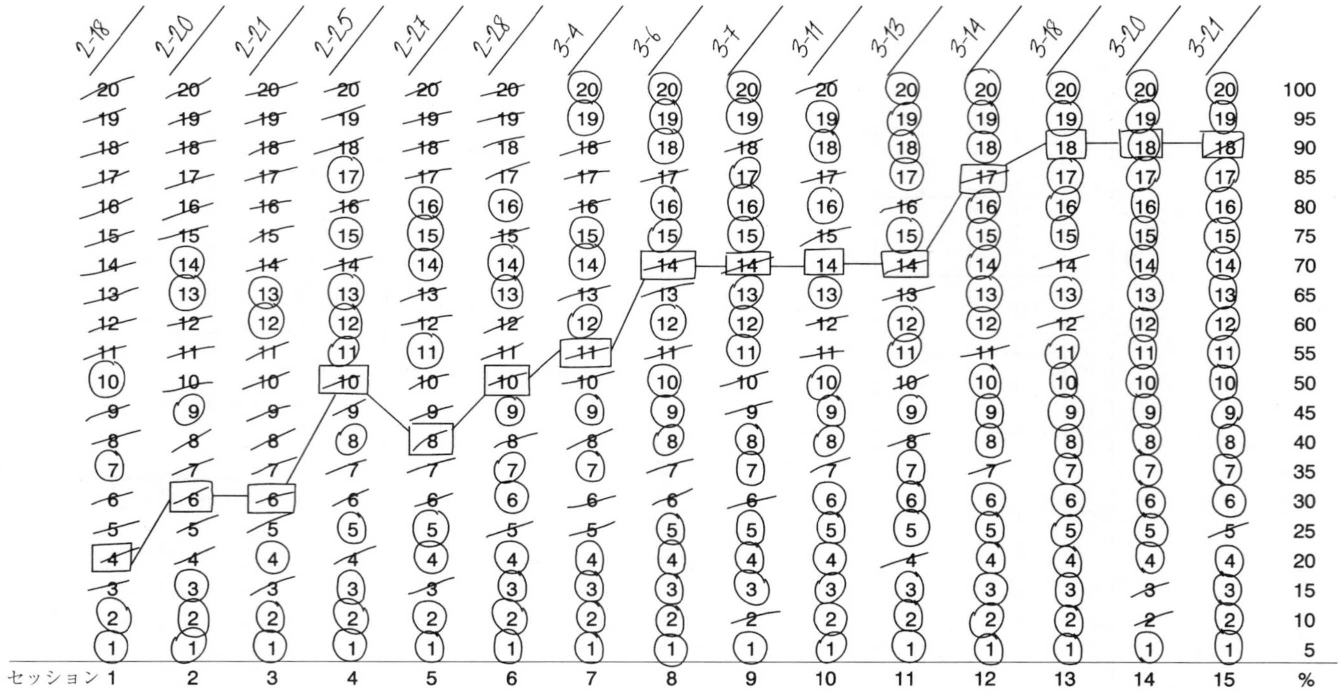

標的行動/技能　完全な区別対不十分な区別

基準　3連続セッションで 90％正解

教材　レストランの容器（塩、コショウ、砂糖、ケチャップ、カラシ、ナプキン）

生徒　カルメン

氏名：ピーター
課題：10まで数える
日付：

10	10	10	10	10
9	9	9	9	9
8	8	8	8	8
7	7	7	7	7
6	6	6	6	6
5	5	5	5	5
4	4	4	4	4
3	3	3	3	3
2	2	2	2	2
1	1	1	1	1

コメント：

キャルビック
10まで数える

10	10	10	10	10
9	9	9	9	9
8	8	8	8	8
7	7	7	7	7
6	6	6	6	6
5	5	5	5	5
4	4	4	4	4
3	3	3	3	3
2	2	2	2	2
1	1	1	1	1

コメント：

トーニャ
10まで数える

10	10	10	10	10
9	9	9	9	9
8	8	8	8	8
7	7	7	7	7
6	6	6	6	6
5	5	5	5	5
4	4	4	4	4
3	3	3	3	3
2	2	2	2	2
1	1	1	1	1

コメント：

氏名：リタ
課題：10まで数える
日付：

10	10	10	10	10
9	9	9	9	9
8	8	8	8	8
7	7	7	7	7
6	6	6	6	6
5	5	5	5	5
4	4	4	4	4
3	3	3	3	3
2	2	2	2	2
1	1	1	1	1

コメント：

ダイラナ
10まで数える

10	10	10	10	10
9	9	9	9	9
8	8	8	8	8
7	7	7	7	7
6	6	6	6	6
5	5	5	5	5
4	4	4	4	4
3	3	3	3	3
2	2	2	2	2
1	1	1	1	1

コメント：

ロイ
10まで数える

10	10	10	10	10
9	9	9	9	9
8	8	8	8	8
7	7	7	7	7
6	6	6	6	6
5	5	5	5	5
4	4	4	4	4
3	3	3	3	3
2	2	2	2	2
1	1	1	1	1

コメント：

図４－８　コントロールド呈示法に使用するデータ収集シート

図4-9 コントロール呈示法に使用するデータ収集シート

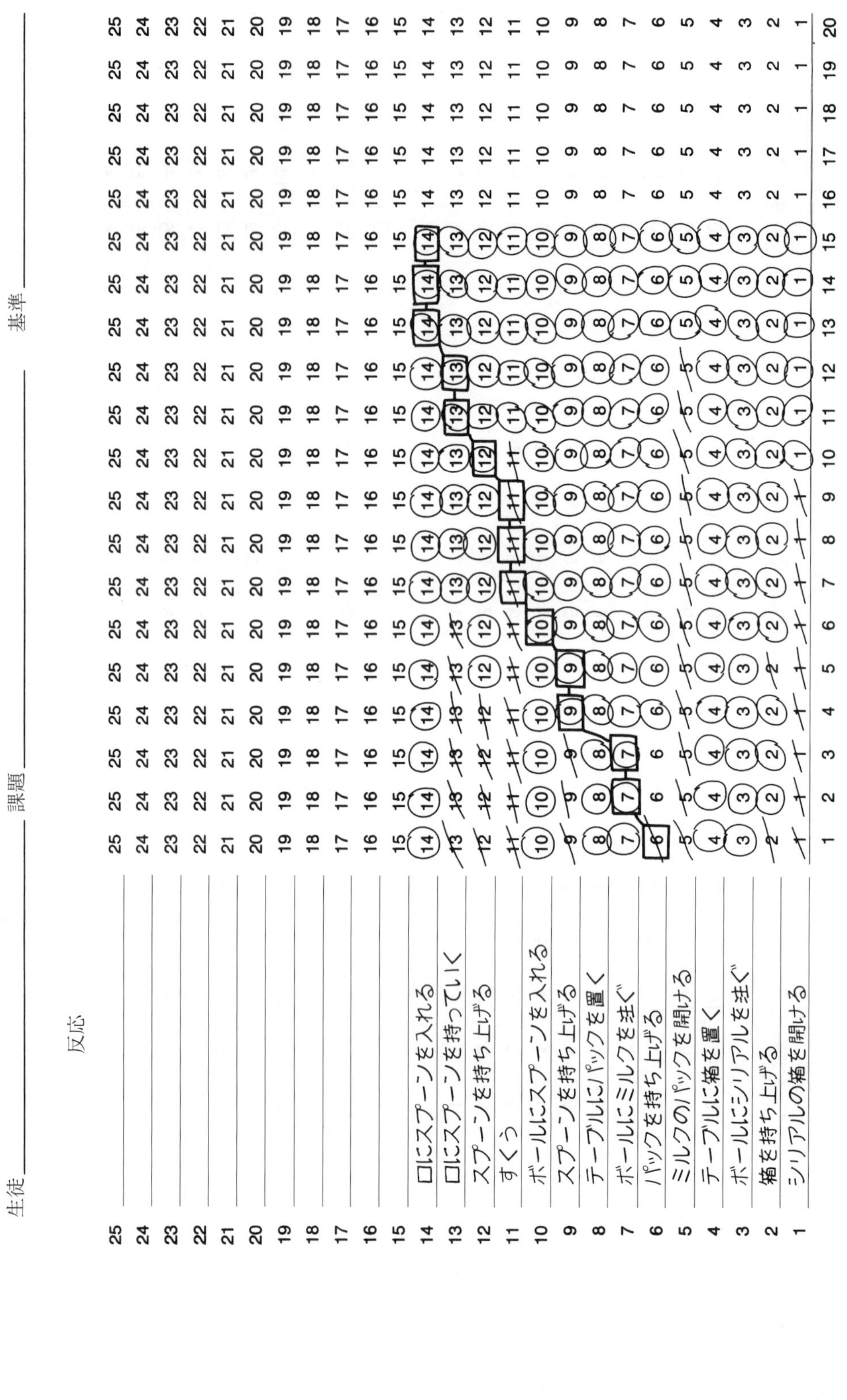

生徒 _____ 課題 _____ 基準 _____

	反応
15	口にスプーンを入れる
14	口にスプーンを持っていく
13	スプーンを持ち上げる
12	すくう
11	ボールにスプーンを入れる
10	スプーンを持ち上げる
9	テーブルにパックを置く
8	ボールにミルクを注ぐ
7	パックを持ち上げる
6	ミルクのパックを開ける
5	テーブルに箱を置く
4	ボールにシリアルを注ぐ
3	箱を持ち上げる
2	シリアルの箱を開ける
1	

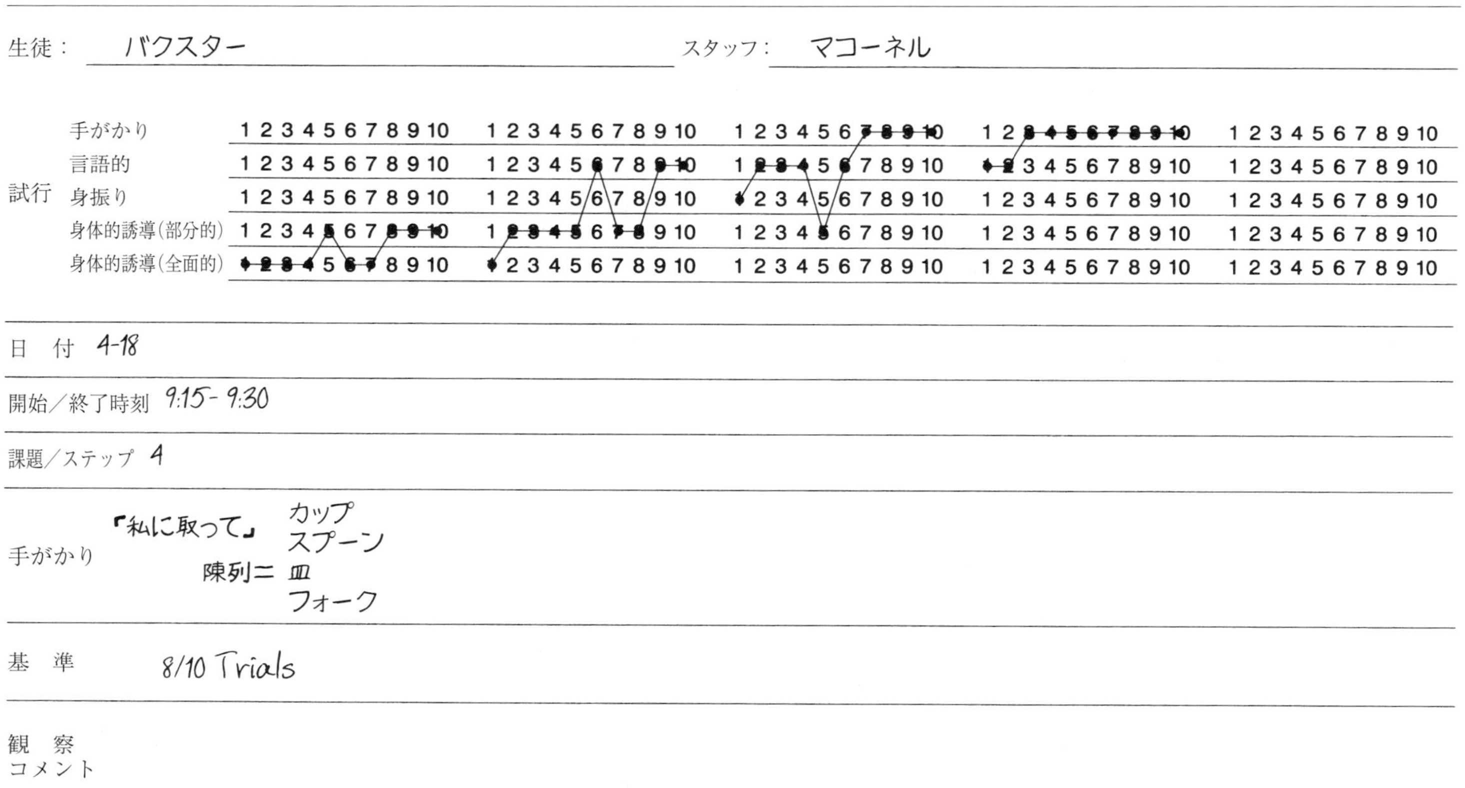

データの収集とグラフ化

生徒： バウスター　　　　　　　　　　　スタッフ： マコーネル

	手がかり	1 2 3 4 5 6 7 8 9 10	1 2 3 4 5 6 7 8 9 10	1 2 3 4 5 6 7 8 9 10
試行	言語的	1 2 3 4 5 6 7 8 9 10	1 2 3 4 5 6 7 8 9 10	1 2 3 4 5 6 7 8 9 10
	身振り	1 2 3 4 5 6 7 8 9 10	1 2 3 4 5 6 7 8 9 10	1 2 3 4 5 6 7 8 9 10
	身体的誘導（部分的）	1 2 3 4 5 6 7 8 9 10	1 2 3 4 5 6 7 8 9 10	1 2 3 4 5 6 7 8 9 10
	身体的誘導（全面的）	1 2 3 4 5 6 7 8 9 10	1 2 3 4 5 6 7 8 9 10	1 2 3 4 5 6 7 8 9 10

日　付　4-18

開始／終了時刻　9:15- 9:30

課題／ステップ　4

手がかり　「私に取って」　カップ
　　　　　陳列＝皿　スプーン
　　　　　　　　　　フォーク

基　準　8/10 Trials

観　察
コメント

図4-10　コントロール呈示法に使用するデータ収集シート

出典："An instructional interaction pattern for the severely handicapped," by P. A. Alberto and P. Schofield. *Teaching Exceptional Children*, 1979. Copyright 1979 by Council for Exceptional Children. Reprinted by permission.

どうかを判断します。

　図4-7、図4-8、図4-9、図4-10は、断続試行あるいはコントロールド呈示法によるデータの収集において、これまで使用されてきたいろいろなデータシートを示しています。図4-7のデータシート[68]は、左から右へ15セッションで利用できます。そして1回のセッション当り20試行まで可能なように作られています。教師は以下のような単純な手続きを使用して、2値データ（正しいか、誤りか）を記録します。

各試行のあとに、
1．正反応であれば、その試行の番号に〇をつける。
2．誤反応であれば、その試行の番号にスラッシュをつける。

各セッションのあとに、
1．正試行数（〇をつけた試行数）を合計する。
2．正試行の合計数に対応した数字を□で囲む。
3．データシート上に直接グラフを作成するために、セッション間で□をつなぎ合わせ学習曲線を作る。
4．一番右の行はセッション毎の正答試行数（□で囲んだ数字）を正答率のパーセンテージで示したものである。1セッション20試行中の正答試行数が8であれば、一番右の行を見ると、40％の正答率であったことがわかる。

　図4-8は先のデータシートを改変し、同じ課題を実施する6名の生徒の記録ができるように（図に示されているように）、または同じ生徒の6つの課題が記録できるようにしたものです。

　図4-9（ベラミ、ホーナーとインマン[8]を改変）は連鎖化された課題（手洗いや掛け算を行なう場合のように、複合的ステップで構成された課題）を訓練する場合に、2値データを記録できるように作られています。図に示してあるように、25ステップまでの課題──最も左の行に番号が記載されている──が記録できるように作られています。おのおののステップで要求される反応を、番号の隣に記入します。右方向への20の行は20セッションを示しています。各行は25個の番号を持ち、最高で25ステップまで使えます。各試行において、生徒には連鎖化された課題のすべてのステップを遂行する機会が与えられています。連鎖の各ステップを生徒が正確に遂行したかどうかを、教師は〇と／を使って各試行ごとに記録します。図4-7同様に、生データが記録されたシートの上に直接グラフ化することができます（**生データ**とは、観察者が一番初めにとった記録のことであり、変換あるいは加工されていないデータのことです）。生徒が正しく行なったステップ数を□で示し、それらを試行間でつなぎます。

　図4-10[2]は、教師と生徒の間の相互作用が記録できるように作られたものです。データシートには5セッション記録できるようになっており、各セッションは10試行からなっています。各試行で、生徒に反応を行なわせるのに必要な、教師による手助けの種類を記録することができます。続く各試行では、実施した手助けの種類（例えば、ジェスチャーとか身体的プロンプト）と、そのときの試行数とが交差するところにマークをつけます。マークした試行数をセッション内・セッション間で結ぶと、このデータシートは同時にグラフ・シートにもなり、教師の手助けなしに生徒が反応を行なうようになっていくことを示す曲線が描かれることになります。

　担任は、コントロールド呈示法を使うことによって、指導を改善することができます。例えば、セミナーグループのメンバーが冷戦の初期の出来事やベルリンの壁に関して議論している間に、教師は個々のメンバーに対して5つの質問をしたいとします。生徒の名前と、答えの正否をマークする空白がある非常に単純なデータシートを使うだけで、生徒を分析し評価するための貴重な情報が得られるでしょう。

　事象記録法（コントロールド呈示法を含む）は、行動の率あるいは頻度の観察に適用できます。例えば、次のようなものがあります。

・メルが1時間に話す回数
・20分の休み時間にチャーリーが他の生徒を叩く回数

・15分間の世界地理の練習問題時間内にメリサが正解する回数
・サムが小声で質問に答える回数
・メアリーが床にごみを投げる回数
・エリオットが片足ずつで登る階段の段数

スターリング先生、告げ口を計測する

スターリング先生が受け持つ3年生クラスの4人の生徒は、他の生徒が何か悪いことをしていることを、彼女に告げることに、もっぱら時間を費やしているようでした。先生は、次の2つの理由によりこの点を問題と見なしました。第1に生徒たちは効率よく勉強しない。第2に生徒たちの告げ口の相手をするだけで手いっぱいになってしまう。そこで同僚のバルベ先生にアドバイスを求めると、バルベ先生は、まず第1にやるべきことは生徒たちがどのくらい頻繁に告げ口をしているかを判断することですよ、と提案しました。

「もしそうしなければ、自分のしたことがうまくいったかどうかがわからないでしょ」と彼女は言いました。

スターリング先生は、生徒が他の生徒の名前1名と不適切な行動（幾つでもよい）を自分に告げるたびに、それを告げ口1回と見なして数えることに決めました。そのため、「ジョニーは自分の勉強をせず、僕の邪魔をする」は1つの告げ口ですが、「ハロルドとペテが、おしゃべりをしている」は2つとして数えることになります。こう決めると彼女は再びバルベ先生のところに行きました。

「彼らが告げ口をするたびに、一体どうやって記録すればいいの。私は絶えず部屋の中を動き回っているので、紙と鉛筆は持ち運びたくないんです」と彼女は尋ねました。

バルベ先生は笑っていいました。「干した豆には、いろいろな形や大きさの物があるでしょう。一人ひとりの子どもに違う形の豆を割り当てて、右のポケットにたくさん入れておくの。そして、その行動が観察されたら、右ポケットの豆を左のポケットに移し替えていくのよ。でも洗濯前には、スラックスのポケットからちゃんと豆を取り出してね」

インターバル記録法と時間サンプリング法

インターバル記録法と時間サンプリング法というデータ収集法は、行動が生じた実際の回数の推定値を記録する手段です。行動が生じるたびに数えるのではなく、ある観察期間内でその行動が生じたインターバルの数を数えます。そのため、この2つの方法を使えば、事象記録法に適さない継続的な行動（持続時間の長い行動）や高頻度の行動をも記録することができます。インターバル記録法と時間サンプリング法は次の行動の記録に利用されてきました。例えば、課題従事[16, 23, 53, 71]、おしゃべり・離席・他害・器物破損・かんしゃくなどの破壊行動[23, 64, 82]、自傷行動[38, 84]、よだれ[48]などです。

観察された回数が行動の実際の生起にどのくらい近似しているかという点では、事象記録法が最も正確であり、インターバル記録法はその次で、時間サンプリング法は最も精密さに欠けます[66]。しかし、各方法にはそれぞれに長所と短所があります。

インターバル記録法

インターバル記録法ではまず、標的行動を観察する時間（通常は10分から1時間）を定義します。そして、この行動観察時間を等しいインターバルに分けます。通常、インターバルの長さは30秒以下です[14]。インターバルが短いほど、データの正確さは増します。データを記録するために教師は、時間のインターバルを表わすマス目を並べて書きます。教師はおのおのマス、

生徒：	ダリウス	行動：	課題従事（シートに目を置く、
日付：	8-29		または書き込む）
開始時刻：	9:10	セッティング：	第4期の計算
観察者：	ヘフリン	終了時刻：	9:15

インターバルの長さ（秒）

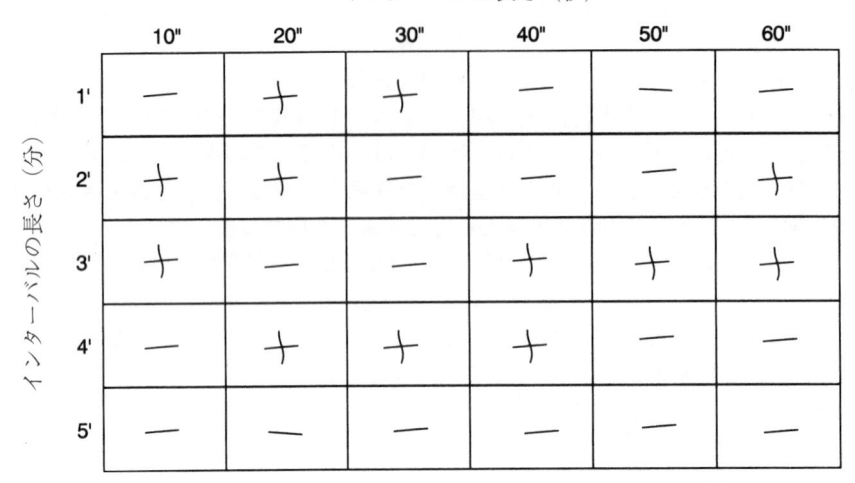

	10"	20"	30"	40"	50"	60"
1'	−	＋	＋	−	−	−
2'	＋	＋	−	−	−	＋
3'	＋	−	−	＋	＋	＋
4'	−	＋	＋	＋	−	−
5'	−	−	−	−	−	−

（縦軸：インターバルの長さ（分））

標的行動が生起したインターバル数（パーセント）：**12 インターバル，40％**
標的行動が生起しなかったインターバル数（パーセント）：**18 インターバル，60％**

図4－11　インターバル記録法のデータシート

すなわちインターバルの中に、行動がそのイン**ターバル時間内**に生じたか（＋）、生じなかったか（−）を単純に記入します。そのため、各インターバルには、＋か−のどちらか一つの印しかありません。図4－11に示される5分の観察の例は、10秒のインターバルに分けられています。最初の1分間では、6つのうち2つのインターバル、つまり第2、3番目の10秒インターバルにおいて標的行動が生じたことがわかります。全体を通して見ると、標的行動は12回、つまり全インターバルの40％で生じています。

インターバルデータは以上のような方法で記録されるため、行動の記録から導かれる結論は制限されます。例えば、あるインターバルにおいて行動が生じた回数が1回でも5回でも、それは1回としか記録されません。そのため行動が生じた実際の回数は記録には現われません。もし、この方法で暴言が記録されたとするなら

ば、全インターバルのうちの2つのインターバルにおいて生徒が暴言を吐いた、と言うことができます。この行動は少なくとも2回認められましたが、実際に生じたのはそれ以上だったかもしれません。たとえ生徒が、第2インターバルの間に11回暴言を吐いたとしても、印は1回だけしかつけないからです。暴言とか人を叩くといった独立した行動（断続行動）を記録する方法は、**部分インターバル記録法**として知られています（インターバルの時間中ずっと、その行動が続いているわけではありません）。

部屋の中を歩き回るとか課題に取り組まないといった行動（課題逸脱行動）は、ある1つのインターバルで始まり、そのまま中断することなく、次のインターバルへと継続することがあります。そういう場合には2つの事例として記録されます。2つのインターバルに渡って観察されたからです。しかし、もしそれと同一の行

動、つまり同一の持続時間を持つ行動が1つのインターバルの中でだけ生じて終了するならば、1つの事例として記録されます。複数のインターバルに渡って継続する行動を記録する方法は、**全体インターバル記録法**として知られています（この方法では、行動は1つのインターバル全体に渡って生じています）。*

インターバル記録法によるデータ収集のその他の問題点は、各インターバルの時間が短い場合に生じます。生徒に教えながら、同時にデータを収集するのは非常に困難です。教師は視線を1人あるいは複数の生徒に置きながら、ストップウォッチや時計の秒針を観察し、標的行動が生じたか、生じなかったかを記入する。これらの行動をわずかの時間ですべて行なわなければなりません。そのため、時には第三者が必要となることがあります。

しかしながら、観察者は記録をするためにはデータシートを見なければならず、その間に行動が生じた場合には、観察者はそれを見落すことになります。その結果、不正確なデータになってしまいます。ビーッという音を各インターバルの終わりにカセットテープによって鳴らせば、少なくともタイミングに関する問題は解消されるでしょう。記録を簡単にするその他の方法として、データ収集のスケジュールの一部分として、記録のための時間を挿入することがあります。こうすることによって、図4-12のデータ収集用シートのように、観察のための時間とスコアリングのための時間が割り振られることになります。

図4-13および図4-14は、15分の観察時間を10秒インターバルに分けた、インターバル記録用シートの例です。インターバル記録法の場合、データ収集者は、行動が生じたか生じなかったかを示す印を見ることによって、以下の情報について推論することができます。

1. 行動のおおよその生起回数。
2. 観察時間内における行動のおおよその持続時間。
3. 観察時間内における行動の分布。

図4-13、14では算数の課題中の課題逸脱行動が記録されています。課題逸脱行動は、90インターバル中38個において生じました（図4-12参照）。記録を初めからずっと見てみると、課題逸脱行動は長く継続し（各約3分）、おもにそれは2つの期間に集中しているようです。このようなデータを検討するときには、その行動を直接引き起こしている要因は何であるかを明確にするために、状況を分析しなければなりません。この例では、課題逸脱行動の原因は、課題用紙に書かれた2つの指示だったのかもしれません。生徒は書かれた指示を理解することができず、何をしたらいいのかを隣の生徒に尋ねることになり、結局その間は課題に取り組んでないことになった可能性があります。

図4-14では、課題逸脱行動は観察期間を通して分散しています。この課題逸脱行動は、他の生徒が質問をするときと同時に生じていることに教師は気づくかもしれません。もしそうであれば、この生徒の問題は、指示を読む能力がないとか、進んで読もうとしないといったことではなく、注意の散漫さにあるのかもしれません。

時間サンプリング法

時間サンプリング法を使用するためには、データ収集者は行動の観察期間を決定し、それを等しいインターバルに分けます。このプロセスはインターバル記録法と似ています。しかし、時間サンプリング法の場合、インターバルの時

---

* 訳注：部分インターバル記録法と全体インターバル記録法の区別について。要するに、あるインターバルにおいて、とにかく行動が1回生じると、マーク（記録）するのが部分インターバル記録法です。部分インターバル記録法は、持続時間の比較的短い行動に適用されます。他方、あるインターバル中ずっと行動が生じて初めてマーク（記録）するのが、全体インターバル記録法です。全体インターバル記録法は、持続時間の比較的長い行動に適用されます。これらの詳細は、クーパー、ヘロン、ヘワードら（Cooper, Heron, & Heward, 1987）の第4章を参照してください。
Cooper, J.O., Heron, T.E., & Heward, W.L. 1987 *Applied Behavior Analysis*. Columbus: Merrill Publishing Company.

10″	5″	10″	5″	10″	5″	10″	5″	10″	5″	10″
観察	記入	観察	記入	観察	記入	観察	記入	観察	記入	観察

図4-12　スコアリングのための時間を5秒間挿入したインターバル記録法

10秒インターバル

分	1	2	3	4	5	6
1	○	○	○	×	×	×
2	×	×	×	×	×	×
3	×	×	×	×	×	×
4	×	×	○	○	○	○
5	○	○	○	○	×	○
6	○	○	×	○	○	○
7	○	○	○	○	×	○
8	×	×	×	×	×	×
9	×	×	○	○	×	×
10	×	×	×	×	×	○
11	○	○	○	○	○	○
12	○	○	○	○	○	○
13	○	○	○	×	○	○
14	○	○	○	○	○	×
15	○	○	○	○	○	○

生　　徒　マルコム
日　　付　2/2/95
観 察 者　ライリイ
開始時刻　9:15
終了時刻　9:30
行　　動　気を散らす

注：10秒インターバル内で
行動が生じたら記入

×＝行動が生じた
○＝行動が生じなかった

データ要約
標的行動が生起したインターバル数：38
標的行動が生起したインターバル・パーセント：
　42％
標的行動が生起しなかったインターバル数：52
標的行動が生起しなかったインターバル・パーセント：58％

図4-13　課題に取り組まない行動のインターバル記録法

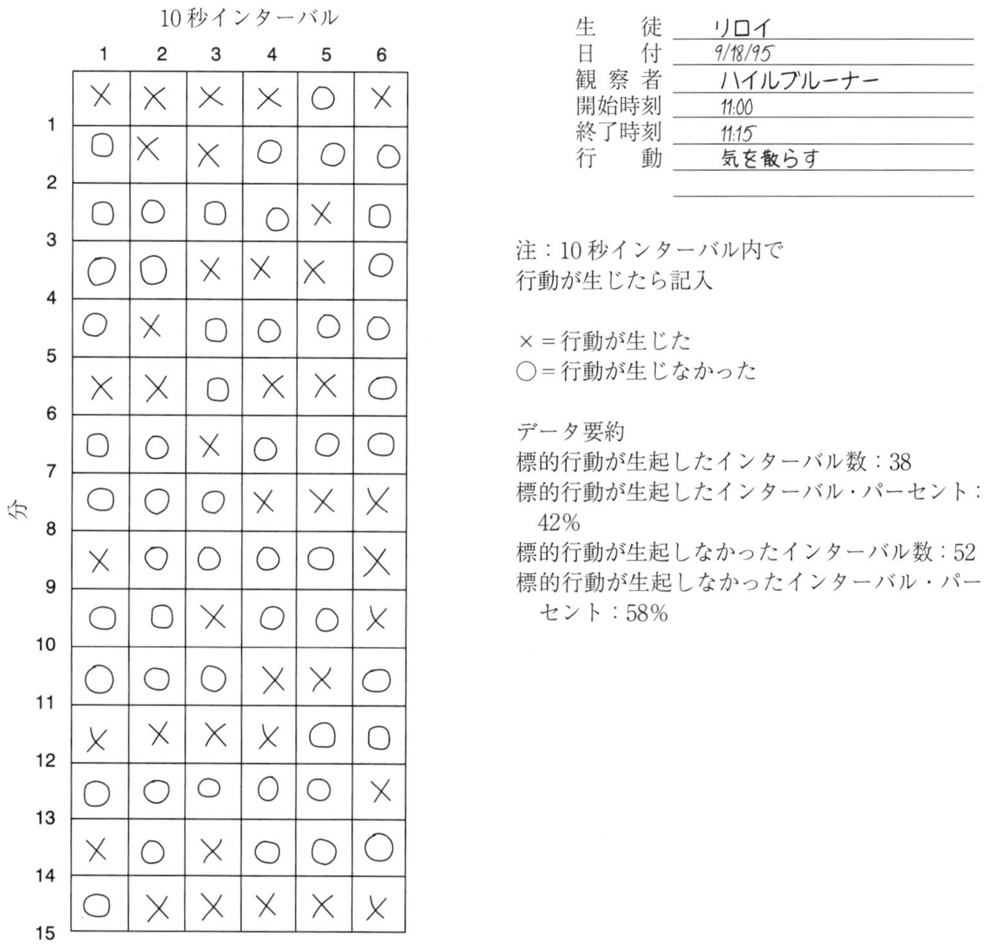

10秒インターバル

	1	2	3	4	5	6
1	×	×	×	×	〇	×
2	〇	×	×	×	〇	〇
3	〇	〇	〇	〇	×	〇
4	〇	〇	×	×	×	〇
5	〇	×	〇	〇	〇	〇
6	×	〇	×	×	〇	×
7	〇	〇	〇	〇	〇	〇
8	〇	〇	〇	×	×	×
9	×	〇	〇	〇	〇	×
10	〇	〇	×	〇	〇	×
11	〇	〇	〇	×	×	〇
12	×	×	×	〇	〇	〇
13	〇	〇	〇	〇	〇	×
14	×	〇	×	×	〇	〇
15	〇	×	×	×	×	×

(縦軸：分)

生　　徒　リロイ
日　　付　9/18/95
観察者　　ハイルブルーナー
開始時刻　11:00
終了時刻　11:15
行　　動　気を散らす

注：10秒インターバル内で
行動が生じたら記入

× ＝ 行動が生じた
〇 ＝ 行動が生じなかった

データ要約
標的行動が生起したインターバル数：38
標的行動が生起したインターバル・パーセント：
　42％
標的行動が生起しなかったインターバル数：52
標的行動が生起しなかったインターバル・パーセント：58％

図4－14　課題に取り組まない行動のインターバル記録法

間は秒ではなく分です。こういう形式を取ることで、行動を長時間観察することが可能となります[4]。データを記録するために観察者は、インターバルを示す連続したマスを書きます。観察者は**インターバルの終わりに**生徒を観察して、単に標的行動が生じたか（＋）、生じなかったか（－）を、おのおののマス（インターバル）の中に記入します。そのため、各インターバルにはどちらか一つの印しか記入されません。インターバル中ずっと観察するのではなく、インターバルの最後だけに生徒を観察するという点が、インターバル記録法とは異なります。

　図4－15における観察期間は、10分のインターバルに分けられています。正確な観察時間は90分です。5つのインターバル終了時に標的行動が生じました。つまり、第1、2、4、5、9番目のインターバルです。時間サンプリング法によってデータを収集する非常に単純な方法は、インターバルの最後にキッチンタイマーが鳴るようにセットしておき、タイマーが鳴ると行動を観察するというやり方です。生徒が時間スケジュールを見抜いて、インターバルの終わりにだけある行動を行なう（あるいは、行なわない）のを防ぐために、ランダムな長さでインターバルを作ります。例えば、10分間のタイムサンプリング法の場合、8、12、6、14、9、11

94　　第4章

生徒　_____　　　　行動　　　許可なく部屋を歩きまわる
日付　_____　　　　開始時間　9:15
観察者　_____　　　　終了時間　10:45
　　　　　　　　　　　　　　　総時間　　90分

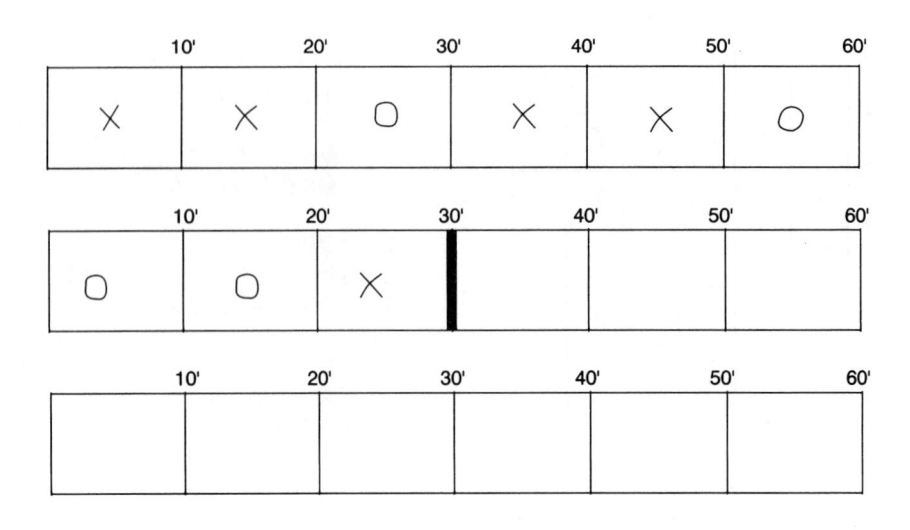

```
        10'   20'   30'   40'   50'   60'
      | ×  | ×  | ○  | ×  | ×  | ○  |

        10'   20'   30'   40'   50'   60'
      | ○  | ○  | ×  |▌   |    |    |

        10'   20'   30'   40'   50'   60'
      |    |    |    |    |    |    |
```

×＝行動が生じた　　○＝行動が生じなかった

データ要約
標的行動が生起したインターバル数：5
標的行動が生起したインターバル・パーセント：55％
標的行動が生起しなかったインターバル数：4
標的行動が生起しなかったインターバル・パーセント：45％
分の記号：'

図4－15　10分インターバルの時間サンプリング法

分といったインターバルを設定します。平均は10分ですが、いつ観察されるかは生徒にはわかりません。もちろんタイマーが見えないように隠すのは常識です。

時間サンプリング法によるデータの記録方法では、記録する行動について極めて限定した結論しか導くことができません。インターバル記録法と同様に、行動は、10分間の観察インターバル内において1回以上生じたかもしれないからです。時間サンプリング法の特に大きな欠点は、観察者が行動を記録しようとする直前あるいは直後に行動が生じ、観察しているときには生じていなければ、結果的に行動が生じなかったと記録されてしまうことです。

時間サンプリング法は、秒ではなく分単位でインターバルを分けるため、観察から観察までの時間間隔は長くなります。そのため、生徒に対する指導とデータの収集を同時に行なう場合には便利です。インターバルを15、30、45分、あるいはそれ以上の時間に設定すると、1日あるいは1授業を通した観察が可能になります。しかしながら、インターバルが長くなるほど、記録されたデータと実際の行動生起との食い違いがおそらく大きくなります[67]。

そのため時間サンプリング法は頻繁に生じる行動や長時間続く行動に特に適しているといえます。例えば、課題への注意、離席行動、指しゃぶりなどです。

時間サンプリング法は教室で使うには持ってこいですが、その便利さは行動変容プログラムがうまくいくようになるにつれて少なくなっていくでしょう。例えば、バリーの離席行動を、担任が時間サンプリング法で記録するとします。始業から90分間を15分インターバルで観察したベースラインでは、バリーはほとんどの観察機会で離席しているかもしれません。しかし「バリー、15分毎のチェックのときにちゃんと座っていられたら、トークンを1つあげるわ」というような随伴性が導入されると、この記録方法は有効ではなくなるでしょう。もしも、先生がこれまでの記録法を固守し、つまりインターバルの最後にだけ離席の有無を観察し、途中でバリーが何をしていてもチェックのときに着席していると強化子を与えるならば、バリーは、先生がちゃんと見ていないかぼんやりしていると思い込んでしまうでしょう。バリーは、インターバルの間に短い離席を何回か繰り返し、しかし、インターバルの最後、つまりチェックのときには着席している、というようになるかもしれません。このようにならずに、手続きがうまくいったとしても、実際の離席行動が完全に消失してしまうかなり前に、記録上では消失したことになってしまいます。この問題のため、行動が余り高頻度でなく持続時間も短い場合には、事象記録法や持続時間記録法が現実的で、より正確な方法となります。

インターバル記録法あるいは時間サンプリング法によって収集したデータは、行動が生じたインターバル数として報告されるように、頻度の次元の測度です。しかし率には変換できません。60秒の時間を10秒インターバルに分け、そのうち2つのインターバルにおいて行動が生じたとして、1分当たり2回の率で行動が生じた、とは言うことはできません。インターバル記録法および時間サンプリング法によるデータはほとんどの場合、行動が生じたインターバルのパーセンテージで表わされます。生データをパーセンテージへと変換する手続きについては、次の章で述べることにします。

インターバル記録法によって、行動のおおよその持続時間を測定することはできますが、潜時を測ることはできません。強さ、場所、反応型などは、行動を操作的に定義した上で、事象記録法と同じように測定することができます。

シモンズ先生は鉛筆叩き行動を観察する

シモンズ先生は小学校の教師で、学習障害の特別指導教室を担当しています。生徒の一人アーノルドは勉強中に鉛筆で机を叩きます。彼は驚くほどの量の課題をこなすのですが、実際に文字を書いていないときはいつでも机を鉛筆で叩いています。この行動があるために、アーノルドを通常学級で受け入れるのが困難になっているのではないだろうか、とシモンズ先生は考えました。そして鉛筆叩き行動を数えようとしたのですが、アーノルドの鉛筆叩きは非常に早く、はっきりと数えられないことがわかりました。

先生のクラスには、注意集中に問題を持つシェーンという生徒がもう一人いて、インターバル記録法によってデータを記録することは、シェーンにとってもうまい課題であろう、と判断しました。そこで慎重に行動を定義した上で、クリップボードの上につけたデータシートとストップウォッチを彼に渡し、もしアーノルドが10秒インターバルの間に鉛筆で机を叩いたら＋を、叩かなかったら－をマークするように言いました。シェーンは観察のために残り、シモンズ先生は小グループの指導に行きました。まもなく彼女は、教室ではとうてい歓迎できないようないらだたしさを表現した声と、クリップボードが床を叩く音を聞きました。

「ごめんなさい、シモンズ先生」とシェーンは言いました。「でも、アーノルド、時計、それに記録用シートを、一体どうやって同時に見ればいいの？」

注意集中が困難な生徒に対して、あまりに多くのことを要求したことがわかったので、先生は手続きを改訂しました。彼女は自宅にカセットレコーダーを持って帰り、10秒ごとに「ピーッ」と鳴るテープを作ろうとしました。真新しい、電子制御されたレンジの横にレコーダーをセットし、ストップウォッチを見ながら、10秒ごとに「クリア」ボタンに触りました。音が数度鳴ったところで、「ピー」という音が聞こえると夕食になることを学習ずみのティーンエイジャーの息子が（刺激制御についての議論は9章で）、夕食の時間はいつでメニューは何かを聞きに来たので、先生はテープ作りを1度だけ最初からやり直さねばなりませんでした。

翌日、シモンズ先生はシェーンにイヤホンと、10秒インターバルでできた20分のテープを渡しました。シェーンはこの方法によって、たとえ鉛筆叩きの音を聞くことができなくても、非常に効率よく鉛筆叩き行動を記録することができるようになりました。

観察およびデータ分析に数日を費やしたあと、アーノルドの鉛筆叩き行動を観察するために、結果的には時間サンプリング法を使用していたらよかったのではないだろうか、という考えが先生の心に浮かびました。なぜなら、鉛筆叩き行動は非常に頻繁に生じる行動だったからです。

データ収集シートのバリエーション

インターバル記録法と時間サンプリング法の基本的なデータ収集用シートは、教室での種々の指導状況に容易に利用できるほど、非常に柔軟な道具です。

複数の生徒の場合

多くの場合、複数の生徒が同一観察時間内に同一の教室で同一の行動を示します。その場合、おのおのの生徒についてデータを収集しなければなりません。図4－16のように、生徒別の列を付け加えることによって、生徒ごとにデータを収集するという必要を満たすように調節できます。

この他に、グループに対して適用する場合の方法としては、回状形式によるインターバル記録法あるいは時間サンプリング法[14]があります（図4－17参照）。この場合には、あるインターバルに、グループメンバーのうちの1人の行動を観察・記録します。例えば、あるグループをSRA社の直接教授法の教材を使って指導する場合に、各生徒の参加行動を観察するためにこの方法を選択したとします。4人の生徒を調節するために授業時間を15秒インターバルに等分し、各メンバーの名前をインターバル1つずつに割り振ります。図4－17に示すように、ケイトについて各1分間の最初の15秒インターバルの間に、参加行動が生じたかどうかを観察しました。マイケルは2番目の15秒、ハリーは3番目、ジョディは4番目でした。ロイド、ベイトマン、ランドラム、ハラハン[50]は、学習障害や行動障害を持つ小学生5名の注目行動を記録するのに、この方法を応用しています。

時間サンプリング法に類似し、かつグループ行動の記録に有益であるデータ収集法には、計画的な行動チェック手続き（The Planned Activity Check）があり、通常は頭文字を取ってプラチェック（PLACHECK）手続き[18]と呼ばれています。ドークとリズリー[19]は、デイケアセンターの子どもたちの、必修活動と選択活動への参加行動を測定・記録するために、プラチェック手続きを使用しました。観察者は3分のインターバルを使用し、適切な方法で各活動に参加した子どもの数を観察しました。

プラチェック手続きは、インターバルの最後に観察されるのが複数の生徒である点を除けば、時間サンプリング法と類似しています。活動に従事した生徒の数を、全生徒数と比較することができます。

教室場面では、例えば芸術の時間にどのくらいの生徒が積極的に参加したかを記録するために、プラチェック手続きが使用できるでしょう。

	10"	20"	30"	40"	50"	60"
サラ						
マックス						
サラ						
マックス						
サラ						
マックス						

秒の記号："

図4−16　複数の生徒用のデータシート

	第1の15秒 インターバル	第2の15秒 インターバル	第3の15秒 インターバル	第4の15秒 インターバル
	ケイト	マイケル	ハリー	ジョディー
1				
2				
3				
4				

図4−17　回状形式のインターバル記録法

時間サンプリング法と同じように、タイマーを設定し、それが鳴るたびごとに参加者数を数えるわけです。

複数の行動の場合

教師は、授業中に起こりうる複数の行動を対象とする場合があるかもしれません。この場合の重要な課題は、行動の性質あるいは反応型をある程度詳細に記録することです。コーディング手続きの使用により、この記録方法を洗練させることができます[9]。

コーディング用のデータ収集シートの上部には、観察する行動とコードの凡例が書かれています。図4−18の例は、ある観察期間中に「隣の生徒を邪魔する行動」が生じたかどうかを記録したデータを示しています。シート上部には、叩く（H）、話しかける（T）、困らせる（P）行動の凡例があります。

コード化した行動が観察期間中（インターバル記録法）、あるいはインターバルの最後に（時間サンプリング法）生じると、その行動のコードをそのインターバルに記録します。コーディングによって観察者は、ある行動カテゴリー、あるいは複数の異なる行動を記録することができます。

2つ以上の行動、あるいは反応型が変化するような行動をコーディングするための他の方法として、トラッキング法というやり方があります[9]。トラッキング法では、各インターバルは、生じる可能性のある行動数、あるいは記録のた

生　　徒 _____　開始時間 _____　H＝叩く
日　　付 _____　終了時間 _____　T＝話す
観 察 者 _____　　　　　　　　　　　　　　P＝つねる

	10"	20"	30"	40"	50"	60"
1	H	—	T	T	T	—
2	—	P	H	—	—	—
3	—	—	—	T	T	—
4	H	—	—	—	—	—
5	—	H	—	T	T	—

図4－18　コードを使用した複数の行動の記録

H＝頭を回す
F＝手をひらひらさせる
C＝指遊び
V＝甲高い話し声

セッション

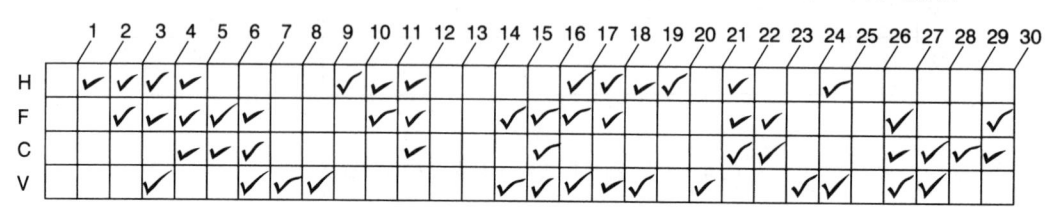

	1	2	3	4	5	6	7	8	9	10	11	12	13	14	15	16	17	18	19	20	21	22	23	24	25	26	27	28	29	30
H		✓	✓	✓					✓	✓						✓	✓	✓	✓		✓				✓					✓
F			✓	✓	✓	✓			✓					✓	✓	✓					✓	✓				✓			✓	
C				✓	✓						✓				✓							✓	✓			✓	✓	✓	✓	
V			✓			✓	✓	✓						✓	✓	✓	✓	✓		✓			✓	✓		✓	✓			

図4－19　4つの行動を対象とした場合のコーディング様式

	10"	10"	10"	10"	10"	10"	10"	10"	10"	10"
課題に取り組む行動										
しゃべって、課題に取り組まない行動										
動いていて、課題に取り組まない行動										
消極的に課題に取り組まない行動										

図4－20　標的行動以外の行動のための列を増設したコーディング様式

	10″		20″		30″		40″		50″		60″	
1分	WG	AI	WG	AI	WG	AI	WG	AI	WG	AI	WG	AI
	A		A		A		A		A		A	
	CG	NI	CG	NI	CG	NI	CG	NI	CG	NI	CG	NI
2分	WG	AI	WG	AI	WG	AI	WG	AI	WG	AI	WG	AI
	A		A		A		A		A		A	
	CG	NI	CG	NI	CG	NI	CG	NI	CG	NI	CG	NI
3分	WG	AI	WG	AI	WG	AI	WG	AI	WG	AI	WG	AI
	A		A		A		A		A		A	
	CG	NI	CG	NI	CG	NI	CG	NI	CG	NI	CG	NI

図4-21　インターバル内で特定の行動をコーディングするための形式

めに操作的に定義された反応数と同数の列へと分けられます。その行動が生じたら、各列に印をつけるようになっています。図4-19は、ステレオタイプな行動について収集したデータであり、記録する反応は、頭を回す、手をひらひらさせる、指遊び、甲高い話し声などでした。これらの行動は、自閉症、重度の知的障害、あるいは他の重度の障害を持つ人々に時々見られる行動です。

図4-19の形式は特定の反応を観察の標的にしていますが、より一般的な行動を対象にすることもできます。図4-20のデータシートでは[14]、課題従事行動を対象としました。しかし同時に教師は、課題逸脱行動には、どのようなものがあるかについても知りたかったので、課題従事行動が生じたかどうかを記録する列に加えて、課題逸脱行動を記録するための列も作りました。観察者は、どの行動がどのインターバルで生じたかを明らかにするために、適切なマスにチェック・マークを入れるだけです。

第3のタイプのコーディングは図4-21に示されており[3]、各インターバルで、特定の反応を意味する文字コードを使用します。この方法では、行動が生じたらそれに該当する文字の上にスラッシュするだけです。観察期間中、生徒の社会的行動は、グループ内での相互作用（WG）、グループ間での相互作用（CG）、大人との相互作用（AI）、相互作用なし（NI）、あるいは、攻撃行動（A）に分けて観察されました。

持続時間記録法および潜時記録法

データ収集に当たり、事象記録法、インターバル記録法、時間サンプリング法ではおもに、ある行動を正確に、あるいはできるだけ正確に数えることに重点を置いています。持続時間記録法と潜時記録法は行動の数の次元ではなく、時間次元に重きを置いている点で、これらの方法とは異なります。

持続時間記録法

持続時間記録法は、生徒が特定の行動に従事する時間の長さにおもな関心があるときに使用されます。例えばもし教師が、生徒の離席行動について知りたいなら、事象記録法あるいは持続時間記録法が適当でしょう。事象記録法は、

生徒が席を離れた回数についての情報を提供します。しかし、もし教師が、どのくらいの時間、生徒が席をはずしていたかに関心があるなら、持続時間記録法の方がより適切なデータ収集法といえるでしょう。事象記録法では、標的行動の時間的な性質が覆い隠されてしまうからです。例えば事象記録法によるデータでは、生徒の離席回数の減少を忠実に示すかもしれませんが、かりに席をはずす時間が実際には増加していたとしても、その事実は明らかになりません。

事象記録法と同じく持続時間記録法は、開始と終了が容易に定義できるような行動に適しています。行動の開始と完了を明瞭に定義することが重要です。はっきりと明言された操作的定義を用いれば、次のような行動の持続時間を測定できます。例えば、おしゃべり、叫び声、眼球つつき、学習グループや休み時間中の生徒同士の相互作用などです[21, 41, 42, 44, 62]。行動の持続時間を測定するときには、腕時計や壁時計の秒針を用いればよいのですが、ストップウォッチを使えばより簡単になります。発作やかんしゃくのような行動ではテープレコーダーが使えるでしょう。そのエピソードの持続時間が後で行動的産物として使えます。

持続時間データを収集するには、2つの基本的な方法があります。1つは平均持続時間を記録する方法、もう1つは全持続時間を記録する方法です。**平均持続時間**によるアプローチは、生徒が日課のように、あるいはある程度規則的に行動を遂行する場合に使用します。所定の日に教師は、生徒が行動を行なうのに費やしたおのおのの時間を測定し、その日の平均時間を算出します。その行動が規則的ではあるが、幅広いインターバルで生じている場合には（例えば、1日に1回とか1時限に1回）、週ごとの平均データを算出します。時間データによって測定可能な行動の一つにトイレにいる時間があります。ジョンはトイレに行くたびにいつも考えられないくらい長い時間をそこで過ごすことに、教師が気づいているとします。この行動のデータを収集するために先生は、ジョンがトイレに行くたびごとに、その滞在時間を測定することに決めました。月曜日にジョンは3回トイレに行きました。最初は7分、次は11分、3回目は9分間トイレにいました。その週の残りも、このようにしてデータを収集し続けたら、その週のトイレでの平均滞在時間を算出することができるでしょう。

全持続時間記録法は、生徒が一定の時間内に特定の行動に従事する時間を測定します。標的行動は連続的でも、非連続的でもかまいません。例えば、「適切な遊び」という標的行動を15分間、観察します。観察者はこの時間内に生徒が適切な遊びに何分間、従事したかを記録します。例えばある子どもは、10時から10時4分まで（4分）、10時7分から10時8分まで（1分）、10時10分から10時15分まで（5分）、適切な遊びを行なったとします。これは明らかに非連続的な行動の記録ですが、これらを測定したことによって、15分の観察時間中、全体として10分間、適切な遊びに従事していたことがわかります。

潜時記録法

潜時記録法は、ある行動が要求されてから、生徒がその行動を開始するまでにどのくらい時間がかかったを測定します。つまり、この手続きは先行刺激の呈示から行動の開始までの時間を測定します。例えば、もし教師が、「マイケル、座りなさい」(先行刺激)と言い、マイケルが座ったとします。しかし、大変ぐずぐずしていたため、座るまでに5分かかったとします。このような場合、教師は生徒の反応潜時に関心を持つでしょう。潜時記録法は、先行する指示と、生徒の行動開始との間の時間を測定します。測定される行動には、おもちゃの片づけ、ドリルの実施、休憩時間の後で教室に戻る、言語的自己報告などがあります[7, 15, 25, 47]。

図4-22に見られるように、持続時間や潜時を記録するための基本的なデータ収集用シートには、観察手続きが要求する時間的境界の情報が含まれていなければなりません。持続時間用のシートでは、生徒が反応を開始した時間と、完了した時間を記録します。潜時用シートでは、反応を開始するよう生徒に与えた手がかり（先行刺激）の時間と、生徒が実際に反応し始めた

潜時記録用のデータシート

生　徒　イーデス　　観察者　ハル
行　動　着席までの時間

行動開始のための操作 ＿＿＿＿＿＿＿＿＿

日　付	時　刻		潜　時
	S^Dの呈示	反応開始	

持続時間記録用のデータシート

生　徒　サム　　観察者　ジェームス
行　動　風呂の時間

行動開始　＿＿＿＿＿＿＿＿＿
行動終了　＿＿＿＿＿＿＿＿＿

日　付	時　刻		持続時間
	反応開始	反応終了	

図4－22　潜時と持続時間のデータ収集シートの基本的な形式

時間が必要です。

　持続時間記録法と潜時記録法は、持続時間・潜時という行動次元と密接に対応しています。しかし他にも、反応型、場所、強さも考慮することができます。例えば、教師は以下の時間を測定したいとします。

・カルビンは体操のときにどのくらいの時間、ある姿勢を完璧に維持できるか。
・ローザはどのくらいの時間、他の多くの生徒に話しかけるのか。
・声を低くしなさいという意味の非言語的な信号が与えられたあと、エレンは実際にどのくらいの時間、そうすることができるのか。
・デービットはどれくらいの時間マイクロスイッチを十分に押しつづけられるか

　データを収集する者にとって利用可能な観察法は、**事象記録法、インターバル記録法、時間サンプリング法、持続時間記録法、潜時記録法**の5つです。図4－23は、特定の標的行動に適した観察方法を選択するための意志決定のプロセスをまとめたものです。このプロセスは、質問に対してデータ収集者が答えるという形式で成り立っています。

1．標的行動の性質は行動数であるか、時間であるか？
2．もし行動数を対象とするなら、
　a．その行動は独立しているか、連続的か？
　b．その行動の生起頻度は、高率、中率、低率のいずれかと考えられるか？
　c．生徒に対する介入や指導を実施している間に、データを収集することができるか、あるいは指導を中断しないようにデータを収集するためには第三者が必要か？
3．もし時間を対象とするなら、反応が開始するまでの時間を測定したいのか、反応している時間を測定したいのか？

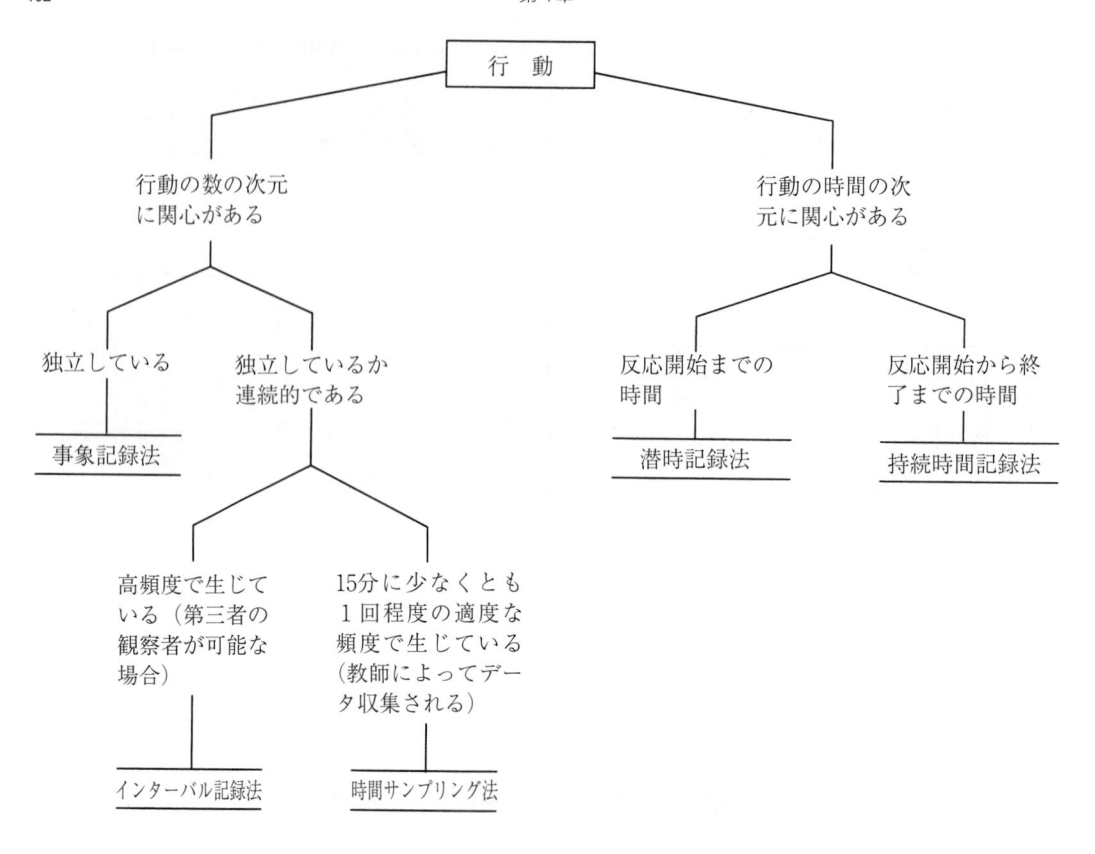

```
                           行　動
                    ┌────────┴────────┐
            行動の数の次元          行動の時間の次
            に関心がある            元に関心がある
           ┌────┴────┐            ┌────┴────┐
      独立している  独立しているか    反応開始までの   反応開始から終
                    連続的である      時間            了までの時間
      ┌──────┐                     ┌──────┐        ┌──────┐
      │事象記録法│                   │潜時記録法│      │持続時間記録法│
      └──────┘                     └──────┘        └──────┘
              ┌────────┴────────┐
        高頻度で生じて      15分に少なくとも
        いる（第三者の      １回程度の適度な
        観察者が可能な      頻度で生じている
        場合）              （教師によってデー
                            タ収集される）
      ┌──────────┐      ┌──────────┐
      │インターバル記録法│    │時間サンプリング法│
      └──────────┘      └──────────┘
```

図４−23　観察記録手続きの選択

信頼性

　データの収集は人間（このカテゴリーの中には、教師も含まれる）に依存しているため、常にエラーの可能性が存在します。最も記録の簡単な行動的産物記録法によるデータでさえ、エラーは生じるでしょう。教師は時々、算数の問題を、正解であるにもかかわらず、不正解として数えたり、文章のスペルの誤りを見落としたりします。ただ、産物は実体があるため、行動観察の正確度や、信頼性のために、簡単にチェックしなおすことができます。しかしながら、観察記録法を使用する場合にはこのような利点はありません。行動は生じると消えてしまいます。そのため、観察しなおすことができず、正確度はチェックできません。データの正しさ、ある

いは信頼できるものであることを確かめるためには、第２観察者が定期的に、教師と同時に独立して、同一生徒の同一行動を記録することが賢明な方法です。これを行なうと、２人の観察者による観察を比較することができ、**観察者間信頼性**、または**観察者間一致度**の係数やパーセントが算出されます[6, 39, 72]。

　事象記録法をチェックするためには、教師と、教師以外の専門家や生徒といった第２観察者とが、同時に標的となる生徒を見て、標的行動が生じたかどうかを記録します。観察が終わると、記録した行動数の小さい方の数を大きい方で割り、一致係数あるいは信頼性計数を算出します。例えば、40分のセッションの間に、他の生徒に

	1	2	3	4	5	6	7	8	9	10
教師	×	×	ー	ー	×	×	ー	ー	×	ー
教師以外の人	×	×	ー	ー	ー	×	ー	ー	ー	×

話しかけるという標的行動が20回生じたと教師が記録し、第2観察者が19回と記録した場合には、19÷20＝.95となります。そのため観察者間一致係数は、.95となります。観察者間一致係数はしばしば、一致パーセントとして報告されます。一致パーセントは一致係数の値に100をかけるため、この例では、.95×100＝95％となります。

しかしながら、研究目的の場合には、この信頼性の算出方法は正確さを欠いているため、粗雑な方法とされてきました。「この方法の問題点は、両観察者が同一の行動を見ていた、あるいは両観察者が一致した行動がすべて同一の行動であったと、研究者が明言できない点にあります」[78]。言い替えるなら、第2観察者によって記録された[19]という行動生起数が、教師の観察した行動と同一である、という確証がありません。

持続時間および潜時によるデータの信頼性は、事象記録法と類似の方法によって決定されます。ただし相違点は、長い方の時間で短い方を割る点で、

$$\frac{短い分数}{長い分数} \times 100 = 一致パーセント$$

のようになります。

インターバル記録法あるいは潜時記録法を使用する場合の信頼性を計算する基本的な公式は、

$$\frac{一致数}{一致数＋非一致数} \times 100 = 一致パーセント$$

です。

上に示すデータは、ローレンが隣の生徒に話しかけたかどうかを、教師と教師以外の人間が記録した10個のインターバルで、7個のインターバル（1、2、3、4、6、7、8）においては一致していますが、3個（5、9、10）は一致していません。そのため、基本的公式を使用して信頼性を計算すると、

$$\frac{7}{7＋3} \times 100 = 70\%$$

です。

研究として行なう場合にはさらに、より厳密に信頼性を測定しなければなりません。つまり、**行動が生じた場合に関する信頼性**、あるいは**行動が生じなかった場合に関する信頼性**を計算しなければなりません。標的行動が全インターバル中75％以下のインターバルで記録されたなら、生起信頼性を計算すべきです。標的行動が全インターバル中75％以上のインターバルで記録されたなら、非生起信頼性を計算しなければなりません[77]。行動が生じた（あるいは生じなかった）インターバルだけを計算に利用する以外は、いままでと同一の基本公式（一致÷〔一致＋非一致〕×100）によって、これらの係数を計算します。**

データ収集と観察者間一致度に影響を与える要因

一般に応用行動分析家は、0.90程度の信頼性係数を得ることを目的としています。0.80以下の信頼性係数は、何か大きな誤りがある兆候といえます。多くの場合、問題は行動の定義にあります。つまりずさんな定義で、観察すべき行動の型や開始・終了を明示していないため、その結果、信頼性が低くなってしまうわけです。観察者は、観察する行動を十分厳密には教えられていません。一致度の低さは、データ収集シ

ステムについて十分な訓練を受けていない場合にも生じます。第1の、または第2の観察者のどちらかが、データ収集システムに熟練していないと、行動の記録に違いが生じます。データが収集される環境もまた、一つの要因となります。教室・家庭・地域・職場などの自然場面では、多くの変数が行動に影響を与え、また多くの行動が同時に生じるでしょう。自然場面では多くのことが生じていると考えると、信頼性を測定するために臨時に雇われた、場面に不慣れな観察者では、データ収集中に周囲に惑わされ落ち着いて観察・記録ができず、当該場面でいつも観察している人に比べて、正確な観察はできないでしょう[26,65]。

カズディン[43]は、観察者間の一致に影響を与え得る4つのバイアスの存在を示唆しました。それらは、反応性、観察者ドリフト、複雑性、期待です。

反応性 よく知られているように、観察者の存在は、観察されている生徒と教師双方の行動に影響を与えます。この影響は反応性として知られています[65]。自分が観察されていることを知っている生徒は、「お行儀よく」しようとするかもしれませんし、逆に、手に負えない子のように振る舞うかもしれません。いずれにしても、標的行動を見誤ります。教師も、観察者がいると観察対象となっている生徒にたくさんのプロンプトを与えてしまったり[32]、指示や正のフィードバックが多くなり、特定の行動生起に影響を与えるようです[33]。自分以外の人間が信頼性データを収集しているということを、第1観察者が知っているだけでも、観察の正確さは影響を受けます。そのような情報は信頼性データに対して20〜25％もの影響を与えてしまいます。信頼性のチェックは、目立たないように、あるいは隠れて実施すべきです。可能ならば標的となる生徒を含めた複数の生徒について、第2観察者がデータ収集を行なうことや、第2観察者としては、補助教員のような生徒によく知られている人になってもらうことを勧めます。これらの提案の幾つかは、すべての観察事例において役立つというわけではないかもしれません。しかし、観察時間中に第1・第2観察者間のコミュニケーションを制限することにより、お互いの観察に対する影響を減少することができます。

観察者ドリフト これは観察者が標的行動の操作的定義の厳密さを変化させてしまうことです。時間がたつにつれ、定義の記憶が曖昧になり、観察者は別の定義を作ってしまうかもしれません。彼らは、操作的定義と正確に一致しない行動が生じた場合に、標的行動が生じた、と記録し始めてしまうかもしれません。すべてのデータシートに定義が書かれていれば、観察者は容易にそれを参照できます。プログラムの実施期間中は、両観察者は定期的に一緒に定義を見直し、その復習を励行すべきです。

複雑性 データの信頼性に対する3つ目の影響は、観察コーディング方法の複雑さです。方法が複雑になるほど、信頼性は危うくなります。方法の複雑さとは、対象となる反応カテゴリーの種類数（例えば、破壊行動の種類数）、生徒数、あるいは1つの機会で記録される行動数、などを指します。教室での観察においては、観察すべき行動数や生徒数を制限することによって、複雑さの程度を軽減した方がよいでしょう。

**　訳注：厳密に信頼性を決定するときの方法についての表現が、原文では不十分でわかりにくいと思います。標的行動が全インターバルの75％以下において生じたと記録された場合、「行動が生じたインターバル」についての信頼性を求めた方がいいというのが原著者の主張です。つまり、「行動が生じたインターバル」だけを対象として、その一致数と非一致数を算出し、

$$\frac{一致数}{一致数 + 非一致数} \times 100 = 一致パーセント$$

によって信頼性を計算します。他方、標的行動が75％以上において生じた場合には、「行動が生じなかったインターバル」だけを対象として、同様の計算を行ないます。信頼性の算出をめぐる議論については、Poling & Fuqua（1986）の第6章を参照してください。
Poling, A., & Fuqua, R.W. (Eds.) 1986 *Research methods in applied behavior analysis: Issues and advances.* New York: Plenum.

期待 バイアスの4点目は期待です。生徒との過去の経験や、両親や前の担任の情報をもとに形成された、生徒に関する観察者の先入観は、観察者が見ているものを解釈する際のバイアスになる可能性があります。観察者が教師で、行動変化を期待している場合（毎日、大変な仕事をしていますから）、行動変化をできるだけ見つけようとするものです。その逆もまた真です。つまり、ある生徒に対しては何をしても無駄であると考えた教師は、行動変化をきちんと見つけようとはしません。

観察者は生徒の性別や人種、見かけや過去の体験に影響を受けてしまうでしょう。加えて、観察の目的によっても左右されてしまいます[65]。もし行動変容に失敗したなら、生徒が他に措置されるとしたら、正しいデータ収集は教師には難しいでしょう。

観察者バイアスを統制できるならば、ほとんどの教師にとって、信頼性を決定するには本節で述べた手続きで十分です。ただし、研究の場合は、さらに厳密な基準が時に適用されます。観察者間信頼性についてさらに学習したいならば、参考文献と一連の推薦論文がリストされているホーキンスとドットソン[31]の論文や、「応用行動分析誌」（*Journal of Applied Behavior Analysis*）の第10巻1号（1977）をお勧めします。

要　約

本章では、行動の様々な次元（つまり、頻度、率、持続時間、潜時、反応型、強度、場所）とデータ収集手続きとの関連について述べました。また、逸話レポート、行動的産物記録法、種々の観察法（事象記録法、インターバル記録法、時間サンプリング法、持続時間記録法、潜時記録法）について論じました。データの正確さを増すためには、観察者間信頼性を測定する基本的な手続きについて概観しました。指導や介入がうまくいっているのか、変更する必要があるのかを決定するためにデータを収集することは、生徒の学習に対する専門家の責任です。

議論のテーマ

1. 5年生のクラスでのジェリーの行動は「衝動的」と報告されていました。スクールカウンセラーは、その行動の初期データを集めるためにクラスへ行きました。（a）「衝動的」行動を数えるために3日の間、30分間教室に行きました。（b）9時から正午までの間、3日連続して20分ごとに彼が衝動的であるかどうかを見に行きました。（c）火曜日と木曜日の午後1時間の間、ジェリーのクラスに座って彼がしていることや教師のしていること、他の生徒の重要な動きなどすべてを書きました。それぞれの例でカウンセラーが使ったのはどんな観察記録方法ですか？
2. スーザンは、授業の終わりまでに算数の問題を仕上げることが、これまで一度もできませんでした。この問題の本質を見極めるために教師は（a）彼女に問題を渡してから、問題を始めるまでの時間を記録する（b）彼女が問題をやり始めてから終わるまでにかかった時間を記録する、ことができます。おのおのの例でどんな観察方法が使えますか？
3. 4人の学生観察者がジョンを観察しています。4年生のジョンは書き取りがうまくできません。観察者1は観察期間を15秒のインターバルに分けて、そのインターバルの間ジョンが書き取りのワークブックをしているかどうかを記録しました。観察者2は、書き取りの時間の終わりにジョンの机に行って、

書き取りのワークブックに書かれた解答数を数えました。観察者3は、ジョンがワークブックに鉛筆で何かを書く回数を数えました。観察者4は観察時間を5分のインターバルに分けて、ジョンがそのインターバルの最後にワークブックをしているかどうかを記録しました。おのおのの観察者が使った記録方法は何ですか？

4．カリントン先生は生徒たちに掛け算の知識をチェックするのを手伝って欲しいと思っていました。生徒たちはペアになって、お互いに7、8、9の段の掛け算の問題を出し合って正解かどうかを記録しました。表に掛け算の問題が書いてあって裏には答えが書いてあるカードがおのおのの生徒に渡されました。裏にはまた、答えが正しかったかどうかを記録する欄が設けてありました。どんな記録方法が使われていますか？

5．次の行動をいろいろな次元で記述しなさい。
   a．共同しておもちゃで遊ぶ
   b．日記を書く
   c．家具を蹴る
   d．食料品店の冷凍品売場のガラスドアを掃除する
   e．アルファベットの文字を書く
   f．三輪車に乗る
   g．モニター上の正答をマウスで選ぶ
   h．多項式問題のシートを完成する
   i．自分から挨拶をする
   j．自分の目の前で手をひらひらさせる

第5章　データのグラフ化

あなたは次のことを御存知でしたか？
・1つのグラフは、1000のデータポイントの価値があります。
・グラフは、コミュニケーションの道具として使えます。
・データをグラフにする方法は、1種類とは限りません。
・グラフにする方法は、あなたが小学校で習ったやり方と、そんなに違いません。

　想像がつくでしょうが、データを収集すると記録用紙の山ができます。データを有効活用するには、用紙の内容を容易に理解・解釈できるようにアレンジしなければなりません。データをアレンジして表わす最も一般的な方法は、グラフを用いることです。適切に描かれたグラフは、指導や介入の時間的な進歩をわかりやすく示してくれます。グラフは単純で読み取りが容易でなければなりませんが、同時に進歩をチェックするための十分な情報が提供されていなければなりません。

　グラフは、少なくとも3つの役に立ちます。まず、収集中のデータを体系づける方法を提供します。分析のために、何枚ものシートや記録用紙のコードを数えるのは、やってできないことはありませんが、困難です。ローデータからグラフに描き変えると、現在の指導や介入で進歩している（または進歩がみられない）様子がよくわかります。きっと、記録用紙の山をめくるよりも、わかりやすいでしょう。第2は、進歩の様子を見ることは形成的評価、つまり進行中の介入の効果を分析することを可能にします。形成的評価により、現在の手続きがどの程度うまくいっているかを知ることができ、もしうまくいっていなければ手続きを調整できます。介入終了後は、グラフを調べることで、プログラムの効果や介入成績の総括ができます。第3に、グラフは教師や生徒・保護者、その他関連する専門家とのコミュニケーションの手段として役立ちます。適切に構成されたグラフには、標的行動が介入中にどう変化したかというすべての情報が含まれています。散文的な説明を読まなくても、グラフを見れば変化の様子は一目瞭然です。グラフに示された情報は、経過報告書や個別教育計画、行動管理計画を書いたり評価するのに利用できます。

単純な折れ線グラフ

折れ線グラフの基本要素

　折れ線グラフは、通常、指導や介入の期間にわたり、時間的にデータを表示する目的で用いられます。グラフ化することで、標的行動の継時的変化を監視でき、指導・介入の評価に使え

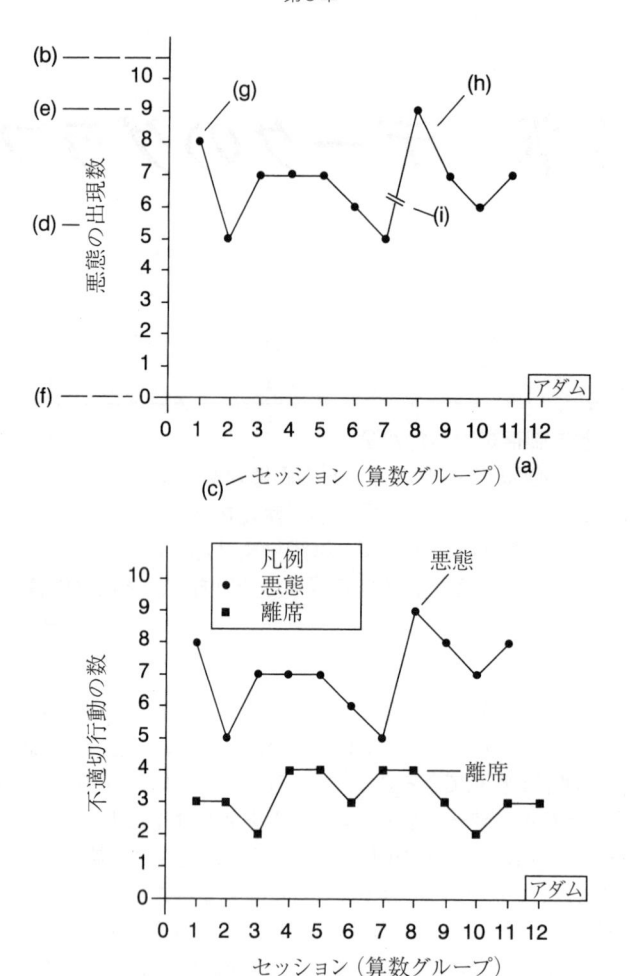

a. 横軸	d. 縦軸ラベル	g. データポイント
b. 縦軸	e. 縦軸目盛り	h. データパス
c. 横軸ラベル	f. 0はx軸上に立てる	i. データの中断

1. 横軸：横軸は水平な線で、グラフの下方の境界です。グラフに示されている期間、どのくらいの頻度でデータが収集されたかを示します。x軸には、例えば、「日数」「日にち」「セッション」などのラベルが付けられるでしょう。もし「セッション」と名づけるとして、簡単な説明を加えておけば、わかりやすいでしょう。例えば、「セッション（午前9:00～9:40)」とか「セッション（算数グループ）」などです。グラフの右端の境界は、最後のセッション番号で終わります。
2. 縦軸：縦軸は垂直な線で、グラフの左側の境界です。縦軸のラベルは、標的行動と何を報告しているグラフかを示します。例えば、「悪態の生起回数」「悪態の率」「悪態のインターバル数」「悪態のインターバル・パーセント」などです。データ変換の標準的な手続きを表5－1に示します。

図5－1　折れ線グラフの基本要素と慣習

データのグラフ化

表5－1 データ変換手続きの要約

記録の種類	データ変換	
行動的産物記録法	生起数を報告	反応する時間と機会の双方が一定であれば
事象記録法	パーセンテージを報告	時間が一定（または重要ではない）で、機会が変動していれば
	率を報告	時間（関心の対象）・機会の双方が変動している、または時間が変動し機会は一定であれば
インターバル記録法	インターバル数を報告	一定であれば
時間サンプリング法	インターバルのパーセンテージを報告	インターバルの期間または終了時に行動が生じている
持続時間	秒／分／時間の数値を報告	行動が生じている時間
潜時	秒／分／時間の数値を報告	先行刺激から行動開始までの時間

ます。グラフは、グラフ用紙やコンピュータープログラムによって作成されます。グラフ用紙のマス目やコンピュータープログラムを利用すれば、データポイントを等間隔で適切に配置し、データを正確に記入できます。刊行物などでデータを正式に公表するときには通常、マス目は省略されます。以下に、単純な折れ線グラフの基本要素と関連について述べます[3,4]（図5－1参照）。

軸

グラフは一組の境界の範囲内に作成されます。その境界を**軸**といいます。折れ線グラフには2つの軸があります。水平なのが**横軸**または**x軸**で、垂直なのが**縦軸**または**y軸**です。完成したグラフは、これらの比率が2：3で描かれています。従って、y軸が20cmであれば、x軸は30cmでなければなりません。もしy軸が10cmならば、x軸は15cmになります。

（a）縦軸の目盛り：y軸の目盛りは標的行動の遂行を表わし、常に0から始まります。標的行動の生起回数や行動が生起したインターバル数を表わす場合は、0から最大値までが示せるように目盛りを調節します。時に、最大値の予測は困難で、介入が始まってからグラフを書き直さなければならないことがあります。パーセンテージを表わす場合は、目盛りは常に0から100％までです。目盛りは、データに合わせて調節し、1から順番に、または1つおき、5ごと、10ごとなど、適当な倍数で増加します。目盛りの開始点（ゼロの値）は、データポイントがx軸上に重ならないよう、少し上になります。

（b）軸省略：縦軸が連続しない場合が時々あります。例えば、データポイントのすべてが50％以上であれば、グラフの下半分は空白になる一方、上は無用にゴチャゴチャします。このような場合、目盛りは0から始めてもかまいませんが、1つ目と2つ目の目盛りの間に水平な2本の短い平行線を描き、2つ目の目盛りを50％にします。

データ

1．データポイント：丸・四角・三角などの幾何図形が、当該時間に生じた標的行動を示すために用いられる。例として図5－1の最初のグラフでは、セッション1で8回の悪態が観察されました。そこで、データはy軸の8とx軸の1の交点に描かれます。おのおのの

データポイントは独立してグラフにプロットされます。あるデータポイントの配置や値は、次のデータポイントの配置・値に影響を与えません。

2．データパス：データポイントを実線で結ぶとデータパスが描かれます。

　（a）1つのデータパスでは、値を示すために1つの図形（丸なら丸、四角なら四角）を用います。

　（b）グラフに複数のデータがある場合は、データごとに異なった幾何図形を用います。おのおのの記号とデータパスがどの行動を示しているかについては、図5－1に例示している2つの方法のどちらかで表わします。一つは、おのおのにラベルを付け、ラベルと対応するデータパスを線で結びます。他は、記号と、それが示す行動との説明（または凡例）のリストを作る方法です。1つのグラフに3つ以上のデータをプロットすべきではありません。3つ以上のデータパスが必要であれば、別のグラフを加えるのがよいでしょう。

　（c）中断：データパスの実線は、データが連続して収集されたことを意味しています。もし介入過程で予期せぬ中断（生徒の欠席、行事など）があったり、通常のスケジュールされたセッションができなかったりするならば、平行なハッシュマークをデータパスにつけて、それを示します。

3．生徒（患者）の明示：生徒の名前をグラフの右下に書き入れ四角で囲みます。

データからグラフへの変換

行動的産物データからグラフへの変換

行動的産物記録法によるデータは、行動の産物の数またはパーセンテージとして報告されます。例えば、算数問題の完了数、正しいつづりのパーセント、陳列棚に置かれた缶の数、洗濯かごに入れられた汚れ物の数などが記録されます。もし反応の機会数が常に一定であるなら──つづりテストの問題は常に20個、算数の問題用紙には常に10問といったように──、単純に項目数をグラフにします。しかし反応の機会数が変化するなら、つまりテストの項目数や算数の問題数が毎回異なるならば、パーセンテージを算出しなければなりません（図5－2参照）。

正反応のパーセンテージは、以下のように、正反応数を全反応数で割り、100をかけることによって求めます。

$$\frac{正反応数}{全反応数} \times 100 = 正反応パーセンテージ$$

図5－3はキャサリンの作文を記録した用紙です。記録されているのは、おのおのの文章でキャサリンが描いた語数です。記録用紙の下は、データがプロットされた単純な折れ線グラフです。

事象データからグラフへの変換

事象データで報告されるのは、（a）セッション間で時間が一定であれば、行動の生起回数（例

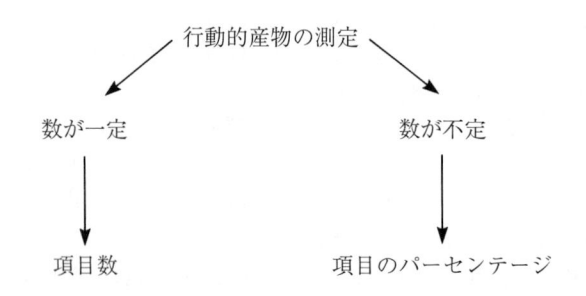

図5－2　行動的産物データの測定・変換方法の選択

生徒	キャサリン		
行動	タイトルと要旨の説明文が与えられ、30語の文章を書く		
日付	語数	日付	語数
1 3/16	16	6 3/27	18
2 3/18	24	7 3/30	24
3 3/20	20	8 4/2	20
4 3/23	20	9 4/4	24
5 3/25	22	10 4/7	25

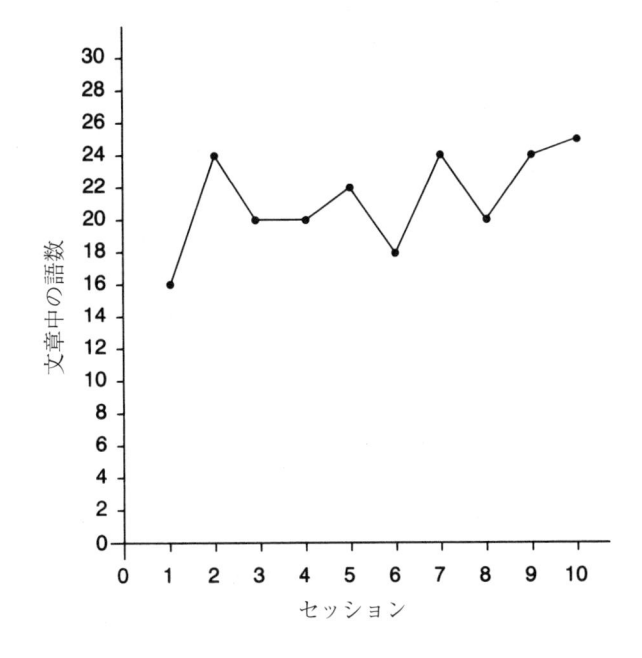

図5－3　行動的産物データからグラフへの変換

えば、40分の算数の時間内での離席数)、(b) 反応機会が一定であれば、正反応数またはパーセンテージ(例えば、10問中何問読めたか)、(c) 反応機会が不定であれば正反応パーセンテージ(セッションごとに指示回数が違っている場合、指示に従ったパーセンテージ)、です。

図5－4は午前10：20から11：00までの学級活動時に、マイケルがした無駄話を記録した用紙です。マイケルが手を挙げずに話した回数を数えています。記録用紙の下は、データをグラフ化したものです。図5－5には全10問中ターシャが読めた単語が記録してあります。その下には2つの方法——正しく読めた単語数とパーセンテージ——で描かれたグラフがあります。

比率データからグラフへの変換

正確さと早さの両方に関心がある場合には、率のデータに変換する必要があります。比率データは遂行の流暢性を反映し、そこから熟達度の進歩を判断することができます。反応可能な時間がセッション間で同じならば、単に頻度を報告すればことが足ります。例えば、15問の算数の問題を解くのに毎日20分与えられているような場合です。しかし反応に割り当てられている時間がセッションごとに変わる場合には、データを比較するために比率が求められなけれ

生徒	マイケル
行動	手を挙げないで話す
観察期間	午前10：20～11：00（学級活動）

日付		事例	計
1	月曜	///	3
2	火曜	/	1
3	水曜	//// //	7
4	木曜	///	3
5	金曜	//	2
6	月曜	////	5
7	火曜	////	4
8	水曜	////	4
9	木曜	//// //	7

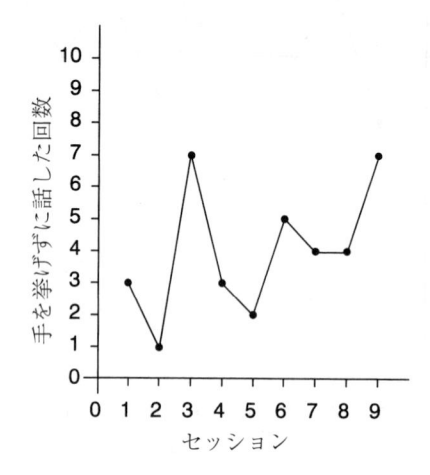

図5-4　事象データからグラフへの変換

ばなりません。比率の計算の仕方を図5-6にまとめました。

図5-7は地域の赤十字で行なわれた職業訓練で、スティーブンの行動を記録したデータ用紙です。スティーブンは、献血運動の間に使われる用具の包みを作ることを習っていました。職業訓練なので、スティーブンの先生は、正しく作った包みの数と、作業時間の両方に関心がありました。そこでスティーブンが包みを作った比率を求めました。データ用紙の下のグラフは、スティーブンが作った包みの1分間の比率を示しています。

インターバルデータと時間サンプリングデータのグラフへの変換

インターバル記録と時間サンプリング記録のデータは、行動が生じたインターバルの数または総観察インターバルに対する比率として報告されます。その際には通常、パーセンテージが用いられます。

図5-8は、センター活動の最初の6分間でのオマーの離席行動を示しています。インターバルデータが記録されました。6分の観察期間を20秒ごとのインターバルに分け、1つのインターバル中にオマーが一度でも離席するとマークをつけました。下に描かれているのはデータ

生徒	ターシャ				
行動	単語の読み				

	月曜	火曜	水曜	木曜	金曜
おかあさん	✓	✓	✓	✓	✓
おとうさん	✓	✓	✓	✓	
おねえさん					
おとうと		✓	✓	✓	✓
がっこう	✓	✓	✓	✓	✓
おみせ					
びょういん			✓	✓	✓
おまわりさん	✓	✓	✓	✓	✓
おてら					✓
えき					✓
読めた単語の数	4	5	6	6	7

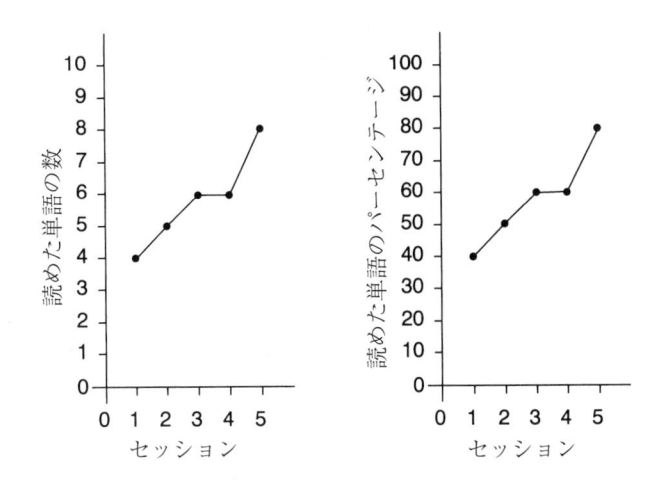

図5-5　事象データからグラフへの変換

シートからグラフにしたもので、一つは離席をしたインターバル数が、もう一つはインターバルのパーセンテージが示してあります。

図5-9は20分間の遊び時間の間に、リーンの独り言と、仲間への語りかけを記録したシートです。教師は時間サンプリング法を選び、おのおののインターバルの終わりにリーンが行なっていた語りかけのタイプを記録しました。

下のグラフの一つはデータシートからインターバル数へ、もう一つはインターバルのパーセンテージに変換しています。2つのグラフでは、データパスで表現された行動を示すのに違った表示形式を使っていることに注意してください。

図5-10は別のタイプの時間サンプリング用シートです。このシートは、作文の時間におけるコシュの課題逸脱行動の特性を示したものです。2種類の課題逸脱行動は、観察前におのおの正確に操作的に定義されていることでしょう。下は2つの方法で作成され、凡例が示されたグ

> **比率の計算**
>
> 正反応率（時間）は、反応に要した時間で正反応数を割ることで算出します。
>
> 　正反応率（時間）＝正反応数÷時間
>
> 例えば、ケビンが月曜日には30分で15問の問題に正解したなら、正答率（時間）は毎分0.5問になります。
>
> 　15問正答÷30分＝0.5問毎分
>
> もし火曜日には45分で20個の問題を正しく解いたなら、正反応率（時間）は0.44です。
>
> 　20問正答÷45分＝0.44問毎分
>
> もし教師が単に正答数だけを記録し、月曜日に15問、火曜日に20問としていたら、ケビンの数学は上達したと考えてしまうでしょう。しかし実際には、正答数は増加しましたが率は減少しており、ケビンの火曜日の成績は月曜日ほどには良くはありませんでした。
>
> 誤反応率（時間）は、誤反応数を時間で割ることで計算します。
>
> 　セッション１：
> 　つづりの誤り12問÷20分＝0.60誤反応／分
>
> 　セッション２：
> 　つづりの誤り10問÷30分＝0.33誤反応／分
>
> このように比率を算出することで、１分（または秒・時間）当たりの正反応数や誤反応数がわかります。
>
> ＊正反応率には、10回中５回が正反応という機会を分母とするときと、10分で５回正反応という時間を分母とするときとがある。ここでは時間なので正反応率（時間）としてある。

図５−６　正反応率（時間）＊・誤反応率（時間）の計算

ラフです。

持続時間データのグラフへの変換

持続時間データは、生徒がある行動をし終えるまでの時間（分数・秒数）か、行動に従事していた時間、のどちらかが測定・報告されます。例えば、与えられた課題を完成させるまでの総時間数や、20分の科学実験の時間中どれくらいの時間、課題に従事していたか、が記録されます。後者の例では、課題に従事していた分数として、または全20分に対するパーセンテージとして報告されます。

図５−11のデータシートはケーシーがトイレに要した時間を表わしています。下のグラフは、彼がトイレで過ごした分数を示しています。

潜時データのグラフへの変換

潜時データは、行動を生じさせるような刺激があってから、行動が開始するまでの経過時間を指し、分数や秒数として報告されます。その刺激とは、当該行動をするようにとの要求や電話が鳴ってから出るまでの経過時間のような自然な機会です。

図５−12のデータシートはデュシャインが日誌を書く練習を始めるまでの潜時を示しています。クラスの皆に開始の指示をしてから、デュ

生徒	スティーブン		
行動	包み作成		
観察期間	赤十字での職業訓練		
日付	作業量	作業時間（分）	分当たり
4/16　月曜	45	30	1.5
4/18　水曜	40	25	1.6
4/20　金曜	45	25	1.8
4/28　火曜	40	20	2.0
4/26　木曜	50	25	2.0
4/30　月曜	48	20	2.4
5/2　水曜	54	20	2.7

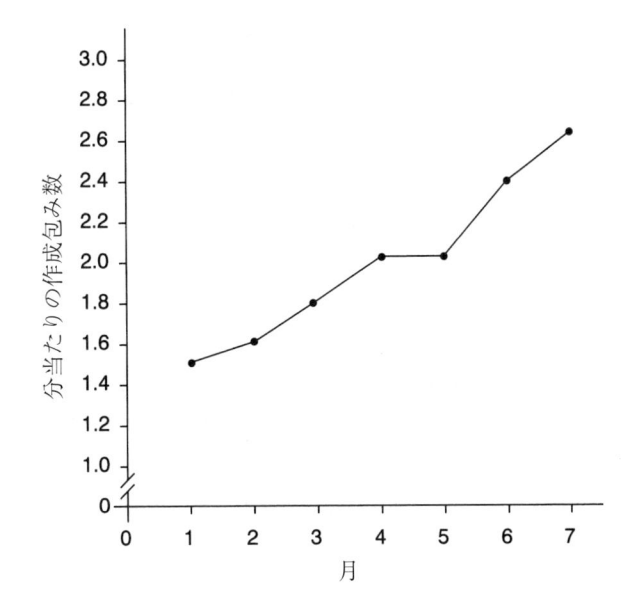

図5-7　比率データからグラフへの変換

シャインが課題を始めるまで何分かかったかと、開始まで何をしていたかが記録されています。データシートの下のグラフは、シートのデータを示しています。

グラフ化におけるその他の凡例

本章で紹介したものよりも複雑なグラフについては第6章で示します。それを理解する助けになる凡例を図5-13で見てみましょう。

条件とは介入におけるあるフェイズで、他のフェイズとは異なったアプローチや技法が用いられています。不適切行動を減少させたい場合には、まずその行動の現在のレベルを数セッションまたは数日記録します——これをベースラインと呼びます。その後、行動を減少させる目的で何らかの方略を用います——これを介入と呼んでいます。各セッションにはどの条件が適用されているのかをグラフ上に明確に示す必要があります。条件の変化は、グラフの上から下まで垂直な破線を描くことで示します。この破線は、ある条件の最後のセッションと、次の条件の最初のセッションとの間に描かれます。例えば、ベースラインを5セッション取り、第

生徒	オマー																	
行動	離席（S）																	
観察期間	6分間（センター活動の最初の6分間）																	

	20"	40"	60"	20"	40"	60"	20"	40"	60"	20"	40"	60"	20"	40"	60"
月曜	−	S	S	S	−	−	S	−	−	−	−	S	S	S	−	S	S
火曜	S	S	S	S	−	S	−	−	−	S	−	−	−	−	−	S	−
水曜	−	−	−	−	S	S	−	−	−	−	−	−	S	S	−	−	−
木曜	S	−	S	S	−	S	S	−	−	S	S	−	S	−	−	−	S
金曜	−	S	−	−	S	−	S	−	S	−	S	S	S	−	S

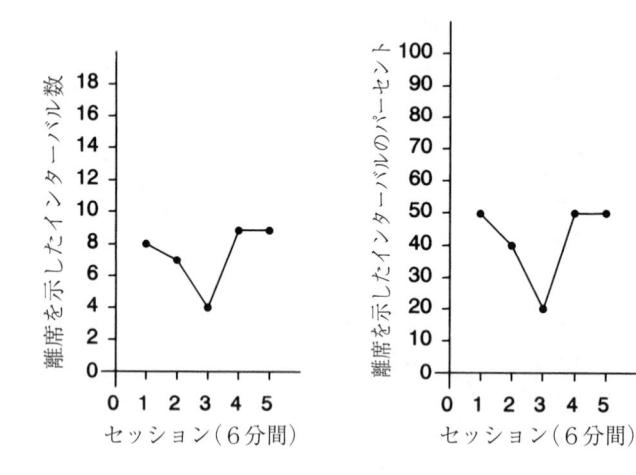

図5−8　インターバルデータのグラフへの変換

6セッションから介入が始まるならば、条件ラインは5セッションと6セッションの間に描かれます（x軸に示されます）。条件をまたいでは、データポイントはつなぎません。手続きを明示するために、短く記述した条件名を各データパスの上、垂直な破線の真ん中に書き入れます。例えば、生徒の悪口を減少させる目的でタイムアウトを用いたならば、グラフのタイムアウトが適用されている部分の上に「タイムアウト」と書きます。

累積グラフ

単純な折れ線グラフでは、データポイントは前のセッションの遂行に関係なく、該当する交点に描かれます。一方累積グラフでは、あるセッションで観察された生起回数は、前のセッションでプロットされた値に加算されて描かれます。各セッションでの生起回数は、それ以前のすべてのセッションでの生起回数を含んで記録されます。累積グラフはセッション間の加法的見方を表わし、総反応数を提供します。仮想的な図5−14は、同じローデータから描いた通常の折れ線グラフと累積グラフを示しています。

どのような行動であろうと、それが記録されるならば累積グラフは上向きのカーブを示します[1]。このようにすると、連続した線の傾きが反応率を表わします。傾きが急であれば急速な反応を、緩やかであればゆっくりした反応を、平坦だったり直線であれば無反応を表わします。ウィルソン、マジステレクとシモンズ[5]の研究では、これらの傾きすべてを見ることができま

	1	2	3	4	5	6	7	8	9	10	11	12	13	14	15	16	17	18	19	20
月曜	−	S	S	S	−	O	−	−	−	S	S	S	S	−	O	O	−	−	S	S
火曜	−	−	−	−	S	S	S	S	−	−	−	−	−	−	−	−	−	−	−	−
水曜	−	−	O	−	−	S	S	−	S	S	S	−	S	S	−	−	O	−	−	O
木曜	O	S	−	−	S	S	S	S	−	O	O	O	S	−	−	−	O	O	S	S
金曜	−	S	S	−	S	S	S	O	S	S	S	S	−	−	−	S	S	O	O	O

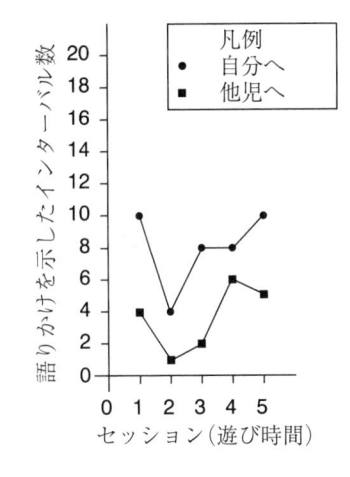

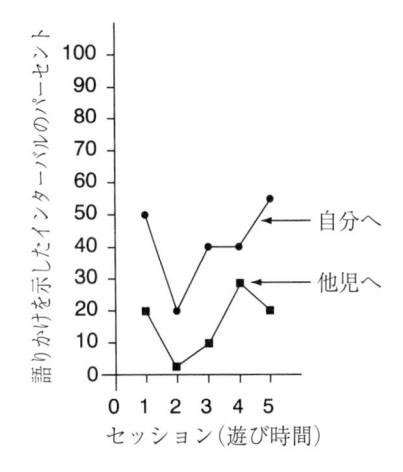

生徒　　　　リーン
行動　　　　遊びの間の自分への語りかけと、他児への語りかけ（S−自分、O−他児）
観察期間　　20分の遊び時間（時刻は毎日違う）

図5−9　時間サンプリングデータのグラフへの変換

す。ウィルソンらは、学習障害を持つ小学生の掛け算の習得において、教師による指導（TDI; teacher-directed instruction）とコンピューターに支援された指導（CAI; computer-assisted instruction）とを比較しました。TDIでは、フラッシュカードを使用し、正反応は言語的に賞賛され、誤反応は3段階の教授系列（先生だけ、生徒と先生と伴に、生徒だけ）によって即座に修正されました。CAIでは、よく使われている算数用のソフトを用い、そのソフトでは、正反応には短い賞賛の言葉が呈示され、誤反応には再度解答する機会が与えられました。

もし2回目の解答も間違っていたならば、正答が示され、生徒は正答を繰り返すよう求められました。すべての生徒がTDIで、掛け算に関するより多くの知識を習得しました。著者らはTDIの方が効果的だった理由を、「TDIは柔軟で反応性も高く、そのことで教師は速いペースで進め、誤りの修正もより早く、はっきりと行なえ、練習機会も多くなったので流暢性を教えることができた」(p.389)と考えました。図5−15は参加生徒4名のデータをグラフ化したものです。生徒が掛け算の知識を蓄積していくのが読者にわかるように、グラフがデザインされています。先に述べた3つのタイプの傾きが、グラフ上にはっきりと見て取れます。例えば、ジョンのグラフのTDIレッスン10〜13では急な傾きが急激な反応を示しています。サミュエルのTDIレッスン9〜13では緩やかな傾きがゆっくりした反応を、セバスチャンのCAI条件レッスン18〜30では平坦または直線で、新しいことを何も習得しなかったことを表わしています。

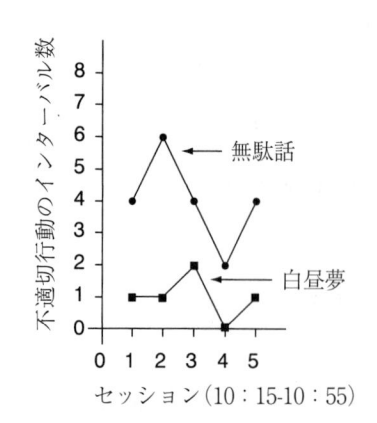

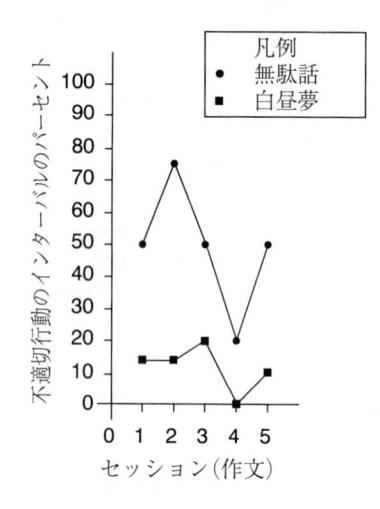

生徒	コシュ
行動	課題逸脱（T－無駄話、D－白昼夢）
観察期間	作文（10：15-10：55）

月曜	T	5'	T	10'	—	15'	—	20'
	—	25'	D	30'	T	35'	T	40'
火曜	T	5'	T	10'	D	15'	T	20'
	T	25'	—	30'	T	35'	T	40'
水曜	T	5'	T	10'	—	15'	—	20'
	D	25'	D	30'	T	35'	T	40'
木曜	—	5'	—	10'	T	15'	T	20'
	—	25'	—	30'	—	35'	—	40'
金曜	T	5'	D	10'	T	15'	T	20'
	—	25'	—	30'	—	35'	T	40'

図5-10 時間サンプリングデータのグラフへの変換

棒グラフ

　棒グラフまたはヒストグラムは、データを表わすもう一つの方法です。折れ線グラフと同様、棒グラフも2つの軸を持ちます。横軸（セッション）と縦軸（遂行）です。その名が示すように、棒グラフは垂直な棒で遂行レベルを表現し、データポイントやそれを結ぶ線は用いません。垂直な棒は、それぞれ1つの観察期間を示します。棒の高さは、縦軸の遂行量に対応します。棒グラフが適している状況とは、折れ線グラフで描かれた行動パタンを明瞭に解釈するのが困難な場合です。このようなことは1つのグラフに幾つかのデータパスを描いたときに生じます。例えば、複数の生徒のデータや、複数の行動のデータを1つのグラフで表現しようとすると、データポイントが同じ交点に落ち、線が重なり合ったり、密着したりします。図5-16では、同じデータを折れ線グラフと棒グラフとで表わしています。棒グラフの方がすっきりしているのは明白です。クラスの生徒の正反応数を日ごとに表わすには棒グラフの方が適しているで

生徒	ケーシー				
行動	トイレの所要時間				
	月曜	1	12分		
		2	8分	⇒	平均 = 9分
		3	7分		
	火曜	1	11分		
		2	16分	⇒	平均 = 12分
		3	9分		
	水曜	1	15分		
		2	10分	⇒	平均 = 11分
		3	8分		
	木曜	1	14分		
		2	10分	⇒	平均 = 12分
		3	12分		
	金曜	1	9分		
		2	11分	⇒	平均 = 10分
		3	10分		

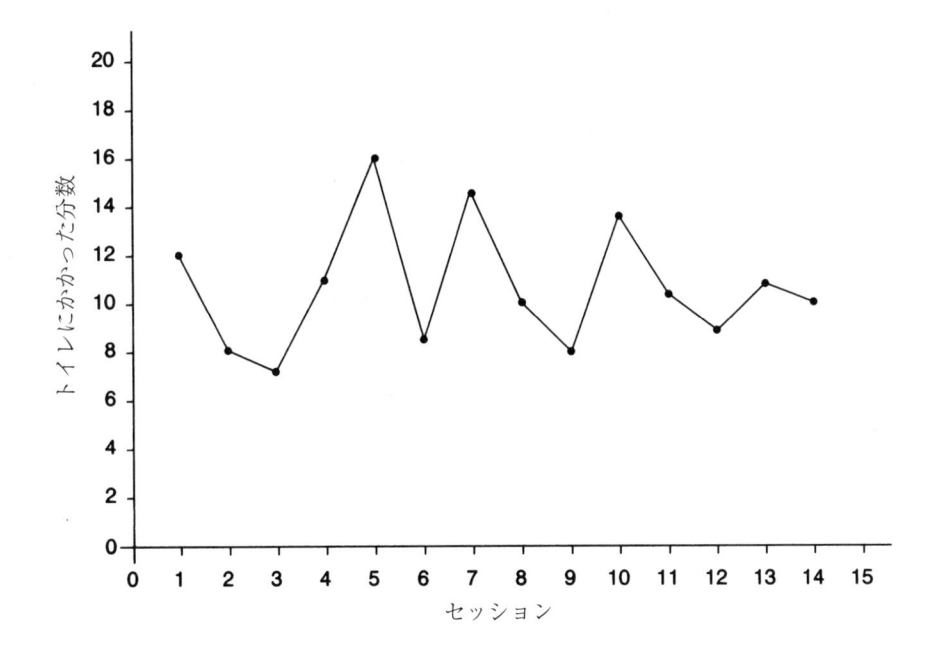

図5−11　持続時間データのグラフへの変換

しょう。

　棒グラフは、生徒の遂行を要約するためにも利用できます[4]。要約は単一の課題についても——複数の生徒の科学課題の平均完遂量（図5−17）、一人の生徒の複数の課題遂行（図5−18)——利用できます。

生徒	ドュシャイン	
行動	日誌書き開始の遅れ	
観察期間	毎朝　8時45分から	
日付	分数	備考
月曜	6	鉛筆研ぎ
火曜	5	徘徊
水曜	6	鉛筆研ぎ
木曜	2	おしゃべり
金曜	4	おしゃべり
月曜	5	鉛筆研ぎ
火曜	7	鉛筆研ぎ
水曜	5	鉛筆塗り
木曜	4	徘徊
金曜	5	鉛筆研ぎ

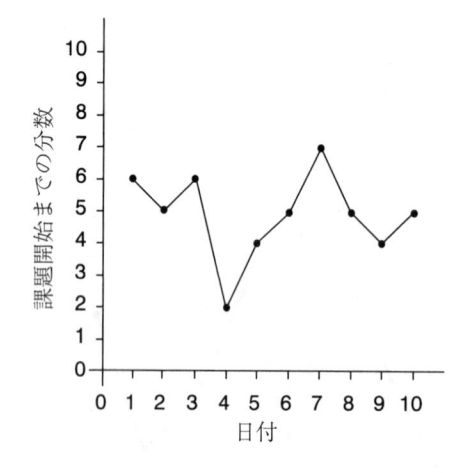

図5-12　潜時データのグラフへの変換

要　約

　本章では、データをグラフ化する際の基本的な事項について討論しました。詳細には、生徒の遂行の観察、形成的および要約的評価、教育関係者・生徒・保護者とのコミュニケーションツールとしてのグラフについて論議しました。データをグラフにする際の基本的な3つの方法について述べました。折れ線グラフ、累積グラフ、棒グラフです。折れ線グラフを描く基本的な慣例を概観し、データシートに記録された種々のタイプの観察データからグラフに変換する例を見ました。

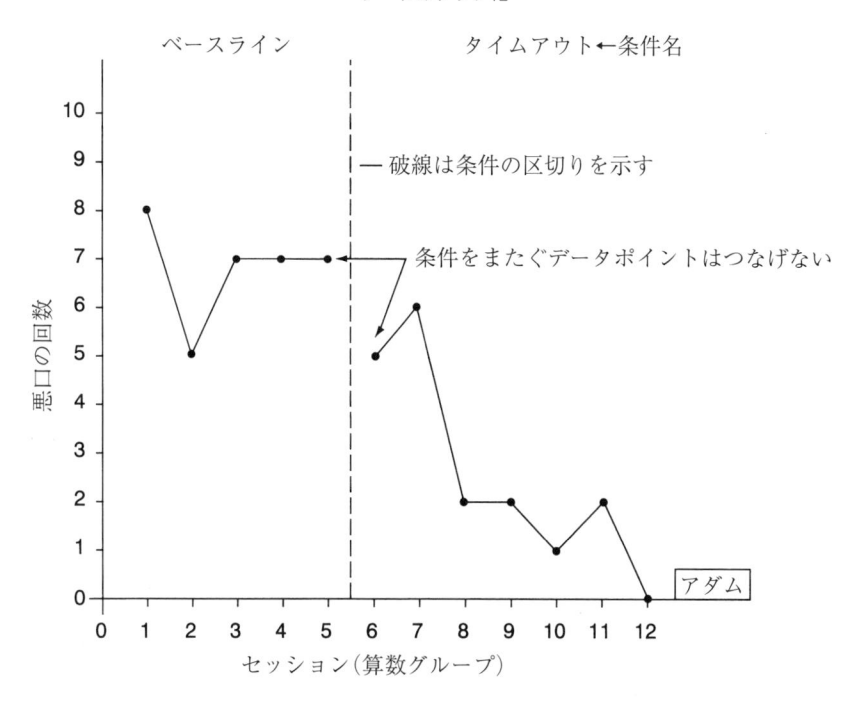

図5-13 条件をグラフ上に示す例

討論のテーマ

1. どうすればグラフをうまく使えるでしょうか。
   （a）生徒の進歩を要約し報告する。
   （b）生徒、保護者、関連サービスの専門家と話し合う。
2. 頻度データと比率データとの違いは何でしょうか。それぞれ、どのような場合により適切でしょうか。
3. 次の観察に利用するデータシートを作成し、グラフに（仮想データをもとに）しましょう。
   ・週2回20分の科学実験で、キャリーは、どのくらいの時間実験に従事し、また課題から逸脱していたか。
4. 生徒の学習の進行をモニターするためには、折れ線グラフと棒グラフのどちらが適切でしょうか。その理由は何でしょうか。

第5章

ローデータ

セッション	生起回数
1	1
2	1
3	1
4	2
5	0
6	0
7	1
8	3
9	3
10	1

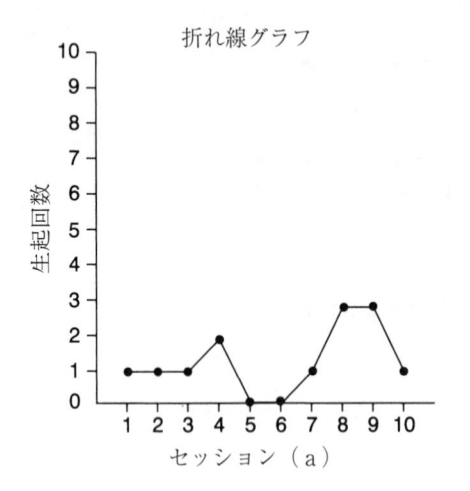

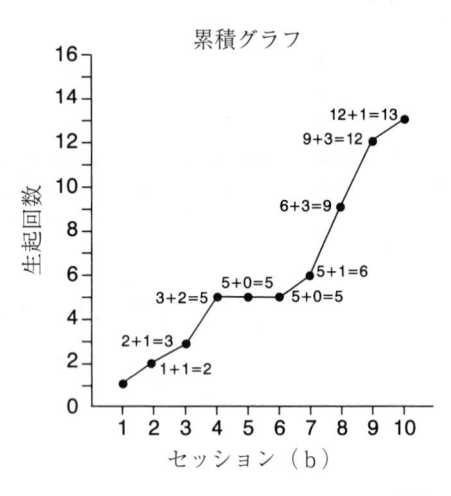

図5-14　通常の折れ線グラフと累積グラフの比較

データのグラフ化

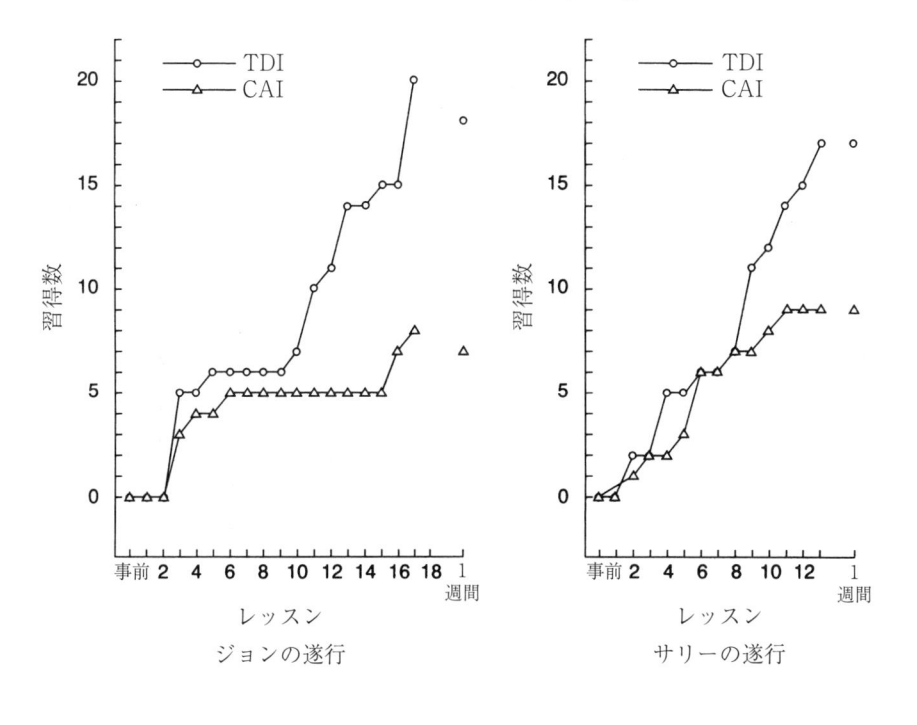

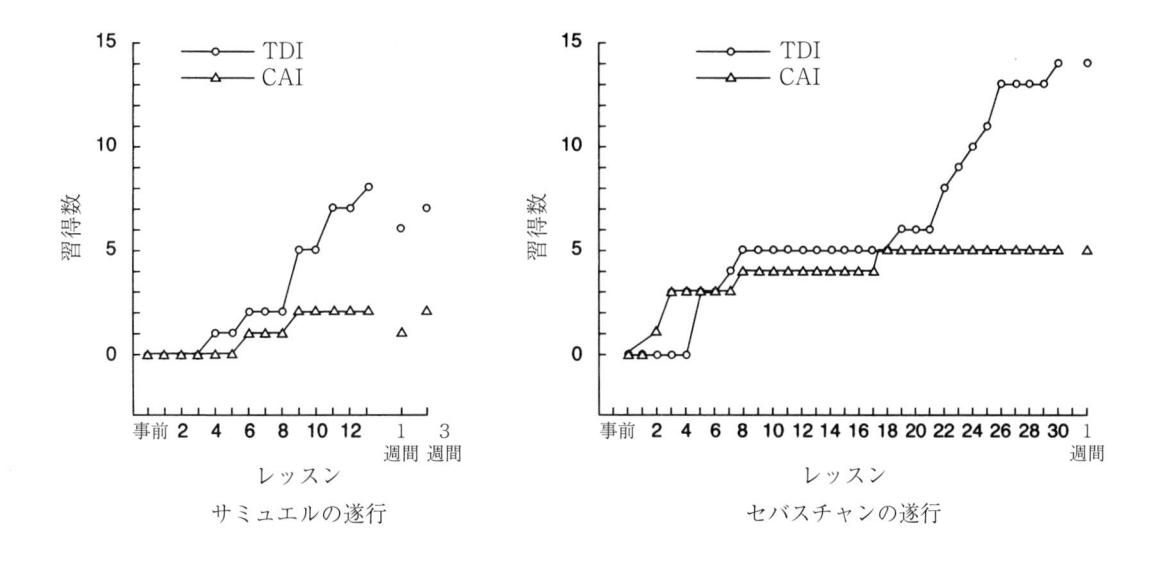

図5－15　累積グラフの例

出典："The effects of computer-assisted versus teacher-directed instruction on the multiplicationperformance of elementary students with learning disabilities," by R. Wilson, D. Majsterek, & D. Simmons, 1996, *Journal of Learning Disabilities, 29* (4), 382-390. Copyright 1996 by PRO-ED, Inc. Reprinted with permission.

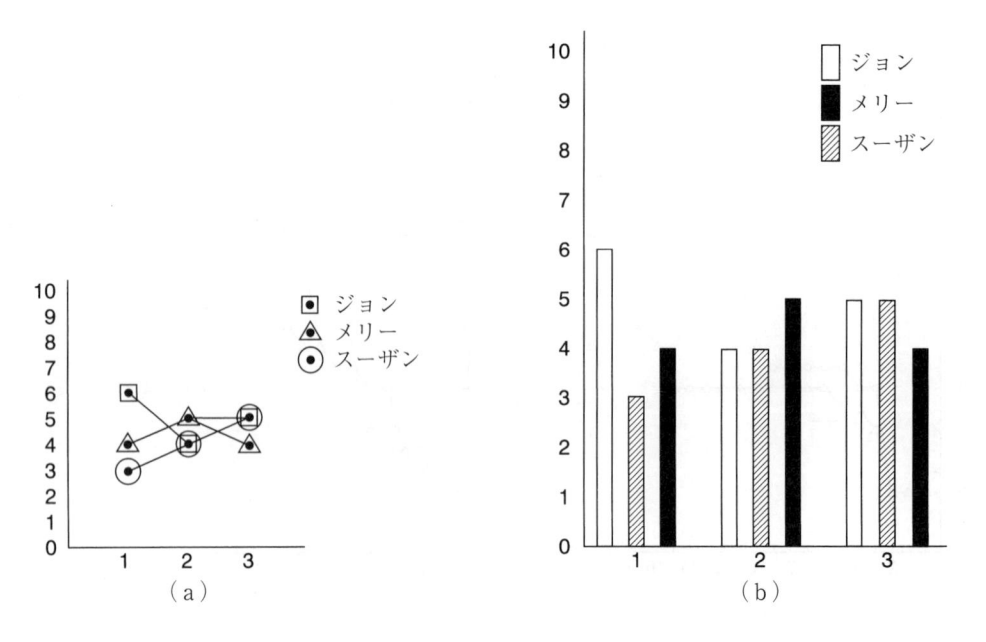

図5−16　折れ線グラフと棒グラフの比較

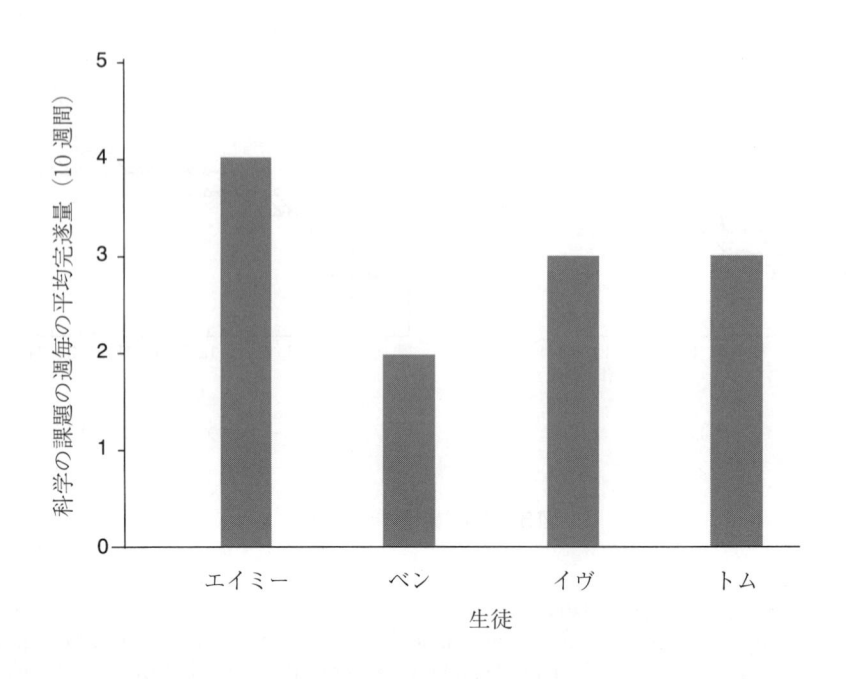

図5−17　複数の生徒の課題遂行を要約した棒グラフ

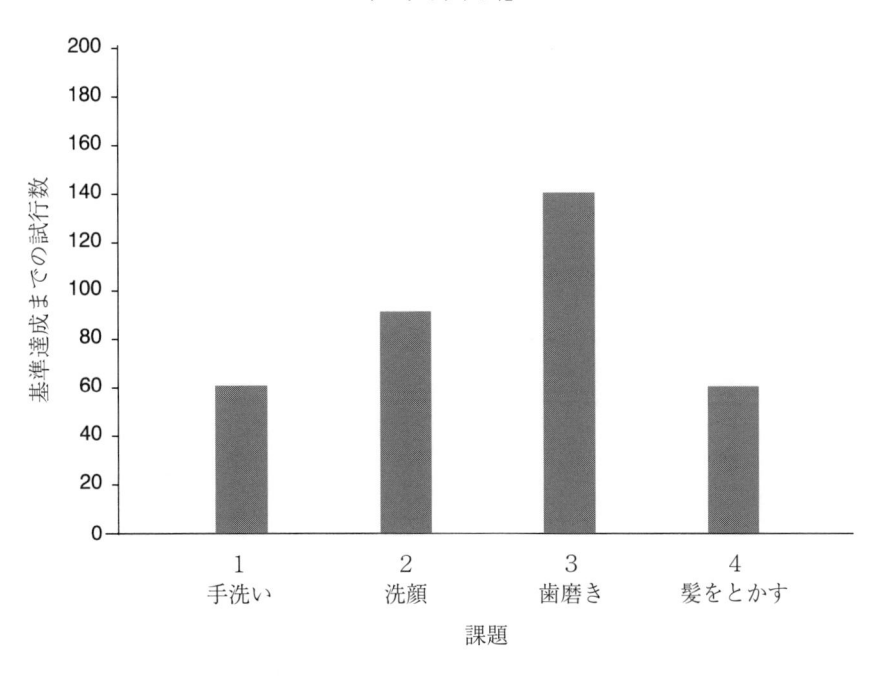

図5-18 課題間の遂行の要約

第6章　一事例の実験デザイン

あなたは、次のことをご存知でしたか？
・すべての点で平均値を示す生徒など存在しません。
・効果があるとあなたが思っていることは、必ずしもそうではないかもしれません。
・グラフを見れば、何が効いているかがわかります。
・現場の教師も実験的研究を行なうことができます。
・現場の教師は自分の教え方が効果があるかどうかを確かめる実験的研究を行なわなければなりません。

　データを収集すれば、行動変容の方向や強度について云々することはできるでしょう。しかし、そうしたデータの収集と観察だけでは、介入と当該行動の間の因果関係を示す十分な情報は得られません。原因と結果についての仮説を立てるためには、一定の様式または実験デザインの下でデータが収集されなければなりません。**デザイン**とはデータ収集の組織的なパターンで、それによりデータ収集者は介入と行動との関係について、確かな陳述が可能になります。

　本章では、教師や研究者が介入手続きと行動の間の関係を検討することができる様々な実験デザインが述べられています。専門誌で報告されている実験研究を読み、理解できる読者は、最新の革新的な技法や手続きを身につけることが可能です。実験デザインを学ぶことで、自身の指導法を系統的に評価し、その結果を他の教師・研究者と共有することができるようになります。教室での研究を実施できる能力は、教師の自信・効力感・信頼を増大させるでしょう。専門誌から引用した実際の応用研究を、各実験デザインの説明と共に紹介してあります。応用行動分析の各実験デザインが教室場面でも有用であることを強調する意味で、教室内の問題に対して応用された例が示されています。

変数と関数関係

　個々のデザインについて述べる前に、実験的研究を理解する上で基本となる幾つかの術語にふれておきましょう。最初に**変数**ですが、これは実験的研究に含まれる多くの要因に対して用いられます。変数に含まれるのは、研究の対象となる個体の属性（年齢、IQ得点、教育歴）、研究が行なわれる場面に関連する条件（生徒数、騒音レベル、教室か職場か）、介入特性などです。介入特性には、指導方略（直接指導、フォニックス、協調学習）、教材（おはじき、コンピュー

ター)、行動管理技法(トークン、自己記録)などがあります。研究における目標は、結果に影響する変数を導入したり除去したりして制御することです。不測のまたは制御不能の変数(例えば、病気、予期せぬ出来事)は交絡変数と呼ばれます。新しいプログラムを使って、先生が生徒に長除法(大きい数の割り算)を教えたとします。同時に、家では父親が毎晩1時間、生徒に長除法の復習を始めたとします。このような場合、生徒の学習に効果があったのは、教師の変数(新しい算数プログラム)なのか、制御されない変数(家庭学習)なのかを区別することは不可能です。実験計画では、多くの交絡変数を制御します。

　実験デザインでは2つのタイプの変数を区別します。独立変数と従属変数です。<u>従属変数</u>とは変容される行動を指し、<u>独立変数</u>とは変容に用いられる介入(指導法や手続き)を指します。次に示すのは、ある研究の概要から抜粋した文章ですが、この中でゴシックで書かれている部分が独立変数、括弧内に示されている部分が従属変数です。

生徒の(音読)に後続して、教師は**修正フィードバック**を行なう。
生徒が(食料品の買い物)に従事している際に、**絵の手がかり**が用いられる。
図書館で生徒が(本を棚に載せる)際に、**同僚のモデル**を示す。
生徒が(15分間課題に従事)したら、**言語賞賛**が随伴される。
(かんしゃく)を起こしたら、**タイムアウト・ルーム**に措置される。

　実験デザインによって、暫定的な因果関係が仮定されます。介入を1回またはそれ以上繰り返し、行動も介入の導入に応じて変化すると、独立変数と従属変数の間に<u>関数関係</u>が存在します。介入を系統的に繰り返すことで、研究者は行動が介入によって変化していることに確信が持てるようになります。反復実験において条件が変化し、操作されているのは独立変数だけだからです。繰り返し操作をすることで、交絡変数は行動変化の媒介として排除されます。

実験デザインの基本カテゴリー

　実験デザインは、データを収集し分析する方法を構造化する様式です。実験デザインを大別すると、<u>グループデザイン</u>と一事例の実験デザイン(シングルケース・デザイン、<u>単一被験者・被験体デザイン</u>とも呼ばれる)に分けられます。その名が示すように、グループデザインでは個人の集まりであるグループのデータに焦点が当てられるのに対し、一事例の実験デザインでは1つの研究の中で一人ひとりに焦点が当てられます。

　伝統的な実験計画では、選択された個人のグループ(サンプル)の間の違いに注目します。そしてサンプルは、選び出されたグループの代表と仮定されます。グループデザインは、それらのサンプルの従属変数に対する独立変数の効果を調べるために用いられます。このデザインを採用する多くの研究では、少なくとも2群の被験者に対して実験が行なわれます。ある群(実験群)は独立変数に曝され、もう一方の群(統制群)は曝されません。大抵の場合、データは、それぞれの群における被験者の遂行の平均として報告されます。そこで得られた結果は、サンプルが代表している母集団全体の結果であるとして一般化されます。

　グループ実験デザインでは、結果の評価には平均値の差の統計分析が頻繁に用いられます。群間の差が独立変数に起因するのか、偶然の結果なのかを推定するために数学的検定が行なわれます。

　しかし、大部分の応用行動分析家は、グループの成績の平均よりも一人ひとりに固有の情報を記録することを大切にします。これは平均を

用いることが重要な情報を曖昧にしてしまう可能性があるからです。次の例をみてみましょう。

ワイザースプーン先生、リーダー（読本）を注文する
　小学３年生を受け持つことになったワイザースプーン先生は、年度の初めに新しいリーダーを注文するよう校長先生から言われました。まだ受け持ちクラスの各生徒の実力がわからなかったワイザースプーン先生は、注文すべき本を決めるため、読解力のテストを行なうことにしました。つまり、テストを実施し、テストの平均点に基づいて最も適切なリーダーを選ぶことにしたのです。テストの結果、平均点はちょうど３年生と１カ月のレベルでしたので、そのレベルのリーダーを30部注文しました。
　本が届き実際に使ってみると、そのリーダーがクラスの数人の生徒にとっては難し過ぎ、逆に他の生徒には易し過ぎるものであることに気がつきました。これは、クラス全体の平均点は３年生相当のレベルでしたが、テストの得点を平均することで実際には１年生レベルの読解力しか持たない生徒も６年生レベルの読解力を持つ生徒も数人ずついるという事実が隠されてしまったということです。

一事例の実験デザイン

　平均を用いることに伴うこうした問題を避けるため、ほとんどの応用行動分析の研究者は一事例の実験デザインを用いています。一事例の実験デザインでは、群ではなく個人・個体の遂行を評価します。グループデザインが沢山の生徒の平均的遂行に対する変数の効果を見いだそうとするのに対して、一事例デザインでは、特定の生徒の特定の行動に対する変数の効果を確認します。一事例の実験デザインでは、独立変数を操作している間、被験者一人ひとりのパフォーマンスを観察します。後にこの章で述べられるテクニックの幾つかは、従属変数の変化が実験的操作によるものであり、偶発的な出来事や偶然の一致、交絡変数によるものではないことを確かめるために用いられます。
　一事例デザインでは、従属変数を繰り返し測定することが要求されます。行動観察の対象となる個人（被験者）の遂行は、長期間にわたり毎週、毎日あるいはもっと頻繁に記録されます。そして、そうした被験者の遂行が、独立変数である実験条件や操作を変えたときにどう変化するかを比較します。同じデザインの中で、介入が他の数人の被験者に繰り返される場合でも、ある被験者が比較されるのは自身のパフォーマンスとです。一事例研究ではグループ間の統計的有意性ではなく、ある個人の臨床的重要性を重視しています。介入の効果として、観察および測定可能な改善結果が認められたならば──それを促進効果と呼びますが──、実験結果を臨床的に重要であったと考えます。
　一事例の実験デザインにはいろいろなものがありますが、幾つかの要素はすべての一事例の実験デザインに共通するものです。ベースラインパフォーマンスを測定する点、少なくとも１回は介入条件の下でのパフォーマンスを測定する点などが、そうした共通する要素です。一事例研究では、デザインの中で少なくとも一度は条件を反転させることが必要です。反転することで関数関係を仮定することができるようになります。
　１回の介入がうまくいったからといって、応用行動分析家はその結果を一般化はしません。ある個人において独立変数（介入）と従属変数（行動）との間の関数関係がはっきりしたなら、被験者や行動を変えて同じ介入を繰り返します。被験者や行動を変えても、その介入の効果がある証拠が得られれば得られるほど、介入の成果が一般化できる信頼性は高まります。賞賛を系統的に導入したことで、ある一人の生徒の算数の成績がよくなったとしても、それだけでは賞

賛を使用する確たる根拠にはなりえないでしょう。しかし、算数だけではなく、他の教科や社会的行動に対しても、そして他の多くの生徒でも効果があることが報告されれば、より信頼できるものとなるでしょう。系統的反復を行ないながら、応用行動分析家は多くの生徒に有効な手続きや技法を少しずつ確認してきました。このような確認を経て、有効であろうとの確証のもとで、これらの手続き・技法は他の人々にも適用することができます。

　一事例研究をグループ研究の単なる縮図と見るのは誤りであろう、とシドマンは示唆しています[35]。独立変数を導入・除去して従属変数を繰り返し測定することで原因と結果の連続性や、あるデータポイントと他との関係を実証しようとするやり方は、独立変数の効果を異なったグループ間を比較することで立証する方法とは異なります。個人の学習曲線と、グループで平均された学習曲線とは同じ情報を提供しているわけではなく、「データ表示の2つの方法であり、文字どおりの意味で、2つの別々の関心事である」(p.54)とシドマンは主張しています。

ベースラインの測定

　一事例の実験デザインにおける最初のフェイズでは、ベースラインデータの収集と記録が行なわれます。ベースラインデータとは、介入前の自然の状態で生起する行動(従属変数)のレベルを測定したものです。カズディン[25]は、ベースラインデータを収集することには次の2つの機能があると言っています。1つ目は、**記述機能**です。つまり、現在の生徒の遂行レベルを記述します。データをグラフにプロットすれば、生徒の行動——例えば、ある生徒が現在どの程度掛け算の問題を解くことができるか、あるいは、ある生徒は現在どのくらいの頻度でおしゃべりをするかなど——の実態がわかります。こうした客観的な記録により、先生は、変容させようとしている行動が、行動的欠如(掛け算ができないなど)なのか行動過剰(おしゃべりなど)なのかがはっきりし、またその程度を確かめることができます。

　ベースラインデータを収集することの2つ目の機能は**予測機能**です。「介入が導入されなかった場合パフォーマンスのレベルは近い将来どのようになっていたかは、ベースラインデータを基に予測されます」[25] (p.105)。介入(独立変数)が効果あるものであるか否かを判断するためには、介入導入前の生徒の遂行を知っていなければなりません。つまり、ベースラインデータには指導を行なう前に実施されるプリテストと同様な目的があり、「ベースラインでの遂行を未来に投影あるいは推定することによって将来の遂行が予測される」[25] (p.105)のです。介入の効果は、実際のデータがベースラインを投影したものとどの程度のズレがあるかで判断されます。

　ベースラインフェイズは、介入フェイズが始まる前に数日間行なわれます。ベースラインフェイズでは、多くの場合、少なくとも5回はデータの収集が行なわれ、図にプロットされます。しかし、ベースラインフェイズの長さは、この期間に収集されたデータの特徴によって変わってきます。

　ベースラインデータは実施する介入の有効性を判断するのに用いられます。そのため、ベースラインは、**安定**していて、普段の状態で生起する行動を忠実に示していることが大切です。ベースラインの安定性は次の2つの特徴により判断されます。1つはデータの変動性、もう1つはデータの傾向です。

　データの変動性とは、生徒のパフォーマンスのゆれを指します。「一般的なルールとしては、データの変動性が大きければ大きいほど、介入の効果について結論を導くことは難しくな」[25] (p.109)り、後の遂行を予測することも難しくなります。ベースラインが安定していない場合、最初にチェックするべきことは、標的行動の定義です。ベースラインが安定していないのは標的行動の操作的定義が曖昧で、その行動を正確に一貫して記録できていなかったり、観察におけるデータ収集手続きが一貫していないためかもしれません。

　実験室では、行動の定義以外の変動性の原因はほとんどの場合はっきりしていますし、また制御することもできます。教室場面においても、

変動性の原因が明確になっている場合——例えば、データのゆれの原因が不定期な薬物投与である場合など——には、それをコントロールすることができます。しかし、喧嘩や家庭内での問題などのような非日常的な出来事によってデータが一時的に変動した場合には、そうしたデータのゆれがなくなるのをただ待つしかないかもしれません。このように、実験室とは異なり教室内では、「変動性は生活の中での避けられない事実」であり、そうした場面では「変動性を取り去るのに必要な手腕や時間」[35 (p.193)]は滅多にありません。

　様々な変数を厳密に統制できるような場面では、研究を目的とする場合、各データポイントの変動性は5%以内が許容範囲です[35]。治療を目的とする場合、その変動は20%以内であることが望ましいとされています[32]。しかし教室場面では、行動が迅速に変容することの方が純粋な研究的関心よりも重要ですから、変動性の基準はもっとゆるめて50%程度でよいでしょう。もし変動性が50%を越えるようならば、遂行を比較するには統計的手法が用いられなければなりません[4]。すべてのデータポイントで、その変動がベースライン全体の平均値の50%以内であれば、大体の場合ベースラインは安定していると見なされます。この基準でベースラインの安定性を算出する方法を図6-1に示します。

　データの傾向とは、行動の生起が独特な方向性を持つことを指します。傾向は、3つの連続するデータポイントが同一の方向性を持っていることと定義されています[4]。ベースラインでは、傾向なし、増加傾向、減少傾向の3種類の

セッション	データポイント
1	14
2	10
3	20
4	16
5	11

ベースラインの平均値（算術平均）＝14.4≒14
平均値の50％＝7
データーポイントの許容範囲＝7－（14±7）
いずれのデーターポイントも50％の許容範囲内なので、このベースラインは安定しているといえる。

図6-1　ベースラインの安定度の計算

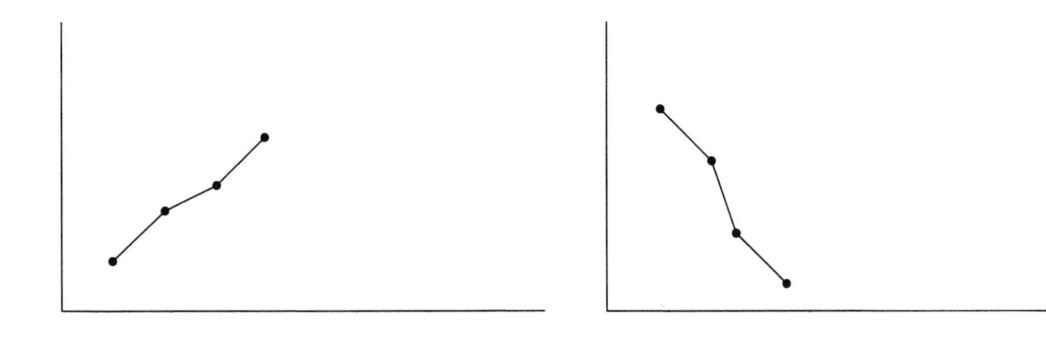

図6-2　増大傾向（上昇ベースライン）　　図6-3　減少傾向（下降ベースライン）

傾向が考えられます。図6－2と図6－3はそれぞれ増加傾向と減少傾向を示しています。

上昇ベースラインとは、ベースラインフェイズでの行動の増加傾向を意味します。介入の目的が行動の減少でなければ、上昇ベースラインで介入を開始してはなりません。これは、上昇ベースラインで既に当該行動が増加しつつあるので、行動を増加させることを目的とする介入の効果はその傾向ゆえに曖昧になってしまうからです。

下降ベースラインには、明確な減少方向への、または減少傾向を示すデータポイントが少なくとも3つ含まれています。介入の目的が行動を増加させる場合にだけ下降ベースラインで介入を開始します。

指導導入下での行動測定

一事例の実験デザインの2つ目の要素は、トリートメント（介入）条件において被験者の遂行を繰り返し測定することです。つまり、独立変数（トリートメントまたは介入）が導入され、それが従属変数（被験者の遂行）に対してどのような効果を持つかがモニターされるのです。トリートメントフェイズにおけるデータの傾向は、そのトリートメントの有効性を示すものであり、教師や研究者が介入手続きを変更する必要性を検討する際の指針となります。

実験的コントロール

実験的コントロールとは、従属変数の変化が独立変数の操作と本当に関係しているかどうか——すなわち、そこに関数関係が存在しているかどうか——を確認するための研究者の作業です。研究者は、独立変数以外の**交絡変数**が行動変容の原因になっている可能性をできる限り排除したいと思っています。**交絡変数**とは、研究者の制御下にはないけれども、当該行動に影響をおよぼすような環境事象あるいは環境条件を指します。例えば、逸脱行動を減少させる行動変容システムを導入し、その結果クラスの逸脱行動が減少したとしても、そのシステムを導入する時期がクラス内で最も逸脱した3人の生徒が引越した直後であったならば、その新しいシステムが逸脱行動減少の本当の原因であるかどうかを確かめることはできないわけです。この場合、3人の生徒の引越しが交絡変数なのです。

この章で述べられる実験デザインは、様々な程度の実験的コントロールを提供します。そのうちの幾つか——ここでは**ティーチングデザイン**（教授場面用実験デザイン）と呼ぶことにします——は、関数関係が存在するとはっきり確信をもたらすに足るものではありません。しかし交絡変数が混入する可能性に対して常に注意を向けていれば、普段教室場面で行動変容の指標として用いるのには何らさしつかえはありません。このティーチングデザイン以外のデザインは**リサーチデザイン**（研究用実験デザイン）と呼ばれています。リサーチデザインでは、より厳格な実験的コントロールがなされるため、教師や研究者は関数関係の有無について確信を持つことができます。実験的コントロールにおいては、介入が数回繰り返され、繰り返されるごとに従属変数に与える介入の効果を観察します。混入する可能性のある交絡変数について教師が特別な関心を持っていたり、介入が行動に対し望ましい効果を持っていることを確かめたいときなどには、リサーチデザインが教室内でも用いられます。また、介入の結果を論文の形にまとめたい、あるいはそれを他の専門家と分かちあいたいと教師が思っている場合も、実施できる可能性があるならばリサーチデザインを用いるでしょう。リサーチデザインに関する以下のセクションでは、研究や教室場面への各デザインの応用例が可能な限り述べられています。

ABデザイン

ABデザインは、一事例実験デザインの中で最も基本的な実験デザインです。より複雑な実験デザインも実はこの単純なABデザインを発展させたものです。ABデザインのABとは、実験デザイン中の2つのフェイズを指します。Aはベースラインフェイズで、Bが介入フェイズです。Aフェイズでベースラインデータが収集され、記録されます。そして、ベースラインが安定した時点で介入が導入され、Bフェイズが始まります。Bフェイズでは、介入データの収集と記録が行なわれます。介入フェイズ中の標的行動の量・比率・パーセンテージ・持続時間が、ベースラインよりも増大したか減少したかを評価します。教師は、この情報をもとに介入の有効性を判断し、介入を継続するか、修正を加えるか、あるいは中止するかを決定することができます。

実験デザインの実施

表6-1は、ABデザインを用いて収集されたデータ例です。この例の教師は、ある生徒が読みの課題に関する質問にほとんど正答できないことを気にしていました。そこで、彼女はベースラインデータを5日間集めました。その後、その生徒が質問に対して正答すれば、それに隋伴して2分間の自由時間を与えるようにし、正答数を記録し続けました。その結果が表6-1です。この表からもわかるように、介入フェイズに入ると正答数は明らかに増加しています。この結果から、この教師は介入に効果があったとひとまず仮定することができました。

グラフ化の方法

ABデザインを用いて得られたデータをグラフ化する場合、2つのフェイズ——Aフェイズ(ベースラインフェイズ)とBフェイズ(介入フェイズ)——がまとめて1つのグラフに描かれます。その際、2つのフェイズはグラフ上では縦の破線の左右に別々にプロットされ、フェイズ間のデータポイントは結ばないことになっています。このように結果をグラフの形で表わすと(図6-4)、単に表で示した場合よりも、

表6-1　ABデザインによるデータの例

ベースラインのデータ	
日	正反応の数
月曜日	2
火曜日	1
水曜日	0
木曜日	2
金曜日	1
介入のデータ	
日	正反応の数
月曜日	6
火曜日	6
水曜日	4
木標日	8
金曜日	6

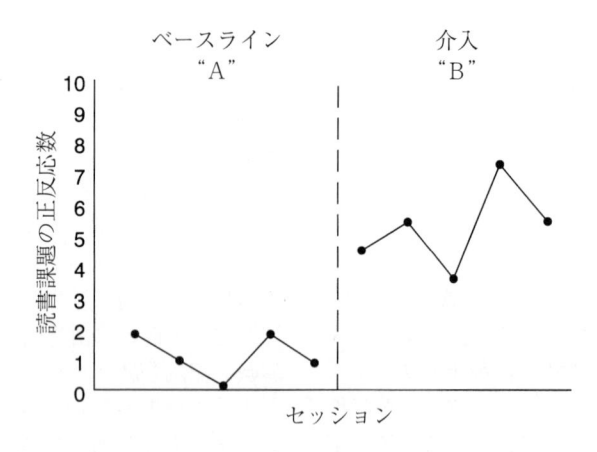

図6－4　ABデザインのグラフ（表6－1をグラフにした）

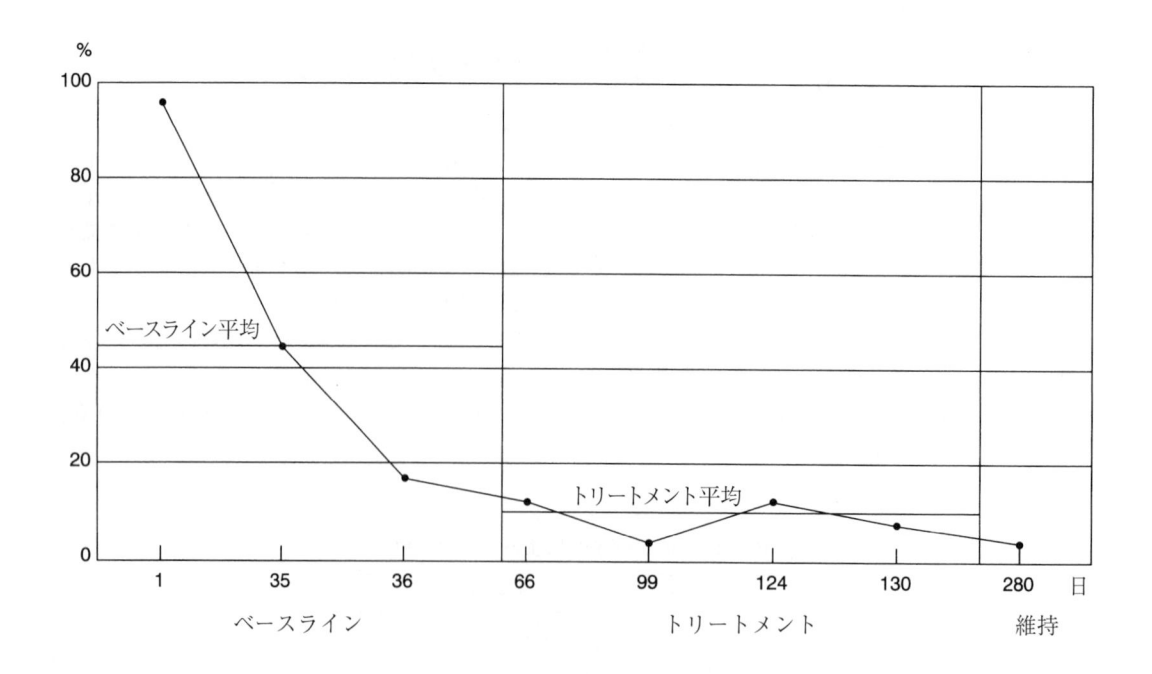

図6－5　ABデザインの使用例

より明確に介入の効果を把握することができます。

実験デザインの応用

基本的なABデザインを研究論文で見かけることは、あまりありません。一事例実験デザインの中でABデザインは、関数関係を明らかにするには最も弱いデザインだからです。ABデザインでは、関数関係を証明するのに必要な条件の繰り返しがされてはいません。マイナー[26]はABデザインを、重度遅滞と視覚障害を持つ12歳の少年の手しゃぶりを減少させるために計画された介入の結果を示すために用いました。

少年は、手を口に持っていく替わりに、手を用いてチューブとボルトを組み立てたときに、食餌性刺激と賞賛で強化されました。図6－5に見られるように、手しゃぶりのインターバルのパーセンテージは、ベースラインから介入フェイズへと安定して減少しました。しかし従属変数（手しゃぶり）と独立変数（両立不能な活動の強化）との関数関係を認められない人もいるでしょう。ABデザインでは、独立変数の繰り返し操作が行なわれないからです。マイナー自身が言っているように「残念ながら、本研究の（AB）デザインは標的行動が減少した原因については、不十分な推測しかできない[p.191]」。以下の例は、学級場面へのABデザインの適用例を示しています。

ジャック、フランス語の宿題をやってくる

ボーグル先生は、４時間目のフランス語のクラスの生徒であるジャックに手をやいていました。というのも、ジャックは前の晩にやっておくべき宿題のおさらいをしている間、先生の話に注意を向けないのでした。よく調べてみると、ジャックは与えられた宿題をやってきていないので、宿題のおさらいする時間は授業をまったく無視していたのでした。ジャックが宿題をやってくるようにするため、ボーグル先生は、指導方法として正の強化を用いることにしました。介入の効果を査定するためにABデザインが用いられ、宿題の正答数を従属変数としました。

５日間のベースライン期間を過ぎてもジャックの毎日の正答数は10問中０問（0/10）でした。ジャックはよくフランス語用視聴覚教材のテープを聞きたがっていたので、ボーグル先生はこれを正の強化刺激として用いることにし、ジャックが正答するごとに２分間テープを聞くことを許可しました。その結果、こうした介入フェイズにおけるジャックの正答数は増加し、この介入方法が有効だったことが判明しました。

長所と短所

ABデザインの最大の長所は単純さです。このデザインでは、介入や指導手続きを導入する前後の生徒の行動を時間をかけず、簡便に比較することができ、手続きをより系統的にすることができます。

一方、ABデザインの短所は、このデザインを用いても関数関係の存在を確信できない点にあります。グラフは介入フェイズでの行動の増加や減少を示し、介入の有効性の指標とはなるでしょうが、このデザインでは手続きの繰り返しが行なわれていません。だから、交絡変数や偶然の出来事の影響を受けます。次の例を見てみましょう。

ハーパー、研究をする

教育実習の一貫として、ハーパーはABデザインを用いた簡単な研究を行なわなければなりませんでした。そこで彼女は、従属変数としてラルフ（第１章で登場したラルフです）の着席行動を用いることにしました。ハーパーが、ベースライン・データを数日間とったところ、１時間の読みの授業の間、ラルフの着席行動の合計時間は20～25分であることがわかりました。そこで彼女は指導に入り、独立変数として、ラルフが着席しているとポイントを与え、何点か貯まると好きな様々な活動に従事できるようにしました。介入開始後まもなくして、グランディ教授がハーパーを訪れました。教室の前でグランディ教授に会ったハーパーは非常に興奮していました。

うまくいっていますわ、教授。
ラルフはちゃんと座っています。

「教授、うまくいってますわ！　グラフを見てください！　ラルフは今週の初めに２日間学校を欠席したんですが、水曜日から私が彼にポイントを与えるようにしてからは毎日100％の着席率ですわ。これで実習の評価はＡでしょう？」とハーパーは満足げに言いました。

　グランディ教授もハーパーが示すグラフを見る限り、彼女の手続きが効果ありそうだと思いました。それから、教授はラルフの行動を観察するため教室の後ろに腰掛けました。教授が実際に観察したところラルフは確かにきちんと席に着いていました。しかし、数分後グランディ教授はハーパーに合図して部屋の隅まで呼びよせ、次のように優しく言いました。

　「ハーパー、あなたは、ラルフの足についているギプスが彼の着席行動の持続時間に何らかの影響を与えているかもしれないことに気がつきませんでしたか？」

反転デザイン

　反転デザインという実験デザインも一事例実験デザインの一つです。この実験デザインは単一の独立変数の有効性を分析するのに用いられます。反転デザインは通常ABABデザインと呼ばれ、行動に対する介入の効果をテストするため、介入の導入と除去を交互に繰り返します。研究者は、介入を導入する前後のベースライン条件を比較することにより、独立変数と従属変数の間に関数関係が存在するか否かを検討することができます。

実験デザインの実施

反転デザインにはA, B, A, Bという４つのフェイズがあります。

- A（ベースライン１）：最初のベースラインです。研究を開始する前の状態の標的行動のデータが集められます。
- B（介入１）：標的行動を変容させるための手続きが導入されます。介入は標的行動が基準に到達するまで、あるいは望ましい方向へのはっきりとした変化傾向が示されるまで続

- A（ベースライン2）：介入を中断、あるいは撤去して最初のベースライン条件に戻ります。
- B（ベースライン2）：介入手続きを再導入します。

反転デザインを用いて収集されたデータは、独立変数と従属変数間の関数関係について検討されなくてはなりません。図6−6に示されているデータでは、独立変数と従属変数の間の関数関係が見られます。この場合、2回目のAフェイズ（ベースライン2）での正反応数が最初のAフェイズでの正反応数に近いレベルに戻っているか、2回目のAフェイズでの反応傾向が明らかに最初のBフェイズ（介入1）での反応傾向と反対方向であるならば関数関係が存在すると言えます。図6−7のデータでは関数関係は見られません。

ここで注意しなければならないことは、2回目のBフェイズ（介入フェイズ）も関数関係を確かめる上で必要であるという点です。クーパー[8] (p.117)によれば、研究者が「関数関係あり」と結論するためには、次の3つの証拠が必要とされます。（1）**予測**（独立変数の効果をあらかじめ予測していること）：特定の独立変数が

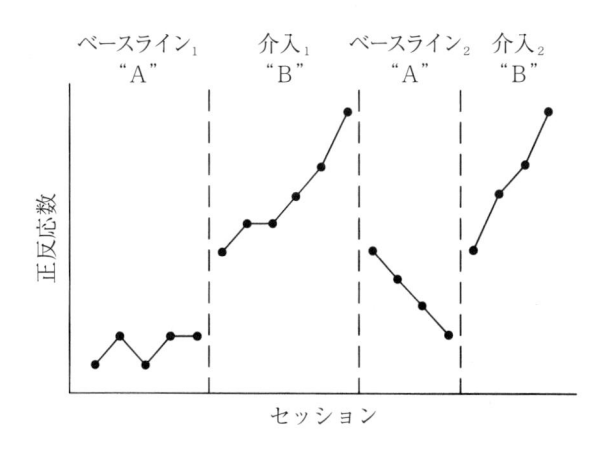

図6−6 反転デザインによるグラフ（変数間に関数関係が認められる）

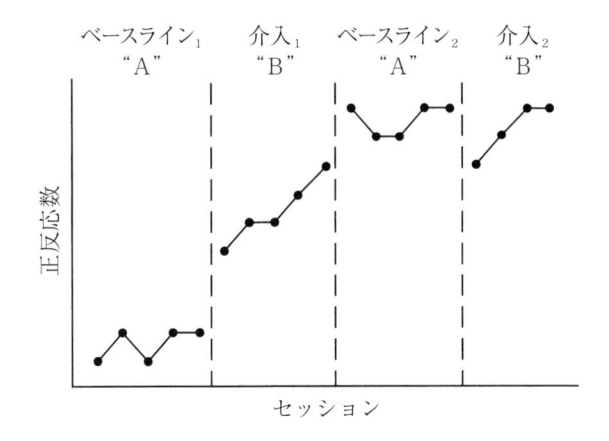

図6−7 反転デザインによるグラフ（変数間に関数関係が認められない）

従属変数を変容させるだろうという記述。例えば、マイケルが算数の問題に正答したとき、それに随伴してトークンを与えると正答数は増加するだろう、とあらかじめ記述しておくこと。(2) **予測の確認**：最初の介入フェイズで、従属変数である行動が増加（減少）し、2回目のAフェイズで最初のベースラインフェイズでのレベルにほぼ戻ること。(3) **効果の再現**：2回目のBフェイズで、独立変数を再導入した場合、最初の介入フェイズと同様の望ましい行動変容が認められること。

　反転デザインは独立変数と従属変数の間の関数関係を仮定することを可能にするリサーチデザインです。2回目のベースラインフェイズと介入フェイズは、1回目のものと同じですので、介入が標的行動におよぼす効果を反復確認する機会を提供します。この繰り返しにちょうど合わせて、交絡変数が偶然に混入するという可能性は低いといえます。しかし、かといって反転デザインが常に選択すべき最良の実験デザインであるというわけではありません。次のような場合には反転デザインを用いるべきではないでしょう。

1. 他の生徒に向けての攻撃行動（殴打）や自傷行動のように当該行動が危険なものである場合。反転デザインでは行動の変容が認められた後に2回目のベースライン条件が実施されますが、危険な行動を減少させるのに有効であった介入技法を2回目のベースラインデータを収集するために除去するというのは倫理的な意味で問題です。
2. 標的行動に可逆性がない場合。多くの勉学行動は、行動の変容に学習のプロセスが関係してくるため可逆性がありません。このような場合、最初のベースライン条件と同じ遂行レベルには決して戻りません。つまり、一度覚えたことを簡単に忘れることはできないのです。

グラフ化の方法

　反転デザインでは、データを集めるためのフェイズが4つ必要です。図6-8に基本的な反転デザインを示します（ベースライン期がAフェイズ、介入期がBフェイズです。反転デザインのことをABABデザインとも呼ぶのはこのためです）。

デザインのバリエーション

　最近の研究では、反転デザインのバリエーションが見られます。そうしたバリエーションの一つは、構造上はABABの形をとりますが、最初のベースライン（A）期の期間を短くするというものです。こうした形式の反転デザインは、生徒が標的行動をほとんど遂行することができない場合などのように、長い期間におよぶ

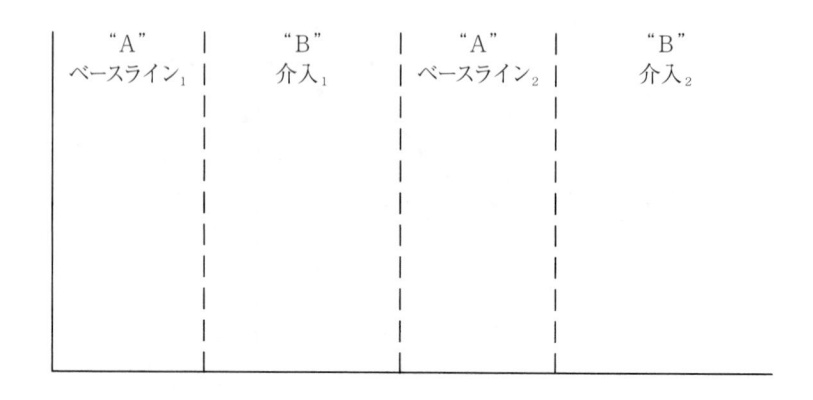

図6-8　反転デザインの基本的形式

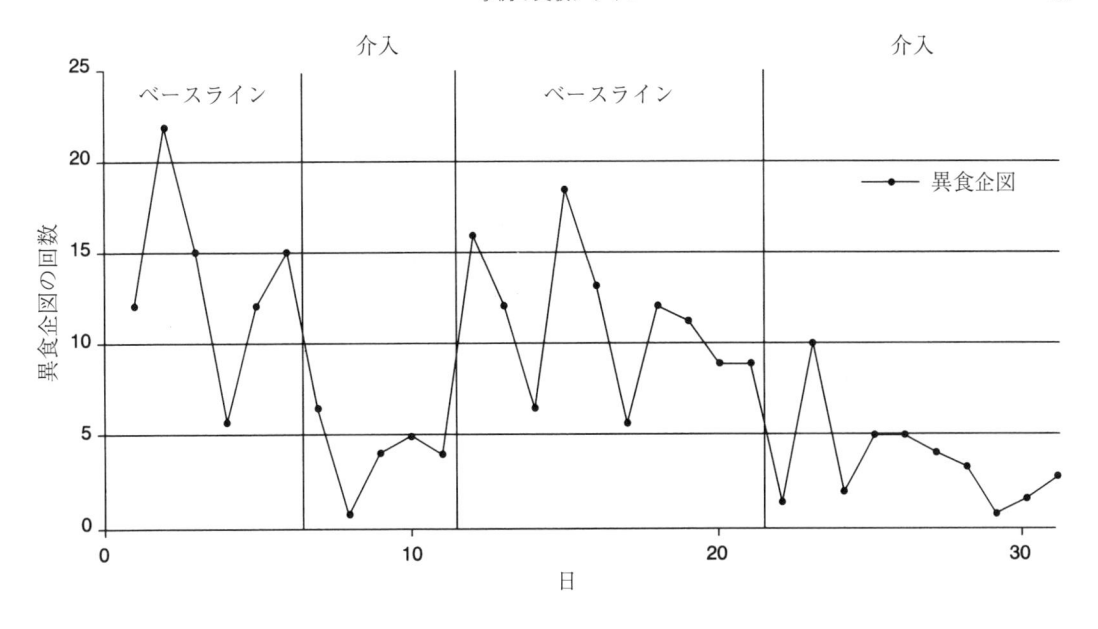

図6−9　反転デザインを用いた研究報告

出典："The use of a pica box in reducting pica behavior in a student with autism," by N. Hirsch, & B. Myles, 1996, *Focus on Autism and Other Developmental Disabilities, 11(4)*, 222-225, 234, Copyright 1996 by PRO-ED, Inc. Reprinted with permission.

ベースライン期が倫理的な意味で問題であったり、必要ないときに用いるのが良いでしょう。

反転デザインの2番目のバリエーションは、最初のベースライン測定をまったく行なわないというものです。このBABという形のバリエーションは、標的行動が生徒の行動レパートリーに明らかにないようなときに使用が考えられるべきです。このデザインを用いた場合、独立変数と従属変数の間の関数関係は2番目の介入フェイズ（B）においてのみ確かめることができます。

応用研究

ABABデザインを実験デザインとして用いた応用研究はたくさんあります。ハーシュとマイルズ[19]の研究では、10歳の自閉症を持つアニーの異食（草や石・布など栄養のないものを食べること）を抑制するために、ABABデザインを用いて介入の効果を確かめました。図6−9は、この実験結果のグラフです。ベースライン条件の間は、学級で従来どおりの対応が行なわれました。つまり、アニーの顔を教師の方に向け、異食の対象物を渡すように言いました。そして、食事やおやつの時間に食べている物に気づかせ、床に落ちている物を食べてはいけないことを思い出させました。介入フェイズでは「おかし」箱（pica box）を使いました。箱には「口に入れても大丈夫な偽お菓子が入っている」ことがアニーに伝えられました。彼女が異食をしそうになると、教師は彼女をその場所から離し「おかし」箱の所に連れて行き、「あなたには箱が必要なようね」と言い、箱の中の「お菓子」を選択するよう指示しました。グラフを見るとはっきりとわかるように、「おかし」箱を導入すると、アニーの異食は減少しました。また注意すべきは、フェイズ1・2の結果はフェイズ3・4でも繰り返されたことで、関数関係が存在しているといえましょう。

オズボーン、パトリック、ディクソンとムーア[29]は、ABABデザインを使って、朝の会での生徒たちの発言（従属変数）を増やすための介

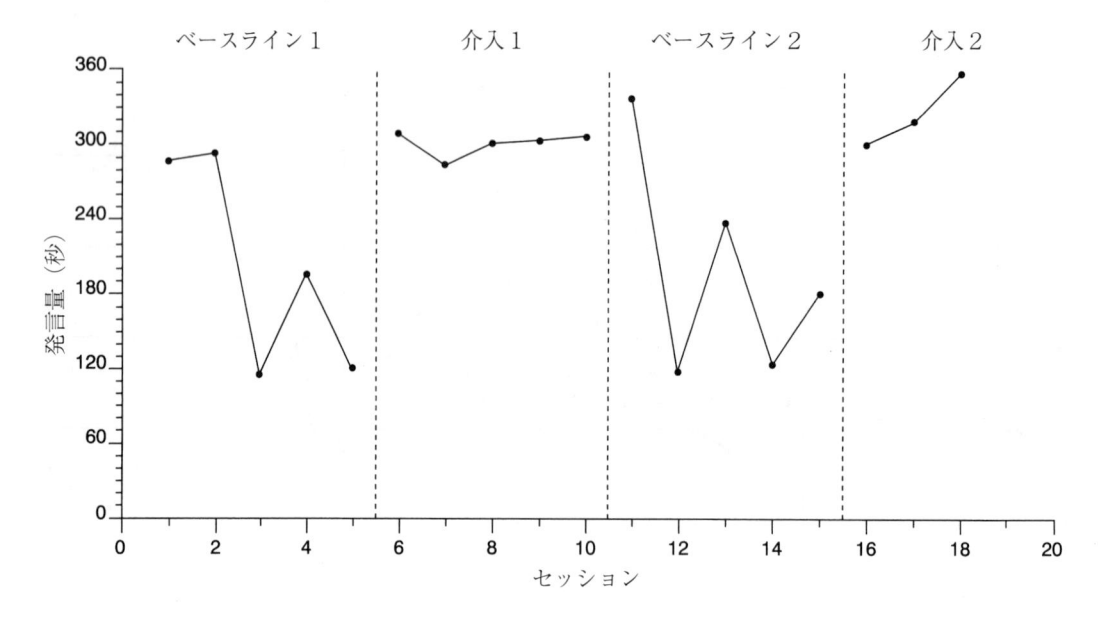

図6-10 反転デザインを用いた研究報告

出典："The effects of reducing teacher questions and increasing pauses on child talk during morning news," by E. Orsborn, H. Partrick, R. Dixon, & D. Moore, *Journal of Behavioral Education*, 1995. Copyright 1995 by Human Sciences Press, Inc. Reprinted by permission.

入の効果を調べました。独立変数は、会を進めるときに教師の話し方を変えたことです。朝の会では、生徒が最近経験したことについて話す時間です。その小学校のクラスには21名の生徒がいましたが、教師は生徒の話に質問をするのが常でした。それを変えて、非質問手続きを試しに行ないました。具体的には、質問を控える、生徒が話をやめたときには待つ、生徒の努力をはっきりと認める、生徒の言ったことを繰り返したり言い換えたりしました。最初のベースライン（B1）に続いて、非質問の介入条件（I1）が置かれ、その後にベースライン条件が再導入され（B2）、最後にまた介入条件（I2）が行なわれました。10分間の観察期間中での、生徒の発言の総量（秒）を図6-10に示しました。介入条件の両方ともで、全体的発言レベルが増加しました。またベースライン・フェイズに比べ介入フェイズではデータの変動が少なくなっていました。

教室場面への応用

次に示すのは、教室場面でABABデザインを使用した例です。

ジル、指しゃぶりをしなくなる

キンボール先生は、27名の園児を受け持つ幼稚園の先生です。彼女は最近、受け持ちのジルの指しゃぶり行動を減少させる効果的な介入プログラムを考案しました。その介入プログラムと行動変容の間に関数関係が存在するか否かを検討するため、彼女は反転デザインを用いることにしました。また、観察法としてはタイムサンプリング法を選びました。つまり、ジルの行動を10分ごとに観察し、そのときジルが指しゃぶりをしていれば＋（プラス）、指しゃぶりをしていなければ―（マイナス）を記録用紙に記入しました。

ベースライン条件（最初のAフェイズ）でジルの行動を2時間ずつ観察したところ、彼女は12回の観察中平均して8回指しゃぶりをしていました。そこで、キンボール先生は、ジルのために表を作り、ジルが観察インターバルの終わりに指をしゃぶっていなかったなら匂いの出るステッカーをその表に貼り付けてあげることにしました。この介入が導入されたると（すなわち最初のBフェイズでは）、指しゃぶりは平均して3回に減少しました。さらにキンボール先生は、介入と行動の間に因果関係が存在するか否かを検討するため、再びベースライン（A）条件に戻しました。この条件ではジルはもはや匂いつきステッカーをもらうことができなくなり、指しゃぶり行動の頻度はすぐに以前のレベルに戻りました。その後、再度B条件を導入すると、指しゃぶりの頻度は再び低いレベルに戻りました。こうして、キンボール先生は介入がジルの行動を変化させたことに対して確信を持つことができたのです。

長所と短所

　上の応用例が示すように、反転デザインには簡潔性と実験的コントロールという2つの利点があります。反転デザインを用いることにより、1つの従属変数が1つの独立変数に与える効果について正確な分析を行なうことができます。

　一方、この実験デザインの最大の欠点は、たとえその介入が効果的なものであっても、関数関係が存在するか否かを検討するためにそれをいったん除去しなければならない点です。標的行動が危険でも可逆的でもないとしても、有効であることが明らかな手続きをわざわざ中断するというのは教師たちにとっては、馬鹿げていると感じられることもあるでしょう。

基準変更デザイン

　基準変更デザインは、強化の基準を段階的に変化させることで、生徒の遂行レベルが徐々にそして系統的に増加あるいは減少するかどうかを評価するのに用いられます[14]。ABデザインと同様に、この実験デザインには2つの主要なフェイズ（ベースラインフェイズと介入フェイズ）が含まれています。しかし、基準変更デザインでは、介入フェイズがさらに幾つかのサブフェイズに分けられます。各サブフェイズにおいて要求される行動は、直前のサブフェイズにおいて要求される行動よりも、より最終的に目標とする行動に近いものです。そのため、生徒の遂行はベースラインレベルから最終的な目標行動へと徐々に移行していくことになります。

　この実験デザインが最適なのは、行動変容プログラムの最終目標が達成されるまでにかなりの時間を要する場合です。例えば、シェイピング手続き（第9章参照）の有効性を判断する際などに適しています。また、この実験デザインは、生徒の行動の頻度、持続時間、潜時、反応強度を増加あるいは減少させたいときにも有用です。

実験デザインの実施

　基準変更デザインを実施するに当たっての最初のステップは、他の一事例の実験デザインと同様な方法でベースラインデータを収集することです。ベースラインが安定した時点で、教師は介入の各フェイズで要求される遂行レベルを決定しなければなりません。その際、目標となる遂行レベルを2つ選ばなければなりません。その一つは、その行動変容プログラム全体の目標となるような遂行レベルであり、もう一つは、

暫定的な遂行レベルです。プログラム全体の目標となる遂行レベル、つまり全般的レベルや最終的レベルは、介入の最初のサブフェイズのレベルを考える上で役立ちます。最初の暫定的な遂行レベルは、次に示す幾つかの方法により決定することができます。

1. ベースラインデータの安定している部分の平均を基に暫定的なレベルを設定し、その後それと同じ幅ずつ基準を増加させる。この方法は、行動変容プログラムの目標が遂行レベルを増加させることである場合、また、生徒の現在の遂行レベルが極めて低い場合などに適しています。例えば、生徒の正答数を増やしたいと思っているけれども、その生徒のベースラインでの平均正答数が2問であるようなときには、最初のサブフェイズでの暫定的なレベルを2問とするのです。そして、それに続くサブフェイズでの強化レベルを4問、その次は6問というように、要求される正答数の基準を2問ずつ増やしていきます。
2. ベースラインデータ（または、ベースラインの安定した部分）の平均の50％を算出し、それを基に暫定的なレベルを設定する。例えば、ある生徒の算数の正答数が1週間記録され、次のようなデータが得られたとします。

　　月曜日　　　9
　　火曜日　　　10
　　水曜日　　　7
　　木曜日　　　6
　　金曜日　　　8

3. ベースラインの最も高いレベル（最終目標の違いにより最も低いレベルであることもありうる）に基づいて設定する。こうした基準は、特定の勉学行動というよりも、離席行動や積極的に友達と関わっていく行動のような社会的行動に対して用いるのが最適でしょう。この方法の前提となる考えは、生徒が一度でも高い（あるいは低い）レベルで遂行することができたならば、その行動を強めること（または弱めること）も、そのレベルで維持することも可能であるというものです。
4. 生徒の能力についての専門家の見込みに基づいて設定する。こうした方法は、生徒の現在の遂行レベルがゼロであるような場合、特に適しています。

最初の基準を設定するために用いた方法にかかわらず、各サブフェイズでの基準変化量が当該生徒にとって適切かどうかはデータを収集して評価しなければなりません。

基準変更デザインを実施するに当たっての次のステップは、介入フェイズを開始することです。各サブフェイズにおいて、生徒の遂行レベルが暫定的な基準を上回っていたならば、教師はその行動を強化します。初期の介入フェイズにおいて教師にとって大切なことは、設定した暫定的な遂行レベルが適切なものであったかどうかを分析することです。かなりの試行を費やしても生徒の行動が基準に達しないようだと、強化をする基準を低くすることを考えるべきでしょう。逆に、そのサブフェイズでの目標があまりに簡単にクリアされるようならば、強化に要する暫定的なレベルをより高く調整することを考えなければなりません。

特定のサブフェイズ内で、先に決められていた連続セッション数（通常は2セッション）または3連続セッション中2セッションで生徒が基準となる遂行レベルに達したならば、強化する基準を行動変容プログラムが要求する望ましい全般的遂行レベルの方向に調整します。暫定的な遂行レベルは徐々に変えられていきますが、そのときの変化幅は、最初の暫定的な行動レベルを設定したときと同じでなければなりません。すなわち、行動変容プログラムは、強化基準を同じ幅で段階的に増加または減少させなければならないのです。こうした過程は、行動が最終的に次のレベルに達するまで続けられます。

1. 行動の生起確率が100％に増加するまで（行動を増加させるプログラムの場合）、または生起確率が0％に減少するまで（行動を減少させるプログラムの場合）。
2. 教師が設定した最終的な目標が達成される

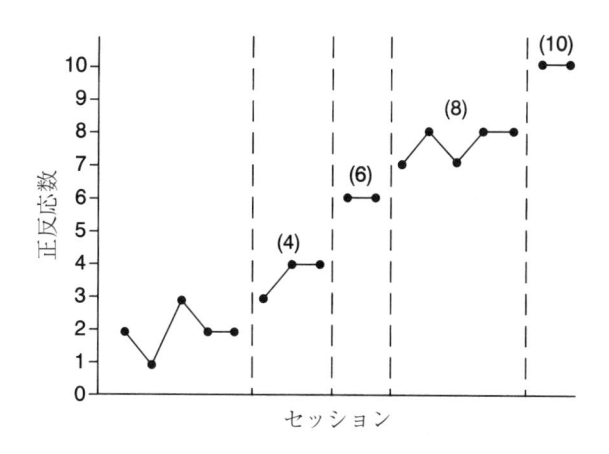

図6-11 規準変更デザインの基本的形式

強化の基準を段階的に変化させるのに合わせて生徒の遂行レベルが一貫して変容したならば、基準変更デザインにおいて独立変数と従属変数の間の関数関係が示されたことになります。一般的にいえば、仮定された関数関係が確かめられるためには、生徒の遂行は、少なくとも連続する3つのサブフェイズで、設定された強化基準に達していなければなりません。

グラフ化の方法

基準変更デザインの基本的なグラフ化の形式は、ABデザインのときと似ています。つまり、ベースラインフェイズに続き、介入フェイズが示され、両フェイズと各サブフェイズは垂直な破線で区別されます。図6-11のように介入フェイズにおけるデータを各強化基準ごとにまとめ、サブフェイズ内ではデータポイントをつなぎます。しかし、異なるサブフェイズ間のデータポイントは決してつないではいけません。行動結果（強化）を与えるのに必要な生徒の行動の程度は、図6-11の介入フェイズの各レベルに見られるように明確に示されるべきでしょう。

応用研究

ホールとフォックス[12]は、行動障害を持つ子どもに行なった、算数の正答数を増加させる研究の中で、基準変更デザインを用いています。ベースライン条件では、その生徒の算数の平均正答数は1問でした。

最初の暫定的な遂行レベルとしては、ベースラインでの平均正答数を越える最も近い整数（2）が設定されました。もしその生徒がこの強化基準を満たせば、バスケットボールで遊ぶことが許されました。しかし、逆にそのレベルに達しなかったならば、その問題が解けるまで算数をやり続けなければなりませんでした。図6-12に示されているように、この手続きは、子どもが算数の問題に10題正答するようになるまで続けられました。

ベイツ、レンザグリアとクリース[5]は、重度の精神遅滞を持つルーシーがカーテンの滑車を組み立てる作業の効率を増大させるために基準変更デザインを使いました。通常のベースラインフェイズに続いて自己強化システムを使った指導フェイズが行なわれました。しかし、うまくいかなかったので、正の強化を用いた基準変更デザインを導入しました。ルーシーは2ユニット完成させるごとに1セントもらい、休憩時間にスナックを買うためにそのお金を使うこ

第6章

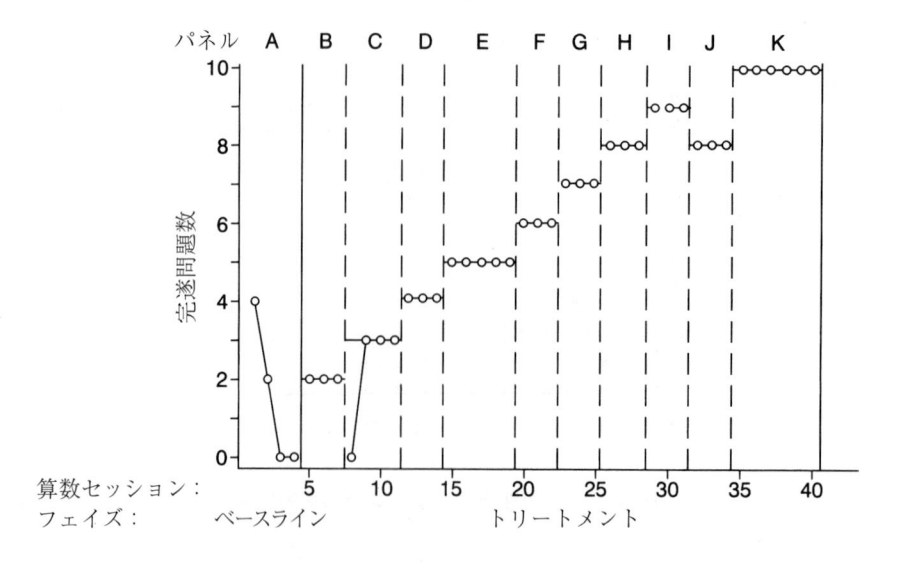

```
パネル  A   B   C   D   E   F   G   H   I   J   K
```

図6-12　基準変更デザインを用いた研究報告

とができました。

　最初の暫定基準は自己強化セッションでのルーシーの平均作業率に基づいて決められました。彼女の平均作業率は、1分間0.7ユニットでした。「最初の4つのサブフェイズで、ルーシーがこのプログラムに熟知してできるだけ基準を達成できるように、前のサブフェイズからほんの少しだけ基準を増加させました。しかし、ルーシーが最初の基準増加をうまく達成できるようになってからは、大きな基準増加が実現でき、基準変更デザインの効果をより明確にするであろうと考えられました」(p.97)。図6-13でわかるように、ルーシーの作業効率の改善は1分間で2.2ユニット以上になるまで続き、雇用を続けられるのに必要な最小限のレベルを十分オーバーしました。

　基準変更デザインでは、その信頼性を増すため幾つかの手続き上の要素を持ち込むことがあります。例えば、図6-12では、ほとんどのサブフェイズが3セッションずつ行なわていますが、時々そのセッション数が変えられていました（図6-12中のC、E、Kの3つのサブフェイズ）。このように、サブフェイズで費やされるセッション数を変化させると、セッション数を一定に保つ場合に比べ、より信頼性のある実験的コントロールを行なったことになります[8]。最後に、サブフェイズJで、最終的な目標と反対の方向に強化基準を変化させている点に注目してください。既にマスターした基準に遂行レベルを戻すことで、ABABデザインにおいてベースライン条件に戻したときと同様の反転効果を確認することができます。

教室場面での応用

　次に、一般的な応用研究と比較する意味で、基準変更デザインを教授場面に応用した例を紹介します。

クラウディア、品物を色別に分類できるようになる

　クラウディアは、キャロル先生が受け持つ中度精神遅滞児特殊学級の生徒です。キャロル先生は、クラウディアにできるだけ迅速に品物を色別に分類する課題を教えようとしていました。というのも、クラウディアは一応この課題を遂行することはできるのですが、そのスピー

一事例の実験デザイン

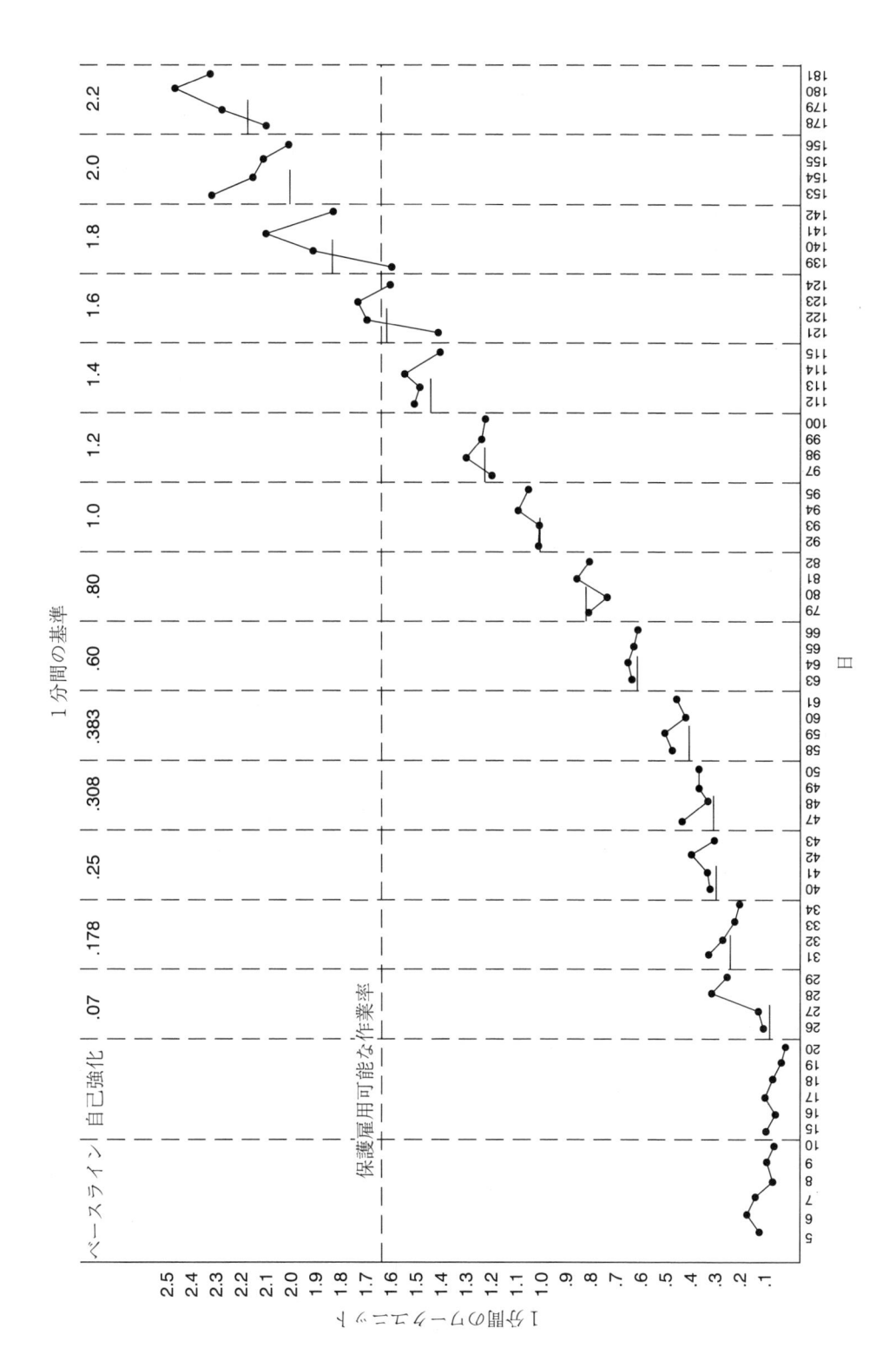

図6−13 基準変更デザインの適用

ドがあまりに遅かったからです。キャロル先生は正の強化手続きを行ない、その効果を評価するために基準変更デザインを用いることにしました。まずベースラインでは、クラウディアが品物を分類する速度が平均して1分間に4品目であることを確認しました。そこでキャロル先生は、最初の暫定的基準を1分間に6品目分類できることとし、最終的な目標としては1分間に30品目としました。正の強化は、クラウディアが強化の基準を満たしたときポーカーチップを1枚与えることでした。ポーカーチップと引き換えに1分間の自由時間が許されました。そしてクラウディアが連続2回基準に達したならば、強化の基準を2品目上げました。キャロル先生はこの手続きを、クラウディアがポーカーチップを得るためには、1分間に30品目分類しなければならなくなるまで続けました。このような手続きを行なった結果、クラウディアの行動は強化基準が変化したらすぐに変容し、強化基準を変えるまではそうした行動変容は見られませんでした。このことからキャロル先生は、独立変数と従属変数の間に関数関係があると結論しました。

長所と短所

基準変更デザインの一つの長所は、行動を常に望ましい方向に変容させながら関数関係を検討することができる点です。つまり反転デザインとは異なり、効果的な介入を一時期取り除くといった必要はありません。しかし、基準変更デザインでは行動が少しずつ変容することが要求されます。そのため、早急な変容が望まれる行動や早急に変容してしまう行動に対しては、このデザインを用いるのは適切ではないでしょう。

マルチベースラインデザイン

その名が示すように、マルチベースラインデザインを用いると、複数の従属変数を同時に分析することができます。この実験デザインを用いることにより、以下の点に関する介入（独立変数）の効果を実験的にテストすることができます。

1. 単一場面において1人の生徒が自発する複数の行動：例えば、社会科の授業中にジョンが自発する離席行動と大声で話す行動など（**行動間マルチベースラインデザイン**）。
2. 単一場面において同一の行動を自発している複数の生徒：例えば、英語の授業時間内におけるサラとジャネットのスペルの正確さ（**個体間マルチベースラインデザイン**）。
3. 1人の生徒が同一の行動を自発する複数の場面：例えば、休み時間中と学校のカフェテリアで、カートが他人の悪口を言うなど（**セッティング間マルチベースラインデザイン**）。

このようにマルチベースラインデザインは、介入手続きを複数の個体、複数の場面、複数の行動に適用しようとするときに用いられるデザインです。また、マルチベースラインデザインには、反転デザインとは違い反転フェイズがありませんので、反転デザインの適用が困難な場合、例えば標的が攻撃的行動であったり、勉学行動のように非可逆的な行動である場合などにも用いることができます。

実験デザインの実施

マルチベースラインデザインを用いる場合、教師は複数の従属変数のデータを同時に記録します。つまりおのおのの生徒・行動・場面ごとにベースラインデータを収集するのです。デー

> ベースライン、方向性、
> 安定性、コントロール……
> これってテニスの話？

タ収集システムを作るに当たっては、グラフの縦軸となるスケールはその行動変容プログラムに含まれる各変数にふさわしくなるように選ばれなければなりません。データの分析を可能にするために、測定された値のスケール（例えば、適切な遊びに費やされた時間（分）、計算問題の正答数、課題遂行行動に費やされた相対時間など）は、各従属変数で同一となるようにするべきです。

最初の従属変数について安定したベースラインが得られたならば、介入が開始されます。第1の変数に対して介入を行なっている間、他の残りの従属変数についてはベースラインデータを収集し続けます。最初の変数が行動目標として設定された基準に達したとき、もしくは最初の変数のデータが連続する3つのデータポイントで望ましい方向に変容する傾向を見せたときに、2番目の変数に対して介入が導入されます。2番目の変数に対する介入が行なわれている間、最初の変数については介入を継続して行ない、残りのその他の変数についてはベースラインデータをとり続けます。こうした手続きは、行動変容プログラムに含まれるすべての変数に対して介入が適用されるまで続けられます。

マルチベースラインデザインを用いて収集されたデータは、独立変数と従属変数それぞれとの関数関係として検討することができます。2番目以降の従属変数に対する介入の実施は、効果の反復データとして考えられます。関数関係が存在すると想定されるのは、各従属変数の変容が、それに対する独立変数が導入されたときにだけに生じた場合です。上下に隣接するグラフは、介入が各従属変数に対し独立した介入効果を持っていることを確かめるのに用いられます。つまり、最初の従属変数だけが、最初の介入の影響を受けるべきなのです。同様に、2番目、またはそれに続く従属変数は、それらに対して介入が適用されたときにだけ変容しなければなりません。例えば、図6-14では、独立変数と従属変数の間の関数関係が認められますが、図6-15では認められません。図6-15では、最初の従属変数に対して介入が導入されたときに、2番目の変数においても正答数の増加傾向が始まっています。このことは、従属変数間の関係が離散してはいない、つまり独立したものではないことを示しています。

グラフ化の方法

マルチベースラインデザインを用いるときに

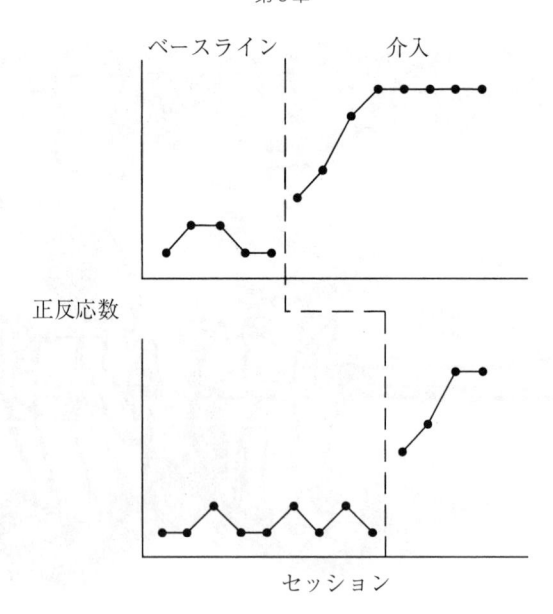

図6−14　マルチベースラインデザインにもとづくデータ（独立変数と関連がある）

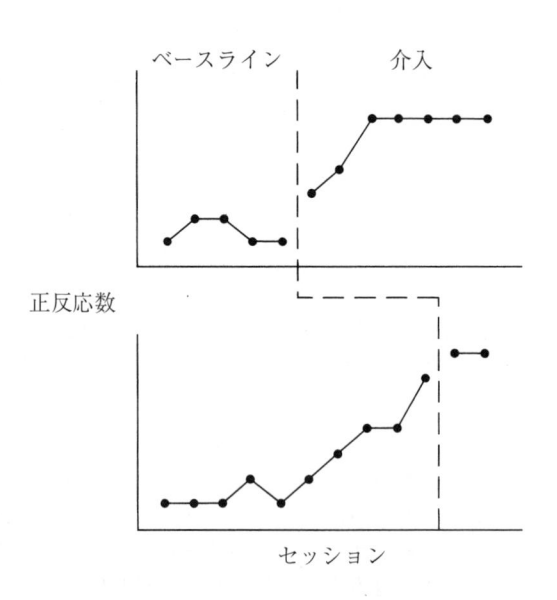

図6−15　マルチベースラインデザインにもとづくデータ（独立変数に関連がない）

は、先生は収集されたデータを介入が適用された従属変数（個体、行動または場面）ごとに別々の図にプロットしなければなりません。図6−16はマルチベースラインデザインを用いたときの一連のグラフです。

応用研究

行動間マルチベースラインデザイン

テスト、グロシーとコール[39]は、ある研究の中で行動間マルチベースラインデザインを用い

一事例の実験デザイン   149

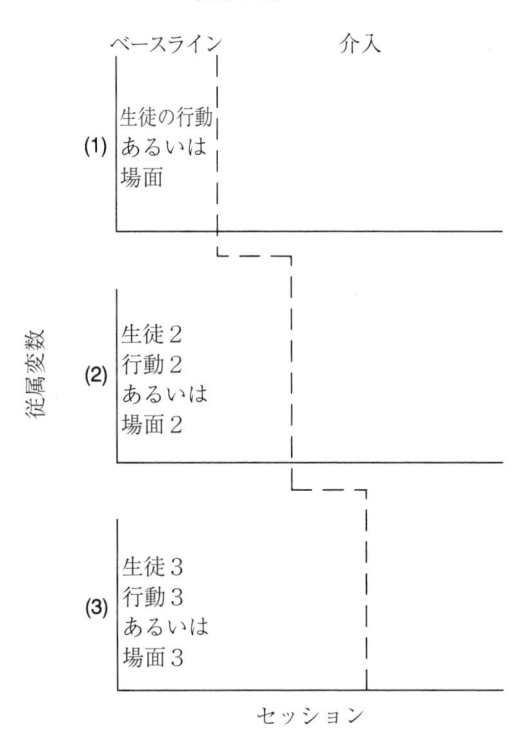

```
              ベースライン    介入
              ┌──────┐
              │生徒の行動│
         (1)  │あるいは │
              │場面   │
              └──────┘───┐
                         │
    従                    │
    属   ┌──────┐       │
    変   │生徒2  │       │
    数(2)│行動2  │       │
         │あるいは│       │
         │場面2  │       │
         └──────┘───┐  │
                    │  │
         ┌──────┐ │  │
         │生徒3  │ │  │
    (3)  │行動3  │ │  │
         │あるいは│ │  │
         │場面3  │ │  │
         └──────┘ │  │
              セッション
```

図6-16　マルチベースラインデザインにもとづくグラフの基本的形式

ました。著者たちは3つの清掃課題——トイレの掃除、机の隅々までの掃除、事務所の毎日の掃除——をオフィスビルでの地域立脚型の職業訓練として考えました。クライエントとなったのは19歳の重度の障害を持つ女性でした。図6-17は介入（課題分析を使った、ジョブコーチによる訓練）の効果を示していますが、3つの行動それぞれで明らかに効果がありました。それぞれの行動は介入が導入された後でだけ改善しています。この結果はジョブコーチによる介入とクライエントの清掃スキルの獲得との間に関数関係があることを示しています。

個体間マルチベースラインデザイン

ギルバート、ウィリアムスとマクラフリン[11]は、個体間マルチベースラインデザインを用いて、学習障害を持つ3人の小学生を対象に、音読を熟達させるための援助付き音読方法の効果を評価しました。図6-18は、この研究のデータを示しています。従属変数は正音読率で、正しく読めた語数を音読時間数（4分間）で除したものと定義されました。ベースラインフェイズでは、基礎的な教科書が用いられ、教師は生徒と語彙を検討し、また生徒は発音規則を教授されました。まず生徒は教科書の一節を黙読し、次にその節をテープレコーダーに音読しました。この間、教師のフィードバックはありませんでした。介入では、教師によって独立変数が実施されました。援助付き音読です。生徒は、事前に録音された教科書の一節を聞きながら、プリントの行を指で追いました。それから、テープを聞きながら、一節を3回読みました。教師はフィードバックと賞賛を与えました。最後に、翌朝、生徒は一人でテープに向かって音読をしました。グラフの介入フェイズで見たように、どの生徒も正音読率を増加させています。生徒1では、ベースラインで平均毎分28語だったのが、60語になりました。生徒2は58語から83語、生徒3は38語から68語になりました。この個体間マルチベースラインデザインの適用に

清掃技能

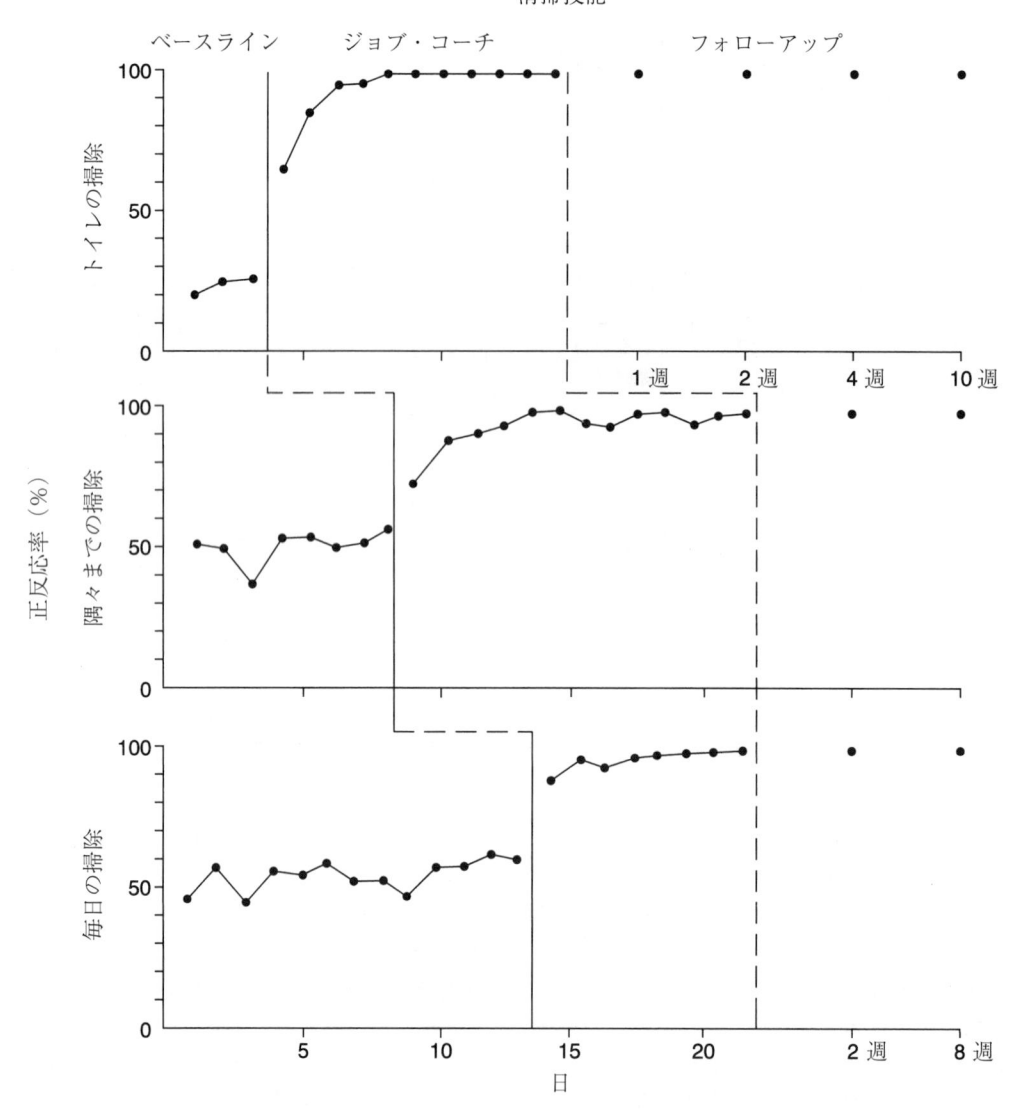

図6−17　行動間マルチベースラインデザインのグラフ

おいては、介入は生徒1に実施され、生徒2で繰り返され、そして生徒3で再び繰り返されました。

　ホワイトとベイリー[41]は1つの学級全体を1「個体」として扱って個体間ベースラインデザインを使っています。彼らは一種のタイムアウト手続きである「着席・観察」（sit and watch）手続きの効果を30人の通常学級4年生の生徒と、重度の行動的問題を持つ特別学級4、5年生14人の問題行動（指示に従わない、攻撃行動、物を投げる）で検討しています。問題行動をした生徒は着席するように言われ、他の生徒が遊んでいるのを3分間観察させられます。各観察期間の間、観察者はカウンターを使って問題行動の数を数えました。図6−19は両方のクラスのデータを示しています。データの上の数字は着

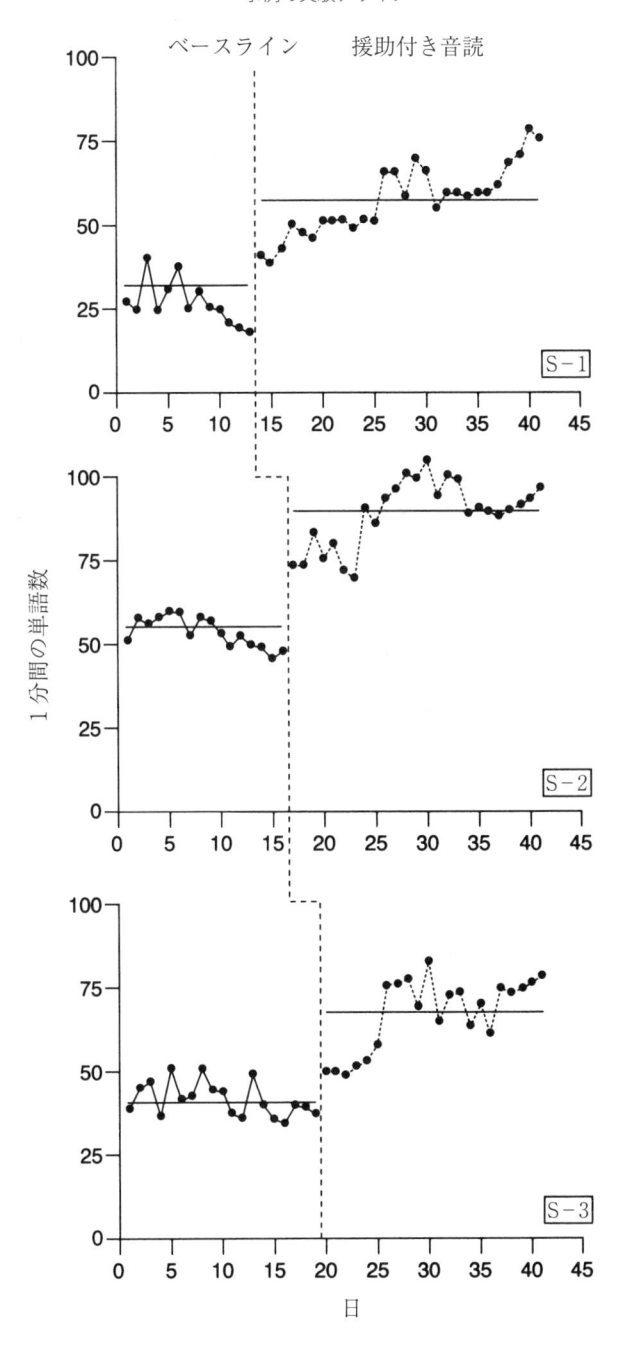

図6−18 個体間マルチベースラインデザインのグラフ

出典："Use of assisted reading to increase correct reading rates and decrease error rates of students with learning disabilities," by L. Gilbert, R. Willians, & T. McLaughlin, *Journal of Applied Behavior Analysis*, 1996. Copyright 1996 by The Society for the Experimental Analysis of Behavior, Inc.

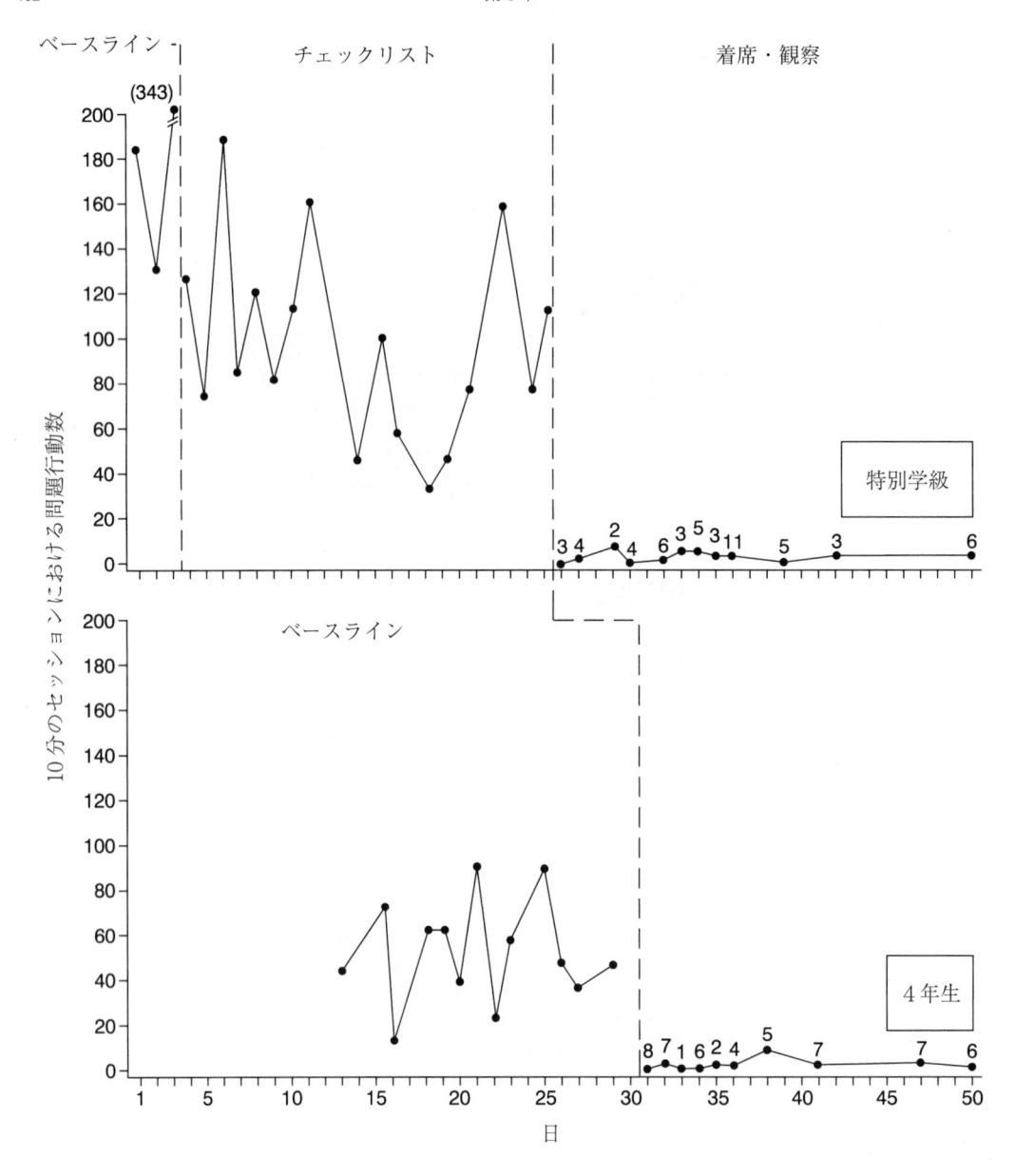

図6-19　個体間マルチベースラインデザインのグラフ（学級全体を1個体と見なしたもの）

席・観察が行なわれた回数です。介入が開始された時点でおのおののグループの問題行動が減少しているので関数関係が推測できます。

場面間マルチベースラインデザイン

クッシングとケネディー[9]は場面間マルチベースラインデザインを使って、通常学級に在籍する障害を持つ生徒へのピア・サポートの効果を評価しました。図6-20は、障害を持たないルイと、中度の知的障害を持つレイラのデータを示しています。二人は小学校で3つの授業（英語・社会・理科）に一緒に出席していました。研究の目的は、レイラの援助者にルイがなることの関数として、従属変数であるルイの課題従

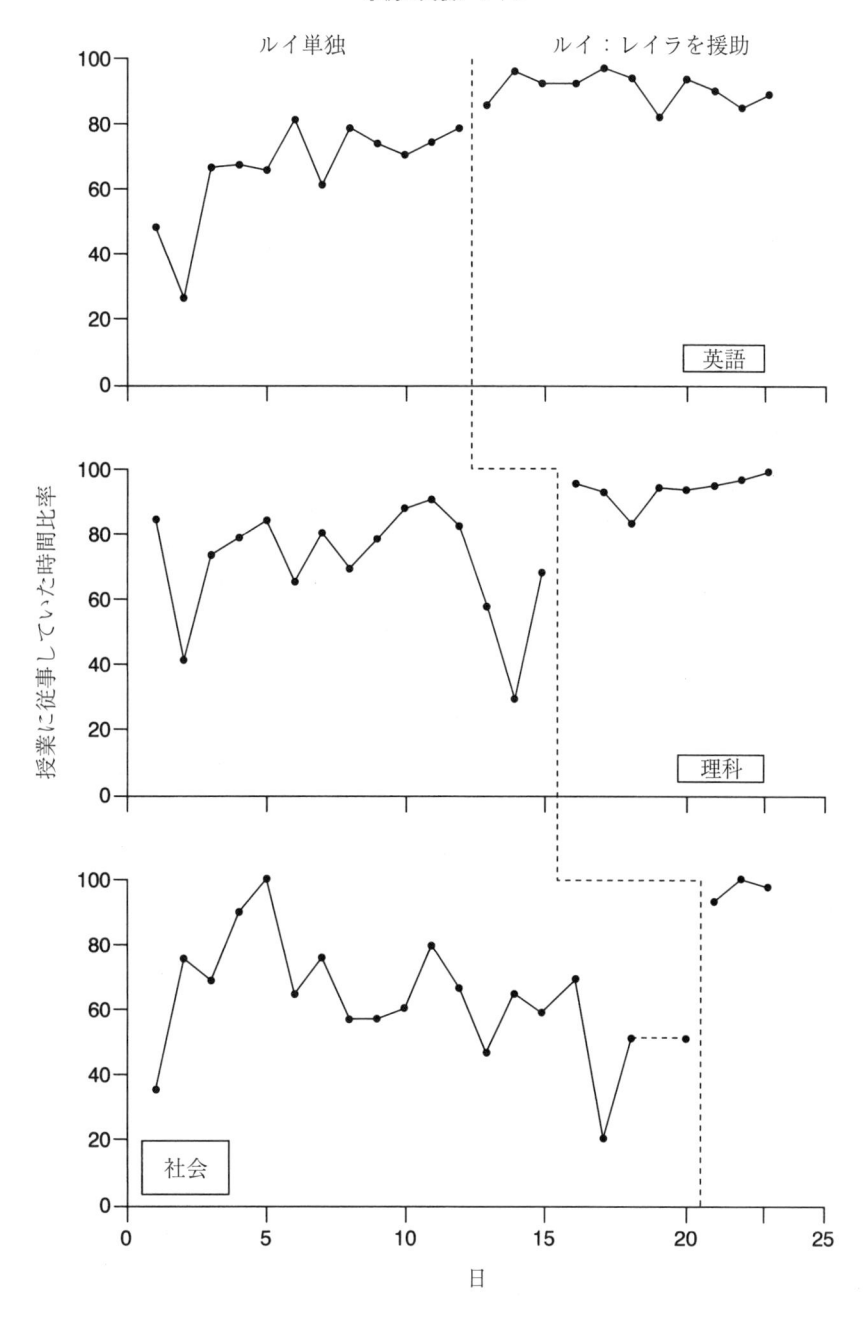

図6-20 場面間マルチベースラインデザインのグラフ

事時間が増加するかどうかでした。ルイの授業中の非課題従事行動は、他の生徒に話しかける、教室を歩き回る、突拍子もないことを言う、などでした。レイラは、指示に従ったり、課題を継続したり、課業を終えるのに援助が必要でした。レイラをサポートするためにルイは次のことを行ないました（独立変数）。社会の時間には例えば、彼は「（a）特定の市と、その綴り

を一致させる、(b) それぞれの市を特定の色に対応づける、(c) 地図上のそれぞれの地区に対応する色をレイラに選ばせ、後で市の名前を書き入れる領域に色を塗らせる、(d) 色と市の名前カードをレイラに対応づけさせる、(e) レイラが地図に正しく市の名前を書き入れるのを監督する(p.142)」などです。ピアサポート活動は、まず英語で、次に理科、そして社会のクラスと、系統的に実施されました。グラフに見て取れるように、ルイが授業に従事していた時間の割合は、どのクラスにおいても、ベースラインフェイズに比べ介入フェイズの方が高率でした。

現場への応用

次の例は、マルチベースラインデザインを教室場面へ応用したものです。

生徒たち 「授業開始時間に間に合う」ようになる

ラファエルさんは中学校の英語の先生です。彼女は午前中の授業を3クラス受け持っていますが、どのクラスの生徒たちもよく遅刻をします。そこで、彼女はこの3クラスの遅刻のベースライン・データを記録し始めました。彼女が記録したのは、授業開始ベルが鳴ったときにちゃんと席に着いている生徒の数です。その結果、最初のクラスでは平均5人、2番目のクラスでは平均4人、3番目のクラスでは平均7人の生徒がベルが鳴ったときに席に着いていました。ラファエル先生は、初めに最初のクラスで、始業ベルが鳴ったときに席に着いていた生徒に対し成績表に特別点を与えるということを始めました。その結果、1週間以内に25名の生徒が始業時刻には着席しているようになりました。この間、他の2クラスについてはベースライン・データを取り続けましたが、生徒の行動に特別な変化は見られませんでした。次に、彼女が2番目のクラスに対し特別点を与え始めると、その直後からそのクラスの生徒たちの「始業時刻に間に合う」行動は劇的に増加しました。さらに1週間後、彼女は3番目のクラスに対してもこうした介入を導入しましたが、結果は同様でした。ここでラファエル先生は次の2つのことを成し遂げたことになります。1つは生徒たちが始業時間に間に合うようにしたこと、もう1つは介入(独立変数)と生徒の行動(従属変数)の間に関数関係を見いだしたことです。

長所と短所

マルチベースラインデザインは、反転デザインで必要だったように介入を取り除くことなく、また、基準変更デザインにおいて要求されたように強化の基準を徐々に変化させることなく、関数関係の有無を確認することができます。こうした長所を持つため、マルチベースラインデザインは、特に教室場面で使用する際には有用です。しかし、マルチベースラインデザインにも幾つかの短所はあります。例えば、このデザインでは、介入を複数の生徒、複数の行動、あるいは複数の場面に適用することが要求されますが、これは必ずしも実用的ではありません。さらに、マルチベースラインデザインでは長期にわたりベースラインデータを収集することが必要です。2つ目以降の従属変数においては、特にそうです。生徒が標的行動をまったく遂行できない場合や、他の場面に行く機会がない場合には、長期間ベースラインを測定することは不可能であるか、または実際的ではありません。実際に必要とする以上の長さで毎日ベースラインを取ることになりますし、それは難しいでしょう。このような場合、**マルチプローブデザイン**[22,27]が合理的な解決を示唆します。これはマルチベースラインデザインのバリエーションで、介入が行なわれていない行動(または生徒、場面)のデータを継続して収集することはありません。替わりに、続く変数に対してプローブ試行(ベースライン条件での単独の試行)やプロ

ーブセッション（ベースラインでの複数回の試行）を間欠的に行なうことで、標的行動を生徒がまだ遂行できないことを確かめたり、介入前の能力の変化を記録します。行動1（または生徒1、場面1）に介入している間、行動2・3に対して時々プローブを行ないます。行動1が基準に達したら、3つの行動すべてについて1回以上のプローブセッションを実施します。(p.197) そして行動2への介入を始めます。行動1の変化が維持されていることを確認するために、行動1へのチェック後プローブを行ない、行動3にはベースラインプローブを続けます。行動2が基準に達したら、3つの行動すべてに対して1回以上のプローブセッションを行ないます。そして行動3に介入を開始し、この間チェック後プローブを行動1・2に行ないます。

ヘラー、オールグッド、ウェア、アーノルドとカステレ[15]が使ったマルチプローブの仕方を図6-21に示します。この研究では、聾または盲聾と、精神遅滞を併せ持つ4名の高校生に、必要なものを要求するためにデュアル・コミュニケーション・ボードとジェスチャーを利用することが教えられました。地域の職業指導施設で介入が行なわれ、課題完成に不可欠な物品が要求物とされました。グラフが示すとおり、生徒1は従来どおりの、5つのデータポイントからなるベースラインでした。生徒2は、第1、4、6、7、8セッションでベースラインプローブを受けました（セッション8では、生徒1が基準に達しています）。生徒3は第1、4、8、9、10（セッション10では、生徒2が基準を満たしています）で、生徒4は第1、4、8、10、11、12（セッション12では、生徒3が基準に達しました）でベースラインプローブを行なっていました。ベースラインプローブを利用することで、生徒2・3・4が遂行できないことがわかっている行動について継続的にベースラインを測定する必要がなくなり、しかし、介入前の彼らの行動に何らかの変化が認められるかどうかを観察することができました。この研究では般化フェイズが加えられ、そこでは職業トレーナー、同僚、監督により要求行動が訓練されました。

さらに言えば、マルチベースラインデザインを次の2つのような場合に対して用いるのは不適切です。

1. 標的行動に対して早急な働きかけが必要な場合。マルチベースラインデザインでは、2番目以後の従属変数に対しては、介入手続きの導入をかなり遅らせなければならないので、早急に何らかの処置が要求されるような行動に対して用いるのはふさわしくありません。
2. 介入の対象となった行動が独立でない場合。複数の行動がお互いに独立でないと、1つの行動に対する介入が、それに関連する行動をも変化させてしまいます。このため、その手続きの効果を正確に評価できなくなります。例えば、標的行動に、生徒が「悪口を言う」行動と「喧嘩をする」行動の2つが選ばれたとすると、「悪口を言う」行動が減少した後は、「喧嘩をする」行動もそれに伴い減少しやすいものです。このようなケースでは、2つの行動は明らかに独立ではないといえます。

操作交代デザイン

マルチベースラインデザインでは単一の独立変数と複数の従属変数が扱われるのに対し、ここで述べる操作交代デザイン[3]では、単一の従属変数におよぼす複数のトリートメント（介入）手続きの効果を比較することができます。例えば、このデザインを使うと、2つの読書プログラムが生徒の読書理解能力におよぼす効果や、おしゃべりに対する2つの行動減少手続きの効果を比較することができます。また、生徒のコミュニケーションボードが用いているシンボル

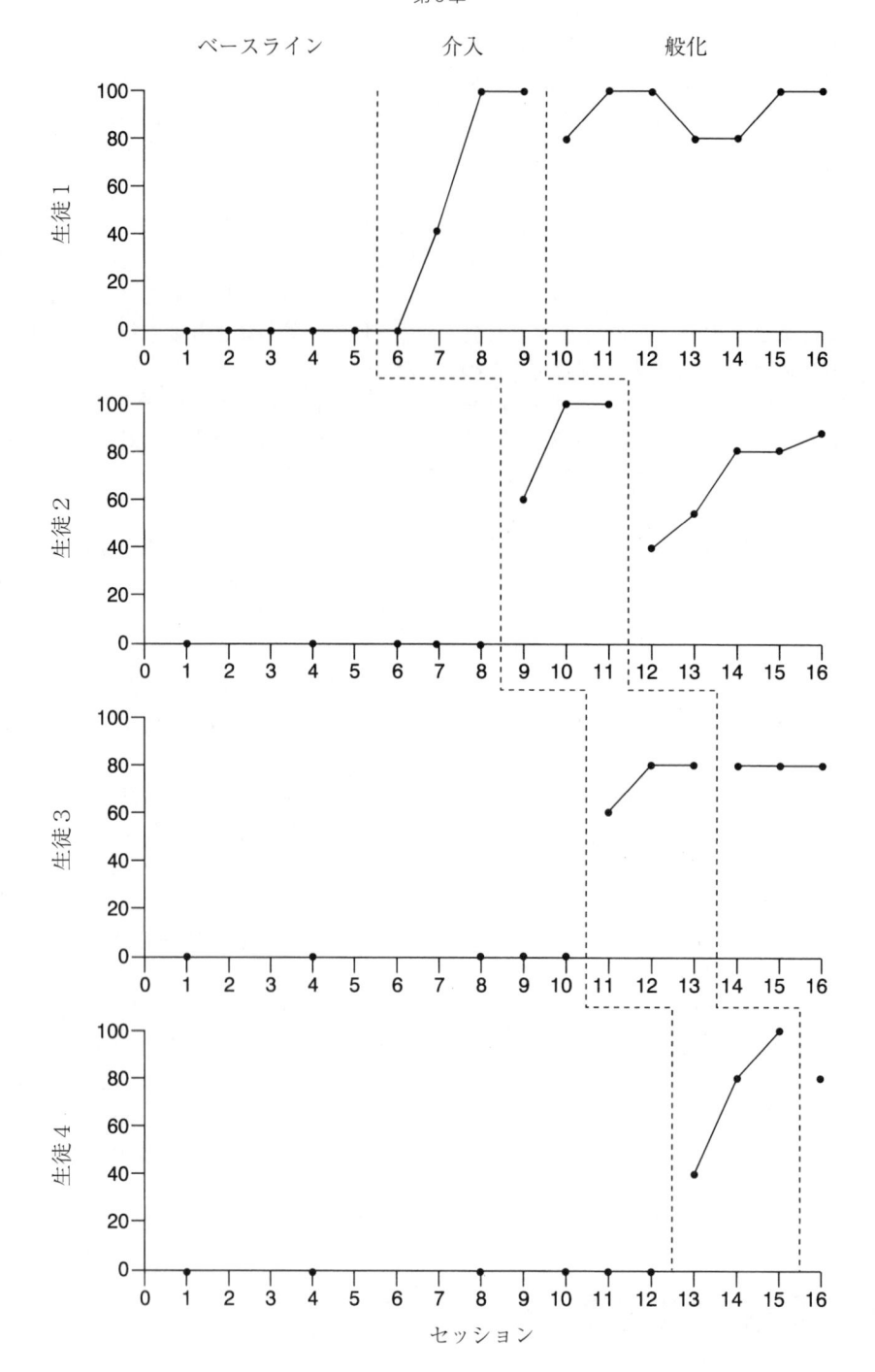

図6－21　マルチプローブデザインの使用例

出典：*Research in Developmental Disabilities, 17(3)*, K. Heller, M. Allgood, S. Ware, S. Arnold, & M. Castelle, "Initiating requests during community-based vocational training by students with mental retardation and sensory impairments," 181, 1996, with kind permission from Elsevier Science Ltd.

は3つの内どのタイプが効率的かを調べることもできます。このデザインは、操作交代デザインという呼び方以外に、マルチスケジュールデザイン[16]、条件交代デザイン[40]、マルチエレメント・ベースラインデザイン[35]などとも呼ばれています。

実験デザインの実施

操作交代デザインを実施するときの最初のステップは標的行動と、有効だと思われる複数の介入方法を選ぶことです。標的行動が社会的なものであれば（例えば適切な質問をするとか、課題を続ける）、それをまず操作的に定義しなければなりません。もし標的行動が学業に関するものであれば、その行動の代表例を複数選択し（例えば、おなじくらい難しい割り算の問題を2セット以上）、おのおのの代表例にトリートメント方略を1つずつ割り当てます。

このデザインの名前が示すように、トリートメントは交代で、あるいはローテーションして実施されます。トリートメントは例えばABABBAABABBAのようにランダムな順番で行なわれることもあります[4]。2つのトリートメントが用いられるときには、生徒はそれぞれのトリートメントを等しい回数受けます。トリートメントが3つの場合には、ブロックローテーションが用いられるでしょう。おのおののブロックには、おのおののトリートメントが1回ずつ現われます。例えば、ABC、BCA、CAB、ACB、BAC、CBAのようにです。もしデータが十分長く集められるなら、すべての組み合わせが一度は行なわれるはずです。

トリートメントの交代は順次行なわれ、幾つかのやり方があります。1つのセッション内で行なう（Aの次にB）、セッション間で行なう（午前中A、午後はB）、日にちを変えて行なう（月曜日にA、火曜日にB）ことができます。交代のスケジュールはカウンターバランスされます。例えば、あるセッションで最初に行なわれたトリートメントは、次のセッションでは2番目に行なわれますし、初日の朝に行なわれたトリートメントは、次の日には午後行なわれ、最初の週の月曜日に行なわれたトリートメントは、次の週には火曜日に行なわれます（研究を目的にした場合は、他の潜在的な交絡変数——トリートメントを実施する人や場所など——の影響を最小限にするためにこのようにカウンターバランスをします）。カウンターバランスをすることで持ち越し効果や順序効果を統制し、言い換えれば、ランダムな順序でトリートメントを呈示するとおのおののトリートメントが他のトリートメントにおよぼすであろう影響を最小限にすることができるのです。

おのおののトリートメントが始まるときに明確な弁別刺激やシグナルや手がかりを使うと、トリートメントの差異効果がよりはっきりするでしょう。例えば、指導前に教師が「今から指導Aが始まるよ」、あるいは「今は指導Bです」「これから数値線を使います」「数タイルを使います」と言うことです。また、色分けされたプリントを使って今どの条件かを明確にすることもできるでしょう。

グラフ表示

操作交代デザインの基本的なグラフは図6-22のようなものです。すべてのデザインと同じように、ベースラインデータが最初にプロットされ、介入データは垂直破線で分けて表示されます。操作交代デザインのグラフが他のグラフとは異なっているのは、複数の線がある点がある点です。介入のデータは同じ介入ごとに結びます。介入ごとに別々の複数のラインができ、介入の効果がわかりやすくなります。

もし、あるトリートメントのデータカーブが他のカーブと縦方向に離れているなら、それは**分離している**といわれます。この分離はトリートメント間で効果に違いがあることを示しています[40]。

図6-22の一番上のグラフは効果的なトリートメントであることを示しています。トリートメントAは他の2つよりも効果的です。データカーブが分離しています。つまり、介入フェイズのごく初期からどのデータポイントでも他のデータと交差していません。2つのカーブは分

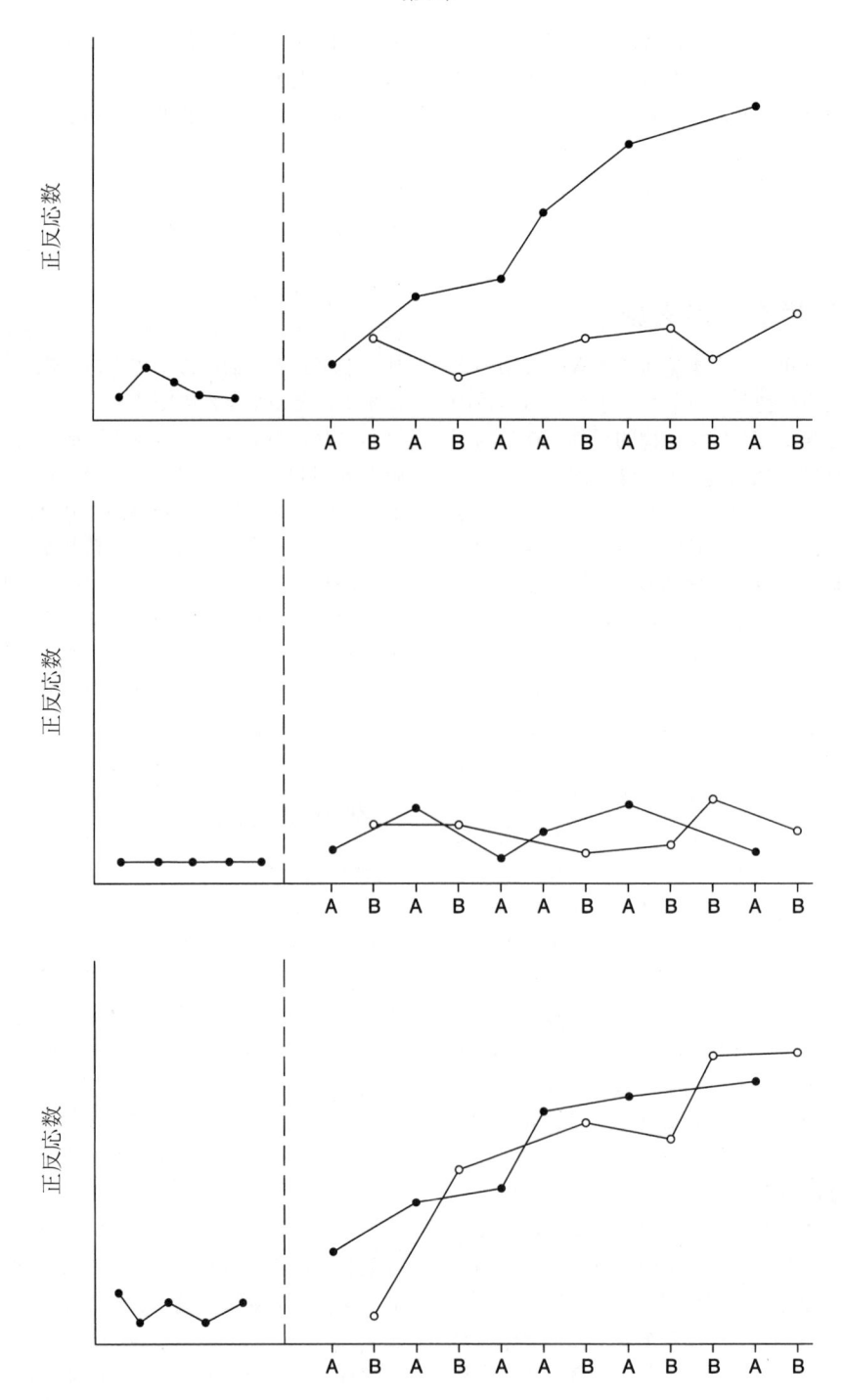

上図はトリートメントAの方が効果があり、中図・下図ではトリートメント間に差はない。

図6-22 操作交代デザインを使用してデータを収集したグラフ

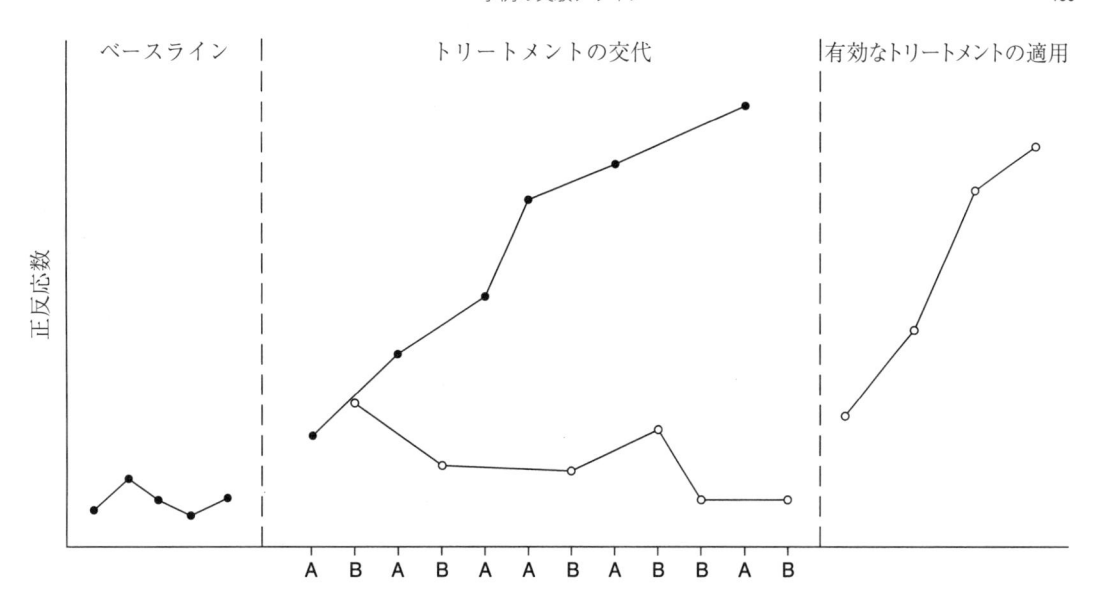

図6-23 関数関係を明らかにするために3つのフェイズを持たせた操作交代デザイン

離しています。図6-22では2つの介入に差がないときのデータも示しています。真ん中のグラフは2つのトリートメントのどちらもが従属変数に対して影響がない、つまり効果がないということを示しています。最下段のグラフは2つのトリートメントのどちらもが等しく従属変数を制御している、つまり効果的であることを示しています。

グラフの視覚的見当visual inspectionによって、1つかそれ以上の独立変数と従属変数間の実験的統制を推測できるでしょう。

トリートメントを実施する時期などの交絡要因がカウンターバランスによって（おそらく）相殺され、被験者が教示や他の弁別刺激によって既に2つのトリートメントを弁別しているならば、各トリートメント実施に伴う行動変容の違いの原因はトリートメント自体に帰されるべきである。また、このような前提があれば、2つ（もしくは、それ以上）のトリートメントを直接比較することが可能となる[3] (p.200)。

これまで述べてきたように、操作交代デザインは反転フェイズを含んでいません。それゆえ関数関係の存在を明らかにするには相対的に弱い手続きだといえます。この点をより強力にするには第3番目のフェイズを導入することです。このフェイズでは最も効果的であったトリートメントだけが、介入フェイズで効果のなかったトリートメントの対象とされた行動に適用されます。図6-23はそのような第3フェイズを持つバリエーションを示しています。

関数関係のより強力な証拠を得るために、ヒギンズ・ハインとベアー[18]は通例の反転デザインの中で操作交代デザインを使用することを示唆しています。その例は、シャーバーン、アトリー、マコーネル、ガノン[34]の攻撃的遊びの研究で見られます。また、マルチベースラインの中に反転デザインと操作交代デザインを使った例がシャーロップ、カーツ、ミルスタイン[7]による、自閉症を持つ児童に対する課題習得の研究で報告されています。マルチベースラインデザインに操作交代デザインを持ち込み、反転を行なわない例は、ベルフィオーリ、グスコヴィック、マーフィーとゼントール[6]による学習障

害を持つ生徒の読みの促進に色手がかりを用いた研究に見ることができます。研究の領域で用いられる操作交代デザインのより詳細な論議に興味のある方はヒギンズ - ハインとベアー[18]やヒギンス - ハイン[17]をお読みください。

応用研究

シン[36]は中度の発達遅滞を持つ生徒に対して音読間違いを低減する2つの修正手続きを操作交代デザインを使って比較しました。生徒たちは毎日3回100語の文章を読みました。修正手続きは、単語訂正——教師が正しい単語を言った後で、生徒はその単語を1回反復して、また読み続ける——と、文反復——生徒は教師が言った正しい単語を反復し文の残りを読み、その後文の全体をもう一度読む——でした。図6-24に示されるように、文反復手続きは単語反復（あるいは修正なしの統制条件）よりも3人の生徒全員で有効でした。このデザインの3番目のフェイズは、より効果的な手続きが毎日の3回のセッションで使われました。

オーレンディック、マトソン、エスフェルト-ドーソンとシャピロ[28]は操作交代デザインを用

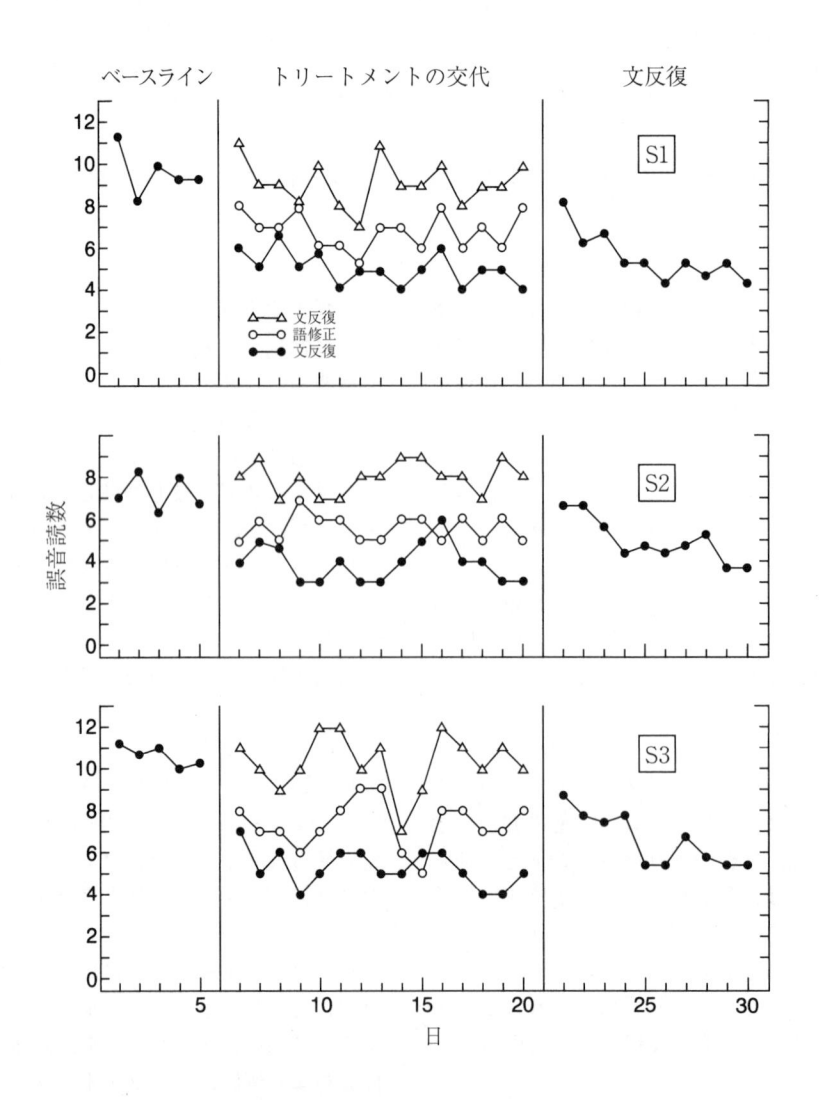

図6-24　条件交代デザインの使用例

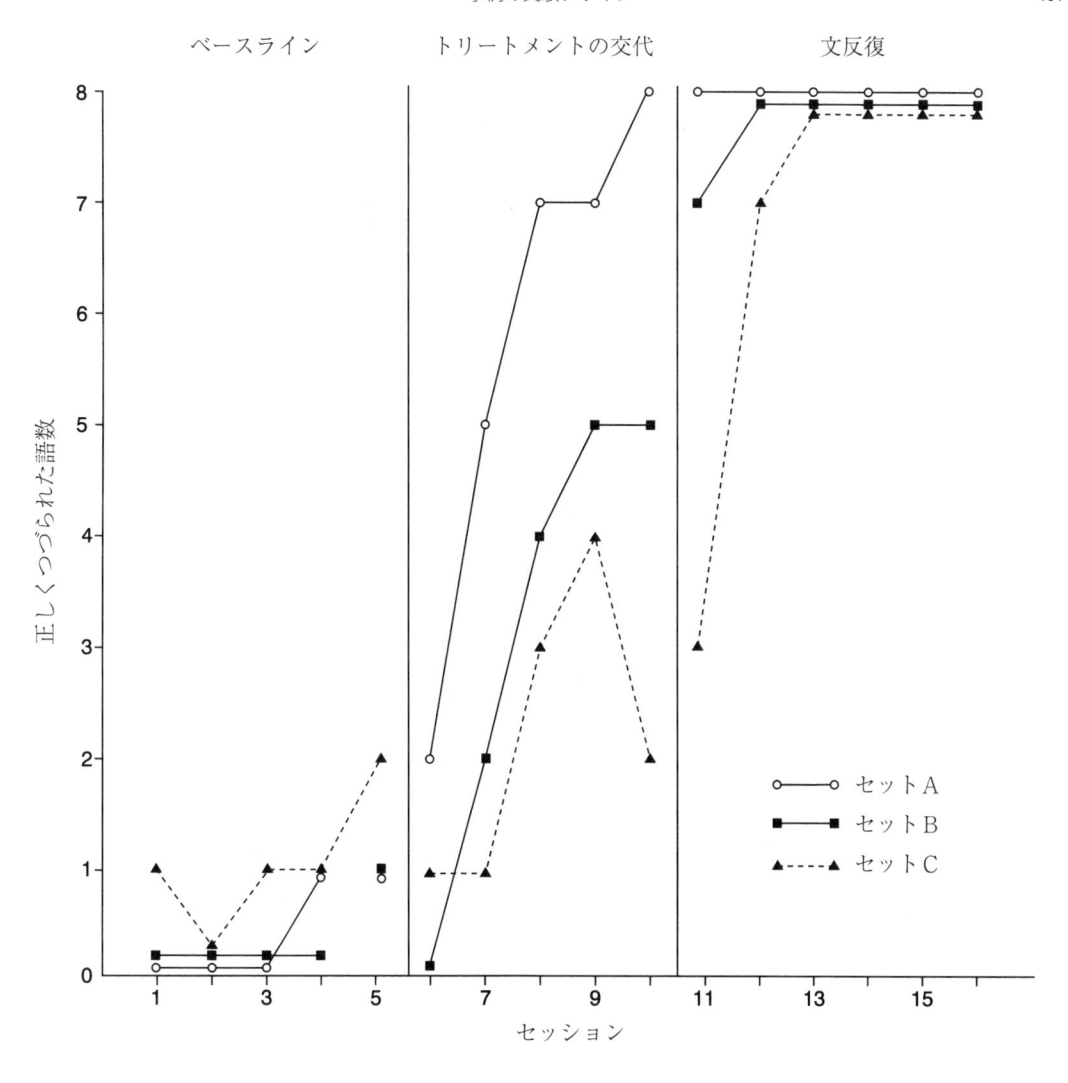

図6−25　行動増大のための研究報告における条件交代デザイン

いて、つづりの改善手続きの効果を検討しました。図6−25は生徒の一人、13歳の女の子の生徒のデータです。つづりの正確さを改善するために、次の3つの指導手続きが用いられました。(1) 積極的練習による過剰修正と正の強化、(2) 教師が間違いを指摘し書き直しをさせ、正の強化を行なう、(3) 正の強化を使わない間違い指摘と書き直し手続き、でした。セットAの単語で最初に用いられた積極的練習と正の強化が最も効果的でした。第3フェイズでは、最も効果的であったこの方法が他の単語セットにも用いられました。他のセットでもセットAと同じように書き取りの正確さが増大しているので、関数関係が示されています。

教室場面への応用

次の例が示すように、操作交代デザインは複数の教授技法の効果を比較する際に、迅速で正確なフィードバックを提供する実験デザインです。

マーシャ、標準語彙を学習する

　ハーガンさんは、小学校の特殊学級の先生です。彼は、受け持ちの生徒の一人であるマーシャに１年生レベルの基本的な標準語彙を覚えてほしいと思っています。まず最初に15の単語を選び、それらをマーシャが読めるかどうかベースラインをとったところ、１つも読むことができませんでした。そこで、ハーガン先生は15の単語を５つずつ３セットに分け、それぞれのセットで異なる指導法を適用することにしました。第１のセットに関しては、ハーガン先生が５つの単語をカードに印刷し、カードに発音が吹込まれた磁気テープを貼り付けました。こうしておくと、マーシャは、（そのカードをある装置に差し込むことにより）いつでも好きなときにその単語の発音を聞くことができるのです。第２の単語セットについては、友達がマーシャに教えるようにし、第３のセットは先生が教えることにしました。ハーガン先生は、マーシャが正しく発音できた単語数を単語セットごとに毎日記録し、それをグラフにしました。その結果、１週間もたたないうちに、マーシャは友達に教えてもらった単語を、他の手続きによる単語よりも高い率で正確に発音するようになりました。ハーガン先生は、マーシャにとって友達が単語の読み方を教えることが標準語彙を学習する上で最も効果的であったと結論しました。

長所と短所

　操作交代デザインは教師にとって、指導上最も重要な問いに答えるための有効な方法です。その問いとは、この生徒にとって、どんなやり方が一番よいのだろうか、というものです。はっきりした分離が見られたならば、わずか３〜５のデータポイントだけで、最も効果的な指導法を選ぶことができます。１つの欠点は、関数関係を明確にするためには繰り返してフェイズを導入する必要があることでしょう。ただし、このような短所は現場の教師にとってはさほど重要でない場合が多いようです。

チェインジング・コンディション・デザイン

　チェインジング・コンディション・デザインは、生徒の行動（従属変数）におよぼす複数のトリートメント（独立変数）の効果を検討するのに用いられます。チェインジング・コンディション・デザインではトリートメントが連続的に導入され、先に述べた操作交代デザインとは違ってトリートメントがめまぐるしく変化するということはありません。

　このデザインは、効果がはっきりしていない幾つかのトリートメントを試してみる必要を感じている場合にぴったりです。チェインジング・コンディション・デザインは、各トリートメント・フェイズが異なるアルファベットで示されるため、別名ABCデザインとも呼ばれています。

　チェインジング・コンディション・デザインを用いて得られたデータからは、従属変数と、テストされる独立変数の間の関数関係の存在を明確にすることはできず、ABデザインと同じく、データは特定の手続きの有効性を示唆するに過ぎません。

　しかし、ベースラインの数を増やすことによって、チェインジング・コンディション・デザインを実験デザインとして使えるように（つまり、関数関係の有無を査定することができる

ように）改良することもできます。これは、新たな介入手続きを開始する前にベースライン条件にいったん戻すことによりなされます。

実験デザインの実施

チェインジング・コンディション・デザインを実施する最初のステップは、生徒の現在の遂行レベルを査定するためにベースライン条件でデータを収集することです。ベースラインが安定したならば、トリートメントを導入してデータを集め、トリートメントの効果を測定することができます。

最初の介入期で、生徒の遂行が変化をまったく示さない、または変化しても、その量が十分ではなかったり望ましい方向でなかったならば、第2のトリートメントを計画することになります。第2のトリートメントは、最初のトリートメントを全面的に変更したものでもよいですし、若干の変更を加えただけのものでも結構です。ただ、第2のトリートメントを開始するときには、その時期が明確にわかるようにグラフ上に垂直な破線を引かなければなりません。

トリートメント条件を再計画化する過程は、生徒の行動が望ましい方向に変容するまで繰り返されます。一般的に、5セッションまでは生徒の行動に何らかの変化があるかどうかを観察します。

グラフ化の方法

チェインジング・コンディション・デザインをグラフにする方法はABデザインの場合と似ています。まずベースラインフェイズのデータをプロットし、それに続いて介入フェイズにおけるデータがプロットされます。その際、ベースラインフェイズおよび各トリートメント実施中に収集されたデータは垂直の破線を引いて区別します。図6－26がその基本的な形式です。図6－27は、ベースラインを時々繰り返すタイプのチェインジング・コンディション・デザイン（ABAC）をグラフ化する形式です。

応用研究

スミス[37]は、チェインジング・コンディション・デザインを用いて12歳の少年ジョンの音読におよぼす複数の教授条件の効果を測定しています（図6－28参照）。ここで従属変数となったのは、ジョンが（1分間に）音読した単語の数と、読み間違いの数でした（注意：図6－28の円の中の数字は、各フェイズで音読された単語の平均語数です。また、同図の四角の中に書かれた数字は、フェイズごとの読み間違いの平

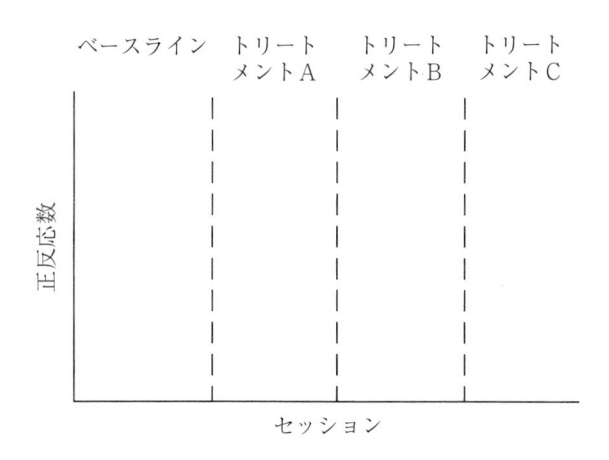

図6－26　チェインジング・コンディション・デザインの基本形

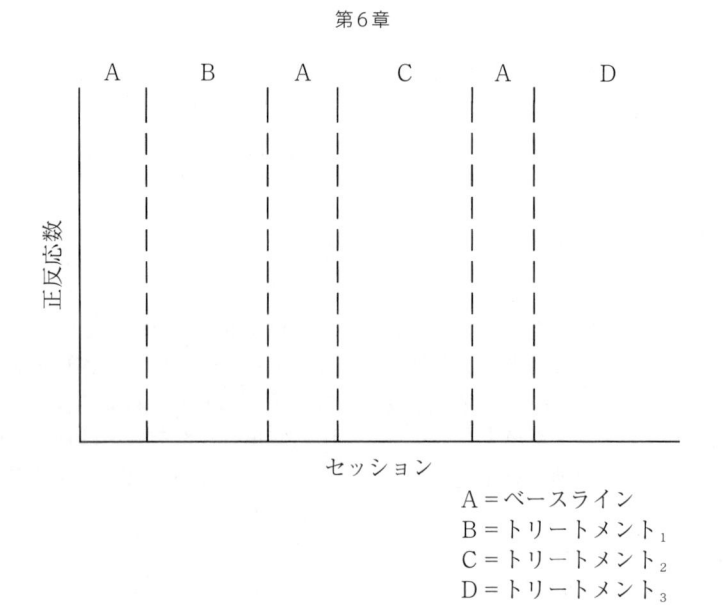

図6−27　ベースラインを繰り返すチェインジング・コンディション・デザイン

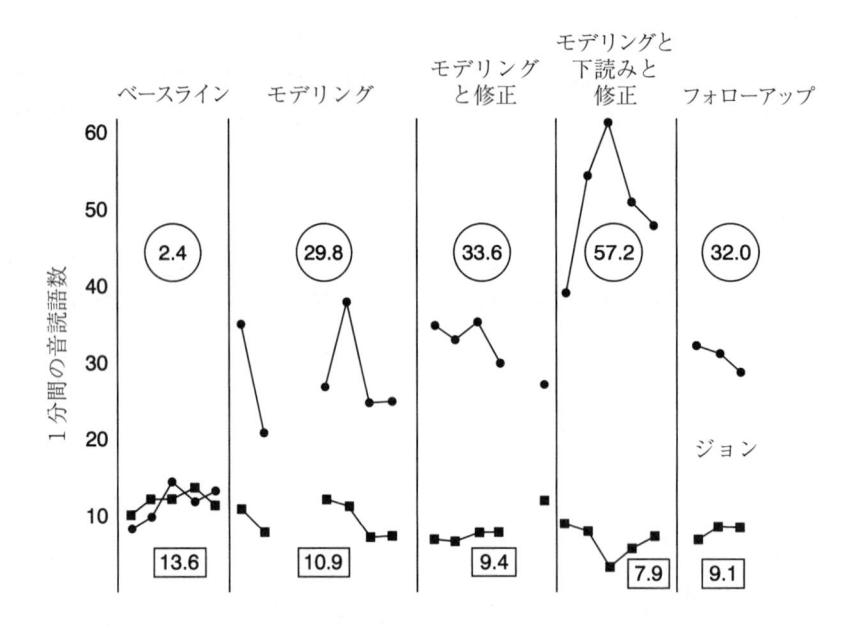

A＝ベースライン
B＝トリートメント₁
C＝トリートメント₂
D＝トリートメント₃

図6−28　チェインジング・コンディション・デザインを用いた研究報告

均回数を示しています）。図6−28には、以下の5つの実験条件が含まれています。

1．ベースライン：ジョンは本を読むよう求められる。

2．モデリング：教師が、テキストにある新しい物語の最初のページを読んだ。その後、ジョンがその部分を音読するよう求められる。

被験者1

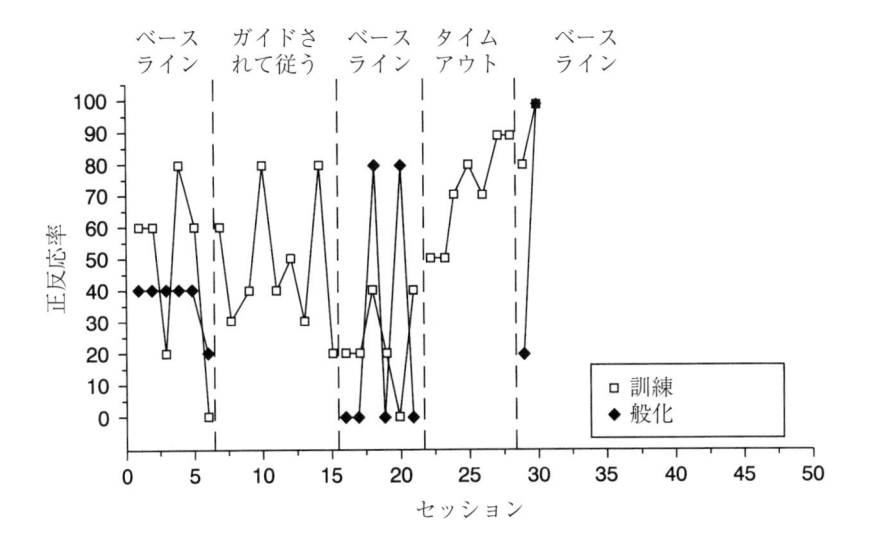

図6-29 チェインジング・コンディション・デザインの使用例

出典："Using guided compliance versus time out to promote child compliance: A preliminary comparative analysis in an analogue context," by B. Handen, J. Parrish, T. McClang, M. Kerwine, & L. Evans. *Research in Developmental Disabilities.* Copyright 1992 with kind permission from Elsevier Science Ltd.

3．モデリングと修正手続き：2の条件に修正手続きを加える。ジョンが読み間違えたら、教師はそれを指摘する。ジョンがその単語の正しい読み方を知らない場合には、先生が正しい読み方を示す。
4．モデリングと下読みと修正手続き：教師が読んだ後、ジョンも同じところを読み返す。この手続きでは、ジョンはその箇所を読み終えても、指示された時間（5分間）が過ぎるまで当該部分の音読を続けた。修正手続きも実行し続けた。
5．フォローアップ：ベースライン条件が再導入される。

ハンデン、パリッシュ、マクラッグ、カービンとエバンス[13]はベースラインを反復させるチェインジング・コンディション・デザインを使って、軽度の発達遅滞の子どもに大人の指示をきちんと守らせるために、ガイドに従うこととタイムアウトの相対的な効果を検討しています。次のような条件（フェイズ）がこの研究で は用いられています。すべてのフェイズでおのおのの子どもには10の指示（5つは標的行動で5つは般化プローブ）が出されました。10秒以内で指示に応じると賞賛されました。図6-29はある子どものデータです。

1．ベースライン：指示に従わない行動は無視され、指示に従う行動は褒められた。
2．ガイド付きで指示に従う：10秒待っても指示に従わない場合は大人が子どもの手を持ちガイドして課題を遂行させた。援助を受けた場合は褒められなかった。
3．ベースライン条件
4．タイムアウト：10秒待っても指示に従わない場合、子どもは30秒間部屋の隅に壁に向かって座らされた（もし立ち上がろうとしたら、そっと椅子へ押し戻された）。
5．ベースライン条件

図6-29に示した実験デザインは、ベースラインを繰り返すタイプのチェインジング・コン

ディション・デザインでしたが、こうしたやり方で見いだされた関数関係はごく「弱い」ものでしかありません。関数関係の有無をより精密に検討するためには、1つもしくは複数の介入が繰り返し実施されなければなりません。もっと手が込み洗練されたチェインジング・コンディション・デザインについてはタウニーとガスト[38]によるマルチ・トリートメント・デザインについての論議を参照してください。

教授場面への応用

次の例のようにすれば、チェインジング・コンディション・デザインを教授場面で用いることができます。

ロバータ、バスケットボールのシュートを学習する

ウッズ先生は、最近ある小学校の体育教師として雇われました。着任したところ、特殊学級担当のジョーンズ先生が彼のところに来ました。ジョーンズ先生は、ウッズ先生の体育の授業に出席することになっている身体障害を持つロバータのことが心配だったのです。車椅子を使用しているロバータは、目と手の協応に問題がありました。ジョーンズ先生は、この生徒がバスケットボールの投げ方を覚えることを望んでいました。というのは、バスケットボールの練習は目と手の協応のトレーニングにもなりますし、ロバータにとって大切な余暇の楽しみ方を身につけることにもなるからです。ウッズ先生も、ジョーンズ先生が言うように、ロバータにとってバスケットボールの技術を養うことがふさわしいと思いました。

ウッズ先生は、ロバータに対して系統的な指導をすることにしました。最初に彼は、ロバータが低くしたリングに何回くらいボールを入れることができるかをチェックするために、彼女に20回バスケットボールを投げるように言いました。ベースラインの反応率を決定するまで、5回の授業でこの手続きが続けられましたが、この間他の指導は特に行なわれませんでした。その後、ウッズ先生は、モデリング技法を用いることにしました。つまり、まず先生がボールを投げて見せ、それからロバータにも同じように投げるよう求めたのです。このモデリング技法を、続く5回の授業で行ないましたが、ほとんど進歩は見られませんでした。ウッズ先生は、どうしたらよいか相談するため再びジョーンズ先生に会いました。

ジョーンズ先生は、それまでのすべてのデータを注意深く見返し、実験条件に変更を加えることを提案しました。すなわち彼女には、介入に修正を加えることが必要であり、ロバータがボールをリングの中に入れた回数を図に記録すること（成績の記録）をモデリング手続きに付け加えたらどうかと言ったのです。

ウッズ先生もこれには賛成でした。この方法の実施後2週間でロバータは進歩を見せましたが、それでもなおミスショットの方が多いといった状態でした。そこで、モデリングと成績の記録と修正手続きを組み合わせた方法が最後の条件として実施されました。つまり、この条件では、ウッズ先生が最初に正しい投げかたを見せ、それを見てボールを投げたロバータの成績を記録し、ミスショットの場合にはロバータの投げたやり方をそのとおりやって見せたのです。こうした複数の手続きを組み合わせて行なった結果、ロバータは20回投げて15回はバスケットボールをリングの中に投げ入れることができるようになりました。ロバータがこの新たに獲得した技術を放課後にも楽しむことができるように、彼女の両親に対して自宅にもバスケットボール用のリングを作ったらどうかという提案がなされました。

長所と短所

　最初に1回だけベースラインを実施するタイプのチェインジング・コンディション・デザインを用いると、生徒の行動におよぼす複数の介入の効果を比較することができます。このデザインでは関数関係を立証することはできませんが、こうした形でデータを記録することにより生徒の行動におよぼす様々な手続きの効果をモニターすることができます。しかし忘れてならないのは、モニターされているのが各介入単独の効果というよりは、幾つかの介入の累積効果である可能性があることです。各介入の効果を個別に分析するためには、ベースライン条件を繰り返し行なうタイプのチェインジング・コンディション・デザインを用いるとよいでしょう。チェインジング・コンディション・デザインを用いてデータを組織的に記録すると、生徒の進み具合を把握でき、その生徒にとってどのような手続きが効果的であるかを示す良い指標を手に入れることになるでしょう。

一事例の実験デザインの評価

統計的分析

　行動修正技法や応用行動分析のテクニックを教室内で用いることの目的は、生徒の行動を有意義な方向に変容させ、それを確認する点にあります。通常、介入の有効性は実験的基準と治療的基準の両者によって判断されます。**実験的基準**によって、ある独立変数（介入）が特定の従属変数（行動）の変容の原因となっているかどうかを確かめます。一事例実験デザインは、介入の効果を個体内で反復して検証するので、この基準を満たしています[1, 4, 24]。

　それに対し**治療的基準**とは、介入の結果が「重要で、臨床的・応用的に意義があるもの[25 (p.47)]」かどうかを判断することです。例えば、生徒の成績がDマイナスからDへ上がったり[1]、子どもの自傷行動が1時間に100回生起していたのが60回に減少したり[24]、普通学級に通級している特殊学級の生徒の「課題に従事しない」行動の生起率が普通学級内では高いままなのに特殊学級内では減少した、といったことが本当に意味のあることなのかどうかについて教師は自問しなければなりません。カズディン[24]は、介入の有効性を評価する3番目の基準として**社会的妥当性**を挙げています。これは、「社会がその介入プログラムをどの程度受入れてくれるか[(p.430)]」という基準です。この社会的妥当性については第2章で詳細に述べられています。

グラフの視察

　応用行動分析では、介入の効果は通常様々なフェイズ（条件）下でのデータポイントをプロットしたグラフを**視察**（visual inspection）することにより評価されます。視察によりデータを解釈するというのはいい加減な感じがしますし、確かに主観的になることもあります。そういった意味で、視察は介入の効果を評価する方法としては弱いやり方であると思われる人もいるでしょう。しかし、視察には、介入の効果がよほど大きくないとそれを読み取ることができないという特徴があります。視察の持つこの特徴は現場の先生方にとって非常に有用です。なぜなら、現場の先生が求めているのは小さな効果ではなく、大きな効果だからです。

　視察が大雑把である点、またそれが持つ主観性は、グラフ化されたデータを評価する際の共通の合意があればある程度是正されます。そうした特徴とは、フェイズごとのデータの**平均**、フェイズごとの遂行レベル、遂行の**傾向**、重複の度合い、行動変容の**迅速性**です[25]。

1. データの平均の変化を検討する場合、そのデザインのフェイズ内における生徒の平均反

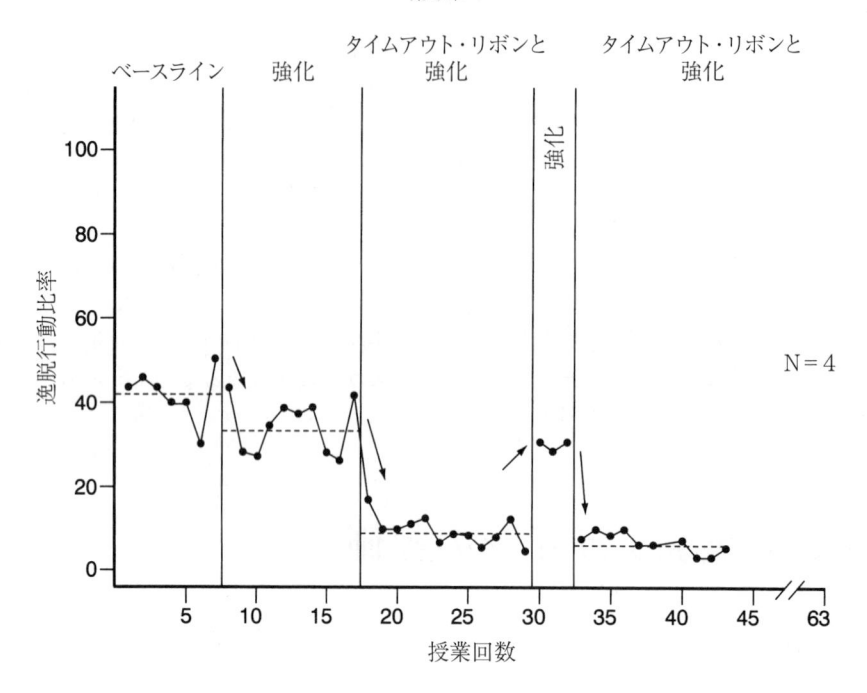

図6-30 データの視察のためのグラフ

応率がフェイズ間でどのように変化しているかに注目します。つまり、各フェイズ内のデータポイントの平均値を算出し、それに相当する縦軸の値をグラフ上に水平の破線で示します。こうして平均値の推移を視察することは、その介入が行動を望ましい方向へ変容させるのに一貫した効果、有意義な効果を持っていたか否かを判断する際の助けとなるでしょう。図6-30は、フォックスとシャピロ[10]が、彼らの研究でそうした平均値をグラフ上で示した例です（各フェイズ内の水平の破線）。この図を見ると、生徒の逸脱行動のレベルがフェイズによってどのように変化しているかを容易に読み取ることができます（平均値のラインは図6-5、6-18でも見ることができます）。

2．フェイズごとの遂行レベルを評価することは、生徒の遂行があるフェイズの終わりから次のフェイズの初めにかけて増加しているかまたは減少しているかを検討することを意味します。教師は変化の量と方向を調べたいのです。「新しい条件を導入した直後に遂行レベルが大きく変化したならば、レベルの変化は急激であると考えられ、その介入が強力で効果的であるということを示すことになる」[38]（p.162）。タウニーとガスト[38]は、隣接する2つの条件間でレベルの変化を検討する際には次のようなステップが必要であると示唆しています。（1）先行する条件の最後のデータポイントの値とそれに続く条件の最初のデータポイントの値を見る、（2）それらのうちの大きい方の値から小さい方の値を引く、（3）レベルの変化が望ましい方向であるか、望ましくない方向であるかを確認する(p.162)。図6-30中につけた矢印は行動レベルの変化を示しています。

3．遂行の傾向（trend）を検討する際には、遂行が系統的にそして一貫して増加または減少しているかどうかに焦点をあてます。データの傾向はほとんどの場合、**四分割法**（the quarter-intersect method）として知られる手続きを用いて評価されます[43]。この方法は

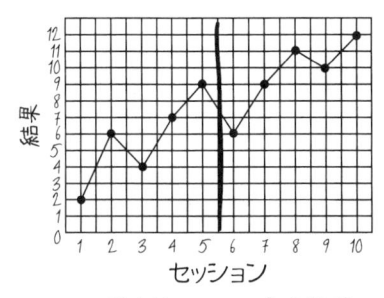

1．垂直線でデータを半数ずつに分割する。
　このグラフでは、セッション5とセッション6の間になる。データポイントが奇数であば、真ん中のセッションで分割する。

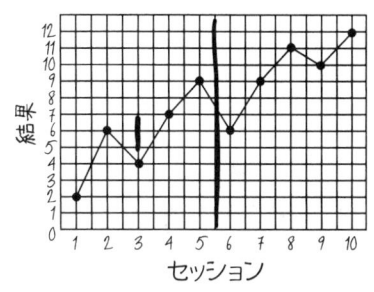

2．左半分の領域で、真ん中になるセッションのところに垂直線を引く。
　このグラフでは、5つのデータポイントがあるので、セッション3のところになる。セッション数が偶数のときには2つのセッションの間になる。

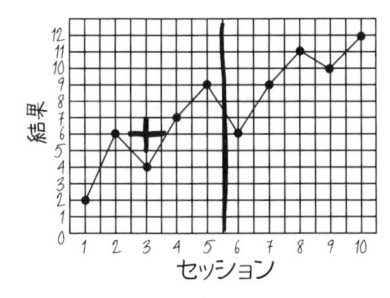

3．左半分の領域で、真ん中の遂行を示すデータポイント（中央値）に水平線を引く。
　このグラフでは、遂行値が6のところになる。6より下にデーターポイントが2つになり上にも2つになる。データポイントが偶数になるときには2つの値の間になる。

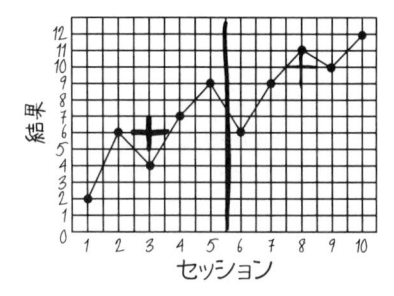

4．右半分の領域に対してもステップ2・3と同様にする。
　このグラフでは、セッション8、遂行値では10のところが真ん中になる。

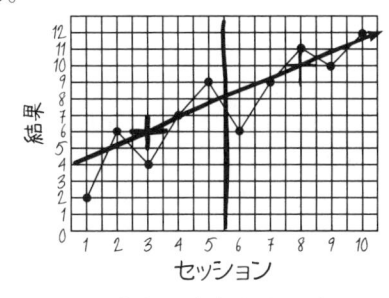

5．左右の交点を結ぶ線を引く。これがデータの傾向を示す線になる。

図6-31　傾向線の作図の仕方（4分割法）

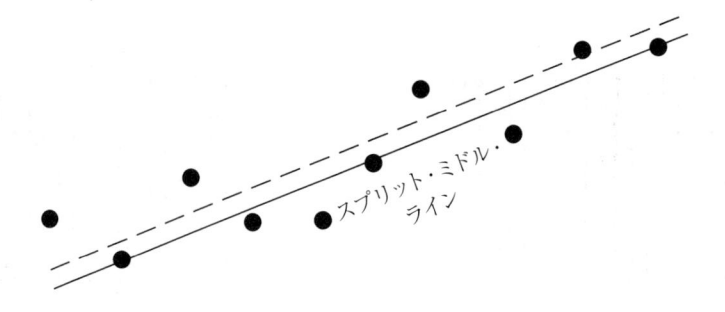

スプリット・ミドル・ラインの上にくるポイントと下にくるポイントの数を数える。ラインを移動させ上下のポイント数を同じにする。

図6-32　スプリット・ミドル・ライン法の適用

各フェイズを前半、後半に分け、それぞれのデータポイントの中央値を結んだ直線を基にしてなされます。傾向線を使うと、グラフを見た人の間での視覚的分析の信頼性が高くなります[2, 20, 30]。このことは教師や生徒、保護者やその他の、子どもに関わる人たちが進歩の具合を査定したり将来の指導や介入について意思決定をするときに重要です。この直線を引くためのステップを図6-31に示します。傾向線により、(1)過去における行動変容の方向を知る、(2)将来における行動変容の方向を予測する、ことが可能になります。こうした情報は、介入を変更すべきかどうかを決定する際の助けとなります。

この四分割法を1歩進めたものがスプリット・ミドル・ライン法（a split-middle line of progress）です[42]。これは、直線より上にくるデータポイントと直線より下にくるデータポイントの数が等しくなるように直線を引くやり方です。図6-32に示すように、もしデータポイントが自然にそうしたパタンに当てはまらなければ、データポイントの数が直線の上と下で同数になるまで最初に引いた直線を上下に平行移動します。

4．遂行を表わすためにプロットされたデータ（縦軸の値）が隣接する条件間でどの程度重複しているか重複の度合いを計算することは、介入が行動に与える効果の指標となります。重複の度合いは次のようにして求めます。「(1)参考する条件でのデータポイントの範囲を測定する。(2)後続する条件にプロットされているデータポイントの数を数える。(3)後続条件のデータポイントの内、先行するデータポイントの範囲内に落ちているデータポイントの数を数える。(4)(3)で求めた値を(2)で求めた値で割り、100を掛ける（パーセンテージを求める）。一般には、重複の度合いが少ないほど、標的行動に対する介入の効果が高いと考えられます」[38] (p.164)

例えば図6-30では、ベースライン（第1フェイズ）のデータの値は32-50の範囲にあります。強化だけの条件（第2フェイズ）では、10のデータポイント中6つがベースラインの範囲内に落ちており、つまり60％が重複しています。しかし第2フェイズと第3フェイズ間では、重複は0％です。この結果は、破壊的行動に対して強化とタイムアウト・リボンを使った方が、強化だけよりも大きな効果があることを示します。

5．視察によって評価される5番目の特徴は行動変容の迅速性です。行動変容の迅速性とは、一つのフェイズの開始または終了から行動が

変容するまでの経過時間を指します。介入の導入（または除去）後、行動が変容するまでの経過時間が短ければ短いほどその介入の効果は明確であるということになります。この行動変容の迅速性に関しては、次の点に注意しなければなりません。「行動変容の迅速性は、それが行動のレベルと傾き（傾向）という2つの変数によって変化するので、明細に記述することは困難である。通常、行動のレベルにおいても傾きにおいても著しい変化が見られたときに迅速な行動変容となる」[25] (p.316)

視察は有用かつ便利で、強力な介入効果を見いだしたり確認する上で基本的には信頼できる方法ですが、現在世に出ている一事例の実験デザインを用いた研究の多くは、視察とともに統計的手法（t検定、F検定、R検定、時系列分析、ウィルコクソンの符号順位検定など）を用いています。カズディン[23]は、統計的手法の使用を支持する理由を3つ挙げています。

1. 介入の効果が弱いときに、それが偶然によるもの（チャンスレベル内で生じたもの）であるかどうかを判断する際の助けとなる。
2. 安定したベースラインが得られないときに、トリートメント手続きの効果を分析することができる。
3. 環境条件を統制しきれなかったときに、トリートメント効果を査定することができる。

より高度な視察の使用、そして特に一事例の実験デザインにおける統計的査定については、バーロウとハーセン[4]、カズディン[25]、タウニーとガスト[38]に詳しく述べられています。

要　　約

この章では、研究や教育に有用な一事例の実験デザインの幾つかが論じられました。具体的には、各実験デザインをどのように実施し、結果をどのような形でグラフ化し、どのようにデータを分析するかについて述べてきました。応用行動分析家と単なる行動修正者との違いは、応用行動分析家はよく計画され体系化された形で収集されたデータを組織的に分析するという点です。一事例の実験デザインに精通した教師は、自分の教授方法の結果を即座に評価し、最終的にそうした結果を他の人たちと分かちあうことができます。応用行動分析は今なお発展しており、今後も生徒のより適応的な勉学行動や社会的行動につながるような効果的な教授法を提供していくでしょう。*

討論のテーマ

1. クレイグの自傷行動はベースラインで、40分の観察期間中平均17回生じていました。彼の行動がどのように変われば臨床的に有意義（「促進効果」として示される）でしょうか？
2. 日常生活で利用する30語の文字を系統的に教えるには、一事例の実験計画の内どのデザインを利用すればよいでしょうか？
3. アリソンに3週間掛け算を教えてみたところ、遂行を見てみるとアリソンは掛け算がで

---

* 訳注：本章のテーマに関しては、訳者らの訳本として、Barlow and Hersen著 高木・佐久間監訳「一事例の実験デザイン」二瓶社、1993が出版されています。ご参照ください。

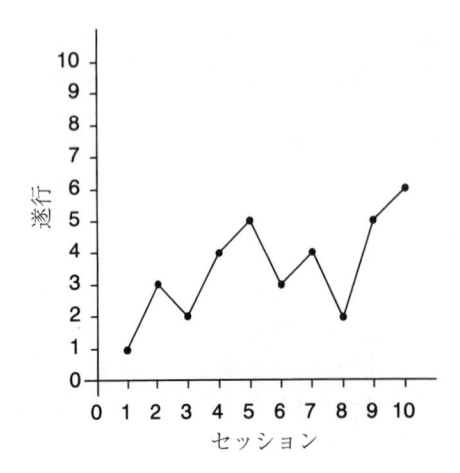

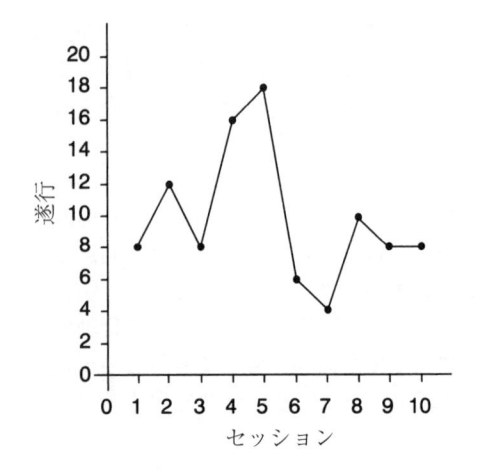

きないことがわかりました。彼女の先生は、掛け算を教える2つのアプローチの内、アリソンにとってはどちらが有効か決めたがっています。2つの指導法を選びましょう。そして、適切な一事例の実験計画を1つ選び、教師が指導法を選択するためのステップの要点を述べましょう。

4．高校での、ある介入の場面間般化を立証するための一事例の実験計画の概要を述べましょう。

5．上の2つのグラフに傾向線を描き入れま

しょう。

6．専門誌に掲載されている研究の多くでは、埋め込まれた実験計画が使用されています。つまり、あるデザインが他のデザインに埋め込まれています。次ページのグラフは、その一つの例ですが、以下の点を見つけだしましょう。（a）マルチベースラインデザインの要素はどこですか？（b）反転計画法の要素はどこですか？（c）関数関係を立証している部分はどこですか？

一事例の実験デザイン

ベースライン　レスポンスコスト

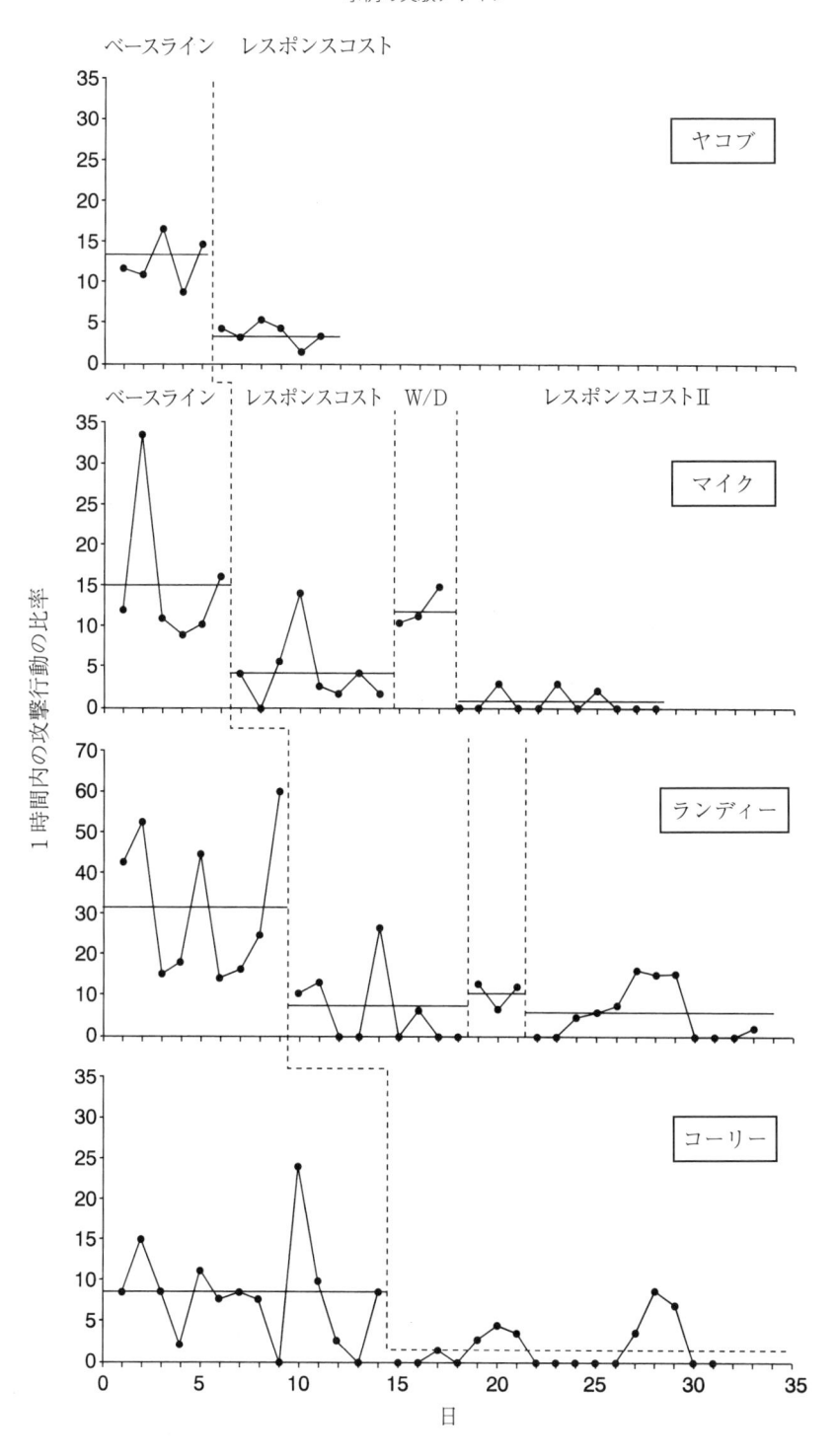

ヤコブ

ベースライン　レスポンスコスト　W/D　レスポンスコストⅡ

マイク

1時間内の攻撃行動の比率

ランディー

コーリー

日

出典：Reynolds, L. & Kelley, M. 1997. "The efficacy of an response cost-based treatment package for managing aggressive behavior in preschoolers," *Behavior modification*. copyright 1997 by Sage Publications, Inc. Reprinted by permission of Sage Publications, Inc.

第7章　行動の生起頻度を増大させる随伴操作

ご存知でしたか？
・正の強化は応用行動分析家が発明したわけではありません。
・キャンディは必ずしも正の強化子ではありません。
・適応行動は毎回強化しない方がいいときもあります。
・負の強化は罰ではありません。
・弁護士でなくとも、契約書を書きます。

　近年、**強化**という言葉は普段の会話の中にも入り込んでいます。強化とは、行動変容を意図し、指示に従った者に対して提供される楽しいこととか報酬を指して言っているようですが、時には、誰かが決めた行動に人々を従事させる人為的な手段という、行動変容に対する固定観念や操縦主義という見方を連想させてしまっているようです。確かに、応用行動分析家は行動変容の目的で強化の原理を応用していますが、強化というのは彼らの発明というわけではありません。日常生活の中に強化はごく自然な形で含まれています。行動論に立つ人々はそれを慎重に系統立てて応用しているだけです。

　第1章で既に述べましたように、強化とは、2つの環境事象、つまり行動（反応）と後続する事象（反応の結果刺激）の関係を示す用語です。すなわち、その関係が**強化**と呼ばれるのは、当該反応の生起確率の増大や維持が、行動結果の関数である場合だけです。第1章で、2種類の強化——正の強化と負の強化——について述べました。生起確率の増大は、正の強化では結果刺激の**随伴呈示**によって、負の強化では不快刺激の**随伴的除去**によって生じました。両方の強化とも、それらが後続した事象（反応）の将来の生起確率を増大させます。

　われわれが行動するのは、その行動に特定の結果や効果が伴うからです。どんな行動にもそれなりの結果が伴ないます。日常生活において、われわれの行動に好ましい結果が伴う経験をすると、それは当該行動を続けるようわれわれを動機づけます。次のような例を考えてみましょう。

・パートタイマーの人は、週末に給料をもらえることを期待しながら毎日働いています。金曜日に手にする金額が満足のいくものなら、仕事を辞めないで次の月曜日も働く確率が高いでしょう。
・リトルリーグの選手が2塁打を打ち、観客やチームメートから拍手喝采を受けました。この結果は、次の土曜日にも野球をしたいと彼を動機づけるでしょう。
・母親の接近に対し赤ちゃんがクーと声を出すと、母親は赤ちゃんを抱き上げ、いつもより長くあやします。母親のこの行為は赤ちゃんの発声頻度を増大させるでしょう。一方、赤ちゃんがさかんに声を出すと、母親のあやす行為はもっと長くなります。赤ちゃんと母親

表7-1　学級で使用するための強化子のカテゴリーと例

分類	カテゴリー	例
一次性強化子	1. 食餌性強化子	食べ物、飲み物：クラッカー1枚、ジュース1口、プリンなど
	2. 感覚性強化子	統制された視覚・聴覚・触覚・嗅覚・筋運動感覚経験への曝露：人形の毛で顔を撫でる、音楽をヘッドフォーンで聞かせるなど
二次性強化子	3. 具体物（物的）強化子	証書、バッジ、ステッカー、アイドルのポスター、風船
	4.（a）特権強化子	学級委員、チームのキャプテン、宿題の免除
	（b）活動性強化子	遊び、特別企画、テレビ・パソコンを操作する、算数の特別問題（もちろん、そのような子どもの場合）
	5. 般性強化子	トークン、ポイント、クレジット
	6. 社会的強化子	表情、接近、接触、言葉掛け、フィードバック、着席位置

の両方はそれぞれ強化を受け、このような相互作用は、いつまでも続くことでしょう。
・金曜日に歴史の試験があるので、ある生徒はこの1週間、毎日45分間の勉強にはげみました。もし成績がAだったら、その結果から、次の試験のときも同じように勉強するよう動機づけられるでしょう。

多くの適応行動は日常生活で自然に生じる強化子によって維持されていますが、時に、自然のプロセスだけでは、すべての適応行動を維持するには不十分です。教師をしていると、自然発生的な強化子では適応行動がうまく維持できない生徒に出会うことがしばしばあります。中には平面幾何学とか応用行動分析学を勉強してもすぐには役立たないと考える生徒がいるかもしれませんし、また教師から与えられる強化子よりも仲間との競争の方により強力に動機づけられる者もいるかもしれません。生徒によっては、教師の承認よりもクラスメートから笑いを取る方がより強い強化になるでしょうし、教師の承認には何の価値もおかない者もいるでしょう。このような生徒にとって、成績評価は何の意味も持たないでしょう。そんな場合には、価値のある強化子を入手・獲得する機会を生徒に与える系統的・暫定的プログラムを開発しなければなりません。自然に生じる強化子では効果がないようなら、賢明な教師は、まず、より強力な強化子を探し出そうとするでしょう。

本章では、強化手続きを効果的に学級に導入する方法について述べます。ほとんどは正の強化の使用について見ていきますが、最後の部分では、負の強化を学級で利用する場合についても論じます。強化子になる可能性があるものについて、これまでに提案されている分類と例とを表7-1に示します。この表は、人為的な強化子から自然なものへと並んでいますが、この順で強化子選択の順序について示しているわけではありません。例えば、食餌性強化子を教室で使用することを人為的・人工的と考えたくなるかもしれませんが、人為的と呼ぶかどうかは、標的行動・場面・生徒の年齢によります。

どのカテゴリーの刺激も、またどの例についても、人為的強化子・自然な強化子ということができます。例えば、一人で食事ができれば食べ物が得られ、体育の後でちゃんと整列できれば水がすぐに飲めます。この場合の食べ物・水は、食事をすること・整列することの自然な強化子であると考えられます。当該環境で普通に入手できる物や出来事か（つまり自然な）、そ

表7-2　正の強化の例

	刺　激	反　応	S^{R+}	効　果
例1	適当な課題の用意と随伴性の教示	算数の問題を解く	模型飛行機で遊ぶのが許される	以後問題を解く可能性が増大する
例2		椅子にまっすぐ座る	ほほ笑みと言葉による賞賛	きちんと座り続ける可能性が増大する
例3		今週は宿題を毎日提出する	次週に黒板を消す係（名誉職）になる	毎日宿題を提出する可能性が増大する

れとも結果事象の強度を増すために一時的に環境に付加されたものか（つまり人為的）の区別が役立つかもしれません。

正の強化

　正の強化（S^{R+}）とは、反応に後続して即座に刺激を随伴呈示し、当該反応の将来の反応率または生起確率を増大させることです。この定義には3つの重要な語があります。まず**増大させる**という語が明らかにするのは、われわれは強化のある特性に関心があり、それは刺激が反応の将来の生起確率を増大させる効果を持っているということです。2つ目の語は**呈示**です。正の強化を使うとき、生徒が反応を示した後に刺激を意図的に呈示します。3つ目は**随伴**です。要求された反応（標的反応）を生徒が示すまで、教師は結果刺激を呈示しません。教師が随伴性を「マーカス、算数の問題を全部済ませたら、飛行機のおもちゃで遊んでもいいよ」と明示することは、飛行機がマーカスの行動の強化子になるのであれば、正の強化を使うことになります。強化刺激（飛行機で遊ぶこと）は、要求された行動（算数の問題の完遂）が生じるのを条件として呈示されるでしょう。表7-2は正の強化の原理を例示しています。

　正の強化とは行動と結果との関係を意味し、**正の強化子**は結果事象それ自体の記述です。正の強化子は次のような結果刺激（S^R）のことです。

1. 行動の将来の生起頻度あるいは生起確率を増大させる、または維持する。
2. 望ましい行動あるいは要求された行動の生起を条件にして提供される。
3. 望ましい行動あるいは要求された行動の直後に提供される。

効果的な強化子の選択

　刺激が正の強化子かどうかは、行動にもたらした効果によって規定されます。従って、刺激と行動の関係が明らかになるまでは、いかなる物も事象も正の強化子と称することはできません。この関係が確認できるまで、ある生徒にとって何が強化刺激になって何がならないか、はっきりとしたことは言えません。生徒に対してある刺激が強化子として作用するかどうかは、幾つかの要因に依存します。例えば、強化ヒストリー（過去に何によって動機づけられたか）

```
┌─────────────────────────────────────────────────┐
│           すきなものを順番にどうぞ                │
│                                                 │
│       「1ばんすきなもの」＝1ばん                  │
│       「1ばんすきでないもの」＝9ばん              │
│                                                 │
│  ┌─────────┐  ┌─────────┐  ┌─────────┐         │
│  │キャンディ・│  │国旗係1週間│  │給食のデザート│ │
│  │バー       │  │          │  │の特別のおまけ│ │
│  │ ┌──┐    │  │ ┌──┐    │  │ ┌──┐      │ │
│  │ └──┘    │  │ └──┘    │  │ └──┘      │ │
│  └─────────┘  └─────────┘  └─────────┘         │
│                                                 │
│  ┌─────────┐  ┌─────────┐  ┌─────────┐         │
│  │風車       │  │ポスター  │  │コンピュータを│ │
│  │          │  │          │  │使う         │ │
│  │ ┌──┐    │  │ ┌──┐    │  │ ┌──┐      │ │
│  │ └──┘    │  │ └──┘    │  │ └──┘      │ │
│  └─────────┘  └─────────┘  └─────────┘         │
│                                                 │
│  ┌─────────┐  ┌─────────┐  ┌─────────┐         │
│  │ソフトボール│  │遊戯室での │  │1日だけ宿題 │ │
│  │でキャプテン│  │特別タイム │  │なし        │ │
│  │になる     │  │          │  │           │ │
│  │ ┌──┐    │  │ ┌──┐    │  │ ┌──┐      │ │
│  │ └──┘    │  │ └──┘    │  │ └──┘      │ │
│  └─────────┘  └─────────┘  └─────────┘         │
│                   または、                       │
│       ┌─────────┐      ┌─────────┐             │
│       │  ___    │      │  ___    │             │
│       └─────────┘      └─────────┘             │
└─────────────────────────────────────────────────┘
```

図7－1　強化子メニュー

と摂取制限条件（欲しがっていても手に入りにくいものは何か）、強化子の知覚された価値（強化子を手に入れるために行動する価値があるかどうか）、一貫性（過去に確実に強化子を呈示されてきたかどうか）、年齢適合性（例え生徒が楽しんでいたとしても強化子が幼い子ども向けであったり、それゆえ子どもを恥ずかしがらせるものでないか）などです。

従って、強化子として作用する刺激は、クラスの生徒一人ひとりで異なるでしょう。一定の刺激が生徒に対して強化作用があるはずだという一方的な思い込みはしばしば介入プログラムの失敗の原因になります。望ましい行動変化がなかなか生じないときに、まず頭に浮かぶのは、強化手続きがきちんと機能しているかどうかです。実際、強化の基本概念の一つが守られていないことがあります。それは**強化子の個別化**です。強化子を個別化する一つの方法として、強化子サンプリングを使うやり方があります。系統的なサンプリングは、強化機能があるだろうと教師や保護者が予測や想像して結果刺激を選ぶのに比べ、妥当性があることがわかっていま

す[23,40]。選択はもちろん子どもたちの能力に大きく左右されますが、十分能力のある子どもたちでは、努力や達成のご褒美に何がいいかをストレートに尋ねてみる方がいいでしょう。

強化子選択のもう一つのやり方は、「強化子メニュー」を用意することです。図7−1はその一例です。強化子として使えそうだと用意されている刺激について、生徒たちに好みの順番を答えてもらいます。強化子メニューには、教師が適当と思える刺激が数種類並んでいます。メニューに数種類用意するのは、ある生徒に強化子として使える刺激が、他の生徒には使えないかもしれないからです。選択の範囲をあらかじめ決めておくのは、強化子選択の際の非現実的な選択（ステレオ装置とか、コンピューターゲーム、アカプルコ旅行など）を防ぐためです。しかしながら、教師は、強制選択だけではなく、自由記述の機会を生徒に与えたいと思うことでしょう。もう一つのやり方は、順位づけをする刺激のリストを増やすのではなく、2つの刺激または2つのカテゴリーの刺激の一方を選んでもらうことです。例えば、教師は次のように生徒に尋ねます。「課題をやった後、手に入れるとしたならば、何か食べ物――ポテトチップとかクッキー、ポップコーン――がいい？ それとも、何かする――絵を描いたり、コンピューターゲームで遊んだり、図書館に行ったりする――方がいい？」[85](p.207)

以上の方法で強化子の好みを決めるのが難しい生徒では、言語的に尋ねるのではなく、事物を実際に使って強化子サンプリングを行なう必要があるかもしれません。サンプリングのためのセッションでは、強化子になる可能性のあるアイテムは6つまでにするのがよいようです。それらのアイテムは、食べ物・感覚的なもの・おもちゃが含まれます。サンプリングに当たっては2つの方法があります。一つは1回の試行には1つのアイテムだけが呈示されるやり方で、当該アイテムに生徒がアプローチするかどうかが記録されます。もう一つは、2つか3つのアイテムが一度に呈示され、どれが選択されるかを記録します。視覚障害を持つ生徒には後者の方法が適しています[91]。アイテムが配置される位置は、試行ごとに変えます。アイテムは、セッションが終わるまで各試行で呈示するか、または事前に決めておいた回数選択されたならば一度取り除かれます。どちらの場合でも、実際に選択を始める前に身体的プロンプトを用いて、各アイテムを経験する機会を生徒に与えましょう。身体的な障害がある場合には、一連のアイテムにアクセスするためにマイクロスイッチを使うと便利です[65,124]。エイロンとアズリン[4]は次のように述べています。

　サンプリング手続きによって選ばれた事象が必ず強化作用を示すという保証はない。そうではなく手続きは、当該事象が強化特性を持つ可能性を示す。サンプリング手続きで選ばれた事象を積極的に欲しがらないとしても、その事象についてよく知らなかったというわけではない。(p.92)

強化子サンプリングについては多くの体系的なアプローチが示唆されています[35,39,51,77,90]。

ホールとホール[46]は、強化子となる可能性のある事象を選ぶために次の9つのステップを考えています。

ステップ1　「強化を受ける対象者の年齢、興味、好みを考慮する」。教師は対象者の年齢や社会的背景に応じた強化子を選ぶべきです。おはじきやパズル遊びは、青年期の生徒に対し動機づけの効力をおそらく持たないでしょう。

ステップ2　「強化手続きによって強めたいと思う行動について配慮すること」。反応の困難度あるいはそれに要する労力に対して、十分にふさわしい結果刺激を選ぶべきです。例えば、休日残業の手当がコーヒー1杯では、引き受け手がいないでしょう。また、まる1日かかる課題をやったら、自由時間を5分間延長しますと言っても、生徒は多分やる気を出さないでしょう。

ステップ3　「対象者の性格、年齢、関心事、好み、標的行動について知りえたことを考慮して、強化子になる可能性のある事象のリストを作ること」。この段階に来て、系統的に客観的

に配慮してきた各種事象を統合します。ホールとホール[13]は、具体物強化子、活動性強化子、社会的強化子というような分類で、各種事象を区分しています。

ステップ4　「プレマックの原理」。強化子となる可能性のある事象を選ぶ場合には、生徒をよく観察し、熱心に従事している行動に注目します。好みの活動を強化子に使うやり方は、デビット・プレマック[97]によって体系化されています。プレマックの原理については、本章の中ほどで論じることになります。

ステップ5　「本人に直接尋ねる」。好き嫌いを一番よく知っているのは当の本人だということを思い出してください。強化子選定に一番よく使われるのは、先に述べた強化子メニューです。それ以外のものとしては、ラシュク[98]を参照してください。

ステップ6　「新しい強化子を考える」。ホールとホール[13]は「同じ強化子を繰り返し使うよりは、強化子を次々に変える方が効果的である」と言っています。同じ強化子を繰り返し使っていると、新鮮味がなくなり飽きられてしまい、強化子の効果が減弱します。

ステップ7　「生活の中に含まれている自然な強化子を考える」。ホールとホール[13]は生活の中に含まれている自然な強化子の長所を3つ示唆しています。承認や特典などの自然な強化子は、まず第1に、手間がかからないし、食べ物や具体物よりも安上がりです。第2に、行動が定着した後も日常生活の中での入手が容易です。「自然な正の強化子を使っていれば、強めたい行動に対する系統的な強化を中止しても、自然な状況で将来何らかの機会に強化子を入手しやすいでしょう」。第3に、自然な強化子は、生活の基本原則に基づいて自動的に随伴されます。宿題をきちんとやってくれば、褒められ、やってこなければ、褒められない。このような随伴性は生活の中で常に進行しています。

ステップ8　「強化子を選択したら、使うかもしれない別の強化子も選んでおく」。ステップ1〜7の検討がすんだら、標的行動に希望どおりの効果が最も効率よく生ずるような強化子を選定しておくことをホールとホールは示唆しています。

ステップ9　「行動の記録をとる」。強化子として働いたかどうかを確かめる唯一の方法は行動におよぼした効果を観察することです。効果を客観的に確かめるには、行動の結果としてどんな変化が現われるかを系統立てて記録することです。記録に関する各種の方法については本書の第4章で述べています。

　どのような強化子を使うにしても、それを定期的に再評価することが大切です[78]。これは1つのアイテムや少数のアイテムが使われているときには特に重要になります。行動変化がゆっくりになったとき、単に強化子に飽きただけかもしれません。

強化子を随伴操作する

　強化操作で効果的な結果を得るには、標的行動が生じた直後にだけ強化を与えなければなりません。適切な随伴性があれば、「もし〜ならば、〜をする」といったスタイルで記述できます。この記述は、行動生起と強化子入手との間に明瞭でわかりやすい関係を確立します。例えば、教師が疲れ、強化子用のキャンディーが余ったから、標的行動をしたかどうかに関係なく、1日の終わりにキャンディーを与えたりすると、教師が本気ではないと生徒は判断し、随伴性は効果を持たなくなってしまうかもしれません。随伴性に関わりなく強化子呈示が行なわれると、強化は標的行動の有無ではなく、その鍵は教師か誰か他の人が握っていると生徒が思うかもしれません。要求された行動をしなくても約束された強化子が得られれば、随伴性に従う必要はないと生徒は即座に判断することでしょう。

強化子を即時呈示する

　強化子の効果を上げるには、標的行動がなされたら即座に強化子を呈示しなければなりません。このタイミングこそが、きちんとした随伴関係すなわち標的行動と強化子のつながりを生徒に知らしめます。また即時強化は、標的行動

と強化との間に介在する別の行動をうっかり強化してしまう危険を避けるためにも必要です。標的行動から強化子呈示までの時間が長ければ長いほど、生徒が随伴操作対象外の望ましくない行動をする機会が増えてしまいます。もし強化子を介在行動に与えてしまうと、生起率が増大するのは標的行動ではなく介在行動になってしまいます。しかし教師は、ゆくゆくは行動と強化子の間に時間を置きたくなるでしょう。系統的に時間差を設けることは**強化スケジュール**と呼ばれ、この章の後半で扱います

トラウトマン先生、大騒ぎを強化してしまう

トラウトマン先生は、養護学級で重度の社会的不適応を示す生徒たちを受け持つことになりました。担任が決まって最初の週に、まず、生徒たちとうまくやっていこうと決心しました。彼女は大学で応用行動分析を勉強したので、生徒たちに次のような随伴操作をやってみようと考え、生徒たちに伝えました。

「もしこの1週間に少なくとも20個の課題をした人は、金曜日の2時15分からのクラスパーティに参加できます」

子どもたちは一生懸命に勉強しました。トラウトマン先生は大いに満足し、なぜこの子たちを教えるのがそんなに難しいのかしらと思ったくらいでした。金曜日の午前11時に最初の生徒が20課題全部をやり遂げ、お昼までには7人の生徒全員が随伴操作のための条件をすべて満たしました。それから2時15分までの間が、彼女にとって最悪の時間になったのです。子どもたちは、わめくわ、喧嘩をするわ、悪態をつくわ、走り回るわ、大騒動でしたが、パーティは予定どおりに行なわれました(約束どおりにしなかったら、今後彼らは自分を信じてくれなくなるだろうと考えるだけの分別をトラウトマン先生はかろうじて維持していました)。明けて、月曜の朝、クラスは、わめくわ、喧嘩するわ、走り回るわの大荒れの状態です。トラウトマン先生はやりたい放題を強化してしまったのです。これが彼女の強化操作の成果になってしまいました。

強化子のタイプ

教師が利用できる強化子には2種類あります。**一次性強化子**と**二次性強化子**です。

一次性強化子

一次性強化子は生物学的に不可欠な刺激のことです。それらは、われわれが生き続けていく上で必要なので、生得的に動機づけられていると考えられます。それゆえ、一次性強化子は、**生得性強化子、非学習性強化子**、あるいは、**無条件性強化子**などと呼ばれます。その生物学的重要性のゆえに、生徒たちを強く動機づけます。具体的には、食べ物、飲み物、睡眠、安心感、セックス(最後の強化子は、社会的営みへの参加という形をとって最も一般的に使用されます)などがおもなものです。当然、教室で用いるのに最も一般的で適切な一次性強化子は食べ物と飲み物です。

年少児や発達遅滞児に対し新しい行動を教えようとするときには食餌性強化子をよく使います。強力なモティベーションを喚起するので、すぐに行動に影響をおよぼします。

行動変容と聞けばM&Mキャンディーをすぐに連想する方もいらっしゃるかもしれませんが、教師は誰だって、年長児や軽度の障害児に対して初めから食べ物を強化子に使いたいとは思わないでしょう。想像力豊かな教師ならば、食べ物以外の様々な刺激から強力な強化子を選び出します。というのは、キャンディーなどで行動を強化すると、利き過ぎてしまうからです。「牛刀をもって鶏を裂くな」と申し上げておき

ます。あるいは、一次性強化子を受け取って生徒は侮辱されたと思うかもしれません。中学3年生の子どもに「まあ、ケイシー、代数がよくできたわね、クッキーあげるわ」と言ってもまじめに受け取りはしないでしょう。これは高学年を担当する教師は食べ物を強化子として使うべきでないといっているのではありません。適切に時折使うならば、大いに効果を上げるでしょう。例えばある随伴性にのっとって、ポップコーンパーティを経験した生徒には、ポップコーンが極めて効果的なことがあります。小学2・3年生が教室にポップコーンのにおいが漂い始めたとたんに、どれだけ素早く課題を片付けるかはちょっとびっくりするくらいです。

　一次性強化子が効果を持つためには、生徒は当該強化子に関して摂取制限の状態でなければなりません。昼食をとった直後に食餌性強化子を用いても、お腹が空いていないので効果は少ないでしょう。これは食べ物を効果的な強化子にするために、生徒たちを空腹にさせるべきだといっているのではありません。摂取制限の状態でないとその効果が薄れるというのが一次性強化子を使用する上での弱点だということです。しかしながら、ポテトチップやレーズン、アイスクリーム、キャンディーのような食べ物を少量使用するだけなら、特に空腹でなくとも効果が上がります。

　摂取制限の反対は<u>飽和</u>という状態です。指導開始時には存在した<u>摂取制限状態</u>がすべて解消し飽和の状態になっていると、生徒たちのやる気や注意力はもくじけそうになります。重度障害児を持つ生徒に30分間も連続して指導セッションを行なっていると、一次性強化子の効力は失なわれます。こうなると正反応率が低下し、自己主張の強い生徒で、もはや強化効力を失った食べ物を教師に吐きかけたりするようになると、生徒が飽和したことがわかるでしょう。飽和状態を避けたり、遅らせたりするには、少なくとも次のような6つの方法が考えられます。

1．課題のそれぞれに特定の強化子を割り当てる。生徒のすべての課題に一日中、同一の強化子を使っていたのでは、すぐに飽和してしまう。強化子選択をあらかじめ実施し、強化子となりそうな幾つかの刺激のリストを作成しておけば、同じ強化子をずっと使用しなくてすみ便利である。
2．食餌性強化子を使うセッションをできるだけ短くする。試行回数を減らし（強化子の呈示回数を減らし）セッションを短くすると、飽和する心配が少なくなる。短いセッションを1日に何回かに分けて行なう方が効果的である。
3．飽和したら別の強化子に切り換える。塩辛い食べ物と少量の飲み物を交互に呈示すると、飽和を遅らせることができる。
4．強化子の大きさを減らす。小さいと早く食べられ、食べ終える時間を待つためにわざわざ試行間隔を長くする必要がない。
5．幾つかの強化子を並べ、その中から生徒に選ばせる。例えば次のように言う。「そう、できたね、ご褒美としてどれがいい？」。教師は3、4種類の食べ物が載っている皿を自分の側に置いておく[70]。
6．ほぼ3回の正反応に対して1回の割りで、複数の強化子のどれかを使って強化する。このように強化子を替えると、同じ強化子をずっと使いつづけるよりもより安定した反応を生むようになる[31]。

　カー、ビンコフ、コロジンスキー、エディ[13]は、自閉症のある生徒にある概念を教える中で、概念と強化子を直接結びつけて、飽和化の発生を遅らせる工夫をしています。彼らは、牛乳、りんご、クッキー、キャンディー、バナナ、という単語の手話サインを教え、呈示された食べ物に対して正しくサインができたら、その食べ物で強化しました。この方法では、食べ物はごく少量で済み、また試行ごとにランダム配置されていたので強化子は次々に変化し、飽和が避けられています。次のお話は飽和がテーマです。

アルベルト先生、アイスクリームを食べる

ジェフは重度の発達遅滞を持つ生徒で、彼の行動レパートリーの問題は、教材や椅子を放り投げ、時々、教師や他の生徒を叩いたりすることでした。アルベルト先生はジェフの行動をコントロールしようとして、強化子になりそうなものを思いつく限り1ダース以上も（ポテトチップからキャンディーにいたるまで）試してみましたが、いずれも成功しませんでした。適応行動はほとんどなく、不適応行動が頻発していました。

打つ手に窮して、先生はお母さんにジェフの好きなものは何かありませんかと尋ねました（最初からお母さんに尋ねた方が良かったのですが）。

「あの子はくるみバターのアイスクリームが大好物です」とのことでした。

先生はアイスクリームを買いに走り、ジェフの強化に使ってみました。週の終わりには、行動はうまくコントロールされ、悩みは解消したかに思われました。しかし、まもなく不適応行動がもとどおりに現われ始めました。もう一度、先生は母親に尋ねました。「なぜアイスクリームの効き目がなくなったのでしょう？」

「そうね、多分、家でいっぱい食べているからじゃないかしら。かなり前に、あの子をコントロールする唯一の方法がアイスクリームだとわかったので、日に何個もアイスクリームを食べさせています」と、母親は答えました。

先生は残ったアイスクリームを食べて自分を慰め、再び、はてしない強化子探しを始めるのでした。

摂取制限と飽和のように、ある強化子のある時点での効力を変化させるような条件を**確立操作**といいます[82]。確立操作は、昼食前の空腹感のように自然に生じるかもしれませんし、意図的に作られるものもあるでしょう。例えば、ある特定の行動・活動に対して強化効力を持つ刺激へのアクセスを制限することです。摂取制限は強化子の潜在的効力を高め、飽和化を低めます。設定事象については、第10章で詳しく述べます。ヴォルマーとイワタ[123]は、摂取制限状態と飽和状態における強化子の効果の違いを比べました。その結果、摂取制限状態の方が効果効力が高いことがわかりました。

いろいろな食べ物が強化子として使われています。例えば、クッキー[47]、アイスクリーム[84]、プリン[38]、チョコレートミルク[104]、ソフトドリンク[27]、プリッツェルとキャンディー[24]、バナナクラッカー・ポテトチップレモネード[107]、ぶどうとレーズン[31]などです。しかしながら、使用に際しては幾つかの配慮が必要です。まず、医療記録のチェックや両親と相談するのが賢明でしょう。特定の食べ物にアレルギーがあったり、食餌療法中だったり、乳糖不耐症だったり糖尿の疑いがあったりするかもしれません。年少の生徒に食餌性強化子を使うとき、とりわけぶどうやレーズンのような食べ物のときには、窒息の危険性がないかよく注意しておくべきです。またコーンチップやフルーツスティックの栄養価を考慮に入れておくべきです。

強化子選択にはまた常識が求められます。例えば、言語訓練のときに、ピーナッツバターを強化子に使ってはいけません。というのは、舌を上あごにつける発音の模倣が難しくなるからです。飲み物を用いると、トイレに行く回数が増え、セッションがだらけてしまうかもしれません。

特に食餌性強化子など、強力にモティベーションを喚起するものは、標的行動に相反する反応を助長してしまう可能性があり、特に注意を要します。バルサムとボンディ[6]は、年少児を対象にアイスクリームを強化子として使ったところ、アイスクリームそのものが強力な接近行動（じっと見つめ、近づこうとする）を喚起し、課題に注目したり要求された反応をするこ

とを妨害してしまいました。同様に教室で、もし教師が「みんな良い子にしていたらお昼ごはんに特別のご馳走が出ますよ」と言ったとしたなら、生徒はますますそわそわして、落ち着かなくなってしまうでしょう（オペラント強化の望ましくない副作用や、その理論的な議論はバルサムとボンディ[6]の論文で見ることができます）。

一次性強化子に含まれる次の6つの強化子は感覚性の強化子です。感覚性強化子には次のものがあります。

聴覚：音、声、音楽、環境（ヘッドホーンを通しての音楽）
視覚：白色・黒色・有色光（点滅していても、いなくても）、絵、本、雑誌、スライド、ビデオ、動き（電動のおもちゃ、泡）、鏡、万華鏡
嗅覚：甘い臭い、刺激臭（シナモン、クロウブ、オレンジ、安物の香水）
味覚：固形あるいは液体（甘さ、すっぱさ、塩辛さ、苦み、ぴりっとした）
触覚：すべすべした／ざらさらした、柔らかい／硬い、暖かい／冷たい、濡れた／乾いた、動き（バイブレーター、ファン、毛皮のようないろいろな手触り）
自己受容感覚：跳ねる、横揺れ、縦揺れ（トランポリン、ぶらんこ、ロッキングチェアー、揺り木馬）

これらの感覚刺激は単独でも組み合わせても用いることができます[25]。感覚強化子を使うときには年令相応の刺激を選ぶことが大切です[43]。感覚強化子は障害のない人にもうまく使われてきましたし[108, 117]、発達障害を持つ幼児にも使われてきました[119]。重度・最重度の障害を持つ生徒では最も頻繁に用いられます[44, 64, 110, 119]。常同行動や自傷行動は、それらの行動から自然に発生する感覚刺激によって強化されている可能性が指摘されています[29, 55, 112]。

二次性強化子

教師は誰しも、生徒に勉強させたり適応的に行動させたりしたりするのに、一次性強化子には頼りたくないものです。幼い子どもや重度の障害を持つ生徒に対してでさえ、一次性強化子は緊急的に適応行動を獲得させる臨時的手段です。特殊学級担当教師が生徒を普通学級に戻すに当たり、生徒が「イヌ」という単語がわかる度にキャンディをあげ、作業の度にチョコレートケーキをあげ、週末にはステーキをあげることを普通学級の先生に依頼するわけにはいきません。一次性強化子を使うにしても最終的には二次性強化子に置き換えるべきです。二次性強化子には、褒め言葉とか好きなことができるなどの社会的刺激と、後から別の強化子と交換できるトークンのような象徴的代理物の場合があります。一次性強化子と違って、二次性強化子は人間にとって生物学的に不可欠というわけではありません。その価値は後天的に学習されたり、条件づけられたりするものです。そのために、二次性強化子はしばしば条件性強化子ともいわれます。二次性強化子の価値を学習していない生徒には、それを使う前に二次性強化子を学習させる必要が、まずあります。

対呈示　二次性強化子が何の効果もない生徒には、適応行動の獲得に一次性強化子を使う以外にないでしょう。しかし、一次性強化子に依存することを避けるために、何らかの形で二次性強化子に関連づけて用いるべきです。一次性強化子と二次性強化子とを組み合わせて使うことを対呈示といいます（一次性強化子を二次強化子と対呈示する）。例えば、ジェイクが適応行動をしたときに、教師は食べ物を少し与えて、同時に「上手にできたわね」といいます。対呈示によって、二次性強化子だけでも子どもが動機づけられるように条件づけるもしくは学習させるわけです。いったんこの結びつきが確立すると、二次性強化子は一次性強化子と同じ位の効果を持つようになります。その後、一次性強化子を徐々に取り去って行きます。もちろん強化史の中に対呈示の経験がある生徒では、一次性強化子なしで二次性強化子を用いることができるでしょう。

物や特権などの強化子は具体的で即時性があります。強化子として機能するようなものには

表7-3　二次性強化子として使用する学級内での活動や特権

- ハイキングやパーティの計画を立てる。
- 学級活動（自由活動、「楽しい金曜日」、朝の会、ポップコーンを作るなど）のときにリーダーをする。
- 寸劇をしたり、劇の監督をする。
- 掲示板を飾り付ける。
- 学習センターを造る。
- 学級新聞を編集する。
- 授業とクラス活動のスケジュールを決める。
- 仲間指導（ピア・チュータリング）プログラムに参加する。
- 授業のテーマを選ぶ。
- 運転実技の勉強をする。
- 宿題を免除する。
- テストを免除する。
- 次の試験を論文式にする。
- 成績ポイントを追加する。
- コンピューターを使う。
- 問題解決チームのリーダーになる。
- 体育館・図書館を使う。
- 給食の行列の先頭に並ぶ。
- 高校サッカーのチケットをもらう。
- 学級の図書係やゲーム係になる。
- 校内パトロール委員をする。
- 係（黒板、伝言、飼育、植物、用紙、運動用具など）になる。
- クラスの代表になる。
- 運動チームや読書グループの委員長になる。
- 視聴覚室の装置（ビデオ、テープレコーダーなど）を使わせる。
- ゲームやおもちゃなどで遊ぶ。
- 表彰状やバッチの授与。
- 絵の具、イーゼルを使う。

訳注：上記の内容は日米の小学校でかなり違うものです。状況の配慮が必要でしょう。

いろいろなものがあります。例えば免状やバッジなどの賞品、小さな子どもの場合にはおもちゃの人形、風船、ステッカーなど年令相応のおもちゃです[28,41]。青年期の人たちにはロックスターのポスターやスポーツ雑誌、化粧品、宝くじ、トレーディングカード、CDなどがあります[37]。時には何が強化子として気を引いているのかわからないこともあります。ベアー、ブラント、デトリッチとストークス[5]やダールキストとギル[22]は福袋をうまく使っています。監督者になるとかチームのキャプテンになる、宿題を免除してもらえる、ミルクマネーを集める、クラスのペット係になるなどの特権も生徒たちの間でステータスとなることがあります[103]。

活動性の強化子　活動は二次性強化子と考えらます。実は教師が日常よく使っている強化子の一つです。、活動性強化子の利用についてはプレマック[97]が系統的に研究し、今日、広く<u>プレマックの原理</u>と呼ばれています。すなわち、ある個体が低頻度でしか従事しない行動は、当然その生起確率は小さなものです。また、高頻度で従事する行動は生起確率が大きいはずです。そして、低頻度の行動の直後に高頻度の行動が続くならば、低頻度の行動の生起確率を高める作用を示します。言い換えるならば、生徒がたびたび自発的にする活動は、滅多に自発的にしない活動に対し強化子として使うことができるというのです。算数の問題が終わったら教室の後ろで模型飛行機で遊んでいいなどと言ったり、キャベツを食べたら遊びに行ってもいいなどと言うのは、プレマックの原理の応用といえるでしょう。（表7-3は二次性強化子の例です）。

二次性活動性強化子についての他の考え方について、次の逸話を見てみましょう。

ホーク先生、生徒の好みの活動を観察する

ホーク先生は重度な行動問題を持つ10〜13歳の生徒のための促進学級の教師でした。彼の仕事は、生徒たちに適応行動と教科技能を獲得させ、通常学級に迅速に再統合させることでした。通常学級の先生方へのコンサルテーションも行ない、必要とあれば教科指導の援助もしていました。生徒の中には数カ月間促進学級で勉強する者もいれば、1週間以内に通常学級に通級を始める者もいました。先生はトークン強化システム（187ページ参照）を使っていました。そして一風変わっていても効果的な活動性強化子を見つけることに自信を持っていました。その方法は単に、生徒の言うことを聴いていたり、何がしたいかを尋ねたり、自由時間にすることとして何を選ぶかを観察することでした。

トークンシステムで獲得したポイントを、安全に停車されイグニッションキーも付いていないホーク先生のバイクに乗ることと交換する生徒もいました。工事現場のゴミ箱を空にする手伝いや、教室でゲームやおもちゃで遊ぶことを選ぶ者もいました。自閉症の特徴を持つある生徒は、おもちゃや教材を直線または一定の形に並べるのが好きで、ホーク先生も強化子となる活動を何にするか考えていましたが、回転する物に魅了されていたのを見つけ、倉庫から古いレコードプレーヤーを持ってきたところ、ターンテーブルの回転を楽しんで見るようになりました。

ある日、新しい生徒がやってきました。教科技能を教えるために、その生徒にあった活動性強化子を見つけなければなりません。とりあえずホーク先生は、彼にコンピューターで行なう算数課題を与えました。その課題は、カラフルで刺激的で面白いものでした。課題のレベルは、生徒が容易にできる程度にしました。しばらくして、生徒は「ワォ、スゲー面白い」と思わず口にしました。すると隣で課題をしていた生徒が、そっと言いました。「オイ注意しなよ。君は先生に、何が好きかを教えた。次に君がやらなくちゃならなくなるのは、君が嫌いなことだよ」

カズディン[58]は、活動を強化子に使用する際の問題を幾つか指摘しています。まず第1に、実際問題として、低頻度の行動の直後に高頻度の行動を後続させることが常にできるというわけではなく、その場合、高頻度活動の強化子としての有効性は減少します。例えば、算数の授業の後で体育館を使いたくても時間割の都合でできないことがあります。第2に、活動はしばしば全か無かになります。すなわち、強化子となる活動が得られるか、得られないかのどちらかになり、強化子の呈示に融通性が欠けます。例えば、ハイキングに行くか行かないか、ハロウィーンのマスクを作るか作らないか、常にどちらかになってしまいます。遂行の程度に応じた強化子の細かい操作はできません。しかしながら、活動性強化子に関するこのような制約は絶対的ではありません。時間の増減を調節することで解決される場合があります。例えば、単語つづり1問の正解につき1分間体育館でバスケットボールができると決めておき、正答数に応じてバスケットボールの時間を増やすなどの方法が考えられます。

第3に、強化子として使う活動の多くは、標的行動を遂行したか否かにかかわりなく、生徒がいつでも自由にやれます。例えば、昼休み、必修科目の体育、あるいは、芸術や音楽などの授業では高頻度活動が活発に行なわれています。最後に、高頻度活動を強化子に使うと、標的行動の継続が中断されることです。例えば、書き取りが1つできるたびに体育館へ行かせるわけ

にはいかないでしょう。しかし、生徒によっては標的行動を遂行するたびに何らかの強化がなければ、標的行動が維持されないことがあります。以上4つの要因で活動性強化子の効果が漸次的に減少してしまうような場合には、般性条件強化子の使用を考えてみましょう。

般性条件性強化子 強化子が、多種類の行動、多種類の一次性・二次性の強化子に連合している場合に、その強化子は<u>般性条件性強化子</u>または単に<u>般性強化子</u>と呼ばれます。例えば、ほほ笑みや褒め言葉は多種類の行動を強化します。特別難しい仕事をやった後の上司からの賞賛や、美味しい料理に対する配偶者の賛辞、教室でうまく答えられたときの先生のほほ笑み、汚れた衣類を片付けたときの母親の抱擁などが典型的な例です。

般性強化子のもう一つの種類は、何か価値のあるものと交換できる強化子です。この種の強化子で最も代表的なものはお金です。お金はそれ自体で価値があるものではありませんが、いろいろな方法によって獲得でき、また、食べ物、安全、衣服、コンサートの入場券、スーパーボールのチケット、メルセデスベンツ、など多くの強化子の入手に関係します。般性条件性強化子の効果は単一の摂取制限に依存せず[33]、他のタイプの強化子ほど飽和化の影響を受けません。

般性強化子の使用には多くの有利な点があり、カズディンとブージン[60]は、次のような点を指摘しています。

1. 食餌性・活動性強化子とは違って、般性強化子は、どんなときでも反応を強化でき、また強化される反応の流れを中断することなしに強化できる。
2. 般性強化子は、長期にわたって行動の維持に使うことができ、その強化特性、特に摂取制限に依存しないために、飽和化によって妨げられることがない。
3. 般性強化子は、嗜好の個人差に左右されずに、同じような強化をもたらす。

トークン強化子 学校場面の多くでは、お金を使うことは現実的ではないので、トークンと呼ばれる般性強化子が広く使われています。トークン強化子というのは、価値のある強化子と交換できる象徴的代理物のことです。この手続きを最初に使ったのはエイロンとアズリン[4]で、彼らは精神病院の病棟でトークン強化システムを試みています。そのバリエーションは、精神病・非行・情緒障害を持つ青少年の宿舎[128]、福祉作業所[126]、病院[15]で用いられています。

今日、トークンシステムは多くの特殊学級、特別指導教室[12]、通常学級で利用されています。そして教師や補助教員が、教科技能[52,106]、情緒行動[36]、自己の行動管理[16,83]を教えるときに、また学級経営[1]、挑戦的行動への処置[71]、統合教育のマネジメント、行動変容プログラムの学校－家庭間調整[121]などにも使っています。クラスメートも、行動の評価とトークンの呈示を教えられます[115]。学校で、最終学年になるためには、試験・レポート・実験などで一定の得点を獲得しなければならないとすれば、トークンシステムが実施されていることになります。トークンの使用は一般社会でのお金の使用に似ています。すなわち、トークンはお金のように、いろいろな一次性強化子や二次性強化子と交換することができます。このシステムは、一次性強化子が随伴される指導場面から二次性強化子が機能している一般社会へと移行させる手続きとしても使用されています。また、1人の生徒の1つの行動、1人の生徒の幾つかの行動、多くの生徒の1つの行動、多くの生徒の幾つかの行動（同種の場合、異種の場合いずれでも）に対しても適用されています。

トークン強化システムには2つの側面、つまりトークンそれ自体と支持（バックアップ）強化子が必要です。トークン自体は望ましい反応の直後に与えるものですが、具体的には、ポーカーチップやボタン、☆のマーク、おもちゃのお金、ペーパークリップ、金属片のようなものが使われます。シンボルでさえあればいいので、カードにチェックマークを記入したりパンチを入れる、その他、点数やニコニコマークのスタンプなどでもいいでしょう。一般的に、トークンは携帯性、耐久性、操作の容易性をそなえていなければなりません。

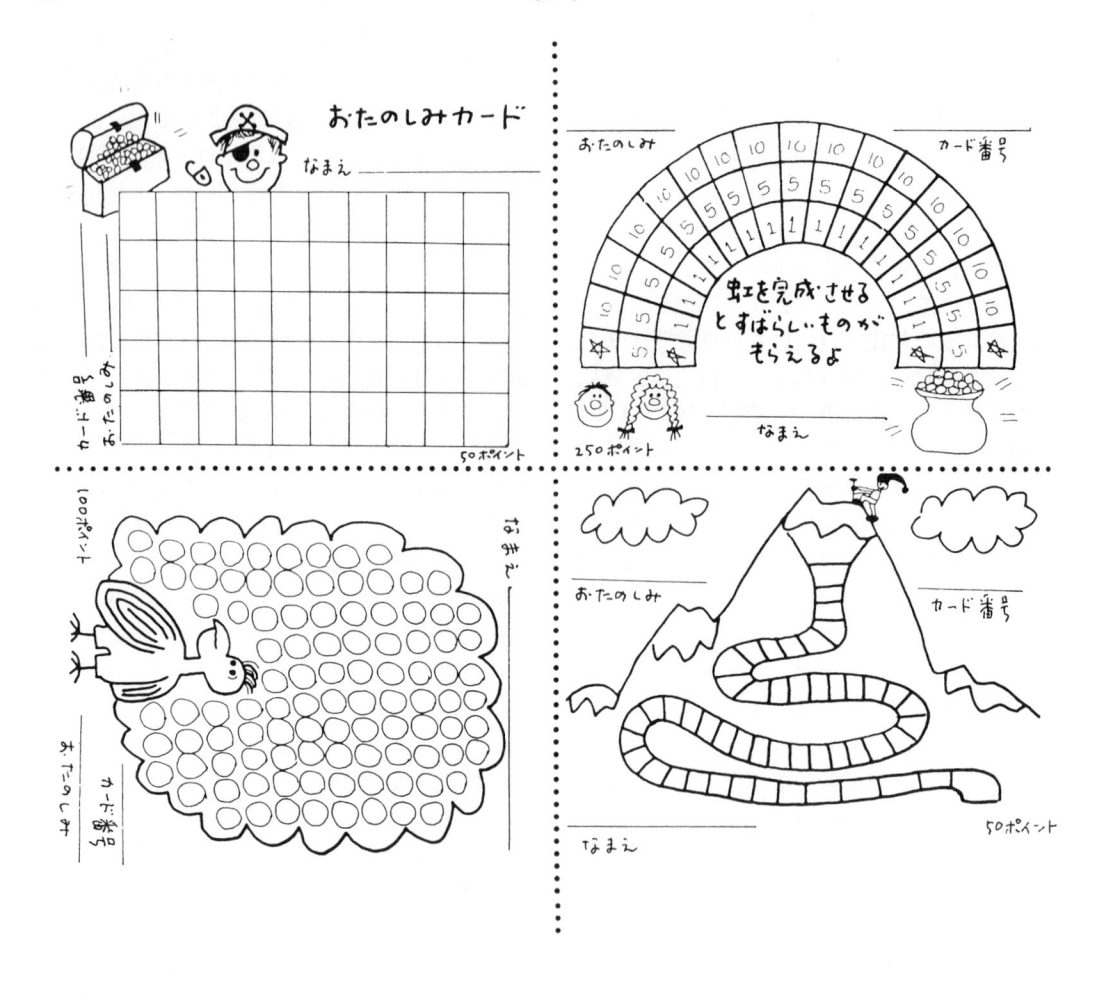

図7-2　トークン強化システムで用いられる点数カードの例（小学生用）

　教師も生徒も手に入れたトークンの数を正確に記録しておく方がいいでしょう。トークンがチップなど物の場合は、トークンを貯めるためのトークン箱やその他の容器を決まった場所あるいは生徒の机の上などに置くといいでしょう。遅滞児や年少児についてはトークンでネックレスを作ったり塔を建てたりするとトークンをなくしません。点と点をつないで支持強化子を描いていくのも一つの方法です。標的反応のたびに点をつなぎ、全部つながると、支持強化子の絵が完成し、それが手に入ります120パズルのピースをトークンとして、ピースを全部集めれば、支持強化子の絵が出来上がる方法もありま

す。トークンカードの空白の丸印にニコニコマークを書き込んだり[86]、カードに穴を空けるやり方もあります[73]。トークンが点数、スタンプ、チェックマークのときは、教室の前に図表を張ったり、図7-2、7-3に示されているような記録カードを用いると良いでしょう。

　トークンシステムの実施で注意が必要なのは、ニセモノやごまかしについてです。クリップをトークンにしている場合、30セントあれば、クリップは100個買えます。そうなると、クリップのトークンは値打ちが下がり、システムの効果は低落してしまいます。簡単な予防方法は、トークンやシンボルに特定のマークや色をつけ

```
┌─────────────────────────────────────────────────────────────┐
│                      ポイントカード                          │
│  生徒氏名：                                    日付：        │
│  目標行動：                                                  │
│                                                              │
│        1    2    3    4    5    6    7    8    9   10       │
│       11   12   13   14   15   16   17   18   19   20       │
│       21   22   23   24   25   26   27   28   29   30       │
│       31   32   33   34   35   36   37   38   39   40       │
│       41   42   43   44   45   46   47   48   49   50       │
│                                                              │
│  獲得ポイント総数：                                          │
└─────────────────────────────────────────────────────────────┘
```

┌───┐
│ 今日のポイント数＿＿＿＿＿＿＿＿   氏名＿＿＿＿＿＿＿   │
│   日付＿＿＿＿＿＿＿ │
│   昼食   │

	1時限	2時限	3時限	4時限	5時限	6時限	7時限
授業集中度							
態度							
課題実施							
教師・生徒との関係							
服装							

宿題：　　　　　　　　　　　　コメント：

1時限 ＿＿＿＿＿＿＿＿＿＿＿＿＿＿＿＿＿＿＿＿＿＿＿＿＿＿＿
2時限 ＿＿＿＿＿＿＿＿＿＿＿＿＿＿＿＿＿＿＿＿＿＿＿＿＿＿＿
3時限 ＿＿＿＿＿＿＿＿＿＿＿＿＿＿＿＿＿＿＿＿＿＿＿＿＿＿＿
4時限 ＿＿＿昼食＿＿＿＿＿＿＿＿＿＿＿＿＿＿＿＿＿＿＿＿＿＿
5時限 ＿＿＿＿＿＿＿＿＿＿＿＿＿＿＿＿＿＿＿＿＿＿＿＿＿＿＿
6時限 ＿＿＿＿＿＿＿＿＿＿＿＿＿＿＿＿＿＿＿＿＿＿＿＿＿＿＿
7時限 ＿＿＿＿＿＿＿＿＿＿＿＿＿＿＿＿＿＿＿＿＿＿＿＿＿＿＿

保護者のサイン ＿＿＿＿＿＿＿＿＿＿＿＿＿＿＿＿＿＿＿＿＿＿

図7-3　トークン強化システムで用いられる点数カードの例（中学生用）

出典："Tokens for success: Using the graduated reinforcement system," yb C. Lyon & R. Lagarde. *Teaching Exceptional Children 29(6)*, 1997. Copyringh 1997 by The Council for Exceptional Children. Reprinted by permission.

て、トークンの発行元や生徒ごとの識別ができるようにしておくことです。カードにサインペンでチェックマークをつける場合には、日によって色を違えるといいでしょう。生徒が持っている可能性が高いサインペンの色は、避けるようにします。

バーンブラウアー、ウォルフ、キッダー、タギュ[10]は、トークンそのものが強化の機能を持つわけではないと指摘しています。強化機能を持つものとの交換によって強化価が得られるのです。従って、トークンが後ほど、トークンシステムの第2要素である支持強化子と交換できるものだということが生徒に理解されていなければなりません。

グループあるいはクラス単位でトークンシステムを適用しようとすると、支持強化子の選択が特にむずかしい問題になります。クラスの生徒一人ひとりを十分動機づけうるものを与えるように、幅広い様々な強化子を用意しなければなりません。それゆえ、食べ物（コーンフレーク、クラッカー、クッキー、ジュースなど）や好きな活動（図書館に行く、自主活動時間を楽しむ、レコードを聞くなど）、品物（ゲーム、ノート、クレヨンなど）、名誉や特別扱い（最前列に座る、昼食費の集金係になる）など各種取りそろえるべきでしょう。

クラス全員に対してでも1人の生徒にでも、教師がトークンシステムを開始するときには少なくとも次の4つについて生徒に知らせる必要があります。まず第1に、どんな行動をすればいいかということです。何度も述べているように、随伴関係（もし～ならば、～するだろう）をはっきり説明し、生徒に理解させなければなりません。なすべき行動とその許容範囲を具体的に明示する必要があります。

第2に、トークンでどんな支持強化子が手に入るかをはっきりさせます。必ずしも実物の必要はなく、絵や模型などで支持強化子を教室の皆の目につくところに飾っておくのも名案です。

第3に、支持強化子それぞれがトークン何個と交換できるかを明示しておきます。生徒たちは、支持強化子の魅力とそれに支払うトークンの量とを天秤にかけて、その強化子は要求されている行動変容に見合うかどうかを決めるでしょう。開始当初は、システムが確実に機能するように、全員がすぐに強化子のどれかを獲得できるようなレートにしておきます。そうすると、最初の交換で、生徒はなにがしかのトークンを集めると、なにがしかの支持強化子と交換できるということを学んでくれるでしょう。スタインバック、ペイン、スタインバックとペイン[113]は、食べ物、ポスター、おもちゃの兵隊などの強化子は、市価に比例させておく方がいいと言っています。活動や特権のようなものは判断に困ります。あまりに簡単に支持が手に入るのも望ましくないし、また、むやみにむずかしくするのも好ましくありません。クラスの皆がどの程度欲しがるかをよく観察し、それにもとづいて支持強化子の価格を適切に決めるためには少し時間がかかるかもしれません。

最後に、いつトークンと支持強化子との交換ができるのか、明確にすべきです。最も一般的には、一日の終わりあるいは一週間の終わりに交換タイムをもうけます。トークンシステムの初期段階では、特に年少児や障害児の場合、最初の交換時期は早い方がいいでしょう。月曜日にトークンシステムを開始し、交換タイムを金曜日に設定するのはあまり賢明なやり方ではありません。生徒は、交換システムがどうなっているのか、また先生が嘘を言っていないことを生徒になるべく早くわからせる必要があります。最初の交換タイムは、昼休みか放課後、あるいは、午前中の休み時間（例えば、クッキーと交換して）がよいと考えます。スタインバックら[113]の示唆によれば、初期の段階ではトークンを頻繁に交換し、最初の3～4日は日に1～2回にして、その後3週間ぐらいかけて徐々に1週に1回となるよう頻度を少なくしていくのがベストのように思われます。

支持強化子との交換は、いろいろな形で行なわれます。ごく一般的なやり方は、教室でお店やさんを開きます。教室の隅に棚を設置し、トークン価格の値札を張り付けて支持強化子を並べます。交換タイムを決めて、生徒たちはお店やさんに入り、買えるものを買います。また、面白いやり方として、オークションをやってい

る例もあります[96]。支持強化子それぞれについて生徒たちに入札をさせます。手に入れたトークンの枚数ぎりぎりまで競り上げるかもしれません。

トークンシステムの実施では、支持強化子の交換の仕方によって問題が生じるかもしれません。次の例で説明しましょう。

守銭奴になったチャーリー

　トーマス先生が担当する学習障害を持つ生徒のクラスにチャーリーという生徒がいました。彼はけっこう頭がいいのに、読みに重篤な問題があり、それに多くの不適応行動も抱えていました。クラスの他の子どもたちもそうなのですが、彼もトークン強化システムにうまく対応できました。生徒たちは、カードにチェックマークを集めると、おもちゃや特権などいろいろな支持強化子と交換できました。交換レートは、一番高価なものでカード3枚分、多くは1〜2枚分でした。

　数カ月後、先生はチャーリーが行動面も勉強面もひどく悪くなっているのに気づきました。これはある日の突然の変化でした。トーマス先生はその理由がわからず、とにかくはっきりさせようと決心しました。チャーリーにどうしたのか尋ねてみると、彼はニヤッと笑い、自分の紙ばさみを開きました。「見て、ぼく11枚も集めたんだ。だからしばらくは何もしなくっても、まだまだ店から欲しいものを何だって買えるってわけ」と声高に笑うのでした。

　トーマスが学んだように、チャーリーがしたようなトークンの貯め込みを防ぐような方法を考えることが賢明です。この問題を避けるには幾つかの方法があります。例えば、

1. トークンを交換する日をあらかじめ決めておく替わりに、あるアイテムに必要なトークンがたまったらすぐに交換できるようにしておく。こういった随時の交換のやり方は特定のアイテムを手に入れようと計画的にさせ、貯め込むよりも交換するようにさせるでしょう。
2. すぐに交換することと後で交換することを組み合わせる。生徒たちは特定の強化子に必要なトークンがたまったらすぐに交換することができます。また獲得したトークン全部、または交換した残りのトークンを次の交換のために貯金しておくこともできます。貯金したトークンの没収はペナルティーにもなります。
3. トークンの色やその他の特徴を1カ月毎や1週間ごとに変えることができる。トークンが変われば、生徒たちはすぐに古いトークンは価値がなくなったとわかります。これは経済的に行き詰まった政府が時々使う手です。
4. 非常にきっちりとしたマネジャーなら、生徒が貯金するトークンの数を制限することができます。そのためには、注意深く正確な記録を取っておくことが必要になります。しかし、教師を補助するために専属の記録者を雇える学校はほとんどないことにすぐに気がつくでしょう。トークンシステムの実施と維持に、教師の時間と労力が多大に必要なシステムは見捨てられる運命にあります。

　トークンシステムはクラス全員にも一部の生徒にも用いることができます。もし数人の生徒たちだけにトークンを与えると、他の生徒たちが疑問に思うかもしれません。この問題については第2章のグランディ教授のアドバイスを参考にしてください。

　クラス全員にトークンシステムを適用する場合には、クラス全員にとって標的行動になるようなものから始めるのがやりやすいでしょう。例えば、宿題をやってきたら、またはクラス討論で手を挙げたなら点数を与えます。いったん

生徒が交換システムに慣れてくると、プログラムを個人別に適用できるようになります。最初に決めた共通の標的行動に対しトークンを与えている中で、徐々に何種類かの教科課題や社会的行動もシステムに組み入れていきます。例えば、マーティは整理整頓に対して、デビーでは手早くすることに対して、サラには大きい声で話すことに対して、それぞれトークンを与えます。また、個人別にせずに、クラスの全員にとって適切な何か他の行動を追加するなどして、クラス全体の行動管理に広げてもいいでしょう。次の例はクラスの点数制に関する基準についてです[105]　(p.453)。

ディスカッションのとき、
　4点：人の話を聞き、3回発言する。
　3点：　〃　　　　、2　〃
　2点：　〃　　　　、1　〃
　1点：人の話を熱心に聞く。
　0点：人の話を聞いていない。

授業中に課題をするとき、
　4点：授業中に課題全部をやる。
　3点：　〃　　　3/4　〃
　2点：　〃　　　1/2　〃
　1点：　〃　　　をやりはじめる。
　0点：　〃　　　をやろうとしない。

発言機会のない形での授業（各自、本をよむ、映画を見る、授業を聞くなど）
　4点：授業中ずっと主題（本、映画、教師、講師）にしっかり注意を向けている。
　2点：大体注意を向けている。
　0点：注意を向けていない。

トークンシステムは、複雑な教科の課題にも適用できます。例えば、作文の指導では、「夏休みをどう過したらいいか？」という作文全体に20点を与えるのではなく、次のような個々の項目にトークンシステムに従って点数を与えます。

鉛筆と用紙を忘れずに持ってきたら1点。
授業開始と同時に課題に取り組み始めたら1点。
時間内に作文を完成させたら1点。
センテンスのはじめを大文字で始めたら1点。
センテンスの終わりにピリオドを打ったら1点。

生徒がトークンシステムをいったん習得してしまうと、点数システムをもっとむずかしい作文課題にも、導入できるようになるでしょう。例えば、授業が4～5回目になると、紙とペンを持ってくれば1点という替わりに、複数形のつづりが正しく書けると1点にします。トークンシステムでは、獲得できる点数は少なくても、いろいろな行動で稼げることが重要です。とてもやれそうもない時間のかかる課題で大量得点を得るよりも、フラストレーションが少なく、取りかかりやすい幾つかの比較的簡単な目標に向かう方を好む生徒もいます。このアプローチは、確実に成功できる目標を課題に組み込みます。トークンの交換のときは直接的指導や機会利用型指導のよい機会として使えますし、復習や練習の機会としても使えます[32,62]。教師は一つひとつの支持強化子の上に文字や単語、数、算数の問題、社会の問題、科学の質問などを置きます。生徒は強化子を受け取る前に、その刺激や問題に応答しなければなりません。この随伴性を理解した生徒は多分、トークンの交換がなされる前に問題があるということがわかるでしょう。あなたが最高裁の判事の名前を任命順に言うまで、あなたの社長が給料を渡すのを突然拒否したら、あなたはどんな反応をするでしょうか。

トークンは学級運営においても大変有効です。アイロンとアズリン[4]は、トークンなどの具体物強化子の方が般性社会強化子（ほほ笑みとか賞賛）などよりも効果的であり、有利だと指摘しています。

1．トークンの量がそのまま強化の量になる。
2．トークンはかさばらないので、どこへでも持っていける。
3．生徒がトークンを所有するのに、数量の制限がない。

4．トークンで強化子自動販売機が直接使用できるようにしうる。
5．トークンは長期保有に便利で、交換までの期間、保管しておくことができる。
6．トークンの形態は容易に規格化できる。
7．トークンを耐久性のあるもので作っておくと、途中で変質したりしない。
8．トークンをユニークなものにしておくと、にせものをふせぎ、正規の方法で入手した確証になる。
9．トークンを用いると、生徒にフィードバックを具体的な形で一貫して提供することができる。生徒は、トークンや点数カードを管理することで、随伴関係の基準に向かって自分がどのように進歩しているかを、例えば自分の行動がコントロールできているのかどうか、教科の課題が達成できているのかどうかを把握できる。
10．トークンを用いることで、強化子の提供が正確に実行できる。カズディン[59]が言っているように、「よくできたね」というたびに教師の声の調子は違うだろうし、同じ賞賛の状態を伝えるつもりでも「よい」「かなりよい」「大変よい」など言い方が違うだろう。トークンによる強化は、このような主観的影響に悩まされずに済む。
11．トークンはどんな所でも使えるし、そっと提供することができる。従って、標的反応の遂行を妨害したり他の生徒の行動をじゃましたりせずに速やかにトークンを提供できる。
12．トークン強化システムは、いろいろなレベルの遂行に適用できる。強化子の提供が全か無かに縛られずに済む。例えば、はじめは、1つの単語を正確に書けるとそのつどトークンを与え、しだいに、20個のうち20個全部が正解でないと強化しないというふうなことができる。遂行の向上に応じて基準を自由に変えることができる。
13．トークン強化システムが身につくと、生徒は欲求の満足を後回しにできるようになる。
14．トークン強化システムでは、他の強化システムよりも融通が利く。支持強化子は広い範囲から選択できるし、トークンを随伴することで様々な行動をコントロールできる。
15．トークン強化システムがもたらす最も大きな利点は、般用性の高さである。一次性強化子やある種の活動性強化子とは違って、トークンはいろいろな状況で（他の教室で、食堂で、校外見学で、）簡単に使用でき、様々な行動に同時に（着席して\かつ正確に書き取りをする）使用できる。また、両親や複数の教師でも簡単に利用できる。
16．トークンはしばしば、賞賛、承認、フィードバックのような二次性強化子にくらべて、より高いレベルで行動を維持することができる[10, 61, 88]。

行動障害や学習障害を持つ生徒のための公立学校や寄宿舎でのプログラムの多くでは、改変されたトークンシステムを使っており、**レベルシステム**と呼ばれています[16, 111]。レベルシステムとは、適切な行動を形成するための厳格な枠組みです。生徒は行動レベルによって幾つかのグループに分けられ、行動が改善すると上のレベルのグループに移ることができます。どのグループにおいても、適応行動と自己管理（自己記録、評価、強化子選択）の向上が要求されます。あるレベルで生徒が進歩を示すと、次にはより厳しい基準が適用され、自分の行動に対する責任が増えていきますが、支持強化子の種類は広がります。あるレベルにおける標的行動を決めたり、その進歩を判断するためには様々なやり方がありますが、大抵は、どのレベルでも一般的な行動が標的となり（例えば、用があるときには大声を出すのではなく挙手をする、適切な言葉を使用する、授業に注意を向ける、許可なく教室を出ない）、個々の生徒の標的行動は、学業的・社会的・行動的障害について個別に査定して決めています。最も低いレベルでは、特権は基本的なもので、選択や活動の自由もあまりなく、強化子も限られています。最初のレベルの基準に達し、上のレベルになると、基準はもっと厳しくなりますが、強化子も種類が増え価値のあるものになります。最後のレベルは、インクルージョンへの移行段階であることが、しばしばあります。最初のレベルでは、賞賛、

フィードバック、ポイントなどの強化子が頻繁に呈示されます。レベルが上がっていくと、強化の頻度は減少し、強化を得るためにはより適切な行動が要求されます。他の生徒や教師を叩くといった行動を示した場合、生徒はどのレベルにいても、下のレベルに自動的に落とされます。心理教育的な側面を持つプログラムもあり、それらでは、行動日誌をつけることや、自分で行動目標を設定することが強化の要件となっています[7,9,77]。

社会的強化子 教師や他の人たちが無意識のうちに(そして、通常は体系的ではなく)使っている二次性強化子に褒めるとか注目することなどがあります。教室では、教師の注目は容易に得ることができ、また強化子になる可能性があります。もし注意を向けることに無自覚な場合、不適切な行動に注意を向けることで、それを強化してしまうかもしれません。次のエピソードは、不適切な行動を強化してしまった例です。

バラス、教授を教える

グランディ教授はソファに座って新聞を読んでいました。バラスが部屋にのそのそと入ってきて、グランディ教授にのしかかり、その大きな頭を教授の腕の中、丁度、教授と新聞の間にねじ込みました。教授はバラスの頭をかき続けながら、「見てごらんミネルバ、バラスは私が好きなようだ。いい子だ、いい子だ。おまえはいい子だよね」と言いました。バラスは、時折頭を差し向け、なでられたり褒められたりしながら、教授の側にいました。その日の午後、教授がスーパーマーケットから帰ってくると、バラスはまた教授にのしかかり、教授とスーパーの袋の間に頭を入れました。すると袋は床の上に落ちてしまいました。「わざとじゃないんだ。バラスは私が帰ってきたのでうれしかったんだ。そうだろう?」。教授は小声で言い、奥さんが掃除をしている割れた卵をまたいでいきました。夕食の後、大切な原稿を書き上げてグランディ教授が言いました。「ボール遊びに行きたいかい?」。バラスは教授の側にいて、教授の足下近くに潜り込んでいました。すべてはうまくいっていましたが、それもバラスが起きあがり、教授とコンピューターの間に頭を入れ、キーボードの上によだれを垂らし、ディスプレイを汚すまでのことでした。教授は跳び上がり叫びました。「ミネルバ、この犬をどうにかしてくれ。私が仕事をしている間は、邪魔をしないようバラスに覚えさせなきゃいかん」。

奥さんは、なかなか厳しいことを言いました。「オリバー、あなたはバラスがあなたの気を引くよう、注目を与えて一日中強化していたわね。で今、あなたはそれに文句を言っている。あなたが仕事中かどうかをバラスにわかって欲しいとでも言うの? 今朝の新聞の広告を取っておいたわ。あなたたち2人とも、犬の訓練学校に通った方がいいみたいね」

仕事がうまくいくためには、様々な相互作用が関係します。次のリストに示されるように社会的強化子として機能すると考えられるものには、いろいろな非言語的表現、教師と生徒との距離、身体的な触れあい、喜びを伝えたり生徒がうまくできるようになったと伝える言葉などがあります[20,42,81]。これらの社会的強化子は教師が生徒の行動を変化させ、維持させるのに効果的なだけでなく[74]、生徒が教師の行動を変化・維持させる効果もあります[95]。

表現
ほほ笑む、ウインクする、笑う、うなずく、拍手する、興味を示す

接近
昼食のときに生徒の隣に座る、バス旅行のときに隣に座る、机を先生の隣にする、お話の時間に先生の隣に座る、ゲームのときに先生とパートナーになる

接触
握手する、手を握る、頭や背中を軽くたたく

特権
　上手にできた作品を飾る、活動のリーダーになる、学級委員になる、チームのキャプテンになる

言葉かけ
「きちんと座ってるね」「素晴らしいできばえだよ」「自慢していいよ」「そう、それをして欲しかったの」「お父さんやおかあさんに見せてあげよう」

　これらの社会的強化子の中でも、言葉かけを教師はたびたび使います。教師の言葉かけは**賞賛**として記述されるかもしれません。オリアリーとオリアリー[89]は教師の賞賛は強化子として有効に機能するだろうと主張しています。

1．賞賛は強化されるべき行動に随伴して呈示されなければばなりません。賞賛が随伴して呈示されなかったら、強化をしていることにはなりませんし、生徒の行動と教師の肯定的な注目との従属関係が崩れ、行動はその後も増加しないでしょう。
2．教師の賞賛は、強化される行動、または行動特性を特定化すべきです。なぜ教師の肯定的な注目を得たのか、生徒を混乱させてはいけません。
3．賞賛は誠実に聞こえねばなりません。ありふれた文句を避け、文脈に合わせて変化をつけ、状況によって声の調子を変えたり、生徒の好きな褒め方を工夫します。一次性強化子をずっと使っていたら飽きてしまうように、決まり切ったフレーズだけで賞賛していると飽きてしまいます。ありふれた文句で賞賛しつづけるとすぐに強化効果がなくなって、単なる教師の無駄口になり、そのうち生徒に無視され、時には怒らせてしまいます。

　クリントンとボイス[18]は教師の使う言葉かけを2つのタイプに分けています。**肯定的強化子**は「よい」とか「すばらしい」などの言葉で、**情報的強化子**は「正しい」や「正解」などです。情報的強化子は**構成的フィードバック**とも呼ばれます。フィードバックが強化子として使われるときには、ほどんどの場合、まず肯定的な強化子で話しかけ、その後にその行動の正確さや適切さに焦点を当てた言葉が続きます。「それでいいの、パズルを机に置いたね」[92]。言語的フィードバックは、しようと試みることや正解ではないけれどもそれに近い行動を強化するのにも使われるでしょう[45]。例えば「いい調子、3つのうち2つ正解だよ。今度はもう一つも同じようにやってごらん」というように。この種のフィードバックは重複障害を持つ生徒を教える方略としていろいろな事態で使われてきています[122]。小学校の理科[26]、フットボールや体操、テニスなどのコーチング[3]、作業所でのスーパーバイズ[76]などに用いられています。表7-4は構成的な言語フィードバックの例です。ある種のフィードバックでは正確なより具体的な測度を提供します。例えばクローニンとキュヴォ[21]はいろいろな色の星（赤い星は前回よりもよくなったとき、金の星は100％正解）を使っています。グラフやチャートはフィードバックや強化として用いられてきました。小さな子どもでは自分の棒グラフが伸びていくのを見るだけで強化されるかもしれません。線グラフや累

表7-4　構成的言語フィードバック

承認を示す言葉	フィードバック
「すばらしいね」	行動の正しさを伝える 「時間内に課題ができたね」
「がんばったね」	目標への接近を強化する 「時間内に課題がほとんどができたね」
「上出来だよ」	修正の示唆 「もうちょっと気をつければ、今度は全部できるね」

積グラフは年長の生徒にとって視覚的な強化子となるかもしれません[56]。私たちも自分自身を強化するのにグラフを使っています（第12章参照）。しかしながらフィードバックだけでは、どんな状況でもどんな生徒にも強化子となるわけではありません。生徒の過去の経験によって、強化子となったり、罰となったり、不適切な行動を変える効力を持たない先行刺激であったり、望ましい行動を持続させるものとなったりします[11, 93]。

契　　約

多くの生徒に役立つために、そして個々の行動目標を管理し指導するために強化システムを利用するのは、教師にとって困難なことでしょう。多忙な日にはじっくり考えずに、場当たり的な随伴性を生徒に言い渡してしまうかもしれません。後になって、自分が言ったことを忘れてしまうかもしれませんし、それゆえ随伴手続きを実行しようとしても実行できないことがあるかもしれません。さらに厄介なことに、生徒は自分に都合がいいように言い換えたりします、「先生は算数の問題をやったら外に出ていいと言ったよ。正解でないとダメだなんて言っていないよ」。強化手続きをシステマティックに使用する簡単な方法は契約です。契約とは強化の随伴性を文書にすることです。契約(書)によって、問題が起きたとき、いつでも参照できる永続的産物を作るのです。

通常の契約と同じように、教室での契約も当事者——すなわち、先生と生徒——間のそれなりの交渉の結果でなければなりません。契約書を実際にどのような言葉で書くかは、当の生徒の理解力によりますが、図7-4に見られるように、「もし〜なら、〜だろう」という基本形を含みます。契約書は、強化の随伴操作に必要な諸項目（行動、条件、基準、強化子）を必ず含んでいなければなりません。

契約書には、誤解を避けるために、要求される行動が正確に記述されていなければなりません。これには、行動の遂行内容や契約期間に達すべき基準のレベルも明記しておくべきです。基準の話し合いでは、遂行を評価する方法や手段について生徒が理解できるよう説明されなければなりません。また、契約書には強化のタイプや量、提供方法の明記も必要です。

以上の基本的な事項に加えて、契約書には中間評価と最終評価の日付を付記すべきです。中間評価の期日を決めておけば、進歩状況をモニターし、標的行動が難し過ぎないかどうか、付け加える指導があるかどうかなどを協議することができます。最終の評価日を決めて、契約完了の期限を明確にしておきます。

契約条件に関する話し合いをし契約書を作成したなら、生徒の疑問にはどんなささいなものでも答えてやるべきです。生徒に契約条件を確実に理解させるためには、それを読み返させ、別の言葉で言い直させるとよいでしょう。もし、この過程で全然違ったことを言ったら、契約書はもっとやさしい言葉で書き直さなければなりません。契約書が完成したら、先生と生徒はそれにサインし、各自コピーを持つようにします。

ホーム、サニー、ゴンザレスとレックス[53] (pp.18-20)は、契約において強化子を使用する際の基本的ルール（1〜5）と適切な契約の特徴（6〜10）について次のように指摘しています。

1．「支払契約（報酬）は即座に行なう」　このルールは、強化子の有効性を大きく左右する本質的な要素の一つである。標的行動が遂行された直後に、強化子の呈示がなされなければならない。
2．「初期の契約では、大きな進歩を求めずに、少しでも標的行動に近づいたら報酬を与えるべきである」　この**漸近的接近法**——すなわち、標的行動に向かう段階的ステップ——は、生徒が初めてする行動や、基準レベルが高いとき、あるいは、ばくぜんとした行動カテゴリー（「部屋をきれいにしさい」のような）の場合に、特に効果的である。
3．「報酬は少しずつ頻繁に与える」　ホームは、経験的に「大きい強化を時々与えるよりも、小さい強化子を頻繁に与える方が遙かに効果的である」と述べている。強化を頻繁に提供することで、教師・生徒双方が進行中の行動

公式契約書

本書は（生徒氏名）と（教師氏名）の間での同意事項である。
契約の詳細は＿＿＿＿＿＿に始まり、＿＿＿＿＿＿に終了する。
契約条件は以下のとおりである。

1．（生徒氏名）は次のことをする。＿＿＿＿＿＿＿＿＿＿＿＿＿＿＿＿＿
＿＿＿＿＿＿＿＿＿＿＿＿＿＿＿＿＿＿＿＿＿＿＿＿＿＿＿＿＿＿＿＿＿

2．（教師氏名）は次のことをする。＿＿＿＿＿＿＿＿＿＿＿＿＿＿＿＿＿

生徒が本契約条件の生徒の事項を満たしたならば、（生徒氏名）は合意に基づき以下の強化子を得る。＿＿

しかしながら、もし（生徒氏名）が契約事項を満たさなかったならば、契約条件は履行されず強化子は提供されない。

日付：＿＿＿＿＿＿＿＿＿＿＿＿＿＿＿
生徒のサイン：＿＿＿＿＿＿＿＿＿＿＿
教師のサイン：＿＿＿＿＿＿＿＿＿＿＿

（カーター高等学校 校章）

＿＿＿＿＿＿ちゃんの
良い市民になるためのお約束

私は＿＿＿＿＿＿＿＿＿＿＿＿＿＿によって、
＿＿＿＿＿＿＿＿＿＿＿＿＿＿＿＿＿
できると思います。
もしもできたら、私は＿＿＿＿＿＿＿＿＿＿
することができます。
先生は＿＿＿＿＿＿＿＿＿＿＿＿＿
で助けます。

＿＿＿＿　＿＿＿＿　＿＿＿＿
　生徒　　　教師　　　日付

どんなことをするのかな？

図7－4　契約書の書式

変容をより詳細にモニターすることができるようになる。

4．「契約は、それに服従することよりも目標の達成を求め、それに対して報酬を与えるべきである」 ホームは、達成に焦点をおく契約は自立につながると述べている。それゆえ契約書の適切な文言は、「もしあなたが私の言ったとおりにしたら、～の報酬が与えられるでしょう」よりも「もしあなたが～を達成したら、～の報酬があります」となる。

5．「行動を遂行した直後に報酬を与える」 このルールは強化子の最も本質的な要素である。行動に随伴して強化子が与えられなければならない。経験の浅い先生は、「もし今日ハイキングに行くのなら、来週は課題を全部しないとダメよ」のような随伴操作をしてしまう。通常、これは無残な結果になる。

6．「契約は適正でなければならない」 強化の「重さ」は、要求されている行動の量とバランスがとれているべきである。契約書に書かれている強化子と遂行のバランスは教師と生徒の両方にとって公平でなければならない。20問中20問を正解すると2分の自由時間という条件は、20問中2問正解すると自由時間30分という条件と同様、明らかに適正ではない。

7．「契約書の言葉は明瞭でなければならない」 曖昧な表現は誤解のもとである。契約書の意味を、教師と生徒がそれぞれ勝手に解釈していると食い違いが生じ、契約は効果よりも煩わしさの方が多いと教師は考え、一方生徒は、教師も契約システムも信用できないと思うだろう。

8．「契約は公正でなければならない」 ホームによると、公正な契約とは、（a）即座に実行されること、そして（b）契約書の条項どおりに実行されることである。契約交渉に当たっては、教師も生徒も自由に積極的に関わることで、公正な契約が実現するだろう。教師は「契約」を生徒に押しつけてはならない。

9．「契約は肯定的な文言で書かれなければならない」
適切：「もしあなたが～するなら、私は～するでしょう」
不適切：「もしあなたが～するなら、私は～しないでしょう」「もしあなたが～しないなら、私は～するでしょう」「もしあなたが～しないなら、私は～しないでしょう」

10．「行動管理方法としての契約は、常に体系的でなければならない」 強化手続きの場合にはどのような場合もそうだが、契約が体系的で首尾一貫していなければ、推理ゲームになってしまう。「先生は、今度は本気なんだろうか？」

契約書を作成することによって、強化システムに幾つかの利点をもたらします。

1．契約書は、教師・生徒両者が協議した、元の随伴性に関わる諸変数を記録した耐久性のある文書である。
2．契約にいたる交渉の過程は、生徒は自分についての期待や限界を考える役割を持つので、自分自身が学習に積極的に参加していると思うようになる。
3．契約書によって、指導の個別化が強調される。
4．契約書はIEP（個別教育プログラム）ミーティングとIEPミーティングの間での、教育について述べた中間文書となる。それらの情報は親と共有できる。

強化子呈示の手法

基本的な強化システムは次のとおりです。

・教師が先行弁別刺激を示す。
・生徒は求められた反応をする。
・教師は、適切な強化子を生徒に提供する。

上記の基本手続きは、特定の生徒に対して、その子向けに選んだ強化子を与えるときのものです。強化という手段は柔軟なものであって、学級経営のいろいろな場面に応用できます。カズディン[58]は、随伴手続きの形式と強化子の呈示法に基づいて図7－5に示すようなマトリクスでそのバリエーションをまとめています。こ

随伴手続きのタイプ

	個別型	標準型	グループ型
強化子呈示法 個別	1	2	3
強化子呈示法 集団	4	5	6

図7-5　各種の随伴操作

のマトリクスは、もともとトークンシステムの使い方に関するバリエーションとして考えられたものですが、どんなタイプの強化システムについても同じように当てはまります。

図7-5に示されているように、強化子呈示には2種類の方法があります。第1は強化を個別に提供する場合です。すなわち、要求されている反応を行なった生徒に、コーンフレークとか自由時間、一定量のトークンを与えます。第2は、グループ全員に対して強化を提供します。例えば、クラスの30人全員にご褒美として特別に水曜日の午後を図工の時間にするなど、クラス全員が喜ぶことを提供します。

随伴手続きの形式として、3つの種類が考えられます。図7-5の最上列の記述がこれに当たります。1番目は、**個別随伴操作**です。要求される行動や遂行レベルは、特定の生徒の行動や指導のニーズに合わせます。2番目は、**標準随伴操作**です。教師は強化の必要条件（強化に必要な条件）を決め、その条件をクラスまたはグループの一人ひとりに適用します。3番目は、**グループ随伴操作**です。特定の行動がグループに要求されます。強化は、グループ全体のパフォーマンスに応じて提供されます。グループ全体で基準を満たせばよく、個々人が基準を満たす必要は必ずしもありません。

2種類の強化子呈示法と、3つの随伴操作のタイプは、それぞれ組み合わされて、図7-5の6つのワクになります。

1の枠は、強化の随伴操作も強化子の提供も個人を対象にするシステムです。行動内容もその基準も特定個人が対象となり、強化子もその個人にのみ提供されます。

インストラクションの例、

1．「ランディ、算数の問題20問中17問が正解だったら、コンピューターゲームを10分間してもいいよ」
2．「ランディ、算数の問題が正しくできたら、1問につきトークン1枚をあげよう」

2の枠は、クラス全員に対して同一の強化随伴操作（標準型）を用意しますが、強化子の呈示は個別に実施するシステムです。

インストラクションの例、

1．「クラスの全員がそれぞれ算数の問題をやり、20問中17問が正解だった人だけ、コンピューターゲームを10分間してもいいよ」
2．「クラスの全員誰でも、質問する前に手を挙げたら、そのつど、その人にトークンを1枚あげよう」

3の枠は、グループ全体に強化随伴手続きを用意して、強化子の呈示は個別に実施するシステムです。

インストラクションの例、

1．「Bグループ全員で掛け算を使う問題を10問作ったら、各自好きなときに自分がやりたいソフトでコンピューターゲームを10分間やってもいいよ」
2．「昼食を食べ終えたら、クラスの男子は全員でお盆をワゴンに運んでください。それが

できたら、各自にトークンを1枚ずつあげよう」

4の枠は、グループ全体が強化を受けるためには、グループの各自が特定の行動をしなければならないシステムです。

インストラクションの例、

1. 「Bグループ全員で掛け算の授業で使う15分間のプログラムを作って提出しなさい。ランディ君は、計算の基礎手続きの説明に責任を持ちなさい。キャロルさんは、掛け算と足し算の関係を説明し、ニコル君はワークブックから選んだ問題で解き方を示しなさい。サンディさんは、授業で使える問題を3問作りなさい。皆できたら、一緒にコンピューターゲームをしてよろしい」
2. 「次の人は、バスケットボールについてのレポートを書いたら、体育館に行ってバスケットボールをやってよろしい。ゲイリー君は4つ以上のセンテンスで、ジェミー君は6つ以上のセンテンスで、コリーさんは10個以上のセンテンスで書いてください」

5の枠は、クラス全員に同じ強化随伴手続きを用意し、基準に達した個人は強化を受けるグループに入ることができるというシステムです。

インストラクションの例、

1. 「皆さん、宿題は掛け算の問題を作ることです。宿題をちゃんとやってきた人は、明朝の10時から10時30分まで算数研究室に入ってもよろしい」
2. 「今日、地理のテストで100点取った人は、今日の地理の宿題はなしにしましょう」

6の枠は、クラス全員に同じ強化随伴手続きを用意し、全員に同一の強化子呈示を行なうシステムです。

インストラクションの例、

1. 「Bグループの人たち、ここに20問の問題があります。皆で全部解いたら、30分間算数研究室に入ってもよろしい」
2. 「赤い鳥班は、国語の授業中、発言の前に手を挙げるのを忘れなかったら、自分の好きな本を週末に持ってかえってもいいよ」

複数の対象者に適用する随伴手続きの研究を概観して、リトウとパムロイ[67]は、3つの強化子呈示システムについて述べています。すなわち依存型グループ志向随伴性、非依存型グループ志向随伴性、相互依存型グループ志向随伴性の各システムです。

依存型グループ志向随伴性システムでは「グループの全員に対して同一の反応随伴性が実施されるが、実際に随伴性が適用されるのは、グループから選ばれた1人または数人だけである。グループ全体に強化をもたらすのは、特定の生徒の行動である(p.342)」。リトウとパムロイは、この随伴システムを、特定の生徒の遂行に随伴させてクラス全員が強化を受ける手続きであると説明しています。クラスの他の人たちが強化を受けるかどうかは、標的になっている人の行動に**依存**しています。

例えば、

1. クラス全体で楽しい体育の特別授業が受けられるかどうかは、ロバートとキャロラインが金曜日の書き取りテストにパスするかどうかにかかっています。
2. クラス全体で楽しい体育の特別授業が受けられるかどうかは、サミュエルとローレライが教科ドリルで90点がとれるかどうかにかかっています。
3. クラス全体で楽しい体育の特別授業が受けられるかどうかは、算数の時間にウイリアムとバーニスが手を挙げずに勝手にしゃべりだすのが7回以下になるかどうかにかかっています。

非依存型グループ志向随伴性システムでは「グループの全員に対して同一の反応随伴性が実施されるが、随伴性は個々人の行動に適用される。このタイプの随伴システムでは、自分が強化を受けるかどうかに他の成員の行動は影響しない(すなわち、グループに**非依存的**である)」(p.342)。教師は、一定レベルの遂行基準を満たした人に対して強化を提供しますが、基準に達しない人は強化が受けられませんと、クラスの全員に説明します。

例えば、

1. 体育の楽しい特別授業に参加できるのは、金曜日の書き取りテストにパスした人だけで

2．体育の楽しい特別授業に参加できるのは、ドリルが90％以上正答だった人だけです。
  3．体育の楽しい特別授業に参加できるのは、授業中のおしゃべりが3回以下の人だけです。

相互依存型グループ志向随伴性システムでは「グループの全員に対して同一の反応随伴性が実施され、随伴性はグループ全体の行動レベルに適用される。従って、このタイプの随伴システムにおいて、各人が強化を受けるかどうかはグループの遂行レベルに依存する（グループに**相互依存的である**）」[p.343]。

リトウとパムロイ[67]は、次のような3つのタイプのグループ遂行レベルを挙げています。
  1．はグループの各人が一定の基準レベルに達しなければ行なわれない。クラスでこの基準レベルに達しないと、誰も強化子をもらえない。例えば、金曜の書き取りテストでクラスの全員が90点以上でないと体育の特別授業を受けられない。
  2．強化はグループの平均値が基準に達しなければ行なわれない。例えば、ドリルのクラス平均が90点以上だと、クラス全員で体育の特別授業が受けられる。
  3．強化はクラス全体が最高あるいは最低の遂行基準に達しなければ行なわれない。例えば、授業中クラス全体のおしゃべりが12回以下だと体育の特別授業を受けることができる。

以上のいろいろな強化子提供システムを応用して、そのクラスにぴったりの強化システムを作り上げていきます。クラスには実にいろいろな個性があるものです。普通学級に対しても、きちんとしたトークンシステムが必要な場合もあるし、クラスによっては契約や個別システムが必要かもしれません。しかし、大抵の普通学級では、社会的強化子や活動性強化子を比較的ルーズに使うだけで十分効果を上げることができます。一般的には、教師は、効果があるシステムの内、最も単純で最も自然なシステムを選ぶべきです。

グループ随伴性と仲間の圧力

今まで述べたように、グループ随伴性は生徒たちの行動を扱う大変効果的な手段になります。とりわけ、思春期の生徒では、個別の随伴操作よりもグループの方がより効果的に強化されます。障害のある子どもでも障害のない子どもでも、友人たちと勉強すると成績が上がります[69]。ロイドら[69]は、個別学習条件・グループ学習に個別の強化を加えた条件・グループ学習にグループ強化を加えた条件を比較し、グループ学習にグループ強化の条件で、テストの平均点が上昇し、点数のばらつきが少なくなり、低い点数分布にある生徒にもかなりの効果があったことを見いだしました。グループ随伴性操作は独立心を育てることができ、生徒同士の協調的行動を増大することになるでしょう[80]。ケーラーら[63]の研究では、グループ随伴性は障害を持つ子どもと持たない子どもとの間での支持的プロンプト――例えば、分け与えや援助など――を増大させることができました。

グループ随伴性は教師が管理する介入でも、仲間同士でも実行できます。ピゴット、ファンツォとクレメント[94]は仲間同士の指導とグループ随伴性をうまく用いて、学業成績が優れない5年生の生徒の学業成績を向上させる指導を行なっています。生徒たちは計算ドリルチームに分けられて、それぞれのチームのメンバーには役割が当てられます。例えば、コーチの役割は、グループの目標（正答数）と、選んだ戦略（例えば、「早くやる」「注意深くやる」「おしゃべりしないでやる」）と、強化子メニューから選んだ支持強化子をチームに思い出させることでした。スコアの記録係はチームメンバーそれぞれの答案から正答を数えます。審判は信頼性をチェックし、チームマネジャーはチームスコアと目標を比較し、目標に達しているかどうかを判定します。3つのクラス全部で生徒の算数の成績は改善しました。そして生徒たちが希望すればチームを組み、強化随伴性は導入されない条件での12週間のフォローアップでも成績は維持されていました。

仲間の圧力は、グループ随伴性操作において

強力な道具になります。実際、あまりに強力なので、グループ随伴性は注意して用いなければ、グループのメンバーに対する過度の圧力というマイナスの副次効果をもたらすこともあります[6]。次に例を考えてみましょう。

モンゴメリー先生、書き取りを教える

モンゴメリー先生は、5年生の担任です。悩みの種は、毎週の書き取りテストがひどく悪いことです。良くできる生徒もいるのですが、正しく書けるのはほんの2、3語という子が半数です。いろいろ考えた末、すばらしいアイディアが思い浮かびました。先生は、良くできる生徒とできの悪い生徒のペアを作り、次のように言いました。「金曜日に成績表につける点数は、それぞれのペアの平均点にします」。先生は深々と椅子に座り、生徒たちがお互いに一生懸命勉強するのを眺めて、これで悩みも解決すると確信しました（賢明な読者はお気づきでしょう。悩みの解決と教師が考えるとき、実際には、悩みの開始であることがよくあります！）。

休み時間中に運動場でリーアンがバーニーを追いかけ回し、書き取りノートでたたきながら「座りなさい、バカ、この単語を覚えるのよ」と叫んでいるのを見て、先生はこのアイディアが失敗だったと悟りました。夜、家にリーアンの母親から電話があり、バーニーが単語を覚えないとリーアンの書き取りの成績が下がると抗議されるし、バーニーの母親からも電話があり、息子が昼からずっと部屋に閉じこもって泣いているけど、原因に何か心当たりがないかという電話があって、モンゴメリー先生は、すっかり意気消沈してしまいました。

モンゴメリー先生は、グループ随伴性操作の最も大切なルールの一つに違反していました。それは**グループ内の各人に確実に標的行動の遂行能力があることを確認する**ということです。この原則が守られていないと、何人かの生徒は仲間から言語的・身体的に虐待される危険性があります。

もう一つの重要な注意事項は、グループの誰か1人でも、グループの目標努力をさぼると強化が受けられないということを周知徹底させることです。バリッシュ、サンダースとウオルフ[8]は、離席とおしゃべり行動を変容する目的で、24人の4年生クラスにグループ随伴性を適用しています。国語と算数の授業のときにクラスを2つのチームに分けました。チームの誰かが離席あるいはおしゃべりをするとそのチーム全体にマークをつけ、マークの多い方のチームは特定の特権を失います。この手続きは結果的には成功しましたが、手続きを大きく変えなければなりませんでした。一方のチームの2人が常にマークがつけられてしまうのです。あるセッションのとき、一人の生徒がもうゲームはしたくないと強硬に言い張りました。先生も生徒たちも、一人の子の行動でいつもチーム全体が不利になるのは良くないと思いました。その子はチーム（そして、グループ随伴性）から外され、その子一人だけのチームを作り、行動コントロールができるまで個別随伴操作を適用しました。その後、行動コントロールができるようになってから、クラスのチームに戻しました。この結果について原著者らは、仲間の圧力が期待された効果をもたらしたのは、当該生徒の逸脱行動をグループのコントロール下に置くことができたからではなく、社会的強化が働いたからであろう、と言っています。

結局のところ、このシステムを使う場合には、ある生徒が他の生徒の分まで標的行動をしてしまう可能性を最小限にしておく必要があるようです。こういうことを配慮すれば、グループ随伴性は大変有効な学級経営策となりうるでしょう。

強化スケジュール

強化子呈示をどのようなタイミングで行なうかは、強化スケジュールという用語で論じられています。これまでは、標的行動が生じたらそのつど強化子を呈示するやり方を述べてきました。このような強化の仕方、すなわち標的行動のたびに強化子を呈示することを連続強化スケジュール（CRF）といいます。このスケジュールは反応 対 強化（$R:S^R$）の比率は1対1になっていることがわかるでしょう。

「反応」対「強化」の比率が高密度なスケジュールを1対1CRFスケジュールとよんでいます。反応に対して、相対的に多くの強化が与えられ、その結果として反応率が高まります。反応が高率になると、生徒が反応（練習）する試行数や機会が増え、先生からフィードバックや強化を受ける機会も増大します。それ故、CRFスケジュールは新しい行動を学習（獲得）するときに最も有効です。新しい行動を学習させる場合には、正反応の度に強化をする、または前の反応よりも正反応に近い反応すべてを強化します。標的行動に向って連続的に近似反応を強化していく過程をシェイピングといい、これについては第9章で論じます。標的行動の当初の頻度が極めて低い場合にもCRFスケジュールを用います。これはどの強化システムを用いるときでも初期段階では最も効果的です。しかし、CRFスケジュールの使用には問題が幾つかあります。

1. CRFスケジュールで強化を受けていると、強化子に対する飽和（飽きること）が生じます。強化子が一次性の場合には特にそうです。正反応が頻発すると、食べ物を連続して受け取ることになり遮断状態（摂取の制限状態）が低減し、正反応へのモティベーションが下がります。
2. 強化を連続的に行なっていると、教師に言われたとおりに生徒が行動するのは、生徒が特定の強化を毎回期待するようにさせられた結果だ、という非難を受けることになるかもしれません。
3. いったん獲得した行動を維持させることが目的の場合には、CRFスケジュールが必ずしも最も有効な方法というわけではありません。第1の理由は、CRFスケジュールの強化によっていったん行動が獲得され、頻度が十分増大したならば、教育現場ではそのプログラムを終わりにしてしまうことがあります。そうすると、連続強化から無強化へ突然に移行することになり、行動が急速に消失してしまいます。強化の撤去によって生ずるこのような行動の消失を消去といい、詳しくは第8章で論じる予定です。第2に、CRFスケジュールは、教室での通常指導の妨害になることが多いようです。実際問題として、発言の前に手を挙げさせたり、aの字を正しく書かせるのに、4人、6人、8人、30人の生徒たちに連続強化し続けることができるでしょうか？

CRFスケジュールの必要性がなくなった場合には、CRF以外のスケジュールがあります。

間欠スケジュール

正反応すべてではなく、その内の一部に対して強化をするのがいわゆる間欠スケジュールです[109]。行動の生起ごとに強化はしないので、間欠スケジュールでは飽和を遅らせます。また、間欠スケジュールで維持されている行動は消去に対して抵抗力があります。間欠スケジュールでは、強化を得るまでに多くの正反応が必要になります。生徒は報酬が遅れることを学び、適応行動を長い間維持できるようになります。

反応頻度の増大を目的にする比較的単純な間欠スケジュールとしては、比率スケジュールと間隔スケジュールの2種類がよく用いられます[34, 109]。反応の持続期間を長くする目的に対しては、反応持続時間スケジュールが最適でしょう[116]。多元スケジュール、複合スケジュール、並立スケジュールなどの論議については、レイノルズの著書[100]を参照してください。

比率スケジュール 比率スケジュールでは、標的行動の生起回数に従って強化子が呈示されます。そして、**固定比率スケジュール**（FR;

Fixed Ratio schedules）では、あらかじめ決められた回数の正反応が生起すると強化がなされます。例えば、FR3というスケジュールならば、3回の正反応ごとに強化され、正反応 対 強化の比率は3：1です（R, R, R：S^R）。算数の問題を8個正解すればパズルで遊べるとか、青い色の物を8個指摘できたらプリッツェルが食べられるというのはFR8スケジュールです。

　FRスケジュールで強化された行動には特徴的な性質が見られます。CRFスケジュール下の反応よりも大体において反応率が高くなります。というのは、反応率が高い方が多くの強化を受けるからです。強化子の獲得には正反応の遂行時間が短ければ短いほど好都合なので、FRスケジュールでは反応が必要以上に早くなってしまいます。例えば、強化子を得るために生徒は大急ぎで算数の問題をやろうとするので、間違いが多くなったり、字も乱雑になってしまいがちです。FRスケジュールには、反応速度以外にも問題があります。強化に要する正反応数が大きくなると（例えば、FR2をFR10にしたりすると）強化子の呈示直後に暫く反応が停止するようになります。これを**強化後反応休止**といいます。

　反応加速や反応休止の問題は**変動比率スケジュール**（VR; Variable Ratio schedules）に移行すると解決できます。FRでは強化に要する正反応数が正確に何回と決まっていたのに対して、VRスケジュールでは、強化のための反応数を固定せず、しかし平均すれば一定の回数になるようにします。例えば、VR5スケジュールでは、平均5回の正反応で強化されます。授業もしくは観察セッションで、生徒は2回とか3回、8回、5回、4回目の正反応後に強化されるかもしれませんが、平均すると、5回ごとに強化を受けていることになります。

　FRスケジュール下で行動が（行動目標で決められた）基準レベルにまで達した後、VRスケジュールに移行すると、生反応率は適度に一定に維持されます。VRスケジュールは、いつ強化子が呈示されるか予測できないので、生徒の反応率は安定し反応休止はほとんど生じません。「いかなる瞬間においても、強化の確率が常に一定なので、反応生起率は一定に維持され」ます[109 (p.104)]。

　間隔スケジュール　間隔スケジュールは、強化子の呈示が、少なくとも1つの正反応（適応反応）と一定の時間経過によって支配される手続きです。**固定間隔スケジュール**（FI; Fixed Interval schedules）では、一定の時間が経過して、最初に標的反応を示したときに強化を行ないます。例えば、FI5分スケジュールならば、前に強化された反応から5分経過して示された反応を強化します。すなわち、5分経過後の最初の正反応が強化されます。そして、その強化子の呈示後、次の5分間のサイクルが始まりま

いいえ、コール先生。
VR10というのは、ラルフがうまくやったからといってクッキーを毎回10個あげる手続きじゃないんです。

す。一定の時間間隔後の標的反応1つだけが強化され、間隔が経過する前に幾ら反応しても強化されません。このようなわけで、固定間隔スケジュールは間欠強化スケジュールの一種です。

FIスケジュールによる行動にも、幾つかの特徴的な性質が見られます。FIスケジュールでは、強化の必要条件は、一定時間経過後に1つの反応が生じることなので、反応率は比率スケジュールに比べ相対的に低くなります。この傾向は、生徒が時間経過の条件に気がつくようになると、つまり強化されそうなタイミングに気がつくと、特に顕著に現われます。反応率はもっぱら時間経過の長さに影響されます[109]。1分間隔ごとに強化の機会がある場合には、10分間隔ごとに強化の機会がある場合よりも、その反応頻度は高くなるでしょう。FIスケジュールによる行動には、FRスケジュールでの強化後反応休止に類似した特性が見られます。生徒は、一定時間経過した後でなければ正反応に強化が随伴されないことにやがて気づき、強化直後の反応は決して強化されないことがわかってくるでしょう。結果として、強化直後のしばらく（次の時間経過の初めの部分）は反応率がいちじるしく低くなるか、反応が停止します。この正反応の減少は累積グラフに描かれたときのグラフのカーブの特徴から**FIスキャロップ**と呼ばれています。

リーとベルフォール[66] (p.213) は、生徒の課題従事時間を増やすのが目的の場合、FIスケジュールは最良の選択ではない、と警告しています。例えば、教師が生徒に課題を与え、終業のベルが鳴ったときに課題に取り組んでいた生徒を強化していたとします。この場合、教師は、生徒に典型的なFIの反応パタンを期待していたことになります。つまり、生徒は授業中ほとんど何もしないで、ベルがなる少し前、つまり時間経過の終わりに少しだけ課題をするでしょう。生徒が課題に取り組む時間を延ばそうというのが目的であった場合、目的は達せられません。同じようなことは、作業学習にFI5分スケジュールを導入した場合にも生じます。5分経過する頃に少しだけ作業をすることになり、作業効率は低率で、生産性も低くなります。

FIスケジュールによる反応率の低下は、**変動間隔スケジュール**（VI; Variable Interval schedules）に移行させることにより防ぐことができます。VIスケジュールでは、FIとほとんど同じ手続きですが、時間の経過がその都度変更されます。しかし、平均すると一定の時間になるようにします。例えば、VI5分スケジュールでは、平均5分で強化可能状態になります。VRスケジュールと同様に強化子の随伴が予測不可能なので、安定した遂行が維持されます。次の強化までの時間間隔が予測できず、どの反応が強化されるかわからないので、VIスケジュール下での行動は適度の安定した反応率を示し、FIスキャロップはみられません。

間隔スケジュール下で反応率を高める手段として、制限時間（LH; Limited Hold）を導入する方法があります。LHは、一定時間経過後の強化可能な時間帯に一定の制限を加えます。すなわち、ある時間が経過し、次の正反応が強化されるようになったときに、そこに制限時間を設け、制限時間内の反応のみに強化子が与えられます。単純な間隔スケジュールでは、反応がいくら遅延しても強化を受けましたが、この場合には、強化子を得るためには制限時間内に素早く反応しなければなりません。FI5分／LH5秒スケジュールであれば、前の強化から5分経過した後の5秒間だけ、反応が強化される可能性があります。例えば、ある生徒がバスに乗る練習をするとき、バスが15分ごとに来て、ドアが30秒間だけ開いている（自然発生的強化）とすると、FI15分／LH30秒で素早く乗り込むことを学習することになります。

反応持続時間スケジュール 反応持続時間スケジュールでは、標的行動の持続時間が強化子呈示の条件になります。**固定反応持続時間スケジュール**（FRD; Fixed Response Duration schedules）では、適応行動が一定時間持続した後で強化されます。FRD10スケジュールでは、適応行動の持続時間が10分を越えるとその直後に強化されます。例えば、読書の時間中ずっと着席していることを指導していて、着席が10分以上続くごとにと褒めるとすれば、FRD10分のスケジュールです。もし一定時間（例えば、

10分）経過する前に行動中断する（例えば、離席する）ことがあると、時間計測を初めからやり直します。

FRスケジュールやFIスケジュールと同様、FRDスケジュールにおいても強化後反応休止が見られます。FRDでの反応休止は、適応行動として要求される時間の長さに関連します。要求される時間が長ければ長いほど休止も長くなります。もし要求された時間が大変長いか、または突然長くされると、その行動はひどく減少してしまうか、まったく生じなくなるでしょう。しかし、**変動反応持続時間スケジュール**（VRD; Variable Response Duration schedules）を用いると、強化に必要な持続時間の長さをいろいろ変化させるので、反応休止は最小限になるでしょう。VRDスケジュールにおいても、強化を受けるための反応持続時間は、平均すると特定の時間になるように調整されます。例えば、VRD10分のスケジュールでは、強化を受けるために要する持続時間は、平均すると10分になるように調整します。

強化スケジュールの希薄化

きっちりとした強化システムを教室に導入するのは、早急に行動変容を遂げたい場合の一時的な手段と見るべきです。多くの教師は、最終的にはごく自然な強化子によって生徒の行動がコントロールされるべきだと考えています。スケジュールの希薄化は人為的な強化子への依存を解消するためのものです。希薄化では、強化を段階的に少なくしていきます。言い換えれば、多量の適応行動に対してまとめて1つの強化を随伴させるようにします。

強化の希薄化とは、高密度の強化スケジュール（連続スケジュール）から低密度の強化スケジュール（変動）に移行することです。正反応と強化の率が系統的に大きな数値になります。次の例で説明しましょう。

```
                    連続強化スケジュール
                           ↓
                    間欠強化スケジュール
         ┌─────────────────┼─────────────────┐
     比率スケジュール    間隔スケジュール   反応時間持続スケジュール
     固定比率スケジュール（FR）  固定間隔スケジュール（FI）  固定反応持続時間スケジュール（FRD）
     変動比率スケジュール（VR）  変動間隔スケジュール（VI）  変動反応持続時間スケジュール（VRD）
                           強化スケジュールなし
                        （自然発生的強化子コントロール）
```

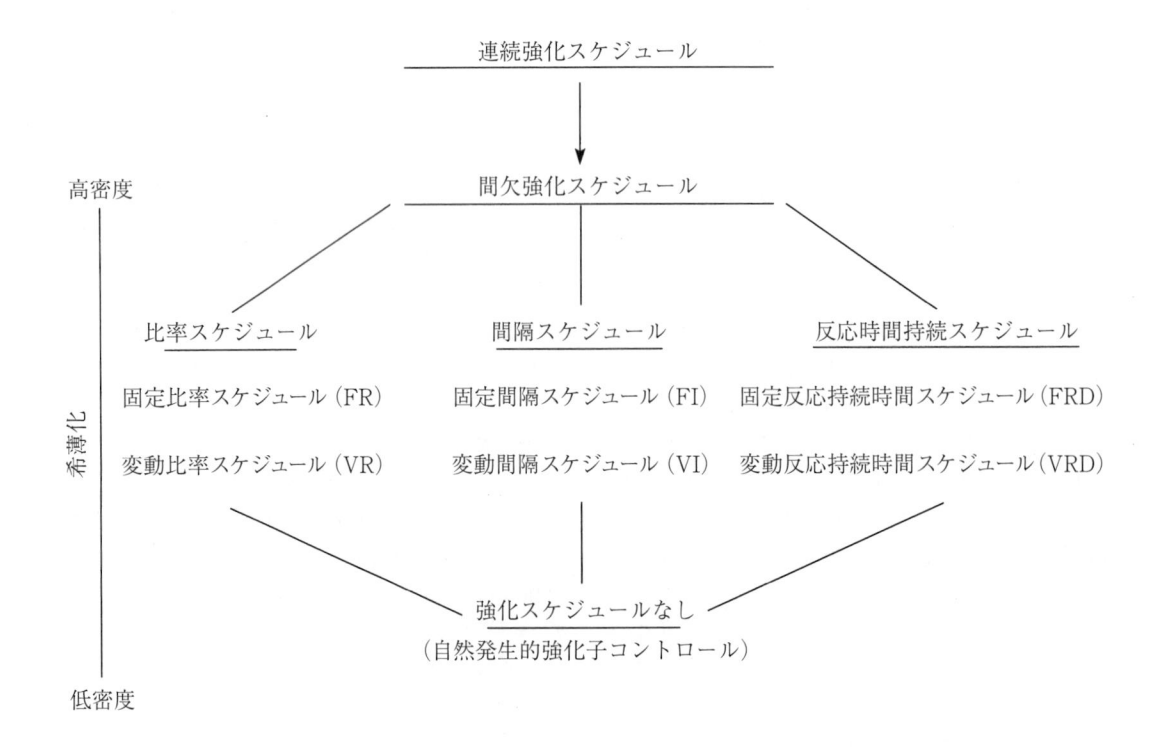

高密度 ←―――――――希薄化―――――――→ 低密度

図7−6　強化呈示のスケジュール

1．ある生徒がカードで単語を正確に覚えるのに、CRFスケジュール（1：1）で強化を受けているとします。基準としている90％レベルに正答率が近づくと、教師は、強化率をFR3スケジュール（R, R, R：S）に変え、さらに続いて、FR6、FR8、VR10へと順次変えていきます。スケジュールの変更のたびに、強化子を受けるために生徒はより多くの正反応をしなければならなくなります。
2．ある生徒がワークブックで勉強する間、ちゃんと着席しているように、FRD5分のスケジュールで強化を受けていたとします。いったんその生徒が基準に到達し始めると、先生は、普通、FRD10分、FRD20分、FRD30分へとスケジュールを変えていきます。スケジュールが変更されるたびに、強化を受けるには、適応行動をより長い時間持続させなければならなくなります。

図7-6は、強化スケジュールを希薄化する基本的な計画を示しています。スケジュールが連続スケジュールから固定スケジュール、変動スケジュールに変っていき、最後には強化のタイミングを予測する必要がなくなります。この時点では行動が自然に生じる強化子のコントロールを受けるようになります。

強化スケジュールの希薄化は次のようになります。

1．変動スケジュールに移行すると、反応はより高率で安定する。
2．強化への期待が減少する。
3．報酬の遅延に慣れるにつれ、行動が長時間持続するようになる。
4．行動をモニターする必要がなくなる。
5．行動コントロールが褒め言葉や注目などの通常の強化子だけで十分になる[87]。スケジュールの希薄化が社会的強化子とトークン・一次性強化子と組み合わせてなされたときには、特にこの効果は顕著になる。
6．目標達成（強化子）に多くの正反応が必要な場合でも、行動が十分に持続するようになる。

スケジュールの希薄化には注意しなければならない点が1つあります。それは<u>反応率ひずみ</u>といわれるもので、スケジュールが急に希薄化され、正反応と強化との比率があまりにも大きくなり過ぎたときに生じます。そのような場合には、反応を維持するに足る強化が得られないので、反応率が急激に落ちてしまい、時にまったく反応しなくなるときもあります。もしこの急落に気づいたら、前段階のスケジュールにもどり、反応率が十分高い状態から再びスモールステップで希薄化をやりなおすべきです。

グランディ教授、ラスベガスへ行く

ある朝、グランディ教授が出かけようとしていると、夫人が封筒をどさっと彼に手渡して言いました。

「オリバー、これをポストへ入れてくださらない？」

「また、懸賞の応募かね。今まで、あらゆる懸賞に応募したり、宝くじを買ったりしているが、どれだけ当ったんだね？」と、グランディ教授は皮肉たっぷりに言いました。

「そうね、6年前にお皿が当って、その次の年にはステーキ用ナイフで、去年は……」

「ミネルバ」と彼は夫人をたしなめました。「消去抵抗の話を聞いたことがあるけど、君の場合はVI3年の強化スケジュールで行動が維持されているんだね！ そんな割の悪い仕事はないと思うんだけどね」

それから数日後、夫人からの電話で教授はびっくり仰天しました。なんと、「オリバー、ラスベガスへペアでご招待が当ったのよ！ これは強化子としてどうかしら」と夫人が叫んでいました。

フン、思ったとおり、一次性・二次性の強化子に取り囲まれているわ。

　そのちょうど1週間後、グランディ夫妻は懸賞の旅行に出かけました。2人がホテルのロビーに入ると、スロットマシンの列が目にとまりました。
　「ちょっと待って。スロットマシーンを30分ほどやらせてくれないか、せっかくラスベガスに来たんだから」とグランディ教授が言いました。
　1時間後グランディ夫人は部屋に入り、3時間後1人で夕食をとることになり、夜の12時も過ぎた頃ロビーに様子を見に行くと、彼はまだスロットマシーンのハンドルにかじりついていました。
　「オリバー、もうやめたらどうお！」と彼女が言うと、「あともう少しだけ。そろそろ当たりが来る頃なんだ」と哀願するのです。
　夫人は教授がハンドルを引くのをしばらく眺めていました。時折、マシンは2～3枚の硬貨をはじきだしていました。
　「オリバー、消去抵抗の話を聞いたことがあるけど、あなたの場合はVR27の強化スケジュールで行動が維持されているのね！　まったくばかげているわ」と言って、夫人は踵を返して立ち去りました。

負の強化

　標的行動の生起率あるいは生起頻度を高めるには、普通、正の強化が使われますが、もう一つの有効な手段は、**負の強化**（S^{R-}）を使うことです。すなわち、行動の直後に（行動に随伴させて）嫌悪刺激を除去する手続きです。この手続きは、当該反応の将来の生起率と生起確率

を増大させます。

　この定義の第1の操作的キーワードは生起頻度・確率の**増大**であり、これは強化が成立していることを意味します。第2のキーワードは嫌悪刺激の**除去**です。正の強化では刺激を呈示しますが、負の強化では刺激を環境から除去することが強化になります。第3のキーワードは**随伴させて**です。要求された反応がなければ、または反応が生じるまで、嫌悪刺激（負の強化子）は除去されません。例えば、「マーカス、一人で教室に居残りなさい。そして算数の課題を全部やってしまったら、皆のいる体育館へ行ってもいいよ」という随伴性は負の強化です。クラスメートが体育館にいるのに、自分は教室に残されているという嫌悪的状態が、とっくに済ませておくべきだった算数の課題を全部することによって解除されます。算数の課題を仕上げる確率は、今日は体育館へ行けることで増大し、明日は居残りを避けようとするために増大するでしょう。

　負の強化が作用するのは、生徒が嫌悪事態から**逃避**し、嫌悪事態を終了させようと行動するからです。しかし、負の強化を成立させるために嫌悪刺激を実際に呈示する必要はありません。生徒が嫌悪刺激をあらかじめ**回避**しようと行動しても、負の強化は成立します。他の生徒が体育館に行っている間、教室に居残らなければならなかった次の日に、マカースが算数の課題を素早くやってしまったとしたら、彼は負の強化子を回避したことになります。負の強化は、生徒に教師がしてほしくない行動を確立したり、維持する働きを持ちます。例えば、授業中に不適切な行動をする生徒の多くは、授業という嫌悪的な状況から逃避するために、不適切行動を行なっています。

　教師は、負の強化を不用意に使ってしまうことが多々あります。課題に従事しないとか、課題に文句を言うなどの不適切行動をしている生徒に対し、その行動をやめさせる意図で教師が課題をやめてしまうと、生徒は、不適切行動をすれば課題（嫌悪刺激）がなくなることを学習します。すると次に課題が与えられたときに、それを回避するために生徒はまた文句を言うようになるでしょう。このように不適切行動が繰り返し生じる状況は、それが負の強化を受けていることを示しています。以下は、負の強化のサイクルです。

1．生徒が嫌悪刺激に直面する。
2．生徒が不適切行動に従事する。
3．教師が嫌悪刺激を除去する。
4．生徒の不適切行動行動が負の強化を受ける。
5．生徒が次に嫌悪刺激に直面したとき、このサイクルが繰り返される。

　このような状況では、負の強化は教師・生徒の双方に作用します。一度出した課題を引っ込めてしまう行動は負の強化を受けます。課題を中止すれば、クラスを混乱させる行動が停止するからです。このサイクルにより不適切行動が目を見張るほどに発展していくさまを、次の本当にあったエピソード（名前だけは変えていますが）で見てみましょう。

吼える母娘

　カープ博士はある大学の助教授でした。収入を補うため、そして腕を鈍らせないために、学校で問題を持つ子どもを指導していました。彼女の来談者の多くは同僚の子どもで、ある小学校に通っていました。そこでは、実質的に直接指導はせずに、生徒は自分でカリキュラムを組み、教科書や教材から自分で学ぶことが期待されていました。彼女のクリニックに通ってくる子どもたちが持っている問題は軽度なことがほとんどで、ちょっと治療し勉学技能を指導すれば、短期間で大きく改善しました。従って、指導は子どもに正の強化を与えることでした。子どもは成功を経験し、親は長足の進歩を目の当たりにしました。彼女は賞賛を受け、多くの子どもが紹介されてきました。そんなわけで、同僚が彼の3年生の子どもを診てほし

いと言ったときも誠意をもって、その依頼を受けました。同僚が言うには、彼の娘は「算数にちょっとした問題がある」とのことでした。

翌週のある午後、サラは母親と共にカープ博士の家を訪れました。カープ博士は母親とサラに戸口で挨拶し、母親に1時間ほどしてから戻ってくるよう言いました。カープ博士は書斎の生徒用机にサラを座らせ、これから幾つかの簡単な算数の問題をすること、それがサラの算数上の「ちょっとした問題」の原因を知る役に立つだろうことを明るく説明しました。ワークシートが机に置かれると、サラは突然コヨーテのように叫び始めました。それと同時に、信じられない量の涙・鼻水・よだれが流れ出し、サラ自身とワークシート、机を濡らしました。カープ博士は素早く身をかわして濡れることから免れました。泣き出す寸前の子どもの顔を見て、身をかわすことを負の強化で過去に学習していたからです。吼えるような泣き声を耳にして、指導の間キッチンに追い払われていた犬が、同じように吠え始めました。同じく2階にやられていた博士の子どもも、戸口まで様子を見に来ました。「おやまあ、算数がちょっと苦手な子なの」とつぶやいて博士は犬をなだめ、子どもを2階に上げて、キッチンからペーパータオルと消毒スプレーを取ってくると、サラの咆吼が止むのを待ちました。そして博士は「このシートは使えなくなったから、消毒薬で顔と机をきれいにしたら、新しいシートを持ってくるわね」とサラに丁寧に説明しました。サラは少し驚いて応じましたが、新しいワークシートが机に置かれると、さっきと同じように吼えはじめました。このサイクルが7回続きました。

そうしているうちに1時間がたち、母親の車が窓越しに見えました。サラは跳び上がり、「もう帰る」と告げました。カープ博士は「いいえ。帰る前に最初の3問をやってもらわなきゃ。ママに待ってもらうよう言ってくるわ」と答えました。

「ママは、そんなことさせやしないわ。先生はその気でも、ママは私をここにいさせやしないわ。ママは私を愛しているんだもの」とサラは叫び、床に寝転び、また吼え声を上げました。

アパートから吼え声が聞こえてくる中、博士は車に近づいて母親に説明をしました。「サラのお勉強はまだ終わっていないんです。もしお母様が待っていらっしゃるのが難しいようならば、お勉強が終わったらサラをおうちまでお連れしますわ」。すると急に母親が声を上げて泣き出し、その声は、後ろに座っていた赤ちゃんに伝染しました。

母親は吼えながら言いました。「サラは算数が大嫌いなんです。学校の先生も、算数の替わりにパズルをやらせています。彼女の言うことを聞いてやってください」。まるで博士が決めなければならない問題のように言います。「サラを怒らせたくないんです。すぐに連れて帰りますわ。そしてなだめて、また来週伺います」。

カープ博士は優しく言いました。「ハウラーさん、サラはあなたの娘です。そして、これはあなたが決める問題です。しかしもし、あなたが今彼女を連れ帰れば、もうここには来ないよう、あなたに言わなければなりません」。

吼えている母親と赤ちゃんを車に置いて、博士は机に戻ってきました。そして楽しげに言いました。「ママは待ってるって。さあ、シートを見て。どれから始める」

大きなしゃっくりを1つして、サラは問題を3つ解いて、母親と妹が待つ車に行きました。それから2、3カ月の間、問題が難しくなると、まれに咆吼が聞こえましたが、サラの算数は学年レベルに追いつき、学校でもうまくやれるようになりました。「サラのパパは、『算数上のちょっとした問題』が一体、どういうものか知っていらっしゃるのかしら？」と博士は思いました。

それから数年たったある日、カープ博士は駐車場でサラの父親に呼び止められました。サラは選り抜きの大学に通っていて、この週末に家族で会いに行ってきたそうです。サラは、もうすぐ学業成績認定委員会から成績優秀の表彰を受けるとのことでした。

指導方法としては負の強化が利用されることも確かにあります。しかし教師が教育を続けるのは、何らかの正の強化によってです。

生徒はいろいろな課題を嫌悪的と見なすかもしれません。確かにサラは算数をそう感じていました。強化子と同じように、嫌悪刺激も生徒一人ひとりによって違います。一般に、課題や活動は、それが難し過ぎたり、つまらなかったり、繰り返されたり、厄介であれば、嫌悪的であると見なされます。現在のレベル以上の算数の問題を出された生徒、宿題をやってこなかった生徒、指導の恩恵を受けていない生徒は、課題を難しいととらえ、課題から逃避するために不適切な非課題従事行動を示します（時には壮絶なものになります）。さらに、時間つぶしのために年齢に相応しくないペグボード課題を与えられた生徒も、課題をつまらないと思い、もっと楽しいことをするためにボードで何かし始めるでしょう。読みが苦手な子どもに教科書を音読をするよう要求すると、算数が苦手な子どもに黒板に出て問題を解くように求めると、運動協応が困難な子に体育の時間にロープ登りをさせると、皆の前で恥をかくのを避けるために、課題から逃げようとするでしょう。他にもいろいろな事柄が生徒にとっては嫌悪的になります。例えば、読書障害を持つ子への音読課題、自閉症を持つ子に触れること、身体障害を持つ子に黒板がよく見えない場所に車椅子を配置すること、視覚障害を持つ生徒の通り道に新しく物を置くこと、クラスメートがいる前で中学生を教師が大袈裟に褒めること、生まれつきショックに弱い生徒にカエルの解剖をさせることなどです。

教師の行動もまた、生徒に嫌悪的に知覚される可能性があります。小言を言う・耳に障る声の調子・脅すような表情・皮肉・むき出しの敵意などの教師の行動が、生徒が逃避・回避する機会を作り出します。それにもかかわらず、これらの行動を学級経営の基調とする教師がいます。教師がもたらす不快を回避するために生徒が適切に振る舞うような方法を採るのか、教師が正の強化の機会を提供するから生徒が適切に振る舞う方法を採るのか、すべての教師が学級経営の方法を選択します。ハリソン、ガンター、リードとリー[49]は、指導方法によっては時にそれが嫌悪的になることを示唆しています。例えば、行動障害を持つ生徒に、十分な情報なく課題を与えることと、問題行動が高率で生じることは関連があります。もし生徒が指示を理解できない場合、生徒は間違った行動をして困惑するよりは、問題行動を起こして、指導場面から逃避することを選択するでしょう。

シパーニ[17]の示唆によれば、次の質問に答えることで、問題行動が負の強化を受けているかどうかがわかります。

1. 当該行動の結果として、特定の要求・指示・課題・活動・教材が（一時的にでも）終了したり、延期されるか？
2. 質問1の指示・課題・要求・教材などを実施する能力を生徒が持っているか？
3. 質問1・2での特定の内容領域・課題・教材・要求において問題行動が頻繁に生じるか（生徒が実施できる他の内容領域・課題に比べて）？ これらの状況は、先に述べた飽和化や遮断化と同じく、計画された強化方略の効果を妨害する**設定事象**として働いている可能性がある。

負の強化を使用するには幾つかの欠点があります。かんしゃく、逃げようとすること、物の破壊などは回避、あるいは逃避行動であることがあります。もし、もっと微妙なやり方や社会的に受け入れられる方法で避けたり回避したりするスキルを持っていなかったら、こうした行動は頻繁に生じるでしょう[49,54]。行動レパートリーの限られた生徒に難しい要請や課題が与えられたら、こういった行動は特に生じやすくなります。攻撃行動や自傷行動はその強さや反応型のゆえに教師を動揺させ、指示から逃避する手段となります[14,25]。

指導方略として負の強化が利用されることがあります。アルバート、トラウトマンとブリッグス[2]は重度の障害を持つ生徒に対して反応を条件づける手始めとして負の強化を使っています。膨大な強化子サンプリングの後、その生徒がした唯一の反応は氷から手をのけることでした。指導では、扇風機の風が吹いてくる方向に顔を向けることが教えられました。彼の頭をその方向にガイドして向けさせ、同時に彼の手のひらに置いた氷を取り除きました。望ましい行動をすると氷が除去される、という負の強化を受けたのです。リオダン、イワタ、フィニー、ウォールとスタンリー[101]は、慢性的に食物を拒否する4人の生徒のうちの一人の治療に負の強化を使いました。生徒が食べ物を拒否すると、好みのおもちゃが彼の視界から取り除かれました。口の中に食べ物を入れられるのを拒否しなかったら、おもちゃは視界に戻ってきました。負の強化子はおもちゃが見えないという状況です。スティージら[114]は、2人の幼児の自身をかむ自傷行動が身繕いからの逃避(負の強化)によって維持されていることを明らかにしました。子どもたちが自分自身をかんだら、例えば髪の毛をとかそうとすることが中止されていたのです。その子どもたちの介入には、それをやめてほしいことをもっと適切な方法で伝える指導が含まれていました。自分をかむことと同時にできない行動、つまり、あらかじめ録音してある「やめて」というメッセージを作動させるためにマイクロスイッチを押す行動に随伴してグルーミングが短時間中断されました。イワタ[54]は、負の強化と正の強化の区別が難しいことがあると指摘しています。確かに、生徒はおもちゃが戻ってくることで正の強化を受け、それを取り上げられることで罰を受けているともいえます。この違いをはっきりさせるには、出来事の順番や事前の環境条件を考慮しなければなりません。あるケースでは、現実の関数関係が決定できないことがあります。

教室で嫌悪刺激を用いるのは最小限にしなければなりません。第8章で詳しく述べますが、嫌悪刺激の多用は攻撃反応を誘導してしまいます。「最後の宇宙船が地底を発進するまで」パソコンゲームに熱中し、部屋にとじ込もっている子どもは、ピーポピーポ、ピッピーという電子音を探索にきた運の悪い子猫をけとばすことになります。逃避行動や回避行動は嫌悪刺激そのものに対してだけ生じるのではなく、学校場面全体から逃避したり(教室から抜け出す)、回避したり(怠学)することがあります。軽い嫌悪刺激はときには是認されることがありますが、行動を増大・維持するためには正の強化の方を選択すべきでしょう。負の強化についての理論的、実践的な論議はイワタ[54]を参照してください。

自然な強化

本章の最初に書いたように、強化は自然に発生するプロセスです。構造的な強化システムを教室に導入する目的は少なくとも4つあります。第1に、単に行動を管理するため。第2に、ある生徒にとっては「人為的に」高密度の強化刺激を付加することが生徒の行動とその結果との間に目に見える結びつきを作るため。このことは彼らに因果関係を学習させることになります。第3に、教室の強化システムは日常の世界で強化がどのように働いているかの縮図となります。第4の目的は、生徒にもっと一般的で自然な強化子の価値を教えることにあります。生徒はその状況で自然に生じる強化子、つまり学校や家庭やコミュニティーで行動の結果として当たり前に生じることによって動機づけられることを教えられるべきです。

強化子が自然なものであるかどうかは、状況や場面やその個人の年齢によります。どんな強化子もまた自然なものになりえます。通常学級の生徒の多くは適切な学習行動や社会的行動を

することで、幼稚園の給食係になることから高校の最終試験の免除までいろいろな特権を手に入れています。同じように大人は特別に管理職用の駐車スペースを確保されたり、エグゼクティブ専用の洗面所を使えたりします。活動性の強化子も自然に手に入れられることがよくあります。一生懸命がんばった幼稚園のクラスには5分間、自由時間が延長されたり、その年の最優秀セールスマンにバミューダ旅行が与えられたりします。誰もがトークンを稼ごうと懸命になります。例えば、幼稚園の金星、職業的に成功した人の大金などがそうです（幸いなことに大抵の教師は金星が好きです）。結局、誰もが自分の行動を思い起こしてみると、社会的な強化子が自然な環境に多いということに気づきます。特定の行動に自然な結果として生じる強化子はそれに無関係な強化子よりも効果的です[68,127]。加えて、自然に強化される行動は維持や般化が容易になります[48,118]。生徒が自然な強化子を予期しそれを受けることを学習すると、自然に発生する強化スケジュールにさらされることになります。ある状況での行動は即座に頻繁に強化され、他の状況では強化が遅延したりあまり強化されないということを学習します。

グランディ教授、強化について講義する

グランディ教授が担任する大学院の学生たちが、ブツブツガヤガヤいいながら観察レポートの宿題を提出しました。教授は提出物をかき集め、強化についての講義を始めました。講義が終了すると一人の学生が近づいてきて、満面の笑みを浮かべて言いました。「先生、やっと期待した話題になりましたね。私は学級経営を学ぶためにこのコースを履修しました。何週間もかけて歴史や理論について論じてきましたが、それらはすべてがらくたの専門知識でした。今夜の講義を聞いて待っててよかったと思いました。このコースをやめるつもりだったのです。でもこれからは、1回も休まないつもりです」

ほくそ笑みを隠すためにグランディ教授はパイプに火をつけながら尋ねました。「がらくたの専門知識をすべて済ませるまで強化の話題にディレイをかけていたんだが、君は気づかなかったのかね？」

要　約

本章では、教科の学習や適切な社会的行動を向上・維持させる手段について述べました。正の強化とは、適切な行動に随伴させて刺激を呈示することで、負の強化よりも、まず正の強化を選択します。正の強化子には一次性のものと二次性のものとがあり、最も好ましいのは自然な強化子です。負の強化とは、標的行動に随伴させて、嫌悪刺激を除去することです。これらの原理を使って生徒の行動変容を促す種々の手段について述べました。できるものなら、著者として、読者諸氏の読書行動を正の強化によって強化し、次の章へと誘導したいものです。

討論のテーマ

1. 時に報酬は、銀行強盗の逮捕に協力した人に与えられます。その行動への報酬の効果は、強化子の効果とはどのように異なるでしょうか？

2．どんなふうに正の強化（負の強化）が自然に生じているかを（a）あなたの働いている学校、（b）あなたの大学、（c）毎日の生活の中から例を1つずつ挙げなさい。
3．就学前のクラス（あるいは小学校、中学校）を対象にして支持強化子を8種から10種選びなさい。そのおのおのについてトークンのポイントを割り当てなさい。
4．何もかもがいつでも正の強化子なのでしょうか？
5．過去1カ月の間、あなたの大好きなスポーツチームは、あなたにどんな強化スケジュールで強化をしてきましたか？
6．宿題をきちんと正確にやってくることで最もポイントを稼いだチームは「楽しい金曜日」をどんなふうに過ごすかを選ぶことができます。ケビンとビリーのチームはみんなで宿題をきちんとやってくるように約束し、チームはいつもきちんとやってきたので金曜のお楽しみをいつも手に入れていました。他のチームはやる気をなくして宿題をやらなくなってしまいました。ケビンの先生はこのシステムをうまく生かすためにどうしたらいいでしょうか？

第8章　不適切な行動を減少させる結果操作

あなたは次のことをご存知ですか？
・生徒の不適切な行動をやめさせるのに正の強化子が使えます。
・「無視すれば、やめてしまうよ」というアドバイスは、言うは易く行なうは難し、です。
・生徒を部屋の中にとじ込めても、まったく平気な場合があります。
・体罰も正の強化子になりえます。
・「いやになるまで、ガムをかんでなさい」という発言は一種の行動変容法です。

　ある教師が生徒の問題行動を嘆いたとしましょう。その場合、他の教師仲間は大抵同情し、生徒の問題行動をやめさせるアドバイスをしてくれます。そのアドバイスでは、問題行動が出現した後に嫌悪刺激を与えればいいというように、罰を与えることが強調されます。例えば、頭をひっぱたいたり、厳しく叱ったり、指と指の間に定規をはさんだり、校長の長いお説教(その学校の歴史を暗記してしまうような)を聞かせたりすることです。確かに、罰は半ば条件反射的に用いられます。罰を与えることは単純で、速効性があるからです。つまり罰を使うことが、負の強化を受けて増大していくのです。しかし、この直接的な強化のせいで、罰の副作用や反作用を見落としがちになります。

　この章では、不適切な行動の減少に対して罰と同じぐらい効果のある、罰に代わりうる方法について広く検討していきます。これらの方法には、正の強化子を使用する段階から、嫌悪刺激を使用する段階までの複数の段階があります。確かにこの方法でも嫌悪刺激を使用してはいます。しかし、安易に嫌悪刺激を使うと望ましくない副作用をもたらすと専門家も指摘しているので、ここでは最終段階で使用するようにしています。嫌悪刺激を用いる前に3つの段階を経ています。これらの方法は、個々の制限はありますが、罰に代わりうるものとして、不適切行動の減少に大変有効です。

　行動を減らす手続きを選択する際には明確な原則に基づくべきです。第1の原則は、最も侵襲的でないものを選ぶことです。この原理は次のように理解できます。すなわち、手続きを選ぶときには、階層に基づいて、侵襲性(嫌悪性)が最も少なく、かつ有効な(階層表では最も上にある)ものを選ぶべきであると。例えば、もし図8－1のレベル1の手続きが行動を変化させるならば、レベル4の(もっと嫌悪的な)手続きを使うことは倫理的でなく、必要性もありません。加えて、ガストとウォーレリー[86]は「効果が同じなら、嫌悪性が最も少ない(侵襲的でない)介入が選ばれるべきである。あまり侵襲的ではないが効果的でもない手続きと、嫌悪的だがより効果的な手続きのどちらかを選ぶのならば、効果的な手続きが選択されるべきである(p.194)」と指摘しています。

　2つ目の原則としては、機能的代替を提供することを薦めます。つまり何らかの理由で、ある行動を減少・除去するならば、同時に、その

行動と同じような機能を持つ適切な代替行動を教えるべきです。教えられた行動が元の不適切行動と同じような機能を持てば、それは不適切行動に取って代わります。例えば、生徒の不適切行動が、教師の注目を得たり、混乱させる難しい課題から逃れる手段ならば、指導される代替行動も同じく、注目を得たり課題から逃れるものでなければなりません。例えば、ギャーギャー言う替わりに隣の生徒に尋ねる、ワークシートを破く替わりに手を挙げて質問したり、そっと教卓に行くなどです。機能的に代替する新しい行動は、元の不適切行動と同じか、それ以上の量の強化が得られなければなりません。

行動を減少させる手続きを実施するには、幾つかの必要条件を満たさなければなりません。一つは、手続きの階層を変えるときには、データに基づくことです。つまり、現在の手続きでは効果がなく替わりの手段——多分、より侵襲的な方法——に変えようとするときには、介入中に収集したデータにより現在の手続きが無効であることを立証しなければなりません。2つ目の条件は、協議や許可の場を設けることです。手続きを変更するに当たって、教師は、管理者や、生徒、保護者また行動管理委員会と協議して、現在の介入効果を再検討し、次の計画の同意を得なければなりません。万一のときに備えて、嫌悪的・侵襲的手続きを使うときには常に、その使用期間、問題が生じたときの代替手段とともに、手続きを生徒のIEPに正確にはっきりと記述しておくことを薦めます。

問題行動を減少させる方法

図8-1に示したように、問題行動を減少させるには4つの選択段階があります。レベルIが最初の段階で、レベルIVがほとんどの場合、最終の段階ということになります。

レベルIには分化強化を用いた4つの方略があります。すなわち、低頻度行動分化強化、他行動分化強化、対立行動に対する分化強化、代替行動分化強化です。これらは最初に選択されるべき方法です。というのも、正の強化を用いた方法だからです。

レベルIIでは消去手続きを用いています。消去手続きを用いるとは、行動を維持している強

	レベルI	分化強化手続きを実施する
		a．低頻度行動（DRL）の分化強化
		b．他行動（DRO）の分化強化
		c．対立行動（DRI）の分化強化
選択する手続き		d．代替行動（DRA）の分化強化
	レベルII	消去（強化の停止）手続きを実施する。
	レベルIII	求めている刺激を撤去する。
		a．レスポンスコスト法
		b．タイムアウト法
	レベルIV	嫌悪刺激を随伴呈示する。
		a．無条件性嫌悪刺激
		b．条件性嫌悪刺激
		c．過剰修正法

図8-1　行動減少のために選択される手続きの階層

化を取り除く、または強化しないことを意味します。

レベルⅢでは初めて、いわゆる罰と定義される手続きを用いています。しかし、レスポンスコストやタイムアウトの手続きを用いた、この段階では、嫌悪刺激の適用を必要としません。これらの手続きは、負の強化を裏返したようなものです。負の強化とは嫌悪刺激を除去することによって、行動を増加させることです。レベルⅢの手続きは丁度その逆で、行動を減少させるために、ある種の刺激を除去します。

レベルⅣは、先の3つの段階が不成功に終わったり、他の生徒や本人に差し迫った危険がある場合に選択されます。このレベルでは、無条件性または条件性の嫌悪刺激が用いられたり、過剰修正手続きが用いられます。これらの方法も強化手続きを裏返したもののように見えるでしょう。

正の強化：刺激を随伴**呈示**することで、行動を**増加**させる。
嫌悪刺激の呈示：**嫌悪**刺激を**呈示**することで、行動を**減少**させる。

以下で各レベルの手続きについて、詳しく紹介しましょう。

レベルⅠ：分化強化の応用

低頻度行動分化強化

低頻度行動分化強化（DRL; Differential Reinforcement of Lower rates of behavior）は、ある種の強化スケジュールを応用したもので、頻繁に起こっていた問題行動の生起率を許容範囲、または望ましいレベルまで減少させるために用いられます。ここでいう問題行動とは次のようなものを意味します。例えば、授業中の討論を盛り上げる行動は適切な行動であり、逆にそれを抑える行動は問題行動といえます。また、きちんと計算することは適切な行動といえますが、慌てて計算して、ケアレスミスを起こすのは問題行動といえるでしょう。あまりきれいな話ではありませんが、ゲップは誰でもします。しかし、それが1時間に25回もとなると尋常ではありません。以上のような問題行動がある場合、それを徐々に少なくしていくのに使われるのがDRLです。

実験室で初期に使われたDRLでは、先に強化を受けた反応から一定時間経過した反応が強化されていました。全時間内での総反応数を減少させるには、次に強化される反応までの時間間隔を長くするだけです。この方法は、**反応間間隔DRL**とか、**間隔反応DRL**（spaced-responding DRL）と呼ばれました。シン、ドーソンとマニング[199]は、この手続きを用いて、重度遅滞を持つ成人女性3人の常同行動（ロッキング、口を歪める、複雑な動作）を減少させています。強化の条件となる反応間間隔は、12秒から始め180秒まで延ばされました。3人の出現インターバル率の平均は92.5％から13％に減りました。

教室に適用されるDRLの形式では、強化が提供されるのは「特定の時間内での反応数が、規定された値以下」の場合です[47 (p.457)]。このDRLには2つのタイプがあります。全セッションDRLと、間隔DRLです。

全セッションDRLとは、先に決めておいた基準と、セッション全体での反応数とを比べるものです。総反応数が基準よりも少ないか同じであれば、強化が提供されます。例えば、ジェニーは30分の授業中9回授業を妨害していました。この行動をまったくなくしてしまう必要はないにしろ、せいぜい2回くらいに減ってほしいとします。この場合、ジェニーには2回までは授業妨害を許容することを伝え、もし妨害が2回以下であれば強化されます。間隔DRLではセッションを幾つかの区間に分け（30分のセッションであれば、例えば5分ずつ6区間に分ける）、各区間（時間間隔）での反応数が規

定値以下であれば強化されます。この方法は、より緩やかなアプローチの方が生徒に適していると考えられる場合に使うとよいでしょう。例えば、許容できる授業妨害数は、1回の授業で最大2回だとします。この数は、まずそれぞれの5分間区間に適用されます。5分内での授業妨害数が安定してきたならば、区間間隔を伸ばして、強化を得るには10分間に2回以下、というようにします。その後15分に2回、と延ばしていき、30分の授業内で2回以下まで持っていきます。このタイプのDRLは様々な行動を減少するために用いられてきて、例えば、おしゃべり[47,90]、離席[97]、自己刺激行動[180]、喫食率[119]があります。

　DRLは基準変更デザインのように、複数の基準を設けるようアレンジできます。もし標的行動のベースラインレベルが高いならば、はじめから高い基準を設定するのではなく、可能な範囲で徐々に基準を上げていくようにします。平均して12回の離席行動がベースラインで見られる場合、授業中に9回以上離席しなければその日の自由時間の活動を決めることができると伝えます。いったん9回以内で行動が安定したら、6回以内、3回以内と基準を変えていきます。この方法を使うときには教師は子どもに9回はしてもいいんだということを言うのを忘れないようにして、きちんとできたらしっかりと褒めなければいけません。

　ダイツとレップ[46]によるDRLを用いた初期の実験では、基準設定方略を用いています。第1実験では、11歳の中度精神遅滞を持つ生徒が被験児でした。ベースラインで彼は50分の授業中に平均5.7回（変動範囲：4－10回）おしゃべりをしました。そこで、授業中のおしゃべりが3回以下であれば、日課の終わりに5分間の自由時間を与えることにしました。介入の間、おしゃべりは平均0.93回（変動範囲：0－2回）に減りました。

　第2実験では中度精神遅滞を持つ児童10人が被験児でした。彼らのおしゃべりは平均32.7回（変動範囲：10－45回）でした。そこでグループ内のおしゃべりが授業中5回以下ならば、各人にキャンディーを2個ずつ与えることにしました。その結果、平均3.13回（変動範囲：1－6回）におしゃべりが減りました。第3実験では15人の普通学級に在籍している高校生女子が被験者でした。ベースラインでは、50分の授業中6.6回の不適切な発言がみられました。そこで、自由時間を金曜日に与えることを強化子にして、4つに基準を分けて実験を行ないました。基準は、6回以下の場合、3回以下の場合、2回以下の場合、0回の場合の4つです。

　DRLの要点として、レップとダイツ[164(pp.223-224)]は次のようにまとめています。

1．全セッション、または各インターバルでの平均反応数を知るために、必ずベースラインを測定しなければなりません。そして、この平均出現率をDRLの最初の基準とするとよいでしょう。
2．DRLの基準を漸次的に減らす場合は、あまりにも頻繁な強化や反応率歪みを避け、そして介入を徐々になくせるように、無理のない基準を設ける必要があります。
3．セッション中、対象となる行動の累積反応数を生徒にフィードバックするのか、しないのかを決定しておかなければなりません。

　DRLの大きな利点は、強化を与えることを通して問題行動の出現を減少させていくという、ちょっと変わった方法にあります。それゆえ、この方法は強化を用いる方法全般に共通した利点を持ちます。さらに、その方法は漸進的アプローチです。劇的な行動変化は期待できませんが、徐々に無理のない程度に基準を上げていくので、生徒も適応しやすいでしょう。基準の設定は生徒の能力の範囲で、かつ教師にとっても許容できる範囲のものを選びます。DRLは行動を急速に修正する方法ではありませんから、暴力や危険な行動など早急に修正が必要な場合は、不向きでしょう。

シンクレール先生、ステイシーに自信を与える

ステイシーはシンクレール先生が受け持っている2年生のクラスの生徒でした。ステイシーは大変勉強がよくできました。しかしいつも手を挙げて「これで合っていますか？」と質問したり、「私にはとても無理よ」と言ったりしました。もしシンクレール先生が行動主義者でなかったならば、ステイシーの自信のなさを嘆くだけだったでしょう。

ある朝のこと、シンクレール先生はステイシーを呼び出しました。彼女はステイシーがいつも昼食後、自主的に黒板ふきをしてくれていることを思い出したのです。そこで彼女はステイシーに、自分ひとりで勉強してみなさいと助言しました。「もし本当に手助けが必要ならば、助けてあげます。だけど、それは午前中の授業中に3回で十分じゃないかしら。もし3回以下しか、手助けを求めなかったならば、昼食後に黒板をふいてもいいですよ」と言いました。

ステイシーは挑戦することにしました。2、3日の内に、ステイシーは1日に1、2回しか手助けを求めなくなりました。シンクレール先生はステイシーの行ないを十分に褒めました。そして、「自分で全部やれるわ、シンクレール先生。もう手助けは無用よ」というような声も聞ける程になりました。もし、シンクレール先生が行動主義者でなかったならば、なぜかステイシーは最近自信がついてきたようだと不思議がったことでしょう。

他行動分化強化

他行動分化強化（DRO: Differential Reinforcement of Other behaviors）では、標的にしている問題行動がある特定の期間みられなかったときに強化子が呈示されます[168]。DRLでは徐々に行動の出現率を低下させていきましたが、DROでは問題行動がまったくみられなかったときのみ強化されます。実際、DROは**行動の0パーセント出現率への分化強化**とか**行動の停止への分化強化**とも呼ばれています。前の章では強化を、望ましい行動の出現に随伴させる強化子呈示と定義しましたが、DROでは行動が出現しなかったときに強化子が呈示されます。

DRLの場合と同じように、DROでは手続き上、少なくとも3つの変型があります。

1. ある期間全体を通して行動が出現しなかったときに強化が随伴される方法。例えば、40分間を通して（DRO40分）、おしゃべりが1回もみられなかった場合に強化が与えられます。生徒は次のように言われます。「もし読書の時間40分間ずっと話をしなかったら、午後の体育の時間にキャプテンになれるよ」。生徒がこの基準を達成できたら強化子を獲得します。セッション全体を通して行動がまったく出現しなかったときに強化子が呈示される強化スケジュールを全セッションDROといいます。

2. セッション全体を幾つかの区間に分けて、そのインターバルで問題行動が見られなかったときに強化が与えられる方法。この手続きは、不適切行動がゆっくりと減少していくことが現実的であるときに用いられます。不適切行動が非常に高頻度で生じている場合、全セッションDROでは生徒は決して強化子を得られないでしょう。例えば、40分のセッションを5分ずつの区間に分割して、各区間でおしゃべりがみられなかった場合に、その区間終了時点で強化が与えられます。このように時間を細かくしていくことで、生徒が強化を受ける機会とフィードバックの量、そして成功する機会を増大させます。インターバルはセッションを通じて同じ場合もあれば、異なる場合（例えば、変動間隔スケジュールのように「平均5分」など）もあります。その短いインターバルで生徒が行動をコントロールできるようになったら、インターバルを、例

えば 5 分から10分間に延ばしていきます。そして、そのインターバルが40分まで延ばされれば、結局全セッションDROと同じになります。もし、最初のインターバルの長さを決めるのが難しければ、標的行動の反応間時間間隔の平均値を使うことをダイツとレップ[45]は勧めています。例えば、もし100分間のベースライン（20分間のセッションが 5 回）でルークが25回離席したら 4 分前後のインターバル（100÷25）から始めます。別の方法としては、ベースラインセッションで得られた反応間時間間隔の平均値に設定します[167]。

3．DROは永続的産物のデータに関しても適用できます。例えば、いたずら書きのないページごとにほほ笑みをみせてやる場合がこれに当たります。

DRO手続きを実施する前に、3 つの重要な要因を考慮します。第 1 に"純粋な"DROでは、標的行動をしてさえいなければ、他に何をしていようと強化されます。実際には、標的行動をしていない間も様々な不適切な行動が正の強化を受けているかもしれません。何人かの生徒はこの盲点のため得をしているかもしれません。授業中歩きまわる代わりにボールを投げるなど、これまでしなかったような不適切な行動をするかもしれません。厳密にいえば、彼らはまだ強化を受けているのです。実際の学級経営ではこんなことは許されません。このようなことが起こらないよう、DRO手続きは不適切行動を減少させる、他の手続きと併用されることがあります。また時には伝統的な手続きで用いられている、不適切行動の無視ではなく、標的行動に何らかの結果を伴わせることになるかもしれません[221]。

第 2 にDROは行動が出現していないことを強化します。決められた時間、標的行動が出現しなかったら生徒は強化子を獲得します。あまり多くの行動レパートリーを持っていない生徒では、教師は行動の空白地帯を作ってしまうかもしれません。もし、標的行動に置き替わる行動がなければ、彼が知っている唯一の行動をするでしょう。そしてそれは教師が減少させようとしている行動かもしれません。ですから不適切な行動に置き替わる適切な行動を見つけて、それを正の強化で増大させていくのが現実的で倫理的なことです。

第 3 にDRO手続きの効果は選択された強化子に依存するかもしれません[167]。不適切な行動をしていないことを強化するのに用いる刺激は、少なくともその不適切行動を現在維持している刺激と同様の強化力や動機づけ価がなければいけません[43]。新しいスキルを教えようとするときその場面内には、スキルの学習を妨害するような強化子は多分ないでしょう。しかし、不適切行動を減少させようとするときには、はっきりわかっているかどうかは別にして、その不適切行動を維持している何らかの強化子があります。DROにおいては、ある決められた時間内、不適切行動をしないことを強化しようとしているので、その不適切行動を維持している以上の強化力や動機づけ価を持っていなければ、DRO手続きはうまくいきません。例えば、算数の時間にふざけている生徒は、仲間からの笑いを取り、昼食時に注目を得るという強化を得ているかもしれません。ふざけなければ 5 分間コンピューターができるというDROの随伴性を設定しても、仲間から得られる強化子よりも強力ではないかもしれません。

DROはいろいろな行動に対して用いられます。自傷行為[156, 166, 172]、攻撃行動[82]、露出症[129]、妨害行為[16]、常同行動[24, 95]、課題非従事行動や離席行動[163]などです。例えば、レップ・ダイツ・スペイア[166]はDROの手続きを重度精神遅滞を持つ人 3 名に用いています。1 人は12歳の少女で、彼女の問題行動は指で口を叩くことでした。2 人目は22歳の女性です。彼女の問題行動は身体を揺することでした。最後は23歳の男性で、自分の目の前で、手をヒラヒラさせることでした。キッチンタイマーでDROインターバルがセットされました。最初の生徒では、ベルが鳴るまでの時間、常同行動がみられなかった場合には、生徒を抱きしめて、褒めました。もし常同行動が出現したならば、教師は「だめ」と言って、タイマーをセットしなおしました。初めは、とても短いインターバル（40秒）を用い、標的

行動の出現率が減少するにつれ、時間を延ばしていきました。その結果、すべての被験者において常同行動の大幅な減少がみられました。

DRO手続きの要点として、レップとダイツ[164] (pp.222-3) と、ダイツとレップ[45]は次のものを挙げています。

1. ベースラインは、不適切行動を測定するばかりでなく、DROの手続きを適切に計画するためにも記録されます。特に一番最初のDROインターバルは重要なので、いいかげんにではなく、データに基づいて決定しなければなりません。ベースラインから、平均反応間時間間隔（反応と反応の間の時間）を算出し、それより少し短い時間を最初のDROインターバルとします。
2. DROインターバルを延ばしていく基準を設けなければなりません。その基本にある考え方は次のとおりです。
   a. 不適切行動を起こさないことが、起こしたときよりも十分に強化されるように、最初はかなり短いインターバルからはじめる。
   b. そして、そのインターバルを延ばしていく。延ばし方はあくまで、生徒の反応の様子を確かめることによって決定する。
3. 望ましくない行動が出現してしまったときには、次のことをする必要があります。
   a. DROのインターバルをまた始めから計測しなおすか、次のインターバルまで待機する。
   b. とにかく反応の成り行きを見守るか、それを無視する。
4. DROインターバル中、標的行動がまったく出現しなかったとしても、そのすぐ後にひどい不適切行動がみられたならば、強化は与えないようにする。(pp.222-223)

クラレンス、人をぶたないことを学習する

クラレンスはバード先生の通級学級の生徒でした。彼は、他の生徒に自分の持ち物を触られると、よくその生徒を叩きました。観察すると1時間半の授業中、平均12回も叩き、その平均反応間間隔は7.5分でした。バード先生はインターバルを7分に決め、もし7分間クラレンスが叩くことがなければ、5分間何か好きなものを制作する時間に当てていいことを意味するカードを彼に与えることにしました。クラレンスが誰かを叩いたら、単純に強化を与えないのではなく、バード先生は時間をセットしなおしました。なぜなら、一度人を叩いてしまったら、そのインターバル中ずっと暴力をふるうことを恐れたからです。

2、3日の内に、人を叩くことはずっと減少しました。そして、バード先生は8分、10分、15分、とインターバルを延ばしていきました。時間を延ばしてもクラレンスが人を叩くことは見られなくなり、まったく叩かないまま維持されています。

対立行動や代替行動の分化強化

DROを使うことで生じるかもしれない行動の空白を作らないようにするすぐれた方法のひとつは対立行動分化強化（DRI; Differential Reinforcement of Incompatible behavior）や代替行動分化強化（DRA; Defferential Reinforcement of Alternative behavior）を使うことです。これらの手続きでは、これまで述べてきた機能的代替行動をもたらします。DRIとは、減少させようとする標的行動と並立不能な反応型を持つ行動を強化することです。標的行動と同時には実行できない行動を選び出し、その適切な行動を強化することによって、不適切行動を起こせなくする方法です。例えば、離席行動を減少させようとする場合、着席行動が強化されます。離席と着席は同時にはできないからです。適切行動が、不適切行動を物理的に不可能にするよう、相互に排他的な反応が選ばれます。これによって適切な反応の強さや反応率が増大し、不

適切な行動が減少していきます。適切におもちゃで遊ぶ行動を強化するとステレオタイプな手の動きをする機会や反応率が減少していきます[66]。子どもが手をうまく使っていると、不適切な行動をすることができません。

DRIと同様に、DRAは減少させようとする行動に置き替わるような行動を強化します[45]。しかし、この手続きでは代替行動と不適切な行動とは、行動の型の点では異なっていますが、物理的に対立する必要はありません[221]。生徒が不適切な行動をしようとするたびに、別の代替行動をするように指示され、その行動が強化されます。例えば、アンが教師の注意を引こうと話し始めるたびに、手を挙げるように指示され、当てられることで強化され教師から褒められます。不適切な行動が引き続いて生じるときには、DRA（あるいはDRI）とゆるい罰（例えば、軽くしかられたりトークンを没収されたり）とが併用されることもあります[125]。

対立行動や代替行動を選択するときには次のような基準を考慮します。

1. 不適切な行動が、生徒にとって大切な機能を持っているかどうかを分析します。もしそうなら、その行動と置き替える行動はその機能を満たす、より標準的またはより適切な行動であるべきです。例えば、自傷や他への攻撃行動は伝達的な機能を持っていることがあります。その場合、代替となる行動も注目や物・活動の要求を伝達するような行動になります[37, 62, 64, 111]。本書の第10章で、不適切行動の機能を決定するための手続きについて詳述しています。
2. 選択される代替行動は機能を持ち、置換される行動のように強化を獲得できるものでなければなりません。つまり、（a）代替行動によって適切な強化を安定して得られる。新しい行動によって強化が得られないことがわかれば、生徒は強化が得られる元の不適切行動に戻ってしまうでしょう。挙手をするという代替行動では教師の注目を確実には得られないならば、注意を引くために生徒は再び叫び始めるでしょう。（b）代替行動によって適切な強化が頻繁に得られる。代替行動は新しく教えられる行動なので、初めは連続強化スケジュール（CRF）下に置かれます。また元の不適切行動と同じく、迅速に強化をします。（c）代替行動によって適切な強化を得る労力は、元の行動と同じかそれ以下にする。（d）代替行動は最終的には自然な強化子によって維持される[39, 63, 83, 102, 153]。
3. 生徒の行動レパートリーの中から代替行動が選択できれば、DRA（またはDRI）の効率を高めます[45]。もし生徒がその行動をどんなふうにするのかを既に知っているのなら、新しい行動の学習と、それを不適切行動と置き替える学習を同時にする必要はありません。既に生徒の行動レパートリーにある行動を見つけるのは、適切な行動レパートリーが限られている生徒では困難です。現存する基本的な運動反応を、より複雑な行動にシェイピングする必要があるでしょう。

対立行動や代替行動の分化強化はいろいろな行動の変容に用いられてきました。授業中の居眠り[165]や授業妨害[150]、多動[216]、異食[53]、常同行動[66]、攻撃行動・自傷[157]などです。

エイロンとロバーツ[7]はDRIを用い、5年生の男子5名に対して、学業行動を強化することによって、落ち着きのない不適切行動（席をたったり、おしゃべりをしたり、他人をつついたり）をなくそうとしました。毎日15分のセッションで、読書ワークブックに正しく答えられた割合に応じて得点が与えられ、得点は毎日そして毎週、何かと交換できました。15分という時間間隔が選ばれた理由は、この時間内に、課題を正しく完成させる（そして一番欲しい支持強化子を手に入れる）ためには不適切行動に従事している余裕がないからです。ベースラインでは落ち着きのない不適切行動と勉強の正答率は、どちらも40～50％でしたが、訓練後落ち着きのない不適切行動は全インターバルの平均5％に減少し、正答率は増加し平均85％でした。

DRIを計画する指針として、レップとダイツ[164] (p.224)は次のことを挙げています。

	目的	フォーマット	管理	代替行動への強化の提供	目標の記述
DRL[1]	許容範囲まで行動を減少させる	全セッション インターバル 基準変更 間隔反応	行動の出現数の減少に焦点	なし	トムは40分間で3回しかおしゃべりをしないようになる
DRO[2]	行動が0になるまで減少させる	全セッション インターバル 行動産物記録	行動が出現していない時間を増大させることに焦点	なし	トムは40分間まったくおしゃべりをしないようになる
DRI[3] DRA[4]	機能的な代替行動を強化する	行動の減少と増大を並行的に行なう	機能的な代替行動の開発に焦点	有り	トムは、大人の注目が欲しいときには、うるさくしたり顔をたたいたりしないで、ブザーを押すようになる

[1] 低頻度行動分化強化
[2] 他行動（ゼロ頻度行動）分化強化、または省略訓練
[3] 対立行動分化強化
[4] 代替行動分化強化

図8－2　分化強化手続きの概要

1. 望ましくない行動と同時にはできない行動を選び出すことが必要です。もし適当な行動が見つからなかったら、とにかく生徒にとって有益な行動を選択し、それを強化します。
2. ベースラインは次のことを知るために記録します。
   a. 不適切行動はどの程度で生起するのか。
   b. 不適切行動に対立させる行動はどの程度で生起するのか。
3. 強化スケジュールの方法を決定しなければなりません。また、強化スケジュールからの統制を徐々に弱めていき、生徒の行動が環境内の自然な随伴性でも維持されるようプログラムしましょう。

図8－2は分化強化を使ったいろいろなオプションを比較、要約しています。

地域社会でのエリオット先生

トーニとジェイクの母親たちは、地域社会学習の中に買い物指導が含まれるか尋ねました。子どもたちをお店に連れていくと、棚から商品を取っては投げたり、床に倒れ込んでは大声を上げたりするのです。この2人をはじめてお店に連れていったとき、エリオット先生はなるほどと思い、母親たちのフラストレーションや当惑がわかりました。代替行動として、トーニにはカートを押すことを、ジェイクには車椅子に座っている間ひざの上に買い物かごを乗せておくことを強化することにしました。いろいろな品物のところで、2つの商品を見せて「赤いのはどっち」とか「ピンはどっち」「小さい方は」などと質問して正しい方を選ばせ、それをカートかかごのどちらかに入れるようにガイドしました。これらがきちんと正しくできるようになったとき、トニーの母親はこの手続きがどんなふうに行なわれているかを見るため

に買い物指導を見にくるように招待されました。ジェイクの母親は学校がある時間帯は都合がつかないため買い物指導のVTRを見ました。

レベルⅡ：消去

　レベルⅠでは強化の与え方に注目しましたが、それとは対照的に、レベルⅡでは消去、すなわち不適切行動を強化している正の強化子を急激に撤去することによって減少させる手続きに注目します。第6章で述べたように、強化子を急に取り除くと、行動は修正、または消去されました。維持されている行動が適切なものであれば、その行動を消去しにくくするのが介入の目的になります。しかしながら、多くの不適切行動もまた正の強化で維持されています。例えば、子どもが泣くと、クッキーやキャンディーを与える親は、泣くことを強化しています。クッキーを与えないようにすれば、泣くことも少なくなるでしょう。

　教室場面では、教師の注目によって維持されている問題行動を減らす目的で、消去手続きがよく利用されています。教師は、問題行動を起こす生徒には注目を向けがちです。たとえ、注目が文句や罰・脅威の場合でも、生徒にとっては正の強化子になるのです。教師が大声を上げて怒ったり叩いたりすることが、生徒の行動の強化になっていることがあります。

　教師にとって、自身のどの注目が不適切行動を強化しているのかを見極めるのは難しいことです。そのようなときには、第三者に自身と生徒との関係を見てもらうようにします。そして、自身の向ける注目と生徒の行動との間に何らかの関係が確認されたなら、教室での消去手続きは不適切行動を無視するという形を取ります。つまり教師が今まで与えていた正の強化子（注目を向けること）を取り去ることによって、不適切行動はなくなっていくでしょう。

　消去手続きはいろいろな問題行動を減少させるために使用されてきました。例えば、落ち着きのない不適切行動[5, 237]、卑猥な言葉使い[198]、かんしゃく[38]、睡眠障害[80]、不勉強[92]、攻撃・自傷行動や不服従[108, 234]などです。消去は、ある行動クラスに含まれる反応のバリエーションを増やす目的でも利用されてきました。例えば、重度遅滞を持つ人がコミュニケーションできるジェスチャーの種類を増やすため[57]、幼児がおもちゃで遊ぶときの遊び方のレパートリーを増やすため[117]などです。

　消去手続きは、他の適切な行動への強化と結びつけて最もよく使われます。このように強化と結びつけることによって、消去も迅速に進むようです。消去を単独で使用すると「発展的な学習に役立つとしても、ほんの少しだけです。学習されるのは、ある行動をしても期待される報酬はもう得られない、ということだけで、実質的な効果は行動レパートリーを減らすことです[88 (p.28)]」。生徒の適切な行動に教師の注目を与えることで教師が生徒に伝えるのは、生徒は教師の注目（S^{R+}）を依然として得ることはできるが、得られるとしても選択的であることです。教師に無視されるのは生徒ではなく、単に生徒の不適切な行動です。

　「無視すれば、しなくなるよ。こちらに注意を向けてもらいたいだけなのさ」という発言が教師間でよくささやかれます。しかし、実際は言うは易く、行なうは難しなのです。確かに無視すれば不適切行動は消えていくでしょうが、必ずしも迅速円滑にことが運ぶわけではありません。標的行動がどのようなものであれ、消去手続きを実行する際には、次の点に十分注意する必要があります。

反応の遅延

　消去の効果はすぐには現れません。消去に

よって、行動を減少させるにはかなり長い時間がかかります。強化しなくなっても、行動はかなりの間、持続します[56, 206]。これを**消去抵抗**といい、行動が間欠強化で維持されている場合に顕著に現われます。生徒は、以前強化をうけた強化子を求め続けます。ピンクソン、リーズ、レブランクとベアー[158]は、消去手続きを用いて、ある幼児が友達に対して示していた攻撃行動を減少させようとしました。その結果、最初の消去フェイズでは友達との相互活動全体の28％を占めていた攻撃行動が、6％まで減少するのに8日間かかりました。自傷行為に関するロバースとシモンズ[124]の研究では、「やめるまでに9000回も自分自身を叩き続けた(p.146)」と報告されています。しかしすべての自傷行動が消去しにくいわけではありません[121]。イワタ、ペイス、カルシャー、コードリーとカタルド[108]の研究では、機能分析の後に消去を行ない、逃避の機能を持つ自傷行動が減少するまで、5セッション（1セッション15分）もかかりませんでした。

反応率の上昇

問題行動がはっきりと減少する前には、反応率や反応強度の上昇がみられることがあるので注意してください[224]。つまり好転する前に悪化することがあるのです。ロバースとシモンズ[124]がある被験者について次のように報告しています。「消去手続きによって、リックの自傷行動は最終的には消失したが、すぐに効果があったわけではなく、消去をしはじめたときには、かえって悪化した(p.146)」。また、他の2名の被験者については、「消去の初期には自傷行動は増悪し、その後、非常に緩やかに減少した(p.147)」と述べています。図8-3にロバースとシモンズ[124]とピンクストンたち[158]の結果を図示しました。

例えば、大声で叫ぶような問題行動を無視しようとする場合に、しばしば陥りがちな誤りがあります。大声を出しても、これまで得ていた強化が期待できなくなったとき、生徒はより大きな声を頻繁に出すようになります。そんなとき、しびれを切らして「おやおやどうしたの、大丈夫だよ。何が欲しいの」と言ってしまいがちです。しかしそれは、大声を以前よりも強いレベルで強化していることになります。その大声は強くなったレベルで残ってしまいます。いったん消去手続きを始めたら、問題行動がどんなにエスカレートしようと無視し続けなければなりません。

注意の統制

生徒に対して「無視しているのがわからないのか？」などと、言ってはいけません。そんなことを言えば、教師が無視してはいないことが生徒にわかってしまうからです。たとえ言わなくても、そのような仕草を示しただけでも、消去の妨げになります。歯をくいしばって手を固く握りしめている仕草は、注意を生徒に向けていることを十分に伝えています。確かに、うまくやるには、かなりの練習が必要です。しかし、何か別のことをしているかのように振る舞うとうまくいくようです。

例えば、

1. 対象児を他の生徒と一緒にして、他の生徒の方に今問題にしている行動がみられなかったらその生徒を褒める。例えば、「その手の挙げかたはいいですね。注意を引くには持ってこいです」というように。
2. 読書したり、何か忙しそうに書いたりする。
3. 声に出さずに詩を唱える。
4. 石ころやビーズを持て遊ぶ。
5. 教室の外に出て、しばらく壁を蹴る。

消去手続きによって引き起こされる攻撃性

前章の最後で述べたことは、消去手続きで起こりうる他の現象とも関連しています。それは消去を始めてすぐの頃に生じる攻撃性です[14, 121]。以前は入手できた強化を探しながら生徒は、「私を無視できると思っているかもしれないけど、見てごらんなさい」と言っているかのようで

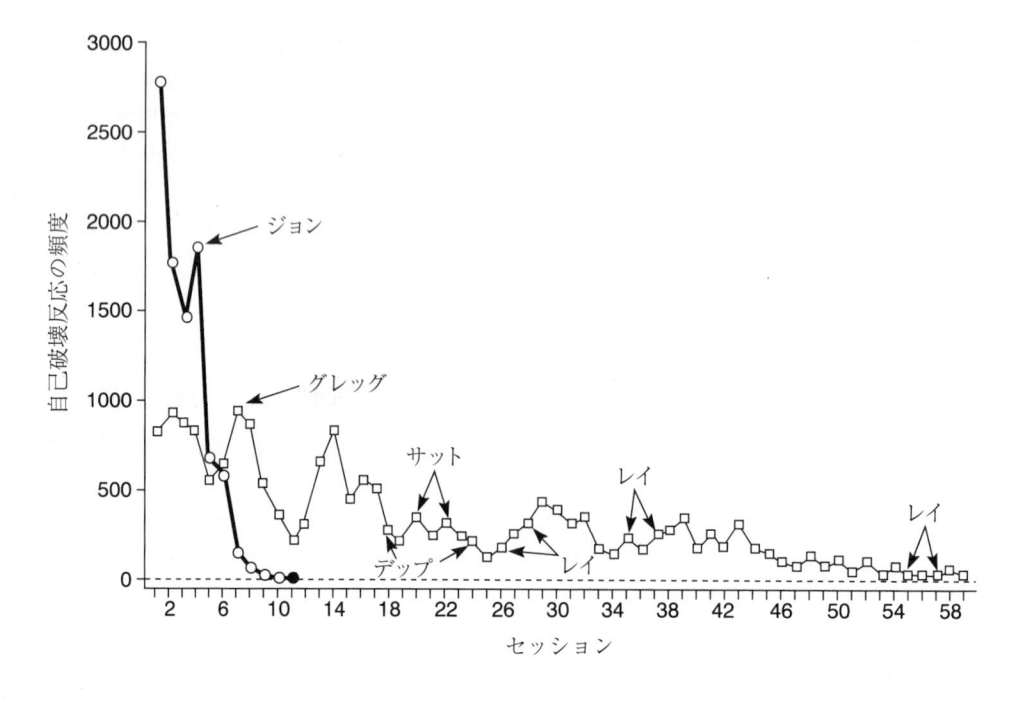

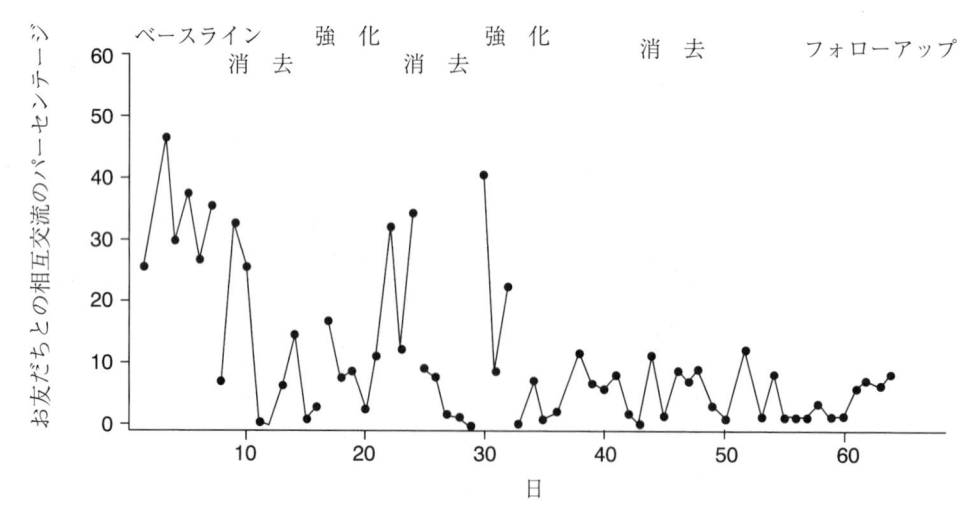

図8−3 行動減少のための消去手続きの効果

出典：上図、Lovaas, O.I. & Simmons, Q., 1969. Manipulation of self-destruction in three retarded children. *Journal of Applied Behavior Analysis*. 許可を得て転載。下図、Pinkston, E.M., Reese N.M., & Baer, D.M., 1973. Independent control of a preschool child's aggression and peer interaction by contingent teacher attention. *Journal of Applied Behavior Analysis*. 許可を得て転載。

す。消去手続きの初期に見られる問題行動のエスカレーションや攻撃性の出現は、ちょうど故障している自動販売機に対する客の態度と同じです。客は25セントを2枚入れ（以前なら、強化が得られた反応です）、ボタンを押します。しかし、強化子が得られません。客はたて続けにボタンを強く押します。何度も、何度も、早く強く。やがて客は、ボタンを押さなくなりますが、その前にきっとこの自動販売機にパンチかケリをいれることでしょう。

自発的回復

一度消去した反応が再び現われることがあります。これは**自発的回復**として知られており[121, 206]、行動がしばらくの間見られなかった後に起こります。生徒はまだ消去が続いているかどうか、自分に関わるすべての教師が消去手続きをしているのか試してきます。そのような反応は、再度無視することによって消失することができます。しかし無視することに失敗すると、生徒は問題行動を再学習します。

模倣や他者からの強化

生徒の問題行動を無視することは、教室の他の生徒にも影響をおよぼします。もし、ある生徒が問題行動を起こしながら、罰を受けずに逃げおおせてしまったのを他の生徒が見ると、他の生徒がその行動を模倣しだします[21]。結局、これは行動を強化していることになります。たった1人ではなく、多くの生徒が問題行動を起こすようになり、無視するのがより一層困難になります。消去手続きの基本は、教師が問題行動への強化を停止することですが、同時に消去手続きの一番難しいところでもあるのです。教室においては、教師に注目され（怒鳴られる）たり、クラスメートから注目される（笑われる）ことが、強化になることがあります。強化子が何かを見極めるためには、強化子となっている可能性のある刺激を一つずつ取り去り、疑わしいものを系統的に試していかなければなりません。

同輩から受ける強化を統制するのは非常に困難です。この問題に対処するため、パターソン[155]は、対象児が席を離れたり、おしゃべりをしたり、他の生徒を叩いたりしているときには、同輩が強化を与えないよう、他児が注目を差し控えることを強化しました。また、ソロモンとウォーラー[210]は、成績のよい生徒を5人選んで、彼らに消去手続きや適切行動を強化する手続きの使い方を訓練しました。ピンクストンら[158]は暴力をふるった生徒を無視する一方で、彼に暴力をうけた方の生徒に注意をむけるようにしました。

般化のしにくさ

消去手続きは確かに効果的ですが、他の場面にあまり般化しません。つまり消去が実施されない状況では、行動は頻繁に生じます。リバーマンら[122]は、トリートメントの効果は、病棟における職員との日課のやりとりまでは般化しないと述べています。ロバースとシモンズ[124]も、ある一つの場面で行動を消去しても、他の場面へはその効果が波及しないと報告しました。消去をプログラムするには、必要な状況すべてで消去することが要求されます[56]。

ベノットとマイヤー[29]は、消去手続きを使う前に検討すべき6つの問題をあげています。意志決定に役立つように質問の型にしてみました。

1. 問題にしている行動は、反応トポグラフィーや出現率からみて、一時的に許容できるような行動ですか？（攻撃行動のようなものではありませんね？）
2. 行動の一時的な出現率の増加に耐えることができますか？
3. その行動は模倣されやすいですか？
4. 強化子が何か確認できましたか？
5. 強化子を取り去ることはできますか？
6. 強化すべき行動が見つかりましたか？

教師の注目などの社会的な結果刺激が、いつも行動の強化子になるとは限りません。「人によっては、注目されたり、褒められたいために

するのではなく、そうすること自体が快い場合がある」[171(p.1)] のです。そのような場合、教師からの結果ではなく感覚刺激が行動を維持します。ある種の常同行動や自傷行動などがこの例に当たります。手をヒラヒラさせる常同行動は、ヒラヒラすることで生じる視覚的刺激によって強化され、自分を引っかく自傷行動は、引っかくことで生じる触覚的刺激によって強化されるかもしれません。感覚刺激が行動の強化子になっていると確認されたときには、**感覚消去**と呼ばれる消去手続きが用いられます[171]。感覚消去では、反応を直接に妨害するのではなく、反応の結果として自然に生じていた感覚刺激を除去しようとします。手をヒラヒラさせる常同行動の場合、生徒の腕に重りをつけ、つまり手をヒラヒラするのに負荷をかけることでし、ヒラヒラの頻度を減らし、強化子を希化することで常同行動が減少するかもしれません[171, 218]。引っかき行動がみられたら、引っかく場所をゼリー状のもので覆ってしまい、引っかくことによって得られていた触覚をなくします。指しゃぶりは手にミットをすることで減るでしょう[141]。感覚消去を正確に使用する難点は、強化子となる感覚刺激（1つであっても）を確かめにくいことです。また「身体をゆする、手を叩くなど普通に生じる常同反応の多くでは、複数の感覚が関与していて、その感覚全部を除去することが困難」[2(p.298)] です。

メドロック先生、生徒の口答えをやめさせる

ジュディはメドロック先生が受け持っている4年生のクラスの生徒です。メドロック先生が彼女に何かいうと必ず、口答えをしました。メドロック先生は次のような会話を交わしていることに気づいていました。

「ジュディ、課題に取りかかりなさい」
「やってます、先生」
「やってないじゃないか。時間の無駄使いをしている」
「課題の準備をしているのです」
「私は準備をしろとはいっていません。課題をしなさいといっているのです」
「準備なしでどうやって課題をしろというの？」

ある日、先生はこの9歳の少女と子どもじみた口論をすることが、彼女の口答えを強化してしまっていることに気がつきました。彼はこの行動を消去しようと決心しました。次の日、彼はいつものように「ジュディ、課題に取りかかりなさい」と言い、ジュディがいつものように口答えを始めると、その場から立ち去ってしまいました。

ジュディはしばらくブツブツ言っていましたが、そのうち大声で「こんなつまらない課題なんてやりたくないし、やらせるなんて無理よ」と言いました。メドロック先生は平静を保ち、彼女の言葉を無視し続けました。

エミリーが手を挙げ、作り笑いをしながら、「先生、ジュディがもうしないといってます」と言いました。

メドロック先生は静かに答えました「エミリー、自分の作業を続けなさい」

「でも先生、ジュディは絶対にしないといってます」とエミリーが反論しました。

メドロック先生はエミリーの反応も無視することにしました。彼は立ち上がり、部屋の中をぶらぶらと歩き始めました。そして、きちんと作業をしている生徒を褒めて、課題が終わればすることになっている数当てゲームのことを思い出させました。エミリーはすぐに自分の課題に戻りました。しかし、ジュディはこれみよがしに、鉛筆で机を叩くだけでした。しかし、やがてジュディも肩をすくめて自分の課題に取りかかりはじめました。彼女が課題を始めてしばらくたつと、メドロック先生はさり気なく彼女のところまで行き、「よくできてるよ、ジュ

ディ。はじめの2問は正解だよ。その調子でやりなさい」と言いました。
　ジュディがなかなか課題を始めないのを、彼自身の小言が、逆に強化していたということ、そしてこのグズリをもし無視していたら、彼女は多分もっと早く課題をはじめてただろうと、ふとメドロック先生は思いました。

　ある研究者のグループは、強化スケジュールの操作を通して消去を検討しています。第6章で述べたように、いったん新しい行動が十分に確立されたなら、消去抵抗を強めるために強化スケジュールを連続強化から間欠強化へ移行させていきます[71]。時々強化されている（間欠強化）不適切行動を一時的に連続強化すると消去されやすくなるのだろうか、と考える研究者たちがいます。多くの不適切行動は、教師や両親が見せるときたまの弱みによって強化され維持されているのかもしれません。

トラウトマンさんの弱み

　教師であり母親であるトラウトマンさんは、学校が終わってから子どもを保育所から連れて帰ってきました。彼女の2歳になる息子はいつも家に帰るなり、ピーブージェリーをねだります。もうすぐピーナッツバターとジェリーサンドイッチの夕食だからといっても、ひっ繰り返って泣き叫ぶのです。彼女は息子を無視しましたが、このパターンは毎日、時には何度も繰り返されていました。あるとき、彼女の7歳になる娘が、叫び声の向こうから説明しました。「お母さんは学校で大変だったときには、時々かんしゃくを起こすのを避けようとサンドイッチを持たせているわ。それがおねだりと泣き叫びの原因よ」。トラウトマンさんは、しぶしぶながら駆け出しの行動分析家の正しさを思い知らされたのでした。

　ナイスワース、ハント、ギャロップとネイドル[148]はこの手続きの有効性を重度の発達遅滞を持つ19歳の生徒2人で検討しています。一人の生徒の常同行動は手をひらひらさせることで、もう一人は指先をぱちぱち鳴らすことでした。「連続強化フェイズの間、訓練者は標的行動を毎回強化した。消去フェイズでは、もちろん強化子は呈示されなかった」(p.105)。両方の生徒で、常同行動はほぼゼロのレベルまで減少していきました。2人のうちの一人では2週間のフォローアップの間、この結果が維持されていましたが、もう一人はベースラインのレベルまで戻ってしまっていました。著者たちが書いているように、行動に対する効果は「教科書や実験室のデモンストレーションのよう」ではありますが、これは予備的な研究です。加えて、適切な行動を選択してその行動の比率を増大させることの必要性が、倫理的な問題として指摘できるでしょう（この研究は1988年にウイリーとグロスマン[230]が動物実験よって追試しています）。

罰

　残りの2つの段階、レベルⅢとレベルⅣでは、罰を使って問題行動を低減させます。強化子の場合同様、罰刺激（または罰子）(punisher)を機能的に定義しましょう。罰刺激とは次のような結果刺激（S^P）をさします。

1．行動の将来の出現率・生起確率を減少させる。
2．望ましくない、または不適切な行動の生起に随伴させる。
3．望ましくない、または不適切な行動の生起直後に呈示する。

罰や**罰刺激**という用語は、このように機能的に定義すればよく理解できます。どのような刺激であっても、その刺激を随伴呈示した結果、標的行動の出現率が減少したならば、それを罰刺激（または罰子）と呼ぶことができます。すなわち、**強化子の場合と同様、罰刺激は刺激そのものの性質からではなく、行動に対する効果という観点からのみ認定することができるのです**。例えば、おもちゃを放り投げた子どもを父親が叩いたとしましょう。それ以後放り投げるのをやめたら、叩くことは罰刺激になります。しかし、やめなかったら、それを罰刺激とはいいません。もし生徒が大声を上げるたびに、教師が自由時間を1分ずつ減らしたりトークンを取り上げることで、大声を上げる回数が減ったり、大声を上げなくなったりしたならば、それは罰刺激です。しかし、もし行動が続いていたなら、罰刺激とはいいません。そこでもう一度、罰刺激を機能的な観点からとらえ直しましょう。

強化子と同じく罰刺激も自然に生じる現象です。罰刺激とは、意地の悪い行動主義者が生徒をいじめるために開発した技術ではありません。次に挙げる例を検討し、罰刺激を見つけてください。

父親が夕食の準備をしている間に、ジェニーが台所によちよち入ってきました。父親が背を向けているときに、ジェニーは火にかけてあるシチューなべに手を延ばし、触ってしまいました。彼女は泣き叫びながら、手を振りのけました。それ以後、ジェニーはコンロに触ることはなくなりました。

テレサは算数の課題を早く終えたので、ほこらしげに手を挙げ、そのことを先生に知らせました。ところが、先生は彼女にさらに10問の問題を出しました。次の日、テレサは課題をゆっくり解き、授業時間内には終わりませんでした。

ゲーリーは統合教育を受けている少年です。ジョンソン先生が受持っている4年生のクラスに彼がやってきた最初の日、本読みでつっかえてしまい、他の生徒はそれを馬鹿にしました。彼はそれ以後、特殊学級を離れて4年生の授業に参加することを拒否しました。

教師になって1年目のブライス先生は、中学の社会科の授業で何かご褒美を使おうと決心しました。そこで、時間どおりに教室に来た生徒に、つくり笑いをうかべ、大げさに褒めてニコニコマークのシールをあげました。次の日、誰も時間どおりに来ませんでした。

レベルⅢ：好ましい刺激の除去

レスポンスコスト手続き

レスポンスコストは、強化子を取り去ることで行動を減少させようとします。手続きとしては、望ましくない行動が起きたら、一定量の強化子を取り去ります。しかし、「強化子を取り去るためには、何らかの正の強化を適用しておかなければなりません」[12] (p.392)。レスポンスコスト手続きによって、行動が減少したならば、強化の除去は罰刺激として機能していることになります。

レスポンスコストの手続きは、よく知られている罰金制度の中に見ることができます。役人は秩序を維持し、財政を豊かにするため、あらかじめ決めてある問題行動には罰金を課します。一方われわれ市民は労働の結果得た強化子であ

るお金を所有しています。もしわれわれがゴミを散らかしたり、車を長時間駐車したり、スピードを出し過ぎたりすると、その強化子を当局に取られてしまいます。シンシナティで電話番号案内サービスに料金がかかるようになったら、通話回数が有意に減少したという報告をマクスウィーニー[145]がしています。また、マーホリンとグレイ[133]は、決算で出た金額不足を給料から差し引くことにしたら、不足額が大いに減少することを発見しました。

トークンシステムにレスポンスコストの手続きを組み込むことができます。算数で正解10問ごとにトークンを1個与えることにしているならば、強化システムとしてトークンを使っていることになります。しかし逆に、10枚のトークンを先に渡しておき、1問間違えるたびにトークンを1枚取り上げるならば、レスポンスコスト手続きを用いていることになります。実際、レスポンスコスト手続きはトークンによる強化システムと組みにしてしばしば用いられ、効果を発揮しています[30, 111]。このように組み合わせると、生徒は強化子の獲得と、不適切行動に対する罰金としての喪失を同時に経験し、より多くの強化を獲得しようとするようになります。

レスポンスコスト手続きは、教室場面でもいろいろに使われてきており、多くは罰に関連する望ましくない副作用もありません[110]。この手続きは社会的な行動、例えば規則を破るとか課題に集中していないことや多動などの変容[61, 161, 185]や攻撃行動[55, 169]、授業妨害[112, 159]、悪口や卑猥な発言[215]、残飯あさり[207]などに用いられてきました。算数の問題の完遂[107]といったような学業の改善、地域社会で行なわれる職業訓練[182]にも用いられてきました。レスポンスコストの随伴性は大人にも子どもにも実施でき[55]、家庭と学校で連携して使う[112]こともできます。個人に適用するだけではなく、グループにも適用可能です[147, 187]。サレンドとラム[188]は、学習障害を持つ生徒を読書の時間に2つのグループに分けて、授業の始めにあらかじめ決めた数のトークンを各グループに渡しておきました。そしてグループの誰かが不適切な発言をしたらグループのトークンが1つ減らされました。この研究では反転デザインを用いていますが、不適切な発言の数はベースラインでは平均50回でしたが、最初の介入期間では平均4.2回になり、次の介入期には34.8回から2.9回に減りました。

しかし、レスポンスコスト手続きを使用する上で注意しなければならない点が幾つかあります。まず第1に、一度与えた強化子をいつでも取り上げることが可能でなければなりません。この点で、レスポンスコスト手続きの強化子として、食べ物を使うのはあまり賢明とはいえません。例えば、随伴的に除去される強化子としてカップに入れたキャンディーを使うとして、不適切行動を起こした生徒は、強化子が取り上げられる前に全部食べてしまうでしょう。トークンを使った場合も、教師が生徒の前にやってきて「トークンを5枚取り上げる」と言っても、生徒は返そうとはしないかもしれません。このような場合にはポイント制を使えば、物理的に取り上げることなく強化子を取り上げることができます。

罰の大きさ（例えば、取り上げるトークンやポイント）にも、十分に注意しなければなりません。これまでの研究では、いろいろ異なった意見が出されています。例えば、バーチャードとバレラ[33]は重い罰を使って、また逆にシーゲル、レンスキーとブリーエン[192]は軽い罰を使って、どちらも成果を上げています。重要なのは、あまり重い罰を使用するとトークンの価値をなくしてしまう点です。もし、たった1回の罰で、1日に獲得した強化子を全部取り上げられてしまうなら、あまり仕事に励まなくなるでしょう。

すべての強化子を取り上げてしまうと、また別の問題が起こってきます。何が起こるのでしょう？　例えば、ある日補助教員が中学3年の補習クラスを担当したとしましょう。彼女は、臨時の授業なのだという教育的な配慮から、お昼休みまで、休みなしに授業をしようと考えていました。生徒が教室に入ってくるなり、もし午前中の授業で一生懸命勉強したら、30分の自由時間を与え、そうでなかったら、5分ずつ休み時間を削っていくと彼女は宣言しました。その結果、10時までにはほんの少しの休み時間しか残っていませんでした。強化の価値がこんな

に下がってしまうと、その強化では生徒のやる気が保てなくなります。

　他の方法でも同じですが、レスポンスコスト手続きを使用するときには、行動上の約束と違反したときのペナルティの内容を生徒によく理解させておかなければなりません。そうしておくと、生徒が不適切な行動をしたときに、教師は違反とペナルティについて述べるだけで、罰の内容についての長たらしいやりとりをしなくても済みます。

　レスポンスコスト手続きを使用する前に、次の問いに答えてみてください。

1．分化強化のような正の強化子を使う方法についても考慮しましたか？
2．生徒は現在強化子を十分に持っていますか？　または、強化子を得る機会がありますか？
3．適切な行動とは何か、また不適切な行動とは何かを生徒にしっかり説明し、理解させていますか？
4．ペナルティの重さについて、熟慮しましたか？
5．強化子を取り戻すことができるようになっていますか？
6．レスポンスコスト手続きと強化の手続きが組み合わされていますか？

レスポンスコスト・クーポン

　カラパッシュ先生は6、7歳児のクラスを担任していますが、レスポンスコストのシステムをもっと具体的にするためトークンとして絵入りのクーポンを使うことにしました。教室から出て地域へお出掛けをする前に、4人の子どもそれぞれのウエストポーチに5枚のクーポンを入れておきました。クーポンのうちの4枚にはお出掛けの間に手に入れることのできるアイテムの絵が書いてあります（例えば、ソフトドリンク、ヨーグルトコーン、バスの座席が描いてあるクーポンでは隣に座る人を選ぶことができます、お店の絵のクーポンでは買い物ができます）。5番目のクーポンには教室へ戻ったときに選ぶことのできる活動（パズル、レコードプレーヤーなど）の絵が書いてあります。お出掛けの間に、困った行動をしたらクーポンの中から1枚が取り去られます。

タイムアウトの手続き

　タイムアウトの手続きは、罰の一種で、強化される機会を一定期間与えないようにすることです。タイムアウトとは、正の強化子からのタイムアウトの省略です。タイムアウトの手続きを使用する前に、適切な行動が教室内で強化されるようになっているかどうかを確認する必要があります。この強化は、正式な強化システムによるものかもしれませんし、単に生徒が好きな活動だったりするでしょう。生徒たちが、例えばトークンのような特定のアイテムのために行動しているならば、強化子の同定は容易でしょう。強化が不十分なクラスではタイムアウトの効果が減少してしまいます。在室しているのが不快なクラスでは、そこから閉め出されるのを大喜びするかもしれません。

　強化への接近を阻止する方法によって、タイムアウト手続きを分類することができます。タイムアウトの対象となる生徒を教室に残したままで、環境を操作する場合を、特に非隔離タイムアウト手続き（nonseclusionary time-out）といいます。より破壊的な問題行動には排除タイムアウト（exclusionary time-out）が行なわれます。これは、対象生徒を教室や活動エリアからいったん外に出すことで強化子から遠ざける手続きです。タイムアウト・ルームが使われる場合は隔離タイムアウト（seclusionary time-out）と呼ばれます。

非隔離タイムアウト手続き

非隔離タイムアウト手続きでは、生徒は指導場面から離されることはありません。替わりに、環境の側を一時的に操作して、生徒が強化子に近づけないようにします。普通の問題行動で、重篤ではない場合にこの方法を使います。例えば、生徒に机の上に顔を伏せるよう指示したり、部屋の照明を消すことで[23]、仲間とおしゃべりしたり笑ったりできなくさせて、生徒同士が与え合う強化子を除去します。授業中に生徒が不適切なことを始めたら、不適切行動を引き起こしている物（例えば口にくわえている物、おはじき、カエルや解剖用キットなど）や教師自身の注目を不適切行動に続く短い時間、取り除きます。同様に、休み時間のおふざけが度を越したら、すぐさまレコードを止めたり、スクールバスで座席を離れたらラジオを止めたりすることでタイムアウトが行なわれることもあります[173]。

非隔離タイムアウトでは、タイムアウト・リボンという形がよく使われます。この手続きは、個人に用いられる場合[69, 105, 144, 189]と、グループを対象とする場合[79, 189]があります。グループの例で、フォックスとシャピロ[79]はちょっと変わった手続きを用いました。生徒が社会的に適切な行動をしているときはリボンを付けさせ、問題行動を起こしたときは外すようにさせたのです。リボンを外すことにより、先生は注意を向けなくなり、活動への参加が禁止され、3分間強化子への接近ができなくなります[11]。また、アダムス、マーチンとポペルカの研究[1]では、問題行動が生じると音を流し、音が聞こえる間は、強化子を与えないようにしました。教室内では、トークンを使うのが効果的です。一定時間、生徒から点数カードを取り上げれば、タイムアウトをしていることになるからです。

別の非隔離タイムアウト手続きとして、**随伴観察**があります。随伴観察とは、生徒を仲間から離して、他の生徒が強化されるところを観察させる手続きです。バートン、ブルールとレップ[25]は重度の障害を持つ2人の小学生に随伴観察を使いました。生徒が間違った行動をするとグループからちょっと引き離されるのですが、クラスのみんなの活動を観察することはできました。必ずしもすべての間違った行動に随伴観察が適用されたのではなく許容回数が決められており、一定時間内で許容回数以下であれば許され、それを越えた場合にタイムアウトが適用されました。この手続きはDRLで使われたものに似ています。ホワイトとベイリー[226]は、彼（女）らが「着席と観察（sit and watch）」と名づけた手続きを、一般の4年生と重篤な行

よく理解できないのですが、教授。タイムアウトは、もう効かないようです。

動障害を持つ生徒とがいる体育の時間で用いました。「着席と観察」の間、問題を起こした生徒は活動から離され、その理由を説明されました。生徒は砂時計を持ち、他の生徒たちから離れた場所に行き、地面に座り、約3分経って砂が全部落ちたら戻ってきて、活動に再び参加することが許されました。補助的な手続きとして、生徒が持っている特権を剥奪することもできます。トゥワイマン、ジョンソン、ビュイとネルソン[217]は、より限定された随伴観察の変法について述べています。それは、情緒・行動障害を持つ小学生を対象に、教員や同輩への言語的・身体的非礼、(指示への)不服従、非課題定位、教室からの逃避、おしゃべりに適用されました。生徒の居場所はそのままで、机でも、椅子でも、床にいても、壁に向かっていても、立っていてもかまいません。いずれの場合も生徒は、腕の間に頭を挟み込む姿勢を維持することが求められます。「要求された姿勢は目で観察する機会を減少させるだろうが、他児の活動や他児が強化される様子を聞くことはでき」(p.247)ます。(注意:この手続きを用いた研究によれば、不適切行動に対してポイントを失うことを随伴観察中に警告すると、教師-生徒間の否定的相互作用が増大します)

より重度な問題行動に対して用いられる非隔離タイムアウト手続きとしては、顔面遮断、あるいは視覚遮断として知られているものがあります。顔面遮断手続きは、ステレオタイプな行動[109, 143, 200]、異食[205]、自傷行為[195, 204, 223, 229]、困った食事行動[104]、抜毛[26]、不適切な発声[34]に効果があったことが報告されています。この手続きでは、行動を停止させた後に、指導場面から生徒を引き離すことなしに、タオル地の涎掛けや教師の手で、被験児の目を通常3秒ほど(シンら[198]の研究では1分間が一番効果があったようですが)塞ぎます。布や手を離すと、指導が再開されます。マクゴニグルら[142]は、様々な常同行動や自傷行為をする4人の生徒に対して視覚遮断手続きを利用しました。この手続きでは、「一方の手で子どもの目を覆い、もう一方で子どもの後頭部を押さえ視覚的な入力を妨げました。最低5秒間の視覚遮断を行ない、問題行動が一定時間みられなくなったら、視覚遮断から解放しました」(p.463)

排除タイムアウト手続き

排除タイムアウトでは、生徒を強化子に接近させないために、活動の輪から引き離します。生徒は、他の部屋に連れていかれることがあるかもしれません[127, 179]が、教室から完全に引き離す必要は必ずしもありません。排除は、活動の場から教室の別の側へ追い出すことで実施できます[139]。強化される行動を観察させ模倣させること(随伴観察のように)は、この手続きの中には含まれていません。生徒はグループから離れた所やスクリーンで遮断されている場所に連れて行かれたり、壁に向かって座らされたりします。この手続きは、就学前の子どもの攻撃行動や破壊行動、かんしゃく、指示に従わない行動に対して使われています[94, 118, 131, 174]。ベアー、ローベリーとベアー[19]は排除の変法を使っています。すなわち、トークンが得られる活動中に問題行動を起こしたら、部屋の真ん中に連れていき活動に参加できないようにし、つまりトークンを獲得できないようにしています。マシュー、フライマン、バローン、ロスとクリストファーセン[138]は、危険な行動をする幼い生徒用のタイムアウト場所として、ベビーサークルを使っています。

隔離タイムアウト手続き

タイムアウト手続きを用いている多くの例では、タイムアウト・ルームを使っています[31, 116, 132]。この手続きでは、問題行動が起きると、生徒を教室から退室させ、社会的に孤立した部屋に連れていきます。この部屋は、教師やクラスメートや教室から受ける可能性のあるすべての正の強化子へ接近できなくなっています。このような手続きは、時に**隔離タイムアウト**と呼ばれ、通常、身体的な攻撃行動や言語的な攻撃行動、器物の破壊などの行動に対して用いられています[42, 233]。

残念ながら、タイムアウト・ルームが誤って使用されることがしばしばあります。それが応用行動分析に対する悪評のタネになったり、訴

訟へ発展する原因になったりしてきました[40, 50, 98, 101]。これらのケースを概観してエール[232](pp.296-300)は、排除タイムアウトや隔離タイムアウト手続きに関する基本的なガイドラインをまとめました。

1．教師は、タイムアウトに関する地区・州の方針を承知し、それに従わねばならない。
2．タイムアウト手続きを文書化し、各教師はその写しを持たねばならない。親と生徒に、タイムアウト手続きと、その対象となる行動について情報を提供せねばならない。
3．インフォームドコンセントを行ない、親から文書で許可を得ねばならない。
4．法と、IDEA（障害児教育法）の再認可に従い、IEP（個別教育計画）委員会が、タイムアウトを初めとする行動減少手続きの使用に関する意志決定を行なわねばならない。
5．タイムアウトは「正当な教育活動、そして危険で破壊的行動を減じるとともに適応行動を指導し、破壊から教育環境を守るという正当な目的」(p.297)に役立たねばならない。
6．タイムアウトは合理的なやり方で、不適切行動や生徒の年齢・身体条件に見合うように使用されねばならない。
7．完全で正確な記録が取られねばならない。記録に含まれるのは、生徒の氏名、日時、対象となる行動、使用されるタイムアウト手続きの詳細、タイムアウトが適用される時間、タイムアウト以後の生徒の行動、証人である。
8．タイムアウトの結果をモニターし評価せねばならない。データを継続的に収集することで標的行動の減少が見られれば、タイムアウトの効果が証明されるだろう。

タイムアウト・ルームについての関心は主に2つあります。部屋に入れている時間と、部屋の物理的特徴です。ガストとネルソン[85]は、この2点について次のように述べています。

　1回のタイムアウト時間は、1～5分で概ね十分である。適用される行動を減少させるのに15分のタイムアウト時間が必要という見解は疑わしい。隔離タイムアウトを行なう場合、タイムアウト・ルームは次のようであらねばならない。

1．少なくとも6×6フィートの大きさがあること。
2．適当な明るさがあること（ライトは埋め込み式が望ましく、スイッチは部屋の外につける）。
3．適当に換気すること。
4．子どもにとって、危険な物がないこと。
5．生徒の行動を視聴覚的に絶えず監視できるような方法が用意されていること。
6．鍵はかけないこと。必要がある場合に限り、注意深い監視の下で、ドアの掛け金を使用してもよい。

どのような形式のものであれ、タイムアウトを使う場合は、以下のステップに従います。

1．行動の制御手続きとしてタイムアウトを使用する前に、タイムアウトが適用される行動を同定する。生徒が標的行動を理解していることを確認する。タイムアウト中にすべき行動を説明する。またタイムアウトをどのくらいの時間行なうかも説明する。
2．もし問題行動が出現したら、それを再確認し、生徒に穏やかに次のようにだけ伝える。「それは乱暴な行為ですね。○分間タイムアウト・ルームに行っていなさい」。他のことは言わず、生徒が言い訳したり、行きたくないと言っても、それは無視する。もし必要なら、生徒をタイムアウト・エリアまで誘導する。生徒が抵抗するような場合は、ホールとホール[91](p.11)、はつぎのような示唆を教師に与えている。
　a．優しく、しかし断固とした態度でタイムアウト・ルームに連れていく。
　b．もし、タイムアウト・ルームに入るのに抵抗したり、叫び声や悲鳴を上げたり、蹴ったり、家具をひっくりかえしたりしたなら、タイムアウトの時間を延長する。
　c．タイムアウトに抵抗して、部屋の中を散

らかしたりしたら、教室に帰る前に掃除させる。
   d．拒否する生徒には、タイムアウト手続きを補助する結果刺激を用意する。
3．生徒がタイムアウト・エリアに入ったら、時間を計り始める。教師自身の腕時計を使うか、タイマーをセットする。ガストとネルソン[84]は、タイムアウトを終了する条件として、次の3つを挙げている。
   a．適切な行動が、ある一定時間（例えば2分間）持続すると終了する。
   b．最低限のタイムアウト時間を設定しておくが、不適切行動がまだ生じていれば、すべての不適切行動が見られなくなるまで、時間を延長する。
   c．設定した最低限のタイムアウト時間の経過後も、一定時間（例えば、15秒間）延長し、不適切行動が見られない場合にタイムアウトを終了する。メイスら[131]は、この延長が効果的であることを見いだした。
4．タイムアウト時間が終了したら、生徒を元の適切な活動に戻す。ただし、タイムアウト中、生徒が行儀よくしていたかコメントしてはならない。生徒を元の活動場面に戻すのは、タイムアウトが、元の活動から逃避することの負の強化子になるのを避ける目的がある。

タイムアウトの効果を監視し、手続きが適切かつ倫理的に運用されていることを立証するために、タイムアウトを実行するたびにすべての記録を取ります。とりわけ、タイムアウト・ルームを使用しているときはそうです。記録には次に挙げるような項目が最低限含まれていなければなりません[85]。

1．生徒の名前
2．タイムアウトを実施したときの状況（行動、活動内容、関係する他の生徒、教師など）
3．タイムアウトを実施した時刻
4．タイムアウトが終了した時刻
5．タイムアウトの合計時間
6．タイムアウトの種類（「随伴観察」か「排除タイムアウト」か「隔離タイムアウト」か）
7．タイムアウト実施中の生徒の行動

タイムアウト手続きを利用しようとする前に、教師は次の点を検討する必要があります。

1．よりポジティブな手続き（例えば、分化強化法）について検討したか？
2．非隔離と隔離、双方のタイムアウト手続きを検討したか？
3．生徒の抵抗を最小限にして、タイムアウトを実施できるか？　もし抵抗にあったら、教師はそれに対処できるか？
4．適切行動の規則と問題行動を起こすとどうなるかについて、生徒に説明し、理解が得られたか？
5．タイムアウト期間中の行動規則について説明し、理解が得られたか？
6．タイムアウトに関する地方条例について検討し、承諾を得たか？
7．タイムアウト手続きに並行して、適切な行動には強化が与えられたか？

次の例は、これらの項目のチェックを怠った場合どうなるかを示したものです。

サットン先生、タイムアウトを試みる

　2年生の担任であるサットン先生は、タイムアウトに関する記述に目をとめました。彼女は、他の生徒を叩く癖のあるアーロンにそれを試そうと思いました。タイムアウト・ルームは使用せず、ただアーロンを教室の外にあるホールに出せばいいと考えました。
　アーロンが誰かを叩いたとき、彼女は彼に「アーロン、あなたは誰かを叩きましたね。タイムアウトに行きなさい」と命じました。
　彼女は彼をホールの椅子に座らせて、授業に戻りました。約1時間のタイムアウト時間の

後に、彼を教室に戻しました。ところが教室に戻るやいなや、椅子に腰掛けないうちにアーロンはイレーヌを叩きました。そこで、またタイムアウトを行ない、彼をホールに行かせました。そして、このようなことが午前中何度も繰り返されました。

アーロンはほとんどの時間をホールで過ごし、残りの時間は人を叩いてばかりいました。タイムアウトはあまり効果的ではないとサットン先生は思いました。数日後、彼女はアーロンがイレーヌに話しているのを聞きました。「オイ、いいことに気づいたんだぜ。もしおれがおまえを叩けば、おれはホールに座らされる。そうすれば、勉強しなくていいし、ホールにいる連中とおしゃべりができるんだ。そういえば、校長先生が通りかかったとき、君は何しているのかねと聞かれちゃったよ。そんなこと、答えられると思うかい」

教室にいることが正の強化子になっておらず、タイムアウトの期間中、勉強せずに済み、何か面白いことがあったなら、タイムアウトなど効果がないでしょう。

レベルⅣ：嫌悪刺激の呈示

不適切な行動の結果として呈示される嫌悪刺激は、一般には罰と呼ばれています。この章の最初で述べたように、教師のほとんどは、反射的にこの罰を用います。おそらく、多くの人が家庭や学校で、大声で怒鳴られたり、ぶたれたりして、しつけられてきたので、他人の不適切な行動に対して同じようにしてしまうのです。相手が身体的に小さい場合、特にその傾向があります。より機能的な視点からみれば、罰がよく利用されるのは3つの大きな利点があるからです。

嫌悪刺激の有効性

まず第1に、この嫌悪刺激を使うと問題行動が速やかに消失し、しばらくの間、効果が持続するからです[8]。かんしゃくを起こしていても、いきなりお尻をピシャリと叩かれれば、すぐにかんしゃくがおさまるでしょう。教室のすみで、ひそひそ話している2人組も、教師に怒鳴られれば、すぐにやめるでしょう。第2に、嫌悪刺激を使うと、許されることと許されないこと、安全な行動と危険な行動の弁別を明確にしてくれます[134]。ペッと唾を吐いてピシャリと叩かれたり、自傷行為をしてひどく叱られたり、道路に飛び出して車にはねられたりすることは、その行動が不適切であったことを即座に示してくれます。第3に、ある生徒の問題行動に対して嫌悪刺激を呈示することは、他の生徒たちに、その問題行動がもたらす結果を強烈にアピールします。そして、そのような行動をすると望ましくないことが起こるという事実を他の生徒に学ばせることができます[21]。

以上、罰の利点を挙げてきましたが、教室や施設での日常的な管理手段として、**嫌悪刺激（とりわけ、体罰）の使用を薦めているわけでは決してありません**。嫌悪刺激の効果を認めはしますが、肉体的な苦痛を伴う、またはその他の強い嫌悪刺激の使用が正当化されるのは、問題行動が激しく、安全が脅かされたり、深刻な問題が長期にわたり続いているようなときだけです。嫌悪刺激は、安全性が確認され、手続き上のガイドラインをよく検討して、初めて使用できます。以下の事項が最低限ガイドラインに含まれます。

1. 非嫌悪的手続きで問題行動の修正に失敗したことを**立証**し、**文書化**しておく。
2. 生徒の親や法定後見人から、法手続きにのっとった同意書を得ておく。その同意は、いつ

でも撤回することができる[170]。
3．有資格専門家の指定された団体が嫌悪手続きの履行を決定する。
4．効果の評価予定をあらかじめ決めておき、嫌悪手続きの適用はできるだけ短期間にする。
5．一貫して確実に手続きが実施されていることを確かめるために、定期的に観察する。
6．手続きの効果を文書化する。その効果には、指導に反応するようになった証拠を含む。
7．手続きは指定されたスタッフのみが実施する（スタッフは、当該手続きについての訓練を受け、公刊された先行研究に熟知しており、手続き固有のガイドラインと生じうる悪影響について精通していなければならない）。
8．嫌悪刺激を使用するどのようなプログラムにおいても、可能ならば対立反応への正の強化を行なう。

クラスナー[115]は、有効性と受容性と重要な差異を指摘しました。問題とされているのは、嫌悪手続きの有効性ではなく、両親や大衆や多くの専門家の受容性なのです。嫌悪刺激を応用した技術は、わかりやすいので多くの人に関心が持たれてきました。第2章で論じたように、また付録での決議案に反映されているように、嫌悪的な技法は常に不適切であると信じる専門家がいます。別の専門家は、もし安全対策が施されていれば、自傷行動のようなものへの適用は容認されると信じています。しかし、嫌悪技法のような思い切った手段が、日常的な学級経営に利用されるのを容認できる、または容認すべきであるという見解は疑問を抱かせます。

教授、デジャブーを体験する

　グランディ婦人は教授の犬を訓練するために、いろいろと調べていました。彼女が選んだのは、ちゃんと認定されている犬の訓練学校で、学校の指導方針も彼女の常識にマッチしていました。料金も妥当でしたので、8週間の訓練コースにバラスと教授を登録しました。そんなわけで、ある月曜の夜、教授とバラスは、元はコンビニエンスストアであったらしきところにいました。そこは、商品棚を取り払い、替わりに緑のゴムマットを敷き、壁には公園のベンチが置かれ、訓練用のフロアと赤ん坊用の柵らしきもので区切られていました。
　インストラクターが自己紹介し、グループのみんなに幾つかの基本的なルールを説明し始めました。それは、用便の場所と、レッスンを休んだときの補習手続きについてでした。彼女は、それぞれの飼い主が自分たちの犬をきちんとコントロールすること、少なくとも他の犬から6フィートは離して置くことを強調しました。教授の隣の大きくて落ち着きのない茶色の犬が、バラスを調べようと飼い主を引っ張り続けていました。インストラクターはその飼い主に犬をコントロールするように言い、オリエンテーションを続けました。
　「私たちは、できるだけ犬を褒めて、犬が学習する手助けをするようにします。オペラント条件づけでは（教授はがぜん注目し始めました）、これを正の強化と呼びます。オペラント条件づけは、最新の、また最近最もよく用いられている訓練方法です。難しくはありませんし、私もお手伝いします。犬が不適切な行動をしたら修正手続きを使います。皆さんは、褒めることと修正の両方が必要な理由と、それらの効果的な使い方を学びます。私たちは、シェイピングを初めとして、手がかりやシグナル、プロンプトを用います。これらの耳慣れない用語については心配なさらなくても結構です。皆さんすぐ理解できるようになります（教授は全身が耳になっています）」。大きい茶色の犬がバラスの調査を終えて教授に飛び掛かってきました。インストラクターは静かに、「修正のやり方を示すいい機会です」と言いました。彼女は、キビキビとその犬の飼い主の女性のところに歩いていき、彼女から引き綱を取りました。犬がもう一度教授に飛び掛かったとき、響き渡る声で「NO」と言って、引き綱を引っ張りました。犬は4フィートも引っ張られて、インストラクターをいぶかしげに見ました。

「わかりましたか？」インストラクターが言いました。「犬は不適切な行動をしました。私は、首輪が締まるよう、引き綱を引き、それで犬はジャンプするのをやめました。もうすぐ彼はお座りを学び、他の犬や周りの人に飛び掛かったり、くんくん嗅いだりしないで、何をすればよいかを覚えるでしょう」

犬の飼い主は真っ赤になりました。

そして「私はぞっとします」と非難しました。「私は、有名なドックトレーナーのビデオを見たことがあります。彼らは、犬を決して修正させないようにと言っていました。修正するのは残酷で、犬との関係を壊してしまいます。褒めたり満足を与えることだけで、訓練はできるはずです。あなたは、私の犬を虐待しました。私は今すぐやめますから、お金を返してください」

教授は、専門家の会議で最近目撃した対決場面にフラッシュバックしました。「面白い。同じことについて、同じように怒っている」

嫌悪刺激のタイプ

嫌悪刺激は２つのグループに分類できます。それは無条件性嫌悪刺激と条件性嫌悪刺激です。無条件性嫌悪刺激は肉体的な苦痛や不安感を与えます。叩く、かみつく、つねるなどがそうです。痛みを引き起こすものであれば、何でもこの種の刺激に含まれます。その中には、熱いストーブに触ってしまったときのように自然に引き起こされるものや、電気ショックのように作られたものもあります。これらの刺激はいかなる先行経験も必要とせず、行動の変容を即座にもたらすので、これらの刺激を**普遍的**、**自然な**、あるいは**未学習性**の罰刺激ともいいます。

無条件性嫌悪刺激には、**軽い嫌悪刺激**といえるものも含まれています[142, 194, 236]。痛みを生じる替わりに、これらの有害な刺激はイライラ感や不快感を引き起こします[54, 195, 235]。これらの嫌悪刺激には、物質や、身体抑制の利用を含みます。

嫌悪刺激として使われる物質には、水やレモンジュース、芳香アンモニアなどがあります。水は、細かい霧にして顔に吹き付けます。この方法の適用対象は、物を口の中に入れたり（吐きだしたり、手をかんだり）すること、頭を打ちつけたり、唇や腕の肉を噛み切ったりするような行動[54, 89]、その他の自傷行動や常同行動[20, 70, 204]、や異食[175]などです。反芻[4, 28, 184]や、自傷行動[140]を抑えるためにレモンジュースを口の中に入れることもあります。最も強烈な物質が芳香アンモニアです。刺激臭のあるアンモニアを気付け薬のカプセルの中に入れ、それを対象者の鼻の下でつぶします。この方法は、自傷行為[3, 27, 194, 213]、や、他者への攻撃行動[52]、異食[175]に用いられてきました。

身体抑制とは、標的行動を抑えるために直接身体に介入する手続きを意味します。この手続きには、随伴練習と、固定化または身体の拘束の２種があります。随伴練習では、標的行動に後続して、腕立て伏せや膝の屈伸など標的行動とは無関係の身体活動を生徒にさせます。この手続きは、自傷行動、常同症、自己刺激行動、攻撃行動[44, 113, 114, 176, 204]、そして練兵係の軍曹をイライラさせる新兵の行動に適用されてきました。

身体拘束はもともと常同行動[161]や自傷[93, 126, 136, 154]、異食[197, 228]、便こね[177]などに対して用いられてきました。

ハリス[96]は、身体拘束には３つのカテゴリーがあると述べてます。対人拘束、機械的拘束、自己拘束の３つです。対人拘束とは人が力によって動きを抑えるものです。例えば、生徒の手を握ったり、背や肩を押さえ込んだり、抱きしめたりして動けなくするものです。機械的拘束は拘束衣や骨折のときに使うギブスのような装置を使います。自己拘束は、自分自身の動きを拘束するために床や家具に自分の腕を押し付けたり、衣服で腕を包んだり、自分で機械的拘

束を行なうことが含まれます[74, 76, 73, 106, 154, 193, 208]。より広範な論議については、フィッシャー、イワタ[73]、アイズレイら[106]を参照してください。

スコロスとスミス[191]は身体拘束を使用する際の制約を示唆しています。

1．拘束には代替行動の強化がない。
2．不適切行動が対人拘束によって強化を受けることもあり、生じやすくなるかもしれない。
3．不適切行動が物理的に阻止されることを学んだ生徒は、何とかしてその行動をしようと懸命になるかもしれない。
4．身体的拘束の実施が生徒や教師にとって害となるかもしれない。

以上の注意事項があるので、スコロスとスミスは次のようなガイドラインを提案しています。

1．人手による拘束は、自身や他者や事物に害を与えることを防止するときにだけ使用されるべきである。
2．人手による拘束は、強制して適切な行動をやらせるために使うのではなく、不適切な行動をやめさせるためだけに使用するべきである。つまり、このガイドラインによれば、他人のものを盗んだ生徒を身体的に強制してもとに返させるというようなことは薦められない。
3．身体的管理をする前に、生徒が自身の行動を自分でコントロールする機会を提供するべきである。
4．拘束手続きをしている間、生徒の安全と快適さの確保に十分配慮すべきである。
5．身体的管理をしている間、教師は中立的感情を保つべきである。つまり、怒ったり、恐がったり、緊張したり、よりよくないのは喜びを感じたりしないことである。われわれの見解では、最も効果的な態度は、生徒を拘束していることに気づいていないかのように、いつもと同じように振る舞うことである。
6．先行事象、攻撃の具体的反応、結果あるいは後続事象を記述した文書でのレポートを身体的管理を実施するごとに即座に作るべきである。

これらの嫌悪手続きを提言したり実施する前に、教師や親や行動管理委員会の人たちは、専門的な文献に目を通し、これらの手続きが持つ潜在的な危険性についてはっきりと熟知していることが必要です。例えば、嫌悪的結果事象が適用される期間やスケジュール、そして特に行動的・身体的な悪影響などの手続き固有のガイドラインについては、関係者全員がきっちりと理解しておかねばなりません。

それらの結果刺激は、無条件性嫌悪刺激に分類されはしますが、どんなときにでも罰刺激になるとは限らず、生徒によっては強化子になることもあります。レモンジュースの味を気に入るかもしれませんし、顔に水をかけられるのを面白がるかもしれません。また、先生との身体接触を喜ぶかもしれません。身体拘束は強化子として機能していた例もあります[67, 68]。

条件性嫌悪刺激は、無条件性嫌悪刺激と対にされる経験を通して嫌悪感を人に与えるようになった刺激です。これには、言葉や警告、声の調子やジェスチャーなどの刺激が含まれます。例えば、子どもが怒鳴られて、ピシャリと叩かれたとします。そのとき、怒鳴り声と痛みが結びついて、怒鳴り声が条件性嫌悪刺激になるかもしれません。また、条件性嫌悪刺激に結びつく苦痛は、困惑や仲間からのあざけりといった、心理的社会的な苦痛であるかもしれません。

言語的な叱責（叫んだり、叱ったりすること）は、教室で最もよく用いられる条件性嫌悪刺激です[99, 214, 227]。一連の研究で、叱責の効果に影響する要因が明らかになってきました[219]。3つの要因が確認されています。（1）言語的な叱責は、相手の目をみることや、手をしっかり握るなどの非言語的な要素と結びついたときに、より効果的になる。（2）叱責は部屋の反対側から伝えるよりも、生徒のすぐそばで言った方がより効果的である。（3）一人の生徒を叱責すると、その近くの生徒の落ち着きのない不適切行動を抑えることができる、ということで

す。(p.81)

　もし問題行動を減らすために無条件性嫌悪刺激や条件性嫌悪刺激を使うのならば、できるだけ効果的に使うべきです。嫌悪刺激の操作的定義に示されるように、結果の適用は一貫して即座に行なわれなければなりません[13]。行動のルールは、前もって言明されている随伴性、すなわち「もし〜したならば、〜の結果がある」という因果的陳述と明確に結びついていなければなりません。嫌悪刺激が気まぐれに呈示されるのではないということを生徒に理解させなければならないのです。即座に呈示することで、どのような随伴性が存在するかということと、特定の行動と結果との関係を生徒に認識させることができます。

　罰を実施する際には、一貫性と即時性が重要です。加えて、1回の罰をダラダラと長く続けず、ポイントを押さえて素早く行なうべきです。時に教師は行動の分析と結果の配置に没頭し、生徒がある行動をするのをやめてほしいときには、「そのようなことはやめてくれないか」と言えばよいことを忘れてしまいます。もし罰として言葉を使うならば、例えば「ホールの中で走るな！」という短い言葉の方が、15分も続くお説教よりもずっと効果的です。長いお説教は、ほとんどの生徒に無視されます。

　罰において、嫌悪刺激を徐々に強めていくのは、あまり効果のある方法ではありません。初めから最強度で呈示する方がずっと効果があります[12]。強さを徐々に増していった場合、生徒は罰の強さに慣れてしまうか、鈍感になってしまう危険性があります。生徒が罰に慣れてしまうと、教師の方でも、不適切行動をやめさせるに十分であろうと当初想定していたレベルを越えた強さの罰を使うようになります。

　嫌悪刺激を避けようとするのは、自然な反応です。望ましくない行動を変える目的で罰を効果的に使うには、生徒が罰から逃れられないように環境の方も変えていかなければなりません[11, 22]。

　問題行動への罰を含むプログラムにおいて最も重要なことは、罰だけではなく常に適切な行動への**強化**と共に使わなければならないということです。生徒は、罰からは、ほとんど何も学びません。生徒が学ぶのは、どの行動をしてはいけないかということだけです。適切な行動を強化することで、適切なまたは望ましい行動を教え、そして生徒に成功感に満ちた、強化されたという経験を持たせてやることができます。

嫌悪刺激を用いる上での問題点

　嫌悪的結果には即効性という利点もありますが、それを上回る欠点を持っています。嫌悪刺激の使用を選ぶ前に、また使用の中止を含め、次の制限を十分に検討してみるべきでしょう。

1. 攻撃的な罰刺激に直面すると、生徒は次の3つの行動のどれかを選択します。
    a．生徒の方が攻撃的になり、逆に攻撃し返してくる（例えば、教師に大声でわめきたてたり、暴力を加えたりする）ようになるかもしれない。このような反応は事態がエスカレートした結果、引き起こされることが多い。
    b．生徒は内に引きこもるかもしれない。生徒は罰する人に背を向けて、その日1日、そのままの状態でいるかもしれない。従って、何も学習しない。
    c．生徒は逃避・回避行動に出るかもしない。生徒がいったん、教室から逃亡してしまえば、罰手続きの即時性効果はない。
2. 教育や学習の最も効果的な方法は、モデリングや模倣であるということはよく知られています。教師が尊敬されており権威を持っていれば、教師の行動は生徒から注意深く観察されます。教師の行動は、大人が様々な状況でどう反応するかというモデルになります。怒鳴ったり、ひっぱたいたりする教師は、大人というのは環境に対して不適切な行動で反応したり対処していると、生徒に教えることになります。生徒たちはそのようなモデルを通して、不適切で攻撃的な行動を学習するかもしれません。ソブセイ[209]が書いているように、罰に誘発されたこのような攻撃行動は不適切な行動をより増大させ、その個人にも、

攻撃の対象とされた人にも害をもたらします。
3．どのような行動が罰せられるのか、生徒が理解できていなければ、罰が与えられる場面全体や教師を恐れるようになったり、避けたりするでしょう。次はその例です。
　a．4年生の担任教師が、生徒の机の間を行き来すると、生徒はおびえる。彼女は生徒をすぐ平手でぶつからである。
　b．施設に入所している幼い女の子が、突然、夜自分の部屋で寝ないと言い出した。彼女は部屋から連れ出してもらえるまで泣き叫び続けた。昼間、彼女のお行儀が悪かったとき、彼女の部屋で、職員にお尻を叩かれたことがわかった。
4．教師が罰だと思っている相互作用が正の強化として機能することがあります。大人をカッカさせることは、子どもにとって強い強化となるかもしれません。

　罰の最後の欠点として、次の例を見てみましょう。

グランディ教授、デニスにものごとを教える
　グランディ教授の5歳の甥であるデニスが、ある週、教授の家に泊まっていました。デニスの好ましからざる癖の一つは、ベットの上で飛び上がることでした。グランディ夫人がやめるように言っても、まったく効果がありませんでした。
　グランディ教授は安楽椅子に座りパイプをくゆらしながら、専門誌を読んでいました。ちょうどそのとき、彼の頭の上の客用寝室から、ベッドのスプリングがキュッキュッと鳴る音がまぎれもなく聞こえてきました。「ミネルヴァ、荒療治に出るときがきたようだ。あの蠅叩きはどこだい？」と彼はいいました。
　「オリバー、子どもを叩きに行くんじゃないでしょうね」とミネルヴァはいいました。

オリバー、まず第1選択を試してよ。ベッドでジャンプしなければ、お楽しみがあることを提案して。

「もちろん違うよ。私は滅多に無条件性嫌悪刺激は使わない。ただし、強烈なのはね」と教授は答えました。

教授は蝿叩きを持って、靴を脱ぎ、つま先立ちになって階段を上っていきました。彼はそーっと、寝室に入りました。そこでは、デニスがうれしそうにベットの上で跳ねていました。デニスは教授に気づきません。彼は背中をドアに向けていたのです。グランディ教授は短い、突然の強烈な嫌悪刺激を呈示し、断固として言いました。「ベットの上で飛び跳ねるな!」

デニスは泣きわめきました。

「ねえ、私はデニスに多少ものごとを教えたよ」と、教授は夫人に言いました。確かに、デニスは週末ずっとベットで飛び跳ねませんでした。グランディ教授はその間ずっと家に居て、スプリングの音が聞こえるか注意していたのです。

月曜日、教授が大学から戻ると、ミネルヴァはドアのところで彼に言いました。「オリバー、私はあなたがどんなことをデニスに教えたかは知らないわ。でも、彼はあなたが家にいるときだけはベットで飛び跳ねないことを一つ学んだのは確かよ。彼は今日一日中飛び跳ねていたもの」

デニスのように、嫌悪刺激を用いた罰によって、生徒がしばしば学ぶのは、罰する人がいるときには、問題の行動をしてはいけないということだけです。彼らは捕まらないことを学習しますが、適切に行動することを学習したわけではありません。

嫌悪的介入の不適切な、そして過剰な使用への懸念の結果として、各種権利擁護団体や専門機関が、その使用に関して声明を出しました。その幾つかは、付録を参照してください。

過剰修正

過剰修正は適切な行動の訓練を含んだ手続きとして開発されました。それゆえ、教育的だと考えられています[10]。この手続きの目的は、自分のとった問題行動に対する責任と、適切な行動を生徒に教えることです。正しい行動は、誇張して教えられます。この誇張という特徴により過剰修正は単なる修正手続きと対比されます。一般の修正手続きでは行動の間違いを修正しますが、適切な行動を強調して何度も練習するようなことはありません。

過剰修正法には、2つの基本的な型があります。その一つである**現状回復過剰修正**は、生徒の誤った行動によって状況が混乱させられた場合に使用されます。生徒は自分が乱した状況を、もとどおり以上に過剰に修正しなければなりません。一方、**積極的練習**による**過剰修正**は、行動の型が不適切な場合に用いられます。この手続きにおいては、生徒は適切な行動を誇張して練習します。[77]

過剰修正の手続きには、次のような特徴があります[78] (p.231)。

1. 生徒が要求される行動は、問題行動に直接的に関係していなければならない。気まぐれや単なるいやがらせとして用いないよう、また不適切な行動が生じないよう配慮が必要である。
2. 間違った行動の結果生じたことを元どおりにするために、通常必要な努力を直接経験させる。
3. 過剰修正は、問題行動が生じた直後に実施する。
4. 修正行動を迅速に行なわせることで、不適切な行動が抑制される。
5. 指示やガイドによって生徒は必要な行為をさせられるが、誘導の程度は生徒が自発的にその行為を行なうようになった程度に応じて調整される。

過剰修正を使って成功した事例の修正行動の持続時間は様々です。過剰修正の時間は、行動

の内容によって30秒[15]や1分[81]で終わるものから、2時間[75]におよぶものまであります。手をヒラヒラさせる常同行動を減少させるのに成功した例では、生徒が要求された過剰修正の時間は2.5分間[65]と、5分間[77]でした。キャリーとブッチャー[35]は過剰修正の時間が短くなれば、攻撃行動のような副作用が少なくなると述べています。

現状回復過剰修正

現状回復過剰修正の手続きでは、生徒は自分が乱した状況を元どおりにするだけでなく、それ以上に環境を修復・修正することが要求されます。例えば、生徒が紙つぶてを投げているところを見つけたとしましょう。単純な修正法をするときには、こう言います。「マイケル、それを拾って紙屑箱に捨てなさい」。一方、回復過剰修正法を行なう場合には、こう言います。「マイケル、それを拾って紙屑箱に捨てなさい。それが終わったら、床に落ちている他の紙屑も全部拾って捨てなさい」

環境を修復させる、この手続きを、アズリンとフォックス[10]は、トイレットトレーニング・プログラムの中で使っています。その手続きでは、粗相をしたら、着ている物を脱ぎ、それを洗い、吊し、シャワーを浴び、新しい服をもらい、それを着て、トイレの汚れた部分を掃除しなければなりませんでした。アズリンとウェソロフスキー[18]は、この変法を盗癖をなくす目的で使いました。その手続きでは、盗んだ物をただ返すだけでなく、同じものをもう1つ返すようにしました。

ラッシュとクロース[181]の概観では、いろいろな種類の破壊行動を減らすために現状回復過剰修正法が使われています。

1. 物を散らかしたり、配列を変えたりした場合、はじめに散らかしたものだけでなく、その回りにあるすべてのもの（例えば、家具など）を整頓させました。
2. 他人を困らせたり、驚かしたりした場合、実際に被害を受けた人だけでなく、そこにいた人すべてに対して謝らせました。
3. かみついたり、物をしゃぶったりした場合、経口感染するといけないので、口腔消毒液で口を徹底的に洗浄しました。
4. 興奮して、金切り声や大きな叫び声を上げ騒ぎを起こしたら、まったく静かな時を過ごすよう強要しました。

積極的練習による過剰修正

積極的練習による過剰修正では、問題行動を行なった生徒は誇張された、または過度に修正された適切行動をするように求められます。例えば、整列の際に生徒がダラダラと並んだならば、教師は生徒を再び着席させ、並び直させます。これは単純な修正手続きです。しかし、ちゃんと並ぶためのルールを生徒に唱えさせながら、着席－整列を何度も練習させると、正の練習による過剰修正手続きになります。

この手続きが意図する教育効果を高めるには、練習させる行動は、不適切な行動に似たような反応型を持つ適切行動を練習させることです。フォックスとアズリン[77]やアズリン、カプランとフォックス[15]は、自閉症を持つ子どもの常同行動をなくさせる目的で、この手続きを用いました。図8－4に示したように、まず練習する行動決め、次にやや誇張した姿勢を長時間生徒に練習させます。アズリンとフォックス[10]は、トイレットトレーニングのプログラムの中で、この積極的練習法を用いました。そのプログラムでは、利尿作用がある飲み物を大量に生徒に飲ませました。放尿の頻度を人工的に増やし、練習と強化の機会を増やすためでした。アズリンとウェソロウスキー[18]は、床に寝そべる行動をなくすために、着席行動を何度も練習させました。また、学級崩壊に対しては、教室内ではどうすべきかを休み時間などに先生の前で暗唱させる過剰修正の手続きが用いられました[9,16,32]。

こういった行動や、常同行動[49,51]、攻撃行動[128]や自傷[87,225]、などの不適切行動に加えて、いろいろな学業行動にも積極的練習が使われて成果を上げています[120]。音読を向上させるため、読み間違えた生徒には教師が正しく読み聞かせ、その間、生徒に本の中のその単語を指で押さ

不適切な行動を減少させる結果操作

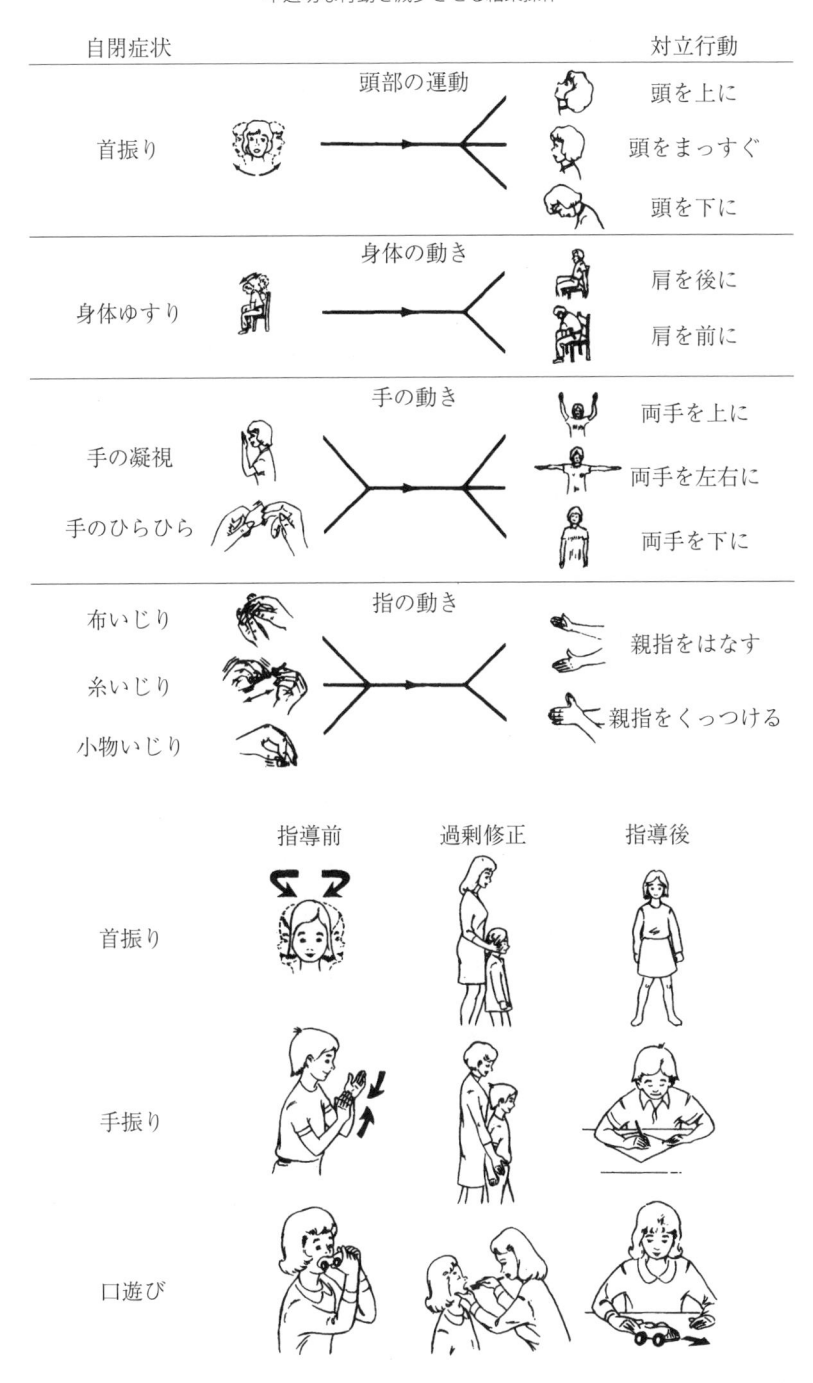

自閉症状		対立行動	
首振り	頭部の運動 →		頭を上に / 頭をまっすぐ / 頭を下に
身体ゆすり	身体の動き →		肩を後に / 肩を前に
手の凝視 / 手のひらひら	手の動き →		両手を上に / 両手を左右に / 両手を下に
布いじり / 糸いじり / 小物いじり	指の動き →		親指をはなす / 親指をくっつける

	指導前	過剰修正	指導後
首振り			
手振り			
口遊び			

図8−4　常同行動減少のための積極的練習

出典：上図、Foxx R. & Azrin N., 1973. The elimination of autistic self-stimulatory behavior by overcorrection. *Journal of Applied Behavior Analysis.*より許可を得て転載。下図、Azrin, N.H., Kaplan, S.J., & Foxx, R.M., 1973. Autism reversal: Eliminating stereotyped self-stimulating of retarded individuals. *American Journal on Mental Deficiency.*より許可を得て転載。

せました。その後、生徒はその単語を5回正しく読んで、それから読み誤った単語を含む文をもう一度読みました[196, 201, 202, 203]。つづりの間違いを直すには、単語を聞かせて、その単語を正しく発音させ、ひとつずつ文字を大きな声で読み、それから単語を正しく書くことが指示されました[135, 152, 211]。筆記体[130]や手話の練習にも積極的練習が用いられています[100, 123]。学業指導と過剰修正の使用に関する論評では、レンツら[120]が、学業指導に使われる過剰修正の手続きを"指導リハーサル"と呼んでいます。というのも、これらの手続きがフォックスとベクテル[78]が設けた基準（例えば身体的な誘導の使用やプロンプトの呈示）に完全には当てはまらないことや、手続きの主な要素が学習課題に注目させることとリハーサルにあるからです。

過剰修正の手続きでは、修正行動それ自身は強化されません。実際には、その手続きには嫌悪的要素が含まれています。現状回復過剰修正や積極的練習過剰修正の手続きは、通常は次の手続きを含んでいます[65, 181]。

1. 生徒に不適切な行動をしていたことを告げる。
2. 生徒の現在の行動をやめさせる。
3. 生徒が行なわなければならない修正行動について口頭で組織的に説明する。
4. 修正行動の練習をさせる（望ましい行動の手本を示して、必要ならば身体を押さえつけてもさせる。しかし、口頭での指示だけでできるようになったら、そのようなことはやめる）。
5. 生徒をもとの活動に戻す。

過剰修正の手続きを使用する前に、教師は次の点に注意すべきです。

1. 過剰修正を行なう場合、教師には細心の注意が必要です。生徒に過剰修正の指示に従わせ、必要ならば身体誘導を行なうため、教師は生徒の身近にいなければいけません。
2. 過剰修正の手続きは時間がかかります。時には、5分から15分、またそれ以上におよぶこともあります[77, 151, 212]。しかし、最近の研究によると短時間でも、少なくとも行動修正の効果の上では、長時間の手続きと変わらないことがわかってきました。とりわけ、過剰修正を罰として利用するのではなくより教育的に、問題行動に代わりうる適切な行動を教える場合はそう言えるようです[35, 41]。
3. 過剰修正では、生徒との身体的な接触があるので、教師は生徒からの反撃[35, 178]や、嫌悪事態からの逃避・回避に注意しなければなりません。
4. 過剰修正の手続きを長時間使っていると、教師の手に負えないほど生徒が破壊的になることがあります[137]。
5. 過剰修正ではしばしば長時間にわたる身体接触があるので、適用されるのが成人の場合、著しく嫌悪的な手続きになるかもしれません[162]。
6. もし積極的練習の間に生徒の正しい反応が強化されていると、積極的練習をして強化を受けるために、間違った行動をするようになるかもしれません[78]。この可能性はたびたび起きるようなものではありませんし、一般的には強化子を使うことでよい方法へ向かうでしょう。正しい反応を強化する積極的練習と、強化しない積極的練習を比較して、キャリーとブッチャー[36]によれば、強化なしで実施しても「強化を使った手続きよりも効果があるわけではなく、攻撃や情動反応のような望ましくない副作用を起こしやすくな」(p.85)ります。

過剰修正法は、教室で嫌悪的な結果を呈示することの替わりになる方法かもしれません。過剰修正法には、ある種の嫌悪的な特性がありますが、報復的なものとしてではなく、教育的な手段として使われるべきであることを念頭においておくことが大切です。教師の声の調子やしぐさによって、この手続きの生徒にもたらす効果が違ってきます。過剰修正法を実施するときに、怒ったような、または説教口調だったり、ガイドの際に不必要な力を加えていると、抵抗にあう可能性が高いでしょう。攻撃的でなく、

しかも頑として譲らない姿勢を目指します。

次の2つの手続きは、やはり行動の出現を抑えるものですが、しばしば過剰修正法と間違えられたり、混同されたりします。それは**負の練習**と**刺激飽和**です。これらが過剰修正と混同されるのは、過剰修正法と同様に、どちらもあることを誇張した形で経験させる手続きが含まれているからです。

<u>負の練習</u>[58,59,60]は、正の練習と間違えられます。負の練習では、**不適切な**行動を繰返すように要求するので、教育的とは言えません。この手続きは、同じ行動を繰り返すと、疲れてきたり、飽きてくるだろうという仮説に基づいています。例えば、ある生徒が授業時間中に立ち上がって、教室内を走り回ったとします。正の練習では、様々な椅子に何度も何度も座らせるでしょう。一方、負の練習では、生徒に走って、走って、走り回らせます。

負の練習は、限局された運動行動を抑えるのに用いられてきました[58,59]。この手続きを用いた研究はあまり多くはなく、チック[222,231]、喫煙[48]や脳性マヒの子どもが話をするときに示すしかめっ面や身体の揺れ[183]、自傷行為[146]、歯ぎしり[220]などが報告されています。

負の練習では、反応の疲労と飽和を眼目にしていますが、<u>刺激飽和</u>では行動に先行する刺激に飽和させることを眼目にしています。エイロン[6]は、刺激飽和を精神病院の患者に用いました。彼女には、多量のタオルを自分の部屋に秘蔵する癖がありました。この行動を抑えるため、看護婦はその女性が部屋にいるとき、何も言わずにタオルをどんどん手渡してやりました。最初の週、彼女は1日平均7枚のタオルを与えられました。3週目までには、部屋に貯め込んだタオルは60枚に増えました。そして、タオルの枚数が625枚にまでおよんだとき、彼女は2、3枚タオルを持ち出し始めました。その後、もう彼女にタオルは与えられなくなりました。ベースラインでは彼女の部屋からは週平均13枚から29枚のタオルが見つかっていたのに、その後12カ月の間には週1枚から5枚のタオルが見つかるだけになりました。

要　　約

この章では、問題行動や不適応行動を減少させたり、除去したりするための手続きについて述べてきました。分化強化、対立行動への強化、消去、罰、過剰修正などです。これらの手続きは、強化を主に使う方法から嫌悪的特徴を持つ方法へと、階層的に使っていくと有効であり、建設的であるといえます（図8-1参照）。

われわれはこの章を通じて、次のことを主張してきました。すなわち、行動を減少させる手続きは、その行動が生徒の学習上の障害になっているときや、生徒自身や他の人に危険をもたらすようなときにのみ、使うべきだということ、そして、適切な行動に対する正の強化を、問題行動の減少・除去手続きに並行して使うべきだということです。

議論のテーマ

1. 学校の行動管理委員会を企画しなさい。少なくとも、次の点を含めること。（a）目的、（b）会員、（c）意志決定に必要な事項と手続き、（d）会員のフォローアップの責任。
2. あなたの学区の罰手続き（嫌悪手続きを含めて）の使用に関するガイドラインの草稿を書きなさい。
3. 次に示されている行動を減らすためのアプ

ローチとして、分化強化手続きを使った方法と罰手続きを使った方法を一つずつ考えなさい。

a．ジャニスは教師のところにやってきて、基本的にはどうでもいいような質問を1日に平均16回もします。
b．マックスは女子トイレにきわどい落書きをするのに熱中しています。
c．サイモンは20分で解ける算数の問題に45分もかかってしまいます。
d．教師が授業をしている間、ケビンとロバートはずっとおしゃべりをし続けています。
e．ルイスは教師に叱られると、いつも教室を飛び出してしまいます。
f．グループで作業をしているとき、ジェレミーは隣の生徒をつねったり脅したりします。
g．昼食後、サラは嘔吐します。
h．少なくとも日に4回、ジェフは机を飛び超えて教室を走りまわります。
i．教室の移動のとき、スーザンは廊下につばを吐きます。
j．ウィリアムは毎朝、宿題をビリビリに破いて提出します。
k．スティーブンスは授業中に当てられると、教師に出て行けと言います。
l．6歳のマークは手渡されたおもちゃや物をきちんと使ったり静かに置いたりしないで投げてしまいます。

第9章　分化強化：
刺激制御とシェイピング

次のようなことをご存知ですか？
- 弁別（差別）が必ずしも雇用均等法に関係しているとは限りません。
- プロンプターは必ずしも劇場で働いているとは限りません。
- 応用行動分析家は生徒を叩き上げるのではなく、行動を作り上げるのです。
- あなたは誰にでもどんなことでも教えることができます。

第7、8章では適切な行動を増加させ、不適切な行動を減少させる幾つかの方法について述べてきました。それらの方法は、行動の過剰・過少によって生じる多くの問題を解決します。しかし単に行動の頻度を増大・減少することによって、必ずしもすべての問題が解決するわけではありません。多くの行動が適切・不適切と定義されるのは、単にその頻度の問題だけではなく、それが生じる状況にもよります。例えば、走ることを取ってみても、校庭と校舎内とでは、まったく違って受けとめられるでしょう。走るのが適切だと判断されるのは、その頻度でも速さでもなく、どんな状況で走るかです。体育の時間に校庭で走るのは適切ですが、校舎内で走るのは不適切です。フットボール競技場でチームがタッチダウンをしたときに大声を上げるのは承認されるどころか立派なことですが、喫茶室で同じようにされるのは困りものです。例えば、書かれた文字に対し知っている単語を言うこと（読み）や、"2＋2"と書かれたワークシートに知っている数字のうちの1つを書くこと（計算）を生徒が覚えると、多くの学習スキルが獲得されます。学習者が既に知っている反応を適切な手がかりやシグナルの制御下に置くことを刺激制御と呼びます。

強化手続きを学んだ人たちは、求めている行動がまったく生じないので強化することができないとたびたび不満を言います。存在しないものをどうやって増大させるのでしょうか。まったく話さない生徒の会話をどうやって強化するのでしょうか。まったく座らない子どもの着席行動や、まったく決して何もしない生徒の何が強化できるのでしょうか。生徒に新しいことを教える方法の一つはシェイピングです。教師は、既に存在している反応を文字どおり手を添えて形作ったり、形成して望ましい行動にしていきます。

刺激制御やシェイピングは教科の学習や社会的行動を教えていく際に、たびたび併用されています。また、この両方とも分化強化を用いるので、この章ではこの2つを合わせて論じていきます。この章の最初の部分では、教室で応用できるようにするために、刺激制御の現象と刺激制御を形成するための手続きについて詳細に述べていきます。

刺激制御を形成するための分化強化

　第7章と第8章では、ある行動を増大させたり、減少させたりする結果操作について述べてきました。そして、その中で私たちは、行動の直後に何が起こっているかについて関心を持つべきだと述べてきました。すなわち、その行動が環境にどんな影響を与えているか、ということでした。本章では行動変容のまた別の要素について取り上げていきます。それは、行動に先行する周囲の条件や出来事についてです。そこで、行動の遂行に先立って生じること、すなわち環境が行動におよぼす影響にも目を向けていきましょう。

　オペラント行動に影響を与える事柄をこれから述べていくのですが、第1章で紹介したオペラント行動とレスポンデント行動の違いについてもう一度思い出して確認してみる必要があります。レスポンデント条件づけは、反射的な行動を誘発する刺激によって成立します。例えば、目に空気を吹きかけること（無条件刺激）は瞬き（無条件反応）を自動的に引き起こします。オペラント行動にはこのような自動的に生じるということはありません。なぜなら、先行事象と行動との関係は反射的と言うよりも、むしろ学習されたものだからです。先行事象はオペラント行動を誘発するのではありませんが、オペラント行動にかなりの影響をおよぼしています。

弁別の原理

　弁別とは簡単に言えば、環境の出来事、つまり刺激の違いを見分ける能力のことです。弁別は分化強化の結果としてできあがってきます。ある一定の刺激、あるいは刺激群（これらは弁別刺激〔S^D〕と呼ばれるようになる）が存在するときに、特定の反応が正の強化を受けます。次に同じ反応が別の（第2の）刺激（S-デルタ〔S^Δ〕と呼ばれるようになる）の下では強化を受けないと、次第にS^Dの存在するときには出現しやすくなり、S^Δの呈示されているときには出現しにくくなってきます。つまりS^Dは、反応する機会を提供しているわけです[26]。このようなS^Dと反応との関係は、レスポンデント条件づけにおける無条件刺激と反応との関係とは異なっています。なぜならS^Dは反応を誘発しているのではなく、反応が生じる**機会**を設定しているだけだからです。S^Dが存在しているときには反応が生じ、存在しないときには反応が生じなくなっていることを、その反応が刺激制御下に置かれたといいます。刺激制御下におかれた反応は、強化が少なくなってもS^Dが呈示されれば生じ続けます。ミッシェル[39]は、ある事象を「強化を受けるための弁別刺激」と言うのは避けた方がよいと言っています。なぜなら、引き起こされているのは行動なのであって、強化ではないからです。人間の学習の多くでは、細かな弁別ができるようになってくることが重要な要因となります。例えば、幼い子どもたちは、眼鏡をかけていてカーリーヘヤーの大人の前では「ママ」と言うことが強化され、ひげづらの大人の前では強化を受けないということを学びます。眼鏡やカーリーヘヤーは「ママ」という反応のS^Dであり、ひげはS^Δです。小学校1年生の子どもたちは W-E-N-T とかかれた文字カード（S^D）を見せられて「WENT」と言うと褒められ、C-A-M-E と書かれたカード（S^Δ）を見せられたときには褒められないことを学習していきます。中学校の生徒たちは、猥褻なことを言ったりいたずらをすると数学の先生（S^D）の注目を引くけれども、社会科の先生（S^Δ）は手を挙げるか、宿題をちゃんとしてきたときだけしか注目をしないことを学習します。

　大人たちの日常の行動のほとんども、弁別学習の結果です。例えば、電話が鳴っているときには受話器を上げて「もしもし」と返答しますが、鳴っていないときにはそんなことはしないでしょう。信号が青のときには車を発進させますが、赤のときには進まないでしょう。曖昧でどちらかといえば不正確に強化がなされると、

弁別はゆっくりと形成され、不完全な形になることもよくあります。例えば、赤ん坊は、カーリーヘヤーで眼鏡をかけた大人を見れば誰にでも「ママ」といってしまったり、小学校1年生は、「*W-A-N-T*」や「*W-E-T*」と書かれた文字カードを見たときにも「WENT」と言うかもしれません。中学生たちは時には数学の時間に手を挙げ、社会科の時間にいたずらをすることがあるかもしれません。玄関のベルが鳴っているのに電話の受話器を取り上げたりすることもあるでしょう。交通信号の刺激制御が不完全なために、多くの警察官やレッカー車、救急隊員を雇わなければならないのです。

弁別訓練

生徒たちがおのおのの刺激に適した反応を行なえるように指導するのは、教師としての基本的な仕事の一つです。われわれ教師は、自分たちの生徒が時と場所をわきまえ、指示をよく聞いて、ルールを守り、指示に従い、教科の学習ができるようになってほしいと望んでいます。こういったことの指導の大部分は、生徒のいろいろな行動についておのおのに適切な時と場面、指示や他の先行事象を弁別刺激として確立させていくことにつきます。そのためには、次のことを行なうことです。

単純な弁別

単純な弁別を確立するには、あるものを他のものと区別することを教えます。例えば自分の名前とそうではない名前を生徒に弁別させることを考えてみましょう。教師は生徒の名前を書いたカードと、無関係な単語を書いたカードを生徒に見せ、「あなたの名前を指さしなさい」と言います。もし生徒が正しいカード（S^D）を指さしたら強化します。もし他のカード（$S^\triangle$）を指さしたら強化しません。読みの能力というのは、ある単語を構成する文字の並びを、別の並びから弁別する能力といえます。例えば、ある生徒は「WENT」と言うことができても、*W-E-N-T*と書かれた文字カードを見せられて「この単語は何」と聞かれたときにはちゃんと言えないかもしれません。教師が望んでいるのは、生徒の「WENT」と言う反応をW-E-N-Tという文字の刺激制御下に置くことです。

この例では、教師は分化強化を用いてW-E-N-Tという文字を「WENT」と言う反応のS^Dにしようとしています。この反応は*W-E-N-T*の文字（S^D）が呈示されているときには強化されますが、*G-O*や他の文字の組み合わせ（$S^\triangle$）が示されているときには強化されません。十分にこれを反復すると、生徒たちは確実に正しく反応するようになってくるでしょうし、こうなれば一つの弁別が完成したと言えるでしょう。注意しなければならないのは、この例では$S^\triangle$として機能していたG-Oという文字は「go」と言う反応に対してはS^Dとなります。どんな場合でも、ある刺激をどのように定義するかはその刺激の持つ機能によって決まってくるのです。「WENT」と言う反応が確実に刺激制御下に置かれていると主張するためには、それ以外の文字の組み合わせ、例えばS^Dに非常に形やスペルの似たW-A-N-Tなどの文字に対しては、反応を引き起こさないようにすることが必要です。さらに、元の文字カードだけでなくそれ以外のところに書かれたW-E-N-Tであっても、確実に「WENT」と言えるか確かめたいと考えるでしょう。S^Dと$S^\triangle$が呈示されて正反応が強化されるという手続きを繰り返すことで弁別を教えることはできますが、それは効果のある指導法ではありません。本章では後にプロンプトと無誤学習について説明しますが、そこで効果的な指導について見てみましょう。

刺激の主要な特徴に生徒が反応していることを確かめるのは重要です。ある1年生の生徒はcomeと書かれているカードに正しく反応するようになったのですが、よく調べてみると、カードの染みをS^Dにして答えていました。字を覚え初めの多くの子どもたちは、語頭の文字だけで単語を判断してしまいます。Wで始まる単語がWENTだけしか出てこない本であればうまく読めるでしょうが、WHATも出てくるようになると、確実には弁別できないようになります。生徒は、まったく無関係な刺激（例えばカードの染み）か、刺激のたった1つの特徴（例えば

語頭の文字）に反応していたのでしょう。このような刺激の過剰選択性[34]は障害を持つ子どもたちにはたびたび認められる特徴です。

生徒に覚えてもらいたいことの多くは、単純な弁別の複合です。アルファベットのおのおのの文字は、他の文字から、そして文字以外の刺激から弁別されなければなりません。ある数字も、他の数字や他の刺激から弁別されます。化学を学ぶ学生は、周期表上のおのおのの元素を他の元素から、そして元素を表わさない刺激から弁別します。

概念形成

概念とは、共通性を持つ刺激のクラスです[4]。その刺激クラスのメンバーは、同じ反応を引き起こします。人・哺乳類・素数・正直などと同定されるには多くの刺激特性が関与します。これらおのおのの語、そして他の多くの語も、共通の特徴を持つ刺激クラス、または概念を示します。概念を習得するには、多くの刺激に共通する固有の性質に基づいた弁別、つまり抽象化を行ないます[16]。

そのような学習は、概念化や抽象化をするために多くの正・負事例を用意し、正反応を強化することでなされます。この手続きを用いて、ハーンシュタインとラブランド[25]は、人が写っている写真といない写真に対して異なった反応をするようハトに教えました。彼らが行なったのは単に、人が写っている写真をハトがつつけば、それを強化しただけでした。基本概念、つまり（同義語以外の）他の語では十分には記述できない概念[14]は、ほとんど同じ方法で人に教えることができるでしょう。

3歳の子どもに「赤」の概念を言葉で説明して教える方法を考えてみてください。これは明らかに不可能なことです。大抵の親がしているのは、赤いものをたくさん用意して、それを示しながら「赤」と言ってみせたり、子どもが正しく「赤」と言ったり、「赤い積木をちょうだい」という指示に正しく反応できたときに強化を与えることです。子どもたちのほとんどは、小学校入学までにこのようなきっちりとしていないやり方で基本概念の多くを学びます。しかし、こういった方法で学ぶことのできない子どもたちには組織的な形で教えていかねばなりません。そのような子どもの場合、会話の中に偶然に「赤」という言葉が現われるまで待っているわけにはいきません。赤い物を幾つかとそれ以外の色の物を幾つか用意して、赤の概念が習得できるまで、ラベルしてみせたり、指示したり、質問したりします。

幾つかの先行刺激を付け加えて用いることでもっと速やかに概念を教えることができるかもしれません。もし刺激クラスの共通要素がリストアップでき、また概念を言語的に定義できれば、正・不の事例の区別や正反応を強化するルールを効率よく与えられるかもしれません。言語的に定義可能な概念は、必ずしも分化強化の手続きだけを使って教えられる必要はありません。鳩と違って、大抵の生徒たちは何らかの言語技能を持っています。これらの技能があるために、教師は生徒に概念や抽象化を教えるときに、手っ取り早い方法として幾つかの言語的ルールを用いることができま。次のセクションでは、プロンプトの使用について詳細に論じます。

プロンプト

プロンプトとは、S^Dが所定の反応を生じる可能性を高めるように付加される刺激のことです。プロンプトはS^Dが呈示されているのにうまく反応が生じない場合に付加されます。皆さんは劇場で用いられているプロンプトをよくご存じでしょう。俳優が手がかり（例えば、先行するせりふ）にうまく反応できなかった場合に、舞台脇からせりふをささやいてもらうことです。応用行動分析でもプロンプトという言葉は同じような意味で使われます。S^Dにうまく反応できない生徒にはプロンプトが与えられます。プロンプトは言葉で与えられることもありますし、視覚的、あるいは身体的に（訳注：直接手を取って教えるなど）与えられることもあります。求められている反応が直接デモンストレーションされることもあります。先生がW-E-N-Tという文字を書いたカードを示して「CAMEでは

なくて……」と言うのは言葉によるプロンプトを呈示しているのです。幼稚園の先生がおのおのの子どもたちのロッカーに名札だけではなく、写真をも張っているのは視覚的なプロンプトです。そしてお母さんが子どもの手を勢いよく振りながら「おばあちゃまにバイバイしましょうね」と言うのは身体的なプロンプトを与えています。おのおの、最終的にはS^D（この例で言えばW-E-N-Tという文字や、名札に書かれた名前や、母親の指示）が反応をコントロールするようになることを目指しています。従って、プロンプトはその必要性がなくなったら速やかに取り除かれねばならない支えなのです。プロンプトを用いると効率よく教えることができます。生徒たちが求められた反応を自発するのをじっと待つのではなく、正反応数が増大するように手がかりを付加します。正反応が頻繁に生じるようになれば、強化されることも多くなり、行動は早く学習されるようになります。プロンプトが用いられているときにも、まるでプロンプトなしでできたかのように生徒を強化します。

言語プロンプトとしての規則

生徒に名詞と動詞を正しく判断させようとしている英語の教師は、弁別刺激として下線の引かれている文を読ませては「名詞」あるいは「動詞」と反応させる機会を単にたくさん与えているだけではないでしょう。なぜなら多くの人々は概念を形成するために言語的ルールや定義を使う能力を持っているので、教師は名詞の定義を示して、その後に幾つかの文を読ませて次のように問いかけるでしょう。「下線の引かれている単語は名詞？」（S^D）、「これは人や物や場所の名前かな？ もしそうなら名詞だよ」（プロンプト）、「そう正解だよジョン。これは名詞なんだ」（S^{R+}）というように。ルールや定義を使ってプロンプトを与えるやり方はなにも教科学習に限ったことではありません。教師は、正直さ、礼儀正しさ、親切あるいはその他の社会的な行動と関連している概念を定義することによって、生徒がこういったおのおのの行動をはっきりと理解できるようになるまでプロンプトすることができます。もちろんこのことは生徒たちがその行動を行なうようになることを保証するものではなく、単にどんな行動が礼儀正しい行動かを言えるようになるだけに過ぎません。（訳者加筆：エングルマン[14]は教科学習にも社会的行動にも応用可能な概念教育法についてさらにもう少し突っ込んだ論議を行なっています）

言語プロンプトとしての教示

教示は、行動をプロンプトする方法としてよく用いられます。例えば「お話を聞く準備をしなさい」と言っても生徒がそれに従わなければ、おそらく「机の上を片づけて、読書室に行きなさい」と付け加えるでしょう。S^Dが正反応を引き起こさなければ、教師は、このような段階的な指示をプロンプトとして用意するでしょう。教示をプロンプトとして用いている教師は次の２つのことを仮定しています。まず第１に、生徒に示される教示が的確であることです。複雑な課題に対して、はっきりと言葉で指示することは簡単ではありません。もし、あなたに道順を教えてもらった人がいつも道に迷ってしまうようなら、生徒があなたの教示に従えなかったとしても驚くには値しないでしょう。第２の仮定は、生徒の行動が「指示に従いなさい」という一般的なS^Dの刺激制御下に置かれているということです。経験豊かな教師が保証するように、生徒たちは指示には従わないものです。プロンプトとしての教示を当てにする前に、賢明な教師なら生徒たちが確かに教示に従うかどうかを見定めることでしょう。もし教示に従えないようなら、まず最初にその反応を刺激制御下に置くことが必要かもしれません。ベッカー、エングルマンとトーマス[4]は、教師はこまごまとした指示に従うことを強化していると述べています。教師が決めた任意の行動をできるだけ細かく取り上げていくことで指示に従う行動を練習することができます。例えば、床のタイルの切れ目につま先を合わせて並びなさいとか、別に決まった順序が必要なわけでもないのにある一定の順序でやりなさいというようなことです。この種の練習はゲームとしても行なうことができます。昔から伝わっている「サイモンさんが

言いました」というゲームは、指示に従う行動の練習になります。

言語的プロンプトとしてのヒント

言語的プロンプトの多くは、ルールや教示に比べると、もっとくだけた感じで詳細でもありません。例えば、読み方の勉強をしているとき、先生が犬という弁別刺激S^Dに対して正しい反応をプロンプトする場合に「これはワンワンと吠える動物よ」と言う具合にです。また、クラスの子どもたちに整列しなさいと指示するとき、それに加えて「静かに」と言うのもプロンプトです。このような合図やヒントは正しく反応する可能性を高めるので、強化を受ける機会も増えます。

自己操作性言語プロンプト

幾つかの研究は、録音された言語プロンプトが障害を持つ生徒に職業スキルを獲得させる上で有効であることを示しています[1, 8]。複雑な課題を構成要素のステップに分け、おのおののステップを教師がテープに録音します。生徒は、ポータブル・テーププレーヤーにつないだヘッドホンをつけ、テープを操作し、その指示に従うよう指導されます。テープには課題のステップが録音されており、おのおののステップの指示を聞いたらテープを止め、作業するよう生徒は求められます。生徒が再びテープを回すと、次のステップがプロンプトされます。作業の進行状況について生徒は定期的に尋ねられ、また援助の必要性についても尋ねられます。この自己操作性プロンプトは、課題遂行の流暢性を増すためにも使われています[11]。生徒は音楽を聞くことが許されますが、その音楽には「作業を続けよう」という先生の言葉が重ねられています。この手続きの大きな利点は、就労者がヘッドホンでテープを聞きながら作業していてもおかしくはないことです。それゆえ、プロンプトが長期または永続的に必要でも、その装置が、障害を持つ労働者の注意を過度に引くことはありません[11]。

視覚的プロンプト

いろいろな指導方法には何らかの視覚的プロンプトが含まれていると言えます。大抵の子ども向けの本には文字をわかりやすくするためにイラストがつけてあります。教師は生徒にプロンプトとして算数の模範回答を示すかもしれません。障害を持った生徒にいろいろな種類の行動、とりわけ複雑な日常生活技能や職業的な課題を教える手助けとして絵を用いたプロンプトが使われてきました。マーチン、ラッシュ、ジェームス、デッカーとトゥトル[38]は、系列的な絵によるプロンプトを使って、中・重度の障害を持つ成人に自分で食事の用意をすることを教えています。ウィルソン、シェピスとマーティン-メイン[65]は、中度の知的障害を持つ人に、最終的にはオーナーの監督下だけで、ひとりでフードサービスの仕事ができるように指導しています。フランク、ワッカー、バーグとマックマホン[19]は中度の知的障害を持つ生徒にパソコンのスキルの幾つかを教えています。ワッカーとバーグ[61]は中・重度の遅滞を持つ中高校生に複雑な作業課題を次のような方法で教えました。生徒が複雑な組み立て課題を行なうに当たって、おのおののステップが一連の絵によって示してある本を用意し、それを使う訓練、すなわちおのおののステップが行なえたらページを1枚めくり、そこに記されている図に的確なものを合わせていくということを行ないました。著者らは生徒の行動がその本を使うことによって大いに上達したと報告しています。新しい課題が導入されても、絵によるプロンプトを使って生徒たちは最初に比べるとずいぶん早く学習することができました。そして訓練が終了した後には、その本なしでも課題を行なうことができました。絵の手がかりと他のプロンプトを組み合わせて使う手続きを用いて、自閉症を持つ生徒にレジャーや放課後の活動を、より自立的に選択し従事させることもできました[36]。多くの雇用者は、絵のプロンプトを障害の有無にかかわらず、労働者の訓練に使っています。図9-1は、ファーストフード店で労働者にハンバーガーやチーズバーガーの作り方を訓練するために用いられている絵のプロンプトです。絵のプロンプ

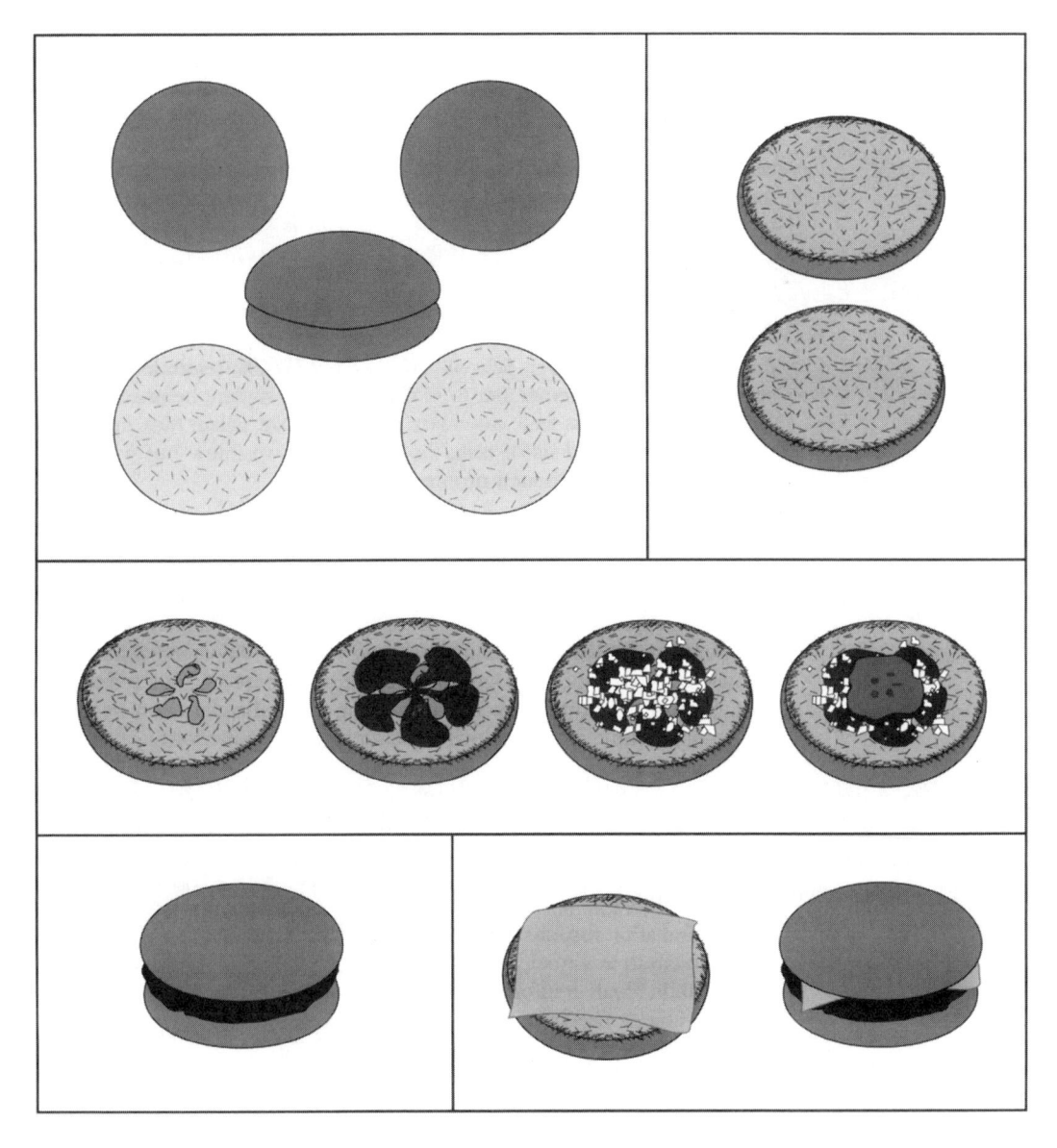

図9−1　ハンバーガーを準備するための絵のプロンプト

トの良い点は、いったん生徒が絵のプロンプトを使うことを学んだら、一人でできるようになるという点です。これは大人が地図や図を自分自身のプロンプトとして使っているのと同じです。

視覚的なプロンプトを使うことで、先生たちの時間を非常に節約できます。教室の掲示板は絵によるプロンプトを用いるのに便利なもので

す。ある課題を完成させるのに必要な正しいやり方を写真で示したり、その手順を矢印で示したり、教室を出る前に机を元どおりに並べ直す仕方を示した絵や、教室から食堂への道順を示した矢印などはすべて正しい反応をプロンプトするのに使われています。

その他の視覚プロンプトには書面の形式をとるものもあります。教室での時間割や規則など

は、備忘録や手がかりとして機能させるために掲示されています。大抵の生徒には、指示を文書に書いておくことで、複雑で新しい課題を簡単にプロンプトできます。文書で書かれた指示だけで課題をすることを考えてみれば、指示の明確さや正確さがどれほど重要かがわかるでしょう。休日の前夜遅くに子どものおもちゃを組み立てておこうとした人なら、(説明書きの)明確さや正確さの重要性がすぐに理解できるでしょう。もちろん、文書化された指示であってもそれは言語的(音声的ではないが)コミュニケーションの一つなので、専門的には言語的プロンプトと見なされます。けれども、これらは視覚的に処理されるので、ここ(視覚的プロンプトの節)で取り上げるのは論理的に間違いではないでしょう。

先生たちは生徒たちへと同じように、自分たち自身のためにもプロンプトを使っています。道路地図は、「オークヘブン校へ行きなさい」という弁別刺激を与えられた巡回指導員の役に立つでしょう。また先生たちの中には忘れずにある生徒の行動を強化するために、メモを貼っておく人もあります。他にも、カレンダー、住所録、備忘録、付箋紙などのプロンプトは、それらがなければ思い出せない課題や情報を思い出させます。

モデリング

「見ててごらん、やってみせるから」と言う先生は、さらにまた別の形のプロンプトを使っています。言葉による指示や視覚的な手がかりが不十分なとき、多くの教師は望ましい行動を実際にやって見せる、すなわちモデルを示します。多くの場合、お手本を示すことはまず第1に選択される手続きかもしれません。家庭科の先生はミシンに糸を通す通し方を教えようとするとき、なるほどと思うようなすばらしいお手本をやってみせます。

軽度の障害を持つ者を含めて、ほとんどの生徒たちはモデルの行動を模倣しようとします。この現象については多くの説明がなされてきましたが(バンデューラ[3]に詳しい論議が紹介されています)、最も単純な説明は、大抵の生徒たちの強化ヒストリーには模倣行動の強化がかなりたくさん含まれているので、その結果般化された模倣反応が獲得されたというものです。別の言い方をすれば、「これと同じようにしなさい」という言葉が事実上どんな状況においても模倣を引き起こすためのS^Dになってくるということです。

実際幾つかの研究では、いろいろな反応を模倣することを強化された生徒は強化されていない反応も模倣するようになることがわかりました[37]。親が乳児と遊んでいる様子を見れば、模倣を強化している様子がよくわかります。このような強化は学校に行く前からずっと行なわれていますから、学校へ行く頃には既に「このようにしなさい」とか「マリーのようにしなさい」というS^Dに反応するのが普通になっています。もちろん、子どもたちは適切な行動と同じように不適切な行動も模倣しがちです。多くの親は、親のあまり好ましくない習慣を子どもたちがいかに早く模倣するかということに驚かされます。

生徒は、クラスのお友達の行動もよく模倣します。幼稚園の子どもは自分たちから喜んで「リーダー探し」(まずリーダーと鬼を決め、鬼以外の人は全員のリーダーの真似をします。鬼は同じ動作をしているみんなの中からリーダーを当てるゲーム)という遊びをします。しゃべり方のようなお勉強に関係ない行動も頻繁に模倣されます。例えば、方言を話していた新入生がお友達と同じような話し方をし始める早さは驚くべきものです。友達の模倣をするのが最も盛んになるのは中学生頃ですが、青年期には同じような洋服を着たり、同じような話し方をしたり、同じ遊びや仕事をするようになる傾向があります。

障害を持たない生徒とできるだけ同じ状況に置こうというのが現在の障害児教育の動向ですが、その目標の一つが障害を持った生徒に適切なモデルを提供することにあります。それは、障害を持った生徒は障害を持たない子どもたちの行動を模倣し、学習していくだろうと仮定されているためです。こういうことは偶然に起きることかもしれませんが、計画的に実行される

こともあります。例えば、ウェーツ、カルドウェルとウォレリー[63]は障害のない子どもに、同じクラスの障害を持つ子どものために複雑な行動のモデルを示したり、言葉で記述したりすることを教えています。障害のない仲間たちは上手にモデルを示し、障害のある生徒がその行動を学習していきました。

行動をプロンプトするためにデモンストレーションを使用する場合、教師は自分自身でモデルになるかもしれませんし、他の生徒にお手本を示させるかもしれません。あるいはグループの外からモデルを連れてくるかもしれません。いずれにしてもモデルの選択は重要なことです。なぜなら、ある特徴を持つ人はモデルの効果を高めるからです。例えば、次に述べるような人は生徒たちに最も模倣されやすいといわれています。

1. 生徒たちによく似ている人
2. デモンストレーションの上手な人
3. 高い社会的地位、特に名声のある人[56,33]

モデリングは、単純な行動から複雑な行動をプロンプトするときまで用いられます。重度の障害を持った生徒の話し言葉をプロンプトするときにモデリングが用いられますし、算数の教師は生徒たち自身に問題を解かせる前に、よくできる生徒に似たような問題を黒板で解かせてみせたりするでしょう。体育の教師は複雑な体操の演技を実際にやってみせるでしょう。ハンター[27]は言語的なモデリングと身体的なモデリングを組み合わせる手続きを紹介しています。教師は最初教えようとするスキルに含まれる動作を言葉にしながらそのスキルをやって見せます。次に生徒に言語プロンプトを言わせながらそのスキルをやってみせ、その次に、教師が言語的な誘導をしながら生徒にそのスキルをさせます。その後、生徒は自分自身で言語的なプロンプトを使ってそのスキルを遂行します。デモンストレーションの内容を言語化すると、モデリングがより効果的になるという証拠が幾つかあります[24,27]。言語化の効果については、高校や大学の数学の授業で、とても込み入った証明や計算問題を教師が黙々と黒板でやってみせ、こちらを振り向いて「みんな、わかった？」と聞かれたときのことを思い出してもらえれば、同意していただけるでしょう。あのとき、要点を言葉にしながら解いてくれていれば、もう少し数学がわかるようになっていたかもしれません。次のお話はモデリングと言葉による指示を組み合わせた手続きを紹介しています。

生徒たち、ポルカを学ぶ

協調運動を改善する目的で、粗大運動の苦手な子どもたちに放課後のプログラムが割り当てられました。生徒たちはスキップやホッピングができていたので、ポルカを楽しんで踊れるようになるだろうと教師は考えました。そこで、「さあポルカを踊りましょう」と言って、「先にやってみせるから見ててごらんなさい。ほら、ステップ、閉じて、ステップ、ホップ。ハイ、今度はみんなもやってごらんなさい。ステップ、閉じて、ステップ、ホップ」。やがて教師が「さあポルカを踊りましょう」と言うと、生徒たちは言われたとおりに踊れるようになりました。そして、ここでついでに言っておくべきことは、ほとんどの生徒たちは踊りながら、「ステップ、閉じて、ステップ、ホップ」と小さな声で言い続けていたということです。

モデリングは効果的なプロンプト手続きですが、限界もあります。模倣するのが困難な行動もあります。生徒の中には（特に、重度の障害を持っている生徒の場合には）般化模倣が獲得されていなく、言語的な手がかりにも反応しない者がいます。模倣を強化することで、モデル提示されたプロンプトに反応するよう教えることは可能ですが、別のプロンプトも必要かもし

れません。多くの指導手続きでは、いろいろな種類のプロンプトが組み合わされて用いられています。

身体的誘導

　生徒たちが、拘束力の弱いプロンプトに反応できなかった場合には、身体的なプロンプトが必要かもしれません。身体的プロンプトは、時には**やり遂げ手続き**と呼ばれていますが、手を使って誘導できる多くの運動行動や、ある種の発声行動を教えるのに役に立ちます[28]。身体的プロンプトは般化模倣を発達させるときの最初のステップかもしれません。ストレイフェルとウェザビー[55]は身体誘導を使って重度の発達遅滞を持つ生徒に、「手を挙げなさい」といった指示に従うことを教えました。教師は最初、言葉で指示を与えて、それからその指示に生徒が従うように身体的な誘導をしました。そして、最終的には生徒の行動は、指示の制御下に置かれました。重度の障害を持った生徒の行動が、模倣や指示の刺激制御下に置けるようになることの意味は計り知れないものがあります。モデルを模倣し、指示に従う生徒には、いろいろなことを教えられます。身体的誘導の手続きが使えるのは、重い障害を持った生徒に限られているわけでは決してありません。例えば、書字を教える最初には、決まってこの手続きを用いる教師も多くいます。音楽の教師は、生徒の運指を手を添えて教えるでしょう、体育技能の多くは、身体的誘導を用いて最も簡単に教えられます。4段変速のマニュアルミッションの車のギヤチェンジを別の方法を用いて教えることは思いもつかないでしょう。身体的誘導の使用に当たっては、生徒が協力的である必要があります。もしこのような手続きが反抗する生徒に用いられたら、おそらく（両者ともに）嫌悪的なものとなってしまうでしょう。協力的な生徒でさえ、身体的にプロンプトを受けると固くなってしまう傾向を示しがちです。

フェイディング

　プロンプトされた反応はまだ刺激制御下におかれているわけではありません。従って、S^Dだけで反応が出現するようにプロンプトは取り除かれていかねばなりません。しかしながら、急にプロンプトを取り除くと要求された行動ができずじまいになってしまうといった結果を招くかもしれません。プロンプトを徐々に取り除いていくことは<u>フェイディング</u>と呼ばれています。どんな形のプロンプトであっても、S^Dが単独で呈示されたときに反応が生じて強化されるように、徐々にフェイディングしていくことが大切です。どの程度の早さでフェイディングを進めていくのが最適かを決めるのにはかなりの技術が必要です。フェイディングが早過ぎると行動が時々しか生ぜず強化が有効に働かないでしょうし、遅過ぎればいつまでもプロンプトに頼りきったままになってしまうかもしれません。プロンプトは、幾つかの違った方法でフェイディングしていくことができます。ビリングズレイとローマー[6]はプロンプトをフェイディングするためのシステムを論評し、4つのカテゴリーに分けています。それは、援助を減らす、段階的な誘導、時間延滞、援助を増やしていく、です。

援助を減らす

　援助を減らしていくやり方（時には**最大プロンプトから最小プロンプト**〔most-to-least prompt〕と呼ばれます）では、教師はまず、要求された行動を生徒が行なうのに必要な程度のプロンプトを与えます。その後、生徒がその行動をうまくできるようになるに従って、援助の量は計画的に減らされていきます。この手続きはいろいろな種類のプロンプトをフェイドアウトしていくために使用されています。英語の先生が生徒に名詞の見分け方を教えるときには、まず、「これは名詞ですか」というS^Dを呈示して、そしてプロンプトとして、「もし、人や場所やあるいは事物の名前ならばそれは名詞ですよ」と言うでしょう。そして、生徒が確実に答えら

分化強化

れるようになったら、先生は次のように援助を減らしていくでしょう。

「これは名詞ですか」（S^D）
「これは人、場所、あるいは事物の名前ですか」（プロンプト）

次には
「これは名詞ですか」（S^D）
「思いだしてごらん、人、場所、事物だよ」

次には
「これは名詞ですか」（弁別刺激）
「ルールを思い出してごらん」

そして最後に
「これは名詞ですか」

　視覚プロンプトを弱めていくための手続きを使って、算数の教師は、初めは完全な九九の表を子どもたちに与えるでしょうが、できるようになるに従って、生徒が習得した簡単な九九の段を取り去っていくでしょう。モデリングプロンプトを弱めていくときには、最初は完全にその行動をやってみせて、だんだんと反応の一部分だけにする、というようにフェイディングしていくでしょう[64]。次のコラムは、このようなフェイディング手続きの例を紹介したものです。

子どもたち、フラフープを習う

　タウンゼントさんは小学校の体育の先生でした。彼は、１年生たちが参観日にできるようにと、フラフープを教えることにしました。彼はまず、「いいかよく見ておくんだ」と言いながら先にやって見せました。子どもたちのくすくす笑いが一段落したところで、彼は一人ひとりにフラフープを手渡しました。「用意はいいね。はじめ！」。26個のフープががちゃがちゃと音を立てて、バウンドしながら床を叩きました。子どもたちはがっかりしたようでした。先生は一人の生徒のフープをとって、「まずこんなふうにやってごらん」と言いました。手でフープをお尻に押し付けて「こうやるんだ」と言いながら、お尻を振りました。子どもたちのくすくす笑いがまた一段落すると、彼は「さあ、もう一度、こんなふうにやってごらん」と、生徒にフープを返して、動作だけをやってみせました。やがて、手の動きは手首を振動させるだけに、また、お尻の動きはほんの少しクィッと動かすだけにまで、だんだん弱めていきました。まもなく、「用意はいいね、はじめ！」と叫ぶだけで十分になりました。

　とうとう待ちに待った日がやってきました。フラフープを持った26人の１年生が体育館に勢ぞろいしました。彼らの両親は観覧席に座っています。タウンゼントさんは音楽をかけ、「用意はいいね、はじめ！」と言いました。彼は子どもたちの側に立っていました。子どもたちは彼の面目を施しましたが、観客席からの我慢しきれなくなったくすくす笑いを彼は耳にしました。夢中になるあまり、お尻の動きのモデルを示していたことにやっと気づきました。

　身体的誘導を使用したときのプロンプトを減らしていくやり方については、重度の障害を持った生徒に弁別課題を教える中で、サポ[10]が述べています。言葉による指示が与えられ、続いて十分な身体的プロンプトが示され、次には部分的なプロンプト、そしてついにはジェスチャーによってプロンプトされました。

　プロンプトが組み合わされて使用されたときにもまた、プロンプトを減らしていくやり方は使用できます。もし算数で新しい計算を学んでいる生徒が、デモンストレーション、例題、そして教師の段階的な指示といった異なった３種類のプロンプトで教えられているならば、生徒が未完成な例題に対しても簡単に反応するようになるまで、これらを一つずつ取り去っていけるかもしれません。

<u>無誤学習</u>は、プロンプトを減らしていく最も洗練された形です。無誤学習と呼ばれている多くの手続きは、正反応をプロンプトする刺激（S^Dや$S^\triangle$）の次元をその刺激次元内で変化させています。これらのプロンプトはしばしば<u>刺激プロンプト</u>と呼ばれ、手続きそのものは<u>刺激シェイピング</u>と呼ばれることもあります。生徒がより簡単に弁別できるように、S^Dや$S^\triangle$、あるいはその両方の特徴を変化させていきます。この手続きについて、マロット、ホエーリーとマロット[37]は、発達遅滞を持つジミーに名前の区別を教える中で述べています。黒いカードに白い文字でスーザンという名前を、そして白いカードに白い文字でジミーと書いて、ジミーと書いているカードを選べば強化し、そのカードをS^Dとして確立しました。次に、ジミーと書いてあるカードの背景の色をスーザンの名前が書いてあるカードの色と同じ色になるまで、少しずつ黒くしていき、両方とも黒地に白で名前が書かれたカードになりました。ジミーははまったく間違いをせずに、最終的に適切な属性（自分の名前）に従った弁別ができるようになりました。

　ハウプト、ヴァン＝カークとテラシアーノ[23]は2つのフェイディング手続きを使用して算数の課題を教えています。1つ目の手続きでは、カードに書かれた引き算の答えを生徒に求めました。はじめは答えを見せますが、色のついたセロハン紙を貼り、徐々にその答えを隠していきました。最終的に、32枚のセロハンが貼られましたが、生徒は答えを覚えていました。2つ目の手続きでは、掛け算の答えを書くことが求められました。初めは見えていた答えが、トレーシングペーパーを重ねていくことで隠されていきましたが、これも大変うまくいきました。

　別の例がエイロン[2]によって紹介されています。ある教師が、幼い子どもたちに右手と左手の弁別を教えようとしました。訓練の第1日目、子どもたちは右手にマジックペンで「x」と書かれました。こうすることで、右手を挙げなさいと言われたときに、右手（S^D）と左手（$S^\triangle$）を区別することができるようになりました。2日目も右手にマークをつける予定だったのですが、マジックペンで書いていたために（あるいは子どもたちの個人的な習慣のために）、まだマークが見えていました。訓練が1週間続けられていくと、子どもたちのマークは徐々に消えていって、週末までには、尋ねられればいつも右手を挙げるようになりました。モスクとブッチャー[40]は、刺激修正法を使って中・重度の発達遅滞を持つ生徒に、歯ブラシやタオルを正しいペグにかけるように教えました。指導の最初には、1つのペグだけが板に取り付けられました。次に、余分なペグが一度に1つずつとりつけられていきましたが、最初は、何もかけられないほど短いペグでした。その後、だんだんと長いペグになっていきました。

　無誤学習のやり方でのフェイディングは、誤反応や、誤反応と共に生じやすい不適切反応を生じさせないで、刺激制御を形成させていきます[13, 42]。誤反応と、指導中に不適切行動を生じさせる他の要因との関連については第10章で詳細に分析しています。誤反応がまったく生じない環境は、いつも望ましいというわけではなさそうです。スプーナーとスプーナー[49]は、最適な学習が生じるのは、当初は誤反応が高率で、それが直ちに減少し、正反応が急激に加速したときであることを示唆しています。テラス[57]は、無誤訓練では欲求不満耐性が欠けることを指摘しています。現実の世界において誤りは不可避であり、生徒は過ちへの対処を学ぶべきです。クルンボルツとクルンボルツ[32]は、誤反応の固執に対して段階的な指導を示唆しています。ローデウォルド[45]は、訓練中に間欠強化を使うと、無誤学習の否定的な副作用が緩和できると示唆しています。間欠強化は、反応が強化されないことへの耐性を作るのに役立つでしょう。

段階的な誘導

　段階的な誘導は、身体的なプロンプトをフェイディングしていくときに使用されます[17]。教師は、まず必要に応じた身体的援助から始め、徐々に力を弱めていきます。次に、誘導の焦点を、その動作に関連した身体の部位から移動させていく（空間的フェイディング）か、シャドーイング手続きに変えます。シャドーイングとは、

教師の手は生徒に触れないようにして、生徒の動作を追従することです[18]。

ジュアン、スプーンで食べる学習をする

ジュアンは、重度精神遅滞を持つ生徒です。彼は手づかみで昼食を食べていましたが、スプーンを使うことを覚えれば親学級で昼食が食べられるだろう、と担任のベーカー先生は考えていました。そこで先生は、ボウルいっぱいのバニラ・プリンとスプーンを用意しました。そして、プリンはジュアンがスプーンで食べたときの強化子となり、バニラ・プリンはチョコレート・プリンよりはジュアンや先生自身やテーブルや床を汚さないだろうと期待していました（先生たちはあらゆることを考えなければならないのです）。ベーカー先生はジュアンの隣に座り、彼の右手の上に手を乗せ、彼の手をスプーンに持っていきました。先生は、ジュアンがプリンを少しすくうのを援助し、彼の手を口の方へ誘導しました。スプーンが口に届くと、ジュアンはパクリとプリンを食べました。それから先生は、ジュアンの左手をプリンのお皿からどけて、賢明にも用意していたお手拭きできれいに拭いてやりました。スプーンを口まで持っていくたびに、先生はジュアンを褒めたり、撫でたりしながら、この手続きを何度も繰り返しました。先生は、ジュアンが必要な動きを自分でもっとできると感じ、ジュアンの手に先生の手を乗せているだけになるまで、徐々に手の力を弱めていきました。そして手をジュアンの手首へ、次には肘へ、最後には肩へと移動させていきました。ついに、先生は完全に手を離しました。ジュアンは自分でスプーンを使っていました。

時間遅延

時間遅延は、その言葉どおり時間的調節であって、プロンプトそのものの形は変化しないという点で、他のフェイディングの形式とは異なっています。時間遅延では、教師はプロンプトをすぐには与えずに、待ちます。つまりプロンプトが与えられる前に、生徒は反応することができます。このちょっと待つ（時間遅延）のは、普通数秒間です。時間遅延は一定にするか（遅延時間が同じ）、あるいは漸進的か（生徒ができるようになっていくに従って遅延時間を長くしていく）のどちらかです[31]。時間遅延の手続きはいろいろなプロンプトに使用することができます。多くの教師は、なんとなく（直感的に）この手続きを使用しています。前述した英語の先生のことを思い出してみましょう。彼女は「これは名詞ですか」と尋ねて、少し待って、すぐには反応が出ないとわかると「これは人、場所、あるいは事物の名前ですか」と尋ねてプロンプトしているでしょう。教授法についてのテキストには待ち時間についての議論[29]や、別の生徒に当てたり援助する前に生徒が答えるのを3秒間は待つようにと書かれています。ルチアーノ[35]は適切な言語反応を精神遅滞を持つ子どもに教えるために、このような手続きを系統的に変化させて使っています。

時間遅延は視覚プロンプトのフェイドアウトにも使用することができます。絵と、その名称の文字とが書いてあるカードを使っている先生は、絵を隠して生徒が絵を見ずに文字だけでその単語がわかるのを数秒間待ちます。その間に生徒が反応できなかった場合には、絵が見せられます。スティーブンスとシュスター[54]は、同じような手続きを使って学習障害の生徒に15語のスペルを教えています。

トウチェットとハワード[60]は、モデルプロンプトをフェイドアウトするのに漸進的（少しずつ時間遅延の間隔を長くしていく）時間遅延を用いています。生徒たちは、文字あるいは単語が書かれた4枚のカードのうち1枚を指すように求められました。最初、教師は言語的S^Dを呈示するとすぐに正しいカードをさしました。生徒がプロンプトなしに反応できるようにする

ために、指さしは徐々にタイミングを遅らせて行なわれました。トウチェットとハワードの結果は、プロンプトが呈示されてからの反応よりも、呈示される前の反応がより強く強化されたとき、S^{D}だけに反応することがより効果的に学習されることを示しています。時間遅延法は、身体的なプロンプトを使用しているときにはもっと簡単に実施することができます。生徒に着脱を指導している教師は「パンツを上げなさい」と言った後で、手伝う前に、生徒が自分ひとりでその行動をするのを待つでしょう。

援助を徐々に増やしていく

ビリングズレイとローマー[6]は援助を増やしていく手続きを「援助を減らしていくアプローチを逆に使用するのと同じことだ」(p.6)と述べています。そして、援助を増やしていくことはまた、**最小限のプロンプトを使うシステム、最小プロンプトから最大プロンプト**と言うこともできます。この手続きを用いるときには、教師はS^{D}の呈示から始めます。そして、自身のレパートリーの中から次々と最小限のプロンプトを付け加えていき、生徒に反応の機会を与えます。教師の多くは、この用語を知らないまでも、言語的な最小プロンプトを使っています。もう一度あの英語の先生の例で考えてみてください。彼女は「これは名詞ですか」と言います。そして反応がないと、「ルールを思い出してごらん」とプロンプトを示しますが、やっぱり反応がありません。そこで彼女は「思いだしてごらんなさい。人、場所、あるいは事物ですよ」と言いますが、まだ反応は得られません。次に彼女は「人、場所、あるいは事物の名前ですか」というプロンプトを与えますが反応はありません。ついに彼女は「人、場所、あるいは事物の名前だったら名詞なのよ」と愚痴を言ってしまいます。こんなふうに文句を言ったり、欲求不満を感じることなく、援助を増やしていく手続きを行なっていくのは時には難しいことです。

プロンプトを増やしていく手続きは視覚プロンプトをフェイドアウトしていくのにも使用することができます。読みを習い始めた子どもたちには、最初は「boy」という単語だけが書かれたカードを見せて、読めなければ線画の描いてあるカードをみせ、最後にはちゃんとした少年の絵が書いてあるカードを見せることでしょう。モデリングでこの手続きを用いるとすると、まずジェスチャーを行ない、それから完全なデモンストレーションへと変化させていくと良いでしょう。身体的誘導では、ジェスチャーから始めて全面的なやり遂げ手続きへと変化させていきます。

プロンプトを増加させるときには、いろいろな種類のプロンプトを組み合わせて使うこともできます。テスト、スプーナー、クールとグロッシ[58]は公衆電話を使って、家に電話することを2人の青年に教えています。4つのレベルのプロンプトが使われました。「(a) ひとりで、トレーナーから何のプロンプトもなく、所定の時間内で求められた課題を行なう。(b) 言語的プロンプトによって、ひとりでは正しい反応ができないとき、トレーナーは求められた課題をどのようにするかを言語的に指示する。(c) 言語+ジェスチャーのプロンプトによって、言語的な指示で正しい反応ができないとき、トレーナーは言語的な指示に加え、課題をやって見せる。(d) 言語+誘導のプロンプトによって、他のプロンプトがうまくいかないときには、言語的な指示を与えながら身体的誘導を行なう」(p.162)。レ=グライスとグラムパイド[33]は同様の手続きで知的障害と身体障害を持つ4人の青年にVTRやパーソナルコンピューターの使い方を教えています。

プロンプトをフェイドアウトしていく方法の有効性

プロンプトのフェイドアウトについて報告している文献の対象のほとんどは、重・中度の障害を持った生徒たちです。よって結果を他のグループにも一般化するときには注意すべきでしょう。ある研究者は援助を増やしたり減らしていく方法よりも、時間遅延法の方がより効率的・経済的であると示唆しています[7,60]が、異議を唱える人もいます[15]。たくさんの研究の論評か

ら示唆されるのは、「少なくとも、重い障害を持った人々が行動を獲得するときには、援助を増やしていく方法より、援助を減らしていく方法の方が効果的であろう。漸進的な時間遅延法もやはり効果があり、特定の事例においては援助を増やしていく方法よりも有効である」[6(p.7)]。他の研究者[33]は、援助を増大していく方法の方がより効果的で、侵襲的でなく、教師の労力も少ないと述べています。現場の教師は、この不一致を過剰に気遣う必要はありません。「ある状況では、どの方法も無誤学習のように見える。ある方法でうまくいかなかったら他の方法を選択すればよい」[6(p.187)]でしょう。おのおのわれわれの観察からすると、一般の生徒や軽い障害を持った生徒に対しては、援助を増やしていく手続きが当然のように使用されていると思われるのですが、フェイドアウト方法の効果に一致した結果が見られないとすると、これらの生徒に対しても、どの方法が有効なのか、体系的な研究をしてみてもよいかもしれません。

プロンプトをフェイドアウトする方法の要約表

援助を増やしていく（最小援助、最小から最大プロンプト） 最も侵襲性の少ないプロンプトから初め、必要があれば、侵襲性のより高いプロンプトにする。

段階的誘導 全面的な身体的誘導から「シャドーイング（生徒に触れずに動作に追従する）」や遂行に使う身体部位から離れた場所に軽く触れる方法に減らす。

時間遅延 遅延時間は一定か、漸進的。プロンプトを数秒待ち、生徒に反応機会を与える。

援助を減らしていく（最大から最小プロンプト） できるだけ強力なプロンプトから開始する。標的行動が確実に生じるようになったら、次の、より侵襲的でないプロンプトに移る。

刺激制御を作り上げ、維持していく手続きは、強力なツールです。ひとたびすべてのプロンプトが取り除かれ、行動が刺激制御下におかれると、環境内で自然になされる強化を除いて強化がなくても、そして時には強化が用意されていないことを知っているときでさえ、その行動は生じ続け、時にはそれが長年にわたり続いていくこともあります。あなたは、午前3時のひとけのない交差点で信号が青になるのを待っていたことがありますか。もしあったなら、あなたは刺激制御の力について思い当たるはずです。

刺激制御の手続きは行動の獲得を促進するだけでなく、その般化や維持の促進にも役立ちます。近年、刺激制御は般化をプログラムする強力なツールの一つであると考えられるようになってきました。つまり般化をプログラムすることで、獲得されたスキルが最初に教えられたのとは異なる場面で実行できるようになったり、最初に教えた人がいなくなってもそのスキルを継続して実行できたりします[21, 22, 48]。般化や維持の問題と刺激制御との関係については11章で詳しく議論します。

次のお話では、グランディ教授がこの力について明らかにしてくれています。

禁　煙

20年間も大学の秘書をしているカドワラダーさんは、両腕いっぱいのポスターと顔いっぱいの笑みで、大学全体の事務スタッフミーティングから戻ってきました。「彼らは回覧や告知を信じてないんだわ。でもきっと信じるようになるわ」と、うれしそうに笑いました。「彼女が学部のビルに入ると、パイプと煙草の煙が鼻を刺激しました。「フー、やっとこれを追い払えるわ」と大声で言いました。彼女はせっせと共用区域から灰皿を取り除き、すべてのドアにポスターを貼りました。その大きく輝くポスターには禁止された行動への国際シンボルと、「このビルは禁煙です」の警告文がありました。

1時間くらい経って彼女が外に目をやると、グランディー教授がパイプを持って新しい表示をじっと眺めながらビルのガラスドアの外に立っていました。彼女がコンピューターの端末から顔を上げずに目の隅で観察していると、教授は肩をすくめながら、先ほどビルの外に

出した灰皿にパイプの灰を落としていました。「よし。刺激制御は教授にも効いているわ。教授はポスターに注目しているわ」

彼女は教授に機嫌よく、「おはようございます教授。新しい規則が教授を困らせなければよいのですが」と挨拶しました。

教授は「もちろん、大丈夫だとも。教授というものが、自分でコントロールできない習慣を持っていると思ってるのか」と文句を言って、郵便物と電話の伝言を手に取り部屋へ入っていきました。彼は椅子に座って机の上の灰皿にパイプを置き、仕事の準備をはじめました。まず電話の伝言を読んで電話を手に取りました。ダイヤルし終わると彼の手は自動的にパイプへ伸びましたが、ぱっと引っ込めて、電話をし終わると郵便を読み始めました。待ちわびていた研究レポートが入った大きな封筒をあけて、椅子に身を沈め足を組んだとき、また自動的にパイプに手が伸びました。

「これはちょっと考えていたより難しいぞ。私の日課になっている行動の多くがタバコを吸うことのS^D（弁別刺激）になっているようだ」と認めました。昼頃までに教授は、学生にアドバイスするとか、同僚と話し合うとか、次の授業の始まる直前とか、その他多くの刺激がタバコを吸うS^Dになっていることに気がつきました。教授は替わりの反応が必要だと思い、昼休みにコンビニへ行き飴を一袋買ってきました。

うまいことに午後からは、パイプの代わりにキャンディーに手を伸ばしていました。その日が終わる頃には、応用行動分析をきちんと理解している教授にとっては、自分自身の行動をコントロールすることさえ何でもないことだと、にこにこしてカドワラダーさんに請け合うのでした。

効果的なプロンプト

プロンプトを最も効果的に使用するためには、次のガイドラインに注意する必要があります。

1. プロンプトはS^Dに注意を向けさせるべきもので、S^Dから注意をそらすようなものであってはいけません。S^Dから空間的に、あるいは時間的に離れたプロンプトは余り効果がありません[46]。チェニーとスタイン[9]はS^Dと無関係なプロンプトを使うことは、プロンプトを使わなかったり試行錯誤でさせるときよりも効果がないだろうとを指摘しています。文字を読む手がかりにしようとイラストを使った先生の好意は、ときにはイラストというプロンプトが強調され過ぎて、文字ではなくてイラストに過剰に依存してしまう生徒を何人か作り出してしまうかもしれません。依存が生じやすい生徒には、イラストのまったくないテキストの方が適切な刺激によく注目できるために、うまくいくかもしれません。

2. プロンプトはできる限り弱いものであるべきです。弱いプロンプトで十分なときに強いプロンプトを使用しても役に立たないばかりか、刺激制御の形成を遅らせるかもしれません。一般に、最もよいプロンプトというのは、望ましい行動を自発させる最も弱いプロンプトです。強いプロンプトはしばしば妨害的なものとなります。強いプロンプトは環境の先行事象、すなわちS^Dを妨害し、本来その反応が遂行されるべきはずの環境や条件を決定的に変化させてしまいます。できるだけ妨害的でないプロンプトを使用するように最大の努力をするべきです。いつもそうだとは限りませんが、概して、視覚的・言語的プロンプトはモデリングよりも妨害的でなく、最も妨害的なものは身体的誘導です。しかし、幼稚園の子どもの手をやさしく押してパズルを作成する手助けをするのは、「別の方向へ向けろ」と大声を出すよりも多分妨害的でないでしょう。必要以上に強いプロンプトを使うのが望ましくないのは、それが効果的でないという

ことだけではありません。多くの生徒は強過ぎるプロンプトを嫌悪的なものと見ています[32]。生徒たちが「ヒントを出さないで、自分でするから」というとき、賢明な教師ならだまって見ているでしょう。
3．プロンプトはできるだけ早くフェイドアウトされるべきです。必要以上に長くプロンプトを使い続けると、S^Dがうまく機能しなくなる恐れがあります。プロンプトは必要な期間だけ用いて、できるだけ早くフェイドアウトし、生徒がS^Dよりもプロンプトに依存するのを避けるのが有能な教師です。九九の表をずっと教室に貼っていては、生徒は九九を暗記することはできないでしょう。
4．プロンプトの計画性のない使用は避けるべきです。正しい答のヒントがないかと生徒たちが注意深く教師の顔色を見ているのによく気がつきます。教師は顔色や声の調子がプロンプトになっていることにまったく気づいていないのでしょう。顔色や声の調子が意図的に使われたときには、どちらも不適切なプロンプトではありませんが、首を横に振りながら「このお話では、ジミーは本当に公園に行きたかったのですか」と、全員が「いいえ」と答えるような声の調子で聞くのは、お話の内容をちゃんと把握させたいと思っているのなら感心するやり方とは思えません。

複雑な行動を教える

ここまでのところは、すべての行動をS^D（必要があればプロンプトを使って）と強化によって出現する、単純で断続した行為のように考えて、刺激制御下に置くことをお話してきました。ところが、私たちが生徒に学習してもらいたいことの多くは単純な行動ではなく、S^Dが呈示されたときに、系列的にそのような断続した行動を遂行することです。機能的なスキルや学業スキル、社会的スキルのほとんどが、この複雑な特性を持っています。行動の系列を教えることについて考える前に、複雑な課題をもっと緻密に分析してみなければなりません。

課題分析

生徒に複雑な行動の連鎖を獲得させようとするときにぶつかる最も大変な問題は、行動連鎖をどのようなステップで教えるか、どんなリンクまたは構成要素が連鎖に含まれているか、リンクをどんな順番でつなげるか、を正確に決めることです。複雑な行動をその構成要素へと細かく分けていく過程は、課題分析と呼ばれています。課題分析にはかなりの手腕を必要としますが、スプーンで食べることから、学期末レポートを書くことにまで応用できます。一般的には、学業行動や社会的行動に関係したことよりも、運動に関する課題の方がおそらく簡単に分析できるでしょうが、分析はすべての行動を教えていくときに等しく重要です。もともと課題分析は、重度・最重度の障害を持つ生徒にステップ・バイ・ステップで教えていくために、課題を基礎的なスキルに分解することに用いられてきました。しかし、障害を持つ人だけではなく、どんな生徒にも、どんな課題を分析するためにも有用な道具となります。

課題分析の基本的な考え方を学ぶためには、上着を着るというような簡単な課題を選んで、正しい順番でその構成要素を記録してみるとよいでしょう。それから、あなたの考えたステップを我慢強い友達に順序正しく読み聞かせ、同時にそのとおりに実行してもらいます。心配しなくてもあなたは次にはもっとうまくできるようになるでしょう。著者の一人はこの課題を中間試験の一部分として出題しています。袖から足がでてくるようなプログラムでない限り合格点はもらえます。

課題分析は、重度・最重度の障害を持った人に複雑な機能的技能や職業技能を教えるプログ

ラムの基本となります。一つの課題をできる限り細かい構成要素に分解することによって、誰にでも、どんなことでも教えていくことが理論上は可能です。しかし時間的制約が、それを不可能にしています。にもかかわらず、方法としては存在します。最終的な行動とその構成要素を知り、強化できさえすれば、教師自身はできない行動を生徒ができるように教えることも可能です[28]。信じられないような早業でチャージしている生徒たちに中年のちょっと太った体育のコーチが声援を送っている様子を想像してみ

てください。その早業を教えたのは彼ですが、彼自身がそれをやっている姿を思い浮かべると笑えてしまいます。

モイアーとダーディッグ[41]は課題分析の基本的な枠組みを提示しています。最初のステップはいつでも、その課題を学習するためには、どんなスキルや概念を生徒が既に持っていなければならないかを決定することです。つまりスキルを学習するための前提条件です。鉛筆の持ち方を知らない子どもに字を書くことを教えようとはしないでしょうし、掛け算のできない子ど

表9-1　公衆電話を使うための課題分析と各課題の制限時間

ステップ	制限時間
1．公衆電話のところに行く	2分
2．電話番号を見つける	1分
3．正しいコインを選ぶ	30秒
4．左手で受話器を取る	10秒
5．受話器を左の耳につけてダイアルトーンを聞く	10秒
6．最初のコインを入れる	20秒
7．次のコインを入れる	20秒
8-14．7桁の番号をダイアルする	各10秒
15．呼び出し音を少なくとも5回まで待つ	25秒
16．誰かが答えたら、会話を始める	5秒
17．電話が話中なら、受話器を戻してお金を取る	15秒

表9-2　食事準備の課題分析

粉ジュース	クラッカー
1．スプーンを用意する	1．お皿を用意する
2．粉ジュースを用意する	2．テーブルナイフを用意する
3．ピッチャーを用意する	3．クラッカーを用意する
4．カップを用意する	4．アルミホイルを用意する
5．ピッチャーにスプーン2杯入れる	5．冷蔵庫から塗るものを2つ出す
6．ピッチャーを流しに持っていく	6．箱から10個クラッカーを出す
7．線まで水を入れる	7．クラッカーの半分に1種類を塗る
8．ふたをする	8．きれいなフキンでナイフを拭く
9．ピッチャーをテーブルに戻す	9．もう1種類を塗る
10．ふたを取る	10．塗るものを戻す
11．かき混ぜる	11．クラッカーを戻す
12．ふたをする	12．ナイフを流しに入れる
13．スプーンを流しに置く	13．アルミホイルを切り取る
14．粉ジュースを戻す	14．2枚を残してホイルに並べる
15．ジュースをコップに注ぐ	15．クラッカーをホイルで包む
16．ピッチャーを戻す	16．包んだクラッカーを冷蔵庫に入れる

もに最小公倍数を計算しなさいとは言わないでしょう。どんな新しい課題を分析するときにも、「これを学習するためには、何を既に知っていなければならないのだろうか」と問いかけてみることが重要です。指導の前にこういう問いかけをする教師が増えたら、学校で慢性的機能不全になっている生徒は少なくなるでしょう。課題分析を始める前に必要なスキルをリストアップするのは良いことですが、分析の最も価値ある点は、実際に課題を進めていくと必要なスキルがさらに見つかることです。

課題分析をはじめる前に、その課題を実行するのに必要な物もリストアップしておきましょう。これも同じように、課題を進めていくうちに必要な物が明らかになってくるでしょう。結局、分析の際には、その課題を行なうために必要なすべての要素をリストアップしなければなりません。課題分析を単に経験から行なうことも可能ですが、その課題を実行できる人を観察することも助けとなります[41]し、その人にステップを言語化しながらやってもらうのも大いに役に立つでしょう。

テストら[59]は表9-1に示してある課題分析を導き出すために、プッシュホン式公衆電話を使うステップをある成人に尋ねています。その後、障害を持つ青年に電話の使い方を教えるプログラムを作るのに、この課題分析を使っています。表9-2は、食事の準備をする課題分析の2つの例です[66]。次のお話は、「できる人のやり方を見て」ステップをリストアップする方法で課題分析をした例です。

カドワラダーさん、課題を分析する

コンピューター会社からのコンサルタントが、カドワラダーさんの部屋で彼女が気づくのを待っています。そしておずおずと話しかけました。「済みません。エー、新しいコンピューターを設置するために来たんですが」

「ああ、そう。待ち遠しいわ」。彼女はにこやかに答えました。コンサルタントは怪訝な顔で彼女を見ました。彼の経験からすると、大抵の事務職員は現在のシステムに固執して、新しい技術の導入にとても強く抵抗するからです。彼女のような人に会うのは初めてでした。

その若い男はプラグを入れたり抜いたりしながら、CPUやメモリー、ビット、チップ、ウィルス、スプレッドシート、インターフェース、バッファー、その他の難解なことについて始終ぶつぶつ言っていました。カドワラダーさんは彼を無視して仕事を続けていました。やがて彼はうれしそうにシステムが完成したと告げ、帰る準備をはじめました。

「ちょっと待って」。カドワラダーさんは毅然と言いながら、ペンとノートを取り出しました。そして「あなたは私がこのシステムをきちんと使えるスキルを持っていると思っているようだけど、ワープロを起動させて操作するのにどんな手順が必要かちゃんと見せてもらう必要があるの。各ステップで何をするかを正確に書き留められるようにやって見せてくださいな。じゃあ、始めて」と言いました。

「でも、これは最新のシステムで、ネットからメインフレームにアクセスしてアップデートファイルをダウンロードできます」と、コンサルタントは抵抗しましたが、カドワラダーさんのしかめ面がコンサルタントを黙らせました。

「第1ステップは？」。彼女はプロンプトしました。コンサルタントは各ステップの説明をしながら、順番にやって見せ（彼女は大抵のコンピュータープログラマーは強要されると大変上手にやりこなすことを知っていました）、彼女は注意深くそれを書きとめました。この課題分析は彼女自身に役立つだけでなく、学部の教授たちにこの新しいコンピューターソフトの使い方を教えるのにも便利だと気づいていました。彼女は、ちょっとシュンとしているコンサルタントに感謝し、静かにため息をつきました。

「私が思ってたとおり、たいしたことではないのよ。教授たちの多くはちょっと教えてあげればすぐに使えるようになるわ。どっちみち、彼らは能率の悪いワードプロセッサを何年も使ってきたのだから。でも、あーやれやれ、手書きの下書きをタイプし直さなくていいことにグランディ教授が気づいて、ワードプロセッサの使い方を覚えるまで、まだまだだわ」

先に、課題分析のスキルを獲得するには、単純な運動課題をその前提条件と構成要素に分解することから始めるのがよいと提案しました。この後のセクションで行動連鎖の指導について討論しますが、そこにたくさんの例を示しています。料理をする人にとっては、たくさんのレシピが課題分析のモデルになります。料理の前提条件となる概念やスキルの重要性については、料理をしない人の方が容易に理解できるでしょう。レシピの最初に「まず若鶏の骨を抜く」と書いてあるのを見ても、基本的な概念とスキルがわかりません。「骨を抜く？　もうほとんど骨だけみたいだけど？　若い？　パッケージには、この鳥の誕生日は書いていないけど。今日がまだ賞味期限の前だったら、若いことになるの？　一体全体どうしたらいいの？」。骨抜きというのが身から骨を取り去ることだと知らされたとき、構成要素となるスキルについての重大な問題が出てきます。鶏から骨を抜くという課題はそれ自身、分析の必要な課題なのです。しかし、その分析はまだ十分ではありません。そのステップを単に読んだり、料理番組の先生（そのスキルを確実にマスターしている）の手際を観察しても十分ではありません。骨を抜くことだとわかったとしても、それができるわけではありません。少なくとも、料理のできないわれわれは教えてもらわなければなりません。われわれが個々の要素を学習し、それら全部の流れを学習するのを手助けしてくれる人が必要です。その課題をさらにもっと複雑な課題の中へ組み入れていくことができたら、すばらしいカセロールができるでしょう。きちんとした要素をマスターしていないと、ピザの宅配を頼まなければならなくなるかもしれません。

連鎖化

課題分析の要素は、行動分析家が**行動連鎖**と呼ぶものを形成しています。理想的な課題分析は、生徒が言語指示かデモンストレーションだけで遂行できる構成要素に課題を分解することでしょう。一般的な生徒や、軽度障害を持つ生徒には、多くの場合、この方法で教えることができます。より典型的な連鎖の構成は、言語指示で生徒が遂行できる行動（刺激制御下にある行動）が主で、これに新しく教える必要のある行動が2、3、組み合わされたものです。既に生徒の行動レパートリーにある構成要素からなる連鎖を教える場合、中心となるポイントは、1つのS^Dを呈示するだけで一連の行動を遂行することの獲得になります。例えば、「算数の課題をする準備をしなさい」と指示を与えた場合を考えてみてください。何人かは算数のワークブックを出しますが、あるものはそれを見てあわててワークブックをだし、教師は「早くしなさい」とプロンプト（小言？）し、何人かは鉛筆を出し、完全に訳がわからなくなって呆然としている生徒も何人かいるでしょう。算数の課題の準備をするプロセスは、実際に次のような行動を一連のものとして行なうことなのです。

1．机の上のものを片づける。
2．算数のワークブックを出す。
3．鉛筆を出す。
4．次の指示を静かに待つ。

このクラスの生徒はそれぞれの行動はできるでしょうが、それらの行動は「準備しなさい」というS^Dの制御下には置かれていません。教師は、教示を与えたときに行動の連鎖が出現するようにしなければなりません。最初は、常に「算数の課題をする準備をしなさい」という指示か

ら開始するものの、おのおのの要素的行動に個々に指示を与え、生徒が従えば強化していきます。やがて、2つの構成要素がつながってきて、強化も2つの連鎖が行なわれた後にだけ呈示されるようになります。最後には、教師がS^Dだけを呈示すれば済むようになるでしょう。そうなったとき、生徒が行動連鎖を獲得したことになります。

行動連鎖とは、強化子を獲得するために遂行しなければならない一連の行動です。複雑な人間行動の多くは、このような連鎖から、時には1ダースあるいは数百ものステップから成り立っています。強化は、普通一番最後のステップが完了したときにだけ生じます。個々の行動を一連の順で生じさせ強化することで、複雑な行動を形成していく手続きを<u>連鎖化</u>といいます。

行動連鎖の開発プロセスを理解するためには、次のことを思い出してください。すなわち、第1に、どんな刺激もその機能によって定義されていなければならず、同一の刺激であっても異なる機能を持っているかもしれません。これと同じく、連鎖に含まれている行動も、複数の機能を同時に果たしています。算数の課題をするという連鎖について考えてみましょう。連鎖が完全に確立されているときには、連鎖の一番最後のリンクにだけ強化が生じます。しかしながら、連鎖の最終リンクは強化と対になっているので、それは条件性強化子となり、その前のリンクの出現率を高めるようになります。おのおののリンクは次々と前のリンクと対になっていきます。すなわち、おのおののリンクはすぐ直前のリンクの条件性強化子として働きます。

われわれは、また別の角度から行動連鎖を見ていくこともできます。すなわち、おのおののリンクはすぐその後にくるリンクのための弁別刺激としても働いているということです。もう一度算数の練習をする連鎖について考えてみましょう。

1. 机の上のものを片づける（ステップ②のためのS^D）。
2. 算数のワークブックを出す（ステップ①の条件性強化子、ステップ③のためのS^D）。
3. 鉛筆を出す（ステップ②のための条件性強化子、ステップ④のためのS^D）。
4. 次の指示を静かに待つ（ステップ③の条件性強化子）。

おのおののリンクは直後のリンクの強化子となり出現率を高め、同時にS^Dとして手がかりとなり次のリンクを特定します[16, 52]。テストとスプーナー[58]は日常的な例を挙げてこれを説明しています。ディナーに招待されて、その家までの道順をたどっていきます。案内書には次のように書かれています。「(a)あなたの家から北へ最初の一時停止標識まで行く、(b)右へ曲がる（右に曲がったらすぐに左に黄色い家が見る）、(c)信号を2つ進む（一時停止標識ではない）、(d)2つ目の信号を左に折れて、(e)独立記念大通りを右に行く(p.12)。図9-2は連鎖内のリンクが、強化子とS^D（著者は手がかりという言葉をS^Dと同義に使っています）としてどのように働いているかを図示しています。

レベルを変えて考えると、われわれの例で述べた例も同様に、連鎖を構成する個々のリンクも連鎖として記述することができます。すなわち、「机の上を片づける」ことは、本やノートを手に取り、次に机の引き出しを開けて、そして本を机の中に入れることです。「本を手に取る」こともまた行動連鎖として考えられます。つまり、腕を上げて、次にそれを延ばし、手を広げて、本をつかんで、最後に腕を上げる、というようにです。「本をつかむ」ことも、また実際は行動連鎖になっていて、親指を置いて……けれど、ちょっと待ってください。われわれは、このやり方を2つの方向に進めていくことができます。つまり、行動を分解して特定化する方向と、組み合わせてより複雑にしていく方向です。われわれの例の教師も、学年末には「さあみんな、算数の課題として142ページのはじめの10問をやってください」というかもしれません。すると生徒はさっそく、

1. 算数の課題の準備をする。
2. ワークブックを開く。
3. 鉛筆を持つ。そして、

```
         ┌──────────┐              ┌──────────┐
         │最初の一時停止│              │左手に黄色い家│
         │標識まで行く │              │を見る    │
         └──────────┘              └──────────┘
           手がかり                   強化子－手がかり
                  ╲                  ╱    ⇑    ╲
                   ╲                ╱          ╲
              最初の反応        両方の機能      第2の反応
              ┌────────┐                  ┌──────────┐
              │右に曲がる│                  │信号を2つ進む│
              └────────┘                  └──────────┘
```

図9－2　図式化された連鎖の実行例

出典：Test D.W. & Spooner, F., 1995. *Community-based instructional support.* American Association on Mental Retardation. 許可を得て転載

4．課題を完成させる。

でしょう。

　ここでは、最初の連鎖は、より複雑な連鎖の単なる1つのリンクに過ぎなくなりました。単純な行動がより長く複雑なものになっていく連鎖化のプロセスこそが、人間の行動という最も精巧で高度に洗練された形態を作り出しているのです。多くの生徒たちは、個々のリンクに対して言語的プロンプトやデモンストレーションを受け、行動連鎖を獲得します。プロンプトはやがてフェイドアウトされ、リンクは結合されていきます[5]。しかし、それがうまくいかない生徒では、連鎖の習得度合いに応じて、連鎖の一つひとつのステップの幾つか、あるいはすべてを、より入念なプロンプト手続きを使用して、教えなければならないかもしれません。そのような生徒たちに、行動連鎖を教えるための手続きが幾つかあります。よく使用されるものは逆行性連鎖化、順行性連鎖化、そして全課題呈示法です。

逆行性連鎖化

　逆行性連鎖化では、連鎖の構成要素が逆の順に獲得されていきます。最後の構成要素が最初に教えられ、他のものが1つずつ加えられていきます。デルバートとハーモン[12]は、子どもに自分で洋服を脱ぐことを教えるための逆行性連鎖化の手続きを示しています。子どもに「ティミー、シャツを脱ぎなさい」と指示し、頭までシャツを引き上げます。子どもの腕は袖から抜かれ、襟はちょうど目の辺りにくるようになります。もし子どもが自分でシャツを脱ごうとしなかったなら、身体的誘導をします。そして一次性強化と社会的な強化が与えられます。このステップをマスターするまで訓練を続けます。次のステップでは、襟は首のところに、その後のステップでは、片腕を、次には両腕を袖に残したままにします。「ティミー、シャツを脱ぎなさい」というS^Dは常に呈示され、強化は課題が完全に行なえたときにだけ与えられます。このやり方でいろいろな服の脱衣が教えられ、その後「ティミー、シャツを脱ぎなさい」という指示が刺激制御をが獲得するまで、ステップがつなげられます。

順行性連鎖化

　順行性連鎖化を用いる場合には、まず連鎖の最初のリンクから始めて、それをマスターするまで訓練し、その後次のリンクへ進めていきます。生徒は、それまでに修得したステップのすべてをやり遂げることが毎回要求されることもありますし、おのおののステップが別々に訓練されて、最後に連鎖として結合させられること

もあります[44]。脱衣を順行性連鎖化で訓練するときには、最初すべての服を着させておいて、「ティミー、シャツを脱ぎなさい」と指示し、ティミーが腕を交差させてシャツの裾をつかむのに必要なプロンプトをします。ティミーが確実にこの行動ができるようになったら、シャツが全部脱げるようになるまでステップをつけ加えていきます。学習指導には多くの順行性連鎖化が使われていることがすぐに思い浮かぶでしょう。1年生担当の教師が生徒にアルファベットの文字を順に書かせようとするときには、まずAから始め、そして生徒たちが続けて26個の文字をすべて書けるようになるまで1日に1文字ずつ加えていくでしょう。科学の教師が生徒に元素周期表の元素を順序どおりに覚えさせようとするときには、最初は数個から始め、毎日数個を加えていきます。生徒に詩を暗唱させるときには、最初の1行が暗唱できるようになったら、次の1行をつけ加えていきます。真面目な教師なら、レポートの宿題（これはかなり複雑な連鎖です）を出すとき、まず参考文献のの見つけ方を教え、メモの取り方、構成の仕方、そして、下書きをして、最終的な原稿を提出するよう教えてくれるでしょう。

全課題呈示法

全課題呈示法を用いるときには、連鎖全体をマスターするまで、生徒にすべてのステップを順に遂行させます。全課題呈示法が特に適しているのは、課題連鎖の幾つか、あるいはすべての要素をマスターしてはいても、それを順に行なうことができないような場合です。しかし、この方法でまったく新しい連鎖を教えていくことも可能です[49,50,62]。概して、全課題呈示法は障害を持つ生徒に機能的なスキルを教えるのに最も適切で効果的な方法であると考えられています[20,30,51]。

学業的連鎖の多くは全課題呈示法を用いて形成されます。大きな数字の割り算を教えようとしている算数の教師は、大抵の場合、生徒が解き方をマスターするまで、いろいろな手助けをしながら、ある問題をまるまる1つ解くことを生徒に要求します。地理の時間には特定の場所の経度や緯度を探すすべてのプロセスを練習しますし、生物の授業で顕微鏡の使い方を学ぶときも同じです。

中度・重度の障害を持つ生徒に機能的スキルを教える際には、順行性・逆行性連鎖化よりも、全課題呈示法がより効果的と思われます[59]が、順行性・逆行性連鎖化も場合によっては確かに効果があります。連鎖化の手続きを選ぶ際のわれわれからのアドバイスはここでもまた、現場の教師が、その専門的判断から最も効果的に思える手続きを試してみて、もしそれがダメならほかのやり方を行なってみる、ことです。教師は定期的に専門書を読まねばならないことを、ここでも繰り返しておきましょう。効果的な管理や指導の技術に関する新しい考え方は絶えず公表されます。

シェイピングのための分化強化

この章でこれまで述べてきた行動的な手続きでは、ある程度プロンプトすれば、生徒は標的行動の構成要素を遂行できることを仮定しています。それ故、求められた行動を特定の刺激制御のもとに置くための分化強化が強調されてきました。しかし、生徒にしてほしいと思っている行動の多くは、生徒の行動レパートリーにないものです。このような行動に対しては別のアプローチが必要です。それは<u>シェイピング</u>と呼ばれるものです。シェイピングとは、特定された標的行動へ漸次的に接近していくための分化強化と定義されます。ベッカー、エンゲルマンとトーマス[5]は、シェイピングの非常に重要な点を2つ挙げています。それは、分化強化と強化基準を変更することです。この場合の分化強化とは、ある基準を満たす反応は強化し、基準

を満たさない反応は強化しないことです。強化のための基準は標的行動に接近するよう少しずつ変化させていきます。

分化強化という用語は、刺激制御を形成するときにも用いられますが、使い方が多少違います。刺激制御を成立させていく段階では、弁別刺激が存在しているときの反応が強化されます。すなわち反応はS^Dが呈示されているときには強化され、同じ反応であってもS^Δが呈示されていれば強化されません。強化するかしないかの区別は先行刺激に依存しています。シェイピングの手続きにおいては、分化強化は標的行動に漸次的に接近した(あるいはだんだん近くなる)反応に対して適用されます。シェイピングとフェイディングを混同することは良くあることです。なぜなら両方とも分化強化と段階的な変化を含んでいるからです。次に述べるガイドラインはその違いを明白にしています。

1．フェイディングは既に学習された行動を別の刺激の制御下におくために用いられます。一方、シェイピングは新しい行動を教えるために用いられます。
2．フェイディングが使用されているときは、行動それ自身は変化しません。先行刺激だけが変化します。一方、シェイピングにおいては行動それ自身が変化します。
3．フェイディングでは、先行刺激が操作されます。一方、シェイピングでは結果が操作されます。シェイピングは刺激制御の手続きとは異なります。シェイピングが本章で説明されているのは、多くの指導方略の不可欠な部分であり、刺激制御・プロンプト・フェイディング・連鎖化の成分と組み合わされるからです。

上手なシェイピングプログラムを立案するためには、<u>最終行動</u>（terminal behavior）、つまり介入の望ましい目標を最初に明確にしなくてはなりません。それは生徒の行動レパートリーに現在は存在しない行動かもしれません。次に、<u>初期行動</u>（initial behavior）、つまり生徒の行動のレパートリーの中に現在あって、最終行動に何らかの重要な次元が似ている行動を見つけます。また、最終行動に漸次的に接近していく<u>中間的</u>（intermediate）行動も見つかるかもしれません[37]。一連のステップの中で各中間的な行動は、定着するまで強化され、その後に次のステップへ強化基準が変更されます。

パニヤン[43]は行動が形成される道筋の次元を幾つか報告しています。それらは第3章で紹介したものと似ています。最も基本的なものは、行動の**反応型**や**体裁**です。他には、反応をしている時間である**持続時間**、S^Dの呈示から反応までの時間である**潜時**、行動のスピードや流暢性を表わす**率**、反応の**強度**などがあります。

反応型の次元で行動をシェイピングしていく例には、重度の障害を持つ子どもへの音声模倣の指導があります。教師はS^D（例えば「アー」の音声）を呈示し、正確な模倣反応に徐々に近くなるよう生徒の音声を強化していきます。教師は最初、生徒のすべての音声（初期行動）を強化し、その次には母音様の音（中間的行動）だけ、最後には「アー」に正確な模倣音（最終行動）だけを強化するようにします。自閉症の子どもの言語訓練では、ある発声が以前の発声よりも標的行動に近いかどうかを判断するのが難しいことがたびたびあります。教師の行動をシェイピングするスーパーバイザーの指導のもとでの長期の経験こそが、この技術を進歩させます。野球やゴルフでの正しいスイングや体操やフェンシングでの正しい姿勢、スケートやダンスの正しいフォームを教えるために、コーチは漸次的に反応を強化していきます。

多くの教師は行動の持続時間に関心があります。多動や注意集中困難と呼ばれる障害を持つ生徒たちにとっては、所定の場所で決まった時間、課題を遂行することは、彼らに対する援助の重要な部分です。教師がハロルドに20分間の勉強時間中ずっと席についてほしいと考えているとしましょう。ハロルドが着席している時間は平均2分で、長くても5分以上席についているのが観察されたことは一度もありません。20分間着席していたら強化を与えようとするプログラムでは、一度も強化されないでしょう。このアプローチの替わりに、標的行動を20分間の

着席にしたまま、次に述べるような段階的に連続した基準を設定します。

1. ハロルドが3分間着席している。
2. ハロルドが5分間着席している。
3. ハロルドが10分間着席している。
4. ハロルドが15分間着席している。
5. ハロルドが20分間着席している。

この例には、シェイピングに必要とされるまた別のスキルが示されています。それは目標へ到達するステップの大きさを決めることです。もしステップが小さ過ぎれば、時間がかかり能率的ではありません。ステップが大き過ぎたならば、生徒の反応は強化されず、消去されてしまうでしょう。最後に考えなければらないことは、各ステップをどのくらいの長さ続け、次のステップに移行するかということです。つまり、行動をしっかりと確立するのに十分な時間であって、しかもそのレベルに凝り固まってしまわない程度の長さです。

プログラムを始める前にこれらの決定をすべて行なうのは、必ずしも可能なことではありません。例えば、ハロルドはまる1週間の間一貫して5分間の着席ができたものの、10分間の着席には失敗するかもしれません。そのときは、前の5分に（時には4分に）基準を引き下げ、今度はもっと細かな時間増加をしていかねばなりません。プログラム進行の評価と調節はシェイピング手続きの成功には極めて重要です。

潜時、つまりS^Dが呈示されてから生徒の反応が起きるまでの時間についての関心は、大抵が潜時を少なくさせることです。例えば、教師が「算数の課題の準備をしなさい」と言うときは、素早くそれをすることを望んでいます。また指導の進行に伴って、文字カードや計算カードに生徒が素早く反応できるようになってほしいのです。しかし、時には反応潜時を長くしたいときもあります。衝動的と呼ばれるような子どもの場合にこれが当てはまります。その子どもたちは、反応の前にちょっと止まって考える必要があります。どちらの場合でも、他の次元と同じように、潜時のシェイピングが進行していきます。生徒の現在の潜時から始めて、望ましい反応潜時が達成されるまでだんだんと潜時を短くしたり、長くしたりします。

反応のスピードや率、流暢さをシェイピングしていくのは大切です。障害を持つ多くの子ど

教授に対するおれたちの
行動形成のたくらみを知ったら、
教授はどう反応するかな？

もたちは、通常の学級で適切に行動することができません。それは、適切な行動ができないからではなくて、教室の他の子どもたちと同じ早さではできないためです。例えば、時間制限付きのテストで正確に課題をこなすことが試みられ、テストを繰り返していくことで正しい反応数が増えていくことが期待されるならば、流暢性が形成されます。びっくりするような反応率になるまで流暢性がシェイピングされている例が、日常生活の中にはたくさんあります。お金を数えている経験豊富なレジ係や銀行員、玉ねぎを切るコック、職人などです。筆者の一人が、最近、ソフトドリンクの機械を補充する職人さんに会いました。感心して見とれていると、「はい、1分で300杯分補充。どうやってやるのか、みんなに教えてやってと頼まれるんだ」と彼はニッと笑って言いました。シェイピングによって作られた高い反応率は、感嘆と尊敬によって明らかに強化を受け続けています。

力や強度の例としては、生徒の声の大きさ、筆圧、組み立て作業でのネジの締め具合などが挙げられるでしょう。それらの行動も、他の多くの例と同様、強度を強める方向と弱める方向でシェイピングが必要かもしれません。

シェイピングは極めて有用な指導方法です。すべての能力レベルの生徒において、彼らの新しい行動をつくっていく手段を提供します。しかし、シェイピングを単独で使うよりは、他の方法と組み合わせて使う方が効果的かもしれません。

既に述べたように、シェイピングとフェイディングはたびたび組み合わされて用いられます。次の例は組み合わせた手続きを紹介しています。

ウォリス学級、Aの字を書くことを学ぶ

ウォリス先生は生徒たちにAという文字を書くことを教えようとしました。最初、彼女は「大文字のAを書きなさい」といっただけでした。このS^{D}に対して、生徒たちは何も反応しませんでした。「図を見てごらん、これと同じように書きなさい」。先生は言いました。この視覚プロンプトに反応して、何人かはとても上手にAを書いてみせました。しかし、

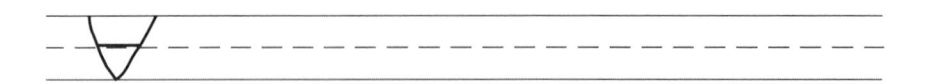

「ハロルド、これは図に書いてあるのと同じなの」と、ウォリス先生は聞きました。それから彼女は幾つかの言語指示を試みてみました。「テントみたいに2本の斜線を書いてごらんなさい。それから真ん中を横切る別の線を書きます」。この言語プロンプトは何人かの生徒でうまくいきました。しかし、

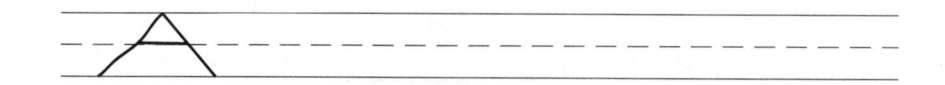

「ラルフ、あなたのテントは少し平たいわ」ウォリス先生はため息をつきました。やけっぱちになってウォリス先生は、彼女の生徒たちの手をとって正しい動きをするように身体誘導をしながら部屋を歩き回りました。身体的プロンプトは多くの生徒に対してうまくいきました。しかし、

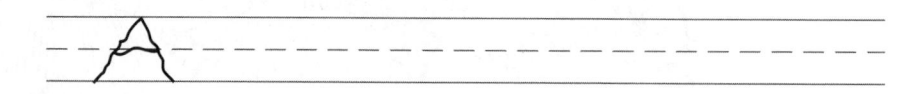

「メリーサ、お願いだから手をリラックスさせてみて、あなたを助けてあげようとしているだけなんだから」ウォリス先生は嘆きました。

午後、職員室でウォリス先生は涙ながらに「これをあと25回やるなんて、とてもできないわ」といいました。すると意地悪な同僚が、小文字をいれるのを忘れているから、あと51回やらなければならないと指摘しました。ウォリス先生がヒステリーを起こす前に、経験豊かな1年生の先生が次のようなワークシートを見せました。そして、

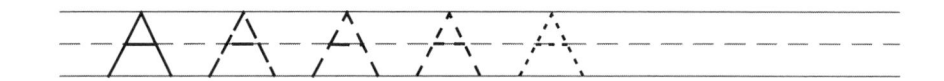

$$\text{-----A-----A-----A-----A-----A-----}$$

「わかるでしょ。なぞり書きの手がかりが、だんだん少なくなって、最後には自分で書くようになっているでしょう。あなたは、手助けなしでAを書くという最終行動に、より近い行動を強化すればいいのよ」と、ウェザビー先生はいいました。

要　約

この章では、単純な行動であれ複雑なものであれ、生徒たちに行動を教える手助けとなるいろいろなスキルについて学んできました。生徒の行動を刺激制御下におくための分化強化のプロセス、単純な行動、複雑な行動を先行刺激の制御下におくためのプロセスについて論じました。言語的・視覚的・身体的プロンプト、モデリングについて、それらをフェイドアウトする系統的な手続きと共に見てきました。課題分析、逆行性連鎖化、順行連鎖化、そして全課題呈示法について説明しました。最後に、生徒が現在できない行動を形成する手続きについて提言しました。

議論のテーマ

1. あなたの適切な行動を引き起こす刺激と、不適切な行動を引き起こす刺激を環境の中から見つけて述べなさい。
2. 課題を十分に小さく分解すれば、どんな人にでもどんなことでも教えられるというのは、正しいかそれとも誤りか？　その理由を説明しなさい。
3. シェイピング、フェイディング、連鎖化を使って複雑な行動を教えるプログラムを作りなさい。
4. 概念の獲得を促進する一連のプロンプトを考えなさい。
5. 毎日の日課についてグループで課題分析をしてみなさい。自分たちのグループの分析を他のグループの人たちに見せて、実行できるかやってみなさい。難しい部分があれば、課題分析をやり直すか、この章の中で述べた指導手続きのどれかを使い、解決しなさい。

第10章　機能査定と機能分析

あなたは次のことをご存じですか
・不適切な行動も目的を果たしている。
・教師、生徒、両親はそれがどんな目的かを知っている。
・先行条件も結果と同じくらい行動に影響をおよぼしている。
・何人かの生徒はとても逃避が上手である。

他の方略の必要性

　このテキストで今まで述べられてきた手続きは、多くの事例、生徒、状況行動のタイプにおいて有効であることが確かめられてきています。しかし残念ながら、時には不適切行動が変化しにくかったり、たとえ変化させることができたとしても、別の新しい問題が出現してしまうこともあります。次の例について考えてみてください。

　ホイッター中学校では喧嘩に対する処分として3日間特別室授業を受けることになっています。この期間中、処分を下された生徒は校長室と隣り合った学習室で終日プリント学習をしなければなりません。また、そこではおしゃべりをすることも共同で作業することも許されてはいません。今までは喧嘩はとてもまれな行動でした。ところが突然、ここ数週間の間に、校長のフェルプス女史は1日に数件の喧嘩を扱うことになりました。喧嘩に加わった生徒に対し面接を繰り返しても、ほとんど情報を得ることができませんでした。「よく知らないやつが突然近づいてきて俺を殴ったんだ」。フェルプス先生は喧嘩をそそのかした生徒を2、3人まで絞りましたが、彼らの行動の明確な理由を突き止めることはできませんでした。先生が尋ねても、彼らは肩をすくめそっぽを向くだけでした。彼女は気温によって攻撃性が引き起こされるのではないかと思いました（教室には空調がなく、厳しい冬の天候は学年末の6月までおよんでいました）。原因はどうあれ、処罰期間が4日間に延長されても、何人かの生徒たちにはその処分の効果がなくなってきていました。

　ウィルキンス氏が担任をしている、発達に遅れのある子どもたちのクラスにアンジェラが入ってきました。アンジェラは金切り声を上げます。ウィルキンス先生はアンジェラの金切り声を減らすためにタイムアウト手続きを使うことを決めました。予想どおりアンジェラは金切り声をやめたのですが、今度は大人や他の子どもを見境なく叩き始めました。ウィルキンス先生は簡単にはあきらめずに、アンジェラが他の人を叩いたときにもタイム

アウトを適用しました。やがてアンジェラは自分の頭を床に打ちつけ始めました。先生は、タイムアウト中に彼女が頭を床に打ちつけて自分自身を傷つけることを放っておけなかったので、ついに彼女への介入をあきらめてしまいました。先生はタイムアウト手続きをやめ、アンジェラは次第に再び金切り声を発するようになりました。

上のどちらの例も、先生たちが扱っているのは、見たところ一貫性のない行動と、その行動を制御している先行条件や結果条件についての情報を伝えることができない、あるいは伝えようとはしない生徒です。過去において効果が認められてきた技法を用いることで、そのような行動を防止しようとする試みがなされてきましたが、先の例ではこうした試みは成功してきてはいません。その行動の型や反応型は、これまでわれわれが見たことのあるなじみの行動に似ています。問題は、行動の型にわれわれが先入観を持ってしまったがために、その本来の機能を見落としてしまったことにあるのかもしれません。言い換えれば、行動の型を分析しても、生徒がどのような目的でその行動をしたのかを正確に査定することはできないといえます。こうした場合には**機能査定／分析**（functional assessment/analysis）[43]として知られている、もっと複雑な手続きが、更なる指針をもたらすかもしれません。

このテキストを通じて、介入を計画するときには、できるだけ単純で実施可能な方法を用いることを強調してきました。本章において提案したいことは、疑う余地もなく、今まで述べてきた中で最も複雑で時間のかかるものです。しかしながらこれらの手続きは、より単純な技法では効果がないような行動を嫌悪的方法なしで教師や両親が変化させることを可能にするでしょう。行動が果たしているかもしれない機能を幾つか述べた後で、2つの段階をとおして機能査定と分析を検討します。第1の段階は、機能査定に関してであり、個々の行動が果たしている機能についての仮説を構築するための手続きについて説明します。第2の段階は、機能分析に関してであり、構築した仮説を立証するための変数の操作について説明します。

行動の機能の発見

応用行動分析家が「なぜ彼女はあのようにするのだろう？」と尋ねるときに彼らが知りたがっているのは、その行動が果たしている機能についてです。

1．どのような先行事象が行動を引き起こしているのか？
2．どのような結果事象が行動を維持しているのか？
3．生徒に不適応行動と同じ機能を持つ別の適応的な行動を教えることができるのか？

われわれが観察するものは行動の物理的な特徴（形態あるいは反応型）です。われわれは観察を踏まえて、行動の操作的定義を発展させてきました。行動を変化させようとしたときには、反応型の量的測度（例えば、頻度、持続時間、あるいは行動が出現しているインターバルのパーセンテージ）が代表的な従属変数となります[36 (p.381)]。とは言え場合によっては、その行動が果たしている目的は何なのか、つまり、なぜ生徒はその行動に従事しているのか、を知ることが必要かもしれません。行動を維持する自然な先行事象あるいは結果事象の方が、介入のために準備した先行事象・結果事象よりも強力かもしれません。トークンエコノミー、タイムアウト、そして過剰修正法のような介入は、その減少が期待されている不適応行動を引き起こしたり、維持する変数を十分に査定することなしに行なわれていることが多いといえます。これらの手続きは、不適応行動を維持している随伴性に勝った場合にのみ効果を持つでしょう[31]。

たとえ指導に効果があるとしても、新しい行動が不適応行動と同じ目的を果たすものでなければ、それは短い間でしか効果が持続しないかもしれません。教師たちは介入によって不適応行動を短期間は低減させることができるかもしれませんが、しかし手続きの新奇さが消え去る

やいなや、その行動（あるいは同じ機能を果たす同じく不適応な行動）が再び現われることに気がつくことが多くあります。行動の機能を考慮に入れない場合には、不適応行動を抑制すると必ずや「代理症状」が出現するとか、あるいは意識の根底にある問題によって新しい不適応行動が引き起こされるといった解釈がなされるかもしれません（この現象を述べた第2章の中のグランディー教授のプレゼンテーションの記述を見てください）。機能分析において必要なことは生徒の行動について何らかの内的な動機を仮定することではなく、その行動が生じるのも維持されるのも環境側の出来事によって決定されるとして、その行動（あるいはそれに代わるもの）の目的に焦点を当てることにあります。行動を低減させる試みは、たとえそれが効果的な方法であったとしても、倫理的ではない場合があるかもしれません。

嫌悪的な結果事象を用いて行動を減少させることは可能かもしれませんが、もし対象者にその行動の機能を果たすことができる代替手段を用意していないならば、嫌悪的な結果事象を用いることは非倫理的といえます[36]。もしコミュニケーション障害のある生徒が注意を引くためにかんしゃくを起こしたり、あるいは読むことのできない生徒がばつの悪さや嘲笑を免れるために自分の本を放り投げたりする場合に、その生徒に自分の目的を遂げるための他の方法を提供せずにそれらの行動を罰するのは正当なこととはとても言えません。

行動の形態（トポグラフィー）に焦点を当てるだけでは、その行動の原因となった要因についての情報を少しも得ることができないかもしれません。2人の生徒が同じ行動をしていても、その行動はまったく異なった刺激によって維持されているのかもしれません。ある生徒の攻撃的な行動は教師か仲間からの注目（正の強化）によるものかもしれません。他の生徒は勉強や職業的な課題、社会的相互作用、あるいはその生徒が嫌悪的と感じるその他の事柄から逃避することによって負の強化を受けているかもしれません。どのような介入でも、ある一つの方法だけが、このような異なった機能を果たしている行動に対して同じような効果をもたらすということはとてもありそうに思えません[26]。

例えば身ぶりでケチャップを表わす、ケチャップの瓶を指さす、あるいはテーブルに頭を打ちつけるなどの形態的には無関係な行動群が、特定の結果事象——ケチャップを手に入れる——を制御するという共通の機能を果たしているかもしれませんが、機能分析の実施を軽んじるとこうした点を見過ごしてしまうかもしれません[38]。機能査定／分析の目的は、行動の形態に対するときと同じくらいにその機能に対しても等しく注意を向けることにあります。先行事象と後続事象という見地から問題行動の機能を分析することは、最も効果的な処置方法を選択する上で必要なことといえます[12]。

不適切な行動の先行事象となるかもしれない幾つかの出来事や不適切な行動の機能などについては、文献[31, 33, 36]のレビューやモデル、そして私たちの教室での経験から同意が得られています。先行事象についてのまとめは表10-1に示されています。

不適応行動と機能的に関連した先行条件

これから不適応行動を引き起こす先行条件を論じる際に、私たちは応用行動分析では通常用いられない用語を使用することがありますが、私たちが突然、内的な原因や情緒的な状態といったものを重視するようになったわけではありません。欲求不満や困惑、退屈、そしてそれに類するようなものについて論じる際には、私たちはそれぞれに対して操作的な定義を与えるつもりです。

欲求不満は、操作的な定義としては自然な強化、あるいは事前に設定された強化を受けることがわかっているような活動ができないこととされますが、これが生徒の不適応行動を引き起こす原因になる可能性があります。機能的語彙やジェスチャーや指さしや手話などの付加的あるいは代替的コミュニケーション手段を欠く重い障害を持った生徒は、本人がのどが渇いたときに飲み物を要求したり、不快なときに洋服を

表10−1　行動の幾つかの先行条件の例

不適応行動の先行条件
A．以下の原因による欲求不満。
　1．どのように反応したら良いのかわからない。
　2．道具の仕組みが複雑であったり、それをうまく使えない。
　3．自分の意志を伝えるための機能的表現方法（言語あるいはジェスチャーや指差しや手話などの付加的・代替的なコミュニケーション手段）が欠如している。
　4．目標あるいは活動が妨げられる。
B．刺激が乏しい：うんざりしている。
　1．無視されている。
　2．何度も同じことを意味もなく繰り返させられる。
　3．機能的に意味を持たない活動をさせられる。
　4．ペースがゆっくり過ぎる。
C．刺激があり過ぎる。
　1．環境：例えば、多くの生徒、騒音。
　2．身体的プロンプトあるいは言語化の割合が多過ぎる。
　3．活動の速度が速過ぎる。
D．周囲の期待あるいはモデルが高過ぎる。

変えるよう要求したりするような簡単な課題もできないかもしれません。もしも声が小さ過ぎたり、動きが小さ過ぎて強化が得られないならば、金切り声や頭を机に打ちつけるといった行動が生じるかもしれません。文字が読めない生徒は、ワークブックの理解問題を正確に答えることができた場合に与えられるステッカーを、おそらく手に入れることはできないでしょう。その生徒は自分の本を床に放り出し、教師に悪態をつき、他の生徒に喧嘩をふっかけるかもしれません。教材が認知的にあるいは身体的にあまりに複雑である場合とか、その場にふさわしい適応反応を持っていない場合とかには、欲求不満な状態が生じるかもしれません。

　もしも生徒にとって明確さが不十分な弁別刺激を用いて分化強化手続きを行なおうとすると、「あなたが私に何をさせようとしているのか、私にはわからないわ！」という気持ちを、泣き叫んだり、金切り声を上げたり、叩いたりする行動で伝えようとしてくるかもしれません。他の生徒が簡単にその活動を行なえるにもかかわらず、自分がその活動をできないということで欲求不満になるかもしれません。仲間が水差しからジュースを注いで飲むところ（自然な強化子）や、あるいは数学の問題を正確に解いて教師から褒められているところを見ていたのに、自分自身、そうしたことができない生徒は欲求不満になります。フラストレーションを経験している生徒は、不適応行動という形でこのフラストレーションを表出する傾向があります。課題の中断もまたフラストレーションをもたらすかもしれません。ある課題に対してはうまく成し遂げることが多く、それで強化を受けてきている生徒は、もしも教師が他の活動に移る時間だという理由で教材を取り去ろうとした場合には、金切り声を上げたり、教材を放り投げたりして、次の活動に移ることを拒否するかもしれません。

　困惑とは、あざけり笑われることを予測することとして操作的に定義されますが、これもまた不適応行動を生じさせる原因になるかもしれません。年齢的に見て不適切な物品の使用（例えば、ティーンエイジャーに幼児用のおもちゃを与えたり、あるいは高校生レベルの能力を持った生徒に対し、拾い読みを練習させるためにドクター・ゼウスの本を渡したりすること）は、その課題への参加を拒否させる結果になるかもしれません。もしもそれらの課題の遂行を強制された場合には、その生徒は不適応行動をエスカレートさせたり、その部屋から逃れるた

めにかんしゃくを起こしたり、あるいは激怒したりするかもしれません。

結果的に、生徒にとって何もすることがない時間となってしまうような教育的指導は、特に機能的な行動レパートリーが限られた生徒にとって、その時間を不適応行動で一杯にしてしまう機会を与えてしまうでしょう。私たちは"うんざりした"という用語を、刺激をほとんど受けていない人々を記述するためにしばしば用います。授業進行のペースがあまりにゆっくり過ぎると生徒の注意が散漫になったり、学習グループにあまりにたくさんの生徒がいるために生徒同士の関わり合いが減多になされなかったりすると、結果的に問題行動が生じることが多いといえます。生徒がうんざりしてしまう原因としては、他に物品間や場面間の般化を進めたり、新しい課題へ進めていくという目的を度外視して、既に習得された課題を繰り返しやらせるということが挙げられます。不必要な繰り返しによって結果的に退屈さが生じるという現象は、教師が他の生徒のために時間を費やす必要がある際に、本人が過去に何度も行なってきたような何らかの活動を再びさせようとしたときに生じるかもしれません。「悪魔は何もしていない手に必ず仕事を見つけてやる」、という古いことわざはこの現象を言い表わした一つの格言です。

不適応行動は環境内の過剰な刺激が原因かもしれません。多くの人がいたり、あるいは非常に騒々しいクラスや共同体といった環境内では、生徒は興奮してくるかもしれません。教示の最中でも、生徒はプロンプト手続きにおける身体的接触の多さや、あるいは教師が身体的ないし言語的プロンプトを急いで伝えることによって、過度に刺激されるかもしれません。

問題ありと教師が見なすかもしれない行動を引き起こす先行刺激やモデルなどを他者が呈示してしまうような環境に生徒がおかれた場合に不適応行動が生じるでしょう。体育館で、地域社会での訓練場面であるショッピングセンターで、そして教室移動中の学校の廊下においてでさえ、友人や大人は不適切な仕方で振る舞ってくるかもしれません。

一度不適切な行動を引き起こした先行刺激が明確になると、教師は環境からその刺激を取り去ったり[7]、あるいは生徒に対しより周囲に受け入れられるような代替的な行動を教えるでしょう。

行動と機能的に関係しているあいまいな結果事象

幾つかの不適応行動は、簡単には明確にはできない強化子によって維持されているかもしれません。時には簡単な観察だけで、明らかな機能的関係を明確にできるかもしれません。例えば、ダニエルの先生は彼が数学の課題を泣いて嫌がったときは、いつもその課題をやめさせてブロックで遊ばせていた、というような場合です。しかしながら、時には反応と結果との関係を明確にすることがさらにより困難であったり、より複雑な査定手続きを必要とすることがあります。いずれの場合でも、一度その機能的関係が明確になると、強化子への接近方法を取り去ることが可能になるかもしれません[21]。この章の始めに述べた例においては、機能査定によってホイッター中学校の生徒は涼しい環境――校長室は空調が施されているが、学校の他の場所にはそれが施されていない――で3日間を過ごすために喧嘩をふっかけていたという洞察を最終的にもたらすことができました。

多くの不適切行動はそれをしている生徒が正、または負の強化を受けられるように働いているのです。いろいろなタイプの強化が行動の機能と関連しています。注目を得るために不適切な行動をしているなら教師が不適切な行動を強化し、それを繰り返させる可能性を増大させています。難しい課題のような、何らかの外的な刺激を回避するために不適切な行動をしているのなら、その課題をとりやめている教師が不適切な行動に負の強化を行なって、その行動が将来増大する可能性を高めています。自己刺激的な不適切な行動をしている生徒は、自動的に強化子を自分自身に与えています。それらの関係は、このあと詳細に論議されますが、表10-2にまとめています。

表10－2　行動の機能の例

行動の機能
A．注目を得る（正の強化）
　1．欲求や希望を伝えようとするコミュニケーションの試み、例えば他人（あるいは、環境の変化や社会的・情緒的フィードバック）に欲求や希望を伝えるため。
　2．人（ポジティブな形でもネガティブな形でも）や事物や出来事に関わるための方法として正の強化がこれまで、あるいは現在もパターンとなっている。
　3．強化や罰の一貫性のないパターン。
B．逃避・回避の方法（負の強化）
　1．外的な刺激：触られること、難しい課題（要請）、毎日のルーティーンや場面の変化、身体的な不調（車椅子に乗っている姿勢）、環境的な不快（暑さや騒音）、社会的な困惑（年齢に不適当な課題や道具や服装のため）
　2．内的な刺激：耳の痛み、鼻の痛み、皮膚炎、空腹、便秘、疲れ
C．感覚性のフィードバック／刺激（自動的強化）
　1．例えば視覚的，聴覚的，前庭，味覚的，あるいは触覚的刺激のような内的刺激から正の強化を得る。
D．現在受けている強化の性質：その刺激の望ましさ，量，強度，どのようなスケジュールで提示されるか

　両親や教師が不適応行動としてとらえている行動は、生徒にとっては意思伝達の機能を果たすものかもしれません。その行動は結果的にその生徒を強化するような環境的な変化を引き起こしています。上手なコミュニケーション手段を持たない生徒は、自分の望む環境的な変化を生じさせるために誰かの注目を求めようとして様々な表現を試みるかもしれません。「どうぞ車椅子の私の姿勢を変えてください。とても居心地が悪いのです」ということを伝えられないために、その生徒は金切り声を上げたり、自分自身を叩いたりするかもしれません。先に述べた例では、生徒は「ケチャップ」を表わす身ぶり言語を行なう能力が欠如しているためか、あるいは指さしによってそれを得ることが可能かもしれないということを学習してこなかったために、「どうぞケチャップを手渡してください」ということを表現するのに自分の頭をテーブルに打ちつけるかもしれません。トイレに行きたいと伝えるときに、周囲に受け入れられる表現の仕方を教えられてこなかった生徒は、簡単に行動に移すことができる不適切な落ち着きの無さや興奮で、そのことを示そうとするかもしれません。この章の初めの逸話で登場したアンジェラの担任であるウィルキンス氏は、アンジェラが自分の様々な欲求を伝えるために金切り声を上げ、そしてその金切り声が効果をもたらさなかったときに彼女が他人を叩いたり頭を打ちつけたりするということを、機能分析によって明らかにできるようになりました。サインやジェスチャーなどの付加的なコミュニケーションの方法を考案してそれを彼女に教え、そしてその使用を訓練した結果、次第に彼女の金切り声は減少していきました。

　ドネラン、ミレンダ、メサロスとファスベンダー[13]は不適応行動が意思伝達機能を持つことを明確にすることの重要性を示唆しました。彼らは、これらの意思伝達機能が要求（注目、社会的相互作用、援助、物品に対して）、否定（抗議、拒否、あるいは中断を表わす）、宣言・批評（出来事、物品、人、誤り、挨拶について）などの他者との相互関係機能を果たしていたり、あるいはセルフコントロール、暗唱、あるいはリラクゼーションといった非相互作用的機能を果たしているかもしれないということを示唆しました。一度その機能が明確になれば、生徒には意思伝達をする上で同じ目的を持った、より適応的な行動形態を教えられるかもしれませ

ん[5, 16]。意思伝達の機能を持った不適応行動は正の強化（連続強化ないし間欠強化のいずれかの形を持つ）で維持されることが多いといえます。例えば、自傷行為や破壊的な行動によって自分の意志を伝えようとする生徒は必然的に教師の目にとまるかもしれません。そしてそれを見ていていらついた教師がその生徒を元の位置まで戻してやったり、その子にケチャップを手渡したり、あるいはその子を便所まで連れていくといったことなどをすることは、もしかするとその子を落ち着かせるために試みられた数多くの方法の一つかもしれません。しかし、こうした対応は不適応ではあるが、時には成功的な意思伝達機能を持つような行動に正の強化を与えていると言えます。

不適応行動によって果たされている可能性のある2番目の機能は嫌悪的な状況から逃避するためのものかもしれません。教師は金切り声を上げている生徒を落ち着かせるために、その生徒が嫌いな事柄、例えば、長時間人と離れていること、サークル活動の時間、音読、タイムアウトの状態にいることなどをやめてしまうかもしれません。不適応行動は嫌悪的な状況から本人を回避させ、その状況の出現を遅らせ、あるいはその程度を低減させるという結果をもたらします。そして不適応行動は負の強化を受けることになります。7章で述べたことを思い出してもらいたいのですが、以上のことから、その行動が将来出現する確率は増加するという結果になってしまいます。オニールら[33]は生徒が内的刺激と外的刺激に逃避したいと望んでいるかもしれないという点から、刺激を分類しました。

内的刺激は可能性のある3番目の機能です。生徒は視覚刺激（指をはじく）、聴覚刺激（耳をこする、あるいは発声）、前庭刺激（身体的ロッキング）、味覚刺激（物品を口に入れる）、あるいは触覚刺激（自分の体をひっかく）などを得るために不適応行動に従事しているのかもしれません。不適応行動は、自然に得られるこれらの刺激に対して、私たちの活動が十分に競合するだけの刺激を生徒に対し呈示していないということを私たちに伝えようとしているのかもしれません。「自分一人であれだけ大きな騒音を立てられるのに、何で音楽を聞きたいと思わなければいけないんだ？」とある生徒は私たちにこう尋ねているのかもしれません。たとえ強化子に潜在的な効果があったとしても、生徒は私たちに、よりたくさんのポテトチップスをより頻繁にもらいたいとか、あるいはより騒々しい、より穏やかな、あるいは別の音楽を聞きたいということを伝えているのかもしれません。

手続きの選定に続いて、行動を生じさせ維持している変数に関する仮説を組み立てるために、情報の収集が行なわれます。情報は情報提供者から、あるいは直接観察によって集められるかもしれません。この<u>機能査定</u>（functional aassessment）の結果を基にして、教師は行動に対する介入の効果を実証するために、同定した諸変数をその後操作するかもしれません。これは<u>機能分析</u>（functional analysis）として知られています。表10-3にはこれらの手続きの一覧が示されています。

第1段階：機能査定

情報提供者を対象とした査定手続き

情報提供者を対象とした（あるいは間接的）査定手続きとは、生徒と親しい人物（教師、両親、援助者、療育に携わっている専門家）に対して、本人が発した行動とそれが出現したときの周囲の環境について質問することを指します。こうした質問を行なうのはどうしても行動が出現した後になってしまうので、情報提供者の記憶や、行動が出現していたときの状況、他の出来事による混乱、潜在的なバイアス、そして見たことを言語化する能力によって制限を受けてしまいます[28, 31]。

表10-3 機能査定と機能分析の手続き

機能査定手続き：情報収集
A．情報提供者を対象とした査定（間接的査定）
 1．行動的インタビュー
 2．行動的尺度と質問紙
B．記述的査定（直接的観察による査定）
 1．分散点査定
 2．ABC査定

機能分析：変数の操作
A．セッション内操作
B．交代デザインの使用
C．多元要素デザインの使用
D．現在受けている強化の性質：その刺激の望ましさ，量，強度，どのようなスケジュールで提示されるか

行動的インタビュー

　行動的ないし機能的インタビューの目的は、問題行動とそれを取り巻く環境的状況と事象についての変化を、可能な限り完全に把握するために行なわれます。教師は両親に自宅において生じる行動についてインタビューするかもしれません。また、特殊教育の教師は普通学級の教師にインタビューするかもしれません。困難な状況におかれている教師は同僚やスーパーバイザーに向かって自分にインタビューしてくれるよう逆に頼むかもしれません。インタビューを行なうことで、その行動を生じさせ維持しているかもしれない事象に関する仮説と、更なる分析のための直接的な観察とデータ収集を構造的にする際に利用されるかもしれない事象に関する仮説を形成するための予備的な情報が得られるかもしれません。インタビュアーが知りたいと思うものとしては、例えば次のようなものが挙げられます。

・行動のトポグラフィー——何が生じているのかを正確に把握するため
・どのくらいその行動は生じているのか
・その行動が生じるのは一日のうちいつ頃か
・その行動が生じるのはどのような状況のときか
・その生徒が服用しているのはどのような薬か
・情報提供者が気づいた行動の結果事象はどのようなものか
・その行動の直前に情報提供者が気づいたのはどのようなことか（先行条件）
・その行動の直後に生徒は何をするか
・その行動の直後に他の人々は何をするか
・どのような物品や道具が関係しているか
・その行動を減少させるために既に行なわれてきた努力はどのようなものか

　機能査定インタビュー（FAI）[34]は、いろいろなフォームを使ってより構造的な情報提供インタビューができるようにしています。FAIには11のセクションがあり次の項目が含まれます。

・行動の記述。例えば行動型、頻度、持続時間。
・潜在的な生態的・状況的出来事の明確化。例えば、服薬、スタッフのパターンや相互関係、毎日のスケジュール。
・先行状況の明確化。例えば時間、人、活動。
・結果の同定。例えば注目を得る、食べ物の強化子、感覚を楽しむ、ルーティーンの変化が行動にどのように影響を与えたか。
・望ましくない行動の効率の明確化。例えば、平手打ちは注目を得るにはとても効果的。
・その人は、どのような機能的に同一の代替行動を既に知っているか。
・その人が、コミュニケーションをとる基本的な方法は何か。例えば、その生徒は「イヤ」と言えるか。

・その人と一緒のとき、するべきこと、避けるべきこと。例えば、やさしいトーンで話しかけるようにし活動のペースを早くしない。
・基本的な強化子は何か。
・過去に行動を減少させるのに、どんな試みがなされたか。

機能査定の生徒向けガイド[35,37]は、小中学校の生徒向けに作られ、次のような情報を得るために使われます。

1．学校で問題となっている行動。
2．個々の授業中の出来事や教師。
3．その行動が生じる授業や回数。また、どの程度強く生じるか（強度は1－6段階で評定される）。
4．その行動を生じさせている状況について(例えば、厳し過ぎる・退屈な・不明確な・長過ぎるクラスへの要求、教師の叱責、友人たちのからかいや励まし)。
5．その行動と関連している重要な出来事や場所、活動（例えば、睡眠不足、病気、身体的な痛み、空腹、家庭でのトラブル、友人とのもめ事、騒音・気を散らしやすい環境、活動・授業）。
6．その行動をしていたとき、何が起こったか。その状況から逃れたのか（逃避）、もしくは「何か」を手に入れたのか（注目、活動、事物）。

FAIを作った研究者たちは教師へのインタビュー結果が生徒へのインタビュー結果とよく一致していることを見つけました。機能査定の生徒向けガイドの最後のセクションでは、生徒に問題となる行動に代替する行動を見つける手助けを提供し、実行可能な支援プランを提供しています（インタビューデータの記録フォーマットは文献の中で示されています）。

幾つかの場合、インタビューという方法は仮説を形成したり、示唆を与えたりする前に利用できるただ一つの情報源かもしれません。しかしながら、一連の段階を踏んでいく上で、インタビューが最初であるという点はまさに望ましいことと言えるでしょう。

行動評定スケール

行動評定スケール（Behavior Rating Scale）は質問紙より、より量的な情報を得るために作られています。質問には、評定尺度（例えば「決して～ない」「まれに」「大抵」「いつも」）つきで記述された項目で答えていきます。項目は行動の果たす幾つかの機能と関連しています。個々の項目の幾つかでは、同じ機能についての情報が問われるかもしれません。最も高い評定得点の機能が生徒の不適切な行動を維持する変数として仮定されます。このような尺度のうち3つについて次に述べていきます。

問題行動質問紙（PBQ: The Problem Behavior Questionnaire）[30]には、15項目あります。これらの項目は5つの問題行動を維持していると仮想される維持変数（1つの変数について3項目ずつ）と関連づけられています。この15項目の質問に答えていくとき、その出来事がどのくらいの頻度で観察されるかを示す回答肢から選択します。項目の評定スケールのレンジは、「まったくない」「そのときの10％」「そのときの25％」「50％」「75％」「90％」「かならず」となっています。

行動の機能例と関連する項目は以下のとおりです。

1．友人たちの注目を得る。「問題行動はその生徒に大人たちが言葉かけをしたり笑ったりしたときにおきますか」
2．教師の注目を得る。「問題行動は、教師が他の生徒と何かしているときにあなたの注目を得るために生じていますか」
3．友人たちの注目からの回避・逃避。「その生徒が問題行動をしていたら、友人たちがその生徒との関わりをやめてしまいますか」
4．教師の注目からの回避・逃避。「もし、教師が何かの要求をやめたり勉強などの活動を終了したら、問題行動をやめるでしょうか」
5．セッティングイベント。「問題行動は突然のイベントがあったり、毎日のスケジュールが急に変更されたりすると起こりやすくなりますか」

動機づけ査定尺度（MAS: The Motivation Assessment Scale）[15, 18]は16項目からできています。質問はそれぞれ問題行動を維持していると考えられる変数と関連づけられています（1つの変数について4つの質問）。16項目の質問に答えていくことで、操作的に定義された標的行動をどの程度行なっているかを示す情報が得られます。項目の評定スケールは、「決して～ない」「ほとんど～ない」「まれに」「半分くらい」「大抵」「ほとんど常に」「いつも」の7スケールです。項目の機能と関連する質問項目は以下のとおりです。

1. 感覚強化。「その行動は何度も何度も繰り返して生じますか、もしこの人が1人にされたら長時間その行動をするでしょうか」
2. 逃避。「この人に仕事をさせたり、何かの要求をすることをやめたら、短時間でもその行動は止まりますか」
3. 注目。「室内であなたが誰か他の人に話しかけるとその行動が生じるようですか」
4. 物質的な強化。「おもちゃや食べ物をあげたり、好きな活動をさせたあとにはその行動が短時間でも止まりますか」

機能分析スクリーニングツール（FAST: Functional Analysis Screening Tool）[24]は、18項目からできています。この項目は4つの維持変数と関連しています（1つの変数について5項目、2項目は重複）。FASTではその人とたびたび関係を持つ数人の人に実施されることが勧められています。質問では、その人の標的行動となっている問題を質問文が正確に記述しているかどうかを「はい」「いいえ」で答えていく形になっています。維持変数の例と関連項目は以下のようになっています。

1. 社会的強化子（注目・好きな活動）。「その行動が起きているときには、大抵あなたがその人を落ち着かせようとしたり、好きな活動（レジャーやスナックなど）を邪魔しようとしていますか」
2. 社会的強化子（逃避）。「その行動が起きているとき、あなたは今している課題を中断させていませんか」
3. 自動的強化子（感覚刺激）。「周囲の人が何をしていようと無関係にその行動は高い出現率で出現しますか」
4. 自動的強化子（痛みの減弱）。「病気のときその行動が起きやすいですか」

グランディー婦人、質問紙を使う

　グランディー教授は本当に不愉快な一日を過ごしていました。彼はとても受け入れられないような大学の喫煙対策を知ったのでした。彼は教授会の間中、何度も自分のパイプに手を伸ばすことがありました。そして新しい規則を思い出すと、彼は「ちぇ！」という大きな声で自分の欲求不満を表に出しました。彼が繰り返しツイードでできた背広の上着のポケットに手を入れ、そして「ちぇ！」と舌を鳴らしているのを、彼の同僚たちは奇妙に感じ始めていました。彼は同僚の2人がお互いに"チック"という言葉を囁き合っていたのを思い出していました。

　その後、彼が校舎のそばに立って、雨から逃れるために屋根付きの玄関の下で丸くなっていると、一人の学生がくだらない質問をしてきました。グランディー教授は寒く、湿っぽく、さらに浮浪者のように正面の扉の前でうろついていることに困惑し、その学生を荒々しく追い払ってしまいました。

　帰宅すると、彼はグランディー婦人と自分の感情を共有しようとし始めました。彼女は何年にもわたり、彼女が下品な癖と呼んでいるその習癖をやめるように彼に求めていました。

　彼女がグランディー教授に対し同情してきたので、彼はびっくりしました。「あなたもご存じでしょうけど」グランディー婦人は次のようなことを提案してきました、「私があなたの書

機能査定と機能分析　　287

類を整理しているときに、偶然見つけたものがあるの。辺り一面に散らばっていた灰色の雑誌の中の論文の一つに、なぜタバコを吸うのかということを理解するのに機能分析と呼ばれる何かが利用できると書いてあったわ。それを読んだら、どうしたらタバコをやめられるかわかるんじゃないかしら」

　彼女は彼に質問紙を見せました（表10－4参照）。彼はそれを注意深く読み、そして次のように答えました、「でもね君、僕がタバコを吸う理由のすべてがわかったところで、それが何の助けになるんだい？」。しかしグランディー教授は懐疑的な態度を取ったにもかかわらず、違った環境下でまったく新しい行動のパターンを発展させるよりはむしろ、自分の行動を変化させるために環境の変化を行なった方がいいのだろうかと考え始めていました。

表10－4　喫煙者に対する機能分析用質問紙

なぜあなたはタバコを吸うのですか？
"はい"か"いいえ"で答えてください。私がタバコを吸うのは、

1. 無意識に火をつけてしまい、自分がしていることに気がつかないから。
2. リラックスのため。
3. タバコやマッチやライターをいじるのが好きだから。
4. 怒りを処理するため。
5. 仕事のペースが遅くなるのを防ぐため。
6. タバコを吸わないでいるのに我慢できないから。
7. 自分が吐き出したタバコの煙を眺めるのが好きだから。
8. 煩わしいことから気持ちを切り離すため。
9. 本当にタバコを吸うのが好きだから。
10. 手にタバコを持っていないと落ち着かない感じがするから。
11. 自分自身の感情を高揚させるため。
12. 特別な意味はない——喫煙は自分の生活習慣の一部である。

結果の検討。"はい"の回答が5と11の場合は、喫煙は刺激による興奮を求めるために行なっていることを示しています。3と7の場合は、手で物をいじる喜びが重要であることを示しています。2と9の場合は、リラックスを求めてのことです。4と8の場合は、精神的な緊張を減少させるための支えが必要なことを示しています。6と10の場合は、生理学的な中毒を持っていることを示しています。1と12の場合は、習慣から喫煙が行なわれていることを示しています。疑う余地もなく、喫煙はこれらの理由が混じりあったことによって行なわれます。

Health Letter Associates 1991. "Why Do You Smoke?" quiz from *The Wellness Encyclopedia*. Houghton Mifflin Company. 許可を得て掲載

直接観察による査定

　直接観察は情報提供者からの情報に基づく査定よりも信頼性があります。問題行動を直接観察している人はその行動を維持しているかもしれない先行事象や結果事象をより正確に同定するかもしれません。直接観察には2つのタイプがあり、一つは分散点査定（Scatter Plot）といわれるもので、もう一つは先行事象（Antecedent）－行動（Behavior）－結果事象（Consequence）の逸話的記録（ABC査定 A-B-C assessment）といわれるものです。

分散点査定

　分散点手続きは、環境条件と、頻繁に生じはするが一見ランダムなように見え、長期にわたって安定している行動との関係を同定するのに有効なものといえます。このような行動は、簡単な観察によって特定の刺激との関係性が示されることはそう多くありません。高頻度に生じたり、孤立した出来事として生じている行動について特定の先行事象を指摘することの方が、より容易です[45]。

　分散点査定（Scatter Plot）を行なう場合、教師は図10－1に示されているようなグリッド（方眼）を用意します。縦軸に沿って時間がプロットされます。プロットされる時間間隔は60分ごとに、30分ごとに、15分ごとに、あるいはそれ以外の間隔で設定されるかもしれませんが、それは観察時間の長さや、記録しようと思っている行動の様相をどれだけ詳しく表記するかといったことに依存して決定するといえます。日数や観察期間は横軸に沿ってプロットされます。行動を記入する際、もしその行動がインターバル中に生じなかったならば、そのセルは空欄のままにしておきます。そのインターバル中に出現する行動が低頻度の場合には、完全にセルを塗りつぶしてしまうよりはむしろ、そのセルにスラッシュを記入することによって、高頻度に行動が出現する場合と識別できるでしょう。グ

クライアント_____　　開始日_____

□　　　　▨　　　　■

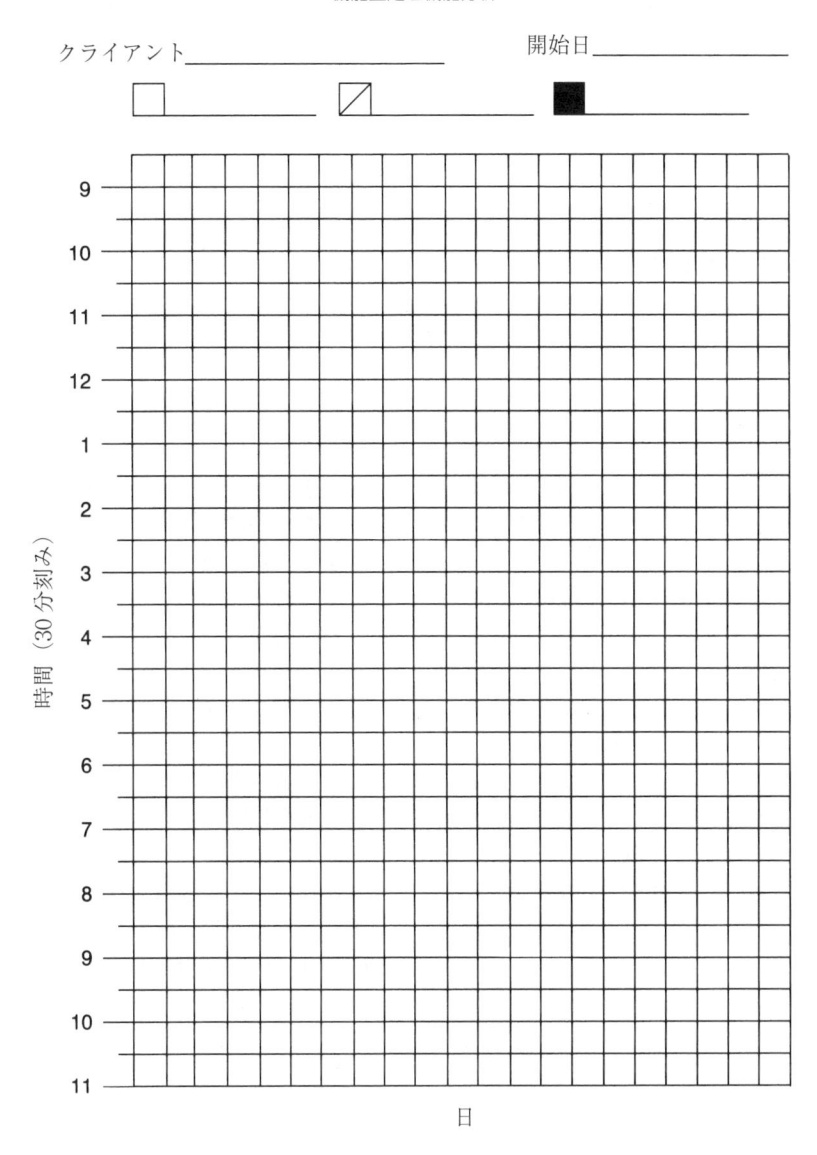

時間（30分刻み）
9
10
11
12
1
2
3
4
5
6
7
8
9
10
11

日

図10－1　分散点プロットのグリッド

出典：Touchette, P., MacDonald, R., & Langer, S., 1985. A acatter plot for identifying stimulus control of problem behavior, *Journal of Applied Behavior Analysis, 18*, The Society for the Experimental Analysis of Behavior, Inc. 許可を得て掲載

リッドが埋まったとき、それぞれの時間セルは行動が高頻度に生じたのか、低頻度に生じたのか、あるいはまったく生じなかったのかどうかを示す指標となります。より正確にその様相を表現しようとする場合には、そのセルの中に出現した行動の実測数を表わす数値を記入することで、その様相を表現することが可能となるでしょう。分散点は時間的特徴を明らかにするかもしれません。

記入後のグリッドを分析する上で、トウ

チェットら[45]は、問題行動は時間帯、特定の人々の存在あるいは不在、社会的状況、活動の特定の形式、強化随伴性、物理的環境、あるいは変数間の結びつきといったものと相互関係にあることが観察されるかもしれないと述べています。彼らはこうした記入方法により、「1日あるいは1週間ごとの行動の生起頻度のグラフからはすぐには得られない反応パターンに対する洞察」[p.351]を得ることができるとしています。アクセルロード[2]は、分散点は時間周期的な行動と関連した環境的状況だけを検出するかもしれないと述べています。幾つかの事象は非周期的な行動に影響をおよぼします。例えば、クラスメートに特権が与えられたり、自分が不公平に扱われていると感じたり、「一杯食わされた」と感じたときはいつでも、その生徒は破壊的行動に出るかもしれません。彼はこのような出来事を証明するためにデータシートにコメントを書いておくことは有益かもしれないとも書いています。分散点方略は、行動を制御している可能性のある変数を明確には同定しません。それは反応率の大まかな表現しかできませんが、より詳細な査定（例えば、ABC査定）をより効率的に行なうために分析の領域を絞ることができます[29]。

ABC査定

ABC査定は、直接観察を通じて行動を取り巻く刺激を記述し評定することを試みるものです。ABC査定は生徒を直接的に観察し、個々の観察期間における逸話的データを記録することによって行なわれます。レポートにおけるデータはその後、それぞれの問題行動とその行動の直前の事象（先行事象）と直後の事象（結果事象）が明確になるように整理します。図4－2に見られるように情報の体裁を整えると、教師は機能的関係の可能性を示す行動と先行事象と結果事象間のパターンを明確にできるかもしれません（この過程は第4章で述べられています）。

第4章で述べられているように、ライト[50]は逸話的レポートを書くに当たり示唆に富んだガイドラインを提供しています。さらにクーパー、ヘロンとハワード[10] [p.40]は次のような示唆を付け足しています：

・より能率的に記録をつけるためにいろいろな種類の速記法か略語を用いること。観察セッションが終了後、直ちに記録内容を詳しい記述に改めた方がよい。
・レポートは見たか聞いたかした行動のみを扱い、その行動についての解釈を含めてはならない。
・観察された各行動の時間的関係についても記録せよ。対象となる生徒が示した各反応の直前（先行条件）と直後（後続条件）に何が起こったのかについても書き留めよ。
・対象となる生徒が示した行動の各事例のおおよその持続時間について記録せよ。記録された各行動の開始時刻と終了時刻を書き留めておくこと。
・可能な限り目立たないように努めること。ほとんどの生徒は、鉛筆とクリップボードを持って彼らを凝視している人物を見ると、普段と違う振る舞いを示す。
・生徒を観察している者が持つ新奇性を減少させるために、観察は数日間にわたって実行せよ、また繰り返し観察を行なうと日々の行動のより正確な様相をとらえることができる。

第4章で、逸話的データを記録した後で、それをABC分析する手続きについて述べました。また、あらかじめ作成したデータ収集シートにデータを記録して観察しながらABC分析の形にすることも可能です。データ収集やそれに使うデータシートにはいろいろなものが使えるでしょう。多くは、フロリダ自傷行動センターでイワタと彼の共同研究者たちが作成しているものか、それを応用したものです。図10－2はジョージアのコップカントリーで用いられているデータ収集シートです。図の一番上は、観察者の使用するデータシートです。コラムには、観察者が自然な場面で生徒を観察するときにすべての必要な情報を記入できるようになっています。標的行動の出現が記録されたとき、空欄にリストアップされ、時間が記入されます。次

重度行動障害の技術的アシスタント
間接的サービスモデルのベースライン評定フォーム

生徒_____ 日_____ 月付_____ ページ_____

時間/持続時間	文脈/活動	先行刺激	標的行動	推定される機能	結果	生徒の反応	スタッフのイニシャル
	A.	A.	1.	A.	A.	A.	
	B.	B.	2.	B.	B.	B.	
	C.	C.	3.	C.	C.	C.	
	D.	D.	4.	D.	D.	D.	
	E.	E.	5.	E.	E.	E.	
	F.	F.	6.	F.	F.	F.	
	G.	G.	7.	G.	G.	G.	
	H.	H.	8.	H.	H.	H.	
	I.	I.	9.	I.	i.	I.	
	J.	J.	10.	J.	J.	J.	
	K.	K.	11.	K.	K.	K.	
	L.	L.	12.	L.	L.	L.	

文脈/活動：生徒の周囲の環境（人、場所、イベント）
先行刺激：標的行動が起こる直前に環境に起こった事柄
標的行動：明確に観察でき、測定できる言葉で書く
推定される機能：行動の機能（逃避、回避、あるいは注目や事物の獲得）
結果：標的行動が起こった直後に環境に起こった事柄
生徒の反応：結果に対して生徒がどんな反応をしたか
スタッフのイニシャル：スタッフのイニシャルを書く

行動評定フォーム：よく使われる記号

文脈	先行刺激	行動	結果	生徒の反応
教室	移動	AGG（攻撃）	無視	反応停止
バス乗車場	他者への教師の注目	SIB（自傷）	注目を向ける	継続
トイレ	感覚刺激の増大	破壊・いらいら	言語的な要請	激化
ホールへの通路	感覚刺激の減少	かんしゃく	タイムアウト	自責
余暇活動	教師による要求		みんなから離す	謝る
日常生活指導	発作的		職員室に連れていく	泣く
教科学習	「だめ」という		家に帰す	新しい行動を示す
CBI	身体的な接近（混雑）		椅子に座らせてのタイムアウト	違うところへ行く
ランチルーム	単純な課題を与える		物理的拘束	自己刺激
戸外・運動場	難しい課題を与える		身体的援助	
体育	教師の身体的援助		事物の撤去	
音楽	食べ物を見せる		強化子の撤去	
会話学習	中断		他の生徒の反応	
芸術	アクセス禁止		机に向く	
レジャー活動	個別の作業時間		活動を変える	
センター	休憩時間		一人の空間を与える	
読み聞かせ時間	時間の中断		自然な結果	
選択	授業の中断		非難	
グループ活動	クラスへの来訪者		活動の遅延	
個別	言語的な訂正		言語的な警告	
コンピューター学習	待つ、言語的な指示の繰り返し、混乱			

図10-2　ABC分析に用いられるデータシート

に、観察者はその行動が生じた文脈、先行刺激、環境上の結果、結果に対する生徒の反応を記入します。次の下部には、コラムに記入するときによく使用される語句の例が挙げてあります。観察者はそれらの中から観察期間中に予定された活動と特定の生徒に固有の推定される変数を選択し、データシートの一番下の文字に続けてそれらをあらかじめ書いておきます。これで観察者はコード化された文字を記録し、たくさん書く必要が少なくなり多くの時間生徒から目を離さなくてもすみます。

次の例は、紙を破って、床に放り投げる行動が10：45-11：45の1時間にどれくらい生じるかを観察した例です。その生徒と他に2人の生徒と教師が小グループでテーブルについて勉強をしているとき（文脈）、教師が生徒に着席するように身体的プロンプトをした後で（先行刺激）、教師は「大人の女の人のように振る舞わなくてはいけません」と彼女に言って、床に座り込んだ彼女をそのままにして、他の生徒のところへ戻っていきました（結果）。彼女は教室の隅っこに走っていって、椅子に座り、一人で歌を歌っていました（生徒の反応）。彼女は10分間椅子に座ったままで、その間、教師は他の生徒たちと勉強を続けていました。15分後、教師は彼女のところへ行って「お昼の時間です」と言いました。カフェテリアの外へ続く列では、生徒たちが雑談をしたりふざけ合っています。彼女は2人の生徒を押しのけて列に割り込みました。昼食の手伝いをするアシスタントが彼女の腕をとって「ダメ」と言ってもとの列へ戻しました。彼女は床にしゃがみこんで文句を叫び始めました。アシスタントが大声をやめるようにいいましたが、2分間この行動が続いた後、助手が腕を取ってカフェテリアの中に彼女を連れて行き、彼女に昼食のお盆を手渡しました。彼女は静かになり、まっすぐテーブルに向かっていきました。

このような逸話記録を書く代わりに観察者は、図10-2のデータシートを使って、不適切な行動が生じたら、その時間を書き、文字コードを使って空欄に記入するでしょう。最初の行動（紙を破って、床にひっ繰り返る、もしくはかんしゃく）とその時間（10：55）を記入し、次に文脈（小グループ指導）、先行刺激（教師の身体的介助）、結果（言語的な要求と無視）、生徒の反応（逃げ去る）を記入します。行動の機能は逃避とされるでしょう。もし、これらの変数がデータシートの下にあらかじめリストアップされていたら所定の空欄の中に対応する文字コードを記入するだけでよいでしょう。それで観察者は、昼食時に起こった次の行動を記録し必要な情報を得るでしょう。その後、観察者と教師（それから他のチームの人たち）がデータを再考し、行動の機能と行動を維持している要因についての仮説を決定します。手早く正確にこういったデータ収集フォームを使うにはかなりの練習が必要ですが、多くのデータを得ることができます。

レップ、フェルスとバートン[39]は、ABC分析から導かれた仮説に基づく介入方法は、そうでない方法に比べ、より効果があるということを証明しました。しかしながら、ABC査定の結果として記録された関係は相関関係ではありますが、因果関係ではありません。なぜならこの方法は少しも変数を操作してはいない記述的なプロセスだからです[29]。いったんその関係が特定の行動を生じさせ、維持している変数についての仮説を導き出すと、構造化されたデータ収集とそれぞれの変数に対する操作が必要になってきます。

第2ステージ：機能分析手続き

次に述べる手続きには、仮説として導き出された関係性を用いることと、この関係性が確かなものであることを証明するために、対象となる行動を生じさせているか維持していると考えられる幾つかの変数を操作することが含まれています。ある変数が存在しているか、消失して

いるか、高まっているか、あるいは減少しているかなどの関数としての行動がどのように変化するかを観察することが目的であることから、この操作は機能分析と呼ばれています[2,25]。機能分析の過程には変数を操作できるような状況に生徒を置くことがあります。目的はその変数が存在するとき、存在しないとき、強くなったとき、弱くなったときの行動への影響を系統的に検討することです。例えば、機能査定で、生徒の不適切な行動が教師の注目で維持されているという仮説が立てられたら、教師が不適切な行動に注目する条件と注目しない条件を設定してみます。各条件で行動の出現数の変化を測定します。

変数操作の基礎的モデルは、生徒を2つ以上の条件におくものです。上述の例のように1つの変数のテストなら、2つの条件でよいでしょう[27]。その行動の機能がはっきりしないのなら4つの条件が必要です。条件はイワタら[23]が最初に述べた行動の基本的機能のことで4つの条件と機能とは次のものです。

1. **注目条件** この条件下で示される不適切な行動の機能は、正の強化子を得ることです。この強化子は他者からの社会的な注目、もしくは好みのアイテムや出来事などの物質的な強化子です。時には2つの異なる条件で、この2つの強化子が呈示されていることもあります。1つは、社会的注目による正の強化で、もう1つは物質的強化子による正の強化です。この条件では、生徒はいろいろな活動をしていて、評定者は読書などの生徒とは無関係の活動をします。生徒は、標的行動が自発されるまで注目されません。もし、行動の機能が正の強化子を得ることなら、不適切な行動の頻度は増大します。
2. **要求条件** この条件で現われる不適切な行動の機能は、何らかの要求からの逃避です。これは負の強化です。生徒に課せられる嫌悪的な要求が不適切な行動が生じたときに取り除かれるのです。したくない課題や難しい課題、生徒ができない課題や社会的な関わりなどの要求かもしれません。この条件では評定者は生徒に課題をするように促します。生徒が不適切な行動をするたびに、要求を少しの間取りやめ、生徒にしばらく休憩をさせ、好きな活動をさせます。もし、不適切な行動の機能が逃避で、負の強化によって維持されているなら、不適切な行動は増大するでしょう。
3. **孤立条件** この条件で示される不適切な行動の機能は自己刺激つまり自動的強化です。この条件でのセッティングには活動や事物、強化する人やその他の刺激となるものは何もないようにします。もし、この行動の機能が自己刺激なら、自動的強化によって維持されており、不適切な行動は増大するでしょう。
4. **遊び条件** この条件は、統制条件です。生徒は評定者からの社会的注目やいろいろな事物のある環境では、不適切な行動が最も少なく、あるいはなかったりするでしょう。もし、不適切な行動が生じるなら、はっきりとした結果はないかもしれません。

機能分析で用いられる変数操作の枠組みは<u>単一被験者デザイン</u>です。2つのデザインが機能分析で報告されています。反転デザイン（reversal design）によるもの[16,47]、および多元要素デザイン（multi-element design）によるものです（条件交替のデザインを表わすその他の名称に関しては第5章で述べられています）。後者は、治療あるいは介入というよりはむしろ、行動を生起させるかあるいは維持していると考えられる刺激が存在しているか否かという点が比較されることから、多元要素デザインと呼ばれています[9,23,25,32]。

反転デザイン

反転デザインでは、ベースライン条件へ戻したりする場合とそうでない場合があります。図10-3ではオニールら[34]が2つの条件間を反転させるのにこのデザインを用いています。生徒のグレッグは重度の障害を持つ中学生です。彼の不適切な行動は指導中に、うるさく言ったり、叩いたり、物を引っかいたりすることです。これらの行動に対してはタイムアウト用の椅子に

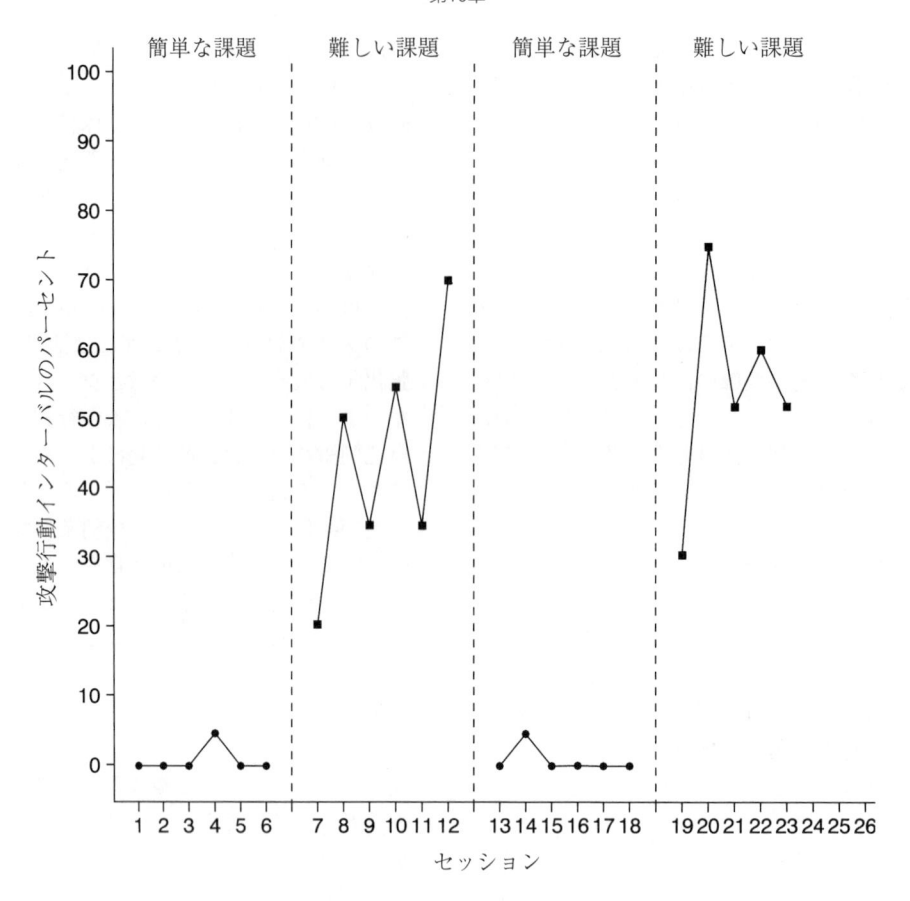

図10-3　機能分析をするための反転デザインの利用

出典：O'Neill, R., Horner, R., Albin, R., Sprague, J., & Storey, K. 1997. *Functional Assessment and Program Developemt for Problem Behavior: A Practical Handbook*. Brooks/Cole Publishing Co. Wasdworth Publishing Co. Reprinted by permission of Wasdworth Publishing Co.

座らされます。オニールらはFAIを使って行動的インタビューを行ない、またグレッグの行動を直接観察しました。グレッグの行動は、基本的には間違い直しという難しい課題から逃避することで維持されていると仮定されました。この仮説をテストするために、グレッグにとっては、既に習得していて簡単な課題だけが行なわれるセッションが最初に行なわれ、次に初めてのより難しい課題の行なわれるセッションが行なわれました。セッションの順番は機能関係を確認するために反復されました。図10－3でわかるように、攻撃行動が観察されたインターバルのパーセントは難しい課題をするセッションの間に一貫して高率になっています。

ドーランドとカー[17]は発達障害（中度と重度の精神遅滞と自閉症）を伴った9歳から12歳の3人の生徒の自傷行為と破壊的行動について、それが逃避によって維持されているのではないかという仮説を検証しました。それまでに他行動分化強化（DRO）、タイムアウト、過剰修正法、拘束、そして薬物による介入といったものまで含んだ行動的マネジメントが試みられてきましたが、数週間のみの改善に終わっていました。先に紹介した構造化された質問紙である動機づ

け査定尺度（MAS）が教師とアシスタントによって行なわれました。2人の生徒については、行動は逃避領域において最も高い得点を示しました。3番目の生徒の行動は逃避と注目の両方において高いと評定されました。これらの仮説を検証するために、逃避と注目が果たす役割についての実験的分析が彼らの教室で行なわれました。反転デザインにおいて用いられる、各生徒が普段やるように求められている課題が個別に選択されました。課題のうち各生徒にとって簡単な群と困難な群が選別されました。生徒は簡単な課題群（例えば、本人に教示が与えられながら、着衣行動における背向性チェインの最後のステップ）を行なう期間において100％正しく反応することができました。そして困難な課題群（例えば、本人に教示が与えられながら、背向性チェインの最後から3つのステップ）を行なう期間では、おおよそ25％の正反応率でした。10分のセッション時間のうち5分ごとに課題は変更されました。

ベースラインでは、生徒には簡単な課題を行なわせ、さらに多くの注目と賞賛が与えられました。逃避フェイズにおいては、困難な課題ができたときには注目と賞賛を、できなかったときには行動修正が行なわれました。図の10-4には機能分析の結果が図示されています。

このデータはMASによって得られた結果を支持するものとなっています。3人の生徒が示した不適応行動は困難な課題が導入されたときに増加しており、この事実は課題からの逃避がこれらの行動を維持しているということを示唆しています。この分析に続いて、この結果に基づいた指導が計画されました。各生徒には課題を行なう際に補助を求めることが教えられました。だんだんと言語的プロンプトをフェイディングしつつ、彼らには例えば「わかりません」や「助けてください」と言うことが教えられました。機能的コミュニケーション訓練を受けた後、各生徒の不適応行動は減少していきました。この減少はそれぞれの教室においても、3年間にわたり維持されました。3年目に彼らが示した不適応行動の生起率は、ティムが0％、ハルが5.5％、そしてベンが3％でした。

多元要素デザイン

メイスら[32]は発達遅滞を伴ったエイミーという3歳の子に機能分析を行ないました。彼女の破壊的な行動として定義されたのは、物を投げる、家具の上に立つ、唾を吐く、物を壊す、家具をひっ繰り返す、不適切な場面で服を脱ぐ、および服を着たま排尿するといったものでした。分析は年相応のおもちゃが備え付けられた疑似訓練室において行なわれました。エイミーは多元要素デザインの一連の個々に独立した実験条件に参加させられました。15分からなるセッションが、1日に1から4セッション行なわれました。4つの条件はエイミーの両親から得られた情報と、低レベルと高レベルの行動と結びついた状況の事前観察から得られた情報に基づいて選ばれました。こうして選ばれた条件とは、

1. **社会的非難** 破壊的行動は、例えば「やめなさい、エイミー、おもちゃを投げてはいけないとわかっているでしょう」といった非難を示すコメントが行動が生じた後に続いていました。この条件においては、適応行動は随伴的な大人からの注目によって正の強化を受けました。
2. **注目の分割** エイミーは、実験者やその他の大人たちから「私たちが話をしている間、そのおもちゃで遊んでもいいよ」というような教示を受けました。この条件においては、適応行動は再び大人からの注目によって正の強化を受けました。
3. **要求** エイミーには、彼女にとっては困難で、滅多にやり遂げられないような幾つかの課題が与えられました。この条件は、彼女が破壊的行動を起こすことによって特定の課題からの逃避を可能にしてしまうといった状況と類似していました。
4. **遊び** これは実験者とエイミーが構造化されていないおもちゃ遊びに従事するといったコントロール条件の意味を果たしていました。教示も課題も呈示されず、破壊的行動は無視されました。

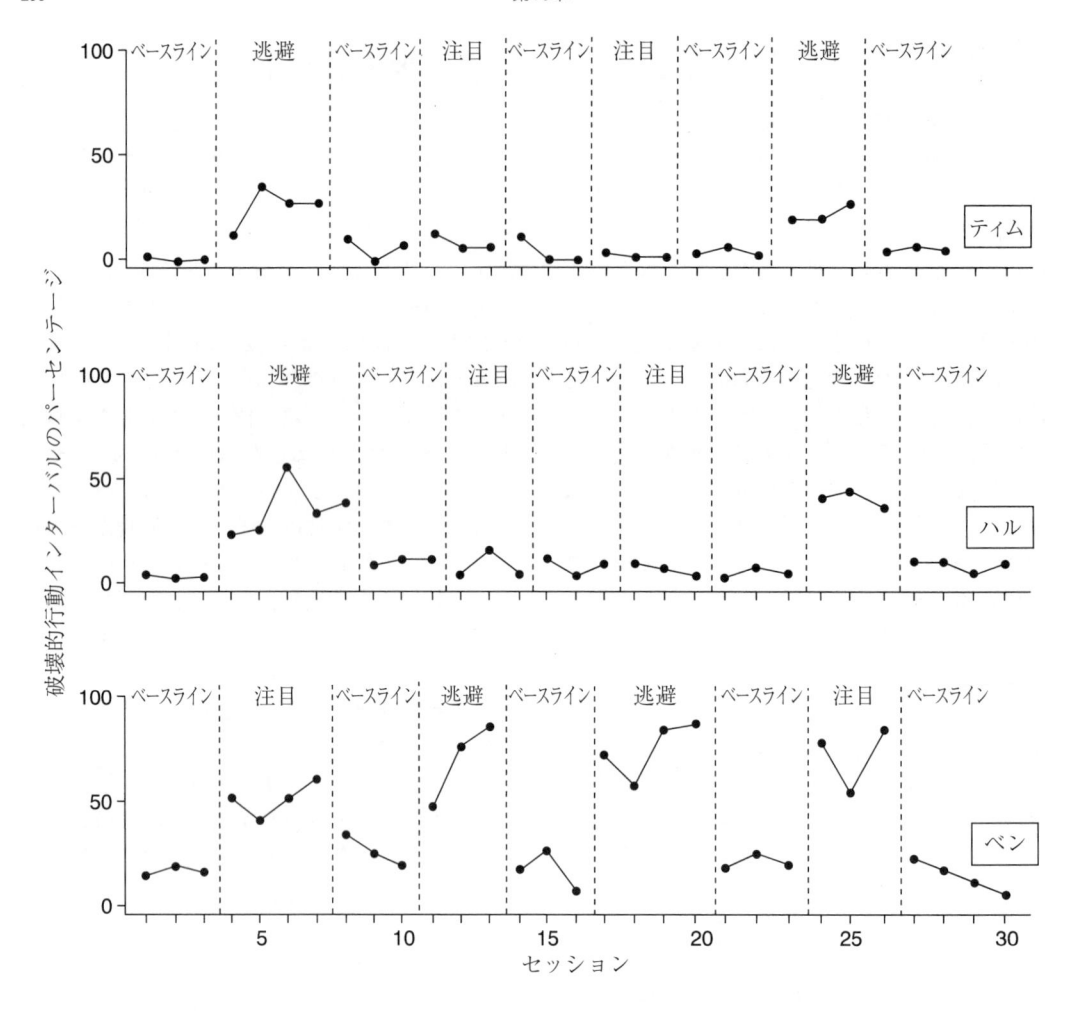

図10-4　機能分析のための反転デザインの利用

Durand, V.M., & Carr, E., 1991. Functional communication training to reduce challenging behavior. *Journal of Applied Behavior Analysis, 24,* p.127. The Society for the Experimental Analysis of Behavior, Inc. 許可を得て掲載

　エイミーの行動を機能的に分析した結果、破壊的行動は随伴的な社会的非難によって高頻度な状態で維持されていることが示唆されました（図10-5参照）。さらに分析により、効果的な介入を行なう際の重要な構成要素は社会的非難をやめることかもしれないという点も示唆されました。そこで、大人からの注目と破壊的行動に随伴する他の強化子を取り去る目的でタイムアウト手続きが選ばれました。（著者は、エイミーの両親が過去に計画的に無視をするよう試みたが、怒らないようにすることや、実際に社会的非難をしないようにすることは非常に難しいということがわかったと報告しています）。タイムアウトは社会的非難と分割された注目条件の両方で効果的でした。

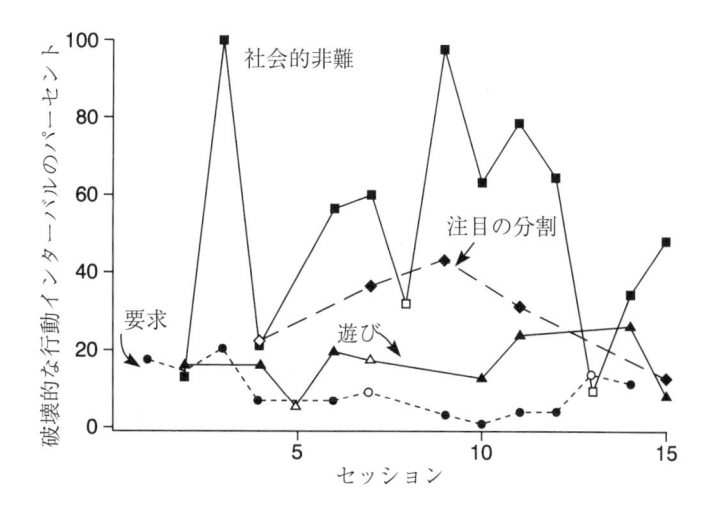

図10-5　機能分析のための多元要素デザインの利用

Macem, F., Page, T., Ivancic, M., & O'Brien, S., 1986. Analysis of environmental determinants of aggression and disruption in mentally retarded children. *Applied Research in Mental Retardation, 7.* Pergamon Journals Inc. 許可を得て掲載

機能分析のためのセッティング

機能分析は学校[27]や地域[23]、家庭[1]などで直接行なうことができます。こういった自然なセッティングでは行動や通常の環境事象（人や随伴性）が影響します。しかし、多くの研究で報告されているのは類似場面で実施されたものです。類似場面とは、条件を非常にコントロールして呈示することができるような教室場面外の環境です。類似場面でのセッションは自然な環境での行動を分析する前に行なわれます。統制された類似場面ではその行動は自然な環境の中での行動に影響をおよぼしている変数と同じ変数にされているとは限りません。それで、類似場面では1つの変数だけが明確にされ、自然環境では別のものを扱うといったことが行なわれることもあります[11, 19, 44]。統制された環境での精緻な条件操作や統制変数の素早い発見から得られる精密さは、長期的には類似場面での応用をより効率的にするでしょう。学校では、使われていない教室が類似場面として使われます。機能分析は教師か行動分析の専門家によって実施されます。機能分析の結果に基づいて教師と行動分析の専門家は指導プランを作ります。生徒は、指導プランが実施される教師により注意深く観察され、もし別の変数があるようならプランを修正します。類似場面を使うことは、分析を行なう人やフリーの教師などの別の人員が必要となったりするかもしれませんし、ときには実行上の無理があったり費用がかかりすぎるかもしれません[44]。

サッソーら[42]は、2人の自閉症児に類似場面で研究者が施行した分析結果と教室で教師が施行した分析を比較しました。類似場面では、教師は、生徒が困難であった課題や活動、好みの活動リストや効果のある社会的強化子を明確にしました。7歳の自閉症児のモリーの標的行動は大人に対する攻撃行動でした。彼女には毎日4つの条件が設定され、各条件は10分間ずつで4日間続きました。無視条件では、研究者はモリーとテーブルについて課題をしました。研究者はテーブルの反対側に座って本を読んでいました。攻撃行動が生じたら、すぐに研究者は注目をしました（例えば、「そんなことしないで」

とか「やめなさい。人を叩いてるのよ」と言って）。それ以外のすべての行動は無視されました。逃避条件の間は、モリーは彼女が望んだ課題を研究者が援助しました。もし、モリーが攻撃行動を起こしたら、課題はすぐに中止されて、15秒間課題は撤去されました。適切な行動に対しては、何の結果も伴われませんでした。事物－注目条件では、標的行動が生じるたびに随伴して、好みの食べ物や活動、おもちゃが与えられる以外は、社会的注目条件と同じです。最後に、おもちゃ条件では、統制条件となるように、豊富な刺激のある環境が作られました。研究者は適切な行動を賞賛し、不適切な行動を無視しました。約30秒ごとに賞賛や励ましをしました。

教室場面では、教師がABC機能査定を実施し、1人で自由遊びをしている条件、低要求・高注目条件、難しい課題で教師の要求の多い職業課題条件、低要求・教師注目条件で15分間中の機能分析を行ないました。教師が標的行動の出現、その先行刺激、後続刺激を記録しました。

教師は、教室でも機能分析を行ないました。毎日行なわれている4つの課題と活動がイワタら[23]が類似先行条件（approximated antecedent condition）として記述したものとして考えられました。それらは、単独条件（自由遊びの間）、要求条件（職業訓練課題）、注目条件（身辺自立課題）、物質強化条件（個別課題）、おもちゃ遊び条件（ゲーム活動）です。教師は各条件に10分間ずつ割り当てて、研究者の実施する機能分析とは次のことを除いて同一でした。A）教師によってセッションが行なわれる。B）教室で行なわれる。C）生徒が毎日行なっている課題や活動の一部を用いる。

図10-6は研究者が実施した機能分析と教師が実施したABC分析、教師の実施した機能分析を示しています。モリーの不適切な行動は明らかに逃避と物質的強化によって維持されていました。不適切な行動に注目することをやめて、好きな活動をするために課題から短時間逃れられるように、叩いたりする以外でそれを伝える方法を提供する指導が導入されました。

このことは、中学校の第2の教師と生徒（ティム）でも同じように反復されました。第1の生徒で用いられた手続きとまったく同じ手続きが用いられました。その生徒と一緒に勉強していた教師が第2の教師を訓練してABC評価と教室での分析の両方を実施しました。図10-6でわかるように、3つの方法が同じような結果を示しています。この比較から、機能分析は行動分析の専門家が類似場面で実施しなければならないというものではないといえるかもしれません。教師は自分たちの教室でいろいろな分析を実施するように訓練できるのです[42]。

機能的等価訓練

（a）問題行動を生じさせ維持している刺激を明確にするための機能査定／分析を施行する過程と、（b）問題行動の代替となる社会的に適応した行動を教える（問題行動と同じくらい先行条件と結果条件を統制下に置くことを試みる）過程は機能的等価訓練として知られています[4,5,22]。このような訓練は、行動を即時的に減少させることを目指した短期的な危機管理的視点というよりはむしろ、適切な行動を増加させるという長期的な教育的視点に基づいています[8]。

新しい行動は、少なくとも置き換えようとしている不適応行動と同じくらい効率的に強化子を受けることができるか、あるいは逃避ができるようなものでなくてはなりません。代替となる行動が効率的ではないということが明らかになったときには、問題行動はより効率的な行動に取って代わられるかもしれません[22]。より少ない労力で済むか、直後に、より一貫した強化を得ることができる行動が実行される傾向にあるようです[33]。少なくとも3つの変数が反応効率に影響をおよぼします。（1）その反応をするのに必要とされる身体的労力、（2）強化スケジュール、および（3）標的とする反応に対応した弁別刺激が呈示されてから、その反応への強化子が呈示されるまでの遅延時間[22]。

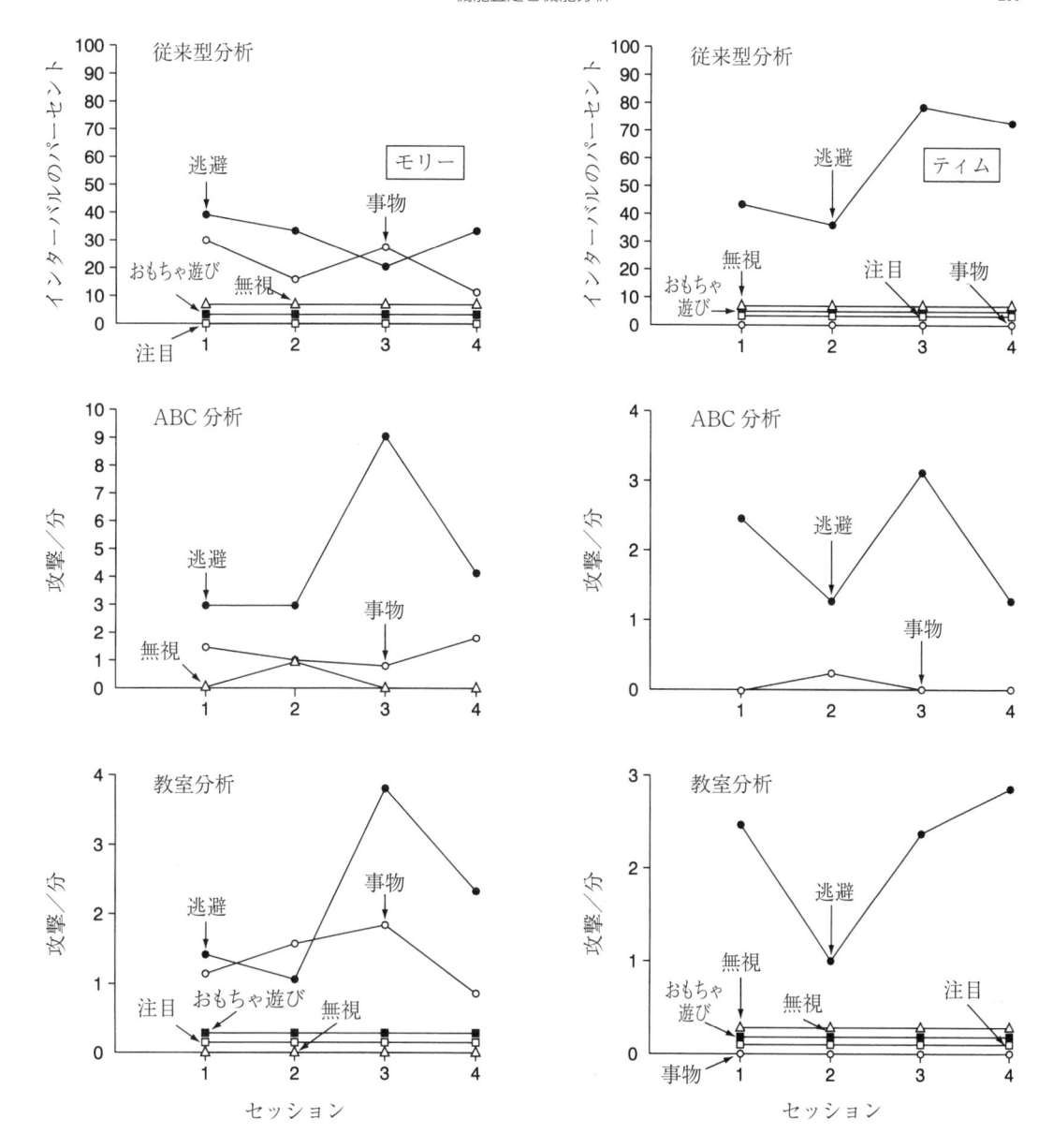

図10−6　研究者の実施した類似機能分析の結果と教師が実施したABC分析、
　　　　教室で教師が実施した機能分析のデータ比較のグラフ

Sasso, G., Reimers, T., Cooper, L., Wacker, D., Berg, W., Steege, M., Kelly, L., & A. Allaire., 1992. Use of descriptive and experimental analysises to identify the functional properties of aberrant behavior in school settings. *Journal of Applied Behavior Analysis, 25*, p.816-817. The Society for the Experimental Analysis of Behavior, Inc. 許可を得て掲載

要　約

　教師が行動の機能に対してその形態に向けるのと同じくらいの十分な注意を払えば、嫌悪的な技法を使う必要がないような環境に作り替えることが可能となるかもしれません。これは最小制約の原理と調和しています。環境的、教育的、およびカリキュラムといった要因が機能査定と分析を用いることによって注意深く評定されて初めて、嫌悪的介入が考慮されるべきです。意思伝達的なものとして確認されるあらゆる行動（不適切な行動も含めて）と機能的に等価な行動を生徒に教えることを私たちは常に試みなければなりません。

　この章においては、不適応行動を生じさせ維持している刺激を明確にすることが困難な場合に、複雑で時間がかかるが、時には必要となるかもしれない手続きについて論じてきました。以下に示す手続きの一覧はすべての機能査定／分析に必要なものです。

1. 行動を正確に指摘し、操作的に定義すること。
2. 医学的説明、感覚器の損傷、あるいは特殊な学習障害についてスクリーニングしておくこと。
3. a．間接的な機能査定（つまり、行動的インタビューや質問紙の使用）を施行すること。
   b．間接的な査定に続いて、もし可能ならば、行動の直接的観察（つまり、分散点査定やABC査定）を行なうこと。
   c．その行動が実際に生じている現場で、あるいはその現場と類似した環境での機能分析を通じて、行動を生じさせ維持していることに関係している仮説を吟味すること。
4. 計画し実行せよ。環境的、教育的、およびカリキュラムの再構成や、機能的に等価な行動の分化強化プログラムの計画と実行をチームプランニングすること。
5. データを評価せよ。もしプログラムが十分なものでないならば、選ばれた等価な行動の有効性を吟味し、より効果的な行動を教えること。
6. もし成功したならば、学校や家庭や共同体という場面においても行動は維持され般化するであろう。

議論のテーマ

1. 教室や職業訓練所、家庭などの自然な場面で見られる類似場面では再現しにくいような変数の例について議論してください。
2. この章で引用したサッソーら[42]の研究で、イワタら[23]が先行刺激として取り上げたような課題や活動を通常の教室の中で選択するように教師が求められています。同じように、小・中学校や高校、コミュニティや家庭場面で同じような課題をすることを考えてください。
3. 障害のない生徒と軽度の障害のある生徒らを受け持った多くの教師たちは、生徒たちが示す行動を、彼らに直接インタビューすることによって機能的に分析しようと試みます。教師たちは生徒たちに"なぜ"そういった行動をとるのかと繰り返し尋ねます。この試みが有効でなさそうなのは、なぜでしょうか。
4. もし、機能分析によって、生徒の不適切な行動が（a）要請からの逃避、（b）社会的な注目の獲得のためであると仮定されたら、治療プランにはどんな要素が盛り込まれるでしょう。

第11章　行動変容を般化させるために

あなたは次のことをご存じですか
- どんな行動を変化させるかを決めるのは大変で多くの時間が必要です。
- 生徒にふさわしい行動変容プログラムを立てる場合にも、よくよく考えを練らねばなりません。
- プログラムの実行には多くの時間が必要です。　念入りにプログラムを作り、問題行動を減少させ、消去した数カ月後にクラス替えをした途端、以前の不適切な行動が現われたときには、本当に頭にくるものです。この種の失望を味わわないためにも本章で取り上げる般化を促すプログラムは非常に重要です。

　前章までは適切な行動を強め、不適切な行動を減少させたり除去して、新しい行動を学ばせる原理や手続きについて述べてきました。諸章で取り上げたような行動を変容させるテクノロジーは徹底的に検証され、その効果は十二分に実証されています。しかし応用行動分析家はこうしたテクノロジーを用いて変化させた行動がずっと続くか、訓練プログラムが適用された場面以外でも変化させた行動が現われるかについては十分に示してきませんでした。行動の変化が長続きしなかったり、最初に訓練された場所や、そのときの指導者のもと以外で行動が生じないのなら、その行動変容は空しいものとなってしまいます。

　第2章で取り上げた行動変容プログラムへの様々な批判は効果が持続しないという点に尽きます。幸いなことに、こうした批判のお陰で行動変容の般化に関する研究に関心が向けられることになりました。効果的な行動変容プログラムを立てるために、行動般化の原理を利用すべきです。ベアーら[9]は「変容した行動が持続性を持ち、訓練場面以外の様々な環境下でもそれが出現し、それに関連した幅広い行動へと広がっていくなら、行動変容が生じたと言える」(p.96)と述べています。ベアーらは行動が般化したことを示す指標として、時間が経過しても、場面が変わっても、他の場面や他の行動に波及することを挙げています。般化の幾つかのタイプについては本章で後ほど詳しく述べることにして、以下に般化しなかった行動変容の事例を挙げてみましょう。

　フォックスウッド青少年センターの生徒たちは、学校でも寄宿舎でも非常に構造化されたプログラムで生活しています。彼らの多くは司法局との関係で、重度の行動的問題があるとされてここに紹介されています。しかし、このセンターのシムテム下では、ほとんど問題行動を起こしません。しかし、退所すると多くが、ここに紹介された問題と同じ行動を起こすようになってしまいます。退所した生徒が、ここや他の施設に2、3カ月以内に戻ってくる率は大変高いのです。

キチンズ先生は学習障害児を受け持っている養護学級の教師です。そのクラスの生徒たちは毎日2時間程度養護学級で学び、あとは普通学級で授業を受けています。キチンズ先生は生徒たちが養護学級ではよく勉強をするのに、普通学級ではできるはずの勉強をしようとしないことに気がつきました。

フット先生は1年生に単語が書かれたカードを使って、それを言い当てる練習をさせたところ、生徒たちはたくさんの単語がわかるようになりました。しかしその子どもたちは新しい単語の意味と発音の関係をちゃんと学習していませんでした。

これらの事例では教科や社会的行動は向上させることができたものの、そういった変化は強化随伴性が実行されているとき、あるいは最初のトレーナーがいるときに訓練された特定の行動だけにとどまっています。応用行動分析の手続きによってしばしば持続性のない、その場だけの行動変化しかもたらされないことがあります。第6章で述べたような研究計画の幾つかはこのような現象に対処するためのものでした[43]。古典的なABAB（逆転）デザインというのは巧みに結果随伴操作を行なったり、行なわなかったりして従属変数（行動）が条件に応じて変化することを示し、行動と結果との関数的関係を実証するのです。もしもこれらのデザインのうち、2度目のAのフェイズで行動頻度がベースラインに戻らなかったら関数関係を表わしていないことになります。

多層ベースラインデザインを適用すれば幾つかの異なった行動に随伴操作を行なうことによって関数関係を示すことができます。また幾つかの異なった事態での行動や何人かの生徒が示す同一の行動に随伴操作を行なって関数関係を明らかにすることができます。随伴操作が与えられてから行動が変化したときのみ関数関係があると言えるのです。ベアーら[9] は「般化は予めプログラムに含めておくべきことであって、その出現を期待したり失望したりするものではない」[(p.97)]と明言しています。実験手続きと行動との関数関係を確立しようとしている研究者は般化が生じたならばきっとがっかりするし、担任の先生は般化を期待し、般化が見られなければがっかりするに違いないでしょう。少数の例外を除き[60]、がっかりするのは般化を期待している専門家です。行動が変化したからといって自動的に般化が生じるわけではないのですから、応用行動分析は役に立たないということになります。たとえこの点を批判されても、行動分析家ならまったく動じないはずです。行動分析家にとっては、都合よく般化されていないというのは行動変容を生じさせるような強力な技術がたまたま般化に限って不足しているだけのことです。般化を導く技術が関数関係の成立を妨げることはないのですが、そのような関数関係が確立した後に般化の技術を導入すればよいのです[55]。

ベアーら[9]が指摘したように、般化はプログラム化されていなければなりません。本章では般化をプログラム化するための基礎となる般化の原理を紹介しましょう。そしてとっくの昔に訓練が終了してしまっていても、生徒が獲得した行動を維持させるような特別な方法をお示しします。

般　　化

第3章で、目標のヒエラルキーについて述べました。それには、獲得、流暢さ、維持、そして般化がありました。障害を持つ生徒には、個々のIEPの中に維持と般化のレベルの目標行動が含まれていることが重要です[14]。ハリングとリバティ[41]は、維持と般化の目標は2つの点で行動獲得の目標と異なっていると示唆しています。つまり、行動が行なわれるべき状況の特定化と

その行動の達成基準です。特定化される状況はその行動が実際に行なわれるセッティングに存在するものであるべきです。例えば、ある生徒の般化目標がファーストフードレストランで食べ物を注文できるということなら、われわれは教室でシュミレート場面を作って指導をはじめるでしょう。たくさんの強化子やプロンプトが使われるでしょう。しかし実際のレストランでは、その生徒は「ご注文は？」とか「何にしましょうか？」とか「今日のお勧めはローストビーフバーガーですが、いかがでしょうか？」とかのプロンプトだけでうまく行動しなければなりません。注文を受けた店員やその他の店員が「うまく注文できましたね」とか「ちゃんと待てていますね」とか「上手にお金を出せましたね」とか賞賛してくれたり、抱きしめてくれたり、トークンをくれたりすることはありません。これらのプロンプトや強化子は行動の獲得期には適切にちがいありませんが、般化目標で特定化されている状況は現実の生活環境にある状況なのです。

般化目標の中で明確化される基準は、一般的な身辺自立スキルの確認の際に用いられるような行動基準を反映するべきです。第3章で述べたように、ある種の行動のパーフォーマンスは、例えば道で両方を見てから渡るように、完全にできて初めて十分な行動となります。つまり、その生徒は、グループホームのリネン室の棚に入れられるように、コインランドリーでタオルを洗って、乾かして、たたむことができますか？獲得期には指導者がタオルの端をきちんと合わせてたたみなさいとかきちんと重ねなさいと指示してくれますが、本当に「十分に」タオルをたためるようになったかを明らかにするには、リネン室のクローゼットに隠れて様子を観察するとよいかもしれません。トラスクテイラー、グロッシーとハワード[93]は、食べられるような料理を作ることが料理では「十分な」基準だと定義しています。

般化目標の評価も重要です[14]。われわれはその行動がどこで、誰によって評価されるかを考えなければなりません。もしジョージにどの機械からでも飲み物が買えるようにさせたいのなら、彼が週に2回、スイミングに出かけているコミュニティセンターの機械を使って指導をはじめるべきです。教室にその機械を持ちこんで訓練をするのではなく、コミュニティーの中で指導を行なうことがとても重要だということに気づいてください[40]。ジョージにいろいろな機械を使っていろいろな場所で指導をした後で、般化を評価します。コミュニティーのすべての機械のところにジョージを連れていくわけには行きませんから、**プローブ**を行ないます。ジョージがプロンプトや買った飲み物以外の強化なしで、飲み物を買うことができるかをチェックするために、これまで練習していない機械を選びます。ジョージが本当に般化スキルを獲得したのかを確かめたいのなら、彼の知っている教師やそのほかの人がクリップボード片手に彼の側に立たないことです。般化プローブはその生徒の知らない人、あるいは通常その環境にいる人によって行なわれるのがベストです。

般化を促進するためのガイドラインを示す前に、般化の幾つかのタイプにふれておかねばなりません。まず特定の場面で特定の指導者に訓練された反応がそれ以外の場面あるいは別の指導者のもとでも生じることがあります。この現象は単に**般化**（generalozation）[64]と呼ばれることもあれば、**訓練の転移**（transfer of training）[49]、あるいは**刺激般化**（stimulus generalization）[10]とも呼ばれます。これはプログラムに従った随伴操作が撤去された後でも学習された行動が生じる傾向をさす**反応維持**（response maintenance）[59]とは区別されねばなりません。この現象は**維持**（maintenance）[64]、**消去抵抗**（resistance to extinction）、**持続性あるいは行動の永続性**（durability or behavior persistence）[3]などと呼ばれています。最後に、標的行動の変容がみられたとき、それに類似した行動が予期せず改善された場合も**反応般化**（response generalization）という用語を使います[95]。この現象は**付随性**（concomitant）とか**並立的行動変容**（concurrent behavior change）と呼ばれています[58]。般化に関する用語の種類が多いことや研究者がそれらの違いをきちんと区別していないことが混乱の原因となっている

表11－1　般化のタイプを表わす用語

刺激般化	般　　化	反応般化
	維　　持	
般化	反応維持	付随的行動変容
訓練の転移	消去抵抗	並立的行動変容
	持続性	
	行動の永続性	

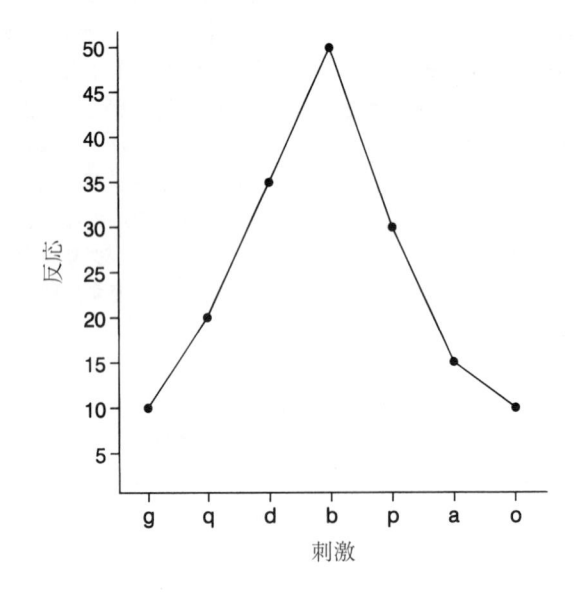

図11－1　刺激般化勾配（理論値）

ことが明らかです。本章ではいずれの般化現象にも**般化**という用語を使用し、これらを区別する必要があるときだけ**刺激般化、維持、反応般化**という用語を使うことにします。表11－1は行動変容の般化を示す様々な用語の関係を示したものです。

刺激般化

第9章では弁別の成立過程を明らかにしました。弁別訓練では、例えばw-a-n-tやw-e-tではなく、w-e-n-tと綴られたカードを先生が見せたときだけ生徒に"went"と読ませるという具合に、特定の刺激制御下で反応が導かれるということを思い出してください。さほど厳密な刺激制御がなされていない状況で生徒が単語を読めればそれは刺激般化です。幼い子どもが4つ足の動物をすべて「ワンワン」と言ったり、大学のお偉方がウーマンリブ団体の代表を「おじょうさん」と呼ぶのもこの例です。

特定の刺激（S^D）のもとで強化された反応がそれと似通った刺激のもとで生じた場合を<u>刺激般化</u>といいます。同じ反応を引き起こす一連の刺激は刺激クラスの1要素と見なされます。一般に刺激の類似度が高いほど刺激般化が生じ易いことになっています。S^Dとの類似度が低くなるにつれ、その刺激呈示のもとでの反応は生じにくくなります。この現象を刺激の**般化勾配**（generalization gradient）といいます。図11－1はある生徒がアルファベットの"b"を識別

することを学習する場合の理論的な般化勾配を表わしたものです。ｂと形が似ているアルファベットに対してｂと答える回数は似ていないアルファベットに対してよりも多く、この場合の刺激般化は教師の意図にそぐわないものであり、刺激制御を強めることが望ましいといえましょう。

いろいろな大きさ、字体、色をしたｂの文字をいろいろな文字の中に含めて呈示することによっても、よく似た般化勾配をつくり出すことができます。この場合、教師は刺激般化を阻止するのではなく、促そうとしているのです。しかし同じ刺激の弁別訓練ばかりを繰り返すと、その識別のみが強力になり、実用性の乏しい結果を招いてしまうことになります。本章の冒頭で紹介したように教師がいるか、いないかで、パーフォーマンスが違ってしまうのは、援助をする教師が適切な行動をするS^Dとなってしまって、普通学級の教師はS^Δとなってしまったのです。この章の最初に挙げた例では、ファーストフード店で「何にしましょうか」という刺激だけに適切に反応することを教えられたら、違うことを言われたときまごついてしまうでしょう。教師は生徒を刺激制御下におくために奮闘しなければならず、しかも刺激制御をやり過ぎてはいけないという矛盾した配慮を求められるのです。

維　　持

生徒による望ましい行動は系統的な応用行動分析手続きが終了しても維持されねばなりません。教師は授業中、生徒たちに文字が正しく読めるようになって欲しいと思い、さらに卒業後もそれを覚えておいて欲しいと思っています。学校で習う算数の問題はそれ自体が目的なのではなく目的に達するまでの手段でしかありません。われわれは生徒たちが小切手を切ったり、確定申告ができ、料理カードから必要な分量を計算できるようになることを願っているのです。授業に適応できることも大切ですが、訓練プログラムが終了し系統的に強化が与えられなくても、社会性のある行動が維持されることが必要

なのです。連続強化が与えられていたある行動に対し突然強化を打ち切ったときの様子を第8章で詳しく見てきました。行動頻度は減少し、やがてゼロになってしまいます。教師が無視することで生徒の不適切な行動がなくなれば、消去は非常に有効に働いていることになります。教師が計画的に適切な行動を獲得させても、1年後クラス替えがあってその行動が消失してしまったら、教師はすっかり落胆してしまいます。

指導上大切なことは行動が維持できるという見通しです。教師がいつまでもつきっきりでコーンフレークや笑顔や褒め言葉で生徒を強化し続けることなど到底不可能なことです。人為的な随伴性を用いて形成された行動はそれが与えられなくなるとたちまち消去してしまうというのなら、何ら意味ある学習はなされなかったことになります。いろいろな実験報告によって特別な手続きがとられない限り消去が生じることが明らかにされています[47, 57, 79, 92]。

反応般化

ある行動を変化させるとそれに類似した他の行動も変化することがあります。これらの類似した行動は**反応クラス**と呼ばれ、反応クラスを構成する反応が訓練を受けずに変化する現象は<u>反応般化</u>と呼ばれます。例えば、掛け算の練習問題を解いて強化を受けた生徒がその後、掛け算だけでなく割り算の問題をもすらすら解けるようになったならば、反応般化は反応クラスのうちの訓練されていない反応におよんだと言えます。

残念ながらこの種の般化は滅多に生じません。大抵は強化を受けた特定の行動しか変化しないのです。「行動は鉢植えとは違って、少しぐらい手抜きしても咲いてくれるというものではないのです」[8] (p.320)

般化の訓練

障害児を受け持つ教師にとって、行動変容が般化したかどうかを確かめることがとりわけ重要です。今日、法律により障害児は最小制約環

境で教育するべきであるとされているので、多くの障害児がすべての時間を普通クラスのなかで、あるいは一定の時間だけ障害児学級で教育されています。特殊教育担当の教師が長期にわたり学校生活全般において応用行動分析を適用していくことはまずもって不可能です。広汎性の障害を持った生徒も障害のない生徒たちと同じように可能な限り拘束の少ない環境で生活するようになるのだということを養護学級の教師は心しておくべきでしょう。それゆえ養護学級の教師たちはきちんとした強化随伴性が与えられない状況下でも生徒たちが適切に行動できることを目標に指導していかねばなりません。

応用行動分析の手続きによって適切な学習態度や社会性を身につけてきた軽度の障害児を受け持つことになるので、普通学級の教師もまた般化を促進するテクニックを知っておかねばなりません。これらの生徒たちに普通学級で能力を最大限発揮させるために、教師は教えるテクニックだけではなく、あまり構造的ではない場面での般化を促すためのテクニックについても知っておく必要があります。

次節で取り上げる般化を促進するための手続きの中には、行動変容における般化についての専門的な定義には厳密には合致しないものも含まれています[52, 86]。従来強化随伴性がまったく与えられない環境で行動が自発したときのみが般化と考えられてきました。実用的な観点からは般化してほしい場面とさほど違わない場面での行動変容をも尊重したいと思います。もしそのような行動変化がいとも容易になされかつ確実に維持されるのなら、実用的な意味から行動は般化したといえます。ハーリングとリバティ[41]は般化のためのプログラムの意思決定をするために幾つかの質問を作っています。質問は、単純な形で、教師が般化をプログラムしたりアセスメントしたりするときに尋ねられるようになっています。

1. そのスキルは獲得されましたか？ その生徒が指導場面で正確にそして確実にスキルを実行できないのなら、別の場面でそれを実行できるだろうと思いこむのは賢明ではありません。
2. そのスキルを使わずに強化子（自然なあるいはその他の）を手にいれることができますか？ もし、ジョージがミニゴルフコースの自動販売機の前でどうしていいかわけらないそぶりで立っていたとき、他の人が我慢できずに彼のお金を取って飲み物を買ってあげてしまったら、彼は自分で買うという動機づけが薄れてしまうかもしれません。
3. その生徒はスキルの一部なら実行できますか？ 般化場面でスキルの一部だけを実行できたのなら、教師の仕事はもう一度課題分析に戻ってうまくできなかった部分の先行刺激と結果刺激を評価して、再訓練のときにはもっと効果的な刺激を呈示し、般化場面にある重要で効果的な刺激を明確にしなければなりません。

ストークスとベアー[91 (p.350)]は応用行動分析における般化の評価と般化訓練に関する文献を総覧して、これらを以下のように分類しています。

訓練と般化の見込み
連鎖的変容
非意図的な随伴性による行動の維持
十分な訓練刺激を与える方法
少々ルーズな訓練法
随伴性を緩やかにする方法
訓練で用いた刺激を日常場面でも用いるという方法
セルフコントロールによる訓練
般化を促すための訓練

次節ではこれらの般化訓練に関する研究報告をそれぞれ取り上げ、授業に応用できそうな具体例を挙げてみましょう。

訓練と般化の見込み

意図されていない般化が生じることが時々あります。これは獲得された技能が生徒にとって特に役に立つ場合や技能それ自体が強化機能を

持つようになる場合に生じます。例えば、パターソン[76]はDRO手続きを用いて多動な男子生徒の授業中の攻撃的／破壊的な行動を除去しました。この不適切な行動は教室だけでなく、運動場や家庭（そこではきちんとした随伴操作はなされていない）でも減少しました。また、学校生活のある時間帯に生徒たちの適切な行動をトークンで強化したら、それ以外の時間あるいは他の教室においてもその行動が見られるようになったという報告もあります[98]。

適切な行動ならプログラムが終了した後でもなお維持されてもよさそうなものです。健常児や軽度の障害児の場合、教えられた行動は般化するものです。学校で字を読むことを覚えた生徒は、両親を喜ばせようとして道路標識の文字を読んでみせます（それに夢中になって、足元が危なっかしい子どもすらいます）。自発的な般化は障害の重い子どもになると生じにくくなります[48]。

行動が般化したという実験報告も幾つかありますが大抵の場合、般化は望めないと考えるのが妥当でしょう。まれに般化が見られる場合でも、その原因は普通わからないのです。考えられるのは般化場面に含まれるある刺激が、条件性の強化機能を持つようになるためではないのかということです[8, 22, 71]。さらに別の可能性としては、応用行動分析を実施していくと教師や親の行動も絶えず改善されていくだろうし、行動の結果が強化されていくことになるかもしれないので、型どおりのプログラムが終了した後でも、訓練開始前よりも多くの強化随伴が与えられるようになるためと考えられます[37]。

正規のプログラムでの随伴操作を通じて獲得されたり強められたりする行動は般化の見込みはあるものの、その可能性は低いでしょう。期待だけでは般化は生じません。般化を期待するならば、教師は生徒の行動を綿密にチェックし、学習したことが当初の期待どおり般化しなかったなら、即座にもっと効果的な手続きがないかを探さなければなりません。以下に示すのは原因不明の般化が生じた例です。

アンドリュースさんが起こした奇跡

アンドリュースさんは家庭教師で収入を補っていますが、中学1年生のブランドンを教えることになりました。ブランドンはCが2つ、Dが2つ、Fが1つという成績で前期課程を終えました。ブランドンはかつて優等生であっただけに、両親はすっかり取り乱してしまいました。アンドリュースさんは彼を検査してみたところ、学習能力には何ら問題はないことがわかったので、中学1年ごろによく見られるスランプに陥っているのだろうと考えました。彼は宿題もせず授業中も熱心に勉強せず、試験勉強もしません。どうやら能力はあるのにそれを使おうとしないのが問題のようです。アンドリュースさんはブランドンの両親に個人指導での勉強が他の場所へ般化することが難しいことを告げ、週1回の家庭教師だけでは不十分なので、両親に何らかの随伴操作プログラムを実施するよう持ちかけました。しかし両親は彼女の提案をはねつけました。2週間にわたって、アンドリュースさんは中学1年生対象の教材を使用して（学校で使っている教材をブランドンはいつも家に持って帰るのを忘れるのでそれ以外のものを使用した）ブランドンの個人指導を行ないました。彼女はブランドンが正しく単語を読んだり歴史を覚えたり、数学の問題を解いたりするごとに、楽しみながら単語が覚えられるゲーム遊びをさせるようにしました。また、指導するなかで褒め言葉を豊富に投げかけることも忘れませんでした。

3週目にさしかかった頃、ブランドンの母親から電話があり、彼を受け持つ教師のうち3人が連絡帳で彼の学校での学習状況が目に見えて良くなってきたと伝えていたというのです。テストや作文の成績はAとBばかりであったようです。「アンドリュース先生。あなたが奇跡を起こしてくれたんです」と母親は言いました。アンドリュースさんは丁重に挨拶して電話

を切ってしばらくぼんやりして、そしてつぶやきました。「彼はたまたま勉強する意欲が湧いてきただけなのかしら。それとも私がそうさせたのかしら」

連鎖的変容

　刺激般化や訓練で得られた成果を様々な場面に波及させたりする手続きは**連鎖的変容**と呼ばれています。この手続きは、まず一つの場面で行動の変容を目指し、成果が上がれば他の様々な場面でも同じ手続きをとることによって般化（実用的な意味での）を促そうとするものです。独立変数と従属変数との関数関係を確立させるための場面間マルチ・ベースライン・デザインとまったく同じ手続きだと言えます。例えば、特別指導教室で適切な行動をすることや学習課題をきちんとすることを学んだのに、普通学級ではうまくそれらの行動ができない生徒には、教師は普通学級の中でも特別指導教室と同じ強化システムを作るようにします。訓練成果を維持させるためには、訓練プログラムが終了しても、生徒の教育や生活上の指導を行なうためのプログラムを引き続き実施する必要があります。訓練場面で行なったのと同じ応用行動分析手続きを訓練終了後も実施するよう教師や両親や他の保護者たちは訓練されます。しかし、ある場合には訓練時とまったく同じ随伴性を与えることは無理があります。例えば、普通学級の担任が生徒の不適切な行動を養護学級の教師と同じくらい綿密にチェックしたり、頻繁に強化子を与えたりすることはできません。あるいは、訓練と同じくらい綿密な制御を両親が行なうことは所詮無理でしょうし、両親にその意思がなかったりすることも考えられます。そのような場合、訓練時よりも環境の制御が緩やかですが、訓練時と同じくらいの頻度で望ましい行動を生ぜしめるに十分なプログラムが実施されることになります。

　場面間マルチ・ベースライン・デザインを用いた研究報告の中には大抵連鎖的変容の例が挙げられています。例えば、ホールら[39]は学校で3度の休み時間のたび、授業が始まってもなかなか席に戻ってこない5年生のグループの行動変容に成功しています。まず、昼休みが終わる4分前に席につくことができれば強化を随伴させたところ、昼休みからの遅刻が減少しました。しかし彼らはそれ以外の2回の休み時間からは相変わらず授業に遅れてきました。そこで午前中の休憩時間にも強化随伴性が適用されました。それによって午前中の休憩時間からの遅刻も少なくなりましたが、午後の休憩時間からの遅刻の回数に変化は見られませんでした。従って3回の休憩すべてに強化手続きがとられました。するとようやくすべての休憩時間からの遅刻が少なくなりました。

　ロングとウィリアムス[67]は中学生を対象に自由時間を強化子として随伴させることによって授業中の望ましい行動を強めました。行動のチェックは数学と地理の時間に行なわれました。数学の時間だけでプログラムが実施されたとき、地理の時間での行動変容は生じませんでした。しかし、自由時間の随伴性が地理の時間にも与えられると、適切な行動はいずれの時間においても高頻度で生じるようになりました。

　トラウクテイラー、グロッシーとハワード[93]は、発達障害と視覚障害を持つ3人の青年にテープに録音された指示に従って、3つのレシピを準備することを教えています。そのレシピの連鎖的訓練で、料理スキルは類似のスキルが必要な未訓練のレシピ（単純な般化）に般化し、指導中に学習したスキルを組み合わせてより難しい未訓練のレシピ（複雑な般化）に般化しました。

　ウォーカーとバックレイ[97]は行動に問題のある子どもを集めた特殊学級にいる9歳の生徒の行動変容に成功しました。彼は特殊学級で与えられた課題に真面目に取り組み、そして熱心に説明を聞けば得点が与えられました。その生徒が普通学級に戻ったときも同じ手続きがとられ、その結果いずれの学級にいるときでも常に授業を真面目に受けるようになりました。

　ロバースら[68]は連鎖的変容の有効性を指導効

果の波及と維持の両面から検討しています。彼らは自閉症児たちが訓練を通じて必要最小限の意思疎通、身辺処理、社会生活技能を獲得した後、両親にこれらの行動を強化する手続きを教えました。1～4年のフォローアップでは、訓練が終わってからも家族と一緒に生活し、両親から強化手続きを受けてきた子どもたちは訓練プログラムで獲得した行動を維持し、なかにはさらに優れた行動をするようになっている子どもたちもいました。一方、職員が応用行動分析の知識を持たない施設に収容された子どもたちは指導プログラムで得た行動をすべて失っていました。

刺激般化や維持を促進させる手続きには、そのほかにも様々なものが考えられます。ウォーカーとバックレイ[97]はトークンエコノミーを用いて子どもたちに養護学級での行動変容を導き、それを維持させるための幾つかの手続きを使用し、その有効性を比較検討しています。特殊学級での指導を始めてから2カ月後、生徒たちは4つのグループに分けられて、それぞれ異なる普通学級のクラスに戻されました。1つのグループでは、ウォーカーらが**仲間との再訓練プログラム**（peer reprogramming）と呼ぶ方法がとられました。実験対象となった子どもたちはそれぞれ1週間に2回、30分間授業中の適切な行動に対して評定を受けました。彼らが得た得点は見学などの褒美と交換され、クラスの生徒たち全員に与えられるようになっていました。週に2回の評定時間に対象児たちが点数を得るためにはそれ以外の週にも望ましい行動ができなければならないので、巧みに設定された二重の随伴操作が効果を発揮するのです。評定の時間には光とブザーを用いたかなり精巧なシグナルシステムによって対象の子どもたちやクラスメート全員に得点の増減の様子がわかるようになっていました。ウォーカーらよれば、対象の子どもたちの望ましい行動によってそのクラスの生徒全員が報酬を受けるので、クラスメートたちは対象児の注意散漫で熱心さを欠く振る舞いよりも、授業を真面目に受ける行為を強化するからだということです。

ウォーカーとバックレイ[97]が第2のグループに施した手続きは本来の連鎖的行動変容との関連が高いもので、この手続きは養護学級とまったく同じ指導を普通学級でも行なうというものです。普通学級でも同じ教材、系統的な社会的強化子やトークンエコノミーが使用されます。違う点といえば、普通学級ではタイムアウトやレスポンスコストの随伴が導入されなかった点です。経験未熟な教師たちがこれを罰として使用するのではないかという危険性があったためです。生徒たちのホームルーム以外の教室での行動が評定され、評定の得点化はホームルームの教師が行なうというシステムを採用しました。

3つ目のグループでは対象児たちが組み入れられることになるクラスの教師たちが応用行動分析の訓練を受けました。授業中に教師たちの指導はモニターされ、うまく教えた教師には終了証が渡され指導料が免除されました（もう一つの二重随伴性）。4つ目のグループでは普通学級に戻された後、何ら特別な手続きは取られませんでした。

以上4つの条件が設けられた結果、仲間との再訓練プログラムのグループと類似強化事態のグループでは普通学級での適切な行動は養護学級の70％以上維持されていました。教師が訓練を受けたグループと訓練手続きが与えられなかったグループでは結果は余りかんばしいものではありませんでしたが、それでも60％以上は維持されていました。コーン[24]は彼らの結果を再分析し、3とおりの手続きによる指導効果の維持率はさほど高くないこと、おのおのの維持率には顕著な差が見られないこと。しかし普通学級での従来の指導しか与えられなかったグループよりはいずれも高い維持率を示すことなどを明らかにしました。さらにいずれかのプログラムを受けた子どもたちはプログラムが終了して4カ月後、以前よりも適切な行動を示すようになったと報告されています。

マーチンらは系統的な連鎖的変容法を適用して地域精神健康センターで指導を受けている重度の知的障害者の行動修正を行ないました。そのシステムは5段階にわかれています。まず全面的に養護学級での指導を受ける段階から始め、トークンによる強化、家庭での強化に重きがお

かれる段階、最終的にはすべての授業を普通学級で受けるが、学年や進度が進むに従って即物的な強化を少なくしていきました。生徒たちはこのようなプログラムを受けることによって、高い学習能力を維持し続けました。また不適切な行動も一貫して少なくなりました。ドラブマン[22]は州立病院内の特別学級の生徒たちを対象に強化手続きを終えてからも不適切な行動を高めないために教師あるいはクラスメートが対象児の行動評定をフィードバックするという手続きをとりました。

アンダーソンら[2]は彼らが**場面移行プログラム**と称する手続きを用いて養護学級から普通学級への訓練効果の般化を促しました。この手続きではまず般化を目指す場所である普通学級での授業方針が検討され、そこで適応するために不可欠な技能を選び出し、それを養護学級で習得させ、さらに普通学級で般化促進手続きがとられ、生徒の学習状況が評価されました。ここで用いられた転移促進の手続きは普通学級で新たに習得された技能を強化するというものです。

ブローニング[19]は自閉症の6人の青年の訓練で改善した行動を維持させるために適切な行動を思い出させるメッセージを録音して使っています。6人の自閉症者の不適切な言語や怒ったりすることが、高度に構造化された場面でタイムアウトやレスポンスコストを使って制御されました。彼らが制約の少ない場面へ統合されたときには、10〜30秒の適切な言語行動を思い出させるメッセージと怒りや困難な事態に対処する方法を録音したテープを聞かせました。そのプログラムは6人全員に効果的でした。

連鎖的変容による行動の転移や維持は前述のとおり厳密な意味での般化ではないのです。しかし、異なった場面で同一のあるいは似通った応用行動分析を行なうことは実用的であり、うまくいく場合が多いのです。確かに環境を変えての指導は訓練を延長させることになりますが、高い有効性を考えるなら、それは大した問題ではありません。以下に連鎖的変容の適用例を示します。

コニー、熱心に勉強するようになる

コニーはグレイ先生の受け持つ学習障害児のための特別クラスの2年生です。コニーはこの学級で熱心に勉強しており、一つひとつ学習課題をこなし、そのたびに自由時間と交換できる点数をもらいました。しかし彼女は主たる勉強の場である普通学級ではあまり熱心に勉強しませんでした。授業中はもちろんのこと教室を徘徊し、他の生徒たちから厄介がられていました。

グレイ先生はコニーの名前が印刷され、日付の記入欄、学習評価と授業中の行動をチェックするための選択項目が設けられた用紙を普通学級担当のワラス先生に渡し、これらのチェックを依頼しました（図11－2参照）。そして普通学級で熱心に勉強できていれば、グレイ先生

```
コニー                       日付：＿＿＿＿＿＿

学習評定                     行動評定
   良くできた＿＿＿＿＿          良い＿＿＿＿＿
   できなかった＿＿＿＿＿        普通＿＿＿＿＿
   ある程度できた＿＿＿＿＿      悪い＿＿＿＿＿

            記録者＿＿＿＿＿＿＿＿＿＿（イニシャルで）
```

図11－2　コニーのチェック表

はコニーにボーナス得点を与えました。結果、コニーの普通学級での成績は特別クラスでの成績ほど良くなりませんでしたが、学習態度は良くなり彼女が取り組んだ課題の成績は普通学級の生徒に匹敵するほどになりました。

自然な随伴性による行動の維持

行動分析手続きというのは生徒が生活の中で強化を受けて行動変容が行なわれることが理想とされます。プログラムを実施することで、不適切な行動を動機づけている理由と同じ理由で、正しく行動するようになることです。生徒は本来よい成績を取りたくて熱心に教科の勉強をし、先生に褒められたくて真面目に授業を受けようとするものです。このことはわれわれが収入を得るために働くのと同じ原理です。自然な強化子をより強力にしていくことが可能かもしれません[44]。もし、教師が数学のプリントで懸命に勉強したら大きなA＋がもらえると言ったり、特別指導教室の生徒の教師が適切な行動を誇りにしているとか、懸命に働いたお金を使うことができるのがどんなにすばらしいかを指摘すればこれらの自然な強化子は、もっと気づかれやすくなるでしょう。例えば、重度の障害児に自分で食事ができるように指導するためには確かにシェイピング、連鎖化、誘導漸減法などのかなり複雑な手続きが必要です。しかし訓練終了後、子どもはいろいろな生活場面でも介護なしにひとりで食事できるようになっていきました[18]。自分で上手に食べれるという技能を身につけることで、子どもは自分で食べたい分量をコントロールでき、そのことが正の強化子となっていくのです。発達遅滞者[6]や健常な幼児[32]では排泄訓練によっておもらしの不快感が除去されるので、随伴操作がなされなくなってからも適切な排泄行動が維持されます。同じような理由で、読みや計算ができるようになった子どもたちは、それが役立つので般化促進プログラムが実施されなくなっても習得した機能を維持させるのです。様々な社会的行動もまたこのようにして般化していくに違いありません。

重い遅れを持つ人たちの指導に関して、機能的なスキルつまり学校、職場、地域社会などの実生活の中で役立つスキルを教えることの大切さがますます強調されてきています[16]。われわれはブロックの色分けなどの学習教材を用いた実用性の乏しいスキルを教えるのではなく、彼らの日常生活を少しずつ自立へと近づけていくために、バスの乗り方、コインランドリーの使い方、おかずの作り方、ATMの使い方[85]などを教えるべきなのです。このような技能は本来普通の暮しの中で維持されていくものなのです。自然な環境のもとで維持されるような行動の修正を目指すことは行動の適切さの法則に基づいています。この法則を初めて提唱したのはエイロンとアズリン[4]です。ベアーとウルフ[8]はこの法則を**ネズミ捕り**の例で説明しています。もしも応用行動分析によって実生活の中で強化される行動が形成できたなら、ネズミ捕りに引っかかったネズミと同じことになります。ネズミ捕りのメカニズムは次のようなものです。

身近な実例として、ネズミ捕りの仕掛けを思い浮かべてください。ネズミ捕りはネズミにとって圧倒的な行動変容を強いられる環境事態です。その行動変容には完璧なまでの普遍性があることに注目していただきたい。ネズミ捕りによって引き起こされる行動上の変化はどんな状況であってもただ1つです。そして、行動のあらゆる点におよび、未来永劫、それは維持されるでしょう（殺されるわけですから）。しかも、ネズミ捕りはごく僅かの行動コントロールをするだけで膨大なる行動変容ができるのです。ネズミ捕りがなくても一家の主はネズミを殺せます。ネズミの巣の外で待ちかまえていて、ネズミが逃げ出すより素早くネズミを捕まえ、その不運なネズミに望みどおりの行動変容を強制できるかもしれません。しかしそれには、高度の能力と強靭な忍耐力と超人的な調整力、人とは思えぬ指先の器用さとたぐいまれな情緒の安定が要

求されます。ところがネズミ捕りを持っている一家の主は、ほんの少しばかりのことをすればいいのです。ちょっとばかりチーズを用意し、ネズミにその匂いがわかるようにネズミ捕りに仕掛けます。効果てきめん、それ以後のネズミの行動の変化は絶対的だということが保証されます。行動主義の用語で申し上げるなら、ネズミ捕りの本質はネズミ捕りの中に入り込むというごく単純な反応が必要なだけです。いったんそこに入ってしまえば、どのような行動の変化も受け付けてくれません。しかもネズミにとってチーズの匂いを嗅ぐことがネズミ捕りの中に入る反応なのです。そこから先は万事が自動的になっています。主はネズミにチーズの匂いを嗅がせる以外にはネズミの行動をいっさいコントロールする必要はなく、それでいて行動変容は完璧なのです[8]（p.321）。

われわれの行動のあるものはまるでネズミ捕りに適応しようとしているかのようです。もし自発した行動によって仲間からの強化が増えたなら、そのような行動は日常の環境下では特に維持されやすいのです。社交能力、コミュニュケーション能力、身辺処理能力、そして自己主張能力が維持されるためには、とにかく生起しさえすればよいのです[5]。このような行動に随伴しているであろう強化のネットワークはいったん入ると逃げ道の見当たらないネズミ捕りのような不可抗力な環境を形づくっていると思われます。しかし自然な環境がどのような行動を強化しているのかを見定めることは至難の技です。日常の環境では適切な行動は見過ごされ、不適切な行動ばかりが目につくものです。安全運転をしているドライバーをわざわざ呼び止めて褒める警官はまずいないでしょう。無遅刻無欠勤の会社員が褒められることもまれです。さらに、学校の教師は授業中熱心に勉強している生徒にはほとんど関心を向けない反面、不真面目でよそ見ばかりしている生徒には注意を与えます。応用行動分析を用いるとどんな行動でも生徒たちの日常生活の中で維持させることができるとは言い切れないのです。ただ言えるのは以下に挙げるようなことが自然な環境のもとで強化随伴による行動の維持や転移を促進するということです。

1．生徒の生活環境を観察すること。つまり両親、教師をはじめとする周囲の人々から見て生徒に望ましい行動と強化を受ける行動とが一致しているかどうかを確かめること。
2．生活環境の観察を通じ、トラッピングの効果が得られる行動を見つけ出すこと。例えば、もしも普通学級の教師が字をきれいに書くことを重点的に強化していることがわかれば、字をきれいに書くことがさほど重要でなくても養護学級でも同じように、その指導に重点を置くことが望ましい。
3．どうすればもっと強化が得られるのかを生徒たちに教えること[84]。つまり生徒たちに大人の関心を引き、褒められたり、その他いろいろな強化が得られるような適切な行動を教える。
4．生徒たちが強化を受けたとき、それが強化であることをはっきりとわからせること。著者の経験では普通学級での適応が困難な生徒たちの多くは社会的強化子に喜びを感じないようです。これはブライアン夫妻[19]が報告した社会的知覚の欠如という性質に当てはまるでしょう。なかには唯一有効な強化子である非言語的コミニュケーションの微妙な意味合いがわからない生徒もいます。これを理解できるようにすれば、日々の生活を通じての強化作用が強まっていくに違いないでしょう。

何の工夫もしないで自動的に強化が働くようになるものではないということを教師はしっかり認識しておくべきです。環境条件を検討し、行動変容がどれくらい維持されているかを判断するためには注意深くモニタリングを続けねばなりません。次に挙げる2つの事例のうち、最初は強化子が日常の環境から与えられることによって行動が維持された例であり、次は十分に強化が与えられなかったために失敗した例です。

アルビン君、読むことを学ぶ

アルビンは少年院でダニエル先生のクラスにいた非行少年です。彼がダニエル先生のクラスに入った当初はまったく読むことができませんでしたが、ダニエル先生がトークンを用いて系統的な読み方の指導をすることによって、1音節と2音節の語が幾つか読めるようになりました。しかしダニエル先生はアルビンがこの施設を出てからも教えられたとおり文字を読んでくれるかどうか心配でした。というのはアルビンは図書室にある面白くて文字が少ない本にもあまり興味を示さなかったし、トークンが与えられるときしか単語を読もうとしなかったからです。ところが、アルビンがこの施設を出てからおおよそ1年後、偶然にも書店から出てくる彼の姿をダニエル先生が見かけたとき、小脇に何冊かのペーパーバッグを抱え、真剣な表情で手にした1冊の本に目をやっていました。

マービン君、6年生を落第する

養護学級担当のコーエン先生がマービンを受け持ってから2年がたちました。その間マービンは普通学級の4年へ、そして5年へと進級しました。マービンは4年から5年生の2年間を通じ、普通学級で優れた成績を修めました。と言うのは、彼を受け持った先生は課題をやり遂げたとき盛んに褒め頻繁に自由時間を与えていたからです。5年生の終わりには、彼の養護学級での指導は打ち切られました。コーエン先生はマービンが6年生に進級しても十分やっていけるだろうと思っていましたが、6年生担当のローチ先生はぶっきらぼうに言いました。「私は子どもの学力のいかんを問わずに真面目な態度を褒めたり、課題ができたときに褒美を与えたりしたことはありません。だからこそ私の生徒たちは毎日授業を受けにくるんです。私は彼らを甘やかそうとは思いません」

6年生に進級して以来、マービンは養護学級に入った当初に逆戻りし、授業に適応できなくなりました。彼は授業の邪魔をし、課題に取り組もうとせず、結局6年生の課程を修了できずに終わりました。

コーエン先生はマービンに気の毒なことをしたという思いと同時に、どのクラスでも同じ指導方針が取られるとは限らないこと、そして生徒の行動改善が維持されているかどうかを常に見届けねばならないという教訓を学びました。

十分な訓練刺激を与える方法

私たちが生徒に教えたいと思っている多くの学業や社会的な行動はいろいろな反応クラスの一つです。つまり、まったく同じ場所でまったく同じように実行されるような行動はありません。例えば、読みを教えるときにはこれまで読んだことのない文章を解読し、理解できるようにしたいのです。もちろん、同じ音で始まる1つか2つの単語を教えたり、知らない単語の意味を文脈から推測することを教えただけで、こんなことができるわけではありません。多くの具体例と多くのレッスンが必要です。つまりわれわれは十分な例題を教えているのです。同じように、重度の障害を持つ生徒にコミュニティセンターのたった1つの自動販売機を使って学習させたことで町のどんな自動販売機も使えるようになったり、朝、自分の教師に挨拶をすることを教えただけですべての大人に挨拶をするようになったりすることは期待できません。われわれはもっと十分な例を教えるでしょう。

代表例教授法

代表例教授法は代表例を豊富に使用することによって般化を促そうとするものです。これはもともと軽度の発達遅滞児、不適応児を対象に言語や学習能力、社会生活能力を高めるために開発されたものです[11]。このプログラムでは刺激クラスに含まれるどの刺激に対しても正しく反応できるようにするため、刺激クラスに含まれる刺激をできるだけ多く取り入れることに重点がおかれています。とは言っても、例えば子どもたちに赤い色をしたものを識別させようとする場合、世界中の赤い色のものを用意する必要はありません。様々な赤い色をしたものをそこそこ用意すればよいのです。そうすれば子どもたちは赤い色をしたものを確実に識別するようになるでしょう。大抵の子どもたちには赤い色のものを選ぶのにさほど吟味する必要はなく、身近にあるものを用意すればよいのです。しかし、障害児の識別能力を育成するためには与える刺激をかなり吟味する必要があります。

エンゲルマンとカーナイン[29]はこの訓練で様々な刺激材料が取り入れられることを通じ、**同一性**——刺激クラスのメンバーがそれぞれ同じ性質を持つこと——そして**異質性**——刺激クラスのメンバーがそれぞれ異なる性質も備えていること——を教えなければならないと述べています。言い換えれば、すべての赤い色をしたものが持つ共通点を見定めらるかどうか、そしてものの種類が大きくかけ離れていても赤い色だと見定められるかどうかが大切なのです。このプログラムを行なうに当たっては訓練刺激の選択が成否の鍵となります。

もしも訓練セッションで同じ色合いの赤いプラスチックばかりが使用されたら、先生の机の上から赤い本（エンゲルマンとカーナインの本のコピー）を取ってくるように指示してもおそらく生徒は従えないでしょう。なぜなら、その本は訓練刺激に用いたピンクがかった赤色とは違い、オレンジがかった赤色をしているからです。この代表例教授法は健常児あるいは軽度の発達遅滞児の学習能力を高めるために非常に有効です。また適切な社会行動を教えるためにも用いられています[30]。

代表例教授法（通常このような呼び方はしませんが）は重度の障害児に音声や言葉を教えるときにも使用されます。子どもたちに般化模倣反応を教えたという第9章で取り上げた研究がこれに当てはまります。訓練者の身振りを模倣するように系統的に訓練された子どもたちは強化されていない身振りも模倣するようになりました。また同じような訓練[35]によって複数形[38]、現在形や過去形[81]、正しい構文[36]を用いた適切な言語反応の般化に成功したとの報告もあります。

近年、代表例教授法は主として重い遅れを持つ人たちに実用的な技能を教えるときに用いられています[100]。例えば教師が街頭の自動販売機の使い方を教えようとする場合、まずどんな種類の自動販売機があるのかを調べ（どこにお金を入れたらよいのか、機械はどのように作動するのかなど）、あらゆる種類の操作を網羅した機械を準備して練習させるのです[87]。同様の技能は電話の掛け方[49]、道路の横断の仕方[47]、手洗い石けんディスペンサーの使い方[74]、郵便番号ごとに郵便物を仕分けすること[103]、カフェテリアで助手をすること[46]、そのほか様々な技能を身につけさせるときにも用いられ成果が得られています。ビデオを使ったりしてシュミレーションをすることは実際にあちらこちらへ出かけていったりしないで、多くの代表例を教えることができることになります[42]。

複合した場面での訓練

豊富な事例を用いて行動を学ばせるもう一つの方法は場面や指導者を替えて訓練するというものです。そういったやり方によってまったく訓練を受けていない場面にまで行動変容を般化させることができます。変化に富んだ刺激条件下で新しい反応を教えられることによって、経験していない条件下にも般化する確率が増加することが数多く報告されています。この手続きが連鎖的行動変容と異なるところは、訓練で得られた行動の変化が指導が行なわれなかった場面（行動）で評価されるという点です。例えば、ストークスら[92]は精神発達遅滞児にきちんと反応を強化してくれる指導者がいるときだけ挨拶

させることにしました。指導者を交替したところ他の14人のスタッフに対しても挨拶するまでに般化が生じました。

エモショフ、レッド、ダヴィッドソンら[28]は非行青年に人との付き合いで、肯定的なコメントをする訓練を行ないました。複合条件下（活動、指導係、場所）で訓育を受けた青年たちはいつも同じ条件におかれていた青年よりも訓練場面以外でも目覚ましい般化を示しました。

重度の障害者がしめす逸脱行動を抑制する効果は複数の条件下で訓練をしなければ、特定の場面や実験者に限定されてしまうとする数多くの研究報告があります[25, 34]。罰の随伴による影響は明かに正の強化による行動変化よりも般化が乏しいようです。

豊富な代表例を与えての訓練は般化の拡大に関心のある教師にとっては格好の実り多い領域です。生徒に教えねばならないからといって教師はありとあらゆる場面で正しい行動をさせなくてもよいし、学校中の先生や大人の前でいちいちその行動をさせなくてもよいのです。般化的反応が学習されるのに十分な例を訓練すればよいのです。教師として必要なことは獲得された反応を確実に般化させるように訓練をすることなのです。生徒に実行してほしい反応クラスのすべての見本を示せといっているのではありません。もしそうしろと言われたなら、生徒に読み方を教えることなど到底不可能なことです。生徒は多分、文字や音節を般化させ、今まで読んだことのない単語を解読しているに違いありません。生徒がこのような技能を駆使して次々と変化する課題や未知の問題を解決していくのであるという仮定に立脚して学校での教科の教育は行なわれているのです。反応を般化させる、すなわち生徒がいろいろな訓練者や訓練場面に般化させていくのと同じように反応を般化させるためのプログラムを組むためには、教師は多くの模範事例をどのように利用して訓練するべきでしょう。それを教えてくれる事例を以下に示します。

キャロル、複数形の使い方を覚える

キャロルは5歳の言語発達遅滞児で、幼稚園の養護学級のシムズ先生の受持ちです。キャロルは既に多くの日常的な事物の名前を知っていましたが、単数形と複数形の区別ができませんでした。シムズ先生はキャロルが知っている事物について単数の場合と複数の場合を描いた、いくとおりかの絵を用意しました。弁別訓練手続きを適用して、シムズ先生は文法的に正しい単数形と複数形との対を見せるという刺激制御条件のもとでキャロルにその名称を言葉で言わせることにしました。

```
cow       cows
shoe      shoes
dog       dogs
bird      birds
plane     planes
```

続いてシムズ先生がキャロルに新しい絵を見せて答えさせ、般化の度合いをテストしました。

```
chair     chairs
```

キャロルは正しく答えられました。単数形と複数形を使い分けるというキャロルの反応は訓練では使われていなかった色々な対象に般化しました。校長先生や来賓が教室を訪れたとき、キャロルがクラスメートに"Mans come"と言ってしまったほど、キャロルは反応般

化の範囲を広げていました。シムズ先生はこうした行き過ぎた般化は幼児にはありふれたことであるのに気づいて思わず頭を抱え込でしまいました。そして不規則な複数形を別の反応クラスとして教えるべきであると決意しました。

次のお話の中で、デワインはグランディ教授　を助けて代表例教授法をやって見せます。

教授、ハイテク機器を使う

いろいろな技術を統合して実際の指導に当たることの重要性に関するメモや注意書きを無視していたグランティ教授も、しぶしぶ何人かの学生のプレゼンテーションを録画することに同意しました。生徒たちは実習の前に、編集したテープをカバンの中に入れておきます。教授はビデオカメラの使い方の指導を受けて、セミナーに参加しましたが、クラスに着いたとき、そこにおいてあるカメラは教授が使い方を習ったカメラとは似ても似つかないものでした。教授はゆっくりとカメラの周りを見回して、幾つかのボタンを押してみましたが、その甲斐なく、何も起こりません。プレゼンテーションはどれも録画できないとみんなに言ったとき、デワインが席から飛んできてカメラに近づきました。

「大丈夫ですよ、教授。これは新しいやつで僕も見たことないけど、カメラ屋でアルバイトしていたことがあるからわかると思いますよ。大学は機械を入札させて一番安いところから買ったんですよ。それで誰も見たことがないようなモデルなんです」

「見せて」。彼はぼそぼそ言いながら作業をはじめました。

「カメラの前に電源スイッチがあるはずだ。そう、これ。次はポーズボタンを見つけよう。大抵は赤かオレンジで、ファインダーを覗いてる右利きの人が使いやすいところにあるはず……。あっとちょっと待って、忘れるところだった。レンズキャップは取らなきゃ……。はい、これでOK、教授」

デワインは大声で、「後はこの赤いボタンを押してスタートとストップができます。このアイピースから覗いて緑のライトか録画の文字が見えたらきちんと動いています」

少々ルーズな指導法

行動の原理に基づいた指導を行なう場合には大抵手続きが厳密に統制されています[12, 89, 99]。障害を持つ子どもの指導法は厳密に標準化された形式がかたくなに守られ、予め定められた順序どおりに刺激材料が与えられ、一つの技能が習得されるのを待って次の新しい訓練が始められます。このような指導手続きは効果的でしかも多くの教師がそのやり方を学んでいるものです。しかしそのスキルを般化させていくうえで最善の方法とは限りません。次の研究を見ればわかるように、1970年代初頭に始まった高度に構造化された訓練セッションの中で、多くの刺激や反応を変化させることを試みた研究は、結果的に1990年代になって障害児の指導に大きな変化をもたらしました。シュレーダーとベアー[80]は遅れを持つ子どもに音声模倣の練習をさせる場合、あらかじめ定められた訓練刺激のみをきっちりと教えるという方法をとらないときの方が、新しい刺激材料の般化が生じやすくなるという結果を得ています。教えたとおりの音声刺激だけを練習させる方法（系列訓練）よりも、一つのセッションに多くの種類の音声模倣を練習させるという方法（並行訓練）の方が有効性が高いということが実証されたわけです。

反応を変化させるという例ではパニャンとホール[75]の研究でも、なぞり書きと音声模倣と

いう2つの異なる反応クラスの習得・維持・般化のおのおのの面に関して系列訓練と並行訓練の効果が比較検討されました。系列訓練では書字の模倣反応が習得されるまで2つ目の反応クラス、つまり音声模倣の訓練は始められませんでした。一方並行訓練では1つの訓練セッションで2つの反応クラスをいずれか一方が習得されるまで交互に訓練しました。これら2つの訓練手続きが比較された結果、反応の習得と維持に要する訓練回数に差異はありませんでしたが、新しい訓練材料に対しては並行訓練の方がより多く般化しました。これらの研究は教師にとって示唆深いものです。生徒に1つの技能を習得させておいてから新しい技能を教えるというやり方は効率がよくありません。もちろん最初の技能の習得が2番目の技能の必要条件である場合を除いてです。1つのセッション内で訓練内容を変化させることは学習を妨げるどころか、般化を促すことになるのです。「ハロルドはまだ読みが十分にできていないから数学を教えるのは早過ぎる」というようなことを時に耳にしますが、これは正しい判断とは言えません。

最近の「ルーズな訓練」に関する研究ではいろいろな場面や多くの行動が幅広く用いられています。**機会利用型指導**（incedental teaching）や**ナチュラリスティックトレーニング**（naturalistic training）、**非集中指導**（nonintensive teaching）、**最小限の介入**（minimal intervention）などの用語は、障害を持つ人の指導をできるだけ構造化されていない活動の中で行なおうという指導法で、行動の獲得が促進されたり般化の促進に成功することが示されてきました。

キャンベルとストリーメル-キャンベル[21]は2人の重度の障害を持つ少年に勉強や身辺処理スキルを教えるのに、いろいろな文章や質問を使っています。標的となった言語スキルはそれが自発されたりプロンプトされたときに強化を受けました。2人とも勉強や身辺処理スキルに関した言語スキルを獲得し、また般化も見とめられました。非集中的と呼ばれる手続きを使って、イングレスフィールドとクリスプ[51]は、3日間で10回の着衣スキルの指導（これは多くの教育者が最初に子どもに指導しようとすることです）と1日2回ずつ15日間の指導（これは毎日の生活の中で指導されます）とを比較しています。その結果、毎日2回ずつの指導が学習の成立と般化に優れていました。

その他幾つかの研究が非集中的でより自然な指導は行動獲得のロスもなく般化を促進することを示しています。単語の理解の指導[73]、表出言語[62, 101]、サイン言語[22]、読字[72]などで成功が報告されています。

既に述べてきたように、自然なあるいはルーズな訓練は伝統的な特殊教育とはかなり異なります。この成功は教師が自分のスキルを維持し、それをアップデートしていくことの重要性を示唆しています。

随伴性を不明瞭にした訓練法

第7章で述べたように間欠強化スケジュールによって消去抵抗や反応の持続期間は著しく引き延ばされます。間欠強化は反応の維持率を高めるために、そして後にまったく強化なしで反応を維持していくための橋渡しとなります。つまり強化率を非常に低い段階にまで引き下げることを可能にし、最終的に強化を完全に撤去しても行動を維持させるのです。ただし、消去抵抗は恒久的なものではありません。無強化の状態が続くと、やがて行動は消去されてしまいます。しかしそれはかなりの歳月が経ってからのことであるので、われわれは気づかない場合が多いのです。つまり行動は実際に必要なだけの期間は持続するのです。

間欠強化スケジュールが改善された行動の維持率を高めることは多くの研究によって実証されています[58, 79]。教師たちは行動変容手続きのプログラムを立て実行するに当たって、これらの報告に目を通しておくべきです。たとえ延々と間欠強化を続けなければならないとしても、スケジュールの強化率が低ければ、反応の維持率を高めるのに実に効率のよい、経済的な方法となるかもしれません。

間欠強化以外の方法としては生徒に自分のどの行動が強化されるのかをわからせないように

するというものがあります。場面間の般化を促すために強化子を与える時間を遅らせるというのも一つのやりかたです。シュワルツとホーキンズ[82]は数学の時間と国語の時間のそれぞれの生徒の様子をビデオに録画し、放課後生徒たちにそれらを見せて、数学の時間の望ましい行動に対して強化を与えました。すると翌日には数学の時間はもちろんのこと国語の時間の学習態度も良くなったのです。シュワルツらは場面間の般化は強化を遅らせ生徒に強化随伴性をわからせないようにすることによって引き起こされているのだろうと仮定しています。

フォウラーとベアー[31]も就学前の子どもたちの様々な行動を変容させるために強化遅延法を用いています。彼らは子どもたちにおもちゃと交換できるトークンを望ましい行動が生じたときにすぐ与える場合と、すぐには与えず、強化の随伴が伴わない期間を挟んでその日の終わりに与える場合との効果を比較しました。その結果、子どもたちは望ましい行動を般化させ、強化子が1日の終わりにしか与えられないような条件の方が望ましい行動をより多く示しました。同様にダンロップたち[27]は、強化の遅延はコミュニティの中での自閉症児の作業パフォーマンスを維持してしたと報告しています。

ケーゲルとリンカバー[64]も子どもに気づかせないように強化を随伴させる方法を考案しています。彼らは自閉症児たちに簡単な動作模倣の練習および簡単な指示に従う練習をさせました。これらの行動が（連続強化を用いて）習得された後、強化率は減らされました。訓練が終わるごとに行動観察が行なわれ、改善された行動が維持されているかが確かめられました。行動は最終的には消去されました（強化率が低いほど消去までの期間は長くかかりました）。しかし、消去の後、強化子として用いられていたキャンディを反応の生起とは無関係にランダムな時間間隔で与えるようにすると行動は再び生起し始め、消去を長引かせました。疑いなく強化子は弁別刺激としての性質を獲得していたといえます。つまりこの訓練事態においては、強化がいつでも得られるということが生徒たちにとって手がかりとしての働きをしていたのでした。ただどの反応が強化を受けるかがわからないので、消去にいたるまでの間多くの正反応（以前に強化されたもの）を続けるようになるのです。

強化随伴を不明瞭にさせる方法としては強化率の低い間欠強化がしばしば用いられます。しかし、それ以外のどんな方法を取るにしても、子どもたちにいつ強化が与えられるのかをわからなくさせることは、訓練場面や、そこを離れたさままざま場面で、改善された行動の持続性をより高めてくれるということが実証されてきました。以下に幾つかの具体例を示します。

スージー、指示に従うようになる

スージーはウェスレッド先生が受け持つ就学前の遅滞児のクラスにいる4歳の子どもです。かなり多動で名前を呼ばれても「こっちへいらっしゃい」と声を掛けられても振り向かないので、ウェスレッド先生は何とかならないものかと気にしていました。バスを待っているときや、運動場で遊んでいるときなど、道路に飛び出す危険もありました。呼び掛けに応じられるようにするため、ウェスレッド先生は彼女の手を軽く引っ張りプロンプトしました。プロンプトは少しずつ控えられ、やがて与えられなくなりました。その後スージーからウェスレッド先生までの距離は少しずつ引き延ばされていきました。このような練習が行なわれている間、スージーは呼び掛けに応じるたびにクッキーを一欠けらもらいました。

その行動が確立されると、ウェスレッド先生は強化のスケジュールを変えました。スージーが呼びかけに応じても、クッキーがもらえる確率は、すなわち強化率はVR5からVR10へ、さらにVR20へとどんどんと低くされていきました。やがてウェスレッド先生は、スージーが自分の呼びかけに応じたり指示に従ったとき、たまにクッキーを一欠けら与えるだけでそれらの行動を高い頻度で維持できるようになりました。ウェスレッド先生はスージーなら時た

まクッキーで強化するだけで、普通学級で邪魔にならずやっていけると確信しました。母親もスージーが呼ばれたときに来れば時々クッキーを与えるようにしたところ、家庭でも学校と同じように呼びかけに応じられるようになりました。

ベル先生の生徒たち、課題を仕上げるようになる

ベル先生は、午前中促進学級にいる軽度の遅滞児たちのために補習授業をしていますが、生徒たちはいつも与えられた課題を仕上げようとしません。彼らはそれぞれ国語の文章理解、数学の問題、書取の練習を自習するようになっていて、その間ベル先生は別の少人数グループの勉強を見ていました。先生は生徒たちがそれぞれの課題を仕上げるごとにトークンを与えるようにしました。トークンは午前中の授業の終わりに5分間の自由時間と交換することができました。すると子どもたちはほぼすべての課題を仕上げるようになりました。次にベル先生は子どもたちにこれからトークンは午前中の授業が終わったときにしかもらえなくなり、さらに2科目の課題をやってないとトークンがもらえなくなると言い渡しました。先生は用紙に「読み方」「書取」「算数」と書いたくじを作り、これらのうち2枚を彼らに引かせました。生徒たちは午前の授業が終わるまで自由時間がもらえる対象となる2つの課題はどれなのかわからないのですが、とにかく課題を仕上げようとがんばりました。ベル先生はもっと低い強化率に切り替えたかったので、次に2回くじを引かせるようにしました。1回目は「YES」と「NO」の2とおりのくじから引かせました。これは強化がもらえるかどうかを決めるものです。ここで「YES」のくじが引かれたときだけ2回目のくじを引くことができました。2回目はどの課題が自由時間の対象となるのかを決めるものです。先生は最初は「YES」と「NO」1枚ずつから引かせるようにしましたが、途中から「NO」のくじを少しずつ増やしていき、自由時間がもらえる確率を20％にまで下げました。こういった手続きで生徒たちはいつ、どの課題に対して自由時間がもらえるのかがわからないスリルを楽しむかのように、毎日3とおりの課題すべてを仕上げるようになりました。

共通刺激をプログラムする

ウォーカーとバックレー[97]は、「同じ被験者が異なる場面に移されたとき、移される前とどの程度類似した行動をとるかについては、おそらくそれぞれの場面間に見られる刺激の類似度の関数となっている」ということを強調しています(p.209)。カービーとビッケル[61]は、刺激の類似性、そして刺激制御は般化の重要な要因であると指摘しています。従って、行動を持続させたり、刺激般化を促したりするための一つの手段は訓練場面と般化を促した場面とに似かよった刺激を取り入れるように配慮したプログラムを立てることです。訓練場面と生活場面とを似通らせたり、あるいは訓練場面の要素を日常場面に取り入れたりすればよいわけです。

日常場面の要素を訓練場面にも取り入れることによって、般化を促そうと試みた研究報告は幾つかあります。例えば、エイロンとケリー[5]は、発達遅滞を伴う場面緘黙の女児を話せるように訓練しています。訓練場面（相談室）で、よく話すようになった後、そこに学校の教室にある要素が取り入れられました。数人の子どもたち、黒板、机が加えられ、訓練者は自分を学校の教師に見立て、教室の前にたって授業を進め、質問を投げかけました。訓練は学校の教室でも並行して続けられました。その結果、彼女は学校の教室にいるときも、よく話すようになりました。1年後どんな様子であるか確かめられたときには、彼女はさらに幾つかの新しい場

面でも話せるようになっていました。訓練場面と学校の教室場面との類似度を高めたことの効果を分析することは、訓練の流れの中では無理がありますが、教室への般化が生じ、行動が維持されたことは確かです。

ジャクソンとワランス[52]は精神遅滞の女子にトークンを用いて大きな声でしゃべるように訓練しました。訓練場面でかなり大きな声が聞かれるようになった後、エイロンとケリー[5]が用いたのと同じ手続きが取られることによって教室への般化が引き起こされています。

ケーゲルとリンカバー[63]は自閉症児にマンツーマンで指示に従えるように訓練しました。その後、訓練室に少しずつたくさんの子どもを入室させていくことを通じて般化を導いています。リビとフォード[66]は、訓練場面で獲得した家事スキルは類似刺激を家庭に持ち込んだときにより効率良く般化することを報告しています（ただ、今日ではできるかぎり生徒の家庭でそういったスキルを教えようと試みられるようになっていっています）。一般に、般化させたい場面にある刺激と類似した刺激を訓練場面で用いることは、とても効果的な方法であることが証明されています[88]。ウッズ[102]は、このような手続きはこれまでに述べてきた自然な手続き（naturalistic procedures）の適用例であり、般化場面の刺激はもちろん自然なものであると述べています。

こういった有効な治療法の報告を受け、近年障害児たちを対象に、幅広くシミュレーションが行なわれるようになってきました。例えばヴァンデンポル[96]は軽度の遅滞児たちにファーストフードショップの利用の仕方を教えるのに、メニューを描いた絵を上手に使っています。一般的にシミュレーションによる教育は重い遅滞児たちにはあまり成果を上げていません[33, 69]。ホーナーらはシミュレーションを用いる場合、身の回りにある物を象徴化するよりも、実物を用いる方が効果的だと述べています。例えば、子どもたちは本物の電話機を使うことで一とおりの電話での応答ができるようになるのです[48]。実物を使ってのシミュレーションはカテゴリーの命名[50]、ビデオゲーム[83]や月経時の処置[78]など、様々なスキルを教えるときに行なわれています。

訓練場面にある要素を般化させたい場所に移すことで般化を促進しようとした報告もわずかながらあります。リンカバーとケーゲル[79]は自閉症児たちにセラピストが示す動作を模倣する練習をさせています。子どもたちがプロンプトを受けずに20試行連続して正しく模倣ができた段階で、転移が見られるかどうかがテストされました。このテストでまったく反応ができない子どもたちに関し、刺激制御のアセスメントが行なわれました。訓練場面から複数の刺激が取り出され、訓練を離れた場面に移行させられました。もし、この条件下で正反応がみられなければ、この刺激は取り除かれ代わりに別の刺激が移行されました。この要領で行動をコントロールしている刺激を突きとめるまで、つまり訓練場面を離れても正反応が生じるまで刺激が順次移されていきました。その結果、子どもたちはそれぞれ訓練場面にたまたま置かれていた何らかの物に対し選択的に反応していることがわかりました。訓練場面以外でもこれらの刺激に対して彼らは正しい模倣をしたのです。ただし、その回数は訓練場面と比べると一貫して低いものでした。

ベアー[7]は、共通刺激をうまく工夫して使うことを勧めています。機能的で携帯に便利なものを訓練場面から般化を期待する場面へ持ちこむのです。トラスクら[93]は課題を仕上げなさいという言語指示をポータブルテープレコーダーに録音して、それを共通刺激として用いて、重度の障害のある生徒の般化を著しく向上させています。トルートマン[94]は養護学級から、普通学級への般化を促すために同様のプログラムを組みました。6人の学習障害の生徒たちは養護学級では課題の完成率が向上し、授業を妨げるような振る舞いをする頻度も低くなっていくのに、普通学級での授業時間にはそういった好ましい傾向は認められませんでした。彼らは家から人形などの小物を持ってきて養護学級の自分の机の上に飾っておくことができました。養護学級では与えられた課題を完成させたときや、落ち着いた態度をとることができたときには点数が与えられました。数週間後、彼らは小物を

普通学級へ持っていくように言われました。それ以後課題をやり遂げることと、落ち着きのある振る舞いとが毎日の授業へと般化しました。

訓練場面と般化させたい場面に共通する刺激要素として同じクラスの生徒を用いた研究があります。ストークスとベア[90]は他の生徒につきっきりで教えてもらうというやり方で学習障害児に単語を認知させました。単語を教える子どもと教えられる子どもとが訓練室以外の場所でも一緒にいられるようになってから、教室以外でも習得した能力が発揮されるようになってきました。それ以後、どちらの子どもに関しても般化は拡大していきました。

ジョンストン夫妻[54]は2人の生徒を対象に正しい言葉の発音が完全にできるようにし、それが般化することを狙いとして似たような手続きを取っています。生徒たちは互いに相手の発音を聞き、それを正してやれるように訓練されました。こういったモニタリングはトークンで強化されました。彼らはモニタリングを受ける中で一貫して正しい発音ができるようになり、さらにモニタリングを受けなくても正しく発音するようになっています。

共通刺激をプログラミングしていくことを論理的に拡大していくと、重度の障害を持つ人たちに提供するサービスのあり方を根本的に変えていくことになるかもしれません。般化が望まれる場面に共通な刺激を多く含んだセッティングが重要なのです。もし、われわれが教室で行動を出現させたいのなら、どうして別の指導室やコーナーではなく教室の中でその行動を教えないのでしょうか[45]？　地域社会の中で行動を生じさせたい[15]、あるいは雇用されている仕事場[26]で適切な行動ができるようにしたいのであれば、そこで教えるべきです。障害を持つ人たちに地域に根ざした（community-based）プログラムを作ることは、今、その有効性が期待されていることなのです。

教師なら誰でも刺激般化を促し、反応を持続させるためにいかに巧みに刺激コントロールを行なうかを工夫せねばなりません。比較的簡単な方法で労力を費やさずに様々な場面における般化を確実に促し、訓練が終了した後も長い期間にわたって行動を持続させることも可能です。

次に示すのは、場面間の刺激を類似させることによって般化が促された例です。

援助付き就労に向けての指導をしたサトラー先生の場合

サトラーさんは中度から重度の遅れを持つ中学生を指導しています。彼女の指導を終了した生徒の何人かは一人で雇用されていましたが、他の者たちは援助付き雇用を待っていました。地域の保育園の花壇でフルタイムのジョブコーチが付く援助つき就労が彼らの目標でした。移動やその他の手続き上の問題のため保育園へ生徒たちを連れていけるのは週に1回しかありませんでした。

サトラーさんは教室で仕事に必要なスキルを教えることはできるのですが、保育園よりも教室の方が視覚的にも聴覚的にも注意をそらすような物が少ないということが気になっていました。この問題を解決するために、彼女は生徒たちが実際に作業をするときに使うベンチに似た椅子やその他のたくさんの小道具を保育園から借りてきて、教室のコーナーにミニ作業場を作りました。それから保育園の様子を録音したテープをかけながら、1、2分ごとにできるだけたくさんの人に来てもらって、生徒と植物をやり取りしたり、お話したりしてミニ作業所を通って行くようにしてもらいました。

サミー、普通学級に入れる

サミーはレディ先生が受け持つ重度の情緒障害児のクラスの生徒です。学習成績は良いのですが、彼にはわけのわからないことを大声で叫び、両手両腕を奇妙に動かすという風変わりな行動が見られました。レディ先生はこの行動を他行動分化強化（DRO）スケジュールを用いて正の強化子で抑えていました。しかし、養護学級から一歩外にでると、サミーは相変わらず奇妙なおしゃべりや動作にふけっていることを、先生は十分知っていました。特殊教育プログラムの目的は生徒たちを養護学級から普通学級に移行させることですので、先生は養護学級を離れたときのサミーの行動こそ大切だと思いました。そこで普通学級にいる一人の生徒に協力を求めることにしました。彼はブレッドという名前の優秀な生徒でした。彼の両親から許可を得た後、先生は週に3回の割合で30分だけ自分のクラスに入ってくれるように頼みました。プログラムに協力してもらうに際して、基礎的な学習理論を彼に教授した後、先生はブレッドにサミーの行動を観察させ、強化子を与えさせました。その後、サミーに普通学級でほんの少し時間を過ごせるようにし、その際ブレッドに彼を呼びに来させ、連れて帰らせるようにしました。このような手続きの中でサミーはたとえ強化が与えられなくても、一般の中学生たちのクラスに適応できるようになりました。ブレッドの存在がサミーにとって適切な行動をするための弁別刺激となったわけです。

般化メディエート法と般化訓練法

最後に挙げる2つの技法も般化を促進するために忘れてはならないものです。すなわち般化メディエート法と般化訓練法です。般化を1つの反応クラスとして強化することは顕著な般化を生み出します[91]。言い換えるなら、もしも生徒たちが習得した行動を訓練場面以外の場面で示したとき、特に強化を受けるならば新しい場面における行動が1つの般化クラスとなるのです。言わばここでは生徒たちは行動を般化させる訓練を受けているわけです。この場合、生徒に随伴操作について説明すること、つまりもしも新しい場面で特定の反応をしたら、強化子がもらえるということを教えることが特に大切に

なってきます[70]。

　般化メディエート法では生徒たちは自分自身の好ましい行動の般化についてモニタリングし、報告するように指導されます。セルフコントロールやセルフマネージメントを通じての訓練であり、おそらく般化や行動の持続を促す手続きの中で最も有効なものでしょう。生徒たちにそういったスキルを教える方法は第12章で述べています。応用行動分析の究極の目的は生徒たちにセルフモニタリングや自己強化を通じて行動できるように導くこと、さらには自分で目的を立て手段を見つけながら行動できるように導くことなのです。

要　　約

　ここで見てきたように今日までに、刺激般化、反応般化、反応の持続を促すための様々な技法が考案されてきました。このテキストの初版でわれわれは般化という用語はまだ生まれたばかりであると述べました。そして現在ようやく独り歩きを始めました。その様子をブチャードとハリング[20]が詳細に述べています。

　　般化に関する疑問点を明確にしていくことは一種のゲームのようなものです。このゲームはスタート時点から既に道が2本に分かれています。改善された行動が果して日常生活の中で保たれ続けるか、それとも消失してしまうか、どちらにいくかが気がかりです。もし消失してしまったら、さらに新しい2本の道に直面せねばなりません。般化が生じないのは訓練場面で行動変容を引き起こしたときの強化スケジュールの種類やレベルに原因があるのでしょうか。それとも日常接している人たちが十分に強化子を与えていないのが原因なのでしょうか。前者の場合はそれほど悩む必要はありません。訓練場面に立ち戻り、なるべく正の強化子を用いて好ましい行動を強化していけばよいのです。しかし、もしも日常生活の中での強化随伴が不十分であることが原因なら、さらに進むべき道は枝わかれします。日常場面で再び間欠強化をほどこし、後に強化をなくしていくべきでしょうか。こういう調子で道はどんどんと枝分かれしていきます (pp.428-429)。

　おそらくこのゲームは果てしなく展開し続け、その中で少しずつ様々な疑問点が明らかになっていくのでしょう。般化という厄介者を取り扱う以上、これからも悩みは付きものです。それがこの代物の習性なのです。行動が改善されていくのを確かめるだけでは不十分なのであり、さらに突き進んでまったく別の場所でもその行動が見られるかどうかを確かめることが絶対必要なのですから。応用行動分析家であり、かつ教師たるものは、これからも般化についていろいろと悩まされるでしょう。そして同時にここで取り上げられたいろいろな技法に目を通すうち、ただそうやって考えを巡らしているだけでは済まされないという気持ちがしてくるでしょう。将来、応用行動分析手続きが教師たちの間で共通して受け入れられ、使われるようになる時こそ、ベアー[9]が1986年に述べているように、悩みの時代が去った後の実行の時代の到来と呼ぶべき時なのです。

議論のポイント

1. 普通学級で多くの時間を過ごし、部分的に特別指導教室へ出かけるような中度の障害を

持つ生徒へのサービスは教育者が期待するほどうまくいっていません。般化のことを学んで、これをどのように説明しますか？ リソースプログラムをうまく生かせるようにするにはどうしたらよいでしょうか？

2．地域社会の中で重度の障害を持つ子どもや大人の人たちへ提供するサービスはその場面でうまくやれるようにさせることです。これをどう説明しますか？ このアプローチの長所と短所を挙げなさい。

第12章　行動自己管理の指導

- 学校の内でも外でも常に生徒と一緒にいるのは誰ですか？
- 日々の活動や学習に最も深く関係するのは誰ですか？
- どんなときにも、一番よい強化子を知っている人は誰ですか？
- 責任を持って、行動プログラムをきちんと遂行し、結果をチェックし、強化子の操作を習得すべき人は誰でしょうか？

　これらの質問の答えは、実は**生徒自身**なのです。生徒の行動を管理する最も適切な人物は生徒自身です。われわれはこの種の行動介入を**自己管理**のプログラムと呼んでいます。皆さんのおばあさんならセルフコントロールとか自立性とか呼んでいたでしょう。人に頼らずに行動しようとする人は自分自身の行動を管理することを学ばなければいけません。一般的にセルフコントロールや自立性の発達については多くの関心が持たれてきましたし[45]、他人よりも、責任感があって能率よく行動するようにさせるにはどんなプロセスやメカニズムが関与しているかについても多くの関心が持たれてきました。それらの理論についてはこの本の範囲外です。われわれは、教師が生徒を自立的にさせる手助けをするために使う相対的に単純な手続きについて議論していきます。その手続きが、単独であるいは組み合わされて用いられたとき、なぜ効果があるのかについては、かなり推測が入っています。多くの研究者が理論を提示していますが、どうしてうまくいくのかについてはまだはっきりとはわかっていません[33]。教師はこれまでと同様に、何かを試してみて、データに基づいてその有効性を検討して、うまくいっているならそれを続け、そうでないなら何か別の方法を試してみます。

　この本では、ここまでのところ、先生たちが生徒に対して使う行動変容の手続きについて述べてきました。第11章では、般化の拡大をはかる手続きについて、また、生徒が教師の援助なしでやっていけるための手段について述べました。本章ではさらに教師の環境調整に依存せずにやっていけるようになるための方法を検討してみることにします。すなわち、子どもに行動変容の責任を持たせるのです。自分自身の行動を確実に変容させる手続きを子どもたちに教えるのです。デューイ[18]は、「教育の真の目的は自己コントロールの形成である」(p.75)と述べています。自己コントロールが身についている生徒ならば、大人の監督がなくとも適切に学習ができ、行動ができます。

　ロビット[48]は、次のように述べています。「プログラムの中に自己管理の指導を系統的に組み入れることをしなければ、それは教育の矛盾ということになる。教育の目標の一つは、自己への信頼と自立心を持った人間を育てることである」(p.139)。教育の目的が生徒の自立にあるなら、私たちは、教師として、自立を促すための配慮をしなければなりません。障害のある子どもすべてに完全な自立を求めるのは無理でしょうけ

れど、自立しようとする姿勢を育てるべきです。カズディン[39]は、他人まかせの行動変容操作よりも自己管理能力を育てる指導の方が好ましい理由を次のようなリストにしています。

・先生やその他の大人ではどうしても目立たない行動を見逃してしまうので、外的な変容操作に頼っていてはどうしても一貫性が維持できない。
・環境が違えば、どうしても（先生と親との間などで）相互連絡に問題が生じ、プログラムの成功を台なしにしてしまうことがある。
・変容操作にばらつきがあると、それが行動生起の手がかりになり、行動したりしなかったりの原因になる。
・自分の行動変容プログラムを自分自身で進められるようになると、行動的発達が大いに進むことになる。
・標的行動が生起している、あるいは、生起してほしい場所で他者による操作がどうしても行なえない場合がある。

障害のある子どももそうでない子どもも、自分の行動をモニターしながら変容がはかれるようになるものです。この章では、目標設定、自己記録（self-recording）、自己評価（self-evaluation）、自己強化（self-reinforcement）、自己教示（self-instruction）など、自己管理の幾つかの点について述べます。自分で自分の行動が変えられるように指導するには、教師が通常使う行動変容テクニックをそのまま使います。すなわち、記録をとりながら自分の行動をモニターし、その行動を自分で評価し、行動結果に自己強化や自己罰（self-punishment）を与えるなどです。自己教示などのような先行事象操作も身につけさせます。

自己管理の各技法については、この章でそれぞれ別個に検討しますが、実際には、パッケージで用いられます。例えば、自己強化と自己記録法、あるいは、自己強化と自己教示というふうに、幾つかの手続きを組み合わせて効果を上げます。目標設定やセルフモニタリングや自己評価、自己記録、自己教示などを別々に述べていますが、これらの手続きは既に、これまでお互いに組み合わせて用いられたり、他者からの直接の教示やモデリングなどの技法とも組み合わせて用いられてきています。そのパッケージのどの部分が実際に行動に影響を与えているのかを明確にするのは無理なことがよくあります。いろいろな手続きの効果の違いを検討した研究が最近行なわれています[23]。本章の後半では、自己管理のパッケージについて述べることにします。

当たり前の経験

自己管理手続きといっても、他の行動手続きと同じように、日常の出来事の中にごく普通に含まれているものです。大抵の人は、日常の行動管理に自己記録、自己強化、自己罰、自己教示などを利用しているものです。もっと経済的に、情緒的に豊かにとか、あるいはもっとロマンティックな人生を送りたいと望む人たちに多くの自己援助や自己改善プログラムが販売されています。それらのプログラムでは、目標を自分で設定するように、励まし、それを書かせることから始まり、それを使って行動を変えさせていきます。新年がもうすぐ始まるときには、多くの人たちが新年の誓いとして目標設定をします。この章の後で述べることですが、幾つかの方法がその誓いをもっとうまく達成させる助けとなるはずです。

自営している人やフリーで仕事をしている人は、生産性を維持する方法に自己記録を使っています。ある有名な作家、アービング・ワラス[75]は、自分自身やアンソニー・トロロープやヘミングウェイたちがどんなふうに自己記録法を使っているかを述べています。彼は自分の仕

事のやり方について次のように書いています。

> 目の前にはいつも仕事の記録があり、枚数が予定どおりに進んでいない週は、ひどくそれが目障りになり、1カ月にもわたると、敗北感が心に深く突き刺さるのである(p.518)。

<u>自己強化</u>は実に多くの人たちにおなじみなのです。学校での一日が終わって、帰宅途中の一人の先生の次のような独り言を聞いてみましょう。

> なんて日なの!
> 7:00のバスの当番では、ジョニー・リンドが転んで、足首を捻挫し、ピーピー大声で泣きわめくし、母親は告訴すると言っているし……。
> クリフォードは、昨日6×4=24だったんだから、今日はそうじゃないといってきかないし……。
> お絵かきの時間には、青のポスターカラーをひっくりかえして2人が喧嘩をはじめるし……、パットは青を使ってでき上がったけど、マークは青を使うのをあきらめちゃった。
> おもちゃのお金は合わないし……。
> 同僚のベルマ・ジョンソン先生は昼休みにいつも私の隣に座り、耳がくたびれるまでしゃべりつづけるのはどうしてだろう?
> ——これは帰りにバスチン・ロビンに寄らなくっちゃ。

彼女は<u>自己罰</u>をするかもしれません。ダイエットを実施中ならば、もし今日の食事で妥協してしまえば、明日の昼食はスプーン3杯の苦行が待ち構えているということを考え、昼食はレタス2切れと低カロリー飲料だけでがまんします。

私たちも、自分を言葉で誘導して、<u>自己教示</u>の手段を使うことがあります。込み入っていて不慣れな仕事をするときには、自分に語りかけます。子どもたちもごく自然に自己教示を使っています。例えば、コールバーグたち[42]は、3歳半の子どもがプラモデルで一人遊びをしているときの自己教示を次のように記録しています。

> タイヤはここ、そう、ここにつける、え〜と、もう1つぜんぶ同じにする。ここは閉じて、うん、閉じたよ、もう1回やってみよう。どうしてこうやったか知ってる? ちがうやり方でやってみたかったんだ。おりこうでしょう。ほんものの自動車みたいにエンジンにはカバーがついている……(p.695)

子どもたちに行動管理の指導をするのは簡単なことであって、日常生活中の出来事を組織化し、もう少し強力にするだけのことです。ある子どもは指導なしで十分に自己管理ができ、別の子どもはほんのちょっとしたこともなかなか自己管理のレベルに達しません。知的障害[78]や学習障害[3,70]や情緒障害[41]などの障害のある生徒には自律性の低下が見られます。賢明な先生ならば、自己管理のレディネスの兆候に注意し、それを上手に生かすでしょう。この章で論じている戦略は、時には認知的訓練(cognitive training)[24]とかメタ認知戦略[6]と呼ばれています。応用行動分析とはほとんど関係のないその他の方法にも生徒たちに問題を考える手助けをし、より生産的に問題解決をする手助けとなる方法があります。

行動管理の指導準備

系統だった行動管理プログラムを実践する先生方のために、自主的に行動管理をやっていく能力を高めるための技法があります。

1. 生徒に目標を設定させます。例えば、「サミー、昨日は10分間で7問の正解だったね。今日はどれくらいできると思う」

2．行動結果を評価させます。「サミー、解答をチェックしてごらん。何点くらいだと思う？　どうして10点だったのかな？」「サミー10問正解だったよ、何点になるかな？」
3．行動結果全体に関して質問をしてみる。「サミー何点かな？　どうして？」
4．生徒に随伴性の一部について尋ねてみます。「サミー、10点取ったのかな？」とか「サミー、10問正解だったね。何点稼げたのかな？」
5．生徒に随伴性の全体について尋ねて見ます。「サミー、何点かな？　どうして？」
6．強化子を選んだり、強化のコストを決定するときには生徒も参加させます。

　このようなやり方を経験した子どもたちは、自分の行動やその結果についてだんだん自発的に話すようになるでしょう。先生の指導の下で、何点取れたのか、それはどうしてなのかを質問され、次第に、自分で採点するまでになるのが、いわゆるスモールステップです。最終的には、サミーは、自分で正答数を数え、自分の点数をカードに記入できるようになります。自己記録は、各種の自己管理手続きの出発点になります。

目標設定

　第7章で契約書を書くことについて論じたとき、われわれは目標の設定や随伴性について生徒と教師が交渉をすることを提案しました。大抵は教師が教育的な家庭の一部として生徒のために目標を設定すると信じています。ある場合には、これは確かに本当だと言えますが、生徒たちも自分自身の目標を設定することが教えられるべきです。自分自身の目標を設定した生徒は、単に他人が作った目標を与えられた生徒よりも、よりよく遂行するというはっきりとした証拠があります[36, 60]。リーとティンダルー[44]は、成績の芳しくない韓国人の生徒に自分自身の目標を立てさせて、算数の問題をすることを教えています。生徒に、前のセッションでの成績をグラフにしたものが与えられ、今回は何問プラスしてできるかや、何問正しく解けるかを書かせました。目標設定をさせることは、手がかり付きの自己記録（cued self-recording）と同じくらい量的にも、正確さも改善させました。生徒は手がかり付きの自己記録よりも、目標設定手続きの方が邪魔にならないので、好んでいました。生徒に目標設定を教えるとき、明確で、チャレンジできるもので、実現可能な目標を設定するように手助けをすることが大切です。最初の段階では、生徒にすぐ達成できるような目標を設定させることです。また、目標が達成できたのか、失敗したのかをフィードバックするのも助けになります[36]。

データの自己記録

　第4章で述べたような方法で、観察者が行動を記録する以外に、自分自身の行動を記録するように生徒に求めることがあります。生徒にデータを記録させることはセルフモニタリングと呼ばれることもありますが、セルフモニタリングは単にデータを記録するだけでなく、そのパフォーマンスを評価することを求めるときに用いられます。われわれは自己記録（生徒が記録を取る）という用語と自己評価（生徒が標準的なパフォーマンスと自分のパフォーマンスとを比較する）を2つの手続きの違いを区別するために、使い分けることを勧めます。また、手がかり付きの自己記録、つまり、あるシグナル（通常何らかの音）が与えられたとき、そのときにしていた行動を記録する方法と手がかりなしの自己記録、つまり、単に標的行動をしていたときにはいつでも記録をする方法とを区別しています。

　自己記録のデータは、子ども自身や先生にとって行動に関する正確なフィードバックになります。これを利用して、どんな強化子が効果的かが明らかになります。場合によっては、行動データの収集だけで行動改善に効果が見られることがあります。自己記録をつけるだけで、行動が望ましい方向に変化するのです。これは**反応効果**（reactive effect）と呼ばれます。ここに目をつけて、自己記録を行動変容技法の一つに使っている例もあります[69]。幾つかのケースでは、外的な手がかりや思い出させるための手

	自分でチェックせよ
名前＿＿＿＿＿＿＿＿＿＿＿＿ 日付＿＿＿＿＿＿＿	
正しい字で書きましたか？	＿＿＿＿＿＿＿＿
文の終わりにピリオドをつけましたか？	＿＿＿＿＿＿＿＿
単語と単語を離して書きましたか？	＿＿＿＿＿＿＿＿
名前を書きましたか？	＿＿＿＿＿＿＿＿
問題をよく読んで、答えを確かめましたか？	＿＿＿＿＿＿＿＿

図12−1　作文のための自己記録チェックリスト

できたかな？	テリー	トッド
①かおをあらう	＿＿＿＿	＿＿＿＿
②はをみがく	＿＿＿＿	＿＿＿＿
③かみのブラッシング	＿＿＿＿	＿＿＿＿
④よごれたふくをかたづける	＿＿＿＿	＿＿＿＿
⑤ベッドをかたづける	＿＿＿＿	＿＿＿＿
⑥おべんとうのお金をわすれるな	＿＿＿＿	＿＿＿＿
⑦しゅくだい、きょうかしょをわすれるな	＿＿＿＿	＿＿＿＿

図12−2　家庭での自己記録チェックリスト

がかりも効果的です[26]。小さなノートに、使ったお金をすべて書き留めることで生活費の管理をしたことがあるなら、この反応効果を多分経験したことがあるでしょう。自己管理に関する章を読みながら、ボーッと別のことを考えているたびに小さなカードに正の字を書いていけば、多分ボーッと別のことを考えている回数は減っていくでしょう。

自己管理や行動を変化させる技法と同じように、自己記録もいろいろな場面やいろいろな行動、そして障害のある人にも、ない人にも用いられ、成果を上げてきています[19, 30, 31, 32, 64, 76]。情緒障害や行動障害のある生徒の行動を変化させるのにほとんど効果が見られませんでした[34]。これは自分自身の行動を変化させたくない人が自己管理を行なうことは効果に疑問があるということでしょう[33]。自己記録は最初に用いられたときには行動を変化させるかもしれませんが、自己強化などの他の自己管理手続きで支援されなければ時間とともに効果は薄れていきます[37, 51]。自己記録は、最初から行動変化プログラムとして用いられますが、伝統的な教師管理戦略で変化した行動を維持するのに最も効果的なようです。最近の研究は、生徒に課題遂行率、正確さ、生産性などに注目してモニターさせることの効果について報告しています[25, 49, 50]。これらの研究では、生徒に「注意を払っている」か「一生懸命やっている」を記録させるのと、どれくらいたくさんの課題をしたかや正しく課題をしたかの、どちらを記録させるのがより効果的かを問題にしています。どちらの手続きも効果的ですが、多くの生徒はやり遂げた課題を記録する方を好むことは明らかです。われわれは時には、生徒に単に忙しくやっているように見

えるように、励ましているだけになっているのかもしれません。自己記録の指導には、次のような要素が含まれていなければなりません。

1．標的行動の選定。
2．標的行動の操作的定義。
3．適切な記録法の採用（好結果をもたらしてくれる記録の取り方としては、行動度数測定、時間サンプリング、行動的産物の記録などの採用や、あるいは計算表、腕時計式度数計、グラフ、表などを使ったノート法があります）。
4．記録法の使い方を子どもにきちんと教えておく。
5．少なくとも、1回は実際に記録したものをチェックする。
6．自己記録の自主性を子どもにまかせる。

次のコラムは教師がどんなふうに生徒の自己管理を助けるために手がかり付きの自己記録を用いたかを示しています。

ディートリッヒ先生、自習を指導する

　ディートリッヒ先生は、小学校で学習に問題を持つ子どもたちの担当です。先生の時間割では、いつも養護の時間の前半20分の間は一方のグループの子どもたちを指導をします。後半の20分は、別のグループを教えなければなりません。その間、先のグループには自習をさせます。ディートリッヒ先生は、自分が今教えているグループの授業を中断しなければ、自習しているグループにトークンが与えられないので困っていました。それで、先生は子どもたちに自己記録法を指導しようと思い立ちました。おもちゃのチャイムを手に入れました。まず、子どもたちの自習の様子を観察し、全員が勉強していたらチャイムを鳴らしました。子どもたちはチャイムが聞こえると、ご褒美に自分に1点の点数をつけます。しばらく続けてから、今度は、指導中にチャイムをランダムに鳴らし、音が聞こえたときに自分がちゃんと勉強していたら1点の点数をつけなさいと指示しました。ディートリッヒ先生はこの手続きが実によく効果が上がることに気づきました。こうして優秀な先生2人分の働きをしました。

　自己記録が行動を変える理由について、いろいろなことが言われています[26, 27, 65]。誰もが同意するのは、自己記録をとると行動のモニターに注意が向くという点です。カンファー[37]は、自己記録に必然的に伴う自己強化と自己罰の役割を特に強調しています。例えば、自分の毎日の課題をきちんとやり終えたことを図表に記入したり、挙手の回数を記録したりすると、その自己記録によって自分自身に「いい子だ！」と言い聞かせて強化することになります[17]。また、ラシュリン[65]および、ヘイスとネルソン[26]は、自己記録をとると、それが手がかりになって、強化随伴関係に一層敏感に気づくようになる点を強調しています。カンファーが言うように、もし望ましい方向に行動変容があれば、自己記録そのものにある種の強化特性があるといえます。

　自己記録の手続きに関して、生徒が正確に記録しているかどうかがしばしば問題になります。現実問題として、生徒の自己記録の正確さは行動の変化にほとんど影響を持っていませんが[52]、他の人の記録と突き合わせさせると、とても正確になります。不正確な記録でもプラスの行動変容に役立ちますが、記録の正確さが向上しても、必ずしも行動の改善につながるわけではないようです[52]。

自己評価

　生徒に自分自身の行動を評価するように求めるのには、いろいろな形があります。生徒は、単に、教師が準備した解答か教師用の教科書とワークシートの反応とを比較するように求められます（多くの生徒には単に教師用の本を参照するだけで強化になります）。もちろん、抜き

打ち検査や用心を怠らぬことは、生徒が解答を見てから答えを書く誘惑を減少させるでしょう。もっと複雑な手続きでは、生徒に標準に対して簡単には評価できない行動的産物を評価するように求めます。例えば、スウォーニィ、カルハン、クーパーとタンバート＝ジョンソン[73]は、２年生の生徒に形、行間、傾斜、大きさ、全体的な見栄えについて、生徒自身の筆記体の読みやすさを評価することを教えました。生徒たちの筆記体の読みやすさはこの自己評価とそれ以外の処置パッケージで著しく改善しました。

生徒に自分自身の行動を評価することを教えるということには、教師や友人が適切な行動や時には不適切な行動をモデリングして、その違いを弁別することを教えることも含まれます。生徒に弁別を形成することを教えるのは、第９章で論じています。最近のテクニックを使うのなら、適切な行動をしている生徒の様子を録画したビデオテープが、弁別を形成する手助けとして有効かもしれません。カーンら[40]は、自己管理手続きがあまり有効でないとされていた人たち（重度の情緒障害のある人）でもビデオテープを使うことで、自己評価をうまくできるようになるという結果を示しています。ビデオ録画による自己モデリング[12]は他の文脈でも行動を改善すると見られています。

自己強化

教室では、先生が随伴操作をコントロールします。すなわち、どんな行動をすべきか、そうすればどのような随伴結果が得られるかを明確にします。随伴性ということは、「もし〜なら、〜するだろう」というふうに表現することができます。例えば、「もし作文を仕上げたら、校庭で５分間余分に遊び時間を増やしましょう」。あるいは「国語の問題が正しく答えられたら、トークンを１つあげます」などです。このように生徒たちは様々に編成される随伴システムの中に組み込まれます。時には、生徒たちは、強化子の選択がまかされたり、強化子の値打ちを決めるのに関与したり、また、いかなる行動を変容すべきかに関わることもあります。随伴操作の原則を決めるのに生徒たちを参加させると、生徒はその手続きに真剣にかかわり、ひいては行動の自己管理を身につけるようになるものです。自己記録を用いると、教師指導型から自己管理型へとゆっくり移行し、自己強化や自己罰をきっちり身につけるようになるはずです。

自己決定した随伴性と教師が決定した随伴性は行動に変化を生むのに等しく効果的です。事実、自己決定した基準と強化子は外的に決定されたものよりも時には効果的です[27]。ロビットとカーティス[48]は、教師が決定した強化随伴性下の12歳の生徒の学業反応率と自己決定した強化随伴性下のそれとを比較しています。自己決定した随伴性下では、学業反応率が44％増加しました。教師が選択した随伴性は、その生徒に説明され、文章にされ、生徒の机に貼り付けられました。彼は、おのおのの学業課題を行なった後、幾つ反応をしたかを示され、獲得したポイントを計算しました。教師は、各課題の強化価を次のように決定しました。

算数：	10問	１分の自由時間
読み：		
（間違いなし）	１ページ	２分の自由時間
（間違いあり）	１ページ	１分の自由時間
つづり方：	18語	１分の自由時間
書き取り：	20文字	１分の自由時間
国語：	10問	１分の自由時間
読書：	１物語	３分間の自由時間
	３質問	１分の自由時間

自己決定した強化随伴性は、生徒が各領域ごとに自分自身で強化子を決め、机の上に貼り付けてあるカードにそれを書きました。その生徒が選んだのは次のようなものでした。

算数：	10問	２分の自由時間
読み：		
（間違いなし）	１ページ	３分の自由時間
（間違いあり）	１ページ	２分の自由時間
つづり方：	18語	１分の自由時間
書き取り：	20文字	２分の自由時間
国語：	10問	２分の自由時間
読書：	１物語	６分間の自由時間
	３質問	２分の自由時間

ロード、モーガンとヤング[66]は、特別指導教室から通常クラスへ適切な行動を般化させるのに自己報酬システムを用いました。生徒たちは最初特別指導教室で自分たち自身の行動を評価することをトレーニングされ、次に通常クラスで同じことを求められました。オブライアン、ライナーとグッド[58]は衝動的な子どもの親に自己報酬システムを実施することを教え、その子どもに自分自身の行動を評価することを教えました。

生徒たちに課題の随伴性を選択させるときには、手続きにはっきり指示が与えられるべきです。次のような指示[21]は、自己強化の多くの研究でモデルになるものです。

1. 人が仕事をするとき、した仕事に応じて給料をもらいます。これらの賞（賞やポイント交換価を示して）と交換できるポイントを支払います。あなた方の仕事はこの算数の問題に答えることです。順番に問題を解きなさい。ポイントを獲得するためには、正しい答えだけがカウントされます（繰り返す）。20分でやってください。しかし、20分以内でやめることもできます。
2. あなた方に、正しい答えに支払ってほしいポイント数を決めてもらいます。次のページの（標準のパフォーマンスが書かれたページを示して）数字を見てください。私は、あなた方に正しい答えに支払ってほしいポイント数を決めてもらいたいのです（10個の標準のパフォーマンスの書かれたリストを示します）。「正しい答えに対して1ポイント、2ポイント、…、10ポイント獲得したい」。私が教室を出たら望むポイント数のところに○をつけてください。

教室で実施された幾つかの研究（例えば[21,22]）では、生徒たちは教師が選んだ基準よりももっと寛大な基準を選ぶ傾向があります。厳しい基準——自己決定されたものでも教師が決めたものでも——は、ゆるやかな基準よりもかなりよい学業パフォーマンスを生じるので、生徒たちは、自分自身で適切な厳しさの基準を設定するように教えられるべきです。厳しい基準を選ぶためのプロンプトは、社会的な強化を随伴すればうまくいくでしょう。次の教示プロンプトはいろいろなバリエーションがありますが、生徒たちを厳しい基準を選択するように励ますのに、たびたび用いられます。

もし、1問について10ポイントを選んで2問解いたとしたら、20ポイントです。でも、もし1問につき2ポイントを選んで、10問正しく解いたら、20ポイント獲得して同じ賞を獲得できます。ですから、低い数を選んでも、たくさんの問題を解けば同じ賞を獲得することができます。私たちは、本当は、1問について1、2、3ポイントのどれかを選んでほしいと思っています。賞を見てください。そして、私の言っていることがわかりますね（最も低い賞から始めて個々の賞がどれくらいの値かを示しながら、最も高い賞に集中させていきます）。では、この賞は250ポイントです。1問につき1ポイントなら、この賞を取るのに12ページ分以上の問題をしなければなりません。2ポイントなら、同じ賞をとるのに6ページ分です。わかりますね。私が教室を出たら、数に○を付けなさい。思い出してください。私たちは、1、2、3ポイントのどれかに○をつけてほしいと思います。[10]

随伴性管理システムは強化子の選択と試行をコントロールする教師に最もよく用いられます。教師がコントロールする随伴性管理の期間は生徒に自己強化を教える前にされるべきです[58]。生徒たちがこのシステムの仕組みに慣れてきたら、随伴性は生徒たち自身で効果的に管理できるようになるでしょう。ドラマン、スピタルニックとオーレリー[20]やタークヴィツ、オーレリーとアイアンスミス[74]はトークンエコノミーで教師から生徒へ記録と強化の両方の責任を少しずつ移行させていくのに次のような継次的ステップを使っています。行動の望ましい変化は移行過程の中で維持されていました。加えて、トークン強化が行なわれない統制期間でも行動変化は般化していました。生徒は、最初に教師に

よって与えられたポイントを記録し、教師の評定と見合わせてそれと一致したらボーナスポイントがもらえます。教師の評定との見本合わせが少しずつフェイドアウトされ、最後には生徒が自分自身の行動を評定し独力で自身の強化を決めます[20](p.11)。ドラマンと彼の仲間たちは、行動に望ましい変化を維持するのに役立つ幾つかの要因について示唆しています。適切な生徒を引き続いて教師が褒めることは、研究の間ではより多くなるかもしれません。適切な行動の友人たちからの強化も拡大していきました。適切な自己評価は教師から賞賛され、条件性の強化特性を得るようになり、それで適切な行動が強まっていきます。不適切な行動と対立するような学業スキルが発達しました。

次のコラムは自己記録と自己強化手続きの関連について述べています。

デワイン、行動変容の講義にパスする

デワインはせっぱ詰まっていました。中間テストで彼の「行動変容」の成績は、平均67点だったのです。これ以上悪くなったら、合格点に達せず、留年ということになってしまう。自己強化（多分、こういう言い方だったと思うけど）の講義を聞いた直後だったので、自分で実行してみようと考えました。

デワインは、格安のキッチンタイマーと7×12センチのカードを買ってきました。そして、短期用と最終ゴール用の強化子が必要だと考えました。彼は、まず、タイマーを1時間にセットし、1時間の間、席を離れず、誰ともしゃべらずに、自分の机や図書館で座っていたら、7×12カードに印をつけることにしました。10分間の休憩を許可し、その間は、友だちと話

なに！　別のデートがあるって！
カードがたまって、
今夜はデートができるなんて
今、気がついたんだよ……

したり、コーヒーを飲んだり、生理的欲求を済ませることにしました。印が４つになったら、友だちとピザとソフトドリンクを食べに行ってもいいことにしました。彼はカードを集めました。印が４つ以上のカードが５枚になったので、ガールフレンドを電話で映画に誘いました。はじめ、このプランの効果にいささか疑問を抱きながらも、けっこう効き目がありました。１日に平均４時間の勉強をすると、成績は伸び始めました。学期の終わりには平均３の成績を取ることができ、子どもに着席をガミガミ言うよりも応用行動分析の方がはるかに有効なんだという確信を得ました。

自己罰

ほとんどの自己管理手続きでは、自己強化が強調されています。しかし、幾つかの研究例で、罰を使っての指導効果を分析しています。教室事態で最もよく取り上げられている自己罰の形式は、トークン強化システムと組み合わせるレスポンスコスト法です[35, 38]。

ハンフリーたち[35]は、２年生の国語の時間にレスポンスコスト法を試みてみました。このクラスは、問題行動のある子どもたちのための特別プログラムで、クラスの22人中の13人は明らかにコントロール不能の子どもたちでした[(p.593)]。効果の比較と副作用を検討する目的で、自己強化システムと自己罰システムをクラスに導入しました。自己強化システムで指導する方の生徒たちには、国語の宿題をきちんとやってくると、トークンバンクからトークンを取り、机の上のコップに入れるという強化を用いました。強化基準は国語のプリントの答え欄の横に明記されています。先生は、ランダムに６人の生徒を選び、間違いやごまかしを防ぐために毎日宿題のチェックをしました。先生は、クラスの皆が守るルールのリストを掲示板に張って、定期的に大声で読み上げました。レスポンスコスト法を用いる生徒たちには、毎朝まずコップにその日に必要なだけのトークンを一杯にしておきます。答え欄に明記してあるレスポンスコスト基準を見ると、間違いの様子が自分でもわかるようになっています。また、生徒たちは毎日の読書の宿題のコラムを埋めることができていない様子も確認できます。両方の自己管理システムで、より多くの読書の宿題をするようになり正確さも維持していました。加えて、衝動的な行動、これは随伴性に管理されていませんでしたが、少しだけですが減少していました。自己罰（レスポンスコスト）は効果的でしたが自己強化はもっと効果的でした。自己罰よりも自己強化の相対的な優秀さについて幾つかの説明が可能です[35 (p.599)]。自己管理によるレスポンスコスト法は、生徒たちに足し算ではなく引き算を要求するので単に難しいだけかもしれません。第２の説明は、失敗に対する恐怖という仮説です。レスポンスコストでは、強化子の喪失を避けるためにはエラーをしてはならないということになり、失敗への恐れが大きくなりすぎます。さらに、レスポンスコストで失敗にばかり注意が向けられるようになると、子どもたちは自分の行動を実際よりも否定的に見てしまう傾向が生じます。否定的な自己評価、失敗や不適応に対する一方的な注意は、パフォーマンスを低下させ、ついには、行動コントロールの方略も使われなくなってしまいます。

次のコラムは、自己記録、自己強化、自己罰の関連を取り上げたものです。

グランディ教授、本を書き上げる

グランディ教授はパニック寸前でした。彼はちょうど教科書の原稿を依頼されている編集者から電話を受けたところでした（その内容は、よくある話で、期限がかなり過ぎていますというものでした）。契約違反だと言いながらも、月末までに間に合わせてくださいと言って

いるので、彼は、ベストをつくすと答えて電話を切りました。となると、1日に少なくとも10ページは書かないといけないし、そのためには何かモティベーション操作が必要だと考えました。ワープロ用のパソコンを購入したばかりでしたが、大概「乱暴者のZap」とかその他のゲームに夢中になってしまい、ほとんどワープロとして使っていませんでした。それで、チョコレートクッキーと鉛筆立て2つを用意し、甥のデニスからおはじきをたくさん借りてきました。まず、ワープロの1ページが正確に何ビットになるかを計算してみました。仕事に取りかかる前に、一つの鉛筆立てにおはじきを一杯にし、その隣にもう一つの鉛筆立てを置き、10個のクッキーを積み上げました。グランディ夫人は、彼の書斎のコーヒーカップにコーヒーをきらさないように協力してくれることになりました（居間全体が本とかカード、しわくちゃの黄色い紙、穴のあいた紙切れが山となってうずまってしまうのを阻止できるというモティベーションが夫人の本心でした）。

グランディ教授は、執筆のための準備にほとんど1時間を費やしてしまいました。仕事に取りかかる前に一息入れたい所でしたが、とにかく始めることにしました。画面に文字を入れ始め、各ページの終わりで10個一山のクッキーから1個ずつつまんで食べました。そして、怠け心が頭をもたげるたびに、おはじきを1個空の鉛筆立てに入れました。空の鉛筆立てにおはじきが10個以上たまったら、1ページ余分に書かないといけないというルールを決めました。

グランディ教授は、この自己管理システムの効果に有頂点になるほどでした。「これは驚異である」と一人ひそかに思ったほどでした。「長年、外部の人や自校の学生に対して応用行動分析の手続きを使ってきたが、自分自身にやってみるなんて考えもしなかった」

彼はしばらく自画自賛に耽けって、ふと我に返り、おはじきを1つ鉛筆立てに入れて、また、仕事を始めました。

自己教示

自己教示とは、言葉で自分自身にプロンプトを与えることです。第9章で述べたように、反応するための弁別刺激が不明確な場合にプロンプトが必要になります。プロンプトは大抵は他人から与えられるものですが、自己教示は自分で自分に対してプロンプトを与えます。難しい仕事や慣れない仕事をする場合に、自分に対してプロンプトを与えます。新車を初めて発車させるときや複雑なステップでダンスをするときにはよく自分に語りかけてやります。間違いやすいスペルを書くときに、「cの後はeをとってiを書いて」というふうにプロンプトを与えます。私たちも電話帳で名前を探すときに「ABCの歌」を歌っているときがあります。生徒に自己教示法を指導すると、生徒は、先生に頼らずに自分に言葉でプロンプトを与えるようになります。

生徒を指導して自己教示ができるようにすると、生徒は課題の遂行過程を自己管理できるようになります。自己教示は問題解決に至るプロセスを確認しながら自分の行動を誘導するものです。生徒に問題を解かせたり、質問に答えさせたり、課題を与えたりする前に、まず、自己教示の練習をします。自己教示のやり方を習得した生徒は、別の問題に対してもそのやり方を般化させるようになります。例えば、マンツーマンで指導したことが教室に般化します[8]。もちろん、課題間の般化もあります。例えば、途中の過程が類似していれば、計算とかプリントの課題でやったことは、特別な訓練なしで口で問題を言われてもできるようになります[13]。

自己教示の指導は次のような例で効果が上がっています。

1. 多動で衝動的な子どもに課題注目、課題遂行を指導する場合[4, 54, 62]。

2．教科のスキルを皆の前で示せるように指導する場合[6, 11, 13, 15, 45]。
3．適切な社会的スキルを指導する場合[14, 59]。
4．軽度、中度、重度の障害のある人にいろいろなスキルを教えること[9, 43]。

　自己教示の使い方を検討した研究の多くは、マイケンバウムとグッドマン[54]の考案によるやり方を取り上げています。彼らは、2年生の多動児に5段階からなる自己教示の訓練を実施し、課題集中とミスの減少に成功をおさめています。次のような手順で個別指導をしています[54 (p.117)]。

1．大人がはっきり声に出して自分に語りかけながら、課題をやって見せる（認知的モデリング）。
2．モデルの言語指示に従い生徒が同じ課題をやってみる（明白な外的誘導）。
3．生徒がはっきり声に出して自分に語りかけながら、課題をやってみる（明白な自己誘導）。
4．生徒は、課題の遂行中、自分自身に小声で指示を語りかける（明白な自己誘導のフェイディングアウト）、そして最後に、
5．生徒は自分のパフォーマンスを内言語で誘導しながら課題をする（目立たない自己誘導）。

教師がまず認知モデルを与え、それを生徒が声に出したり声に出さなかったりで練習を繰り返します。次の例は線図形の模写の場合です。

　さあ、どうするのかな？　先生は別の紙にこれを写せと言ったんだ。ゆっくり、ていねいにやる。そう、下の方へ線を引いて、下に、よし、次は右に、もうちょっと下に、もうちょっと左に、うまくいった。ここまではうまくかけた。ゆっくりかくんだったな〜。こんどはもとへもどって。それから下へいくんだった。これでいい。線をちょっとだけ消して、よし、これでいい。間違っても、ゆっくりていねいにやればいいんだ。ちゃんとかたづけて、これでおわり。[54 (p.117)]

　生徒がうまく完璧にその方法の模倣ができるようになるためには、先生は、課題のやり方を誘導する幾つかの適切なパフォーマンススキルをモデルとして示してやってみせなければなりません。それは次のようにやります[54 (p.123)]。

1．問題の定義（「何をどうするのかな？」）
2．注意集中と反応誘導のポイント（「ていねいに、下の方に線を引いて」）
3．自己強化（「これでいい、うまくいった」）
4．スキルの模倣を自己評価し、間違いを修正する（「オーケーだ、失敗したって、ゆっくりやればいいんだ」

　基本的にこれと同じやり方が、書字能力が十分でない幼児の文字指導に適用されている例[6]や、学習障害のある5、6年生に算数の文章題を解かせている例[15]があります。バージオ、ウィットマンとジョンソン[13]は、中度の知的障害の生徒の課題に従事する行動を増大させるため類似の手続きを使っています。

　衝動性が強い精神発達遅滞の青年を、よく考えて課題がきちんとできるように訓練するために、次のようにモデルを示している例があります。

　「さあ、見てごらん。何をすると思う？　どの答えが（6肢選択の答えを指さしながら）ここにくるか（解答欄を指さして）やってみよう。そう、ゆっくりやるんだったね、答えを書く前に注意して確かめるんだったね。これかな？（と答えを指さす）。色は一緒だけれど線が太いので違うようだ。そう、これは違う。次のをチェックしてみよう（2番目の選択肢を指さす）。これは線がなくって、あっちは線があるので（と標準刺激を指さし）、違うように思う。そうだ、やはり違う。次をチェックしてみよう（と次の選択肢を指さす）。どうも同じみたいだ。色も同じだし、線も同じだ。これかもしれないけれど、決める前にゆっくりと注意して、別のものも調べてみよう（しばらく残りの3つについて調べる）。やっぱりこれだ。全部調べた。ゆっくり注意して調べた。これだと思う（と正しい

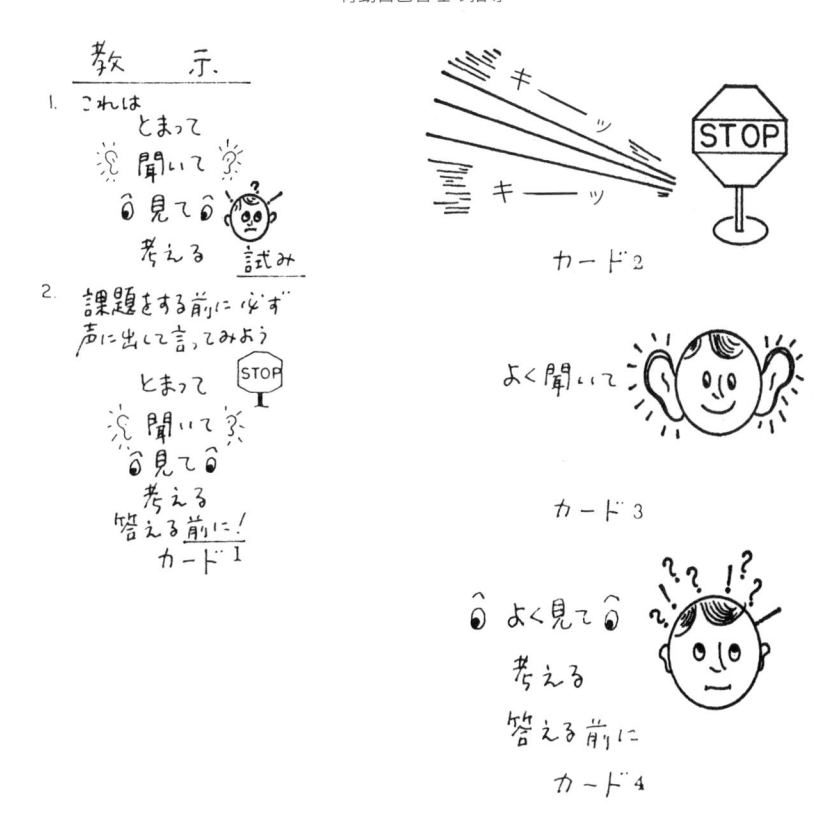

```
        教  示
1. これは
       とまって
       聞いて
       見て
       考える  試み
2. 課題をする前に必ず
   声に出して言ってみよう
       とまって
       聞いて
       見て
       考える
       答える前に！
           カード1
```

カード2（キーッ／STOP標識）

カード3（よく聞いて）

カード4（よく見て／考える／答える前に）

図12－3　自己教示カードの例

選択肢を指さす）。[62] (p.379)

慢性的な行動問題のある少年に算数と読書の時間で自己管理を発達させようという研究で、バークレー、コープランドとシベイジ[4]は自己教示訓練にモデリングを加えています。教師は問題を出し、自己教示を通して問題の解き方のモデルを示しました。次に、グループを小グループに分けて、個々の生徒に類似の問題を自己教示の技法を使って解かせました。すると、自己教示のモデリングは教師とそのグループの他の子どもたちからも提供されることになります。

4つの類似の自己教示ステップが、多動のために精神科でのケアが行なわれている9歳の少年に用いられています[61]。それらの生徒に、視覚的な合図が自己教示のせりふを思い出させたり、励ましたりするために使われました。合図のカードは、4枚の12×18センチのカードで教示や自分自身への要請（図12－3参照）が書かれており、課題中には彼の机に貼ってあります。

自己教示は生徒が自立して行動をする手助けをしますし、行動の変化を維持し、般化させる有用な手続きです。幾つかの要因が自己教示の効果に影響を与えると考えられます。

1. 課題をしているときに、実際にその手続きを実行すること。ロバート、ネルソンとオルソン[67]は、単に自己強化戦略を教えられただけの生徒と自己教示を使った生徒との間にパーフォーマンスの差は見られなかったと報告していますが、少なくとも、幾つかのケースではある種の問題を解くために自己強化のトレーニングをすることは認知過程の変容よりもシンプルでよりよい学業的な教示かもし

れないと指摘しています。
2．対象となっている反応を遂行する生徒の能力。ヒガ、タープとカルキンス[28]は幼稚園児や１年生はある運動反応を練習していなければ、自己教示がパフォーマンスを妨害することを報告しています。
3．自己教示をすることに対する強化。
4．教示の焦点の明確化。例えば、ミッシェルとパターソンは保育園児はピエロに話しかけないようにと自己教示する方が、単に与えられた課題をしなさいという指示を思い出させる教示よりも、人形に話しかけるのを我慢することができます。

　自己教示トレーニングの結果については、あらゆる報告がすべて一致しているわけではありません。ビリングスとワスキ[5]は、前に引用したボーンスタインとクビロン[8]の結果を忠実に繰り返してみて、同じ結果にならなかったと報告しています。それに対して、ボーンスタイン[7]は、同じ手続きで違った結果が出るのは、年齢、性別、知能、人種、生育歴、帰属スタイル、認知の違いから生ずるのであろうと指摘しています。ウィットマン[77]は自己教示は「言語発達は十分だけれども、社会化を進めるような人物によって与えられる情報を処理することが困難で、結果として行動を自発的に調整していくことが、その人物がいなくなると困難になる」(p.216)ような発達遅滞の人や、幼い子どもに最も効果的であろうと述べています。ボーンスタイン[7]は「まったく単純に、自己教示的なプログラムは効果的である。しかし、必ずしもいつも効果があるとは限らない」と指摘しています(p.70)。われわれも以前に言ったように「いつもうまくいくわけでは」ないのです。

　中度や重度の障害のある人たちに自己教示を用いることを教える最近の試みでは、第９章で述べたような絵のプロンプトがよく用いられています[63, 72]。生徒は一連の順番で行なうべきいろいろな課題の絵が本になったものが与えられます。生徒は、その本を参照し、それを用いる訓練の後、教師やジョブコーチ、雇用者の監督なしで、ちょうど教師が指導プランを参照するように、また、講義ノートを見ながら講義をするように、内科医が「診療の手引き」を見ながら診察をするように、仕事をしていきます。

　大抵の自己教示手続きはセルフモニタリングや自己強化と組み合わせて用いられます。つまり、生徒は自分自身に行動の先行刺激と正しい行動に対する結果を与えます。次のセクションでは、幾つかのタイプの自己管理の介入パッケージを試行した効果を検討している２つの研究を見ていきます。

重度の障害のある人の自己管理

　自己管理手続きの記載を読むと、高機能な人にだけ使うことのできる技法だと思っていしまうかもしれません。ところが、知的障害や自閉症などの相対的に重度の障害のある生徒にも自己管理手続きの使い方を教えることができます[1, 29, 56, 57]。スターマーとシュライマン[71]は、伝統的な方法と自己管理手続きの両方のパッケージで、自閉症の子どもたちに適切な遊びを増大させています。これらにはプロンプトや分化強化（実験者によって呈示される）と自己評価、自己記録、自己強化などが含まれています。

　３人の自閉症の子どもたちは、ほとんど適切なおもちゃ遊びをしませんでしたが、実験者が適切な遊び（例えばパズルを組み合わせる）の例と不適切な遊び（パズルをくるくる回したり、投げたりする）の例を観察させて、どちらが「正しい」かを尋ねて、正しい答えを強化することで、適切なおもちゃ遊びを弁別することを教えました。個々の子どもには、アラーム付きの腕時計が与えられ、アラームがなる前の時間（最初はとても短い時間）に「正しい」遊びをしていたかどうかを、チェックシートの□の空欄の

中に鉛筆で記録しました。生徒たちは、していた遊びと記録の両方ともが正しければ、食べ物や飲み物の強化子を受け取りましたが、不適切な遊びをしていてそれを不適切と正しく記録していた場合には、褒め言葉だけで強化されました。時計と記録シートはその後取り除かれ（手がかりとなり般化を抑制するかもしれないので）、実験者が部屋を出ている間正しい遊びをしていたかどうかを単に尋ねられました。訓練セッティング以外でも、また監督されていないときでも全員が適切な遊びの率を増大させました。

中度の障害のある人の自己管理

ガゼルとライド[16]は直接指導と自己教示、自己評価、自己強化を含む自己管理パッケージの両方を使って、中度の知的障害のある2人の生徒と学習障害を持つ2人の生徒に算数の文章題を解くために、構造化された7つのステップの戦略を用いることを教えています。実験者は直接指導を使ってその戦力を教え、そして7つのステップを書いたプロンプトカードを使って戦略をやって見せました。生徒たちは、各ステップで自己教示に使うせりふと言語的な自己強化として使うせりふを作るように求められました。生徒たちは問題を解くときにそれを使って戦略の各ステップをチェックしていくように求められ、すべての生徒に文章題を解くパーフォーマンスに向上が見られました。

要　　約

この章では、先生から生徒へ行動管理を移行させるたくさんの手続きについて述べました。移行と共に、幾つかの利点が生徒に見られるようになります。まず生徒たちは、一層なんでも自分でやろうとするようになります。表面的な指導が何もない状況で彼らの行動は維持され般化するようになります。特に強調したい点は、短期間に単一の標的行動を変容しようとしていたのが、自己管理へ移行すると、長期にわたり多種類の行動変容を図るものへと変っていくことです。

本書の前半では具体的な観察可能な行動をもっぱら述べてきましたが、自己管理の形成手続きの議論ではこれまでの行動とは違ってきます。自己教示などのような観察不可能な過程が取り上げられました。しかし、常に観察可能な行動の変容に重点がおかれます。例えば、私たちは生徒の内的過程に属する自己教示を直接的には観察できません。しかし、手続きの使い方を指導する前よりは、より早くより正確に学習課題をしているのを観察することができます。

論議のポイント

1. あなた自身の自己記録、セルフモニタリング、自己強化を含む自己管理プログラムをデザインしなさい。

2. そのプログラムを実行してみてあなた自身の行動が変化したかどうかを検討し、その変化のプロセスを記述しなさい。

第13章　教室での実践

　これまでの章でたくさんの学術研究を参照し、教室でどんなふうに手続きが実践されているか、たくさんの例を挙げながら、多くの原理について論議してきました。この章では、教師がこれらの原理や学術研究、指導手続きを統合して効率良く、効果的に教室で実践する方法について考えていくことにします。教師にも生徒にも学校や学習が楽しみになるような方法を強調していきたいと思います。多くの場面で楽しみがなければ誰もそれを続けてやりたいとは思わないでしょう。お金のために教えることを続けている人ばかりではないはずです。第1にいろいろな原理の現実的な適用方法について紹介し、幾つかのことについてはさらに詳細に紹介します。

　効果的な教室運営の最も重要な部分は生徒が学校へ来る前に行なわれます。注意深く用意された計画はすべての生徒にうまく知識を獲得させ、スキルを学習させることを保証することができ、問題行動や不適切な行動をほとんど出現させないでしょう。知識やスキルの習得がうまくいかない生徒や不適切な行動をする生徒にはできるだけ早く問題解決ができ、即座に対応できるような計画が必要です。しかし、起こる可能性のあるすべての問題を予測することは不可能です。教師を一生懸命にさせ、楽しくさせるものの一つは生徒が完全には予測可能ではないことなのです。今まさに、世界中でつぶやかれていることでしょう。「ねえ、これまであんなことをするのを見たことがある？」

刺激制御

　勉強や社会的行動が不適切であったり、問題な生徒には特別な働きかけが必要です。それらの生徒たちは障害があるとか、その可能性があると判断されることもあるかもしれません。そのような生徒の多くは、学校環境のいろいろな刺激がアクティングアウトの行動や引きこもりの弁別刺激となっています。このような行動を変えていくように教室の環境をデザインするには、教師は古い弁別刺激を呈示するのをやめて、教室の中の何らかの要素が適切な行動の弁別刺激になるように作り変えていくことに集中しなければなりません。このプロセスは教室を適切に構造化することであると考えられます。われわれは教室の配置といった物理的なものから、時間、指示、言語的な構造（ルールなど）、教師の性格を含む幾つかの構造の例をここで紹介します。

物理的な配置

　教室の物理的な配置は生徒に弁別刺激を提供することになります。それらの刺激によって生

じる幾つかの行動は望ましいものではないかもしれません。ある生徒では、他の生徒との距離（あるいは特定の生徒との距離）が課題をしないでおしゃべりをしてしまったり、叩いたりする行動の弁別刺激となるかもしれません。椅子に座ることはそれを傾ける行動の弁別刺激になるかもしれません。教師は、適切な行動を教える前にそれらの行動で邪魔をされないよう教室をアレンジする必要があるかもしれません。ガラガー[1]、ハーリングとフィリップス[2]、ヒューイットとテイラー[3]やステフェンス、ハートマンとルーカス[6]は教室の配置と生徒の行動の間には関係があると述べています。これらの研究の中には次のような示唆があります。

1. すべての生徒を簡単に観察できるような位置どり
2. 不適切な行動を最小限にするような十分な物理的距離
3. 勉強や課題をする行動だけが強化される場面と、もっと自由な行動が許される場面を注意深く区別すること
4. 注意がそれやすくてどんな刺激でも逸脱行動の弁別刺激になりやすい子どもには、図書室の個人用読書机のような机を使うこと

教室の配置をどんなふうにするかは、どんな指導が行なわれるか、どんな生徒がいるか、そしてもちろんその空間それ自身の持つ特性によります（もし、あなたがボイラー室にいるなら、炉の周りで働かねばなりません）。大抵の指導が1対1で行なわれるなら、教師と生徒が快適に座れて必要な教材を見ることができるような快適な作業エリアか、さらにもっと良いのは、個々の生徒に大人が入れてもうひとつ椅子が置ける十分な広さのスペースを提供することです。子どもの席から席へ、指示を与えるために移動してそのたびに寄りかかったり、しゃがんだりするのは勧められません。2、3年のうちにきっと腰かひざがぼろぼろになってしまいます。加えて生徒は大人が突然現われたり、人が混み合ったりすると悪さをします。われわれの知っているある先生はタイピスト用の椅子と子どもの机から机への移動には車椅子を使っています。もしグループ指導が中心なら教師や黒板やその他の視覚的な呈示物へ注意を向けられるような空間が必要です。このことはとても明らかなことのように思えますが、生徒の半分は後ろ向きで教師の話しかけを聞かなければならなかったり、OHPのスライドを見るのに向きを変えなければならなかったりすることがあります。こういう環境だと適切な指示をすることができないばかりか、不適切な行動をする機会を作ってしまいます。小さなグループでも全員が快適に座れるような十分な空間か、机と椅子が必要です。半ドーナツ型のテーブルは、教師が一度に全員の子どもにかかわれるので好都合です。指導をフロアーで行なう場合には、テープで一人ひとりの場所に印をつけてその四角の中にいるように指示します。そうすれば押したり、ごそごそしたりするのを少なくできます。床に貼り付けられるカーペット見本を使っても同じような機能をさせることができます（余り高くないカーペットを使うか、カーペット店で十分な持ちかえり自由の品があればただで手に入るかもしれません。何人かの教師は最も魅力的な子どもの写真を使っています）。

また、教室が魅力的であることも重要です。明るい色の掲示板、植物、水槽、生徒たちの計画など、すべてに親しみがあって、生徒たちを歓迎するような雰囲気を作るようなものが望ましいのです。図やグラフ、視覚的なプロンプトや目標の掲示はこの教室がとても大切な仕事が行なわれる場所であるというメッセージを送ります。壁が灰色に塗ってあり、窓には覆いがかけられ、生徒に見えないようにすべての備品がきちんとしまわれているような"妨害物のない教室"[2]は必ずしも必要では在りませんが、多くの生徒が気が散りやすくけばけばしい装飾は避けるべきであるということを覚えておくことが大切です。生徒には、視野の中で最も注意を引くのが課題そのものであるようなスペースを準備してあげるべきです。

われわれが教室が整理整頓されていることの重要性について話し始めると、われわれのオフィスに来たことのある学生たちは決まってく

すくすと笑います。児童や生徒たち以上に中年の大学の教師はグランディー教授のように散らかったところで働くのに慣れてしまっているのです。散らかった教室は危険なだけでなく生徒の移動の問題も出てきますし、授業の効率を悪くさせてしまうでしょう。机や本棚、キャビネットを探し回っていると貴重な時間を浪費してしまいます。それだけでなく、それを見ている生徒にまずいモデルを示していることになります。机の上がいろいろなもので埋め尽くされていると課題に注目することができないでしょう。時にはきちんと整理することが大変な努力を必要とすることがありますが、する価値のあることです。

教室の物理的な側面はそれ自身が適切な生徒の行動の複雑な弁別刺激となることがあります。強化される行動や教室の配置などは一定にしておくことが重要です。問題行動を持つ生徒に雨の日だからといって勉強する場所で遊ばせたりするとその場所の刺激制御を弱めてしまうことになります。突然教室の配置を変えると問題を起こす生徒が出てくるでしょう。動物実験での刺激制御の確立を検討した研究で、ロドワルド[5]はハトのケージを掃除することでさえ刺激制御を乱すことを報告しています。教室での些細な変化が生徒に同じような影響をおよぼすかもしれません。

時間の構造化

多くの人間にとって時間が行動の弁別刺激として機能します。決った時間に決った行動が強化されるということがあります。学校生活では時間割が決っているので、時間が有力なコントロール手段になっています。ギャラガー[1]は、教室の時計のそばに時計の絵を張り付けて生徒たちの時間による刺激制御のプロンプトにするというアイディアを示しています。

安価で手軽なキッチンタイマーは、時間で区切って授業ができるようにするのにかなり役に立ちます。チッチッチという音やベルが鳴るタイマーはデパートやスーパーで売っていますし、いろいろな用途があります。個々の生徒には決められた時間内に課題をするように言ったり、「時計が鳴るまでに」と指示できます。タイマーは時間のけじめをはっきりさせるのに有効です。タイマーがチッチッチとなっている間は、お話ししたり動き回ったりしてはいけませんなどと指導できます。チッチッチという音が1人で静かに勉強をするという行動の弁別刺激になります。ベルの音は勉強をいったんやめて次の指示を待ったり、別の活動を開始する弁別刺激になります。助手がいなかったり、子どもたちを小グループに分けて教えている場合に、別のグループの生徒に緊急の場合（火事や、怪我をしたなど）を除いて教師に話しかけてはいけないなどと教えておくことができます。「タイマーが動いている間は先生に話しかけない」という約束がチッチッチという音によってプロンプトされるわけです。私は、いろいろな年齢の、正常な子どもやハンデイキャップのある子どもに、タイマーに従って行動するように指導したことがあります。実際に今こうして原稿を書いていますが、タイマーがチッチッチと動いているということが、ものを書くための弁別刺激になっています。同僚たちが話しかけてくるのはものを書く行動には弁別刺激になります。ベルが鳴ると、それは条件性強化子、コーヒーブレイクということになっています。

時間の問題を終える前に、時間の浪費について考えねばなりません。不幸にも、教室で見られる多くの活動は生徒を忙しくさせる以外に何の目的もないように思えることがあります。時にはもっと不幸なことに教師とアシスタントがおしゃべりをしている間、プリントをさせていたり教育活動以外の活動をさせていたりすることがあります。生徒たちは何かが起こるのを待つ以外に何の活動もしていないように思えることもあります。特に障害があったりその可能性のある子どもたちには浪費する時間はありません。学校にいる間できるだけ多くの時間、積極的にすべての生徒を学習させておくためにあらゆる努力がなされるべきです。朝礼で体育館に生徒が勢ぞろいしているとき、トイレに行く許可をもらうにもカードに答えさせようとする先生がいました。確かにこれはちょっと極端かも

しれませんがあらゆる機会をとらえて教えようとする姿勢に、拍手を送りたいと思います。

指導環境の構造化

　良い指導環境を作るにはまず目標と目的を設定することから始まります。第3章で適切な目標と目的を設定し、それを記述することについて述べてきました。いったん長期目標と短期目標が設定され、障害のある子どものIEPが作られたら、毎日の目標も書けます。障害のある人にとってIEPは指導プランであるという主張には同意しかねます。特にもしIEPが学校の鍵のかかったキャビネットに保管されているようなら。教師は設定された目標に到達できるように毎日の目的や特別な活動を設定していく必要があります。もちろん、最小限の指導プランもそこに含まれねばなりませんが、加えて目標や、教師がどうしようとしているかを書き、生徒がどうしようとしているのか、必要な教材、目標が達成されたかどうかをどうやってテストするかなどが含まれていなければなりません。複数の教師がいる場合は誰が責任を持って指導を行なうかも書かれていなければなりません（第13章には補助の人との協力の仕方が書かれています）。既に述べたように、もしクラスに毎日の、そして1週間のスケジュールが書かれているのなら、指導プランはそこに書き写されるようにすれば効率的です。前の章では言語刺激や視覚刺激をうまく用いる方法、プロンプトの効果的な使用の仕方、生徒の反応を強化する方法について研究分野から詳細を述べてきました。それらの方法に基づいて毎日の指導が行なわれるべきです。もう一度確認しておくと応用行動分析は指導の方法であって単に生徒をコントロールする方法ではありません。さらに指導は目的志向的であり効果的なものであるべきで、書面にされた毎日のプランは多くの教師が「それに従って指導する」ためのプロンプトとなります。昼食まで自由時間を延長してしまったり、算数をするのを忘れてしまったりすることは少なくなるでしょう。

　指示の出し方も重要です。教師が飽き飽きしていたら生徒もそうなります。何百回も「大きい」という概念を教えるのに、大げさにやって見せるのは大変かもしれませんが、絶対に必要なことです。元気の良い指導はそうでない指導よりも生徒の反応はよくなります。結局、教えるということは生徒に何らかの反応を求めることになるのです。お話をするというのは教えることではありません。というのは、教師は生徒が学習していることを示す反応を常に探していなければなりません。ところで生徒に理解できているかどうかを尋ねることは、まず役に立ちません。実際には理解していないのに理解していると思っている生徒はたくさんいます。授業を早く終わらせるために大げさにうなずいたりする生徒もたくさんいます。「大きい」というのがどういう意味なのかを説明するよりも、大きいのはどちらかと何度も尋ねて答えさせたり、大きい方を示させたり、大きい方を探させたり、書かせたり、作らせたりする方が効果的なのです。もちろん正しい反応を強化し、間違った反応を訂正します。

　生徒の指導に使っているいろいろな教材も反応生起のきっかけになります。学習や行動に問題のある生徒たちにとっては、教科書や練習帳、計算用紙などが不適切な行動を生みだす弁別刺激になっているかもしれません。時には過去に使っていたのとはまるで違って見えるものが、最良の教材という場合があります。練習帳を数ページ破り捨てる[1]、1ページを数片に切り刻んで問題をやる[3]などのことで、目先が変り、不適応行動が出なかったということがあります。その後、少しずつ普通のやり方に戻しながら勉強をするようにします。課題を提示して適切な行動が生じるようにするにはかなりの創造性が求められます。新しい道を切り開いて成果を上げましょう。何もしようとしない生徒よりは、次から次に何かをしでかす生徒の方が、きちんと割り算ができる生徒並みにまもなく逸脱がなくなるはずです。

言語環境の構造

　すべての学級にはルールがあります。生徒に

どんな行動を期待するかが明確であろうとなかろうと、生徒の行動に対する期待は存在しています。優れた教師はそれを生徒と共有します。どんなルールがあるか知らなければルールに従うなんてできません。多くの生徒はルールに従います。そういう生徒にとってはルールはそれに従う行動の弁別刺激となっています（これは強化スケジュールのため）、教師をいらつかせるような行動をする生徒はルールに従っていません。彼らは授業の邪魔をしたり、宿題をしてきません。そういう生徒にとって、期待されていることを単に明確にするだけでは何の効果もありません[4]。彼らにとってルールに従うことは刺激制御されていないのです。彼らにはルールに従うことを教えねばなりません。ルールについてのルールに従うことは次のようなプロセスで促進されます。

1．何が期待されているかをきちんと明確にする（明確化）。
2．できるだけルールを少なくする（経済性、効率化）。
3．ルールとそれを守ったとき、あるいは破ったときの結果を明確にする（結果）。

明確化

効果的なルールは観察可能な行動を記述したものです。ルールに従っているのか、いないのかをはっきりと決定できなければなりません。あらゆる状況を予測しようとしてあいまい過ぎて実用性のないルールを作ってしまう教師もあります。よい市民であるとか他人の権利を尊重するとか、人からされたことをしてあげるとかはそれが実際にそうできたかどうかを決定することが非常に困難となってしまいます。このようなルールに従うのは難しいのです。善良な市民はどんなことをするのでしょう。他人の権利とは？ 教師は教室の中でどんな行動が重要かを決めて、それを一連のルールとして明文化しなければなりません。善良な市民になるということは「宿題をすること」や「他人を叩いたりしない」という意味なら、それらはルールです。

一般的に言って、どんな行動をしてはいけないかよりも、どんな行動が望まれているかを明確にする方が好ましいのですが、すべてを望ましい行動としてルール化しようとしたために、すべてのルールがあいまいになってしまうこともあります。「手は自分の体にくっつけておく」というのは「他人を叩いてはいけない」ということの置き換えとしてはあまりよいとは言えません。

効率性

規則が多過ぎると逆効果になります。教師も生徒も余りに多過ぎる規則は覚えきれません。あらゆる状況を想定して88ヵ条の規則を作ったとしても、生徒は「これは規則にない」と主張し、89番目の不適応行動を見つけ出すことになります。これが規則作りの大きな問題点です。規則を作りだすと誰でも無限に規則を作り続けるようです（時には従わないと死によって償わせるという規則を作ったりします）。

不必要な規則を作ると、かえって生徒たちにそれをやってみようという気持にさせることがあります。中学校の新学期の冒頭に、「食堂からストローを持ってきてはいけません。本のはじっこをぬらしたり、ストローの袋を飛ばして天井にくっつけて遊んだりしてはいけません」と言ったりすると、そんな行為が期待されていることになります。そんなわけで、人を傷つけてはいけないなどと、明白な逸脱行動に関して、議論の余地がないほどはっきりした規則以外は、やたらに規則を作るべきではありません。

そればかりか、不必要な規則を作るのは時間の浪費にすぎません。教室でチューインガムをかむという問題行動についてどれほど時間を費やしているか、その平均時間のデータを集めているときに、こんなやり取りに出合ったことがあります。

教師：ガムをかんでるのか？
生徒：（急いでガムを飲み込んで）ぼくのことですか？
教師：ガムをかんでいただろう？
生徒：いいえ、先生。

教師：口を開けて見せなさい。ガムをかんでいたじゃないか！ 吐き出しなさい。ごみ箱へ捨ててきなさい。

多くの生徒にとってこういうやりとりは強化となります。彼らは指導を避けたり回避したりするためにガムをかみ、しばらくの間教師の注意を引きつけておけるのです。教室の規則は指導に必要な行動に絞るべきです。規則を効果的な弁別刺激に形成するのは骨の折れる作業です。規則がいらないようにするには、どうしたらいいでしょうか？

通常、別のことを教えるのと同じように生徒にルールを教えることが必要です。もし、ルールの一つが「話しをする前に手を挙げる」というものなら、教師がそれをやって見せたり、生徒にやらせたりして通常、言葉では説明されないけれども大切なこと（例えば教師が見るまで手を挙げておくことや質問やコメントを求められたりしたときや、尋ねたいことがあるときに手を挙げるというようなこと）がきちんと理解できているかを確認しておくでしょう。大げさに褒めたり、他の強化子を使って練習することはルールを学習する助けとなります。

結果の操作

ルールに従って行動できない生徒たちには、まず、ルールに従うことと正の強化子あるいは罰との関係がきちんとでき上がらなければなりません。プロンプトも必要かもしれません。教師は次のようなことをします。

1. 規則を書いた張り紙や絵による説明を掲示板に明示したりして、視覚プロンプトを効果的に使う。
2. 授業の冒頭、毎回、規則を読み上げるか、生徒に読ませるかして、言語プロンプトを効果的に使う。
3. 規則に従ってちゃんと行動している生徒に注目させ、モデルを明確にする。

規則がわかりやすく、実行が容易ならば、生徒たちはそのとおりに行動するはずなので、教師は規則に従った行動を一貫して強化します。こういった努力をすれば、教室以外はともかく、教室内では規則に従う行動が刺激制御を受けるようになります。教師およびその教室が規則に従う行動の弁別刺激になります。

教師の特性

教師になりたいと思っている人のほとんどが特別な思い出の先生を持っています。何がその先生を特別な人にしているのかとわれわれの学生に聴いてみると、温かい、面倒見がいい、個人的な魅力、ユーモアのセンス、感受性などの特性だと言います。もちろん応用行動分析家とすればこのようなあいまいな記述には満足できません。これらの点を行動として焦点化してみると、特別な先生がしていることは条件性の正の強化子となっているということがわかります。非常に多くの正の強化子（通常社会的な）を呈示することで、その先生がそこにいるだけで強化子としての特性を獲得するようになっています。きちんと応用行動分析の手続きを使用する教師は冷たく、機械的で、人間的でないに違いないと信じている人がたくさんいますが、事実はその逆なのです。

教室での実践

さてわれわれは、何人かの教師を訪れることにしましょう。全員が応用行動分析家でいろいろな学級で教えています。これまで読んできたり観察してきた原理を教師がどんなふうに使っているかを教室の配置の工夫から毎日のスケジュールに至るまで見てみましょう。

ハーパーを覚えていますか？

　ハーパーを覚えていますか？　彼女の2番目の指導場所は統合教育をしているプレスクールです。彼女は幼児の特殊教育については専門ではなかったので、グランディ教授は、これは彼女にとって良い機会だと思っていましたが、ハーパーはそうでもなかったようです。彼女の担当する生徒の1/4が"発達遅滞"ということでしたが、そのことがどんな意味を持つのか彼女はピンと来ていませんでした。

　ハーパーはこのクラスの最初の日にためらいがちに教室に向かいました。開け放たれたドアから広くて風通しのよい教室に入って、彼女はその様子にびっくりしてしまいました。2、3の机と小さい椅子があるのですが、部屋の大部分は大きく区切られていてその中にいろいろなおもちゃ、ブロックや水や砂のバケツや他の家庭用品、カラフルな積み木の類、お人形や家具、ミニチュアの台所用品や家具などがいっぱい置かれていました。また、イーゼルや絵の具、子どもの作品が飾ってあったり、粘土模型、乗って遊べるおもちゃ、小さな自動車のおもちゃなど幼児向けのものばかりのようでした。"発達遅滞"児というのはどんな子どもなのかはっきりしたいと思って、多分助手に違いないと思ったスリットのスカートとテニスシューズをはいた笑顔の女性に近づいていきました。

　「ハーパーさん?」と、彼女は聞きました。「私、アミー・ストーリー、担任よ。私たちのクラスにようこそ」。彼女はけげんそうにハーパーのスーツとヒールの靴を見て、用心深い表情をしましたが、「こっちへ来て、あなたといっしょに働くほかの先生を紹介するわ」と続けました。

　「マイケル、子どもたちのところへ連れていってくれませんか」。彼女は彼女の前の小さな電動車椅子の中にいてウィーンという小さな音を立てている人に丁寧に言いました。

　たくさんの子どもたちをかき分け、ダウン症の2人の子どもと2人のギプスをした子どものところへ行きました。彼らはほかの子どもたちと遊んでいました。他の先生たちのところへ行くとき、アミーは「ハーパーさん、あなたのファーストネームはなんていうの?　ここでは形式張らないの」と言いました。

　「ミッシェル」。あえぎながらハーパーは答え、4人の教師に紹介されました。役職はわからなかったけれども、バリー、リザ、ボニーとルシールがアミー先生と一緒に25人の（本当に25人だけなの?）3、4歳児に責任を持っていました。

　今度はリザがハーパーを引き取り、「今朝はグループ活動が既に終わって、子どもたちはセンターでの勉強の準備をしているところよ」。彼女はハーパーの姿を哀れそうに見て、「あなたはしばらく観察しておく方がよさそうね」と言いました。彼女はハーパーを作業テーブルの大人用の椅子に座らせると、サンドテーブルのところにいる子どものシャベルを取り上げるために急ぎました。

　「お砂は」、彼女は丁寧に説明します。「投げるものじゃなくて、作るものよ」。彼女はサンドテーブルの床にしゃがんで、子どもたちに何をしているのかたずねました。彼女は子どもたちをいっしょに活動するように励まし、砂をもっとうまく運ぶためにダンプトラックを持ってきた子どもを褒めました。

　ハーパーはその部屋の活動を見ているうちに、あるパターンがあることに気がつきました。小さなグループがいろいろな指導者の下で遊んで——いえ、活動して——いるのです。彼女はしばらくの間ひとつの指導者のグループで何が起こるのか見てみることにしました。4人の子どもたちがおもちゃの町を作り、その活動を話し合っています。ある子どもが一人で座っていてそのすぐそばの床にバリーが座っています。

　「バリー」。一人の子どもが呼びかけます。「チャーリーが大きなブロックを独り占めしてる」

と言いました。確かに、チャーリーは単に大きいブロックを集めて、ブロックと他の子どもたちの間にどしんと座ったままに見えます。

「デジョン、ちょっと貸してと言ってみたら」と、バリーがアドバイスします。

「ダメだよ」と、デジョンは言います。「だって叩くんだもの」。ハーパーは多分チャーリーは"発達遅滞"なのだろうと推測し始めました。

「デジョン」。バリーさんは静かに言いました。「チャーリーは一緒にするということがどんなに難しいか知らないんだと思うわ。きちんと頼むことができたらコンピューターをする時間が延びるわよ。やってごらん」。それからもっと大きな声で「、デジョン、頼みなさい。言い方は知ってるでしょ」と言いました。

「チャーリー」。デジョンは言います。「大きなブロックが幾つか欲しいんだけど。こっちへ来て手伝って」と、バリーさんをチラッと見ながら続けました。チャーリーは幾つかのブロックをデジョンの方へ押し出して、ほんのちょっとグループの方へ近づいてきました。バリーは静かにトークンをデジョンのポケットに滑り込ませました。「おりこうだよ、チャーリー。デジョンもね」。ハーパーは非常に印象強く感じ、デジョンが適切な頼み方を学習したことを覚えておきました。

ハーパーは今度は生徒たちが水で遊んでいる――いえいえ、活動、活動している――ところへ視線を移しました。ボニーさんとルシールさんが、そこに6人の子どもたちといました。その中の一人、マリアはダウン症でした。子どもたちは水を小さな入れ物から大きな入れ物に、そして大きな入れ物から小さな入れ物へと注いでいます。独創的なデザインのテーブルと2人の大人がいました。大人たちは2人とも子どもたちと話をしています。ハーパーは、マリアが教師の質問に単語で答えているけれども、自分から会話を始めようとしないことに気がつきました。他の生徒たちはお互いで話をしていましたが、マリアを無視していました。しかし、彼女はパターンをつかみ始めていました。そっと、ルシールさんが「メラニー、マリアにあの黄色いコップを取って、と頼んでごらん。メラニーありがとうと言うのよ」

数分後、ボニーさんが言います。「クン、マリーに掃除の手伝いをして欲しいと頼んでごらん。君はリーダーになれるよね」。ハーパーは教師が子どもたちに障害を持つ友人とうまく関われるように励ましていることにとても感銘を受けました。また、発達的に適切な活動を使うようなセッティングは様々な発達レベルの子どもに、たとえ「遅れている」と考えられても、適切な活動をすることを可能にするのだとわかりました。

ハーパーはその日の終わりには、教室内での活動、戸外での活動、食堂での活動、静かにする時間を観察し、ここは私がいるべきところだと確信しました。彼女は学校を出てすぐにショッピング街へ出かけました。キュロットスカートとテニスシューズを探しました。ミッシェルは他に何を着ていたっけ?

ミッチェルさんのクラス

ミッチェルさんは8人の6歳から9歳の子どもを教えています。全員が重度の発達障害を持っています。3人は車椅子を使っていて、一人はギプスと松葉杖を使っています。生徒たちの何人かは音声言語スキルをまったく持っていません。他の生徒たちはかなりうまく話すことができます。ミッチェルさんは特別指導教室の先生と一緒に2つの部屋を使っています。また、彼女には一人のフルタイムのアシスタントがいて、幾つかの学校を掛け持ちしているスピーチセラピストや物理療法士、作業療法士と一緒に働いています。彼女の部屋は車椅子

や松葉杖の生徒が簡単に、そして安全に動けるように配慮されています。子どもたち全員と何人かの大人が座れるテーブルがあり、生徒が座ったり、並んだりできる場所が教室の中に設けてあります。必要な子どもにはきちんと座ったり立ってできるような器械が設けてあります。また着替えをする必要ができたときに使用できる衝立の置かれた場所もあります。

　ミッチェルさんの毎日のスケジュールや1週間のスケジュールは非常に複雑です。彼女は専門的な援助、あるいは準専門的な援助が最大限受けられるようにスケジュールを調整し、すべての生徒が障害を持たない同級生や軽い障害の同級生と一緒にいる機会を確保するようにしなければなりません。多分、ミッチェルさんが彼女のクラスでどんなふうに働いているかを見る最も良い方法はまる1日彼女のクラスで付き合ってみることでしょう。

　ミッチェルさんのクラスの生徒は全員バスで通学しています。彼女かアシスタントのポストさんのどちらかが運転手さんを手伝ってバスの乗り降りや教室までの移動を手伝います。また、普通クラスの子どもたちが何人かボランティアで彼らの友人と一緒にバスに乗って手伝います。必要最小限の援助がなされますが、教師は最近、マルコムが独りで教室へ行けるように彼の後をついていくことを始めました。バスの到着時間はかなりまちまちなので、生徒たちが教室に入るまで一人ひとりの生徒と過ごす十分な時間があります。ミッチェルのプランニングを非常に複雑にしているものの幾つかはコートを掛けたり靴を脱いだりする間に、マルコムに色課題をさせ、ツリッシュに数を数える課題をさせ、スティーブンに名前を呼ばれたらきちんと反応することを忘れないようにさせることでした。彼らが教室に着いたら、生徒たち一人ひとりはコートを掛けに行くようにプロンプトされます。一人ひとりのコート掛けには生徒の名前と写真が張ってあります。「コートを脱いで、ツリッシュ。それで良いわよ、マルコム、あなたはコートを脱げたわ。それを掛けておいてね。そう、それで良いわ。ツリッシュ、コートを脱いで」。ミッチェルはツリッシュの手を取って彼女がボタンを外すのを手伝います。「ツリッシュ、幾つのボタンがある？　さあ、数えてごらん。1つ、2つ、3つ、そう3つのボタンね。コートを脱ぎなさい」。ツリッシュはそれに従ってコートを脱ぎ始め、ミッチェルさんは「あなたのシャツは赤色？　マルコム」マルコムはうなづきます。「マルコムちゃんと答えて。『はい』というのよ」「そうそれで良いのよ、マルコム。いい子ね、ツリッシュ。あなたはコートを脱げたのね。今朝はコートが幾つある？　良くできたわ、ツリッシュ。3枚ね。スティーブン！」スティーブンはこちらをさっと向いたので、くすぐりで強化され、「良くできたわスティーブン、さあ、みんなのところへ行きなさい」

　ミッチェルさんは普通クラスと同じように"見て、発表する"という形で毎日を始めるのが好きでした。スピーチセラピストが月曜日の午前中はクラスにいるので、今日は彼女がセッションを始めます。一人ひとりの生徒に質問をして言葉で答えさせたり、コミュニケーションツールを使って答えさせたりしています。

　「昨日、何をしたか言ってみましょう。マルコム、あなたは昨日何をしたの？　テレビを見た？　テレビを見ましたと言ってみてごらん。そう、マルコムそれで良いわ。ハンナ、あなたは昨日テレビを見た？　良くできたわハンナ（ハンナはコミュニケーションボードのテレビを指差しています）。ツリッシュ、ディズニーあなたたちはテレビを見た？　私も見たわ」。ミッチェルさんは子どもたちの間を動き回りながら反応をプロンプトし、答えるべき生徒の肩をトントンと叩いています。スティーブンは、ほとんど言語スキルを持っていませんが、笑ってテレビという言葉に反応していました。ポストさんは、彼の後ろに立ってちょっとこそばしながら「スティーブン、あなたテレビが好き？」と言っています。

　グループ活動の後は、マルコムが2年生と一緒に体育へ行く時間です。ポストさんが彼に着替えスキルを教えています。彼が赤いシャツを脱ぎ、青いショーツをはくのを手伝ってい

ます。その間、ミッチェルさんと言語療法士さんは、別の生徒に本棚の上や下に物を置かせる指導をし、ツリッシュにはその本を数えさせ、スティーブンの注目を引こうとしています。

2年生たちがマルコムを連れに来ました。マルコムは45分間の体育の授業に参加して戻ってきました。彼は着替えながらミッチェルさんに体育の授業で使ったボール（赤色でした）について知っていることを話しています。何人かの子どもはポストさんが朝のスナックを用意するのを手伝っています。マルコムはカップを取って、赤いカップ、黄色いカップ、青いカップを一つずつポストさんに渡しています。ツリッシュは一人に2つずつのクッキーを数えています。

スナックが平らげられたあと（皆さんは誰が赤いカップを洗い、きれいに洗い終わったカップを誰が数えたか想像つくでしょう）、6人の子どもたちとポストさんは算数を勉強するためリソースクラスに参加します。ミッチェルさんと、ハンナとツリッシュはコートを着て散歩に行きます。ハンナの近所の子どもたちの多くは毎日学校へ徒歩で来ています。それでミッチェルさんの目標はハンナに安全に道路を横断することを学習させて、近所の子どもたちと一緒に登校させることです。ツリッシュは歩いて登校するには遠いところに住んでいますが、このスキルを学習するにはちょうど良い頃です。ミッチェルさんは歩きながら、何に注目しなければいけないかをはっきりさせ、それについて質問をしています。彼女はツリッシュには散歩の間、見つけたものを幾つか数えさせています。みんなはハンナの家まで歩いて行き、戻ってきました。もちろん信号が青でも左右を確認しながら……。

何人かの生徒は昼食を普通学級で食べますが、彼らは普通学級の友人たちとうまく昼食が取れるようになっています。ポストさんは別の何人かを担当して彼らを食堂へ連れて行きます。この生徒たちはまだちょっとした援助と監督が必要な生徒たちです。ミッチェルさんは教室でスティーブンの援助をしています。食堂で食事をさせようとすると、彼はとても興奮して自傷行動を始めてしまいます。ミッチェルさんは、彼に一人で食事をさせるのは数週間後にしようと計画しています。

昼食後、大抵の小学校のクラスと同じように静かにお話を聞いたり音楽を聞く時間があります。ポストさんとミッチェルさんは先生たちの部屋で昼食が取れるように、公平に半分ずつの時間を担当します。ミッチェルさんは昼食のときを友人と一緒に食事をとる良い機会にしています。時には気分転換に、誰かに「あなたはとってもいい仕事をしているわ」と言わせたりしています。

静かにする時間が終わったら、マルコムは特別指導教室に行って文字の読みの基礎を勉強します。ポストさんとミッチェルさんと物理療法士は他の子どもたちを手伝って体育をします。物理療法士は一人ひとりの生徒の粗大運動を発達させる目的で指導計画を立てる手伝いをし、実際にそれをやって見せたりします。子どもたちが体育を終える頃には、帰りのバスに乗る準備をする時間になります。

ミッチェルさんは、毎日の日課の中でどれだけたくさんのことを教えられるかということがわかるまでは、教室で多くの時間を過ごすとストレスがたまってしまっていたのです。

ワシントンさんの特別指導教室

ワシントンさんは郊外の真中にある大きな学校の特別指導教室の教師です。彼女は30人の5、6年生を教えていますが、彼らは学習障害や中度の発達遅滞、重度の情緒障害と呼ばれる問題行動のある生徒たちです。行動分析家として彼女は生徒たちの情緒の障害に心悩ます

のではなくて学業行動や社会的行動に注目することにしていました。ワシントンさんの生徒は全員少なくとも一日の半分を普通クラスで過ごします。何人かはワシントン先生と毎日3時間くらい活動し、他の者は普通学級で何か問題があったときにだけやってきます。ワシントンさんは、複数の専門領域の専門家チームと一緒に、個々の生徒のIEPの作成に責任があります。また、普通学級の教師と一緒にIEPを実施することにも責任があります。彼女には午後からやって来るアシスタントがいます。

　ワシントンさんは大抵1週間のスケジュールや毎日のスケジュールを決めるのに数週間かかります。彼女は多くのクラスで、芸術、音楽、体育や昼食のスケジュールに加わらなければなりません。また彼女は、彼女の生徒たちが例えば算数の授業に出席しないで、本を読みに彼女のところにやってきたりしていないかとか、不得意な本読みの授業で座っていないで、いなくなったりしていないかを確かめなければいけません。こういったことがとてもややこしく聞こえるなら、ワシントンさんはどんなふうに感じているのでしょうか。彼女は学年や障害のタイプでスケジュールを作ろうと試みているのではなく、その時点での学習領域で、同じレベルでやれる生徒をスケジュール化しようと試みています。彼女はたびたび一つの教室の中で同じ時間に複数のサブクラスを持つことがあります。例えば、5人の生徒が本読みをし、1人は算数の勉強の助けを必要としていたりします。彼女はすべての教師がすることをします。つまり、彼女が他の生徒を見ているときには個々の生徒に個別の課題を与えています。彼女は、一番大きなグループの活動と一番難しい生徒の活動を午後に持ってきています。というのもアシスタントが個々の子どもたちの活動を手伝ったり、見たりしてくれるからです。今年度は毎朝、彼女と一緒に過ごす2人の少年を担当します。彼女は読み、算数、社会的学習に責任を持ちます。そのほかに5人の生徒の午前中の1時間毎のスケジュールを組まなければいけません。それでいつでも彼女の教室には、数人の生徒がいることになります。毎日午後の2時間を3人の生徒が過ごすのでワシントンさんは他の5人をその2時間の間に組み込みました。ワシントンさんは昼食を11：30〜12：00の間にとって、12：00〜1：00までの1時間を観察とカンファレンスに使っています。彼女は多くの働いている親たちがこの昼食の時間にミーティングを持っていることを知っています。彼女は生徒たちに決められた時間が来るまで椅子に座っているように求め、小さな時計を前においてプロンプトが必要な生徒たちに普通学級へ行く時間を知らせるようにしています。

　ワシントンさんのクラスではトークンシステムを使っています。一人ひとりの生徒がポイントカードを持っていて、時間を守ったり宿題をきちんとしたり適切な行動をしたりすることでポイントを稼いでいます。また多くの生徒は、簡単なポイントカードを普通学級の担任からもらってきていて、普通学級で適切な行動をすることができたらさらにもっとポイントを稼げるようになっています。ワシントンさんは金曜日に生徒たちが「お店」と呼ぶものを開いています。生徒たちはいっぱいになったカードを食べ物と交換したり、学用品や小さなおもちゃと交換します。ワシントンさんは、多くの先生と同じようにお店の商品を自分で買ってきます。彼女はトークンシステムを使わない精神治療よりも安価であると言っています。また、困った行動を起した生徒をグループから離しておくことができるようにタイムアウトの場所を持っています。

　ワシントンさんのクラスではすべての指導が個別に行なわれています。何人かの先生が明らかに信じていることとは反対なのですが、すべての指導が1対1で行なわれるということでも、教師の指示なしで課題をするワークシートを持っているということでもありません。それは、個々の子どもの毎日のレッスンが、IEPに書かれた目標と目的を生徒たちが習得するのを手助けするように作られているということを意味します。何人かの生徒は同じ目標を持っ

ています。ですから彼らは、グループで指導を受けることができます。ワシントンさんは毎日のスケジュールや個々の子どもがするべき予定を、彼女やアシスタントの便利なようにボードに張り付けてあります。

ワシントンさんは教室を、勉強するところと活動をするところをできるだけ離して配置しています。多くの生徒は机の代わりにテーブルに向かって座っています。何人かの生徒は他の生徒の邪魔をしないように個別の机に向かわせています。2人の生徒には幾つかの課題のときに、ワシントンさんが本箱で作った図書館で使われるような読書机を使わせています。

私たちがワシントンさんのところをはじめて訪問したのは月曜日の朝でした。

午前8：30分時間どおりに、忠誠の誓いを言い、普通学級で昼食のお金を渡して、午前中ずっと普通学級にいることになっているアルビンとタイロンは、メラニー、マイケル、ドナ、チャーリーとハロルドと一緒にポイントカードを取って、決められた席に座っています。ワシントンさんは彼らが席についてから彼らに朝のあいさつをしました。

「おはよう、アルビン。今日みたいな雨の日にあなたの笑顔を見れてとってもうれしいわ。きちんと時間どおりに来たのね。これで10ポイントもう稼いでるのよ。さらに決められた課題を始めるごとに2ポイントのボーナスがもらえるわよ」。[3] 個々の生徒の前にはこの指示に従うことが強化されるように簡単なプリント課題が置いてあります。

生徒たちが決められた課題を終えると（通常5分くらいで）、ワシントンさんは一人ひとりに大きなAを書き、ポイントをあげて続けました。「アルビン、私たちが最初に本読みをします。私が他の人たちに本読みを始めさせている間に、赤い本を3冊取ってここに持ってきてね」。ワシントンさんは4人の生徒に昨日読んだお話について読解問題をさせはじめました。もし手伝いが必要なら赤いカードを挙げるように言って、アルビンとテイロン、ハロルドのテーブルに着きました。

「アルビン、本を持ってきてくれてありがとう。あなたはとってもきちんとできたのよ。おしゃべりもしなかったし、途中でいらないこともしなかったわ。これはボーナスポイント3ポイントよ。さあ、今日これから読む本のタイトルをここに置きます。多分何人かは、簡単にそれが読めるわよ。だってもう既に勉強してきた単語ばかりだから」。ワシントンさんは、ボードの上に"The Fantastic Voyage"というタイトルを書きました。生徒全員がそれを読もうとしています。

「マービン、やってごらん」。マービンはタイトルを"The Fantastic Voyeur"と読みました。くすくす笑いをこらえて、ワシントンさんがプロンプトします。「a-g-eという文字はなんて発音するんだっけ？ そう、それでいいの、すばらしいわハロルド。fantasticっていうのはどういう意味だった？ 科学フィクションで使った単語よね。そう、信じられないとか夢みたいとか言う意味だったわね。大正解」

ワシントンさんは単語を呈示して正しい反応をプロンプトし、大げさに強化し続けています。脇道にそれたりゆっくりになってしまうのを避け、グループを課題に集中させ、きびきびと指導を続けています。彼女はグループの生徒たちに最初のパラグラフを静かに読ませはじめ、生徒たち一人ひとりが独りで課題をやっているかをチェックしています。誰も赤いカードを挙げていませんが、メラニーが課題を始めないで窓の外を眺めています。

「メラニー、あなたの課題を机に出してちょうだい。集中してするのは簡単なはずよ。あなたの読む番が来る前に課題を終えておいてね」

ワシントンさんの本読みのレッスンは約20分間で終わりました。彼女は男の子たちに宿題を出して、注意する点やするべきことを指示しました。それから他の生徒の課題をチェックし、

さらにトークンポイントを与えてチャーリーにグループの本読みのために青い本を取ってくるように頼みました。ワシントンさんは、チャーリーが本を取りにいっている間の２分間を使ってメラニーがしている課題をチェックすることにしました。それとメラニーには、「今日は始めるのにちょっと時間がかかったから」いつもよりもちょっと少ないポイントを与えました。本読みのレッスンは最初のグループと同じやり方でした。グループが単語の復習を始めたとき、独りで勉強をしていたアルピンが大きく体を傾けてテイロンに何か話しかけています。テイロンは無視しようとしています。

このグループが終わったとき、メラニーと２人だけの時間を持つことができました。メラニーは短母音の発音にまだ問題がある生徒でした。ワシントンさんは一人ひとりの子どもと過ごす時間が余りにも少ないことを不満に思っていますが、一人ひとりの課題を有意義なものにしようと一生懸命で、毎分の指導回数を数えようとしています。ワシントンさんは最後の５分間を使って生徒たちのトータルのポイント数を数えて、今日はどんな日だったかと聞くことにしています。生徒を解散させて、先生たちみんなが時間どおりに戻ることを期待しているということをもう一度伝えました。

ワシントンさんはさらに４回、このサイクルを繰り返します。午後にはアシスタントに手伝ってもらって、個々のグループに脇目も振らずに注意を払うことができます。そのため、重度の学習上の問題や行動問題を抱える子どもたちの多くをこの時間帯に指導するようにスケジュールを組んでいます。

誰が行動変容を必要としているのか？

サンプルさんはこの道30年のベテランの５年生の教師で、ワシントンさんが中度の障害のある生徒を教えている学校で働いています。彼女は、これまでに子どもを病院に送ったりしたことはまったくなく、いやいやながら特別指導教室へ送ったことがあるだけだという伝説を持っています。この年の始め、ワシントンさんのトークンシステムについての説明を疑い深く聞いていました。

「おや、まあ。あなたのようなお若い先生は新しいものがおすきね。ポイントとチャート、わいろで子どもを甘やかすの。私は30年間もずっとタフでやってきたの。うまいことを言って私をかつぐつもり？」

校長のジャクソンさんはサンプルさんに対してちょっと引いています。彼女のタフなおしゃべりは校長先生を困らせていますが、子どもたちは幸せそうだし、親たちは彼女のクラスに子どもを入れてほしいとうるさく言ってきます。彼女はカリキュラムや方法論を変えていこうという何度も繰り返される主張を嘲り笑っていますが、彼女の生徒たちはテストの成績も良く、６年生の準備もきちんとできています。

ある月曜日の朝、職員食堂でサンプルさんはワシントンさんに近寄ってきて言いました。「よく聞いて、今週はずっと子どもたち全員を私のクラスに居させる必要があるの。大切な役割をすることを教えているところだから、彼らが抜けると、きっと遅れてしまうの」。ワシントンさんは最近、インクルージョンのセミナーに参加したこともあって、このスケジュール変更に同意しました。ちょっとびくびくしながら、ワシントンさんの生徒たちがサンプルさんのクラスでどんな様子かを観察したいと頼んでみました。

「いつでもどうぞ。隠すつもりなんてまったくないから。でもあなたが言うような個別教育とか何だったかしら、行動変容とかいうのはまったく期待しないでよ」

ワシントンさんは金曜日の午後の時間を空けて、サンプルさんの教室へいきました。サンプルさんの教室のドアを開けて、静かに入っていきました。彼女が大変驚いたのは、子どもたちが机に静かに座ってなくて黒板に向かっているサンプルさんを見ていたことでした。実際、ワシントンさんはサンプルさんをすぐには見つけられませんでした。というのも、明るい色のフェルトを張り付けた6フィートの布地にカーテンホックを付けている子どもたちに囲まれて床に座っていたからです。他の子どもたちは印刷物に枠づけをしたり、ホック受けをどれくらいの間隔で取り付けたらいいかを話し合っています。デスクやテーブルは脇に押しやられて、明らかに勉強ではない課題をしている子どもたちの固まりを作るように配置されています。ワシントンさんは空いている机について、この混沌とした活動の意味を探ろうと試みました。テイロンが彼女に近づいて、何をしているのかと聞きました。彼女が彼や"別の"教室で作業をしている生徒たちを見たいのだと言ったとき、彼は満足そうにほほ笑んで、「あ、僕たち今週はずっと何も勉強を終わらせていなかった。僕たち一生懸命6週間もがんばって、クラスのレポートカードに手を入れて完璧なものに仕上げて、それでアメリカ革命についてのタペストリーをずっと作り続けてきたんだ」。テイロンはバンカーヒルの戦いの調べ物をするチームの一員としてずっとやってきたんだと説明し、フェルトから切りとるシーンを決めて、壁に張ることにしたんだと説明しました。
　「面白かったよ。アマンダが難しい言葉を教えてくれたし、僕はフェルトを測ったんだよ」
　サンプルさんが新しいもの好きの見解についてどんなふうにコメントしようと彼女の指導方法はまさに最新のものだとすぐにワシントンさんにはわかりました。テイロンが彼のグループに戻っていったので、ワシントンさんは注意深く教室を見てみました。一つのボードには「教室のポリシー」と張ってあり、子どもの作品が別のボードに張ってあります。彼女がそれについて尋ねると、それは本当の作品ではなくて、壁画に添えるフレームになる革命についての一番いいショートレポートのコピーなのだそうです。
　「自分の作品をあのボードに張るのは大変なことよ。完璧に近いものじゃないといけないから。きちんとできるまで、お友達に助けてもらったりして、私は3回も書き直したの」。彼女は自分のエッセイを誇らしげに指さしました。ワシントンさんはメラニーのエッセイを読んで、そのちょうど右隣に、きちんと同じくらい大きく赤い字でA＋と書かれているのを見ました。リー・アンに話しかけるように、メラニーのエッセイのタイトルがつけられていました。
　サンプルさんは床から立ちあがって、「ありがとう、僕たち」と、彼女の手伝いをしていた2人の少年に言いました。「君たちは他人を助けようというクラスのポリシーをきちんと私に実践して見せてくれたわ」。それから彼女は教室の中を動き始めました。

ボイドさんの算数のクラス
　ボイドさんは都会の大きな高校で数学を教えています。彼は、ホームルームと9年生の算数を3クラスと10年生の数学を2クラス担当しています。彼の生徒の大部分は学力検査の得点が学年レベル以下で、彼のそれぞれのクラスには特殊教育の必要のある数人の生徒が含まれています。彼のクラスには22～25人の生徒たちがいます。その年の始めに、生徒に手渡される教科書に基づいた診断テストを使用して、ボイドさんは各クラスを4つのチームに分割しました。彼が慎重にチームを構成したので、それぞれには、いろいろなレベルの生徒が混ざりあっています。ある年、彼は、毎週、過去の週の実績に基づいてチームを形成してみましたが、それは記号論理学的な悪夢でした。彼は現在、6週間のグレード分け期間の間、

完全にチームを同じままにしています。各チームには総合的な管理を担当するキャプテン、記録を担当する会計士がいます。キャプテン、および会計士は毎週交替します。各チームは名前を自分たちで選ぶことができます。

　彼がスケジュールどおりに動いていると、ものごとがうまく進行することがわかったので、ボイドさんはできるだけ毎週同じスケジュールに従おうとしていますが、スケジュールどおりにできないときには生徒にあらかじめ、知らせることにしています。月曜日と水曜日に、彼は、グループ指導で新しい単元を教えます。火曜日と木曜日はチームの日です。必要に応じて助け合って、生徒たちは宿題に一緒に取り組みます。必要なときには、クラスメートのチューターが個人や小グループに正しい情報を提供したり、一緒に課題をします。ボイドさんはそれを確認しながら巡回しています。金曜日はテストと報酬日です。生徒は個々の取り組みについてグレード分けされますが、また、すべての活動がチームのためにポイントとなります。チームはメンバーが時間どおりに出席していたり、必要な持ち物を持ってきていたり、きちんと宿題やクラスの課題をやってきたり、テストや他の活動で良い成績を取ったり、適切に振る舞ったりしたときに、ポイントをもらいます。メンバーが破壊的な行動をしたり、指示に従わないときに、チームはポイントを失います。どんなことが期待されているかが学年の始めに説明されて、各生徒は決められたノートにクラス規則と手順のコピーを持っています。十分なポイントが得られたら、あらゆるチームが毎週、勝者になれるかもしれないのです。各チームの点は掲示板の上に掲示されて、最も高い点があるチームは今週のチームと呼ばれます。ボイドさんは高校生には、このシステムが子どもっぽ過ぎるかもしれないと恐れていましたが、生徒たちは、友情を楽しんでいるように思えます。ちょっとした好ましい競争心と多くの激励が持ち物を持ってくることや時間どおりに間に合うこと、適切に振る舞うこと、課題を学習することで生じています。ボイドさんの典型的な月曜日を見てみましょう。

　生徒が教室に入ってくるとき、ボイドさんは戸口に立っています。彼は名前を呼んで一人ひとりの生徒に挨拶します。もちろん出席に関するポジティブなコメントをしたり、少なくともほほ笑みやアイコンタクトをしながら。彼の生徒の多くが運動選手であるので、彼は多くのゲームに出席して、全員の記録を取っています。彼はたびたびその生徒たちを褒めたり同情の言葉を言ったりします。また、彼は誕生日を覚えていて、彼のレッスンプランに書いて祝意を伝えます。もちろん彼は、ティーンエイジャーが容易に当惑するのを知っています。この挨拶ルーチンは明らかに酔っ払っていたり、何らかの薬物の影響を受けていたりしていないかを判断したり、生徒のボディーランゲージから生徒たちが怒っていたり、いらついていないかを前もって知るために大切です。

　部屋に入るに従って、生徒らはすぐ自分たちの割り当てられた席に行きます（席は、全員が黒板を見ることができるように、アレンジされています）。幾つかのレビュー問題がボードにあって、会計士を除いたすべての生徒がすぐに、作業を始めます。会計士（レビュー活動を免除されます。彼らは数学でいつも良い成績をとっています）は生徒が持ち物を持っているかどうか記録するクリップボードとデータシートを持ってチームの列を回ります。ボイドさんは生徒たちがこっそり物資を互いに貸し借りしているのを知っていますが、チームワークがあることだと思って、無視しています。

　ベルが鳴ると、ボイドさんはすぐに、彼の座席表を見ながら出席を取ります。それぞれのチームのキャプテンは欠席に注意して、キャプテンはチームのメンバーが学校にいない理由を見つけることになっています。チームは許可された理由で欠席したときには罰せられませんが、出席していないメンバーはボーナスポイントを得ることができません。5分以内に、生徒は

レビュー活動を終了します。チームメンバーが互いに作業をチェックして、プリントは順に前に送られて、集められます。

ボイドさんはピザ配達人の帽子を身につけて、何人の生徒がピザを注文したがっているかを尋ねることから、均等に分けるという課題のレッスンを始めます。すべての生徒が熱心に手を挙げます。ボイドさんは彼が書いた細かく切ったピザの写真コピーを配ります。このピザが食べられないことやボイドさんの絵やいつもの冗談に関して幾つかの気立てのよいつぶやきがありました。

ボイドさんが静かにしなさいという合図になっている彼の手を挙げると、生徒は話すのをやめます。彼が尋ねます。「幾つ、ピザを持っている？ マーヴィン？ サラ？ ほら、同じではありませんね。マーヴィンには、8つのピザがあって、サラは4つしか持っていません。マーヴィン、あなたは幾つあなたのをサラに渡さなければならないでしょう」。マーヴィンが「サラのピザは彼のものよりも大きい」と、異議を申し立てたとき、ボイドさんは彼のレッスンを始めました。彼は、1/2、2/4、4/8の大きさで同じ量のピザを表わす大きなボール紙ピザを使用しています。

「500,000/1,000,000は？」。彼が尋ねます。マーヴィンは「スプーンでそのピザを食べなければならないなあ」と皮肉を言って、笑いを誘います。ボイドさんも笑いますが、すぐ、再び彼の手を挙げます。すべての生徒は冗談を繰り返している2人を除いて静かになります。ボイドさんが淡々と言います。「ラッパーは、ただ今2ポイントを失いました」。彼はレッスンを続けます。チームの他のメンバーは悪人をにらみつけて、部屋は再び静かになりました。

ボイドさんは、均等分けをするために手順をモデル化して、例題をさせるために生徒をボードのところに連れてきて、短いプリント課題を割り当てて生徒が均等分けの概念を理解して、計算することができるようになったかどうかを確認します。必要なときには、もう一度教えながら、間違いを指摘したり、頻繁にポジティブなコメントをして、生徒がひとりで取り組めるように彼は部屋を絶えず動き回ります。理解が困難な生徒には、明日クラスメートのチューターを付けようと記録しておきます。

終わりの10分前に、ボイドさんは再び生徒たちにプリントを交換させて、正解を調べさせます。もしわからなくても、明日は助けを得られるのでパニックにならなくてもよいと念を押します。彼は各チームによって得られたポイントの数を発表して、彼らを祝っています。ベルが鳴ると、ボイドさんはこのクラスを解散させて、次の授業の準備を始めます。

火曜日は最初の配置換えの曜日で、各チームごとに机を並べ替えます。手早く、そして静かに机を並べ替える手順は1年の始めに教えられました。ボイドさんは各チームのキャプテンに昨日からの彼のチームの書類を渡して、チームのメンバーがその課題をきちんとするのにはどうしたらよいかを工夫します。何人かのキャプテンは個々にチューターを割り当てたり、数人の生徒に1人のチューターを割当てたりしています。1人のキャプテンが、彼女のチームの書類を見て、彼らが皆、助けを必要としているとボイドさんに言います。彼はすべてのチームが効率的に機能しているのを確めて、「問題チーム」と共に課題をするために席につきます。次の等級づけ期間、このチームのメンバーを違うチームに分けることを忘れないようにしようと考えています。オリジナルのチームの2人の最も強いメンバーが弱いチームに移っていきます。今日のクラスでの宿題はチームのためのポイントと同様に各生徒の等級を得るポイントとなります。

弱いグループと共に数分間取り組んだ後に、彼は、宿題に取り組みを続けるように言って、チームのメンバーが一緒に取り組んでいるが、互いの作業は何一つしていないのを確かめるためにクラスをモニターします。彼は質問に答えたり、チューターに提案をしたり、メンバー

が皆、正しく宿題を終了したチームにボーナスポイントを与えたりしています。何度か、教室はざわざわとなりますが、ボイドさんは、彼の手を挙げて、すべての生徒が彼の方を向いているわけではないので、2度彼の指をぱちんと鳴らします。チームのメンバーは互いに注意し合って、雑音は大きな問題に決してなりません。

　授業の終わりの10分前に、ボイドさんはクラスの全員に彼の方を向いて注目するように言います。彼は課題が終わっている生徒の答案を集めて、終わっていない生徒には明日までに仕上げてくるように注意し、簡単な宿題を与えます。彼は、適切な振る舞いで得られたポイントを発表します。教室での宿題はグレード分けのときのポイントになると思い出させて、それから宿題を始めるのを許します。椅子を列ごとに並べなければならない6時間目まで、椅子はそのままにして置かれます。ボイドさんはひところ、椅子や机を1列に並び替えなくてもいいように2日間のグループ作業を続けてするのがより効率的かもしれないと思いましたが、ビル管理者によって机を並べ替えないで掃除することはできないとすぐに知らされました。

ミッシェルさん、袋に商品を入れる

　ミッシェルさんは17歳から20歳までの中度から重度の障害を持つ生徒たちを教えています。もう一人別の資格を持つ教師と2人の介助員といっしょに仕事をしています。彼女の仕事はこの1年間で劇的に変わりました。彼女は州立の施設で仕事をはじめましたが、今は同じような生徒と普通の高校の中で教えています。彼女の生徒たちは多くの時間を大人として必要なスキルを学習するために学校の外で過ごしています。

　今日、彼女は数時間の間、3人の生徒をコミュニティーに連れていくことを計画していますが、これには前もって多くの練習が必要です。彼女と彼女の同僚は、別の教師と1人のアシスタントを校内に残して、彼らに他の生徒たちを指導させることにしました。その生徒たちは買い物技能や職業教育前の技能を、他の大部分の生徒たちと同じように学校に残って練習します。教室には完全に備品のそろった台所とランドリー部屋があります。生徒は自分たちで昼食の準備をしたり、学校の体育館のタオルを洗って、たたんだりします。彼らは地域の健康クラブの小冊子を郵送する準備をしますが、その換わり健康クラブの施設を使うことができます。さらに、教室には、食料品店、薬局、またはコンビニをシミュレートした領域があります。生徒たちは、リストや絵の手がかりを使用して買い物の練習をすることができます。4人の上手に話せる生徒がアシスタントといっしょに特別指導教室に行きます。そこでは教師が適切な社会的な技能を教えることに取り組んでいます。

　コミュニティで将来住むことになる生徒は仕事サイトで1時間働いて、カフェテリアで昼食を食べたり、ディスカウントデパートで衣服の買い物をしたりします。今日ミッシェルさんに同伴する生徒は上手に話せる能力ときちんとした行動ができる17歳のサムです。キンバリーは18歳で、混乱したり、イライラしていなければ上手に行動することができます。リカルドは19歳で、幾つかの言語の技能を持っていますが、乱暴な行動をする傾向があります。

　ミッシェルさんは、みんなの機嫌がよいことを確認してから、絵を使って今日の外出の下見をしました。サムとキンバリーは彼らが仕事技能を学んでいる食料品店では古株です。彼らも、カフェテリアで食事して、デパートで何度も買い物をした経験があります。リカルドは食料品店にはほとんど行ったことがありませんが、教師と一緒に自分で買い物をしたり食事をしたりしたことはあります。これはこの場所での彼の最初のグループ経験になります。

ミッシェルさんにはそれぞれの場所で生徒一人ひとりの目的があります。今日の外出のプレビューを用いて言語レッスンをした後、全員がトイレに行ったかどうかを確認し、キンバリーには彼女のコミュニケーションボードの正しいシートを持ったかどうか、自分の必要なものすべてを持ったかどうかを確認しました（彼女は時折施設では単純な仕事にため息をついたりすることがありました）。皆はコミュニティーへ持っていく大きいカバンをからかいますが、彼女は、準備が大切なことを学んでいました。彼女はバッグを持って部屋を出ます。

学校のちょうど右側にバス停があります。バスを待っている間、各生徒は自分の財布から正しいバス代を取り出しています。彼らは小学校のときからバスに乗っています。バスが定刻に到着し、生徒はコインを入れて、バスの運転手に挨拶します。リカルドは喜んでハミングし始めますが、すぐ、キンバリーが肩を叩いてちょっと合図し、彼女の頭をちょっと振ると、リカルドは沈黙します。今日からトークンシステムをフェイドアウトしようとしているので、リカルドにはサポートが必要だとミッシェルさんは決めました。彼女はバッグから幾つかのチップをとりだし、自分のポケットにチップを入れます。彼女はランダム間隔スケジュールでこの外出中の良い行動にそれらを使って強化子を与えるつもりです。

リカルドはトークンやその価値、およびどんな行動が期待されているかをよく知っているので、何の説明も必要ないでしょうし、リカルドは学校に戻るまでポケットにチップを持っておくことができます。

何事もなくドライブが続き、スーパーマーケットの近くのバス停に近づいたのでサムが停止ボタンを押し、バスを降りました。サムとキンバリーはすぐにタイムカードを押しに行きます。その後にリカルドが続きます。3人とも名札のついた赤いエプロンをつけます。キンバリーは一人でお惣菜コーナーに行きフェルプスさんに挨拶します。彼女のスーパーバイザーでもあるフェルプスさんも笑顔で答えます。今日、彼女はお惣菜コーナーで作られた様々なドレッシングや盛り合わせを容器に入れていくでしょう。フェルプスさんは仕事のステップを書いた絵をミッシェルさんのカバンから取り出して作業場の上の壁に張ります。彼女はキンバリーさんと他の生徒が使用する様々なポスターのエキストラを頼んでいます。彼女は、それらが障害を持たない従業員の助けにもなると確信しています。フェルプスは、キンバリーに指示を与えて、どの従業員とでも彼女がこの新しい仕事をやり遂げるのを何度か見て、もし容器がなくなったら物置から容器をとってくるように指示しました。フェルプスさんは、キンバリーがフラストレーションでぐずったり、叫んだりするよりむしろ新しい材料を手に入れたり、援助を求めたりする回数を数えることに合意してくれました。

ミッシェルさんはサムとリカルドを伴ってレジに行きました。そこで彼らは商品を袋に入れる仕事をすることになります。サムはまた、お客さんと一緒に車まで行って商品を積みこむ手伝いをします。次の訪問のときに、彼は商品棚を見て商品を補給するのを学び始めるでしょう。この店のチェーン店では、障害を持つ人々を雇用するという素晴らしい歴史があって、学校を卒業したあと、永久的な雇用の可能性を考慮しながらサムは今年、夏の実習に参加します。彼はその店でフルタイムで雇われている発達遅滞を持つ彼の友人のスタンに挨拶します。彼らは手早く、そして効率的に商品を袋につめながら談笑しています。あるとき、やがて来るスポーツイベントに関して話し始めましたが興奮するようになり、「ちょっと静かにしなさい」とレジの店員に注意されましたが、すぐに、それに応じています。

リカルドと商品を袋に入れる人々を訓練する役目の、補助のマネジャーとミッシェルさんはしばらくの間リカルドといっしょに働きました。彼らはきちんと商品を入れて、壊れやすい商品は慎重に扱っています。生徒たちは休憩室でマシンからソフトドリンクを手に入れて休憩を取ります。彼らは障害を持つ従業員や障害を持たない従業員と対話して、休憩が終わっ

たときには他の人たちと同じように背伸びをしてうめいたりしています。サムとキンバリーは時計で15分の経過を読むことができます。リカルドはタイマーで様々な長さに時間を設定するのを学んでいるので、いつもタイマーを持っています。ミッシェルさんはサムが適切に他の従業員と関わりを持った回数を観察し、小さいクリップボードに記録していきます。このことはこの外出の大きな目的でもあります。

およそ１時間後に、生徒たちはエプロンを外して仕事を終えます。手を振ってさよならを言い、彼らはスーパーマーケットを出ます。レストランが歩いていける範囲にあり、この時間にはほとんど込んでいることがありません。ミッシェルさんはちょっとした予定外のイベントを計画しました。サムは欲しいものをオーダーできます。キンバリーは絵を指さしたり、見せたりしてオーダーします。ミッシェルさんはぶつぶつ言い始めたリカルドのそばに座っています。これはちょっと危ないと思って、ミッシェルさんはとりあえず指導することをあきらめて、適切な行動はどんなものであっても強化することにしました。ミッシェルさんはバッグからリカルドのリスト（リハーサルのとき、彼が昼食のために欲しいものを拾い上げたもの）を取り出しました。彼女は、「リカルド」とにこにこしながら呼んで、「今日はちゃんと歩いたね」と褒めながら、彼のポケットにトークンを入れます。

リカルドは、「魚」と注文します。

「静かに注文できたね」と褒めながら、別のトークンを素早く渡します。リカルドは、ちょっと落ち着いてきました。

「紅茶を注文したら？ あの女性に紅茶が欲しいのですが、と言うのよ」リカルドは従います。

リカルドの不機嫌が過ぎ去ることを願って、ミッシェルさんは「うまく注文ができたわ、リカルド」と言います。「あなたは自分のトレーを運ぶことができますか？」。リカルドはトレーを持って、サムについていきます。ミッシェルさんが彼の伝票を持っていきます。今日はまだ伝票を持っていくことを教えないでおくことにしました。ミッシェルさんは、前もって課題分析をしておいた生徒たちが一人できちんと列に並ぶことができるかどうかの課題のデータを取ろうと思っていたのですが、今日はちょっと無理なようなのでがっかりしました。

生徒たちは空いているテーブルに間違わずに行って、トレーを降ろします。リカルドが、突然「行く！」と大きな声で言います。ミッシェルさんは、今度からもう少し静かに言うように指示して、男子トイレに彼を行かせます（ミッシェルさんは町の中の公共トイレはきちんと覚えさせておかなければと思いました）。ミッシェルさんはまた、せっぱつまる前に要求を伝えることを教える必要があると思いました。そうしないとリカルドはそれが原因で大声を上げるようになるでしょう。

買い物の話をしながら昼食を食べた後に、生徒たちは食事のお金を支払う準備をします。それぞれがレシートの一番下の数を読んで、もう１ドルを付け加えます。彼らはレシートとお金をレジの店員に渡して、釣銭をもらいます。サムが最初に「ありがとう」と店員に言うと、店員も「よい午後を」と答えました。ミッシェルさんはサムのすばらしい社会的スキルに本当に喜んでそれを書き留めておきました。

もう一度バスに乗ってデパートに到着しました。３人の生徒すべてが、来週から始まる健康クラブで着るスウェットを買う必要があります。男女兼用のスウェットが大きな箱の中にありました。キンバリーはＭのタグの付いたスウェットを見つけ、サムはＬを見つけました。ミッシェルさんは、リカルドがＳを見つけるのを助けます。彼は赤いスウェットが欲しいのですが、Ｓは黒しかありません。彼は叫び声を上げながら腕を振りまわし始めます。ミッシェルがサムとキンバリーに「お願い、私と一緒に来て」と指示し、（リカルドがＳでよかったと思いながら）リカルドを店の奥にある園芸品売り場に押し込みました。ミッシェルさんは以

前来たときにそこがほとんど人がこない場所だとわかっていました。ミッシェルさんはリカルドに「落ち着きなさい」と指示して、しばらくの間、彼が暴れないように壁に彼を押しつけて抱きしめていました。年配の女性がびっくりして、「お嬢さん、あなたはそのかわいそうな子どもを虐待しています。私は報告しますよ」と言います。ミッシェルさんはキンバリーに、「青いカードを女性に渡してください」と頼みます。キンバリーは持っていたバッグの内ポケットからカードを取り出して、女性に手渡します。そのカードはミッシェルさんが誰で、なぜ彼女がそこにいるかを説明する公式のカードです。また、カードにはミッシェルさんのスーパーバイザーに電話をしたいと思う人に誰でも電話をかけることができるように電話番号が書いてあります。しばらくするとリカルドは落ち着いて、誰もそんなことがあったとは気づかないようになっています。彼らは買い物のフロアーに戻って、スウェット（別のＳサイズの赤）をとってお金を払って店を出ました。

　ミッシェルさんは生徒たちが台所掃除の仕事をしているグループホームでスウェットをあらかじめ洗うのを週の後半まで延期すると決めたのを喜んでいます。安堵のため息をついてバス停に到着しますが、数分でもバスが遅れると、彼女の安堵の気持ちは薄らいできます。サムさえ、落ち着きなくベンチをうろうろして、「バスはどこ?」と言い始めます。ミッシェルさんは彼女のバッグを取ってそこから、雑誌かテレビゲームを生徒たちに選ばせます。そのおかげで、彼らはあと20分間静かに待っています。

要　約

　本章では、教師が行動分析の原理と方法をどう実際の教室に適用するかを記述しました。われわれは構造、計画、一貫性、および結果の重要性について議論しました。幾つかの仮定的な学習環境の操作についても記述しました。これらはいずれも厳密にはあなたの環境とは似ていませんが、それらを知ることがあなたが実際の場面で行動分析を行なう助けとなると信じます。

論議ポイント

1．個々の教師はどんなデータを取るべきでしょう? そしてデータを効率的に取るにはどうしたら良いでしょうか?
2．個々のお話の中から刺激制御、正の強化と罰の例を挙げなさい。
3．6つのクラスのうちあなたはどのクラスを受け持ちたいですか? それはどうして?
4．構造化の例を2つずつ挙げなさい。

付録：専門的諸団体による嫌悪的な行動介入を避けるための決議

行動変容技法や教育に関連する専門家の主要5団体は、嫌悪的な行動介入は避けるべきであると勧告する方針を可決した。その声明は以下のとおりである。

アメリカ精神遅滞市民の会による行動支援に関する意見声明（1995年10月）

論　　点

行動介入プログラムには、個人の学習機会や自立の達成を促進するであろうスキルを開発・維持する種々の技法がある。アメリカ精神遅滞市民の会（Arc）は、個人のニーズに合致する積極的な行動介入プログラムの開発と使用は支持する。一方、身体的・心理的傷害を引き起こしたり、人間性の剥奪につながる可能性のある手続きについては、その使用を禁止・防止する。特に嫌悪的手続きと剥奪手続き[*1]の使用は、精神遅滞を持つ人々の「傷害を受けない権利」と直接に対立する。それらの手続きは尊厳の喪失を引き起こし、社会への完全参加を抑制する。

意　　見

どのような行動介入プログラムであろうと、その適用を考える前に、査定しなければならないことがある。観察される問題行動の性質と程度、そして当該行動を通して本人は何を伝えようとしているかである。そして行動介入プログラムを開発する前に、包括的な機能分析[*2]によって、当該行動に関連する要因——例えば身体的・医学的状態、社会的影響、生活環境、作業設定——そしてプログラムの不適切性について再検討、処理しなければならない。

精神遅滞を持つ個人のためにArcが支持する行動介入プログラムとは次のとおりである。

・成長と発達の究極的目的を目指し、人間的なかつ細心の方法で計画・適用されていること。
・一人ひとりの現在の能力と特性について公式な機能分析と十分なアセスメントがなされて

[*1]　「嫌悪的」が意味するのは、不適切行動に対する有毒な、苦痛を伴う、または侵入的な刺激、または活動であり、アンモニア・スプレー、随伴的電気ショック、顔への水の噴霧、隔離などがある（これらに限られるわけではないが）。「遮断」とは、適切な睡眠・保護・寝具・入浴設備・食事・飲料などを保留・撤去する活動、家族や友人の訪問や親交を遅らせるなどである。

[*2]　機能分析は内的（例えば、疾病）、外的（例えば、社会的相互作用）双方により、行動がどのように影響されているかを観察することを含む。

- いること。
- 臨床的・教育的研究論文に記載されている手続きに適切にのっとっていること。
- 不適切行動を適応的な、そして社会的に生産的な行動に置き換えようと意図されていること。
- 肯定的で、社会的に支持された環境内で実施されること。
- 肯定的で非嫌悪的な方法を効果的に行なえる資格を持つ、訓練されたスタッフにより実施されること。
- 方法が個人のニーズに一致しているか、設定された目的の達成に成功しているかどうかを継続的・系統的に監視すること。もし成功が明らかでなかったり十分ではない場合は、適時（プログラムの実施を：訳補）変更すること。

加えてArcは嫌悪的介入の全廃を呼びかける。例えば、必須栄養物や水分を与えない、苦痛を与える、プログラムの代わりに薬物で拘束すること、身体的・心理的苦痛や屈辱・不快をもたらす技法を課すこと、である。サービス提供機関から独立した人権委員会を初めとするすべての検閲プロセスが、進行中のプログラムの質を監視し、必要な調整をするべきである。必要とあれば、肯定的な介入の成功を確かめるために特別な策が講じられるべきである。

1989年10月　代理人により採択。アメリカ精神遅滞市民の会見解（許可を得て転載）。

例外児のための評議会による身体的介入に関する方針（1993年4月）

最も効果のある教育方法を受ける権利は特殊教育を受ける児童の基本的教育権である、と評議会は認識する。さらに制約が最少で肯定的な教育計画が用いられるべきであると評議会は信じる。それらは身体的介入や、児童の尊厳と個人的プライバシーに関連する。加えて、そのような介入は児童の身体的自由・社会的相互作用・個人の選択を保証するであろう、と委員会は信じる。介入は苦痛や外傷を生む手続きを含んではならない。最後に、行動介入計画は、教育スタッフと親、そして適当ならば児童の同意の下で文書化される教育計画の中で明確・厳密に記述されなければならない。

身体的介入は以下のすべての要件を満たしたときに限り使用されることを、評議会は勧告する。

- 児童の行動が本人や他者にとって危険な場合。または児童の教育・発達に対して有害または妨害的な場合。
- 正の強化技法が種々適切に実施されてきたが、それに対し児童が反応することを繰り返し失敗していることが、児童の記録において文書化されている。
- 身体的介入をしないことが、文書化された教育計画に明示された児童の教育的進歩を著しく妨げることが明らかである。
- 身体的介入計画は以下の事項について明確に記述すること。すなわち実施される介入、責任を持つスタッフ、証拠書類提出の過程、介入に関連するスタッフに必要な訓練と監督、介入を元に戻す時期。
- 身体的介入計画は、文書化された教育計画の一部となる。
- 身体的介入計画は以下の事項を含む。
  1. 不適切行動に寄与している変数を含む、児童の環境の包括的な分析。
  2. 州・地方・連邦法によって指定されているように、計画は専門家・親または保護者を含んだチームで立案すること。
  3. 計画実施担当職員は計画内容に一致した専門的な訓練を受け、かつ計画で確認されている技法について訓練を受け精通している者の継続的な監督を受けること。

4．身体的介入計画で確認されている技法が児童に対して医学的に禁忌となるものではないことを医師が承認しており（医師の意見書が必要）、かつ

　　5．児童の行動に対する計画の効果が一貫して評価され、結果が明示され、必要とあれば計画を変更すること。

以下の禁止事項を評議会は支持する。

・苦痛をもたらす、またはその可能性のあるすべての介入。
・児童の顔のそばで放出される有害・有毒・不快なスプレー・霧・薬物。
・必要な睡眠・食事・水・保護・寝具・身体的安楽・入浴施設の利用を認めないすべての介入。
・言語的虐待・あざけりや屈辱を個人に被らせるために計画、使用する、または被らせる可能性のある介入や、極度の情緒的外傷を引き起こすと予測される介入のすべて。
・四肢を同時に動けなくする装置・機材・物を用いる制約的介入。伏臥拘束として知られる手続きを含む。ただし、そのような拘束が訓練を受けた者によって緊急避難として行なわれる場合を除く。
・不断の監視や観察なしに行なわれる施錠隔離。
・児童に対する適切な監督を欠くすべての介入。
・五感の一つまたはそれ以上を剥奪する介入。
・児童の行動が自身の身体的健康や他者の安全に対して重大な脅威がある場合には緊急避難として身体的介入が実施されるであろうことを評議会は認識している。その場合でも介入について文書化され、両親・保護者にそのことが通知されるべきである。
・しかし緊急避難としての身体的介入は、標的行動の変容・置換・修正・除去を目的とする系統的な行動介入計画の替わりに用いられるべきではない。
・さらに、身体的介入が適用されるときに評議会が学区と他の教育機関に対して期待するのは、方針を確立すること、州・地方・連邦法や規定に従い、子どもや、その親または保護者、教育担当者、学校や地区の教育機関の権利を確実に保護することである。

Reprinted by permission.

アメリカ精神遅滞学会による嫌悪手続きに関する方針（1990年1月20日）

　精神遅滞や他の発達障害を持つ人々の中には、行動変容の目的で非人間的な方法での嫌悪手続きの継続的対象となっている方がいる。アメリカ精神遅滞学会（AAMR）はそのような実践を強く非難し、それらの即時停止を強く要請する。停止されるべき嫌悪手続きは、以下の幾つかまたはすべての特徴を持つ。

1．個人によって経験される身体的苦痛の明確な兆候がある。
2．組織の損傷、疾病、重篤なストレス、かつ／または死亡を含め、潜在的または実際の身体的副作用がある。
3．社会的劣化、社会的孤立、言語的虐待、年齢に不相応な技法、標的行動に不釣り合いな治療、などにより人間性が剥奪される。このような人間性剥奪は障害の有無にかかわらず容認できない。

　この声明の意図は、重要な価値と原理を明言することと、重篤な行動障害を解決する非嫌悪的代替手段の同定・テスト・実行・普及につながる研究活動を促進するよう、発達障害の分野に挑戦することである。専門的判断を行なう個人や研究・臨床実践を特別に規制するのは規制機関、資金提供者、認定機関の職務である。

　人間性剥奪につながる嫌悪手続きをなくそうというのは、専門家やその他の人々が行なう、

精神遅滞や他の発達障害を持つ人々とその家族の生活を危うくする行為の減少に関心が高まったことの反映である。プログラム提供者と消費者の関係は消費者の権限を育成し、選択機会を増し、精神遅滞や他の発達障害を持つ人々が地域に統合されるのを促進するべきである。

AAMRは行動管理の人間的方法、そして個人に複雑な行動を成功裏に教育する現存のプログラムと環境とを継続的に研究することを要請する。

（許可を得て転載）

重度障害を持つ人々の連盟による不要な介入の中止についての決議（1986年11月5日）[*3]

重度障害を持つ人々の連盟（Association for Persons with Severe Handicaps）の目標と目的を認識するために、具体的には、重度障害を持つ人々が統合された、そしてノーマライズされた地域環境内で人生を成長・発達させ、享受する権利のために、以下の決議を採択する。

教育サービスと他の資格サービスは指導計画・管理戦略を採用すべきである。それらは、重度障害を持つ人々が効果的治療を受ける権利と一致し、かつまた同様に重要な「傷害を受けない権利」も脅かさない。これは教育的・有資格的な手続きが、化学的拘束・嫌悪刺激・環境剥奪やサービスからの排除がないことを要求する。

よってTASHは以下の幾つかまたは全部の特徴を示す、すべての治療選択の使用を中止するよう要求する。（1）個人によって経験される身体的苦痛の明確な兆候がある。（2）医学職員の関与が必要となる組織破壊、身体的疾病、重篤な身体的または情緒的ストレス、かつまたは死のような副効果が潜在的、実際的にある。（3）重度障害を持つ人々の人間性剥奪、つまり地域環境において障害を持っていない人々にとっては通常承認できない手続き。（4）極端なやり方または、そのような介入へ自身が関与することで家族・職員、かつまた保護者が感じる過度のアンビヴァレンスと不快。そして、（5）障害を持っていない同輩や、極端な手続きを承認可能な標準的な実践であると承諾できないコミュニティー・メンバーによって感じられる明白な反感、かつ／またはストレス。

さらに次のように決議する。重度障害を持つ人々の連盟の資源や専門技術が捧げられるべきは、教育的そして管理的実践の開発・履行・評価・普及そして権利擁護のためであり、実践は統合された環境において使用するにふさわしく、重度障害を持つ人の生活の質を高めることへの熱意に合致する。

全米学校心理士連盟による体罰についての決議（1986年4月19日）

全米学校心理士連盟（National Association of School Psychologist）の目的は児童・青年の精神保健と教育的ニーズに役立つことである。そして、

学校におけるしつけ手続きとしての体罰の使用は、学生の社会的・教育的・心理的発達にマイナスの影響がある。そして、

教育者による体罰の使用は、殴打が子どもをしつける上での適切かつ有効な技術であるとの誤解を強める。そして、

しつけ技術としての体罰は、安易に誤用されることになる可能性があり、その結果として、

児童虐待の悪循環の一因となる可能性がある。そして、

　学校心理士は、彼らが奉仕する生徒を法律的・倫理的に守る義務がある。そして、

　研究が示すところによれば、罰は新しい行動を教えるのに効果はなく、学校でのしつけを維持するには種々の肯定的・効果的な代替手段が利用でき、必要なモデルが用意されることで児童はより適切な問題解決を学ぶ。

　それゆえ、全米学校心理士連盟は他の組織とともに、学校や児童が保護・教育を受ける他の施設での体罰の使用に反対する決議を行なう。

　そして、全米学校心理士連盟は他の組織とともに、体罰の影響を知らしめるため、体罰の代わりになる手続きの理解と研究のため、体罰の持続的使用を禁止するために、民意と立法機関に積極的に働きかけるつもりである。

　そして関連団体やそのメンバーが体罰反対の立場を取るよう促し、予防的発案を含め体罰の代替への理解・研究を展開し、州・地区レベルでの体罰の全廃を支持していくつもりである。

[*3]　不要な介入の中止についてのTASHの決議（重度障害を持つ人々の連盟、1981年10月採択、1986年11月5日改訂）。

参 考 文 献

第1章

1. Achenbach, T.H., & Lewis, M. 1971. A proposed model for clinical research and its application to encopresis and enuresis. *Journal of American Academy of Child Psychiatry, 10*, 535-554.
2. Ayllon, T.A., & Michael, J. 1959. The psychiatric nurse as a behavior engineer. *Journal of the Experimental Analysis of Behavior, 2*, 323-334.
3. Baer, D.M., & Wolf, M.M. 1968. The reinforcement contingency in preschool and remedial education. In R.D. Hess & R.M. Bear (Eds.), *Early education. Current theory, research, and action.* Chicago: Aldine.
4. Baer, D.M., Wolf, MM., & Risley, T.R. 1968. Some current dimensions of applied behavior analysis. *Journal of Applied Behavior Analysis, 1*, 91-97.
5. Baer, D.M., Wolf, M.M., & Risley, T.R. 1987. Some still-current dimensions of applied behavior analysis. *Journal of Applied BehaviorAnalysis, 20*, 313-327.
6. Berry, H.K. 1969. Phenylketonuria: Diagnosis, treatment and long-term management. In G. Farrell (Ed.), *Congenital mental retardation.* Austin: University of Texas Press.
7. Biehler, R.F. 1974. *Psychology applied to teaching.* Boston: Houghton Mifflin. Birnbaum, P. (Ed.). 1962. A treasury offudaism. New York: Hebrew Publishing.
8. Birnbaum, P. (Ed.). 1962. *A Treasury of Judaism.* New York: Hebrew Publishing.
9. Birnbrauer, J.S., Bijou, S.W., Wolf, M.M., & Kidder, J.D. 1965. Programmed instruction in the classroom. In L.P. Ullmann & L. Krasner (Eds.), *Case studies in behavior modification.* New York: Holt, Rinehart & Winston.
10. Boring, E.G. 1950. *A history of experimental psychology.* New York: Appleton-Century-Crofts.
11. Boullin, D.J., Coleman, M., O'Brien, R.A., & Rimland, B. 1971. Laboratory predictions of infantile autism based on 5-hydroxytryptamine efflux from blood platelets and their correlation with the Rimland E-2 score. *Journal of Autism and Childhood Schizophrenia, 1*, 63-71.
12. Brooks, J.G. 1990. Teachers and students: Constructivists forging new connections. *Educational Leadership, 47*(5), 68-71.
13. Bruner, J.S. 1960. *The process of education.* Cambridge, MA: Harvard University Press.
14. Capshew, J.H. 1993. Engineering behavior: Project Pigeon, World War II, and the conditioning of B.F. Skinner. *Technology & Culture, Fall*, 835-857.
15. Cravioto, J., & Delicardie, E. 1975. Environmental and nutritional deprivation in children with learning disabilities. In W.M. Cruickshank and D.P. Hallahan (Eds.), *Psychoeducational practices: Perceptual and learning disabilities in children*(Vol. 1). Syracuse, NY: Syracuse University Press.
16. Crossman, E. 1975. Communication. *Journal of Applied BehaviorAnalysis, 8*, 348.
17. Cruickshank, W.M., Bice, H.V., & Wallen, N.E. 1957. *Perception and cerebral palsy.* Syracuse, NY: Syracuse University Press.
18. Davis, W.E., & McCaul, E.J. 1991. *The emerging crisis: Current and projected status of children in the United States* (monograph). Orono, Maine: Institute for the Study of At-Risk Students.
19. Dember, W., & Jenkins, J. 1970. *General psychology: Modeling behavior and experience.* Upper Saddle River, NJ: Prentice Hall.
20. Diamond, G.W., & Cohen, H.j. 1987. AIDS and developmental disabilities. *Prevention Update*, National Coalition on Prevention of Mental Retardation.
21. Engelmann, S., & Carnine, D. 1982. *Theory of instruction. Principles and applications.* New York: Irvington.
22. Feingold, B.F. 1975. *Why your child is hyperactive.* New York: Random House.
23. Ferster, C.B., Culbertson, S., & Boren, M.C.P. 1975. *Behavior principles* (2nd ed.). Upper Saddle River, NJ: Prentice Hall.
24. Fine, S. 1973. Family therapy and a behavioral approach to childhood obsessive-compulsive neurosis. *Archives of General Psychiatry, 28*, 695-697.
25. Gelfand, D.L., & Hartmann, D.P. 1975. *Child behavior analysis and therapy.* New York: Pergamon Press.
26. Gelfand, D.M., Jenson, W.R., & Drew, C.J. 1988. *Understanding children's behavior disorders.* New York: Holt, Rinehart & Winston.
27. Gesell, A., & Ilg, F.L. 1943. *Infant and child in the culture of today.* New York: Harper.
28. Goldstein, K. 1939. *The organism.* New York: American Book.
29. Hall, CS. 1954. *A primer of Freudian psychology.* Cleveland: World Publishing.
30. Harris, F.R., Johnston, M.K., Kelley, CS., & Wolf, M.M. 1964. Effects of social reinforcement on repressed crawling of a nursery school child. *Journal of Educational Psychology, 55*, 34-41.
31. Haughton, E., & Ayllon, T. 1965. Production and elimination of symptomatic behavior. In L.P. Ullmann & L. Krasner (Eds.), *Case studies in behavior modification* (pp. 94-98). New York: Holt, Rinehart & Winston.
32. Hersen, M., & Bellack, AS. 1977. Assessment of social skills. In A.R. Ciminero, K.S. Calhoun, & H.E. Adams (Eds.), *Handbook for behavioral assessment.* New York: Wiley.
33. Hetherington, E.M., & Parke, R.D. 1986. *Child Psychology: A contemporary viewpoint* (3rd ed.). New York: McGraw-Hill.
34. Hill, W.F. 1963. *Learning: A survey of psychological interpretations.* San Francisco: Chandler.
35. Hill, W.F. 1970. *Psychology: Principles and problems.* Philadelphia: Lippincott.
36. Hoffman, M.L. 1970. Moral development. In P.H. Mussen (Ed.), *Carmichael's manual of child psychology* (3rd ed., Vol. 2, pp. 261-359). New York: Wiley.
37. Jones, M.C. 1924. A laboratory study of fear: The case of Peter. *The Pedagogical Seminary and Journal of Genetic Psychology, 31*, 308-315.
38. Kaestle, C.F. (Ed.). 1973. *Joseph Lancaster and the monitorial school movement: A documentary history.* New York: Teachers College Press.
39. Kagel, J.H., & Winkler, R.C. 1972. Behavioral economics:

Areas of cooperative research between economics and applied behavior analysis. *Journal of Applied Behavior Analysis, 5*, 335-342.
40 Kessler, J.W. 1966. *Psychopathology of childhood*. Upper Saddle River, NJ: Prentice Hall.
41 Klein, R.G, & Last, C.G. 1989. *Anxiety disorders in children*. Newbury Park, CA: Sage.
42 Koffka, K. 1935. *Principles of Gestalt psychology*. New York: Harcourt, Brace & World.
43 Kohler, W. 1927. *The mentality of apes* (E. Winter, Trans.). New York: Humanities Press.
44 Lewin, K. 1951. *Field theory in social science*. New York: Harper & Row.
45 Mahoney, M.J. 1974. *Cognition and behavior modification*. Cambridge, Mass.: Ballinger.
46 Marx, M.H., & Hillix, W.A. 1963. *Systems and theories in psychology*. New York: McGraw-Hill.
47 Mattes, J.A. 1983. The Feingold diet: A current reappraisal. In G.M. Senf & J.K. Torgensen (Eds.), *Annual review of learning disabilities* (Vol. 1), 127-131.
48 Olson, R.,Wise, B., Conners, F., Rack, J., & Fulker, D. 1989. Specific deficits in component reading and language skills: Genetic and environmental influences. *Journal of Learning Disabilities, 22*(6), 339-348.
49 Patton, J.R., Payne, J.S., & Beirne-Smith, M. 1990. *Mental retardation* (3rd ed.). Upper Saddle River, NJ: Merrill Prentice Hall.
50 Phillips, D.C., & Kelly, M.E. 1975. Hierarchical theories of development in education and psychology. *Harvard Educational Review, 45*, 351-375.
51 Piaget, J., & Inhelder, B. 1969. *The psychology of the child*. New York: Basic Books.
52 Prior, M., & Werry, J.S. 1986. Autism, schizophrenia, and allied disorders. In H.G. Quay &J.S. Werry (Eds.), *Psychopathological disorders of childhood* (3rd ed.). New York: Wiley.
53 Pruess, J.B., Fewell, R.R., & Bennett, F.C. 1989. Vitamin therapy and children with Down syndrome: A review of research. *Exceptional Children, 55*(4), 336-341.
54 Ross, A.O. 1981. *Child behavior therapy*. New York: McGraw-Hill.
55 Rutter, M., Korn, S., & Birch, H.G. 1963. Genetic and environmental factors in the development of primary reaction patterns. *British Journal of Social and Clinical Psychology, 2*, 161-173.
56 Schultz, D.P. 1969. *A History of Modern Psychology*. New York: Academy Press.
57 Shriver, M., & Piersal, W. 1994. The long-term effects of intrauterine drug exposure: Review of recent research and implications for early childhood special education. *Topics in Early Childhood Special Education, 14*, 161-183.
58 Skinner, B.F. 1938. *The behavior of organisms*. New York: Appleton-Century-Crofts.
59 Skinner, B.F. 1953. *Science and human behavior*. New York: Macmillan.
60 Skinner, B.F. 1957. *Verbal behavior*. New York: Appleton-Century-Crofts.
61 Skinner, B.F. 1963. Operant behavior. *American Psychologist, 18*, 503-515.
62 Skinner, B.F. 1966. What is the experimental analysis of behavior? *Journal of the Experimental Analysis of Behavior, 9*, 213-218.
63 Skinner, B.F. 1969. Communication. *Journal of Applied Behavior Analysis, 2*, 247.
64 Skinner, B.F. 1971. *Beyond freedom and dignity*. New York: Knopf.
65 Smith, L.D. 1992. On prediction and control: B.F. Skinner and the technological ideal of science. *American Psychologist, 47*, 216-223.
66 Strauss, A.A., & Lehtinen, L.E. 1947. *Psychopathology and education of the brain-injured child*. New York: Grune & Stratton.
67 Strauss, A.A., & Werner, H. 1942. Disorders of conceptual thinking in the brain-injured child. *Journal of Nervous and Mental Disease, 96*, 153-172.
68 Thomas, A., & Birch, R. 1984. Genesis and evolution of behavior disorders: From infancy to early adult life. *American Journal of Psychiatry 141*, 1-9.
69 Thomas, A., & Chess, S. 1977. *Temperament and development*. New York: Brunner/Mazel.
70 Thorndike, E.L. 1905. *The elements of psychology*. New York: Seiler.
71 Thorndike, E.L. 1931. *Human learning*. New York: Appleton-Century-Crofts.
72 Tolman, E.C. 1932. *Purposive behavior in animals and men*. New York: Appleton-Century-Crofts.
73 Turiel, E. 1974. Conflict and transition in adolescent moral development. *Child Development, 45*, 14-29.
74 Watson, J.B. 1914. *Behavior: An introduction to comparative psychology*. New York: Holt, Rinehart & Winston.
75 Watson, J.B. 1919. *Psychology from the standpoint of a behaviorist*. Philadelphia: Lippincott.
76 Watson, J.B. 1925. *Behaviorism*. New York: Norton.
77 Watson, J.B., & Raynor, R. 1920. Conditioned emotional reactions. *Journal of Experimental Psychology, 3*, 1-4.
78 Werner, H., & Strauss, A.A. 1940. Causal factors in low performance. *American Journal of Mental Deficiency, 45*, 213-218.
79 Werry, J.S. 1986. Organic factors in childhood psychopathology. In H.G. Quay & J.S. Werry (Eds.), *Psychopathological disorders of childhood* (3rd ed.). New York: Wiley.
80 Wertheimer, M. 1959. *Productive thinking*. New York: Harper & Row.
81 Wilsnack, S.C., Klassen, A.D., & Wilsnack, R.W. 1984. Drinking and reproductive dysfunction among women in a 1981 national survey. *Alcoholism: Clinical and Experimental Research, 8*, 451-458.
82 Wunderlich, R.C. 1977. The hyperactivity complex. *Journal of Optometric Vision Development, 8*(1), 8-45.

第2章

1 Axelrod, S., Moyer, L., & Berry, B. 1990. Why teachers do not use behavior modification procedures. *Journal of Educational and Psychological Consultation, 1*(4), 310-320.
2 Ayllon, T., Layman, D., & Kandel, H.J. 1975. A behavioral-educational alternative to drug control of hyperactive children. *Journal of Applied Behavior Analysis, 8*, 137-146.
3 Ayllon, T., & Roberts, M.D. 1974. Eliminating discipline

problems by strengthening academic performance. *Journal of Applied Behavior Analysis, 7,* 71-76.

4. Baer, D.M. 1971. Behavior modification: You shouldn't. In E.A. Ramp and B.L. Hopkins (Eds.), *A new direction for education: Behavior analysis* (Vol. 1). Lawrence: University of Kansas Support and Development Center for Follow Through.

5. Baer, D.M., Wolf, MM., & Risley, T.R. 1968. Some current dimensions of applied behavior analysis. *Journal of Applied Behavior Analysis, 1,* 91-97.

6. Baer, D.M., Wolf, MM., & Risley, T.R. 1987. Some still-current dimensions of applied behavior analysis. *Journal of Applied Behavior Analysis, 20,* 313-327.

7. Balson, P.M. 1973. Case study: Encopresis: A case with symptom substitution. *Behavior Therapy, 4,* 134-136.

8. Bandura, A. 1969. *Principles of behavior modification.* New York: Holt, Rinehart & Winston.

9. Bandura, A. 1975. The ethics and social purposes of behavior modification. In C.M. Franks and G.T. Wilson (Eds.), *Annual review of behavior therapy, theory & practice* (Vol. 3, pp. 13-20). New York: Brunner/Mazel.

10. Chadwick, B.A., & Day, R.C. 1971. Systematic reinforcement: Academic performance of underachieving students. *Journal of Applied Behavior Analysis, 4,* 311-319.

11. Chance, P. (1992). The rewards of learning. *Phi Delta Kappan, November,* 200-207.

12. Craighead, W.E., Kazdin, A.E., & Mahoney, M.J. 1976. *Behavior modification: Principles, issues, and applications.* Boston: Houghton Mifflin.

13. Davison, G.C., & Stuart, R.B. 1975. Behavior therapy and civil liberties. *American Psychologist, 30*(7), 755-763.

14. Dollard, N., Christensen, L., Colucci, K., & Epanchin, B. 1996. Constructive classroom management. *Focus on Exceptional Children, 29*(2), 1-12.

15. Ferritor, D.E., Buckholdt, D., Hamblin, R.L., & Smith, L. 1972. The noneffects of contingent reinforcement for attending behavior on work accomplished. *Journal of Applied Behavior Analysis, 5,* 7-17.

16. Franks, C.M., & Wilson, G.T. (Eds.). 1976. *Annual review of behavior therapy, theory & practice.* New York: Brunner/Mazel.

17. Goldiamond, I. 1975. Toward a constructional approach to social problems: Ethical and constitutional issues raised by applied behavior analysis. In C.M. Franks & G.T. Wilson (Eds.), *Annual review of behavior therapy, theory & practice* (Vol. 3, pp. 21-63). New York: Brunner/Mazel.

18. Haberman, M. 1995. *Star teachers of children in poverty.* West Lafayette, IN: Kappa Delta Pi.

19. Holden, C. 1973. Psychosurgery: Legitimate therapy or laundered lobotomy? *Science, 173,* 1104-1112.

20. Holman, J. 1977. The moral risk and high cost of ecological concern in applied behavior analysis. In A. Rogers-Warren & S. Warren (Eds.), *Ecological perspectives in behavior analysis* (pp. 63-100). Baltimore, MD: University Park Press.

21. Kazdin, A.E. 1978. *History of behavior modification.* Baltimore, MD: University Park Press.

22. Kirby, F.D., & Shields, F. 1972. Modification of arithmetic response rate and attending behavior in a seventh-grade student. *Journal of Applied Behavior Analysis, 5,* 79-84.

23. Kitchener, R.F. 1980. Ethical relativism and behavior therapy. *Journal of Consulting and Clinical Psychology, 48,* 1-7.

24. Kohn, A. 1993. *Punished by Rewards.* Boston: Houghton Mifflin.

25. Laski, F.J. 1991. Achieving integration during the second revolution. In H.L. Meyer, C.A. Peck, & L. Brown (Eds.), *Critical issues in the lives of people with severe disabilities* (pp. 409-421). Baltimore MD: Paul H. Brooks.

26. Mahoney, M.J., Kazdin, A.E., & Lesswing, N.J. 1974. Behavior modification: Delusion or deliverance? In C.M. Franks & G.T. Wilson (Eds.), *Annual review of behavior therapy, theory & practice* (Vol. 2, pp. 11-40). New York: Brunner/Mazel.

27. Malott, R.W., Whaley, D.L., & Malott, M.E. 1997. \\Elementary principles of behavior. Prentice-Hall, Upper Saddle River, NJ.

28. Martin, R. 1975. *Legal challenges to behavior modification: Trends in schools, corrections, and mental health.* Champaign, IL: Research Press.

29. Mason, B. 1974. Brain surgery to control behavior. *Ebony, 28*(4), 46.

30. McConnell, J.V. 1970. Stimulus/response: Criminals can be brain-washed now. *Psychology Today, 3,* 14-18, 74.

31. Morales v. Turman, 383 F. Supp. 53 (E.D. TX. 1974).

32. Morrow, W.R., & Gochros, H.L. 1970. Misconceptions regarding behavior modification. *The Social Service Review, 44,* 293-307.

33. Newman, B., Reinecke, D.R., & Kurtz, A.L. 1996. Why be moral: Humanist and behavioral perspectives. *The Behavior Analyst, 19,* 273-280.

34. Nichols, P. 1992. The curriculum of control: Twelve reasons for it, some arguments against it. *Beyond Behavior, 3,* 5-11.

35. O'Leary, K.D. 1972. The assessment of psychopathology in children. In H.C. Quay & J.S. Werry (Eds.), *Psychopathological disorders of childhood* (pp. 234-272). New York: Wiley.

36. O'Leary, K.D., Poulos, R.W., & Devine, V.T. 1972. Tangible reinforcers: Bonuses or bribes? *Journal of Consulting and Clinical Psychology, 38,* 1-8.

37. Pugach, M.C., & Warger, C.L. 1996. *Curriculum trends, special education, and reform: Refocusing the conversation.* New York: Teacher's College Press.

38. Rachman, S. 1963. Spontaneous remission and latent learning. *Behavior Research and Therapy, 1,* 3-15.

39. Rapport, M.D., Murphy, H.A., & Bailey, J. 1982. Ritalin vs. response cost in the control of hyperactive children: A within-subject comparison. *Journal of Applied Behavior Analysis, 15,* 205-216.

40. Risley, T.R. 1975. Certify procedures not people. In W.S. Wood (Ed.), *Issues in evaluating behavior modification* (pp. 159-181). Champaign, IL: Research Press.

41. Rogers, C.R., & Skinner, B.F. 1956. Some issues concerning the control of human behavior: A symposium. *Science, 124,* 1057-1066.

42. Rothstein, L.F. 1990. *Special Education Law.* New York: Longman.

43. Schroeder, SR., & MacLean, W. 1987. If it isn't one thing, it's another: Experimental analysis of covariation in behavior management data of severely disturbed retarded persons. In S. Landesman & P. Vietze (Eds.), *Living en-*

vironments and mental retardation (pp. 315-338). Washington, DC: AAMD Monograph.

44 Schroeder, S.R., Oldenquist, A., & Rohahn, J. 1990. A conceptual framework for judging the humaneness and effectiveness of behavioral treatment. In A.C. Repp & N.N. Singh (Eds.), *Perspectives on the use of nonaversive and aversive interventions for persons with developmental disabilities.* New York: Sycamore.

45 Simpson, R.G., & Eaves, R.C. 1985. Do we need more qualitative research or more good research? A reaction to Stainback and Stainback. *Exceptional Children, 51,* 325-329.

46 Slavin, R.E. 1991. Group rewards make groupwork work: A response to Kohn. *Educational Leadership, February,* 89-91.

47 Stainback, S., & Stainback, W. 1984. Broadening the research perspective in special education. *Exceptional Children, 50,* 400-408.

48 Stainback, S., & Stainback, W. 1992. Schools as inclusive communities. In W. Stainback & S. Stainback (Eds.), *Controversial issues confronting special education: Divergent perspectives* (pp. 29-43). Boston: Allyn & Bacon.

49 Stolz, S.B. 1977. Why no guidelines for behavior modification? *Journal of Applied Behavior Analysis, 10,* 541-547.

50 Sulzer-Azaroff, B., & Mayer, G.R. 1977. *Applying behavior-analysis procedures with children and youth.* New York: Holt, Rinehart & Winston.

51 Sulzer-Azaroff, B., Thaw, J., & Thomas, C. 1975. Behavioral competencies for the evaluation of behavior modifiers. In W.S. Wood (Ed.), *Issues in evaluating behavior modification* (pp. 47-98). Champaign, IL: Research Press.

52 Van Houten, R., Axelrod, S., Bailey, J.S., Favell, J.E., Foxx, R.M., Iwata, B.A., & Lovaas, O.I. 1988. The right to effective behavioral treatment. *The Behavior Analyst, 11,* 111-114.

53 Watras, J. 1986. Will teaching applied ethics improve schools of education? *Journal of Teacher Education, 37,* 13-16.

54 *Webster's third new international dictionary.* 1986. Springfield, MA: Merriam-Webster.

55 White, O.R. 1977. Behaviorism in special education: An arena for debate. In R.D. Kneedler & S.G. Tarber (Eds.), *Changing perspectives in special education.* Columbus, OH: Merrill.

56 Wicker, T. 1974, February 8. A bad idea persists. *The New York Times,* p. 31.

57 Winett, R.A., & Winkler, R.C. 1972. Current behavior modification in the classroom: Be still, be quiet, be docile, *Journal of Applied Behavior Analysis, 5,* 499-504.

58 Wolf, M.M. 1978. Social validity: The case for subjective measurement or how applied behavior analysis is finding its heart. *Journal of Applied Behavior Analysis, 11,* 203-214.

59 Wood, W.S. (Ed.). 1975. *Issues in evaluating behavior modification.* Champaign, IL: Research Press.

60 Wyatt v. Stickney, 344 F. Supp. 373, 344 F. Supp. 387 (M.D. Ala. 1972) affirmed sub nom. Wyatt v. Aderholt, 503 F. 2nd 1305 (5th Cir. 1974).

61 Yates, A.J. 1970. *Behavior therapy.* New York: Wiley.

第3章

1 Barlow, D., & Hersen, M. 1984. *Single case experimental designs: Strategies for studying behavior change.* New York: Pergamon Press.

2 Bayley, N. 1984. *Bayley scales of infant development.* New York: The Psychological Corporation.

3 Baylor R.F. 1974. *Psychology applied to teaching.* Boston: Houghton Mifflin.

4 Benderesky, M. (Ed.). 1978. *Uniform performance assessment system.* Seattle: University of Washington.

5 Bloom, B.S. (Ed.). 1956. *Taxonomy of educational objectives handbook* Ⅰ: *Cognitive domain.* New York: David McKay.

6 Boyle, J., & Hughes, C. 1994. Effects of self-monitoring and subsequent fading of external prompts on the on-task behavior and task productivity of elementary students with moderate mental retardation. *Journal of Behavioral Education, 4,* 439-457.

7 Brigance, A. 1983. *Brigance diagnostic inventory of basic skills.* Billerica, MA: Curriculum Associates.

8 Bryant, L., & Budd, K. 1982. Self-instructional training to increase independent work performance in preschoolers. *Journal of Applied Behavior Analysis, 15,* 259-271.

9 Connolly, A. 1988. *Key math diagnostic arithmetic test, revised.* Circle Pines, MN: American Guidance Service.

10 Deno, S., & Jenkins, J. 1967. *Evaluating preplanning curriculum objectives.* Philadelphia: Research for Better Schools.

11 Fielding, C., & O'Leary, K. 1979. Effects of self-instructional training on second- and third-grade hyperactive children: A failure to replicate. *Journal of Applied Behavior Analysis, 12,* 211-219.

12 Fuchs, L., Fuchs, D., & Deno, S. 1988. Importance of goal ambitiousness and goal mastery to student achievement. *Exceptional Children, 52,* 63-71.

13 Gagne, R. 1970. *The conditions of learning.* New York: Holt, Rinehart & Winston.

14 Gronlund, N. 1985. *Stating objectives for classroom instruction.* New York: Macmillan.

15 Gruenenfelder, T., & Borkowski, J. 1975. Transfer of cumulative rehearsal strategies in children's short-term memory. *Child Development, 46,* 1019-1024.

16 Jastak, K., & Wilkinson, G. 1984. *Wide range achievement test-revised.* Wilmington, DE: Jastak Assessment Systems.

17 Lalli, J., Casey, S., & Kates, K. 1995. Reducing escape behavior and increasing task completion with functional communication training, extinction, and response chaining. *Journal of Applied Behavior Analysis, 28,* 261-268.

18 Lambert, N., Nihira, K., & Leland, H. 1992. *AAMR adaptive behavior scales: School edition* (2nd ed.). Austin, TX: ProEd.

19 Lerman, D., Iwata, B., Shore, B., & Kahng, S. 1996. Responding maintained by intermittent reinforcement: Implications for the use of extinction with problem behavior in clinical settings. *Journal of Applied Behavior Analysis, 29,* 153-171.

20 Lloyd, J., Bateman, D., Landrum, T., & Hallahan, D. 1989. Self-recording of attention versus productivity. *Journal of Applied Behavior Analysis, 28,* 315-323.

21 Mager, R. 1962. *Preparing instructional objectives.* Palo Alto, CA: Fearon Publishers.

22 Marcus, B., & Vollmer, T. 1996. Combining noncontingent reinforcement and differential reinforcement schedules as treatment for aberrant behavior. *Journal of Applied Behavior Analysis, 29,* 43-51.
23 Morris, R. 1976. *Behavior modification with children.* Cambridge, MA: Winthrop Publications.
24 Schopler, E., Reichler, R., & Renner, B. 1986. *The childhood autism rating scale.* New York: Irvington, Inc.
25 Skinner, B.F. 1968. *The technology of teaching.* New York: Appleton-Century-Crofts.
26 Sparrow, S.S., Balla, D.A., & Ciccetti, O.V. 1984. *Vineland adaptive behavior scales.* Circle Pines, MN: American Guidance Service.
27 Wechsler, D. 1991. *The Wechsler intelligence scale for children* (3rd ed.). New York: The Psychological Corporation.
28 Woodcock, R. 1987. *Woodcock reading mastery tests-revised.* Circle Pines, MN: American Guidance Service.

第4章

1 Adkins, V., & Matthews, R. 1997. Prompted voiding to reduce incontinence in community-dwelling older adults. *Journal of Applied Behavior Analysis, 30,* 153-156.
2 Alberto, P.A., & Schofield, P. 1979. An instructional interaction pattern for the severely handicapped. *Teaching Exceptional Children, 12,* 16-19.
3 Alberto, P.A., Sharpton, W., & Goldstein, D. 1979. *Project Bridge: Integration of severely retarded students on regular education campuses.* Atlanta: Georgia State University.
4 Ayllon, T.A., & Michael, J. 1959. The psychiatric nurse as a behavior engineer. *Journal of the Experimental Analysis of Behavior, 2,* 323-334.
5 Ayllon, T., & Milan, M. 1979. *Correctional rehabilitation and management: A psychological approach.* New York: Wiley.
6 Baer, D. 1977. Just because it's reliable doesn't mean that you can use it. *Journal of Applied Behavior Analysis, 10,* 117-119.
7 Belfiore, P., Lee, D., Vargas, A., & Skinner, C. 1997. Effects of high-preference single-digit mathematics problem completion on multiple-digit mathematics problem performance. *Journal of Applied Behavior Analysis, 30,* 327-330.
8 Bellamy, G., Horner, R., & Inman, D. 1979. *Vocational habilitation of severely retarded adults: A direct service technology.* Baltimore: University Park Press.
9 Bijou, S.W., Peterson, R.F., & Ault, M.H. 1968. A method to integrate descriptive and experimental field studies at the level of data and empirical concepts. *Journal of Applied Behavior Analysis, 1,* 175-191.
10 Birnie-Selwyn, B., & Guerin, B. 1997. Teaching children to spell. *Journal of Applied Behavior Analysis, 30,* 69-91.
11 Browder, D., Snell, M., & Wildonger, B. 1988. Simulation and community-based instruction of vending machines with time-delay. *Education and Training of the Mentally Retarded, 23,* 175-185.
12 Cassel, J., & Reid, R. 1996. Use of a self-regulated strategy intervention to improve word problem-solving skills of students with mild disabilities. *Journal of Behavioral Education, 6*(2), 153-172.
13 Cavanaugh, R., Heward, W., & Donelson, F. 1996. Effects of response cards during lesson closure on the academic performance of secondary students in an earth science course. *Journal of Applied Behavior Analysis, 29,* 403-406.
14 Cooper, J. 1981. *Measurement and analysis of behavioral techniques.* Columbus, OH: Merrill.
15 Critchfield, T. 1996. Differential latency and selective nondisclosure in verbal self-reports. *The Analysis of Verbal Behavior, 13,* 49-63.
16 Cushing, L., & Kennedy, C. 1997. Academic effects of providing peer support in general education classrooms on students without disabilities. *Journal of Applied Behavior Analysis, 30,* 139-151.
17 Cuvo, A., & Klatt, K. 1992. Effects of community-based, videotape, and flash card instruction of community-referenced sight words on students with mental retardation. *Journal of Applied Behavior Analysis, 25,* 499-512.
18 Doke, L., & Risley, T.R. 1971. The PLACHECK evaluation of group care. Unpublished paper presented at Annual Meeting of the Kansas Psychological Association, Overland Park, Kan., April.
19 Doke, L.A., & Risley, T.R. 1972. The organization of day-care environments: Required vs. optional activities. *Journal of Applied Behavior Analysis, 5,* 405-420.
20 Drash, P., Ray, R.L., & Tudor, R. 1989. An inexpensive event recorder. *Journal of Applied Behavior Analysis, 22,* 453.
21 Dugan, E., Kamps, D., Leonard, B., Watkins, N., Rheinberger, A., & Stackhaus, J. 1995. Effects of cooperative learning groups during social studies for students with autism and fourth-grade peers. *Journal of Applied Behavior Analysis, 28,* 175-188.
22 Duker, P., & Morsink, H. 1984. Acquisition and cross-setting generalization of manual signs with severely retarded individuals. *Journal of Applied Behavior Analysis, 17,* 93-103.
23 Dunlap, G., White, R., Vera, A., Wilson, D., & Panacek, L. 1996. The effects of multi-component, assessment-based curricular modifications on the classroom behavior of children with emotional and behavioral disorders. *Journal of Behavioral Education, 6*(4), 481-500.
24 Faw, G., Davis, P., & Peck, C. 1996. Increasing self-determination: Teaching people with mental retardation to evaluate residential options. *Journal of Applied Behavior Analysis, 29,* 173-188.
25 Fjellstedt, N., & Sulzer-Azaroff, B. 1973. Reducing the latency of a child's responding to instructions by means of a token system. *Journal of Applied Behavior Analysis, 6,* 125-130.
26 Fradenburg, L., Harrison, R., & Baer, D. 1995. The effect of some environmental factors on inter-observer agreement. *Research in Developmental Disabilities, 16*(6), 425-437.
27 Gajar, A., Schloss, P., & Thompson, C. 1984. Effects of feedback and self-monitoring on head trauma youths' conversational skills. *Journal of Applied Behavior Analysis, 17,* 353-358.
28 Gettinger, M. 1985. Effects of teacher-directed versus student-directed instruction and cues versus no cues for improving spelling performance. *Journal of Applied Be-

havior Analysis, 18, 167-171.
29. Grskovic, J., & Belfiore, P. 1996. Improving the spelling performance of students with disabilities. *Journal of Behavioral Education, 6*, 343-354.
30. Hagopian, L., Farrell, D., & Amari, A. 1996. Treating total liquid refusal with backward chaining and fading. *Journal of Applied Behavior Analysis, 29*, 573-575.
31. Hawkins, R.P., & Dotson, V.S. 1975. Reliability scores that delude: An Alice in Wonderland trip through the misleading characteristics of inter-observer agreement scores in interval recording. In E. Ramp & G. Semb (Eds.), *Behavior analysis: Areas of research and application* (pp. 359-376). Englewood Cliffs, NJ: Prentice-Hall.
32. Hay, L., Nelson, R., & Hay, W. 1977. Some methodological problems in the use of teachers as observers. *Journal of Applied Behavior Analysis, 10*, 345-348.
33. Hay, L., Nelson, R., & Hay, W. 1980. Methodological problems in the use of participant observers. *Journal of Applied Behavior Analysis, 13*, 501-504.
34. Hersen, M., & Barlow, D.H. 1976. *Single-case experimental designs: Strategies for studying behavior change*. New York: Pergamon Press.
35. Heward, W.L., & Eachus, H.T. 1979. Acquisition of adjectives and adverbs in sentences written by hearing impaired and aphasic children. *Journal of Applied Behavior Analysis, 12*, 391-400.
36. Horton, S. 1987. Reduction of disruptive mealtime behavior by facial screening. *Behavior modification, 11*, 5344.
37. Howell, R., Sidorenko, E., & Jurica, J. 1987. The effects of computer use on the acquisition of multiplication facts by a student with learning disabilities. *Journal of Learning Disabilities, 20*, 336-341.
38. Irvin, D., Realon, R., Hartley, J., Phillips, J., Bradley, F., & Daly, M. 1996. The treatment of self-injurious hand mouthing by using a multi-component intervention with individuals positioned in a small group. *Journal of Developmental and Physical Disabilities, 8*(1), 43-59.
39. Johnston, J., & Pennypacker, H. 1993. *Strategies and tactics of behavioral research* (2nd ed.). Hillsdale, NJ: Erlbaum.
40. Johnson, P., Schuster, J., & Bell, R. 1996. Comparison of simultaneous prompting with and without error correction in teaching science vocabulary words to high school students with mild disabilities. *Journal of Behavioral Education, 6*, 437-458.
41. Kamps, D., Barbetta, P., Leonard, B., & Delquadri, J. 1994. Classwide peer tutoring: An integration strategy to improve reading skills and promote peer interactions among students with autism and general education peers. *Journal of Applied Behavior Analysis, 27*, 4941.
42. Karsh, K., Repp, A., Dahlquist, C., & Munk, D. 1995. In vivo functional assessment and multi-element interventions for problem behaviors of students with disabilities in classroom settings. *Journal of Behavioral Education, 5*(2), 189-210.
43. Kazdin, A. 1977. Artifact, bias, and complexity of assessment: The ABCs of reliability. *Journal of Applied Behavior Analysis, 10*, 141-150.
44. Kennedy, C., & Souza, G. 1995. Functional analysis and treatment of eye poking. *Journal of Applied Behavior Analysis, 28*, 27-37.
45. Kern, L., & Marder, T. 1996. A comparison of simultaneous and delayed reinforcement as treatments for food selectivity. *Journal of Applied Behavior Analysis, 29*, 243-246.
46. Kincaid, MS., & Weisberg, P. 1978. Alphabet letters as tokens: Training preschool children in letter recognition and labeling during a token exchange period. *Journal of Applied Behavior Analysis, 11*, 199.
47. Lalli, J., & Casey, 5. 1996. Treatment of multiply controlled problem behavior. *Journal of Applied Behavior Analysis, 29*, 391-395.
48. Lancioni, G., Brouwer, J., & Coninx, F. 1992. Automatic cueing strategies to reduce drooling in people with mental handicap. *International Journal of Rehabilitation Research, 15*, 341-344.
49. Lerman, D., & Iwata, B. 1996. A methodology for distinguishing between extinction and punishment effects associated with response blocking. *Journal of Applied Behavior Analysis, 29*, 231-233.
50. Lloyd, J., Bateman, D., Landrum, T., & Hallahan, D. 1989. Self-recording of attention versus productivity. *Journal of Applied Behavior Analysis, 22*, 315-323.
51. Lloyd, J., Eberhardt, M., & Drake, G. 1996. Group versus individual reinforcement contingencies within the context of group study conditions. *Journal of Applied Behavior Analysis, 29*, 189-200.
52. Luiselli, J. 1989. Contingent glove wearing for the treatment of self-exoriating behavior in a sensory-impaired adolescent. *Behavior Modification, 13*, 65-73.
53. MacDuff, G., Krantz, P., & McClannahan, L. 1993. Teaching children with autism to use photographic activity schedules. *Journal of Applied Behavior Analysis, 26*, 89-97.
54. McNaughton, D., Hughes, C., & Ofiesh, N. 1997. Proofreading for students with learning disabilities: Integrating computer and strategy use. *Learning Disabilities Research and Practice, 12*(1), 16-28.
55. Martin, G., Pallotta-Cornick, A., Johnstone, G., & Goyos, A.C. 1980. A supervisory strategy to improve work performance for lower functioning retarded clients in a sheltered workshop. *Journal of Applied Behavior Analysis, 13*, 183-190.
56. Matson, J., Sevin, J., Fridley, D., & Love, S. 1990. Increasing spontaneous language in three autistic children. *Journal of Applied Behavior Analysis, 23*, 227-233.
57. McDonnell, J., & Ferguson, B. 1989. A comparison of time delay and decreasing prompt hierarchy strategies in teaching banking skills to students with moderate handicaps. *Journal of Applied Behavior Analysis, Journal of Applied Behavior Analysis, 22*, 85-91.
58. Neef, N., Walters, J., & Egel, A. 1984. Establishing generative yes/no responses in developmentally disabled children. *Journal of Applied Behavior Analysis, 17*, 453-460.
59. O'Brien, S., Ross, L., & Christophersen, E. 1986. Primary encopresis: Evaluation and treatment. *Journal of Applied Behavior Analysis, 19*, 137-145.
60. Olenick, D.L., & Pear, Jj. 1980. Differential reinforcement of correct responses to probes and prompts in picture-name training with severely retarded children. *Journal of Applied Behavior Analysis, 13*, 77-89.
61. Olympia, D., Sheridan, S., Jenson, W., & Andrews, D.

1994. Using student-managed interventions to increase homework completion and accuracy. *Journal of Applied Behavior Analysis, 27*, 85-99.
62 Orsborn, E., Patrick, H., Dixon, R., & Moore, D. 1995. The effects of reducing teacher questions and increasing pauses on child talk during morning news. *Journal of Behavioral Education, 5*(3), 347-357.
63 Piazza, C., Hanley, G., & Fisher, W. 1996. Functional analysis and treatment of cigarette pica. *Journal of Applied Behavior Analysis, 29*, 437-450.
64 Powell, S., & Nelson, B. 1997. Effects of choosing academic assignments on a student with attention deficit hyperactivity disorder. *Journal of Applied Behavior Analysis, 30*, 181-183.
65 Repp, A.C., Nieminen, G., Olinger, E., & Brusca, R. 1988. Direct observation: Factors affecting the accuracy of observers. *Exceptional Children, 55*, 29-36.
66 Repp, AC., Roberts, D.M., Slack, Dj., Repp, C.F., & Berkler, MS. 1976. A comparison of frequency, interval, and time-sampling methods of data collection. *Journal of Applied Behavior Analysis, 9*, 501-508.
67 Saudargas, R., & Zanolli, K. 1990. Momentary time sampling as an estimate of percentage time: A field validation. *Journal of Applied Behavior Analysis, 23*, 533-537.
68 Saunders, R., & Koplik, K. 1975. A multi-purpose data sheet for recording and graphing in the classroom. *AAESPH Review, 1*, 1.
69 Schreibman, L., & Carr, E.G. 1978. Elimination of echolalic responding to questions through the training of a generalized verbal response. *Journal of Applied Behavior Analysis, 11*, 453-463.
70 Schuster, J., Morse, T., Griffen, A., & Wolery, T. 1996. Teaching peer reinforcement and grocery words: An investigation of observational learning and instructional feedback. *Journal of Behavioral Education, 6*, 511-533.
71 Seybert, S., Dunlap, G., & Ferro, J. 1996. The effects of choice-making on the problem behaviors of high school students with intellectual disabilities. *Journal of Behavioral Education, 6*(1), 49-65.
72 Sidman, M. 1960. Tactics of scientific research: *Evaluating experimental data in psychology*. Boston: Authors Cooperative.
73 Sigafoos, J., Penned, D., & Versluis, J. 1996. Naturalistic assessment leading to effective treatment of self-injury in a young boy with multiple disabilities. *Education and Treatment of Children, 19*(2), 101-123.
74 Singh, N. 1987. Overcorrection of oral reading errors. *Behavior Modification, 11*, 165-181.
75 Singh, N., Oswald, D., Ellis, C., & Singh, 5. 1995. Community-based instruction for independent meal preparation by adults with profound mental retardation. *Journal of Behavioral Education, 5*(1), 77-91.
76 Skinner, C., Cooper, L., & Cole, C. 1997. The effects of oral presentation previewing rates on reading performance. *Journal of Applied Behavior Analysis, 30*, 331-333.
77 Stern, G., Fowler, S., & Kobler, F. 1988. A comparison of two intervention roles: Peer monitor and point earner. *Journal of Applied Behavior Analysis, 21*, 103-109.
78 Tawney, J., & Gast, D. 1984. *Single-subject research in special education*. Columbus, OH: Merrill.
79 Taylor, I., & O'Reilly, M. 1997. Toward a functional analysis of private verbal self-regulation. *Journal of Applied Behavior Analysis, 30*, 43-58.
80 Trap, J.J., Milner-Davis, P., Joseph, S., & Cooper, J.O. 1978. The effects of feedback and consequences on transitional cursive letter formation. *Journal of Applied Behavior Analysis, 11*, 381-393.
81 Valcante, G., Roberson, W., Reid, W., & Wolking, W. 1989. Effects of wait-time and intertrial interval durations on learning by children with multiple handicaps. *Journal of Applied Behavior Analysis, 22*, 43-55.
82 Vollmer, T., Northup, J., Ringdahl, J., LeBlanc, L., & Chauvin, T. 1996. Functional analysis of severe tantrums displayed by children with language delays. *Behavior modification, 20*(1), 97-115.
83 Wacker, D., Berg, W., McMahon, C., Templeman, M., McKinney, J., Swarts, V., Visser, M., & Marquardt, P. 1988. An evaluation of labeling-then-doing with moderately handicapped persons. *Journal of Applied Behavior Analysis, 21*, 369-380.
84 Wacker, D., Harding, J., Cooper, L., Derby, K., Peck, S., Asmus, J., Berg, W., & Brown, K. 1996. The effects of meal schedule and quantity on problematic behavior. *Journal of Applied Behavior Analysis, 29*, 79-87.
85 Watkins, L., Sprafkin, J., & Krolokowski, D. 1990. Effects of video-based training on spoken and signed language acquisition by students with mental retardation. *Research in Developmental Disabilities, 11*, 273-288.
86 Werts, M., Caldwell, N., & Wolery, M. 1996. Peer modeling of response chains: Observational learning by students with disabilities. *Journal of Applied Behavior Analysis, 29*, 53-66.
87 White, O.R., & Haring, N.G. 1980. *Exceptional teaching* (2nd ed.). Columhus, OH: Merrill.
88 Williams, G., & Cuvo, A. 1986. Training apartment upkeep skills to rehabilitation clients. *Journal of Applied Behavior Analysis, 19*, 39-51.
89 Wood, R., & Flynn, J.M. 1978. A self-evaluation token system versus an external evaluation token system alone in a residential setting with predelinquent youth. *Journal of Applied Behavior Analysis, 11*, 503-512.
90 Wright, H. 1960. Observational study. In P.H. Mussen (Ed.), *Handbook of research methods in child development*. New York: Wiley.
91 Zarcone, J., Fisher, W., & Piazza, C. 1996. Analysis of free-time contingencies as positive versus negative reinforcement. *Journal of Applied Behavior Analysis, 29*, 247-250.

第5章

1 Ferster, C., Culbertson, S., & Boren, M. 1975. *Behavior principles* (2nd ed.). Englewood Cliffs, NJ: Prentice Hall.
2 *Journal of Applied Behavior Analysis*. 1997. *30*(2), 334.
3 Poling, A., Methot, L., & LeSage, M. 1995. *Fundamentals of behavior analytic research*. New York: Plenum Press.
4 Tawney, J., & Gast, D. 1984. *Single subject research in special education*. Columbus, OH: Merrill.
5 Wilson, R., Majsterek, D., & Simmons, D. 1996. The effects of computer-assisted versus teacher-directed instruction on the multiplication performance of elementary students with learning disabilities. *Journal of

Learning Disabilities, 29(4), 382-390.

第6章

1. Baer, D., Wolf, M., & Risley, T. 1968. Some current dimensions of applied behavior analysis. *Journal of Applied Behavior Analysis, 1*, 91-97.
2. Bailey, D. 1984. Effects of lines of progress and semilogarithmic charts on ratings of charted data. *Journal of Applied Behavior Analysis, 17*, 359-365.
3. Barlow, D., & Hayes, S. 1979. Alternating treatments design: One strategy for comparing the effects of two treatments in a single subject. *Journal of Applied BehaviorAnalysis, 12*, 199-210.
4. Barlow, D., & Hersen, M. 1984. *Single-case experimental designs: Strategies for studying behavior change*. New York: Pergamon Press.
5. Bates, P., Renzaglia, A., & Glees, T. 1980. Improving the work performance of severely/profoundly retarded young adults: The use of the changing criterion procedural design. *Education and Training of the Mentally Retarded, 15*, 95-104.
6. Belfiore, P., Grskovic, J., Murphy, A., & Zentall, S. 1996. The effects of antecedent color on reading for students with learning disabilities and co-occurring attention deficit/hyperactivity disorder. *Journal of Learning Disabilities; 29*(4), 432-438.
7. Charlop, M., Kurtz, P., & Milstein, J. 1992. Too much reinforcement, too little behavior: Assessing task interspersal procedures in conjunction with different reinforcement schedules with autistic children. *Journal of Applied Behavior Analysis, 25*, 795-808.
8. Cooper, J. 1981.*Measuring behavior* (2nd ed.). Columbus, OH: Merrill.
9. Cushing, L., & Kennedy, C. 1997. Academic effects of providing peer support in general education classrooms on students without disabilities. *Journal of Applied Behavior Analysis, 30*, 139-151.
10. Foxx, R., & Shapiro, S. 1978. The timeout ribbon: A nonexclusionary timeout procedure. *Journal of Applied Behavior Analysis, 11*, 125-136.
11. Gilbert, L., Williams, R., & McLaughlin, T. 1996. Use of assisted reading to increase correct reading rates and decrease error rates of students with learning disabilities. *Journal of Applied BehaviorAnalysis, 29*, 255-257.
12. Hall, R. V., & Fox, R. G. 1977. Changing-criterion designs: An applied behavior analysis procedure. In B. C. Etzel, J. M. LeBlanc, & D. M. Baer (Eds.), *New developments in behavioral research: Theoy, method and application*. Hillsdale, NJ: Lawrence Erlbaum Associates, Inc., Publishers (In honor of Sidney W. Bijou).
13. Handen, B., Parrish, J., McClung, T., Kerwin, M., & Evans, L. 1992. Using guided compliance versus time out to promote child compliance: A preliminary comparative analysis in an analogue context. *Research in Development Disabilities, 13*, 157-170.
14. Hartmann, D.P., & Hall, R. V. 1976. The changing criterion design. *Journal of Applied Behavior Analysis, 9*, 527-532.
15. Heller, K., Allgood, M., Ware, S., Arnold, S., & Castelle, M. 1996. Initiating requests during community-based vocational training by students with mental and sensory impairments. *Research in Developmental Disabilities 17*(3), 173-184.
16. Hersen, M., & Barlow, D. H. 1976. *Single-case experimental designs: Strategies for studying behavior change*. New York: Pergamon Press.
17. Higgins-Hain, A. 1991. Multi-element designs for early intervention research: Some considerations. *Journal of Applied Behavior Analysis, 15*, 57-69.
18. Higgins-Hain, A., & Baer, D. 1989. Interaction effects in multielement designs: Inevitable, desirable, and ignorable. *Journal of Applied Behavior Analysis, 22*, 57-69.
19. Hirsch, N., & Myles, B. 1996. The use of a pica box in reducing pica behavior in a student with autism. *Focus on Autism and Other Developmental Disabilities, 11*(4), 222-225, 234.
20. Hojem, M., & Ottenbacher, K. 1988. Empirical investigation of visual-inspection versus trend-line analysis of single-subject data. *Physical Therapy, 68*(6), 983-988.
21. Holcombe, A., Wolery, M., & Gast, D. 1994. Comparative single-subject research: Description of designs and discussion of problems. *Topics in Early Childhood Special Education, 14*(1), 119-145.
22. Horner, R. D., & Baer, D. M. 1978. Multiple-probe technique: A variation on the multiple baseline. *Journal of Applied BehaviorAnalysis, 11*, 189-196.
23. Kazdin, A. E. 1976. Statistical analyses for single-case experimental designs. In M. Hersen & D. Barlow (Eds.), *Single-case experimental designs: Strategies for studying behavior change* (pp. 265-316). New York: Pergamon Press.
24. Kazdin, A. E. 1977. Assessing the clinical or applied importance of behavior change through social validation. Behavior Modification, 1, 427-451.
25. Kazdin, A. E. 1982. Single-case research designs. New York: Oxford University Press.
26. Miner, D. 1991. Using nonaversive techniques to reduce seif-stimulatory hand-mouthing in a visually impaired and severely retarded student. *RE:view 22*(4), 185-193.
27. Murphy, R., & Bryan, A. 1980. Multiple-baseline and multiple-probe designs: Practical alternatives for special education assessment and evaluation. *The Journal of Special Education, 14*, 325-335.
28. Ollendick, T., Matson, J., Esveldt-Dawson, K., & Shapiro, E. 1980. Increasing spelling achievement: An analysis of treatment procedures utilizing an alternating treatments design. *Journal of Applied Behavior Analysis; 13*, 645-654.
29. Orsborn, F., Patrick, H., Dixon, R., & Moore, D. 1995. The effects of reducing teacher questions and increasing pauses on child talk during morning news. *Journal of Behavioral Education, 5*(3), 347-357.
30. Ottenbacher, K., & Cusick, A. 1991. An empirical investigation of interrater agreement for single-subject data using graphs with and without trend lines. *Journal of the Association for Persons with Severe Handicaps, 16*, 48-55.
31. Piggott, H., Fantuzzo, J., & Clement, P. 1986. The effects of reciprocal peer tutoring and group contingencies on the academic performance of elementary school children. *Journal of Applied Behavior Analysis, 19*, 93-98.
32. Repp, A. 1983. *Teaching the mentally retarded*. Engle-

33 Reynolds, L., & Kelley, M. L. 1997. The efficacy of a response cost-based treatment package for managing aggressive behavior in preschoolers. *Behavior Modification, 21*(2), 216-230.
34 Sherburne, S., Utley, B., McConnell, S., & Gannon, J. 1988. Decreasing violent or aggressive theme play among preschool children with behavior disorders. *Exceptional Children, 55*, 166-172.
35 Sidman, M. 1960. *Tactics of scientific research.* New York: Basic Books.
36 Singh, N. 1990. Effects of two error-correction procedures on oral reading errors. *Behavior Modification, 14*, 188-199.
37 Smith, D. 1979. The improvement of children's oral reading through the use of teacher modeling. *Journal of Learning Disabilities, 12*, 172-175.
38 Tawney, J., & Gast, D. 1984. *Single-subject research in special education.* Columbus, OH: Merrill.
39 Test, D., Grossi, T., & Keul, P. 1988. A functional analysis of the acquisition and maintenance of janitorial skills in a competitive work setting. *Journal of the Association for Persons with Severe Handicaps, 13*, 1-7.
40 Ullman, J. D., & Sulzer-Azaroff, B. 1975. Multi-element baseline design in educational research. In E. Ramp & G. Semb (Eds.), *Behavior analysis: Areas of research and application* (pp. 377-391). Englewood Cliffs, NJ: Prentice Hall.
41 White, A., & Bailey, J. 1990. Reducing disruptive behaviors of elementary physical education students with sit and watch. *Journal of Applied Behavior Analysis, 23*, 353-359.
42 White, O., & Haring, N. 1980. Exceptional teaching. Columbus, OH: Merrill.
43 White, O., & Liberty, K. 1976. Evaluation and measurement. In N. G. Haring & R. L. Schielfelbusch (Eds.), *Teaching special children.* New York: McGraw-Hill.

第7章

1 Adair, J., & Schneider, J. 1993. Banking on learning: An incentive system for adolescents in the resource room. *Teaching Exceptional Children, 25*(2), 30-34.
2 Alberto, P., Troutman, A., & Briggs, T. 1983. The use of negative reinforcement to condition a response in a deaf-blind student. *Education of the Visually Handicapped, 15*, 43-50.
3 Allison, M.G., & Ayllon, T. 1980. Behavioral coaching in the development of skills in football, gymnastics, and tennis. *Journal of Applied Behavior Analysis, 13*, 297-314.
4 Ayllon, T., & Azrin, N. 1968. *The token economy: A motivational system for therapy and rehabilitation.* New York: Appleton-Century-Crofts.
5 Baer, R., Blount, R., Detrich, R., & Stokes, T. 1987. Using intermittent reinforcement to program maintenance of verbal/nonverbal correspondence. *Journal of Applied Behavior Analysis, 20*, 179-184.
6 Balsam, P.D., & Bondy, A.S. 1983. The negative side effects of reward. *Journal of Applied Behavior Analysis, 16*, 283-296.
7 Barbetta, P. 1990. GOALS: A group-oriented adapted levels systems for children with behavior disorders. *Academic Therapy, 25*, 645-656.
8 Barrish, H.H., Saunders, M., & Wolf, M.M. 1969. Good behavior game: Effects of individual contingencies for group consequences on disruptive behavior in a classroom. *Journal of Applied Behavior Analysis, 2*, 119-124.
9 Bauer, A., Shea, T., & Keppler, R. 1986. Levels systems: A framework for the individualization of behavior management. *Behavioral Disorders, 12*, 28-35.
10 Birnbrauer, J.S., Wolf, M.M., Kidder, J.D., & Tague, C.E. 1965. Classroom behavior of retarded pupils with token reinforcement. *Journal of Experimental Child Psychology, 2*, 219-235.
11 Brophy, J. 1981. Teacher praise: A functional analysis. *Review of Educational Research, 51*, 5-32.
12 Buisson, G., Murdock, J., Reynolds, K., & Cronin, M. 1995. Effects of tokens on response latency of students with hearing impairments in a resource room. *Education and Treatment of Children, 18*(4), 408-421.
13 Carr, E.G., Binkoff, J.A., Kologinsky, E., & Eddy, M. 1978. Acquisition of sign language by autistic children. I: Expressive labeling. *Journal of Applied Behavior Analysis, 11*, 489-501.
14 Carr, E., & Durand, M. 1985. Reducing behavior problems through functional communication training. *Journal of Applied Behavior Analysis, 18*, 111-126.
15 Carton, J., & Schweitzer, J. 1996. Use of a token economy to increase compliance during hemodialysis. *Journal of Applied Behavior Analysis, 29*, 111-113.
16 Cavalier, A., Ferretti, R., & Hodges, A. 1997. Self-management within a classroom token economy for students with learning disabilities. *Research in Developmental Disabilities, 18*(3), 167-178.
17 Cipani, E. 1995. Be aware of negative reinforcement. *Teaching Exceptional Children, 27*(4), 36-40.
18 Clinton, L., & Boyce K. 1975. Acquisition of simple motor imitative behavior in mentally retarded and near mentally retarded children. *American Journal of Mental Deficiency, 79*, 695-700.
19 Cohen, H., Filipczak, J. 1971. *A new learning environment.* San Francisco: Jossey Bass.
20 Collins, B., & Griffen, A. 1996. Teaching students with moderate disabilities to make safe responses to product warning labels. *Education and Treatment of Children, 19*(1), 30-45.
21 Cronin, K.A., & Cuvo, A.J. 1979. Teaching mending skills to mentally retarded adolescents. *Journal of Applied Behavior Analysis, 12*, 401-406.
22 Dahlquist, L., & Gil, K. 1986. Using parents to maintain improved dental flossing skills in children. *Journal of Applied Behavior Analysis, 19*, 255-260.
23 Daly, M., Jacob, S., King, D., & Cheramie, G. 1984. The accuracy of teacher predictions of student reward preferences. *Psychology in the Schools, 21*, 520-524.
24 DeWitt, M., Aman, M., & Rojahn, J. 1997. Effects of reinforcement contingencies on performance of children with mental retardation and attention problems. *Journal of Developmental and Physical Disabilities, 9*(2), 101-115.
25 Dewson, M., & Whiteley, J. 1987. Sensory reinforcement of head turning with nonambulatory, profoundly mentally retarded persons. *Research in Developmental Disabili-*

ties, *8*, 413-426.
26. Drevno, G., Kimball, J., Possi, M., Heward, W., Gardner, R., & Barbetta, P. 1994. Effects of active student response during error correction on the acquisition, maintenance, and generalization of science vocabulary by elementary students: A systematic replication. *Journal of Applied Behavior Analysis, 27*, 179-180.
27. Duker, P., & Jutten, W. 1997. Establishing gestural yes-no responding with individuals with profound mental retardation. *Education and Training in Mental Retardation, 32*(1), 59-67.
28. Dunlap, G., Koegel, R., Johnson, J., & O'Neill, R. 1987. Maintaining performance of autistic clients in community settings with delayed contingencies. *Journal of Applied Behavior Analysis, 20*, 185-191.
29. Durand, V.M. 1990. *Severe behavior problems*. New York: Guilford Press.
30. Durand, V.M., & Crimmins, D. 1988. Identifying the variables maintaining self-injurious behavior. *Journal of Autism and Developmental Disorders, 18*, 99-117.
31. Egel, A. 1981. Reinforcer variation: Implications for motivating developmentally disabled children. *Journal of Applied Behavior Analysis, 14*, 345-350.
32. Fabry, B., Mayhew, G., & Hanson, A. 1984. Incidental teaching of mentally retarded students within a token system. *American Journal of Mental Deficiency. 89*. 29-36.
33. Ferster, C., & Culbertson, S. 1982. *Behavior principles* (3rd ed.). Englewood Cliffs, N.J.: Prentice Hall.
34. Ferster, GB., & Skinner, B.F. 1957. Schedules of reinforcement. New York: Appleton-Century-Crofts.
35. Fisher, W., Piazza, C., Bowman, L., Hagopian, L., Owens, J., & Slevin, I. 1992. A comparison of two approaches for identifying reinforcers for persons with severe and profound disabilities. *Journal of Applied Behavior Analysis, 25*, 491-498.
36. Gena, A., Krantz, P., McClannahan, L., & Poulson, C. 1996. Training and generalization of affective behavior displayed by youth with autism. *Journal of Applied Behavior Analysis, 29*(3), 291-304.
37. Grace, N., Thompson, R., & Fisher, W. 1996. The treatment of covert self-injury through contingencies on response products. *Journal of Applied Behavior Analysis, 29*, 239-242.
38. Green, C., Gardner, S., Canipe, V., & Reid, D. 1994. Analyzing alertness among people with profound multiple disabilities. *Journal of Applied Behavior Analysis, 27*, 519-531.
39. Green, C., Reid, D., Canipe, V., & Gardner, S. 1991. A comprehensive evaluation of reinforcer identification processes for persons with profound multiple handicaps. *Journal of Applied Behavior Analysis, 24*, 537-552.
40. Green, C., Reid, D., White, L., Halford, R., Brittain, D., & Gardner, S. 1988. Identifying reinforcers for persons with profound handicaps: Staff opinion vs. systematic assessment of preferences. *Journal of Applied Behavior Analysis, 21*, 31-43.
41. Guevremont, D., Osnes, P., & Stokes, T. 1986. Programming maintenance after correspondence training interventions with children. *Journal of Applied Behavior Analysis, 19*, 215-219.
42. Gunter, P., Shores, R., Jack, S., Rasmussen, S., & Flowers, J. 1995. Using teacher/student proximity to improve students' behavior. *Teaching Exceptional Children, 28*(2), 12-14.
43. Gutierrez-Griep, R. 1984. Student preference of sensory reinforcers. *Education and Training of the Mentally Retarded, 19*, 108-113.
44. Gutowski, 5. 1996. Response acquisition for music or beverages in adults with profound multiple handicaps. *Journal of Developmental and Physical Disabilities, 8*(3), 221-231.
45. Hall, C., Sheldon-Wildgen, J., & Sherman, J.A. 1980. Teaching job interview skills to retarded clients. *Journal of Applied Behavior Analysis, 13*, 433-442.
46. Hall, R.V., & Hall, M.C. 1980. *How to select reinforcers*. Lawrence, KS: H&H Enterprises.
47. Hanley, G., Piazza, C., & Fisher, W. 1997. Noncontingent presentation of attention and alternative stimuli in the treatment of attention-maintained destructive behavior. *Journal of Applied Behavior Analysis, 30*(2), 229-237.
48. Haring, T., Roger, B., Lee, M., Breen, C., & Gaylord-Ross, R. 1986. Teaching social language to moderately handicapped students. *Journal of Applied Behavior Analysis, 19*, 159-171.
49. Harrison, J., Gunter, P., Reed, T., & Lee, J. 1996. Teacher instructional language and negative reinforcement: A conceptual framework for working with students with emotional and behavioral disorders. *Education and Treatment of Children, 19*(2), 183-196.
50. Heward, W.L., & Eachus, H.T. 1979. Acquisition of adjectives and adverbs in sentences written by hearing impaired and aphasic children. *Journal of Applied Behavior Analysis, 12*, 391-400.
51. Hoch, T., Hammel, C., Hajimihalis, C., Brodeur, D., & Johnson, S. 1996. A descriptive comparison of two zone discrimination reinforcer assessment procedures. *Education and Treatment of Children, 19*(2), 153-169.
52. Holcombe, A., Wolery, M., Werts, M., & Hrenkovich, P. 1993. Effects of instructive feedback on future learning. *Journal of Behavioral Education, 3*(3), 259-285.
53. Homme, L., Csanyi, A., Gonzales, M., & Rechs, J. 1970. *How to use contingency contracting in the classroom*. Champaign, IL: Research Press.
54. Iwata, B. 1987. Negative reinforcement in applied behavior analysis: An emerging technology. *Journal of Applied Behavior Analysis, 20*, 361-378.
55. Iwata, B., Pace, G., Dorsey, M., Zarcone, J., Vollmer, T., Smith, R., Rodgers, T., Lerman, D., Shore, B., Mazaleski, J., Goh, H., Cowdery, G., Kalsher, M., McCosh, K., & Willis, K. 1994. The functions of self-injurious behavior: An experimental epidemiological analysis. *Journal of Applied Behavior Analysis; 27*, 215-240.
56. Jens, K.G., & Shores, R.E. 1969. Behavioral graphs as reinforcers for work behavior of mentally retarded adolescents. *Education and Training of the Mentally Retarded, 4*, 21-28.
57. Kaplan, P., Kohfeldt, J., & Sturla, K. 1974. *It's positively fun: Techniques for managing learning environments*. Denver: Love Publishing.
58. Kazdin, A. 1994. *Behavior modification in applied settings*. Belmont, CA: Brooks/Cole Publishing Co.
59. Kazdin, A.E. 1977. *The token economy: A review and evaluation*. New York: Plenum Press.

60. Kazdin, A.E., & Bootzin, R.R. 1972. The token economy: An evaluative review. *Journal of Applied Behavior Analysis; 5*, 343-372.
61. Kazdin, A.E., & Polster, R. 1973. Intermittent token reinforcement and response maintenance in extinction. *Behavior Therapy, 4*, 386-391.
62. Kincaid, M., & Weisberg, P. 1978. Alphabet letters as tokens: Training preschool children in letter recognition and labeling during a token exchange period. *Journal of Applied Behavior Analysis; 11*, 199.
63. Kobler, F., Strain, P., Hoyson, M., Davis, L., Donina, W., & Rapp, N. 1995. Using a group-oriented contingency to increase social interactions between children with autism and their peers. *Behavior Modification, 19*(1)10-32.
64. Lancioni, G., O'Reilly, M., & Emerson, E. 1996. A review of choice research with people with severe and profound developmental disabilities. *Research in Developmental disabilities; 17*(5), 391-411.
65. Leatherby, J., Gast, D., Wolery, M., & Collins, B. 1992. Assessment of reinforcer preference in multi-handicapped students. *Journal of Developmental and Physical Disabilities, 4*(1), 15-36.
66. Lee, D., & Belfiore, P. 1997. Enhancing classroom performance: A review of reinforcement schedules. *Journal of Behavioral Education, 7*(2), 205-217.
67. Litow, L., & Pumroy, D.K. 1975. A brief review of classroom group-oriented contingencies. *Journal of Applied Behavior Analysis, 8*, 341-347.
68. Litt, M., & Schreibman, L. 1981. Stimulus-specific reinforcement in the acquisition of receptive labels by autistic children. *Analysis and Intervention in Developmental Disabilities; 1*, 171-186.
69. Lloyd, J., Eberhardt, M., & Drake, G. 1996. Group versus individual reinforcement contingencies within the context of group study conditions. *Journal of Applied Behavior Analysis; 29*, 189-200.
70. Lovaas, O.I. 1977. *The autistic child: Language development through behavior modification.* New York: Irvington.
71. Luiselli, J. 1996. Multicomponent intervention for challenging behaviors of a child with pervasive developmental disorder in a public school setting. *Journal of Developmental and Physical Disabilities; 8*(3), 211-219.
72. Lyon, C., & Lagarde, R. 1997. Tokens for success: Using the graduated reinforcement system. *Teaching Exceptional Children, 29*(6), 52-57.
73. Maher, G. 1989. Punch out: A behavior management technique. *Teaching Exceptional Children, 21*, 74.
74. Martens, B. 1990. A context analysis of contingent teacher attention. *Behavior Modification, 14*(2), 138-156.
75. Martens, B., Muir, K., & Meller, P. 1988. Rewards common to the classroom setting: A comparison of regular and self-contained room student ratings. *Behavior Disorders, 13*, 169-174.
76. Martin, G., Pallotta-Cornick, A., Johnstone, G., & Goyos, A.C. 1980. A supervisory strategy to improve work performance for lower functioning retarded clients in a sheltered workshop. *Journal of Applied Behavior Analysis, 13*, 183-190.
77. Mason, S., & Egel, A. 1995. What does Amy like? Using a mini-reinforcer assessment to increase student participation in instructional activities. *Teaching Exceptional Children, 28*(1), 42-45.
78. Mason, S., McGee, G., Farmer-Dougan, V., & Risley, T. 1989. A practical strategy for ongoing reinforcer assessment. *Journal of Applied Behavior Analysis; 22*, 171-179.
79. Mastropieri, M., Jenne, T., & Scruggs, T. 1988. A level system for managing problem behaviors in a high school resource program. *Behavioral Disorders, 13*, 202-208.
80. McCarty, T., Griffin, S., Apolloni, T., & Shores, R. 1977. Increased peer-teaching with group-oriented contingencies for arithmetic performance in behavior-disordered adolescents. *Journal of Applied Behavior Analysis, 10*, 313.
81. McLaughlin, T., & Walsh, A. 1996. Training pre-adolescent and adolescent students with moderate mental retardation name writing skills. *Journal of Developmental and Physical Disabilities, 8*(2), 105-115.
82. Michael, J. 1982. Distinguishing between discriminative and motivational functions of stimuli. *Journal of the Experimental Analysis of Behavior 37*, 149-155.
83. Newman, B., Buffington, D., & Hemmes, N. 1996. Self-reinforcement used to increase the appropriate conversation of autistic teenagers. *Education and Training in Mental Retardation and Developmental Disabilities, 31*(4), 304-309.
84. Newsom, C.D., & Simon, K.M. 1977. A simultaneous discrimination procedure for the measurement of vision in nonverbal children. *Journal of Applied Behavior Analysis, 10*, 633-644.
85. Northup, J., George, T., Jones, K., Broussard, C., & Vollmer, T. 1996. A comparison of reinforcer assessment methods: The utility of verbal and pictorial choice procedures. *Journal of Applied Behavior Analysis, 29*, 201-212.
86. Odom, S., & Strain, P. 1986. A comparison of peer-initiation and teacher-antecedent interventions for promoting reciprocal social interaction of autistic preschoolers. *Journal of Applied Behavior Analysis, 19*, 59-71.
87. O'Leary, K.D., & Becker, W.C. 1967. Behavior modification of an adjustment class. *Exceptional children, 33*, 637-642.
88. O'Leary, K.D., Becker, W.C., Evans, M.B., & Saudargas, R.A. 1969. A token reinforcement program in a public school: A replication and systematic analysis. *Journal of Applied Behavior Analysis, 2*, 3-13.
89. O'Leary, K.D., & O'Leary, S.G. (Eds.). 1977. *Classroom management: The successful use of behavior modification* (2nd ed.). New York: Pergamon Press.
90. Pace, G., Ivancic, M., Edwards, G., Iwata, B., & Paget, T. 1985. Assessment of stimulus preference and reinforcer value with profoundly retarded individuals. *Journal of Applied Behavior Analysis, 18*, 249-255.
91. Paclawskyj, T., & Vollmer, T. 1995. Reinforcer assessment for children with developmental disabilities and visual impairments. *Journal of Applied Behavior Analysis, 28*, 219-224.
92. Parrish, J., Cataldo, M., Kolko, D., Neef, N., & Engel, A. 1986. Experimental analysis of response covariation among compliant and inappropriate behavior. *Journal of Applied Behavior Analysis, 19*, 241-254.
93. Peterson, N. 1982. Feedback is not a new principle of behavior. *Behavior Analyst, 5*, 101-102.

94 Pigott, H.E., Fantuzzo, J., & Clement, P. 1986. The effects of reciprocal peer tutoring and group contingencies on the academic performance of elementary school children. *Journal of Applied Behavior Analysis, 19*, 93-98.

95 Polirstok, S.R., & Greer, R.D. 1977. Remediation of mutually aversive interactions between a problem student and four teachers by training the student in reinforcement techniques. *Journal of Applied Behavior Analysis, 10*, 707-716.

96 Polloway, E., & Polloway, C. 1979. Auctions: Vitalizing the token economy. *Journal for Special Educators, 15*, 121-123.

97 Premack, D. 1959. Toward empirical behavior laws: I . Positive reinforcement. *Psychological Review, 66*, 219-233.

98 Raschke, D. 1981. Designing reinforcement surveys: Let the student choose the reward. *Teaching Exceptional Children, 14*, 92-96.

99 Rasing, E., Coninx, F., Duker, P., & Van Den Hurk, A. 1994. Acquisition and generalization of social behaviors in language-disabled deaf adolescents. *Behavior Modification, 18*(4), 411-442.

100 Reynolds, G.S. 1975. *A primer of operant conditioning.* Glenview, IL: Scott, Foresman.

101 Riordan, M., Iwata, B., Finney, J., Wohl, M., & Stanley, A. 1984. Behavioral assessment and treatment of chronic food refusal in handicapped children. *Journal of Applied Behavior Analysis, 17*, 327-341.

102 Saigh, P., & Umar, A. 1983. The effects of a good behavior game on the disruptive behavior of Sudanese elementary school students. *Journal of Applied Behavior Analysis, 16*, 339-344.

103 Sainato, D., Maheady, L., & Shook, G. 1986. The effects of a classroom manager role on the social interaction patterns and social status of withdrawn kindergarten students. *Journal of Applied Behavior Analysis, 19*, 187-195.

104 Schepis, M., Reid, D., & Behrman, M. 1996. Acquisition and functional use of voice output communication by persons with profound multiple disabilities. *Behavior Modification, 20*(4), 451-468.

105 Schumaker, J.B., Hovell, M.F., & Sherman, J.A. 1977. An analysis of daily report cards and parent-managed privileges in the improvement of adolescents' classroom performance. *Journal of Applied Behavior Analysis, 10*, 449-464.

106 Schuster, J., & Griffen, A. 1993. Teaching a chained task with a simultaneous prompting procedure. *Journal of Behavioral Education, 3*(3), 299-315.

107 Sigafoos, J., Couzens, D., Roberts, D., Phillips, C., & Goodison, K. 1996. Teaching requests for food and drink to children with multiple disabilities in a graphic communication mode. *Journal of Developmental and Physical Disabilities, 8*(3), 247-262.

108 Sigueland, E. 1968. Reinforcement patterns and extinction in human newborns. *Journal of Experimental Child Psychology, 6*, 431-442.

109 Skinner, B.F. 1953. *Science and human behavior.* New York: Macmillan.

110 Smith, R., Iwata, B., & Shore, B. 1995. Effects of subject versus experimenter-selected reinforcers on the behavior of individuals with profound developmental disabilities. *Journal of Applied Behavior Analysis, 28*, 61-71.

111 Smith, S., & Farrell, D. 1993. Level system use in special education: Classroom intervention with prima facie appeal. *Behavioral Disorders, 18*(4), 251-264.

112 Sprague, J., Holland, K., & Thomas, K. 1997. The effect of noncontingent sensory reinforcement, contingent sensory reinforcement, and response interruption on stereotypical and self-injurious behavior. *Research in Developmental Disabilities, 18*(1), 61-77.

113 Stainback, W., Payne, J., Stainback, S., & Payne, R. 1973. *Establishing a token economy in the classroom.* Columbus, OH: Merrill.

114 Steege, M., Wacker, D., Cigrand, K., Berg, W., Novak, C., Reimers, T., Sasso, G., & DeRaad, A. (1990). Use of negative reinforcement in the treatment of self-injurious behavior. *Journal of Applied Behavior Analysis, 23*, 459-467.

115 Stern, G., Fowlers, S., & Kohler, F. 1988. A comparison of two intervention roles: Peer monitor and point-earner. *Journal of Applied Behavior Analysis, 21*, 103-109.

116 Stevenson, J., & Clayton, F. 1970. A response duration schedule: Effects of training, extinction, and deprivation. *Journal of the Experimental Analysis of Behavior, 13*, 359-367.

117 Stevenson, H., & Odom, R. 1964. Visual reinforcement with children. *Journal of Experimental Child Psychology, 1*, 248-255.

118 Stokes, T., & Baer, D. 1977. An implicit technology of generalization. *Journal of Applied Behavior Analysis, 10*, 349-367.

119 Summers, J., Rincover, A., & Feldman, M. 1993. Comparison of extra- and within-stimulus prompting to teach prepositional discriminations to preschool children with developmental disabilities. *Journal of Behavioral Education, 3*(3), 287-298.

120 Trant, L. 1977. Pictorial token card (communication). *Journal of Applied Behavior Analysis, 10*, 548.

121 Trovato, J., & Bucher, B. 1980. Peer tutoring with or without home-based reinforcement, for reading remediation. *Journal of Applied Behavior Analysis, 13*, 129-141.

122 Valcante, G., Roberson, W., Reid, W., & Wolking, W. 1989. Effects of wait-time and intertrial interval durations on learning by children with multiple handicaps. *Journal of Applied Behavior Analysis, 22*, 43-55.

123 Vollmer, T., & Iwata, B. 1991. Establishing operations and reinforcement effects. *Journal of Applied Behavior Analysis, 24*, 279-291.

124 Wacker, D., Berg, W., Wiggins, B., Muldoon, M., & Cavanaugh, J. 1986. Evaluation of reinforcer preferences for profoundly handicapped students. *Journal of Applied Behavior Analysis, 18* 173-178.

125 Weeks, M., & Gaylord-Ross, R. 1981. Task difficulty and aberrant behavior in severely handicapped students. *Journal of Applied Behavior Analysis, 14*, 449-463.

126 Welch, M.W., & Gist, J.W. 1974. *The open token economy system: A handbook for a behavioral approach to rehabilitation.* Springfield, IL: Charles C. Thomas.

127 Williams, J., Koegel, R., & Egel, A. 1981. Response-reinforcement relationships and improved learning in autistic children. *Journal of Applied Behavior Analysis, 14*, 53-60.

128 Wood, R., & Flynn, J.M. 1978. A self-evaluation token system versus an external evaluation token system alone in a residential setting with predelinquent youth. *Journal of Applied Behavior Analysis, 11*, 503-512.

129 Yasutake, D., Bryan, T., & Dohrn, E. 1996. The effects of combining peer tutoring and attribution training on students' perceived self-competence. *Remedial and Special Education, 17*(2), 83-91.

第8章

1 Adams, N., Martin, R., & Popelka, G. 1971. The influence of timeout on stutterers and their dysfluency. *Behavior Therapy, 2*, 334-339.

2 Aiken, J., & Salzberg, C. 1984. The effects of a sensory extinction procedure on stereotypic sounds of two autistic children. *Journal of Autism and Developmental Disorders, 14*, 291-299.

3 Altman, K., & Haavik, S. 1978. Punishment of self-injurious behavior in natural settings using contingent aromatic ammonia. *Behavior Research and Therapy, 16*, 85-96.

4 Apolito, P., & Sulzer-Azaroff, B. 1981. Lemon-juice therapy: The control of chronic vomiting in a twelve-year-old profoundly retarded female. *Education and Treatment of Children, 4*, 339-347.

5 Arndorfer, R., Miltenberger, R., Woster, S., Rortuedt, A., & Gaffaney, T. 1994. Home-based descriptive and experimental analysis of problem behaviors in children. *Topics in Early Childhood Special Education, 14*, 64-87.

6 Ayllon, T. 1963. Intensive treatment of psychotic behavior by stimulus satiation and food reinforcement. *Behavior Research and Therapy, 1*, 53-61.

7 Ayllon, T., & Roberts, M.D. 1974. Eliminating discipline problems by strengthening academic performance. *Journal of Applied Behavior Analysis, 7*, 71-76.

8 Azrin, N.H. 1960. Effects of punishment intensity during variable-interval reinforcement. *Journal of the Experimental Analysis of Behavior, 3*, 128-142.

9 Azrin, V., Azrin, N.H., & Armstrong, P. 1977. The student-oriented classroom: A method of improving student conduct and satisfaction. *Behavior Therapy, 8*, 193-204.

10 Azrin, N.H., & Foxx, R.M. 1971. A rapid method of toilet training the institutionalized retarded. *Journal of Applied Behavior Analysis, 4*, 89-99.

11 Azrin, N.H., Hake, D.G., Holz, W.C., & Hutchinson, R.R. 1965. Motivational aspects of escape from punishment. *Journal of the Experimental Analysis of Behavior, 8*, 31-44.

12 Azrin, N.H., & Holz, W.C. 1966. Punishment. In W.A. Honig (Ed.). *Operant behavior: Areas of research and application.* New York: Appleton-Century-Crofts.

13 Azrin, N.H., Holz, W.C., & Hake, D.F. 1963. Fixed-ratio punishment. *Journal of the Experimental Analysis of Behavior, 6*, 141-148.

14 Azrin, N.H., Hutchinson, R.R., & Hake, D.J. 1966. Extinction-induced aggression. *Journal of the Experimental Analysis of Behavior, 9*, 191-204.

15 Azrin, N.H., Kaplan, Sj., & Foxx, R.M. 1973. Autism reversal: Eliminating stereotyped self-stimulation of retarded individuals. *American Journal on Mental Deficiency, 78*, 241-248.

16 Azrin, N.H., & Powers, M. 1975. Eliminating classroom disturbances of emotionally disturbed children by positive practice procedures. *Behavior Therapy, 6*, 525-534.

17 Azrin, N.H., & Wesolowski, M.D. 1974. Theft reversal: An overcorrection procedure for eliminating stealing by retarded persons. *Journal of Applied Behavior Analysis, 7*, 577-581.

18 Azrin, N.H., & Wesolowski, M.D. 1975. The use of positive practice to eliminate persistent floor sprawling by profoundly retarded persons. *Behavior Therapy, 6*, 627-631.

19 Baer, A.M., Rowbury, T., & Baer, D.M. 1973. The development of instructional control over classroom activities of deviant preschool children. *Journal of Applied Behavior Analysis, 6*, 289-298.

20 Bailey, S., Pokrzywinski, J., & Bryant, L. 1983. Using water mist to reduce self-injurious and stereotypic behavior. *Applied Research in Mental Retardation, 4*, 229-241.

21 Bandura, A. 1965. Influence of models' reinforcement contingencies on the acquisition of imitative responses. *Journal of Personality and Social Psychology, 1*, 589-595.

22 Bandura, A. 1969. *Principles of behavior modification.* New York: Holt, Rinehart & Winston.

23 Baron, A., Kaufman, A., & Rakavskas, I. 1967. Ineffectiveness of "time out" punishment in suppressing human operant behavior. *Psychonomic Science, 8*, 329-330.

24 Barton, L., Brulle, A., & Repp, A.C. 1986. Maintenance of therapeutic change by momentary DRO. *Journal of Applied Behavior Analysis, 19*, 277-282.

25 Barton, L., Brulle, A., & Repp, A.C. 1987. Effects of differential scheduling of timeout to reduce maladaptive responding. *Exceptional Children, 53*, 35 1-356.

26 Baumann, B., & Vitali, D. 1982. Facial screening to eliminate trichotillomania in developmentally disabled persons. *Behavior Therapy, 13*, 735-742.

27 Baumeister, A., & Baumeister, A. 1978. Suppression of repetitive self-injurious behavior by contingent inhalation of aromatic ammonia. *Journal of Autism and Childhood Schizophrenia, 8*, 71-77.

28 Becker, J., Turner, S., & Sajwaj, T. 1978. Multiple behavioral effects of the use of lemon juice with a ruminating toddler-age child. *Behavior Modification, 2*, 267-278.

29 Benoit, R.B., & Mayer, G.R. 1974. Extinction: Guidelines for its selection and use. *The Personnel and Guidance Journal, 52*, 290-295.

30 Bierman, K., Miller, C., & Stabb, 5. 1987. Improving the social behavior and peer acceptance of rejected boys: Effects of social skill training with instruction and prohibitions. *Journal of Consulting and Clinical Psychology, 55*, 194-200.

31 Birnbrauer, J.S., Wolf, M.M., Kidder, J.D., & Tague, G.E. 1965. Classroom behavior of retarded pupils with token reinforcement. *Journal of Experimental Child Psychology, 2*, 219-235.

32 Bornstein, P., Hamilton, S., & Quevillon, R. 1977. Behavior modification by long-distance: Demonstration of functional control over disruptive behavior in a rural classroom setting. *Behavior Modification, 1*, 369-380.

33 Burchard, J.D., & Barrera, F. 1972. An analysis of timeout and response cost in a programmed environment.

34. Cameron, M., Luiselli, J., Littleton, R., & Ferrelli, L. 1996. Component analysis and stimulus control assessment of a behavior deceleration treatment package. *Research in Developmental Disabilities, 17*(3), 203-215.
35. Carey, R., & Bucher, B. 1983. Positive practice overcorrection: The effects of duration of positive practice on acquisition and response duration. *Journal of Applied Behavior Analysis, 16*, 101-109.
36. Carey, R., & Bucher, B. 1986. Positive practice overcorrection: Effects of reinforcing correct performance. *Behavior Modification, 10*, 73-92.
37. Carr, E., Levin, L., McConnachie, G., Carlson, J., Kemp, D., & Smith. C. 1994. *Communication-based intervention for problem behavior: A user's guide for producing positive change*. Baltimore: Paul Brookes.
38. Carr, E., & Newsom, C. 1985. Demand related tantrums: Conceptualization and treatment. *Behavior Modaication, 9*, 403-426.
39. Carr, E., Robinson, S., & Palumbo, 1. 1990. The wrong issue: Aversive versus nonaversive treatment. The right issue: Functional versus nonfunctional treatment. In A. Repp & N. Singh (Eds.), *Perspectives on the use of nonaversive and aversive interventions for persons with developmental disabilities*. Sycamore, IL: Sycamore Publishing.
40. Cole v. Greenfield-Central Community Schools, 667 F. Supp. 56 (S.D.Ind. 1986).
41. Conley, 0., & Wolery, M. 1980. Treatment by overcorrection of self-injurious eye gouging in preschool blind children. *Journal of Behavior Therapy and Experimental Psychiatry, 11*, 121-125.
42. Costenbader, V., & Reading-Brown, M. 1995. Isolation timeout used with students with emotional disturbance. *Exceptional Children, 61*(4), 353-363.
43. Cowdery, G., Iwata, B., & Pace, G. 1990. Effects and side effects of DRO as treatment of self-injurious behavior. *Journal of Applied Behavior Analysis, 23*, 497-506.
44. Decatanzaro, D., & Baldwin, G. 1978. Effective treatment of self-injurious behavior through a forced arm exercise. *Journal of Applied Behavior Analysis, 11*, 433-439.
45. Deitz, D.E.D., & Repp, A.C. 1983. Reducing behavior through reinforcement. *Exceptional Education Quarterly, 3*, 34-46.
46. Deitz, S.M., & Repp, A.C. 1973. Decreasing classroom misbehavior through the use of DRL schedules of reinforcement. *Journal of Applied Behavior Analysis, 6*, 457-463.
47. Deitz, S.M., & Repp, A.C. 1974. Differentially reinforcing low rates of misbehavior with normal elementary school children. *Journal of Applied Behavior Analysis, 7*, 622.
48. De Lahunt, J., & Curran, J.P. 1976. Effectiveness of negative practice and self-control techniques in the reduction of smoking behavior. *Journal of Consulting and Clinical Psychology, 44*, 1002-1007.
49. Denny, M. 1980. Reducing self-stimulatory behavior of mentally retarded persons by alternative positive practice. *American Journal of Mental Deficiency, 84*, 610-615.
50. Dickens v. Johnson County Board of Education, 661 F. Supp. 155 (E.D. Tenn. 1987).
51. Doke, L., & Epstein, L. 1975. Oral overcorrection: Side effects and extended applications. *Journal of Experimental Child Psychology, 20*, 496-511.
52. Doke, L., Wolery, M., & Sumberg, C. 1983. Treating chronic aggression. *Behavior Modification, 7*, 531-556.
53. Donnelly, D., & Olczak, P. 1990. The effect of differential reinforcement of incompatible behaviors (DRI) on pica for cigarettes in persons with intellectual disability. *Behavior Modification, 14*, 81-96.
54. Dorsey, M.F., Iwata, B.A., Ong, P., & McSween, T.E. 1980. Treatment of self-injurious behavior using a water mist: Initial response suppression and generalization. *Journal of Applied Behavior Analysis, 13*, 343-353.
55. Dougherty, S., Fowler, S., & Paine, S. 1985. The use of peer monitors to reduce negative interaction during recess. *Journal of Applied Behavior Analysis, 18*, 141-153.
56. Ducharme, J., & Van Houten, R. 1994. Operant extinction in the treament of severe maladaptive behavior. *Behavior Modification, 18*(2), 139-170.
57. Duker, P., & van Lent, C. 1991. Inducing variablity in communicative gestures used by severely retarded individuals. *Journal of Applied Behavior Analysis, 24*, 379-386.
58. Dunlap, K. 1928. A revision of the fundamental law of habit formation. *Science, 67*, 360-362.
59. Dunlap, K. 1930. Repetition in breaking of habits. *The Scientific Monthly, 30*, 66-70.
60. Dunlap, K. 1932. *Habits, their making and unmaking*. New York: Liveright.
61. DuPaul, G., Guevremont, D., & Barkley, R. 1992. Behavioral treatment of attention-deficit hyperactivity disorder in the classroom. *Behavior Modification, 16*, 204-225.
62. Durand. V.M. 1990. *Severe behavior problems: A functional communication training approach*. New York: Guilford Press.
63. Durand, V.M., Berotti, D., & Weiner, J. 1993. Functional communication training: Factors affecting effectivenss, generalization, and maintenance. In J. Reichle & D. Wacker (Eds.), *Communicative alternatives to challenging behavior: Integrating functional assessment and intervention strategies* (pp. 317-340). Baltimore: Paul Brookes.
64. Durand, V.M., & Crimmins, D. 1991. Teaching functionally equivalent responses as an intervention for challenging behavior. In R. Remington (Ed.), *The challenge of severe mental handicap: A behavior analytic approach* (pp. 71-95). West Sussex, England: John Wiley & Sons.
65. Epstein, L.H., Doke, L.A., Sajwaj, T.E., Sorrell, S., & Rimmer, B. 1974. Generality and side effects of overcorrection. *Journal of Applied Behavior Analysis, 7*, 385-390.
66. Favell, J. 1973. Reduction of stereotypes by reinforcement of toy play. *Mental Retardation, 11*, 21-23.
67. Favell, J.E., McGimsey, J.F., & Jones, M.L. 1978. The use of physical restraint in the treatment of self-injury and as positive reinforcement. *Journal of Applied Behavior Analysis, 11*, 225-241.
68. Favell, J., McGimsey, J., Jones, M., & Cannon, P. 1981. Physical restraint as positive reinforcement. *American Journal of Mental Deficiency, 85*, 425-432.
69. Fee, V., Matson, J., & Manikam, R. 1990. A control group outcome study of a nonexclusionary time-ou package to improve social skills with preschoolers. *Exceptionality, 1*, 107-121.
70. Fehr, A., & Beckwith, B. 1989. Water misting: Treating

self-injurious behavior in a multiply handicapped, visually impaired child. *Journal of Visual Impairment & Blindness, 83,* 245-248.
71. Ferster, C., & Skinner, B.F. 1957. *Schedules of reinforcement.* New York: Appleton-Century-Crofts.
72. Fisher, W., Grace, N., & Murphy, C. 1996. Further analysis of the relationship between self-injury and self-restraint. *Journal of Applied Behavior Analysis, 29,* 103-106.
73. Fisher, W., & Iwata, B. 1996. On the function of self-restraint and its relationship to self-injury. *Journal of Applied Behavior Analysis, 29,* 93-98.
74. Fovel, J., Lash, P., Barron, D., & Roberts, M.S. 1989. A survey of self-restraint, self-injury, and other maladaptive behaviors in an institutionalized retarded population. *Research in Developmental Disabilities, 10*(4), 377-382.
75. Foxx, R.M. 1976. Increasing a mildly retarded woman's attendance at self-help classes hy overcorrection and instruction. *Behavior Therapy, 7,* 390-396.
76. Foxx, R., 1990. "Harry" : A ten year follow-up of the successful treatment of a self-injurious man. *Research in Developmental Disabilities, 10,* 377-382.
77. Foxx, R.M., & Azrin, N.H. 1973. The elimination of autistic self-stimulatory behavior by overcorrection. *Journal of Applied Behavior Analysis, 6,* 1-14.
78. Foxx, R., & Bechtel, D. 1982. Overcorrection. In M. Hersen, R. Fisler, & P. Miller (Eds.), *Progress in behavior modification* (Vol. 13, pp. 227-288). New York: Academic.
79. Foxx, R.M., & Shapiro, S.T. 1978. The timeout ribbon: A nonseclusionary timeout procedure. *Journal of Applied Behavior Analysis, 11,* 125-136.
80. France, K., & Hudson, S. 1990. Behavior management of infant sleep disturbance. *Journal of Applied Behavior Analysis, 23,* 91-98.
81. Freeman, B., Graham, V., & Ritvo, E. 1975. Reduction of self-destructive behavior by overcorrection. *Psychological Reports, 37,* 446.
82. Friman, P., Barnard, J., Altman, K., & Wolf, T. 1986. Parent and teacher use of DRO and DRI to reduce aggressive behavior. *Analysis and Intervention in Developmental Disabilities, 6,* 319-330.
83. Friman, P., & Poling, A. 1995. Making life easier with effort: Basic findings and applied research on response effort. *Journal of Applied Behavior Analysis, 28,* 583-590.
84. Gast, D., & Nelson, C.M. 1977a. Legal and ethical considerations for the use of timeout in special education settings. *The Journal of Special Education, 11,* 457-467.
85. Gast, D., & Nelson, C.M. 1977b. Time out in the classroom: Implications for special education. *Exceptional Children, 43,* 461-464.
86. Gast, D., & Wolery, M. 1987. Severe maladaptive behaviors. In M.E. Snell (Ed.), *Systematic instruction of people with severe handicaps* (3rd ed.). Columbus, OH: Merrill.
87. Gibbs, J., & Luyben, P. 1985. Treatment of self-injurious behavior: Contingent versus noncontingent positive practice overcorrection. *Behavior Modification. 9,* 3-21.
88. Gilbert, G. 1975. Extinction procedures: Proceed with caution. *Mental Retardation, 13,* 25-29.
89. Gross, A., Berler, E., & Drabman, R. 1982. Reduction of aggressive behavior in a retarded boy using a water squirt. *Journal of Behavior Therapy and Experimental Psychiatry, 13,* 95-98.
90. Hall, R.V., Fox, R., Willard, D., Goldsmith, L., Emerson, M., Owen, M., Davis, F., & Porcia, E. 1971. The teacher as observer and experimenter in the modification of disputing and talking-out behaviors. *Journal of Applied Behavior Analysis, 4,* 141-149.
91. Hall, R.B., & Hall, M. 1980. *How to use time out.* Lawrence, KS: H&H Enterprises.
92. Hall, R.V., Lund, D., & Jackson, D. 1968. Effects of teacher attention on study behavior. *Journal of Applied Behavior Analysis, 1,* 1-12.
93. Hamad, C., Isley, E., & Lowry, M. 1983. The use of mechanical restraint and response incompatibility to modify self-injurious behavior: A case study. *Mental Retardation, 21,* 213-217.
94. Handen, B., Parrish, J., McClung, T., Kerwin, M., & Evans, L. 1992. Using guided compliance versus timeout to promote child compliance. *Research in Developmental Disabilities, 13*(2), 157-170.
95. Haring, T., & Kennedy, C. 1990. Contextual control of prohlem behavior in students with severe disabilities. *Journal of Applied Behavior Analysis, 23,* 235-243.
96. Harris, J. 1996. Physical restraint procedures for managing challenging behaviours presented by mentally retarded adults and children. *Research in Developmental Disabilities, 17*(2), 99-134.
97. Harris, V.W., & Herman, J.A. 1973. Use and analysis of the "Good Behavior Game" to reduce disruptive classroom behavior. *Journal of Applied Behavior Analysis, 6,* 405-417.
98. Hayes v. Unified School District No. 377, 877 F. 2d 809 (10th Cir. 1989).
99. Heller, M., & White, M. 1975. Rates of teacher approval and disapproval to higher and lower ability classes. *Journal of Educational Psychology, 67,* 796-800.
100. Hinerman, P., Jenson, W., Walker, G., & Peterson, P. 1982. Positive practice overcorrection combined with additional procedures to teach signed words to an autistic child. *Journal of Autism and Developmental Disorders, 12,* 253-263.
101. Honig v. Doe, 56 S. Ct. 27 1988.
102. Horner, R., & Day, H. 1991. The effects or response efficiency on funcitonally equivalent competing behaviors. *Journal of Applied Behavior Analysis, 24,* 719-732.
103. Horner, R., Sprague, J., O'Brien, M., & Heathfield, L. 1990. The role of response efficiency in the reduction of problem behaviors through funcitonal equivalence training: A case study. *Journal of the Association for Persons with Severe Handicaps, 15,* 91-97.
104. Horton, S. 1987. Reduction of disruptive mealtime behavior by facial screening. *Behavior Modification, 11,* 53-64.
105. Huguenin, N., & Mulick, J. 1981. Nonexclusionary timeout: Maintenance of appropriate behavior across settings. *Applied Research in Mental Retardation, 2,* 55-67.
106. Isley, E., Kartsonis, C., McCurley, C., Weisz, K., & Roberts, M.S. 1991. Self-restraint: A review of etiology and applications in mentally retarded adults with self-injury. *Research in Developmental Disabilities, 12*(1), 87-95.
107. Iwata, B.A., & Bailey, J.S. 1974. Reward versus cost token systems: An analysis of the effects on students and teacher. *Journal of Applied Behavior Analysis, 7,*

567-576.
108 Iwata, B., Pace, G., Kalsher, M., Cowdery, G., & Cataldo, M. 1990. Experimental analysis and extinction of self-injurious escape behavior. *Journal of Applied Behavior Analysis, 23*, 11-27.
109 Jordan, J., Singh, N., & Repp, A.C. 1989. An evaluation of gentle teaching and visual screening in the reduction of stereotypy. *Journal of Applied Behavior Analysis, 22*, 9-22.
110 Kazdin, A.E. 1972. Response cost: The removal of conditioned reinforcers for therapeutic change. *Behavior Therapy, 3*, 533-546.
111 Kazdin, A. 1994. *Behavior modification in applied settings*. Pacific Grove, CA: Brooks/Cole Publishing Co.
112 Kelley, M.L., & McCain, A. 1995. Promoting academic performance in inattentive children. *Behavior Modification, 19*(3), 357-375.
113 Kern, L., Koegel, R., & Dunlap, G. 1984. The influence of vigorous versus mild exercise on autistic stereotyped behaviors. *Journal of Autism and Developmental Disorders, 14*, 57-67.
114 Kern, L., Koegel, R., Dyer, K., Blew, P., & Fenton, L. 1982. The effects of physical exercise on self-stimulation and appropriate responding in autistic children. *Journal of Autism and Developmental Disorders, 12*, 399-419.
115 Krasner, L. 1976. Behavioral modification: Ethical issues and future trends. In H. Leitenberg (Ed.), *Handbook of behavior modification and behavior therapy* (pp. 627-649). Englewood Cliffs, NJ: Prentice-Hall.
116 Lahey, B.B., McNees, M.P., & McNees, M.C. 1973. Control of an obscene "verbal tic" through timeout in an elementary school classroom. *Journal of Applied Behavior Analysis, 6*, 101-104.
117 Lalli, J., Zanolli, K., & Wohn, T. 1994. Using extinction to promote response variability in toy play. *Journal of Applied Behavior Analysis, 27*, 735-736.
118 LeBlanc, L., & Matson, J. 1995. A social skills training program for preschoolers with developmental delays. *Behavior Modification, 19*(2), 234-246.
119 Lennox, D., Miltenberger, R., & Donnelly, D. 1987. Response interruption and DRL for the reduction of rapid eating. *Journal of Applied Behavior Analysis, 20*, 279-284.
120 Lenz, M., Singh, N., & Hewett, A. 1991. Overcorrection as an academic remediation procedure. *Behavior Modification, 15*, 64-73.
121 Lerman, D., & Iwata, B. 1996. Developing a technology for the use of operant extinction in clinical settings: An examination of basic and applied research. *Journal of Applied Behavior Analysis, 29*, 345-382.
122 Liberman R.P., Teigen, J., Patterson, R., & Baker, V. 1973. Reducing delusional speech in chronic, paranoid schizophrenics. *Journal of Applied Behavior Analysis, 6*, 57-64.
123 Linton, J., & Singh, N. 1984. Acquisition of sign language using positive practice overcorrection. *Behavior Modification, 8*, 553-566.
124 Lovaas, O.I., & Simmons, J.Q. 1969. Manipulation of self-destruction in three retarded children. *Journal of Applied Behavior Analysis, 2*, 143-157.
125 Luiselli, J. 1980. Controlling disruptive behaviors of an autistic child: Parent-mediated contingency management in the home setting. *Education and Treatment of Children, 3*, 195-203.
126 Luiselli, J. 1986. Modification of self-injurious behavior: An analysis of the use of contingently applied protective equipment. *Behavior Modification, 10*, 191-203.
127 Luiselli, J. 1996. Multicomponent intervention for challenging behaviors of a child with pervasive developmental disorder in a public school setting. *Journal of Developmental and Physical Disabilities, 8*(3), 211-219.
128 Luiselli, J., & Rice, D. 1983. Brief positive practice with a handicapped child: An assessment of suppressive and re-educative effects. *Education and Treatment of Children, 6*, 241-250.
129 Lutzker, J. 1974. Social reinforcement control of exhibitionism in a profoundly retarded adult. *Mental Retardation, 12*, 46-47.
130 Mabee, W. 1988. The effects of academic positive practice on cursive letter writing. *Education and Treatment of Children, 11*, 143-148.
131 Mace, F., Page, T., Ivancic, M., & O'Brien, S. 1986. Effectiveness of brief time-out with and without contingent delay: A comparative analysis. *Journal of Applied Behavior Analysis, 19*, 79-86.
132 MacPherson, E.M., Candee, B.L., & Hohman, R.J. 1974. A comparison of three methods for eliminating disruptive lunchroom behavior. *Journal of Applied Behavior Analysis, 7*, 287-297.
133 Marholin, D., II, & Gray, D. 1976. Effects of group response-cost procedures on cash shortages in a small business. *Journal of Applied Behavior Analysis, 9*, 25-30.
134 Marshall, H. 1965. The effect of punishment on children. A review of the literature and a suggested hypothesis. *Journal of Genetic Psychology, 106*, 23-33.
135 Matson, J., Esveldt-Dawson, K., & Kazdin, A.E. 1982. Treatment of spelling deficits in mentally retarded children. *Mental Retardation, 20*, 76-81.
136 Matson, J., & Keyes, J. 1988. Contingent reinforcement and contingent restraint to treat severe aggression and self-injury in mentally retarded and autistic adults. *Journal of the Multihandicapped Person, 1*, 141-148.
137 Matson, J., & Stephens, R. 1977. Overcorrection of aggressive behavior in a chronic psychiatric patient. *Behavior Modification, 1*, 559-564.
138 Matthews, J., Friman, P., Barone, V., Ross, L., & Christophersen, E. 1987. Decreasing dangerous infant behaviors through parent instruction. *Journal of Applied Behavior Analysis, 20*, 165-169.
139 May, J., Mcallister, J., Risley, T. Twardosz, S., & Cox, C. 1974. *Florida guidelines for the use of behavioral procedures in state programs for the retarded*. Tallahassee: Florida Division of Retardation.
140 Mayhew, G., & Harris, F. 1979. Decreasing self-injurious behavior: Punishment with citric acid and reinforcement of alternative behaviors. *Behavior Modification, 3*, 322-336.
141 Mazaleski, J., Iwata, B., Rodgers, T., Vollmer, T., & Zarcone, J. 1994. Protective equipment as treatment for stereotypic hand mouthing: Sensory extinction or punishment effects? *Journal of Applied Behavior Analysis, 27*, 345-355.
142 McGonigle, J., Duncan, D., Cordisco, L., & Barrett, R. 1982. Visual screening: An alternative method for reduc-

ing stereotypic behaviors. *Journal of Applied Behavior Analysis, 15*, 461-467.

143 McGonigle, J., & Rojahn, J. 1989. An experimental analysis of visual screening and DRO for stereotyped behavior in young children with developmental disabilities. *Journal of the Multihandicapped Person, 2*, 251-270.

144 McKeegan, G., Estill, K., & Campbell, B. 1984. Use of nonseclusionary timeout for the elimination of stereotypic behavior. *Journal of Behavior Therapy and Experimental Psychiatry, 15*, 261-264.

145 McSweeny, A.J. 1978. Effects of response cost on the behavior of a million persons: Charging for directory assistance in Cincinnati. *Journal of Applied Behavior Analysis, 11*, 47-51.

146 Mogel, S., & Schiff, W. 1967. Extinction of a head-bumping symptom of eight years' duration in two minutes: A case report. *Behavior Research and Therapy, 5*, 131-132.

147 Mowrer, D., & Conley, D. 1987. Effect of peer administered consequences upon articulatory responses of speech defective children. *Journal of Communication Disorders, 20*, 319-326.

148 Neisworth, J., Hunt, F., Gallop, H., & Nadle, R. 1985. Reinforcer displacement: A preliminary study of the clinical application of CRF/EXT effect. *Behavior Modification, 9*, 103-115.

149 Northup, J., Fisher, W., Kahang, S., Harrell, R., & Kurtz, P. 1997. An assessment of the necessary strength of behavioral treatments for severe behavior problems. *Journal of Developmental and Physical Disabilities, 9*(1), 1-15.

150 Ogier, R., & Hornby, G. 1996. Effects of differential reinforcement on the behavior and self-esteem of children with emotional and behavioral disorders. *Journal of Behavioral Education, 6*(4), 501-510.

151 Ollendick, T., & Matson, J. 1976. An initial investigation into the parameters of overcorrection. *Psychological Reports, 39*, 1139-1142.

152 Ollendick, T., Matson, J., Esveldt-Dawson, K., & Shapiro, F. 1980. Increasing spelling achievement: An analysis of treatment procedures utilizing an alternating treatments design. *Journal of Applied Behavior Analysis, 13*, 645-654.

153 O'Neill, R., Horner, R., Albin, R., Sprague, J., Storey, K., & Newton, J.S. 1997. *Functional assessment and program development for problem behavior.* Pacific Grove, CA: Brooks/Cole Publishing Co.

154 Pace, G., Iwata, B., Edwards, G., & McCosh, K. 1986. Stimulus fading and transfer in the treatment of self-restraint and self-injurious behavior. *Journal of Applied Behavior Analysis, 19*, 381-389.

155 Patterson, G.R. 1965. An application of conditioning techniques to the control of a hyperactive child. In L.P. Ullmann & L. Krasner (Eds.), *Case studies in behavior modification* (pp. 370-375). New York: Holt, Rinehart & Winston.

156 Piazza, C., Fisher, W., Hanley, G., Hilker, K., & Derby, K. 1996. A preliminary procedure for predicting the positive and negative effects of reinforcement-based procedures. *Journal of Applied Behavior Analysis, 29*, 137-152.

157 Piazza, C., Moes, D., & Fisher, W. 1996. Differential reinforcement of alternative behavior and demand fading in the treatment of escape-maintained destructive behavior. *Journal of Applied Behavior Analysis, 29*, 569-572.

158 Pinkston, E.M., Reese, N.M., LeBlanc, J.M., & Baer, D.M. 1973. Independent control of a preschool child's aggression and peer interaction by contingent teacher attention. *Journal of Applied Behavior Analysis, 6*, 115-124.

159 Proctor, M., & Morgan, D. 1991. Effectiveness of a response cost raffle procedure on the disruptive classroom behavior of adolescents with behavior problems. *School Psychology Review, 20*, 97-109.

160 Rapport, M., Murphy, A., & Bailey, J. 1982. Ritalin vs. response cost in the control of hyperactive children: A within-subject comparison. *Journal of Applied Behavior Analysis, 15*, 205-2 16.

161 Reid, J., Tombaugh, T., & Van den Heuvel, K. 1981. Application of contingent physical restraint to suppress stereotyped body rocking of profoundly retarded persons. *American Journal of Mental Deficiency, 86*, 78-85.

162 Repp, A.C. 1983. *Teaching the mentally retarded child.* Englewood Cliffs, NJ: Prentice Hall.

163 Repp, A.C., Barton, L., & Brulle, A. 1983. A comparison of two procedures for programming the differential reinforcement of other behavior. *Journal of Applied Behavior Analysis, 16*, 435-445.

164 Repp, A.C., & Deitz, D.E.D. 1979. Reinforcement-based reductive procedures: Training and monitoring performance of institutional staff. *Mental Retardation, 17*, 221-226.

165 Repp, A.C., Deitz, S.M., & Deitz, D.E.D. 1976. Reducing inappropriate behaviors in classrooms and in individual session through DRO schedules of reinforcement. *Mental Retardation, 14*, 11-15.

166 Repp, A.C., Deitz, S.M., & Speir, NC. 1974. Reducing stereotypic responding of retarded persons by the differential reinforcement of other behavior. *American Journal of Mental Deficiency, 79*, 279-284.

167 Repp, A., Felce, D., & Barton, L. 1991. The effects of initial interval size on the efficacy of DRO schedules of reinforcement. *Exceptional Children, 58*, 417-425.

168 Reynolds, G.S. 1961. Behavioral contrast. *Journal of the Experimental Analysis of Behavior, 4*, 57-71.

169 Reynolds, L., & Kelley, M.L. 1997. The efficacy of a response cost-based treatment package for managing aggressive behavior in preschoolers. *Behavior Modification, 21*(2), 216-230.

170 Rimm, D.C., & Masters, J.C. 1979. *Behavior therapy: Techniques and empirical findings.* New York: Academic Press.

171 Rincover, A. 1981. *How to use sensory extinction.* Lawrence, KS: H&H Enterprises.

172 Ringdahl, J., Vollmer, T., Marcus, B., & Roane, H. 1997. An analogue evaluation of environmental enrichment: The role of stimulus preference. *Journal of Applied Behavior Analysis, 30*, 203-2 16.

173 Ritschl, C., Mongrella, J., & Presbie, R. 1972. Group time out from rock and roll music and out-of-seat behavior of handicapped children while riding a school bus. *Psychological Reports, 31*, 967-973.

174 Roberts, M. 1988. Enforcing chair timeouts with room timeouts. *Behavior Modification, 12*, 353-370.

175 Rojahn, J., McGonigle, J., Curcio, C., & Dixon, J. 1987. Suppression of pica by water mist and aromatic ammonia. *Behavior Modification, 11*, 65-74.

176 Rolider, A., & Van Houten, R. 1985. Movement suppres-

sion in time-out for undesirable behavior in psychotic and severely developmentally delayed children. *Journal of Applied Behavior Analysis, 18*, 275-288.
177 Rolider, A., Williams, L., Cummings, A., & Van Houten, R. 1991. The use of brief movement restriction procedure to eliminate severe inappropriate behaviour. *Journal of Behaviour Therapy and Experimental Psychiatry, 22*(1), 23-30.
178 Rollings, J., Baumeister, A., & Baumeister, A. 1977. The use of overcorrection procedures to eliminate the stereotyped behaviors of retarded individuals: An analysis of collateral behaviors and generalization of suppressive effects. *Behavior Modification, 1*, 29-46.
179 Rortvedt, A., & Miltenberger, R. 1994. Analysis of a high-probability instructional sequence and time-out in the treatment of child noncompliance. *Journal of Applied Behavior Analysis, 27*, 327-330.
180 Rotholz, O., & Luce, S. 1983. Alternative reinforcement strategies for the reduction of self-stimulatory behavior in autistic youth. *Education and Treatment of Children, 6*, 363-377.
181 Rusch, F., & Close, D. 1976. Overcorrection: A procedural evaluation. *AAESPH Review, 1*, 32-45.
182 Rusch, F., Connis, R., & Sowers, J. 1978. The modification and maintenance of time spent attending to task using social reinforcement, token reinforcement and response cost in an applied restaurant setting. *Journal of Special Education Technology, 2*, 18-26.
183 Rutherford, B. 1940. The use of negative practice in speech therapy with children handicapped by cerebral palsy, athetoid type. *Journal of Speech Disorders, 5*, 259-264.
184 Sajwaj, T., Libet, J., & Agras, S. 1974. Lemon-juice therapy: The control of life-threatening rumination in a six-month-old infant. *Journal of Applied Behavior Analysis, 7*, 557-563.
185 Salend, S. 1988. Effects of a student-managed response cost system on the behavior of two mainstreamed students. *Elementary School Journal, 89*, 89-97.
186 Salend, S., & Gordon, B. 1987. A group-oriented timeout ribbon procedure. *Behavioral Disorders, 12*, 131-137.
187 Salend, S., & Kovalich, B. 1981. A group response cost system mediated by free tokens. *American Journal of Mental Deficiency, 86*, 184-187.
188 Salend, S., & Lamb, E. 1986. Effectiveness of a group-managed interdependent contingency system. *Learning Disability Quarterly, 9*, 268-273.
189 Salend, S., & Maragulia, D. 1983. The timeout ribbon: A procedure for the least restrictive environment. *Journal for Special Educators, 20*, 9-15.
190 Salend, S., & Meddaugh, D. 1985. Using a peer-mediated extinction procedure to decrease obscene language. *The Pointer, 30*, 8-11.
191 Schloss, P., & Smith, M. 1987. Guidelines for ethical use of manual restraint in public school settings for behaviorally disordered students. *Behavioral Disorders, 12*, 207-213.
192 Siegel, G.M., Lenske, J., & Broen, P. 1969. Suppression of normal speech disfluencies through response cost. *Journal of Applied Behavior Analysis, 2*, 265-276.
193 Silverman, K., Watanabe, K., Marshall, A., & Baer, D. 1984. Reducing self-injury and corresponding self-restraint through the strategic use of protective clothing. *Journal of Applied Behavior Analysis, 17*, 545-552.
194 Singh, N. 1979. Aversive control of breath-holding. *Journal of Behavior Therapy and Experimental Psychiauy, 10*, 147-149.
195 Singh, N. 1980. The effects of facial screening on infant self-injury. *Journal of Behavior Therapy and Experimental Psychiatry, 11*, 131-134.
196 Singh, N. 1987. Overcorrection of oral reading errors. *Behavior Modification, 11*, 165-181.
197 Singh, N., & Bakker, L. 1984. Suppression of pica by overcorrection and physical restraint: A comparative analysis. *Journal of Autism and Developmental Disorders, 14*, 331-340.
198 Singh, N., Beale, I., & Dawson, M. 1981. Duration of facial screening and suppression of self-injurious behavior: Analysis using an alternative treatments design. *Behavioral Assessment, 3*, 411-420.
199 Singh, N., Dawson, M., & Manning, P. 1981. Effects of spaced responding DRL on the stereotyped behavior of profoundly retarded persons. *Journal of Applied Behavior Analysis, 14*, 521-526.
200 Singh, N., Landrum, T., Ellis, C., & Donatelli, L. 1993. Effects of thioridazine and visual screening on stereotypy and social behavior in individuals with mental retardation. *Research in Developmental Disabilities, 14*, 163-177.
201 Singh, N., & Singh, J. 1986. Increasing oral reading proficiency: A comparative analysis of drill and positive practice overcorrection procedures. *Behavior Modification, 10*, 115-130.
202 Singh, N., & Singh, J. 1988. Increasing oral reading proficiency through overcorrection and phonic analysis. *American Journal of Mental Retardation, 93*, 312-319.
203 Singh, N., Singh, J., & Winton, A. 1984. Positive practice overcorrection of oral reading errors. *Behavior Modification, 8*, 23-37.
204 Singh, N., Watson, J., & Winton, A. 1986. Treating self-injury: Water mist spray versus facial screening or forced arm exercise. *Journal of Applied Behavior Analysis, 19*, 403-410.
205 Singh, N., & Winton, A. 1984. Effects of a screening procedure on pica and collateral behaviors. *Journal of Behavior Therapy and Experimental Psychiatry, 15*, 59-65.
206 Skinner, B.F. 1953. *Science and human behavior.* New York: Macmillan.
207 Smith, A., Piersel, W., Filbeck, R., & Gross, E. 1983. The elimination of mealtime food stealing and scavenging behavior in an institutionalized severely mentally retarded adult. *Mental Retardation, 21*, 255-259.
208 Smith, R., Lerman, D., & Iwata, B. 1996. Self-restraint as positive reinforcement for self-injurious behavior. *Journal of Applied Behavior Analysis, 29*, 99-102.
209 Sobsey, D. 1990. Modifying the behavior of behavior modifiers. In A. Repp & N. Singh (Eds.), *Perspectives on the use of nonaversive and aversive interventions for persons with developmental disabilities* (pp. 421-433). Sycamore, IL: Sycamore Publishing.
210 Solomon, R.W., & Wahler, R.G. 1973. Peer reinforcement control of classroom problem behavior. *Journal of Applied Behavior Analysis, 6*, 49-56.
211 Stewart, C., & Singh, N. 1986. Overcorrection of spelling deficits in mentally retarded persons. *Behavior Modifi-*

212 Sumner, J., Meuser, S., Hsu, L., & Morales, R. 1974. Overcorrection treatment of radical reduction of aggressive-disruptive behavior in institutionalized mental patients. *Psychological Reports, 35*, 655-662.
213 Tanner, B.A., & Zeiler, M. 1975. Punishment of self-injurious behavior using aromatic ammonia as the aversive stimulus. *Journal of Applied Behavior Analysis, 8*, 53-57.
214 Thomas, J.D., Presland, I.E., Grant, M.D., & Glynn, T.L. 1978. Natural rates of teacher approval and disapproval in grade-7 classrooms. *Journal of Applied Behavior Analysis, 11*, 91-94.
215 Trice, A., & Parker, F. 1983. Decreasing adolescent swearing in an instructional setting. *Education and Treatment of Children, 6*, 29-35.
216 Twardosz, S., & Sajway, T. 1972. Multiple effects of a procedure to increase sitting in a hyperactive, retarded boy. *Journal of Applied Behavior Analysis, 5*, 73-78.
217 Twyman, J., Johnson, H., Buie, J., & Nelson, C.M. 1994. The use of a warning procedure to signal a more intrusive timeout contingency. *Behavioral Disorders, 19*(4), 243-253.
218 Van Houten, R. 1993. The use of wrist weights to reduce self-injury maintained by sensory reinforcement. *Journal of Applied Behavior Analysis, 26*, 197-203.
219 Van Houten, R., Nau, P., Mackenzie-Keating, S., Sameoto, D., & Colavecchia, B. 1982. An analysis of some variables influencing the effectiveness of reprimands. *Journal of Applied Behavior Analysis, 15*, 65-83.
220 Vasta, R., & Wortman, H. 1988. Nocturnal bruxism treated by massed negative practice. *Behavior Modification, 12*, 618-626.
221 Vollmer, T., & Iwata, B. 1992. Differential reinforcement as treatment for behavior disorder: Procedural and functional variations. *Research in Developmental Disabilities, 13*, 393-417.
222 Walton, D. 1961. Experimental psychology and the treatment of a tiqueur. *Journal of Child Psychology and Psychiatry, 2*, 148-155.
223 Watson, J., Singh, N., & Winton, A. 1986. Suppressive effects of visual and facial screening on self-injurious finger-sucking. *American Journal of Mental Deficiency, 90*, 526-534.
224 Watson, L.S. 1967. Application of operant conditioning techniques to institutionalized severely and profoundly retarded children. *Mental Retardation Abstracts, 4*, 1-18.
225 Wesolowski, M., & Zawlocki, R., 1982. The differential effects of procedures to eliminate an injurious self-stimulatory behavior (digito-ocular sign) in blind retarded twins. *Behavior Therapy, 13*, 334-345.
226 White, A., & Bailey, J. 1990. Reducing disruptive behaviors of elementary physical education students with sit and watch. *Journal of Applied Behavior Analysis, 23*, 353-359.
227 White, M.A. 1975. Natural rates of teacher approval and disapproval in the classroom. *Journal of Applied Behavior Analysis, 8*, 367-372.
228 Winton, A., & Singh, N. 1983. Suppression of pica using brief-duration physical restraint. *Journal of Mental Deficiency Research, 27*, 93-103.
229 Winton, A., Singh, N., & Dawson, M. 1984. Effects of facial screening and blindfold on self-injurious behavior. *Applied Research in Mental Retardation, 5*, 29-42
230 Wylie, A., & Grossman, J. 1988. Response reduction through superimposition of continuous reinforcement: A systematic replication. *Journal of Applied Behavior Analysis, 21*, 20 1-206.
231 Yates, A.J. 1958. Symptoms and symptom substitution. *Psychological Review, 65*, 371-374.
232 Yell, M. 1994. Timeout and students with behavior disorders: A legal analysis. *Education and Treatment of Children, 17*(3), 293-301.
233 Zabel, M. 1986. Timeout use with behaviorally disordered students. *Behavioral Disorders, 11*, 15-20.
234 Zarcone, J., Iwata, B., Mazaleski, J., & Smith, R. 1994. Momentum and extinction effects on self-injurious escape behavior and noncompliance. *Journal of Applied Behavior Analysis, 27*, 649-658.
235 Zegiob, L., Alford, G.L., & House, A. 1978. Response suppressive and generalization effects of facial screening on multiple self-injurious behavior in a retarded boy. *Behavior Therapy, 9*, 688.
236 Zegiob, L., Jenkins, J., Becker, J., & Bristow, A. 1976. Facial screening: Effects on appropriate and inappropriate behaviors. *Journal of Behavior Therapy and Experimental Psychiatry, 7*, 355-357.
237 Zimmerman, E.H., & Zimmerman, J. 1962. The alteration of behavior in a special classroom situation. *Journal of the Experimental Analysis of Behavior, 5*, 59-60.

第9章

1 Alberto, P.A., Sharpton, W.R., Briggs, A., & Stright, M.H. 1986. Facilitating task acquisition through the use of a self-operated auditory prompting system. *Journal of the Association for Persons with Severe Handicaps, 11*, 85-91.
2 Ayllon, T. 1977. Personal communication.
3 Bandura, A. 1969. *Princzples of behavior modification*. New York: Holt, Rinehart & Winston.
4 Becker, W.C., Engelmann, S., & Thomas, DR. 1975a. *Teaching 1: Classroom management*. Chicago: Science Research Associates.
5 Becker, W.C., Engelmann, S., & Thomas, D.R. 1975b. *Teaching 2: Cognitive learning and instruction*. Chicago: Science Research Associates.
6 Billingsley, F.F., & Romer, L.T. 1983. Response prompting and the transfer of stimulus control: Methods, research, and a conceptual framework. *Journal of the Association for Persons with Severe Handicaps, 8*, 3-12.
7 Bradley-Johnson, S., Johnson, C., & Sunderman, P.1983. Comparison of delayed prompting and fading for teaching preschoolers easily confused letters and numbers. *Journal of School Psychology, 21*, 327-335.
8 Briggs, A., Alberto, P.A., Berlin, K., McKinley, C., Sharpton, W.R., & Ritts, C. 1990. Generalized use of a self-operated audio prompt system. *Education and Training in Mental Retardation, 25*, 381-389.
9 Cheney, T., & Stein, N. 1974. Fading procedures and oddity learning in kindergarten children. *Journal of Experimental Child Psychology, 17*, 313-321.
10 Csapo, M. 1981. Comparison of two prompting procedures to increase response fluency among severely

handicapped learners. *Journal of the Association for the Severely Handicapped, 6*, 39-47.

11 Davis, C.A., Brady, M.P., Williams, R.E., & Burta, M. 1992. The effects of self-operated auditory prompting tapes on the performance fluency of persons with severe mental retardation. *Education and Training in Mental Retardation, 27*, 39-49.

12 Delbert, A.N., & Harmon, A.S. 1972. *New tools for changing behavior*. Champaign, IL: Research Press.

13 Dunlap, G., & Kern, L. 1996. Modifying instructional activities to promote desirable behavior: A conceptual and practical framework. *School Psychology Quarterly, 11*, 297-312.

14 Engelmann, S., & Carnine, D. 1982. *Theory of instruction: Principles and applications*. New York: Irvington.

15 Etzel, B.C., & LeBlanc, J.M. 1979. The simplest treatment alternative: The law of parsimony applied to choosing appropriate instructional control and errorless-learning procedures for the difficult-to-teach child. *Journal of Autism and Developmental Disorders, 9*, 361-382.

16 Ferster, C.B., Culbertson, S., & Boren, M.C.P. 1975. *Behavior principles* (2nd ed.). Englewood Cliffs, NJ: Prentice Hall.

17 Foxx, R.M., & Azrin, N.H. 1972. Restitution: A method of eliminating aggressive-disruptive behavior of retarded and brain damaged patients. *Behavior Research and Therapy, 10*, 15-27.

18 Foxx, R.M., & Azrin, N.H. 1973. *Toilet training the retarded*. Champaign, IL: Research Press.

19 Frank, A.R., Wacker, D.P., Berg, W.K., & McMahon, C.M. 1985. Teaching selected microcomputer skills to retarded students using picture prompts. *Journal of Applied Behavior Analysis, 18*, 179-185.

20 Gaylord-Ross, R.J., & Holvoet, J. 1985. *Strategies for educating students with severe handicaps*. Boston: Little, Brown.

21 Halle, J.W. 1989. Identifying stimuli in the natural environment that control verbal responses. *Journal of Speech and Hearing Disorders, 54*, 500-504.

22 Halle, J.W., & Holt, B. 1991. Assessing stimulus control in natural settings: An analysis of stimuli that acquire control during training. *Journal of Applied Behavior Analysis, 24*, 579-589.

23 Haupt, E.J., Van Kirk, M.J., & Terraciano, T. 1975. An inexpensive fading procedure to decrease errors and increase retention of number facts. In E. Ramp & G. Semb (Eds.), *Behavior analysis: Areas of research and application*. Englewood Cliffs, NJ: Prentice Hall.

24 Hay, D., Murray, P., Cecire, S., & Nash, A. 1985. Social learning and social behavior in early life. *Child Development, 56*, 43-57.

25 Herrnstein, B.J., & Loveland, D.H. 1964. Complex visual concept in the pigeon. *Science, 146*, 549-550.

26 Holland, J.G., & Skinner, B.F. 1961. *The analysis of behavior*. New York: McGraw-Hill.

27 Hunter, M. 1984. Knowing, teaching, and supervising. In P. Hosford (Ed.), *Using what we know about teaching*. Alexandria, VA: Association for Supervision and Curriculum Development.

28 Karen, R.L. 1974. *An introduction to behavior theory and its applications*. New York: Harper & Row.

29 Kauchak, D.P., & Eggen, P.D. 1998. *Learning and teaching*. Boston: Allyn & Bacon.

30 Kayser, J.E., Billingsley, F.F., & Neel, R.S. 1986. A comparison of in context and traditional instructional approaches: Total task single trial vs backward chaining multiple trial. *Journal of the Association for Persons with Severe Handicaps, 11* 28-38.

31 Kleinert, H.L., & Gast, D.L. 1982. Teaching a multihandicapped adult manual signs using a constant time delay procedure. *Journal of the Association of the Severely Handicapped, 6*(4), 25-32.

32 Krumboltz, J.D., & Krumboltz, H.D. 1972. *Changing children's behavior*. Englewood Cliffs, NJ: Prentice Hall.

33 Le Grice, B., & Blampied, N.M. 1997. Learning to use video recorders and personal computers with increasing assistance prompting. *Journal of Developmental and Physical Disabilities, 9*, 17-29.

34 Lovaas, O.I., Schreibman, L., Koegel, R.L., & Rhen, R. 1971. Selective responding by autistic children to multiple sensory input. *Journal of Abnormal Psychology, 77*, 211-222.

35 Luciano, M.C. 1986. Acquisition, maintenance, and generalization of productive intraverbal behavior through transfer of stimulus control procedures. *Applied Research in Mental Retardation, 7*, 1-20.

36 MacDuff, G.S., Krantz, P.J., & MacClannahan, L.E. 1993. Teaching children with autism to use photographic activity schedules: Maintenance and generalization of complex response chains. *Journal of Applied Behavior Analysis, 26*, 89-97.

37 Malott, R.W., Whaley, D.C., & Malott, M.E. 1997. *Elementary princifples of behavior*. Upper Saddle River, NJ: Prentice Hall.

38 Martin, J., Rusch, F., James, V., Decker, P., & Trtol, K. 1974. The use of picture cues to estabtish self-control in the preparation of complex meals by mentally retarded adults. *Applied Research in Mental Retardation, 3*, 105-119.

39 Michael, J. 1982. Distinguishing between discriminative and motivational functions of stimulus. *Journal of the Experimental Analysis of Behavior, 37*, 149-155.

40 Mosk, M.D., & Bucher, B. 1984. Prompting and stimulus shaping procedures for teaching visual-motor skills to retarded children. *Journal of Applied Behavior Analysis, 17*, 23-34.

41 Moyer, J.R., & Dardig, J.C. 1978. Practical task analysis for educators. *Teaching Exceptional Children, 11*, 16-18.

42 Munk, D.D., & Repp, A.C. 1994. The relationship between instructional variables and problem behavior: A review. *Exceptional Children, 60*, 390-401.

43 Panyan, M.P. 1980. *How to use shaping*. Lawrence, KS: H & H Enterprises.

44 Patterson, E.T., Panyon, M.C., Wyatt, S., & Morales, E. September 1974. Forward vs. backward chaining in the teaching of vocational skills to the mentally retarded: An empirical analysis. Paper presented at the 82nd Annual Meeting of the American Psychological Association, New Orleans.

45 Rodewald, H.K. 1979. *Stimulus control of behavior*. Baltimore: University Park Press.

46 Schreibman, L. 1975. Effects of within-stimulus and extra-stimulus prompting on discrimination learning in autistic children. *Journal of Applied Behavior Analysis, 8*,

91-112.
47 Schreibman, L., & Charlop, M.H. 1981. S⁺ versus S⁻ fading in prompting procedures with autistic children. *Journal of Experimental Child Psychology, 34,* 508-520.
48 Schussler, N.G, & Spradlin, J.E. 1991. Assessment of stimuli controlling the requests of students with severe mental retardation during a snack routine. *Journal of Applied Behavior Analysis, 24,* 791-797.
49 Spooner, F. 1981. An operant analysis of the effects of backward chaining and total task presentation. Dissertation Abstracts International, 41, 3992A (University Microfilms No. 8105615).
50 Spooner, F., & Spooner, D. 1983. Variability: An aid in the assessment of training procedures. *Journal of Precision Teaching* 4(1), 5-13.
51 Spooner, F., & Spooner, D. 1984. A review of chaining techniques: Implications for future research and practice. *Education and Training of the Mentally Retarded, 19,* 114-124.
52 Staats, A.W., & Staats, C.K. 1963. *Complex human behavior.* New York: Holt, Rinehart & Winston.
53 Stella, M.E., & Etzel, B.C. 1978. *Procedural variables in errorless discrimination learning: Order of S⁺ and S⁻ manipulation.* Toronto, Canada: American Psychological Association.
54 Stevens, K.B., & Schuster, J.W. 1987. Effects of a constant time delay procedure on the written spelling performance of a learning disabled student. *Learning Disability Quarterly, 10,* 9-16.
55 Streifel, S., & Wetherby, B., 1973. Instruction-following behavior of a retarded child and its controlling stimuli. *Journal of Applied Behavior Analysis, 6,* 663-670.
56 Sulzer-Azaroff, B., & Mayer, G.R. 1986. *Achieving educational excellence.* New York: Holt, Rinehart & Winston.
57 Terrace, H.S. 1966. Stimulus control. In W.K. Honig (Ed.), *Operant behavior: Areas of research and application.* New York: Appleton-Century-Crofts.
58 Test, D.W., & Spooner, F. 1996. *Community-based instructional support.* Washington, DC: American Association on Mental Retardation.
59 Test, D.W., Spooner, F., Keul, P.K., & Grossi, T. 1990. Teaching adolescents with severe disabilities to use the public telephone. *Behavior Modification, 14,* 157-171.
60 Touchette, P.E., & Howard, J.S. 1984. Errorless learning: Reinforcement contingencies and stimulus control transfer in delayed prompting. *Journal of Applied Behavior Analysis, 17,* 175-188.
61 Wacker, D.P., & Berg, W.K. 1983. Effects of picture prompts on the acquisition of complex vocational tasks by mentally retarded adolescents. *Journal of Applied Behavior Analysis, 16,* 417-433.
62 Walls, R.T., Zane, T., & Ellis, W.D. 1981. Forward chaining, backward chaining, and whole task methods for training assembly tasks. *Behavior Modification, 5,* 61-74.
63 Werts, M.G., Caldwell, N.K., & Wolery, M. 1996. Peer modeling of response chains: Observational learning by students with disabilities. *Journal of Applied Behavior Analysis, 29,* 53-66.
64 Wilcox, B., & Bellamy, G.T. 1982. *Design of high school programs for severely handicapped students.* Baltimore: Paul H. Brookes.
65 Wilson, P.G., Schepis, M.M., Mason-Main, M. 1987. In vivo use of picture prompt training to increase independent work at a restaurant. *Journal of Tithe Association for Persons with Severe Handicaps, 12,* 145-1 50.
66 Wright, C.W., & Schuster, J.W. 1994. Accepting specific versus functional student responses when training chained tasks. *Education and Training in Mental Retardation and Developmental Disabilities, 30,* 43-56.

第10章

1 Arndorfer, R., Miltenberger, R., Woster, S., Rorvedt, A., & Gaffaney, T. 1994. Home-based descriptive and experimental analysis of problem behaviors in children. *Topics in Early Childhood Special Education, 14*(1), 64-87.
2 Axelrod, S. 1987. Functional and structural analyses of behavior: Approaches leading to reduced use of punishment procedures? *Research in Developmental Disabilities, 8,* 165-178.
3 Axelrod, S. 1991. Smoking cessation through functional analysis. *Journal of Applied Behavior Analysis, 24,* 717-718.
4 Baer, D., Wolf, M., & Risley, T. 1968. Some current dimensions of applied behavior analysis. *Journal of Applied Behavior Analysis, 1,* 91-97.
5 Bijou, S., & Baer, D. 1978. *Behavior analysis of child development.* Englewood Cliffs, NJ: Prentice Hall.
6 Carr, E., & Durand, V. M. 1985. Reducing behavior problems through functional communication training. *Journal of Applied Behavior Analysis, 18,* 111-126.
7 Carr, E., Newsom, C., & Binkoff, J. 1980. Escape as a factor in the aggressive behavior of two retarded children. *Journal of Applied Behavior Analysis, 13,* 101-117.
8 Carr, E., Robinson, S., & Palumbo, L. 1990. The wrong issue: Aversive versus nonaversive treatment. The right issue: Functional versus nonfunctional treatment. In A. Repp & N. Singh (Eds.), *Current perspectives in the use of nonaversive and aversive interventions with developmentally disabled persons* (pp. 361-380). Sycamore, IL: Sycamore Press.
9 Chapman, S., Fisher, W., Piazza, C., & Kurtz, P. 1993. Functional assessment and treatment of life-threatening drug ingestion in a dually diagnosed youth. *Journal of Applied Behavior Analysis, 26,* 255-256.
10 Cooper, J., Heron, T., & Heward, W. 1987. *Applied behavior analysis.* Columbus, OH: Merrill.
11 Conroy, M., Fox, J., Cram, L., Jenkins, A., & Belcher, K. 1996. Evaluating the social and ecological validity of analog assessment procedures for challenging behaviors in young children. *Education and Treatment of Children, 19*(3), 233-256.
12 Crawford, J., Brockel, B., Schauss, S., & Miltenberger, R. 1992. A comparison of methods for the functional assessment of stereotypic behavior. *Journal of the Association for Persons with Severe Handicaps, 17,* 77-86.
13 Donnellan, A., Mirenda, P., Mesaros, R., & Fassbender, L. 1984. Analyzing the communicative functions of aberrant behavior. *The Journal of the Association for Persons with Severe Handicaps, 9,* 201-212.
14 Durand, V. M. 1987. "Look Homeward Angel" : a call to return to our (functional) roots. *Behavior Analyst, 10,* 229-302.

15 Durand, V. M. 1990. *Severe behavior problems: A functional communication training approach*. New York: Guilford Press.
16 Durand, V. M., & Carr, E. 1987. Social influences on "self-stimulatory" behavior. *Journal of Applied Behavior Analysis, 20*, 119-132.
17 Durand, V. M., & Carr, E. 1991. Functional communication training to reduce challenging behavior: Maintenance and application in new settings. *Journal of Applied Behavior Analysis, 24*, 251-264.
18 Durand, V. M., & Crimmins, D. 1988. Identifying variables maintaining self-injurious behavior. *Journal of Autism and Developmental Disorders, 18*, 99-117.
19 Evans, I., & Meyer, L. 1985. *An educative approach to problem behaviors: A practical decision model for interventions with severely handicapped learners*. Baltimore: Paul H. Brookes.
20 Gadow, K. 1986. *Children on medication, Vol. II*. San Diego: College-Hill Press.
21 Horner, R. 1980. The effects of an environmental enrichment program on the behavior of institutionalized profoundly retarded children. *Journal of Applied Behavior Analysis, 13*, 473-491.
22 Horner, R., & Day, H. M. 1991. The effects of response efficiency on functionally equivalent competing behaviors. *Journal of Applied Behavior Analysis, 24*, 719-732.
23 Iwata, B., Dorsey, M., Slifer, K., Bauman, K., & Richman, G. 1982. Toward a functional analysis of self-injury. *Analysis and Intervention in Developmental Disabilities, 2*, 3-20.
24 Iwata, B., & DeLeon, I. 1996. *The functional analysis screening tool*. The Florida Center on Self-Injury. Gainesville, FL: The University of Florida.
25 Iwata, B., Pace, G., Kalsher, M., Cowdery, G., & Cataldo, M. 1990. Experimental analysis and extinction of self-injurious escape behavior. *Journal of Applied Behavior Analysis, 23*, 11-27.
26 Iwata, B., Vollmer, T., & Zarcone, J. 1990. The experimental (functional) analysis of behavior disorders: Methodology, applications, and limitations. In A. Repp & N. Singh, (Eds.), *Perspectives on the use of nonaversive and aversive interventions for persons with developmental disabilities* (pp. 301-330). Sycamore, IL: Sycamore Press.
27 Karsh, K., Repp, A., Dahlquist, C., & Munk, D. 1995. In vivo functional assessment and multi-element interventions for problem behaviors of students with disabilities in classroom settings. *Journal of Behavioral Education, 5*,(2), 189-210.
28 Kazdin, A. 1980. *Behavior modification in applied settings*. Homewood, IL: Dorsey Press.
29 Lennox, D., & Miltenberger, R. 1989. Conducting a functional assessment of problem behavior in applied settings. *Journal of the Association for Persons with Severe Handicaps, 14*, 304-31.
30 Lewis, T., Scott, T., & Sugai, G. 1994. The problem behavior questionnaire: A teacher-based instrument to develop functional hypotheses of problem behavior in general education classrooms. *Diagnostique, 19*(2-3), 103-115.
31 Mace, F., Lalli, J., & Lalli, E. 1991. Functional analysis and treatment of aberrant behavior. *Research in Developmental Disabilities, 12*, 155-180.
32 Mace, F. C., Page, T., Ivancic, M., & O'Brien, S. 1986. Analysis of environmental determinants of aggression and disruption in mentally retarded children. *Applied Research in Mental Retardation, 7*, 203-221.
33 O'Neill, R., Horner, R., Albin, R., Storey, K., & Sprague, J. 1990. *Functional analysis of problem behavior*. Sycamore, IL: Sycamore Press.
34 O'Neill, R., Horner, R., Albin, R., Sprague, J., Storey, K., & Newton, J. S. 1997. *Functional assessment and program development for problem behavior*, (2nd Ed.). Pacific Grove, CA: Brooks/Cole Publishing Co.
35 O'Reilly, M. 1997. Functional analysis of episodic self-injury correlated with recurrent Otitis Media. *Journal of Applied Behavior Analysis, 30*, 165-167.
36 Pyles, D., & Bailey, J. 1990. Diagnosing severe behavior problems. In A. Repp & N. Singh, (Eds.), *Perspectives on the use of nonaversive and aversive interventions for persons with developmental disabilities* (pp. 381-401). Sycamore, IL: Sycamore Press.
37 Reed, H., Thomas, E., Sprague, J., & Homer, R. 1997. The student guided functional assessment interview: An analysis of student and teacher agreement. *Journal of Behavioral Education, 7*(1), 33-45.
38 Remington, B. 1991. *The challenge of severe mental handicap: A behavior analytic approach*. New York: Wiley & Sons.
39 Repp, A., Felce, D., & Barton, L. 1988. Basing the treatment of stereotypic and self-injurious behavior on hypotheses of their causes. *Journal of Applied Behavior Analysis, 21*, 281-290.
40 Repp, A., & Karsh, K. 1994. Hypothesis-based interventions for tantrum behaviors in persons with developmental disabilities in school settings. *Journal of Applied Behavior Analysis, 27*, 21-31.
41 Sasso, G., & Reimers, T. 1988. Assessing the functional properties of behavior: Implications and applications for the classroom. *Focus on Autistic Behavior, 3*, 1-15.
42 Sasso, G., Reimers, T., Cooper, L., Wacker, D., Berg, W., Steege, M., Kelly, L., & Allaire, A. 1992. Use of descriptive and experimental analyses to identify the functional properties of aberrant behavior in school settings. *Journal of Applied Behavior Analysis, 25*, 809-821.
43 Skinner, B. F. 1953. *Science and human behavior*. New York: Macmillan.
44 Sturmey, P. 1995. Analog baselines: A critical review of the methodology. *Research in Developmental Disabilities, 16*(4), 269-284.
45 Touchette, P., MacDonald, R., & Langer, S. 1985. A scatter plot for identifying stimulus control of problem behavior. *Journal of Applied Behavior Analysis, 18*, 343-351.
46 Vollmer, T., Iwata, B., Duncan, B., & Lerman, D. 1993. Extensions of multielement functional analyses using reversal-type designs. *Journal of Developmental and Physical Disabilities, 5*, 311-325.
47 Wacker, D., Steege, M., Northup, J., Sasso, G., Berg, W., Reimers, T., Cooper, L., Cigrand, K., & Donn, L. 1990. A component analysis of functional communication training across three topographies of severe behavior problems. *Journal of Applied Behavior Analysis, 23*, 417-429.
48 Wolery, M., Bailey, D., & Sugai, G. 1988. *Effective teaching: Principles and procedures of applied behavior analysis with exceptional students*. Boston: Allyn and Bacon.

49 Wright, H. 1960. Observational study. In P. H. Mussen (Ed.), *Handbook of research methods in child development*. New York: Wiley.

第11章

1 Adams, G.L., & Engelmann, S. 1996. *Research on direct instruction: 25 years beyond DISTAR*. Seattle, WA: Educational Achievement Systems.
2 Anderson-Inman, L., Walker, H.M., & Purcell, J. 1984. Promoting the transfer of skills across settings: Transenvironmental programming for handicapped students in the mainstream. In W. Heward, T.E. Heron, D.S. Hill, & J. Trap-Porter (Eds.), *Focus on behavior analysis in education*. Columbus, OH: Merrill.
3 Atthowe, J.M. 1973. Token economies come of age. *Behavior Therapy, 4*, 646-654.
4 Ayllon, T., & Azrin, N. 1968. *The token economy: A motivational system for therapy and rehabilitation*. New York: Appleton-Century-Crofts.
5 Ayllon, T., & Kelly, K. 1974. Reinstating verbal behavior in a functionally mute retardate. *Professional Psychology, 5*, 385-393.
6 Azrin, N.H., Sneed, T.J., & Foxx, R.M. 1973. Drybed: A rapid method of eliminating bedwetting (enuresis) of the retarded. *Behavior Research and Therapy, 11*, 427-434.
7 Baer, D.M. 1981. *How to plan for generalization*. Austin, TX, Pro-Ed.
8 Baer, D.M., & Wolf, M.M. 1970. The entry into natural communities of reinforcement. In R. Ulrich, T. Stachnik, & J. Mabry (Eds.), *Control of human behavior* (Vol. 2). Glenview, IL: Scott, Foresman.
9 Baer, D.M., Wolf, M.M., & Risley, T.R. 1968. Some current dimensions of applied behavior analysis. *Journal of Applied Behavior Analysis, 1*, 91-97.
10 Barton, E.J., & Ascione, F.R. 1979. Sharing in preschool children: Facilitation, stimulus generalization, response generalization, and maintenance. *Journal of Applied Behavior Analysis, 12*, 417-430.
11 Becker, W.C., & Engelmann, S.E. 1978. Systems for basic instruction: Theory and applications. In A. Catania & T. Brigham (Eds.), *Handbook of applied behavior analysis. Social and instructional processes* (pp. 57-92). Chicago: Science Research Associates.
12 Becker, W.C., Engelmann, S., & Thomas, D.R. 1975. *Teaching 2: Cognitive learning and instruction*. Chicago: Science Research Associates.
13 Bijou, S.W., Peterson, R.F., Harris, F.R., Allen, K.E., & Johnston, M.S. 1969. Methodology for experimental studies of young children in natural settings. *Psychological Record, 19*, 177-210.
14 Billingsley, F.F. 1987. Where are the generalized outcomes? (An examination of instructional objectives.) *Journal of the Association for Persons with Severe Handicaps, 11*, 176-181.
15 Bourbeau, P.E., Sowers, J., & Close, D.E. 1986. An experimental analysis of generalization of banking skills from classroom to bank settings in the community. *Education and Training of the Mentally Retarded, 21*, 98-107.
16 Brown, L., Nietupski, J., & Hamre-Nietupski, S. 1976. The criterion of ultimate functioning. In M.A. Thomas (Ed.), *Hey, don't forget about me!* (pp. 2-15). Reston, VA: CEC Information Center.
17 Browning, E.R. 1983. A memory pacer for improving stimulus generalization. *Journal of Autism and Developmental Disorders, 13*, 427-432.
18 Browning, R.M. 1980. *Teaching the severely handicapped child: Basic skills for the developmentally disabled*. Boston: Allyn & Bacon.
19 Bryan, T., & Bryan, J. 1978. *Understanding learning disabilities*. Sherman Oaks, CA: Alfred.
20 Buchard, J.D., & Harig, P.T. 1976. Behavior modification and juvenile delinquency. In H. Leitenberg (Ed.), *Handbook of behavior modification and behavior therapy*. Englewood Cliffs, NJ: Prentice Hall.
21 Campbell, C.R., & Stremel-Campbell, K. 1982. Programming "loose training" as a strategy to facilitate language generalization. *Journal of Applied Behavior Analysis, 15*, 295-305.
22 Carr, E.G., & Kologinsky, E. 1983. Acquisition of sign language by autistic children: II. Spontaneity and generalization effects. *Journal of Applied Behavior Analysis, 16*, 297-314.
23 Chadwick, B.A., & Day, R.C. 1971. Systematic reinforcement: Academic performance of underachieving students. *Journal of Applied Behavior Analysis, 4*, 311-319.
24 Cone, J.D. 1973. Assessing the effectiveness of programmed generalization. *Journal of Applied Behavior Analysis, 6*, 713-718.
25 Corte, H.E., Wolf, M.M., & Locke, B.J. 1971. A comparison of procedures for eliminating self-injurious behavior of retarded adolescents. *Journal of Applied Behavior Analysis, 4*, 201-213.
26 Dehaven, E.D., Corley, M.J., Hofeling, D.V., & Garcia, E. 1982. Developing generative vocational behaviors in a business setting. *Analysis and Intervention in Developmental Disabilities, 2*, 345-356.
27 Dunlap, G., Koegel, R.L., Johnson, J., & O'Neill, R.E. 1987. Maintaining performance of autistic clients in community settings with delayed contingencies. *Journal of Applied Behavior Analysis, 20*, 185-191.
28 Emshoff, J.G., Redd, W.H., & Davidson, W.S. 1976. Generalization training and the transfer of treatment effects with delinquent adolescents. *Journal of Behavior Therapy and Experimental Psychiatry, 7*, 141-144.
29 Engelmann, S., & Carnine, D. 1982. *Theory of instruction: Principles and applications*. New York: Irvington.
30 Engelmann, S., & Colvin, G. 1983. *Generalized compliance training: A direct-instruction program for managing severe behavior problems*. Austin, TX: Pro-Ed.
31 Fowler, S.A., & Baer, D.M. 1981. "Do I have to be good all day?" : The timing of delayed reinforcement as a factor in generalization. *Journal of Applied Behavior Analysis, 14*, 13-24.
32 Foxx, R.M., & Azrin, N.H. 1973. *Toilet training the retarded: A rapid program for day and nighttime independent toileting*. Champaign, IL: Research Press.
33 Foxx, R.M., McMorrow, M.J., & Mennemeier, M. 1984. Teaching social/vocational skills to retarded adults with a modified table game: An analysis of generalization. *Journal of Applied Behavior Analysis, 17*, 343-352.
34 Garcia, E. 1974. The training and generalization of a conversational speech form in nonverbal retardates.

Journal of Applied Behavior Analysis, 7, 137-149.

35 Garcia, E., Baer, D.M., & Firestone, I. 1971. The development of generalized imitation within topographically determined boundaries. *Journal of Applied Behavior Analysis, 4*, 101-112.

36 Garcia, E., Guess, D., & Byrnes, J. 1973. Development of syntax in a retarded girl using procedures of imitation, reinforcement, and modelling. *Journal of Applied Behavior Analysis, 6*, 299-3 10.

37 Greenwood, C.R., Sloane, N.H., Jr., & Baskin, A. 1974. Training elementary aged peer-behavior managers to control small group programmed mathematics. *Journal of Applied Behavior Analysis, 7*, 103-114.

38 Guess, D., Sailor, W., Rutherford, G., & Baer, D.M. 1968. An experimental analysis of linguistic development: The productive use of the plural morpheme. *Journal of Applied Behavior Analysis, 1*, 297-306.

39 Hall, R.V., Cristler, C., Cranston, S.S., & Tucker, B. 1970. Teachers and parents as researchers using multiple baseline designs. *Journal of Applied Behavior Analysis, 3*, 247-255.

40 Haring, N.G. 1988. *Investigating the problem of skill generalization: Literature review* III. Seattle, WA: Washington Research Organization.

41 Haring, N.G., & Liberty, K.A. 1990. Matching strategies with performance in facilitating generalization. *Focus on Exceptional Children, 22*(8), 1-16.

42 Haring, T.G., Breen, C.G., Weiner, J., Kennedy, C.H., & Bednersh, F. 1995. Using videotape modeling to facilitate generalized purchasing skills. *Journal of Behavioral Education, 5*, 29-53.

43 Hartmann, D.P., & Atkinson, D. 1973. Having your cake and eating it too: A note on some apparent contradictions between therapeutic achievements and design requirements in N-1/21 studies. *Behavior Therapy, 4*, 589-591.

44 Horcones. 1992. Natural reinforcements: A way to improve education. *Journal of Applied Behavior Analysis, 25*, 71-75.

45 Horner, R.H., & Budd, C.M. 1985. Acquisition of manual sign use: Collateral reduction of maladaptive behavior, and factors limiting generalization. *Education and Training of the Mentally Retarded, 20*, 39-47.

46 Horner, R.H., Eberhard, J.M., & Sheehan, M.R. 1986. Teaching generalized table bussing: The importance of negative teaching examples. *Behavior Modification, 10*, 457-471.

47 Horner, R.H., Jones, D., & Williams, J.A. 1985. A functional approach to teaching generalized street crossing. *Journal of the Association for Persons with Severe Handicaps, 13*, 71-78.

48 Horner, R.H., McDonnell, J.J., & Bellamy, G.T. Undated. *Teaching generalized skills: General case instruction in simulation and community settings* (Contract No. 300-82-0362). Unpublished manuscript, University of Oregon.

49 Horner, R.H., Williams, J.A., & Stevely, J.D. 1984. *Acquisition of generalized telephone use by students with severe mental retardation*. Unpublished manuscript.

50 Hupp, S.C. 1986. Effects of stimulus mode on the acquisition, transfer, and generalization of categories by severely mentally retarded children and adolescents.

American Journal of Mental Deficiency, 90, 579-587.

51 Inglesfield, E., & Crisp, A. 1985. Teaching dressing skills to the severely mentally handicapped: A comparison of intensive and non-intensive strategies. *British Journal of Mental Subnormality, 31*, 46-53.

52 Jackson, DA., & Wallace, R.F. 1974. The modification and generalization of voice loudness in a fifteen-year-old retarded girl. *Journal of Applied Behavior Analysis, 7*, 461-471.

53 Johnston, J.M. 1979. On the relation between generalization and generality. *The Behavior Analyst, 2*, 1-6.

54 Johnston, J.M., & Johnston, G.T. 1972. Modification of consonant speech-sound articulation in young children. *Journal of Applied Behavior Analysis, 5*, 233-246.

55 Kallman, W.H., Hersen, M., & O'Toole, D.H. 1975. The use of social reinforcement in a case of conversion reaction. *Behavior Therapy, 6*, 411-413.

56 Kazdin, A.E. 1973. Methodological and assessment considerations in evaluating reinforcement programs in applied settings. *Journal of Applied Behavior Analysis, 6*, 517-531.

57 Kazdin, A.E., & Bootzin, R.R. 1972. The token economy: An evaluative review. *Journal of Applied Behavior Analysis, 5*, 343-372.

58 Kazdin, A.E., & Polster, R. 1973. Intermittent token reinforcement and response maintenance in extinction. *Behavior Therapy, 4*, 386-391.

59 Kazden, A.E. 1975. *Behavior modification in applied settings*. Homewood, IL: Dorsey Press.

60 Kifer, R.E., Lewis, M.A., Green, D.R., & Phillips, E.L. 1974. Training predelinquent youths and their parents to negotiate conflict situations. *Journal of Applied Behavior Analysis, 7*, 357-364.

61 Kirby, K.C., & Bickel, W.K. 1988. Toward an explicit analysis of generalization: a stimulus control interpretation. *The Behavior Analyst, 11*, 115-129.

62 Koegel, R.L., O'Dell, M.C., & Koegel, L.K. 1987. A natural language teaching paradigm for nonverbal autistic children. *Journal of Autism and Developmental Disorders, 17*, 187-200.

63 Koegel, R.L., & Rincover, A. 1974. Treatment of psychotic children in a classroom environment: I . Learning in a large group. *Journal of Applied Behavior Analysis, 7*, 45-59.

64 Koegel, R.L, & Rincover, A. 1977. Research on the difference between generalization and maintenance in extra-therapy responding. *Journal of Applied Behavior Analysis, 10*, 1-12.

65 Liberty, K.A. 1987. Behavior-control of stimulus events to facilitate generalization. In N. Haring (Principal Investigator), *Research in education of the severely handicapped: Washington Research Organization* (U. S. Department of Education, Contract No. 300-82-0364). Seattle: University of Washington Press.

66 Livi, J., & Ford, A. 1985. Skill transfer from a domestic training site to the actual homes of three moderately handicapped students. *Education and Training of the Mentally Retarded, 20*, 69-82.

67 Long, J.D., & Williams, R.L. 1973. The comparative effectiveness of group and individually contingent free time with inner-city junior high school students. *Journal of Applied Behavior Analysis, 6*, 465-474.

68. Lovaas, O.I., Koegel, R., Simmons, J.Q., & Long, J.S. 1973. Some generalization and follow-up measures on autistic children in behavior therapy. *Journal of Applied Behavior Analysis, 6*, 131-166.
69. Marchetti, A.G., McCartney, J.R., Drain, S., Hooper, M., & Dix, J. 1983. Pedestrian skills training for mentally retarded adults: Comparison of training in two settings. *Mental Retardation, 21*, 107-110.
70. Mastropieri, M.A., & Scruggs, T.E. 1984. Generalization: Five effective strategies. *Academic Therapy, 19*, 427-431.
71. Medland, M.B., & Stachnik, T.J. 1972. Good-behavior game: A replication and systematic analysis. *Journal of Applied Behavior Analysis, 5*, 45-51.
72. McGee, G.G., Krantz, P.J., & McClannahan, L.E. 1986. An extension of incidental teaching procedures to reading instruction for autistic children. *Journal of Applied Behavior Analysis, 19*, 147-157.
73. McGee, G.G, Krantz, P.J., Mason, D., & McClannahan, L.E. 1983. A modified incidental-teaching procedure for autistic youth: Acquisition and generalization of receptive object labels. *Journal of Applied Behavior Analysis, 16*, 329-338.
74. Pancsofar, E.L., & Bates, P. 1985. The impact of the acquisition of successive training exemplars on generalization. *Journal of the Association for Persons with Severe Handicaps, 10*, 95-104.
75. Panyan, M.C., & Hall, R.V. 1978. Effects of serial versus concurrent task sequencing on acquisition, maintenance, and generalization. *Journal of Applied Behavior Analysis, 11*, 67-74.
76. Patterson, G.R. 1965. An application of conditioning techniques to the control of a hyperactive child. In L.P. Ullmann & L. Krasner (Eds.), *Case studies in behavior modification*. New York: Holt, Rinehart & Winston.
77. Phillips, E.L., Phillips, E.A., Fixsen, D.L., & Wolf, M.M. 1971. Achievement place: Modification of the behaviors of predelinquent boys within a token economy. *Journal of Applied Behavior Analysis, 4*, 45-59.
78. Richman, G.S., Reiss, M.L., Bauman, K.E., & Bailey, J.S. 1984. Teaching menstrual care to mentally retarded women: Acquisition, generalization, and maintenance. *Journal of Applied Behavior Analysis, 17*, 441-451.
79. Rincover, A., & Koegel, R.L. 1975. Setting generality and stimulus control in autistic children. *Journal of Applied Behavior Analysis, 8*, 235-246.
80. Schroeder, G.L., & Baer, D.M. 1972. Effects of concurrent and serial training on generalized vocal imitation in retarded children. *Developmental Psychology, 6*, 293-301.
81. Schumaker, J., & Sherman, J.A. 1970. Training generative verb usage by imitation and reinforcement procedures. *Journal of Applied Behavior Analysis, 3*, 273-287.
82. Schwarz, M.L., & Hawkins, R.P. 1970. Application of delayed reinforcement procedures to the behavior of an elementary school child. *Journal of Applied Behavior Analysis, 3*, 85-96.
83. Sedlak, R.A., Doyle, M., & Schloss, P. 1982. Video games: A training and generalization demonstration with severely retarded adolescents. *Education and Training for the Mentally Retarded, 17*, 332-336.
84. Seymour, F.W., & Stokes, T.F. 1976. Self-recording in training girls to increase work and evoke staff praise in an institution for offenders. *Journal of Applied Behavior Analysis, 9*, 41-54.
85. Shafer, M.S., Inge, K.J., & Hill, J. 1986. Acquisition, generalization, and maintenance of automated banking skills. *Education and Training of the Mentally Retarded, 21*, 265-272.
86. Skinner, B.F. 1953. *Science and human behavior*. New York: Macmillan.
87. Sprague, J.R., & Horner, R.H. 1984. The effects of single instance, multiple instance, and general case training on generalized vending machine use by moderately and severely handicapped students. *Journal of Applied Behavior Analysis, 17*, 273-278.
88. Stainback, W., Stainback, S., & Strathe, M. 1983. Generalization of positive social behavior by severely handicapped students: A review and analysis of research. *Education and Training of the Mentally Retarded, 18*, 293-299.
89. Stephens, T.M. 1976. *Directive teaching of children with learning and behavioral handicaps*. Columbus, OH: Merrill.
90. Stokes, T.F., & Baer, D.M. 1976. Preschool peers as mutual generalization-facilitating agents. *Behavior Therapy, 7*, 549-556.
91. Stokes, T.F., & Baer, D.M. 1977. An implicit technology of generalization. *Journal of Applied Behavior Analysis, 10*, 349-367.
92. Stokes, T.F., Baer, D.M., & Jackson, R.L. 1974. Programming the generalization of a greeting response in four retarded children. *Journal of Applied Behavior Analysis, 7*, 599-610.
93. Trask-Tyler, S.A., Grossi, T.A., & Heward, W.L. 1994. Teaching young adults with developmental disabilities and visual impairments to use tape-recorded recipes: Acquisition, generalization, and maintenance of cooking skills. *Journal of Behavioral Education, 4*, 283-311.
94. Troutman, A.C. 1977. *Stimulus control: A procedure to facilitate generalization from resource rooms to regular classrooms*. Unpublished doctoral dissertation, Georgia State University.
95. Twardosz, S., & Sajwaj, T. 1972. Multiple effects of a procedure to increase sitting in a hyperactive, retarded boy. *Journal of Applied Behavior Analysis, 5*, 73-78.
96. van den Pol, R.A., Iwata, B.A., Ivancic, M.T., Page, T.J., Need, N.A., & Whitely, F.P. 1981. Teaching the handicapped to eat in public places: Acquisition, generalization and maintenance of restaurant skills. *Journal of Applied Behavior Analysis, 14*, 61-69.
97. Walker, H.M., & Buckley, N.K. 1972. Programming generalization and maintenance of treatment effects across time and across settings. *Journal of Applied Behavior Analysis, 5*, 209-224.
98. Walker, H.M., Mattsen, R.H., & Buckley, N.K. 1971. The functional analysis of behavior within an experimental class setting. In W.C. Becker (Ed.), *An empirical basis for change in education*. Chicago: Science Research Associates.
99. White, O.R., & Haring, N.G. 1980. *Exceptional teaching* (2nd Ed). Columbus, OH: Merrill.
100. Wilcox, B., & Bellamy, G.T. 1982. *Design of high school programs for severely handicapped students*. Baltimore: Paul H. Brooks.

101 Woods, T.S. 1984. Generality in the verbal tacting of autistic children as a function of "naturalness" in antecedent control. *Journal of Behavior Therapy and Experimental Psychiauy, 15*, 27-32.

102 Woods, T.S. 1987. Programming common antecedents: A practical strategy for enhancing the generality of learning. *Behavioural Psychotherapy, 15*, 158-180.

103 Woolcock, W.W., & Lengel, M.B. 1987. Use of general case instruction with visually impaired, multiply handicapped adults in the sorting of national zip codes. *Journal of Visual Impairment and Blindness, 81*, 110-114.

第12章

1 Agran, M., Fodor-Davis, J., & Moore, S. 1992. The effects of peer-delivered self-instructional training on a lunch-making work task for students with severe handicaps. *Education and Training in Mental Retardation, 27*, 230-240.

2 Baer, D.M. 1984. Does research on self-control need more control? *Analysis and Intervention in Developmental Disabilities, 4*, 211-284.

3 Baker, L. 1982. An evaluation of the role of metacognitive deficits in learning disabilities. *Topics in Learning and Learning Disabilities, 2*(1), 27-35.

4 Barkley, R., Copeland, A., & Sivage, C. 1980. A self-control classroom for hyperactive children. *Journal of Autism and Developmental Disorders, 10*, 75-89.

5 Billings, D.C., & Wasik, B.H. 1985. Self-instructional training with preschoolers: An attempt to replicate. *Journal of Applied Behavior Analysis, 18*, 61-67.

6 Borkowski, J.G. 1992. Metacognitive theory: A framework for teaching literacy, writing, and math skills. *Journal of Learning Disabilities, 25*(4), 253-257.

7 Bornstein, P.H. 1985. Self-instructional training: A commentary and state-of-the-art. *Journal of Applied Behavior Analysis, 18*, 69-72.

8 Bornstein, P.H., & Quevillon, R.P. 1976. The effects of a self-instructional package on overactive preschool boys. *Journal of Applied Behavior Analysis, 9*, 179-188.

9 Browder, D.M., & Shapiro, E.S. 1985. Applications of self-management to individuals with severe handicaps: A review. *Journal of the Association for Persons with Severe Handicaps, 10*, 200-208.

10 Brownell, K.D., Coletti, G., Ersner-Hershfield, R., Hershfield, S.M., & Wilson, G.T. 1977. Self-control in school children: Stringency and leniency in self-determined and externally imposed performance standards. *Behavior Therapy, 8*, 442-455.

11 Bryant, L.E., & Budd, K.S. 1982. Self-instructional training to increase independent work performance in preschoolers. *Journal of Applied Behavior Analysis, 15*, 259-271.

12 Buggey, T. 1994. The effect of self-modeling on the language skills of preschoolers with language delays. Paper presented at the Annual Gatlinburg Conference on Mental Retardation and Developmental Disabilities, Gatlinburg, TN.

13 Burgio, L.D., Whitman, T.L., & Johnson, M.R. 1980. A self-instructional package for increasing attending behavior in educable mentally retarded children. *Journal of Applied Behavior Analysis, 13*, 443-459.

14 Burron, D., & Bucher, B. 1978. Self-instructions as discriminative cues for rule-breaking or rule-following. *Journal of Experimental Child Psychology, 26*, 46-57.

15 Case, L.P. Harris, KR., & Graham, S. 1992. Improving the mathematical problem-solving skills of students with learning disabilities. *Journal of Special Education, 26*(1), 1-19.

16 Cassel, J., & Reid, R. 1996. Use of a self-regulated strategy intervention to improve word problem-solving skills of students with mild disabilities. *Journal of Behavioral Education, 6*, 153-172.

17 Cautela, J.R. 1971. Covert conditioning. In A. Jacobs & L.B. Sacs (Eds.), *The psychology of private events: Perspective on covert response systems*. New York: Academic Press.

18 Dewey, J. 1939. *Experience and education*. New York: Macmillan.

19 Digangi, S.A., Maag, J.W., & Rutherford, R.B. 1991. Self-graphing of on-task behavior: Enhancing the reactive effects of self-monitoring on on-task behavior and academic performance. *Learning Disability Quarterly, 14*(3), 221-230.

20 Drabman, R.S., Spitalnik, R., & O'Leary, K.D. 1973. Teaching self-control to disruptive children. *Journal of Abnormal Psychology, 82*, 10-16.

21 Felixbrod, J.J., & O'Leary, K.D. 1974. Self-determination of academic standards by children: Toward freedom from external control. *Journal of Educational Psychology, 66*, 845-850.

22 Fredericksen, L.W., & Fredericksen, C.B. 1975. Teacher determined and self-determined token reinforcement in a special education classroom. *Behavior Therapy, 6*, 310-314.

23 Haisten, C.C. 1996. *The role of verbalization in correspondence training procedures employed with students with severe emotional/behavioral disorders*. Unpublished doctoral dissertation, Georgia State University.

24 Hallahan, D.P., Kneedler, R.D., & Lloyd, J.W. 1983. Cognitive behavior modification techniques for learning disabled children: Self-instruction and self-monitoring. In J.D. McKinney and L. Feagans (Eds.), *Current topics in learning disabilities* (Vol. 1). Norwood, NJ: Ablex.

25 Harris, K.R., Graham, S., Reid, R., McElroy, K., & Hamby, R.S. 1994. Self-monitoring of attention versus self-monitoring of performance: Replication and cross-task comparison studies. *Learning Disabilities Quarterly, 17*, 121-139.

26 Hayes, S.C., & Nelson, R.O. 1983. Similar reactivity produced by external cues and self-monitoring. *Behavior Modification, 7*, 183-196.

27 Hayes, S.C., Rosenfarb, I., Wulfert, F., Munt, E.D., Korn, Z., & Zettle, R.D. 1985. Self-reinforcement effects: An artifact of social standard setting? *Journal of Applied Behavior Analysis, 18*, 201-214.

28 Higa, W.R., Tharpe, R.G., & Calkins, R.P. 1978. Developmental verbal control of behavior: Implications for self-instructional training. *Journal of Experimental Child Psychology, 26*, 489-497.

29 Hughes, C., & Agran, M. 1993. Teaching persons with severe disabilities to use self-instruction in community settings: An analysis of applications. *Journal for the As-

sociation of Severe Handicaps, 18, 261-274.
30. Hughes, C.A., & Boyle, JR. 1991. Effects of self-monitoring for on-task behavior and task productivity on elementary students with moderate mental retardation. *Education and Treatment of Children, 14,* 96-111.
31. Hughes, C. & Hendrickson, J.M. 1987. Self-monitoring with at-risk students in the regular class setting. *Education and Treatment of Children, 10,* 225-236.
32. Hughes, C., Korinek, L., & Gorman, J. 1991. Self-management for students with mental retardation in public school settings: A research review. *Education and Training in Mental Retardation, 26,* 271-291.
33. Hughes, C., & Lloyd, J.W. 1993. An analysis of self-management. *Journal of Behavioral Education, 3,* 405-425.
34. Hughes, C., Ruhl, K.L., & Misra, A. 1989. Self-management with behaviorally disordered students in school settings. A promise unfulfilled. *Behavioral Disorders, 14,* 250-262.
35. Humphrey, L.L., Karoly, P., & Kirschenbaum, D.S. 1978. Self-management in the classroom: Self-imposed response-cost versus self-reward, *Behavior Therapy, 9,* 592-601.
36. Johnson, L.A., & Graham, S. 1990. Goal setting and its application with exceptional learners. *Preventing School Failure, 34,* 4-8.
37. Kanfer, F. 1975. Self-management methods. In F. Kanfer & A. Goldstein (Eds.), *Helping people change: A textbook of methods.* New York: Pergamon Press.
38. Kaufman, K.F., & O'Leary, K.D. 1972. Reward, cost, and self-evaluation procedures for disruptive adolescents in a psychiatric hospital school. *Journal of Applied Behavior Analysis, 5,* 293-309.
39. Kazdin, A.E. 1975. *Behavior modification in applied settings.* Homewood, IL: Dorsey Press.
40. Kern, L., Wacker, D.P., Mace, F.C., Falk, G.D., Dunlap, G., & Kromrey, J.D. 1995. Improving the peer interactions of students with emotional and behavioral disorders through self-evaluation procedures: A component analysis and group application. *Journal of Applied Behavior Analysis, 28,* 47-59.
41. Kern-Dunlap, L., Dunlap, G., Clarke, S., Childs, K.E., White, R.L., & Stewart, M.P. 1992. Effects of a video tape feedback package on the peer interactions of children with serious behavioral and emotional challenges. *Journal of Applied Behavior Analysis, 25,* 355-364.
42. Kohlberg, L., Yaeger, J., & Hjertholm, F. 1968. Private speech: Four studies and a review of theories. *Child Development, 39,* 691-736.
43. Lagomarcino, T.R., Hughes, C., & Rusch, F.R. 1989. Utilizing self-management to teach independence on the job. *Education and Training of the Mentally Retarded, 24*(2), 139-148.
44. Lee, C., & Tindal, G.A. 1994. Self-recording and goal setting: Effects on on-task and math productivity of low-achieving Korean elementary school students. *Journal of Behavioral Education, 4,* 459-479.
45. Leon, J.A., & Pepe, H.J. 1983. Self-instructional training: Cognitive behavior modification for remediating arithmetic deficits. *Exceptional Children, 50,* 54-60.
46. Lloyd, J.W., & Hughes, C. 1993. Introduction to the self-management series. *Journal of Behavioral Education, 3,* 403-404.

47. Lovitt, T.C. 1973. Self-management projects with children with behavioral disabilities. *Journal of Learning Disabilities, 6,* 138-154.
48. Lovitt, T.C., & Curtiss, K.A. 1969. Academic response rate as a function of teacher- and self-imposed contingencies. *Journal of Applied Behavior Analysis, 2,* 49-53.
49. Maag, J.W., Reid, R., & DiGangi, S.A. 1993. Differential effects of self-monitoring attention, accuracy, and productivity. *Journal of Applied Behavior Analysis, 26,* 329-344.
50. McCarl, J.J., Svobodny, L., & Beare, P.L. 1991. Self-recording in a classroom for students with mild to moderate mental handicaps: Effects on productivity and on-task behavior. *Education and Training in Mental Retardation, 26,* 79-88.
51. McLaughlin, T.F. 1976. Self-control in the classroom. *Review of Educational Research 46,* 631-663.
52. Marshall, K.J., Lloyd, J.W., & Hallahan, D.P. 1993. Effects of training to increase self-monitoring accuracy. *Journal of Behavioral Education, 3,* 445-459.
53. Meichenbaum, D.H. 1977. *Cognitive-behavior modification: An integrative approach.* New York: Plenum Press.
54. Meichenbaum, D.H., & Goodman, J. 1971. Training impulsive children to talk to themselves: A means of developing self-control. *Journal of Abnormal Psychology, 77,* 115-126.
55. Mishel, W., & Patterson, C.J. 1976. Substantive and structural elements of effective plans for self-control. *Journal of Personality and Social Psychology, 34,* 942-950.
56. Newman, B., Buffington, B.M., & Hemmes, N.S. 1996. Self-reinforcement to increase the appropriate conversation of autistic teenagers. *Education and Training in Mental Retardation and Developmental Disabilities, 31,* 304-309.
57. Newman, B., Buffington, D.M., O'Grady, M.A., McDonald, M.E., Poulson, C.L., & Hemmes, N.S. 1995. Self-management of schedule-following in three teenagers with autism. *Behavioral Disorders, 20,* 191-196.
58. O'Brien, T.P., Riner, L.S., & Budd, KS. 1983. The effects of a child's self-evaluation program on compliance with parental instructions in the home. *Journal of Applied Behavior Analysis, 16,* 69-79.
59. O'Leary, K.D. 1968. The effects of self-instruction on immoral behavior. *Journal of Experimental Child Psychology, 6,* 297-301.
60. Olympia, D.E., Sheridan, S.M., & Andrews, D. 1994. Using student-managed interventions to increase homework completion and accuracy. *Journal of Applied Behavior Analysis, 27,* 85-99.
61. Palkes, H., Stewart, M., & Kahana, K. 1968. Porteus maze performance of hyperactive boys after training in self-directed verbal commands. *Child Development, 39,* 817-826.
62. Peters, R., & Davies, K. 1981. Effects of self-instructional training on cognitive impulsivity of mentally retarded adolescents. *American Journal of Mental Deficiency, 85,* 377-382.
63. Pierce, K.I., & Schreibman, L. 1994. Teaching daily living skills to children with autism in unsupervised settings though pictorial self-management. *Journal of Applied Behavior Analysis, 27,* 471-481.

64 Prater, M.A., Joy, R., Chilman, B., Temple, J., & Miller, S.R. 1991. Self-monitoring of on-task behavior by adolescents with learning disabilities. *Learning Disability Quarterly, 14*(3), 164-177.
65 Rachlin, H. 1974. Self-control. *Behaviorism, 2*, 94-107.
66 Rhode, G., Morgan, D.P., & Young, K.R. 1983. Generalization and maintenance of treatment gains of behaviorally handicapped students from resource rooms to regular classrooms using self-evaluation procedures. *Journal of Applied Behavior Analysis*, 171-188.
67 Roberts, R.N., Nelson, R.O., & Olson, T.W. 1987. Self-instruction: An analysis of the differential effects of instruction and reinforcement. *Journal of Applied Behavior Analysis, 20*, 235-242.
68 Robin, A.L., Armel, S., & O'Leary, K.D. 1975. The effects of self-instruction on writing deficiencies. *Behavior Therapy, 6*, 178-187.
69 Rosenbaum, M.S., & Drabman, R.S. 1979. Self-control training in the classroom: A review and critique. *Journal of Applied Behavior Analysis, 12*, 467-485.
70 Short, E.J., & Weissberg-Benchell, J. 1989. The triple alliance for learning: Cognition, metacognition, and motivation. In C.B. McCormick, G.E. Miller, and M. Pressley (Eds.), *Cognitive strategy research: From basic research to educational applications* (pp. 33-63). New York: Springer-Verlag.
71 Stahmer, A.C., & Schreibman, L. 1992. Teaching children with autism appropriate play in unsupervised environments using a self-management treatment package. *Journal of Applied Behavior Analysis, 25*, 447-459.
72 Steed, S.E., & Lutzker, J.R. 1997. Using picture prompts to teach an adult with developmental disabilities to independently complete vocational tasks. *Journal of Developmental and Physical Disabilities, 9*, 117-133.
73 Sweeney, W.J., Salva, F., Cooper, J.O., & Talbert-Johnson, C. 1993. Using self-evaluation to improve difficult-to-read handwriting of secondary students. *Journal of Behavioral Education, 3*, 427-443.
74 Turkewitz, H., O'Leary, K.D., & Ironsmith, M. 1975. Generalization and maintenance of appropriate behavior through self-control. *Journal of Consulting and Clinical Psychology, 43*, 577-583.
75 Wallace, I. 1977. Self-control techniques of famous novelists. (Introduction by J.J. Pear.) *Journal of Applied Behavior Analysis, 10*, 515-525.
76 Webber, J., Scheuermann, B., McCall, C., & Coleman, M. 1993. Research on self-monitoring as a behavior management technique in special education classrooms: A descriptive review. *Remedial and Special Education, 14*, 38-56.
77 Whitman, T.L. 1987. Self-instruction, individual differences, and mental retardation. *American Journal of Mental Deficiency, 92*, 213-223.
78 Whitman, T.L. 1990. Self-regulation and mental retardation. *American Journal on Mental Retardation, 94*(4), 347-362.

第13章

1 Gallagher, P.A. 1979. *Teaching students with behavior disorders. Techniques for classroom instruction*. Denver: Love Publishing.
2 Haring, N.G., & Phillips, E.L. 1962. *Educating emotionally disturbed children*. New York: McGraw-Hill.
3 Hewett, F.M., & Taylor, F.D. 1980. *The emotionally disturbed child in the classroom. The orchestration of success*. Boston: Allyn & Bacon.
4 Madsen, C.H., Becker, W.C., & Thomas, D.R. 1968. Rules, praise and ignoring: Elements of elementary classroom control. *Journal of Applied Behavior Analysis, 1*, 139-150.
5 Rodewald, H.K. 1979. *Stimulus control of behavior*. Baltimore: University Park Press.
6 Stephens, T.M., Hartman, A.C., & Lucas, V.H. 1978. *Teaching children basic skills: A curriculum handbook*. Columbus, OH: Merrill.
7 Van Houten, R., Hill, S., & Parsons, M. 1975. An analysis of a performance feedback system: The effects of timing and feedback, public posting, and praise upon academic performance and peer interaction. *Journal of Applied Behavior Analysis, 8*, 435-448.
8 Van Houten, R., & Thompson, C. 1976. The effects of explicit timing on math performance. *Journal of Applied Behavior Analysis, 9*, 227-230.

索 引

安定性 stability　130
維持 maintenance　60
依存型グループ指向随伴システム dependent group-oriented contingency systems　200
一次性強化子 primary reinforcers　176, 181, 182
一事例の実験デザイン single subject designs　128, 129
逸話的報告 anecdotal reports　74, 75
イド id　7, 8
インターバル記録法 interval recording　80, 89
うつ depression　3
ABABデザイン ABAB design　136, 138, 139
ABCデザイン ABC design　162
FIスキャロップ FI scallop　205
応用行動分析 applied behavior analysis　25
オペラント条件づけ operant conditioning　24
概念の形成 concept formation　252
回避 avoid　209, 211
回復過剰修正 restitutional overcorrection　243, 244, 246
隔離タイムアウト seclusionary time-out　232
下降ベースライン descending baseline　131, 132
過剰学習 overlearning　60, 61
過剰修正 overcorrrection　243
過剰選択性 stimulus overselectivity　252
機能査定 functional assessment　278
機能分析 functional analysis　278
課題分析 task analysis　265
活動性の強化子 activity reinforcers　185, 213
間隔スケジュール interval schedules　203
間欠スケジュール intermittent schedules　203
基準変更デザイン changing criterion design　141
希薄化 thinning　206, 207
逆転デザイン reversal design　302
逆行性チェイニング backward chaining　270
教育目標 educational goals　48
気質 temperament　2, 3, 6
機能主義 functionalism　22
強化 reinforcement　16, 17
強化スケジュール schedules of reinforcement　203
強化ヒストリー reinforcement history　177, 256

グループデザイン group design　128, 129
ゲシュタルト gestalt　11
検証可能性 verifiable　2, 6
口唇期 oralstage　8, 10
肯定的な強化子 affirmative reinforcers　195
行動間マルチベースラインデザイン multiple baseline across behaviors　146, 148, 150
行動的産物 permanent products　78
行動連鎖 behavioral chains　268
行動目標 behavioral objective　45
肛門期 analstage　8
交絡変数 confounding variables　128, 132
個体間マルチベースラインデザイン mutiple baseline design across subjects　146, 149, 151, 152
固定間隔スケジュール FI schedule　204, 205
固定反応持続スケジュール fixed-response-duration schedule　205
固定比率スケジュール fixed ratio schedules　203
個別教育プログラム IEP　45, 48, 64, 198
コントロール呈示法 controlled presentations　82
シェイピング shaping　249
時間サンプリング time sampling　80, 93
刺激クラス stimulus class　252, 304, 314
刺激制御 stimulus control　17, 249
刺激般化 stimulus generalization　303
刺激プロンプト stimulus prompt　260
刺激飽和 stimulus satiation　247
視察 visual inspection　167
事象記録法 event recording　80
実験条件 experimental conditions　129
実験的基準 experimental criterion　167
実験的コントロール experimental control　132, 141, 144
自発的回復 spontaneous recovery　227
社会的強化子 social reinforcers　194
従属変数 dependent variables　128
集中練習 massed practice　61
順行性チェイニング法 forward chaining　270, 271
消去 extinction　16
消去抵抗 resistance to extinction　225
条件性強化子 conditioned reinforcers　184
条件刺激 conditioned stimulus　23, 250

条件性嫌悪刺激 conditional aversible stimulus 239
上昇ベースライン ascending baseline 131, 132
情報的な強化子 informative reinforcers 195
所要時間記録法 duration recording 74
随伴 contingent 177
自我 ego 7, 10
実証主義 positivism 22
信頼性 reliability 102
スプリット・ミドル・ライン法 a split-middle line of progress 170
制限時間 LH limited hold 60, 205, 266
生殖期 genital stage 8
正の強化 positive reinforcement 16
正の強化子 positive reinforcer 17
積極的練習による過剰修正 positive-practice over-correction 161, 243, 244
節約性 parsimonious 2
潜時 latency 72
潜時記録法 latency recording 80, 99
全課題呈示法 total task presentation 270, 271, 275
全セッションDRL full-session DRL 217
全セッションDRO full-session DRO 219, 220
潜伏期 latency stage 8
相互依存型グループ指向随伴システム interdependent group-oriented contingency systems 201
操作交代デザイン alternating treatment design 155, 157
操作的定義 operational definition 51, 78
代替行動分化強化DRA differential reinforcement of alternative behavior 221, 222
タイムアウト time-out 232
対立行動分化強化DRI differential reinforcement of incompatible behaviors DRI 221, 222
短期指導目標 short-term-instructional objectives 65
男根期 phaliic stage 8
チェインジング・コンディション・デザイン changing condition design 162
超自我 superego 7
調節 accommodation 8
治療的基準 therapeutic criterion 167
低頻度行動分化強化DRL differential reinforcement of lower rates of behavior DRL 217, 218, 219, 233

データの変動性 variability of data 130
同化 assimilation 8
統制条件 control condition 160, 293, 298
逃避 escape 209
トークン強化子 token reinforcer 187
読字障害 reading difficulty 3, 70
独立変数 independent variables 128
二次性強化子 secondary reinforcer 176, 184
認知的教育理論 cognitive theory of education 12
排除タイムアウト手続き exclusionary time-out 234
罰 punishment 16, 229
罰刺激 punisher 16, 229
発見学習 discovery learning 12, 13
場の理論 field theory 13
場面間マルチベースラインデザイン multiple baseline design acros situations 152, 153, 308
般化 generalization 301
般化勾配 generalization gradient 304, 305
般性強化子 generalized reinforcer 176, 187
般性条件性強化子 generalized conditioned reinforcer 187
反応維持 response maintenance 303, 304
反応型 topography 272
反応持続時間スケジュール response-duration schedules 203, 205, 206
反応般化 responce generalization 303, 304, 305
非隔離タイムアウト手続き nonseclusionary time-out 232, 233, 234
微細脳障害 minimal brain dysfunction 5
比率グラフ ratio graph 71
比率スケジュール ratio schedules 203
頻度 frequency 54, 71
フェイディング fading 258
負の強化 negative reinforcement 16, 175, 208
負の練習 negative practice 247
プレマックの原理 Premack principle 180, 185
プロンプト prompts 252
分化強化 differential reinforcement 216
平衡 equilibration 8
ベースライン条件 baseline conditions 136, 137
変数 variable 25
変動間隔スケジュール variable interval schedule 205, 219
変動反応持続スケジュール variable-response-duration schedule 206

弁別 discrimination　251
弁別刺激 S^D discriminative stimulius　251
包括的 inclusive　2, 5, 9
マルチエレメント・ベースラインデザイン multiple element baseline design　157
マルチスケジュールデザイン multiple schedule design　157
マルチベースラインデザイン multiple baseline design　146
無誤学習（エラーレスラーニング）errorless learning　260
無条件刺激 unconditioned stimulus　23, 250
無条件性嫌悪刺激 unconditioned aversive stimulius　239, 240, 241, 243
モデリング modeling　17, 256
予見的有用性 predictive utility　2
予測機能 predictive function　130
リサーチ・デザイン reserch designs　41, 132, 138
累積グラフ cumulative graph　116
レスポンスコスト response cost　230
レスポンデント respondent　22
練習の分散 distibuted practice　60, 61
連続強化スケジュール continuous schedule of reinforcement　203, 222

用語解説

本文中にアンダーラインを付した用語をここで解説する。

あ

維持 maintenance
系統的な行動分析手続きが終了した後、時間が経過しても反応が遂行されること。強化参照

一次性強化子 primary reinforcers
個人にとって生物学的な重要性を持つ刺激（たとえば食べ物）。そのような刺激はもともと動機づけが高い（自然強化子、非学習性強化子、無条件性強化子とも呼ばれる）。

逸話的レポート anecdotal report
データを収集しようとしている行動やそのときの周囲の状況などをできるだけ多く書きとる連続的なデータ記録。時間の流れに沿って出来事が書かれ、記録しようとしている行動やその直前の出来事、結果事象が記録される。

インターバル記録法 interval recording
観察期間が短いインターバルに分けられている観察記録システム。観察者は一つひとつの行動ではなく行動の出現したインターバル数を数える。

ABデザイン AB design
一事例の実験デザインの1つで、ABデザインはベースライン（A）と処理（B）の2つのフェイズを持つ。このデザインでは独立変数と従属変数の関数的関係を明らかにすることはできない。

ABABデザイン ABAB design
ABデザインを反復したもの。この反転デザインでは独立変数と従属変数の関数関係を実証できる。

ABC査定 ABC assessment
行動を直接観察することで機能査定のための情報を得る形式

ABCデザイン ABC design
チェインジング・コンディション・デザイン参照

S−デルタ S-delta（S^Δ）
刺激制御参照

エラーレスラーニング errorless learning
正反応だけが出現するように弁別刺激やプロンプトを用いる指導手続き。

オペラント条件づけ operant conditioning
自発的な行動とその結果との間に機能的な関係を確立するために環境的な変数を配置すること。

か

介入 intervention
人の行動を変化させるために計画的に導入される環境変化。

概念 concept
一つのグループのすべての成員が共有する特徴の集まり、もしくはグループの成員だけが持つ特徴。

獲得 acquisition
生徒の反応の基本のレベル。新しく学習する反応を生徒がどの程度正確に遂行できるかで示される。習得とも。

隔離タイムアウト seclusionary time-out
強化子へのアクセスを禁止するために指導場面から生徒を退去させるタイムアウト手続き。

確率化操作 establishing operations
強化子の効力を高めたり、低めたりするよう

な先行条件の操作。

過剰修正 overcorrection
　不適切な行動の出現頻度を減少させるために用いられる手続き。その生徒は集中的な練習を通じて、適切な行動を教えられる。過剰修正法には2つの方法がある。回復過剰修正法（restitutional overcorrection）では、生徒は、壊したり、汚したりした物をもとどおりの状態にし、さらにそれ以上の状態にまでしなければならないので、過剰訂正と呼ばれる。積極的練習法（positive-practice overcorrection）では、不適切な振る舞いをするたびごとに、適切な行動の集中練習をしなければならない。

課題分析 task analysis
　複雑な行動をその要素となっている部分に分けていくプロセス。

活動性強化子 activity reinforcement
　プレマックの原理参照

間隔スケジュール interval schedules
　強化子の呈示があらかじめ決められた時間、つまり反応間隔が経過した後の反応に対して随伴されるスケジュール。固定間隔（FI）スケジュールでは、反応間隔は一定で、例えばFI5では前の反応から5分以上経過した最初の反応が強化される。変動間隔（VI）スケジュールでは、反応間隔は変動する。例えば、VI5では平均して5分の反応間隔が経過した第1反応が強化される。

間欠スケジュール intermittent schedules
　正反応あるいは適切な反応のすべてにではなく、その内の幾つかに対して強化子が呈示されたり、適切な行動がある一定の期間継続したときに強化子が呈示される強化スケジュール。これらのスケジュールには、反応率、反応間隔、反応持続時間スケジュールなどが含まれる。

観察記録法 observational recording systems
　行動が実際に起こっている間に行動のいろいろな側面を記録するために使われるデータ収集法（事象記録、インターバル記録、持続時間記録、潜時記録）。

観察者間の一致 interobserver agreement
　信頼性参照

関数関係 functional relationship
　独立変数と従属変数の疑似的因果関係。独立変数が導入されたり操作されたりすることにともなって、従属変数が系統的に期待する方向へ変化していくとき、疑似的因果関係が存在するといわれる。

基準変更デザイン changing criterion design
　強化基準を継続的に変化させていく一事例の実験デザイン。その基準は段階的な形で増大、あるいは減少させられていく。

機能査定 functional assessment
　行動を維持していたり、原因となっている変数についての仮説を立てるために情報を収集すること。インタビューやチェックリストや直接観察が用いられる。

機能的代替 functional alternative
　危険な行動や異常な行動が持っているコミュニケーションやその他の目的と同じ機能を果たしたり、置き換えたりするような不適切でない行動。

機能等価訓練 functional equivalence training
　（a）問題行動の機能査定/分析を行ない、（b）それを置き換え、社会的に適切な行動を教える、プロセス。

機能分析 functional analysis
　機能的な関係を確認するために行動を維持していたり原因となっている変数を操作することで、仮説的な関数関係をテストする手続き（通常反転デザインやマルチエレメントデザインが用いられる）。

希薄化 thining
　強化をだんだんと少なくしていくこと、あるいはだんだんとたくさんの適切な行動に対して

強化を随伴していくこと。

教育目標 educational goals
　学年の、あるいは全学習課程のプランを立てるための枠組みを提供する記述。予測される学業的、社会的な発達を示す何らかの指標を示してある。教育者はこの実現に責任を持っている。

強化子 reinforcer
　行動の将来の出現率や反応確率を維持したり増大させたりする結果刺激。

強化子サンプリング reinforcer sampling
　効力のあると思われる強化子を実際に体験させる。強化子サンプリングによって、教師は個々の生徒に効果的であろうと思われる強化子を決定することができる。また、生徒はこれまで未知であった潜在的な強化子に慣れることができる。

強化スケジュール schedules of reinforcement
　強化子を呈示するタイミングのパターン。間欠強化スケジュール、間隔スケジュール、比率スケジュール、反応間隔スケジュール参照)

グループデザイン group designs
　多くの個体に関するデータを分析する実験研究。

傾向 trend
　グラフ上に記載されたデータが示すもの。単一方向に3つのデータポイントが並んでいることを上昇傾向、もしくは下降傾向と定義する。

契約 contracting
　「もし～したら～する」という形で強化随伴性を書面にすること。教師や生徒が参照することで行動産物記録となる。

結果 consequence
　特定の反応に随伴して呈示されるすべての刺激。

結果記録 outcome recording
　行動産物記録参照

嫌悪刺激 aversive stimulus
　結果として呈示されたとき、その行動の出現率や反応率を減少させる刺激。そのように機能するときには、罰刺激となる。逆に、ある嫌悪刺激が、結果として除去されたときに反応率や出現率が増大するときには、それは負の強化刺激として機能している。

行動 behavior
　個体の観察可能で測定可能な行為（反応とも呼ばれる）

行動的産物記録法 permanent product recording
　行動によって生み出される環境の変化、あるいは産物を記録する記録方法。例えば、書取テスト（結果記録とも呼ばれる）。

行動目標 behavioral objective
　どんな行動変化を生じさせようとしているのかを伝達するための記述。行動目標を書く場合には、誰が、どんな行動を、どんな状況下で行なうかを明確にし、さらに評価の基準を明確にしなければならない。

固定間隔スケジュール fixed-interval schedule: FI
　間隔スケジュール参照。

固定反応間隔スケジュール fixed-response-duration schedule: FRD
　反応間隔スケジュール参照。

固定比率スケジュール fixed-ratio schedule: FR
　比率スケジュール参照。

コントロールド呈示法 controlled presentations
　事象記録法の一つで、あらかじめ反応機会を決めておく方法。この方法では、1回のセッション中にある一定の試行数が呈示される。

さ

最終行動 terminal behavior

介入の最終的な目標（シェイピングと一緒に用いられる）。

初期の行動 initial behavior
介入の最終目標の行動と何らかの重要な次元で類似しており、既に生徒が遂行できる行動

シェイピング shaping
標的行動に近い行動を徐々に分化強化していくことで新しい行動を教えること。

時間サンプリング time sampling
観察期間を等しいインターバルに分ける観察記録法。標的行動は各インターバルの最後に記録される。

刺激制御 stimulus control
行動を生起させる手がかりとして機能したり、もしくは原因として機能するような先行刺激の関係性。その刺激下で強化されることで、行動が反復的に出現するようになる。反応の出現に関して適切な手がかりとして機能する先行刺激は、強化されるので、**弁別刺激** discriminative stimulus）となる。反応の出現に関して適切な手がかりとして機能しない先行刺激は強化されないので、Sデルタ（S^Δ）となる。

刺激の過剰選択性 stimulus overselectivity
刺激全体に注目せずに刺激の2、3の側面にだけ注目してしまう傾向。

刺激般化 stimulus generalization
般化参照

刺激プロンプト stimulus prompt
正反応の出現頻度を増大させるように刺激を変化させていく方法。エラーレスラーニングでたびたび用いられる。

刺激飽和 stimulus satiation
以前は反応を生じさせていたものや出来事が、繰り返し呈示されたためにもはや反応を生じさせなくなってしまった状態。

試行 trial
行動生起の断片。操作的には、3つの行動的な要素があると定義される。先行刺激、反応、結果刺激である。先行刺激の呈示が試行の始まりとなり、結果刺激の呈示が試行の終わりを意味する。

自己強化（罰）self-reinforcement（self-punishement)
自分自身で結果操作を行なうこと。生徒は強化子（罰刺激）を選び、強化子を呈示する基準を決め、自分自身で結果を呈示する。

自己教示 self-instruction
生徒が特定の行動を維持したり、方向づけたりするために自分自身に言語プロンプトを呈示する過程。

自己記録法 self-recording
自分自身の行動についてデータを集めること（自己観察、自己評価、自己モニタリングなどとも呼ばれる）。

自己モニタリング self-monitoring
自己記録参照

自己評価 self-evaluation
自己記録参照

支持強化子　backup reinforcer
トークンやポイントなどと交換される事物や出来事。

事象記録法 event recording
観察期間中に生じた行動の総頻度数を記録する方法。観察記録法の一種。

自然な嫌悪刺激 natural aversive stimulus
無条件嫌悪刺激参照

持続時間記録法 duration recording
反応の開始から終了までの時間の長さを記録する方法。観察記録法の一種。

社会的強化子 social reinforcers
表情、身体的なふれあい、特権を与える、褒め言葉などの二次的強化子。

遮断（デプリベーション）状態 deprivation state
強化子になりうる刺激に触れさせない状態。

従属変数 dependent variable
介入によって変化させられる行動。

消去 extinction
行動の出現頻度を減少させるために以前強化されていた行動に対する強化を撤去すること。

条件交代デザイン alternating condition design
操作交代デザイン参照

条件性強化子 conditioned reinforcer
無条件強化子、あるいは自然強化子と対呈示されることで強化機能を獲得するようになった刺激。条件性強化子には、大抵の社会的活動や般性強化子が含まれる（二次性強化子ともいう）。

条件性嫌悪刺激 conditioned aversive atimulus
無条件性の嫌悪刺激、例えば痛みや不快などと対呈示されることで嫌悪的な特性を二次的に獲得した刺激。

焦点化 pinpointing
測定可能で観察可能な用語で標的行動を明確化すること。

信頼性 reliability
複数の独立した評定者間のデータの一貫性を示す。信頼性は次の式で求められる。

一致した回数÷（一致した回数＋不一致の回数）×100

観察者間一致度としても知られる。

スカッタープロット評定 scatter plot assessment
行動を直接観察することで機能的な評定を行なうための情報を集めるフォーム。

制限時間 LH: limited hold
間隔スケジュールを用いた手続きで強化子を手に入れられる時間が制限されること。

正の強化 positive reinforcement
反応の直後にその刺激を随伴呈示することで、その刺激が将来の反応率や反応確率が増大するもの。

積極的練習 positive-practice overcorrection
過剰訂正法参照

摂取制限状態 deprivation state
効力のある強化子を利用できない状態。

先行刺激 antecedent stimulus
行動に先行している刺激。この刺激は特定の行動の弁別刺激となっているかもしれないし、そうでないかもしれない。

潜時記録法 latency recording
弁別刺激の呈示から行動の開始までの時間の記録を取る。

操作交代デザイン alternating treatment design
２つ以上の治療方法の効果を比較することができる一事例の実験デザイン。他の一事例の実験デザインと違って、比較される治療方法が時間的な順序で行なわれるのではなく、ランダムに変えられていく。（多重スケジュールデザインmultiple schedule design、多重要素デザインmultielement design、条件交代デザインalternating conditions designとも呼ばれる）

操作的定義 operational definition
標的行動の具体的な例を示すこと。操作的定義によって、その行動が出現したかどうかについて、観察者間の不一致が最小限になる。

促進効果 enhanced functioning
観察可能で測定可能な行動の改善。介入がうまくいったことを示す。

た

タイムアウト time out
　一定の決められた時間、強化を受ける機会を生徒に与えないようにすることで不適切な行動を減少させる手続き。

代替行動分化強化 differential reinforcement of alternative behavior（DRA）
　生徒が現在行なっている行動より、より適切な形態の行動を強化する。DRAは行動を向けなおすことと一緒に用いられることが多い。

対立行動分化強化 differential reinforcement of incompatible behavior（DRI）
　減少させようとする行動と形態的に対立する反応を強化すること。

他行動分化強化 differential reinforcement of other behaviors（DRO）
　ある一定時間、標的行動が自発されていないときになされる強化。強化は行動が出現しないことに対して随伴されている。

単一披験者デザイン single-subjects designs
　各個人が自分自身の統制群となるような実験研究法。一事例デザインとも。ABデザイン、操作交代デザイン、条件交代デザイン、基準変更デザイン、マルチベースラインデザイン、反転デザイン参照。

チェンジング・コンディション・デザイン changing condition design
　介入の効果を評価するために条件を継次的に変化させ反応のパーフォーマンスを測定する一事例の実験デザイン。このデザインでは変数間の関数関係を明らかにはできない。ABCデザインとも呼ばれる。

長期目標 long term objectives
　教育目標参照

対呈示 pairing
　二次性強化子を条件づけるために、一次性強化子と二次性強化子を同時に呈示すること。いったんこの連合が確立されると、二次性強化子は強化機能を持つようになり一次性強化子は必要なくなる。

低頻度行動分化強化 differential reinforcement of lower rates of behavior（DRL）
　ある一定の時間内の反応数があらかじめ決められた限度よりも少ないときに強化がなされる。この手続きにより、あらかじめ決められた反応数を維持するようになり、それは通常、自然な状態、あるいはベースラインの反応数よりも少なくなる。

独立した行動 discrete behavior
　行動の開始と終了が明確に区別できる行動。

独立変数 independent variable
　実験者が行動を変化させるために操作する治療や介入。

な

二次性強化子 secondary reinforcers
　最初は中性であったが、一次性強化子との対呈示によって強化特性を獲得した刺激（条件性強化子とも言う）。

は

排除タイムアウト exclusionary time-out
　生徒を現在している活動から移動させて強化子にアクセスできなくすること。

罰 punishment
　反応の将来の生起確率や頻度を減少させるような刺激を反応が生起した直後に随伴呈示すること

バックアップ強化子 back-up reinforcer
　ある一定量のトークンやポイントと交換される物や活動。

罰刺激 punisher
　行動の将来の生起確率や頻度を減少させる結果刺激。

般化 generalization
　最初にその行動を習得した状況以外の状況へ能力が拡大していくこと。刺激般化とは、その行動が獲得されるときに存在していた条件以外の条件（手がかりや教材、訓練者、環境など）のもとでの反応を指す。行動の維持とは、随伴性がなくなった後でも、学習された行動が連続的に出現していることを指す。反応般化とは、直接的に操作された行動に類似した行動へ変化していくことを指す。

般性条件性強化子 generalized conditioned reinforcer
　多様な行動や一次性強化子、二次性強化子の使用と連合した強化子。単に般性強化子と呼ばれることもある。

反転デザイン reversal design
　機能的関係を確認するために介入後に治療条件を撤去する一事例実験デザイン。このデザインには4つのフェイズがある。ベースライン、治療の実施、治療の撤去（ベースラインへ戻る、そして治療の再実施である（ABABデザインとも呼ばれる）。

反応型（トポグラフィー） topography
　動作行動の物理的形態あるいは記述。

反応持続時間スケジュール response-duration schedules
　連続して行動を行なっている時間に随伴して強化子を呈示するスケジュール。固定反応持続時間スケジュール（fixed-response-duration: FRD）では、一定時間行動を持続していれば強化が与えられる。例えば、FRD10分では適切な行動が10分間持続していると強化子が呈示される。変動反応持続時間スケジュール（variable-response-duration: VRD）では、強化を受けるために必要な反応持続時間は一定ではない。例えば、VRD10分では平均して10分間適切な行動が持続していれば強化が与えられる。

反応般化 response generalization
　標的行動が変容されたとき、それに類似した反応も変化すること。

反応プロンプト response prompts
　ある反応が刺激制御下に置かれるまで、生徒に反応をすることを援助していく指導手続き。

反応率ひずみ ratio strain
　強化スケジュールが余りに急激に希薄になってしまったために、正反応と強化の比率が大きくなり過ぎて適切な反応率が維持できなくなったときに生じる反応の崩壊。

非学習性嫌悪刺激 unlearned aversive stimulus
　無条件嫌悪刺激参照

非隔離タイムアウト nonseclusionary time-out
　強化子が呈示される指導場面から生徒を移動させないで行なわれるタイムアウト手続き。教師は強化子への接近を禁止し、禁止されている時間がわかるような合図を行なう。

比率 rate
　決められた時間内の行動の頻度。

比率スケジュール ratio schedules
　正反応数に対して強化子が随伴されるスケジュール。固定比率スケジュール（FR）では、強化にはある一定の反応数が必要で、その反応数は一定に保たれている。例えば、FR5では5回目の反応ごとに強化がなされる。変動比率スケジュール（VR）では、強化されるために必要な反応数は一定ではない。例えば、VR5では平均して5回目の反応に対して強化が呈示される。

頻度 frequency
　観察期間中に生起した行動数。

フェイディング fading
　弁別刺激が単独で反応を生起するようにするためにプロンプトを段階的に除去していく方法。

負の強化 negative reinforcement
　反応の直後に嫌悪刺激を除去する随伴操作。負の強化はその反応の将来の出現率や出現確率

を増大させる。

負の練習 negative practice
不適切な行動を過剰に練習させる方法。疲労あるいは飽和のために出現率が減少する。

普遍的嫌悪刺激 universal aversive stimulus
無条件嫌悪刺激参照

プラチェック PLACHECK
タイムサンプリングと類似のデータ記録システムで、複数の生徒が各インターバルの最後に観察される。

プレマックの原理 Premack principle
高頻度活動は低頻度活動の強化子として機能するという原理（活動性強化とも呼ばれる）。

プロンプト prompt
弁別刺激が望ましい反応を生じさせる反応確率を増大するようにつけ加える刺激。

ベースラインデータ baseline data
標的行動のオペラントレベルを示すデータ。オペラントレベルというのは治療を始める前の、自然な状態での行動の出現率である。ベースラインデータはプリテストと同じような目的を持ち、治療を行なったときの結果と比較検討される材料となる。

変数 variable
研究環境に関連した条件、あるいは研究に関わる個人に固有の特性。

変動間隔スケジュール variable-interval (VI) schedule
間隔スケジュール参照

変動反応間隔スケジュール variable-response-duration (VRD) schedule
反応間隔スケジュール参照

変動比率スケジュール variable-ratio (VR) schedule
比率スケジュール参照

弁別 discrimination
刺激、あるいは環境を区別する力。

棒グラフ bar graph
行動のレベルを示すのに横軸より縦軸方向の棒を用いるグラフ。

方向性 directionality
グラフにプロットされたデータの明確な上昇もしくは下降傾向。

飽和 satiation
もはや遮断の状態にないときに生じる状態。

補充的な先行刺激 supplementary antecedent stimulus
参照　プロンプト

ま

マルチエレメント・ベースラインデザイン multielement baseline design
操作交代デザイン参照

マルチスケジュールデザイン multiple schedule design
操作交代デザイン参照

マルチベースラインデザイン multiple baseline design
ある指導法が、（a）複数の生徒、（b）複数の行動、（c）複数の場面で反復される一事例の実験デザイン。独立変数を系統的で連続的に導入したときに従属変数の変化が見られたら、関数的関係があると言える。

無学習性強化子 unlearned reinforcers
一次性強化子参照

無誤学習 errorless learning
S^Dやプロンプトを使って正しい反応しか生じさせないようにする指導手続き。

無条件性強化子 unconditioned reinforcers
　一次性強化子参照

無条件性嫌悪刺激 unconditioned aversive stimulus
　身体的な痛みや不快感をもたらす刺激（普遍的、自然な、あるいは非学習性嫌悪刺激とも呼ばれる）。

モデリング modeling
　模倣反応をプロンプトするために、望ましい行動のモデルを示すこと。

ら

両立できない行動の分化強化 differential reinforcement of lower rates of behavior: DRI
　減少させようとしている行動と両立できない反応を強化する方法。

レスポンスコスト response cost
　行動の出現に随伴して呈示されていた強化子を一定量撤去することで、不適当な行動を減少させる手続き。

レスポンデント条件づけ respondent conditioning
　無条件刺激が誘発する反応を生じさせるように、刺激を無条件刺激と対呈示する過程。大抵の反応は反射的な物で、随意的なコントロール下にないものである。

連鎖化 chaining
　一つひとつの反応を順番に強化して、複雑な行動を形成していく手続き。

連続強化スケジュール continuous schedule of reinforcement: CRF
　正反応に毎回強化子を呈示するスケジュール。反応と強化の比率は1対1となる。

連続的な行動 continuous behavior
　行動の開始と終了が明確に区別されない行動。

累積グラフ cumulative graph
　あるセッション中で観察された行動数をその前のセッションの行動出現数に加えて、データをプロットして作成するグラフ。

訳者あとがき

　セラピー中の子どもを写真に撮ろうとすると、たちまちカメラが子どもたちの集中攻撃を受けることになります。壊されても被害が少ないようにと安い中古カメラを使っているうちに、古いカメラがけっこう面白くなり、今では古いカメラのコレクションが私の道楽の一つになっています。以来20年になりますが、がらくたばかりで35台になります。そのほとんどは終戦直後から1970年代にかけて作られた国産カメラです。当時の日本製カメラはドイツ製の模倣だと言われていました。事実、国内のカメラメーカーはドイツ製をモデルに少しでもそれに近づこうと努力しながら、ドイツコピーという嘲笑を甘受していました。

　カメラは写真のための道具ですので、実際に写真を撮ってみなければ本当の理解が得られません。中級品、普及品のカメラを次から次に使っているうちに、ふと面白いことに気づきました。ドイツ製を懸命に模倣しながら何がしかの工夫を付け加えているのです。たとえば、ライカのコピーを作りながらやや横長の画面サイズを少し縮めて黄金分割比に近づけたり、正方形の画面にしてみたり（まもなく、コダック社の自動現像機に合わないので通常サイズに戻さざるをえませんでしたが）、フィルムの巻上げやフィルムの安定にひと工夫をこらすなど、実にこちょこちょ小さな工夫を加えています。工夫倒れでかえって不細工になり使いにくくなったものも少なくありません。

　しかし、終戦以来20年が経過する頃から、日本製がドイツ製に対抗できるまでになり、現在では、よく知られているように世界のカメラシェアーを日本が牛耳るまでになっています。この間の経緯を詳細に眺めてみると、日本のカメラメーカーは、ドイツ人が映画用フィルムを使って精巧な小型カメラを作ったり、アメリカ人が高度の化学技術によってポラロイドカメラを作ったように、特に画期的な、あるいは、独創的、新発明的な創造を成し遂げているわけではないのです。つい先日の新聞に、ミノルタのオートフォーカスシステムがアメリカの特許侵害裁判で敗訴したと報じられていました。どうも日本人はお手本のまねと小さな工夫は得意なのだが、画期的な独創は苦手なようです。

　いにしえの日本人は、中国から漢字を輸入し、それを大和ことばで読み、仮名に作り替えています。明治時代には西洋音楽を輸入し、その後、独自の音楽、演歌を作り上げています。模倣しながら工夫を積み重ね、自分たちに合ったものを作り上げるのは日本人のお家芸のようです。小さな工夫は大きな発明や独創にとうてい対抗できるものではありません。しかし小さな工夫も20、30と積み重ねると、1つの大きな独創に匹敵するまでになるように思われます。日本のカメラメーカーが世界シェアーを陵駕するまでになったのは、こうした経緯によるもののようです。風呂敷の広げついでに話をもう少し広げるならば、ノーベル賞受賞の日本人学者が少ないのは、独創性の貧困というよりは日本文化の特質なのではないかと思います。大型野砲ではなく機関銃が得意なのです。数年前のことですが、ダウン症児の超早期療育のプログラムを開発した著名なアメリカ人教授が日本での講演で、「私たちは、ダウン症児が超早期療育で発達が大きく変ることを明らかにしました。今後このプログラムをより完成度の高いものに仕上げるのはたぶん日本人がやってくれるものと期待しています。自動車生産がそうであったように。私は本国でHONDAに乗っています」と言って聴衆の笑いを得ていました。

　学問、技術における日米の格差はすっかり接近してしまい、部分的には追い抜いてさえいます。しかし、心理学およびその応用領域に関して、日本はまだアメリカの背中を見ながら走っている状態です。本書で取り上げている応用行動分析は、アメリカにおいてもまだ日が浅く、教育関係で種々の試みが盛んになったのはほんのここ数年のところです。本書は組織的に技法

を取りまとめた最初の本といっていいでしょう。教育現場におけるさまざまな試みが紹介されていますが、教育システム、教育環境、それを取り囲む社会の状況に日米で大きな違いがあり、日本でそのまま真似できないものが多いはずです。教育や障害児についての考え方に戸惑いをおぼえるものもあります。本書の読者は具体的な事例の背後にある行動変容の理屈を汲み取り、自分たちの現場に適合するように種々工夫をこらした上で応用していただきたい。工夫が積み重なっておそらく21世紀を迎える頃には、このような翻訳書は、アメリカ側が難解な日本語に苦しみながら出版しなければならないようになっていることでしょう。

本書の翻訳はわれわれ自身の勉強のためでもありました。訳文については監訳者両名に責任があります。未熟による誤訳、誤解、その他の不備があろうかと思いますが、お気づきの点をご指摘、ご叱正いただければ幸いです。今後とも勉強に励む所存です。全文について完全な訳原稿を作り、読み返してみるとかなり冗長な部分や重複部分もあるので、全体の構成や論旨を損わない範囲で約3分の1ほどを省略しました。

二瓶社の吉田三郎氏の一方ならぬお世話によって本書の出版が可能になりました。心から感謝します。

　　平成4年2月

　　　　　　　　　　　　佐久間　徹

日本語第２版訳者あとがき

　本書は、「applied behavior analysis for teachers」第５版の邦訳書です。原著は、初版が出版されてから、約20年がたち、すでに第６版が出版されています。アマゾン・ドット・コムの評価でも５つ星を獲得している行動分析学の入門書として有名な一冊です。

　原著第２版を初めて手にしたのは、私がまだ大学院の一年生の時で、友人がアメリカ旅行のお土産に持ってきてくれたものでした。その当時、佐久間徹先生（現関西福祉科学大学教授）や久野能弘先生（現中京大学教授）の指導の下、たくさんの行動分析家の卵が勉強をしていました。そこでは「行動とは何か」「行動をどのようにとらえるか」という議論が常になされていて、行動を扱う実践家としての姿勢に関して厳しい指導を受けていました。実践家は、常にデータに基づいて自分自身の実践を評価し、有効な指導法を見つけていかなければなりません。この本は、そういうscientific practitionerとしての姿勢が一貫して強調されています。

　原著第２版の邦訳書であった「初めての応用行動分析」は、黄本という愛称を読者の皆様からいただき、多くの大学や実践家のテキストとして使用していただいております。原著第２版から第５版までの間に、多くの改定がなされています。新しく加わった章は第５章の「データのグラフ化」と第10章「機能査定と機能分析」で、この15年間に積み上げられた実践的な研究がわかりやすく整理されています。特に、第10章の「機能査定と機能分析」が加わったことは、この分野での行動分析の知見が大きく進歩したことを物語っています。この章に関連して、行動分析家としての倫理の問題が第５版では大きく強調され、多くの団体の倫理的声明が付録として添付されました。機能的分析に関する専門書としては、カーとワイルダーの「入門・問題行動の機能的アセスメントと介入」が二瓶社より邦訳出版されています。また、第12章、第13章は第２版の邦訳書とタイトルは同じですが、内容は大幅に改定され、より具体的で実践的な例が挙げられています。特に、第13章の「教室での実践」では、教育関係者の多くが、自分たちの実践を振り返ってみることになるでしょう。

　第２版の翻訳を分担してくださった方々の多くが、現在各地の大学の教員として応用行動分析を教えています。ただ一人、第４章の翻訳を担当してくれていた桑田繁氏は、平成10年突然の病に倒れ、志半ばで逝ってしまいました。この本を見たら、彼はきっと「いや、あの」とか言いながら、改定の不備な点を的確に指摘してくれていたに違いありません。

　本書では、訳者に吉備国際大学助教授の大野裕史先生を迎え、翻訳作業の充実を図りました。

　原著第４版の翻訳作業の途中から、急遽第５版への改定を行なったため、改定作業は約３年近くもの年月がかかってしまいました。その間、タイムリーな弁別刺激と、確率化操作を行なって第５版の翻訳作業をコントロールしてくれていた二瓶社の吉田三郎氏には、大変感謝しています。二瓶社は、現在では多くの出版点数を持ち、行動分析、行動療法に関する図書を出版する出版社として有名になりました。

　第４版の翻訳途中から第５版への翻訳という事態のため、改定作業に十分意を尽くせなかったところがあるかもしれません。誤訳や意味の不明な点があれば、それは監訳者の谷と大野の責任にあると思っております。本書を原著に負けない優れた本とするためにも、読者の皆様からの厳しいレスポンスをいただければ幸いです。

　　　　　　2004年２月７日
　　　　　　　　大阪人間科学大学　谷　晋二
　　　　　　　　s-tani@ohs.ac.jp

訳者紹介

佐久間　徹　さくま　とおる
元関西福祉科学大学教授
研究テーマ：発達障害児のことばの指導
著書・論文：「ダウン症の早期教育」（分担執筆、二瓶社）「一事例の実験デザイン」（分担監訳、二瓶社）「ABA(応用行動分析) のルーツ―B.F.スキナー―（仮）」（監訳、二瓶社）

大野　裕史　おおの　ひろし
兵庫教育大学大学院教授
研究テーマ：発達障害を持つ児者、および彼らに関わる人々への応用行動分析的援助
著書・論文：「行動分析学から見た子どもの発達」（分担訳、二瓶社、1998）「ことばの出現と形成」（単著、分担、小林重雄〔監修〕）「発達障害の理解と援助」（コレール社、1999）「心のデザイン・文化のデザイン」（単著、分担、岸野俊彦〔編〕、人間文化の展開、中部日本教育文化会、1999）「適切行動のコントロール」（単著、分担、小林重雄〔監・編〕、総説臨床心理学〔講座臨床心理学1〕、コレール社、2001）

谷　晋二　たに　しんじ
立命館大学教授
研究テーマ：行動分析による対人援助
著書・論文：「発達障害の理解と援助」（小林重雄〔監修〕、コレール社、1999）「ことばと行動」（分担、ブレーン出版、2001）

本書は、原著の改版にともない、『はじめての応用行動分析』(P.A.アルバート／A.C.トルートマン　著　佐久間徹／谷晋二　監訳　石原辰男／桑田繁／酒井妙子／土田宣明／藤田勉／真嶋直子／森田義宏／安原佳子　訳、二瓶社、1992）を大幅に加筆修正し、編集したものです。

はじめての応用行動分析 日本語版第2版

2004年5月10日　第2版　第1刷
2020年3月31日　　　　　第6刷

著　者　ポール　A．アルバート
　　　　アン　C．トルートマン
訳　者　佐久間 徹／谷 晋二／大野裕史
発行所　㈲二瓶社
　　　　TEL 03-4531-9766
　　　　FAX 03-6745-8066
　　　　e-mail: info@niheisha.co.jp
　　　　郵便振替 00990-6-110314
印刷製本　亜細亜印刷株式会社

万一、乱丁・落丁のある場合は購入された書店名を明記のうえ小社までお送りください。送料小社負担にてお取り替え致します。但し、古書店で購入したものについてはお取り替えできません。なお、本書の一部あるいは全部を無断で複写複製することは、法律で認められた場合を除き、著作権の侵害となります。
定価はカバーに表示してあります。

ISBN 978-4-86108-015-9　C3011
Printed in Japan